Lorenz Jaeger als Theologe

Lorenz Kardinal Jaeger

BAND 1

Herausgegeben von

Nicole Priesching

Eine Publikation der

Kommission für kirchliche Zeitgeschichte im Erzbistum Paderborn

Nicole Priesching, Gisela Fleckenstein (Hg.)

Lorenz Jaeger als Theologe

Ferdinand Schöningh

Die Herausgeberinnen:
Gisela Fleckenstein ist Historikerin und Archivarin am Landesarchiv Speyer.
Nicole Priesching ist Professorin für Kirchengeschichte und Religionsgeschichte an der Universität Paderborn.

Umschlagabbildung:
Lorenz Kardinal Jaeger
Foto: SLOMI – Josef Albert Slominski

Bibliografische Information der Deutschen Nationalbibliothek

Die Deutsche Nationalbibliothek verzeichnet diese Publikation in der Deutschen Nationalbibliografie; detaillierte bibliografische Daten sind im Internet über http://dnb.d-nb.de abrufbar.

Alle Rechte vorbehalten. Dieses Werk sowie einzelne Teile desselben sind urheberrechtlich geschützt. Jede Verwertung in anderen als den gesetzlich zugelassenen Fällen ist ohne vorherige schriftliche Zustimmung des Verlags nicht zulässig.

© 2019 Verlag Ferdinand Schöningh, ein Imprint der Brill Gruppe
(Koninklijke Brill NV, Leiden, Niederlande; Brill USA Inc., Boston MA, USA; Brill Asia Pte Ltd, Singapore; Brill Deutschland GmbH, Paderborn, Deutschland)

Internet: www.schoeningh.de

Einbandgestaltung: Evelyn Ziegler, München
Herstellung: Brill Deutschland GmbH, Paderborn

ISBN 978-3-506-70148-0 (hardback)
ISBN 978-3-657-70148-3 (e-book)

Inhalt

Vorwort   VII

Gisela Fleckenstein und *Nicole Priesching*
Einleitung   1

Klaus Unterburger
Herkunft als Zukunft. Strömungen und theologische
Schwerpunkte im Studium Lorenz Jaegers   8

Dominik Burkard
Informanten, Türöffner und Agenten. Erzbischof Lorenz Jaeger
und seine (frühen) römischen Kontakte   33

Jörg Seiler
Lorenz Jaeger als Mitglied der Bischofskonferenz. Ein Überblick   81

Nicole Priesching
Die Entwicklung der theologischen Ausbildungsstätten in
Paderborn   127

Joachim Schmiedl
Kardinal Jaeger und das II. Vatikanische Konzil   157

Thomas Pogoda
Perspektivwechsel. Die von Lorenz Jaeger geleitete
Subkommission II des Sekretariats zur Förderung der
Einheit der Christen in den Jahren 1960/1961   187

Wilhelm Damberg
Kardinal Jaeger, die Enzyklika „Humanae vitae" und die
„Königsteiner Erklärung" der Deutschen Bischofskonferenz (1968)   211

Nicole Priesching
Die Klage über die „Laisierung der Theologie"   228

Stephan Knops
„Weltkinder" ohne aszetische Formung? Kardinal Jaeger und
die „Laien" nach dem II. Vatikanischen Konzil   243

Georg Pahlke
Von der Liturgischen Bewegung zur Liturgiekonstitution.
Lorenz Jaeger und die Reformen im Erzbistum   265

Stefan Voges
Zwischen Paderborn und Würzburg. Lorenz Kardinal Jaeger
und die Gemeinsame Synode der Bistümer in der Bundesrepublik
Deutschland   292

Arnold Otto
Der schriftliche Nachlass von Lorenz Kardinal Jaeger im
Erzbistumsarchiv Paderborn   328

Personen- und Ortsregister   345
Autorenverzeichnis   352

Vorwort

Nachdem der Nachlass von Lorenz Kardinal Jaeger (1892-1975) im Erzbistumsarchiv Paderborn erschlossen worden war, hat die Kommission für kirchliche Zeitgeschichte im Erzbistum Paderborn eine Projektskizze zur wissenschaftlichen Auswertung des Nachlasses erarbeitet. Eine Sichtung der Quellenlage ergab, dass der Nachlassbestand für eine Monographie und einen Bearbeiter sowohl inhalts- und umfangsmäßig zu umfassend ist. Deshalb sollen Leben und Wirken Jaegers in fünf unterschiedlichen Teilbereichen sukzessive aufgearbeitet werden: Jaeger als Theologe, Jaeger als Ökumeniker, Jaeger als Kirchenpolitiker, Jaeger als Seelsorger und Jaeger als Person.

Ziel ist eine wissenschaftlich kompetente, interdisziplinäre und dem öffentlichen Interesse Rechnung tragende transparente Bearbeitung, die der Person und der Bedeutung des Paderborner Erzbischofs und Kardinals der Römisch-Katholischen Kirche angemessen ist. Im Laufe des Projektes verdichten sich die Ergebnisse zu einem umfassenden Bild vom Leben und Wirken Jaegers. Für das Projekt konnten zu den jeweiligen Teilbereichen über vierzig Bearbeiter und Bearbeiterinnen gewonnen werden, die bereit sind, über einen längeren Zeitraum mitzuarbeiten. Ein Austausch über das Schwerpunktthema findet jeweils bei einer Autoren- und Autorinnentagung statt, die auch für Gäste offen ist. Das Ergebnis der ersten Fachtagung des Projektes zu „Jaeger als Theologe" kann mit diesem Band vorgelegt werden.

Es ist daher für die Kommission für kirchliche Zeitgeschichte im Erzbistum Paderborn eine angenehme Pflicht, allen zu danken, die zum Zustandekommen dieses ersten Bandes beigetragen haben: Erzbischof Hans-Josef Becker und Generalvikar Alfons Hardt für das große Interesse und die Finanzierung des Gesamtprojektes, der Katholischen Akademie in Schwerte für die dem Projekt förderliche Tagungsatmosphäre, dem Erzbistumsarchiv Paderborn für die Schaffung hervorragender Arbeitsbedingungen und allen Autoren und Autorinnen, die zu diesem Band beigetragen haben. Danken möchten wir auch Christian Kasprowski für die wertvolle Unterstützung bei der Organisation rundum die Tagung sowie Fabian Potthast für seine Hilfe bei der Redaktion und für die Erstellung des Registers. Dem Verlag Ferdinand Schöningh / Brill Deutschland und hier vor allem Herrn Dr. Diethard Sawicki danken wir für die angenehme Zusammenarbeit.

Gisela Fleckenstein und *Nicole Priesching*
Paderborn, im Mai 2019
Kommission für kirchliche Zeitgeschichte im Erzbistum Paderborn

Gisela Fleckenstein und *Nicole Priesching*

Einleitung

Der vorliegende Band zu Kardinal Lorenz Jaeger (1892-1975) als Theologe ist das erste Teilergebnis eines interdisziplinär angelegten Forschungsprojektes zur Person und Bedeutung des Paderborner Oberhirten. Eine Sichtung der Quellenlage ergab, dass der Nachlassbestand für eine Monographie zu umfangreich ist. Die Kommission für kirchliche Zeitgeschichte im Erzbistum Paderborn, die für das biographische Forschungsprojekt verantwortlich zeichnet, entschied sich deshalb für die Bearbeitung von fünf unterschiedlichen Teilbereichen: Jaeger als Theologe, Jaeger als Ökumeniker, Jaeger als Kirchenpolitiker, Jaeger als Seelsorger und Jaeger als Person. Diese Einteilung trägt dem überlieferten Material, das zu allen genannten Aspekten ausreichend vorhanden ist, Rechnung. Bei einer sukzessiven Aufarbeitung erhellen die Ergebnisse der ersten Bereiche freilich auch die der nachfolgenden. So verdichten sich im Laufe der Projektdauer die Ergebnisse zu einem umfassenden Bild von Leben und Wirken Jaegers.

Den Ausgangspunkt des Bandes bildet die theologische Verortung von Kardinal Lorenz Jaeger. Klaus Unterburger sieht zwei prägende Faktoren für die Theologie der Paderborner bischöflichen Lehranstalt: Zum einen ermöglichte das Ende der Kulturkampfgesetzgebung die Rückkehr zu den universitären Standards in Bezug auf Professionalisierung und Institutionalisierung. Zum anderen sah die Modernismuskrise die Theologie in einer gefährdeten Mittelposition zwischen päpstlicher Verurteilung und historisch-kritischer Hinterfragung der Glaubensgrundlagen. Dies spiegelte sich im Werk wichtiger Lehrer Jaegers, wie etwa Norbert Peters und Bernhard Bartmann. Im dritten Semester wechselte Lorenz Jaeger an die Universität nach München, um sich dort auch für das gymnasiale Lehramt zu qualifizieren. Dort prägte ihn die Würzburger psychologische Schule um Oswald Külpe und Neuansätze einer christlichen Pädagogik. Nach dem Krieg, den Jaegers Paderborner Lehrer vielfach publizistisch unterstützten, schloss er seine Studien eher notdürftig ab, ergänzte sie aber später in Münster zur Vorbereitung auf das Lehramt vor allem am historischen Seminar. Themen und Erfahrungen seiner Studienzeit haben Lorenz Jaeger ein Leben lang begleitet.

Dominik Burkard verfolgte Jaegers Spuren nach Rom und legte dessen römisches Netzwerk bis in die zweite Hälfte der 1950er Jahre frei. Dabei zeigte sich Jager als ein selbstbewusster, kluger Stratege mit ausgeprägtem Instinkt und guter Menschenkenntnis. Das theologische Profil muss bereits in dieser Zeit als dezidiert ‚konservativ' bezeichnet werden. Die starke Betonung von Mariologie und Marienfrömmigkeit dürften zwar der Linie Pius' XII. geschuldet gewesen sein, doch ging Jaegers Haltung über die einer bloßen „Gefolgschaft" hinaus, wie insbesondere seine Initiative für die Ausschreibung eines Ablasses anlässlich des Immaculata-Jubiläums 1954 zeigt. Sein Ökumene-Verständnis bewegte sich damals ganz auf der (üblichen) Linie einer Rückkehr-Ökumene. Andererseits versuchte Jaeger die römische Kurie von Schritten abzuhalten, die sich negativ auf die positive Wahrnehmung des Katholizismus auswirken konnten.

Lorenz Jaeger war über viele Jahre Mitglied der Bischofskonferenz. In seinem Nachlass sind umfangreiche Konferenzmitschriften überliefert. Als Vorsitzenden der Kommission I (Glaubensunterweisung und Glaubensüberwachung; 1968: Glaubens- und Sittenlehre) interessierten ihn vornehmlich ökumenische Fragen. Nach dem II. Vatikanischen Konzil wurde dieser Bereich unter Jaeger zu einer eigenen Kommission aufgewertet. Darüber hinaus engagierte er sich vor allem für den Bereich Wissenschaft, Akademikerarbeit und Kultur (seit 1968 Kommission XII). Jörg Seiler sieht in den 1950er Jahren den Höhepunkt der bischöflichen Wirksamkeit Jaegers innerhalb der Bischofskonferenz. Er war und blieb ein konservativer Oberhirte, auch im Bereich der Ökumene, der entschieden Prozesse laikaler und professoraler Selbstermächtigung nach dem Konzil oder Demokratisierungsforderungen zurückwies. Jaegers Einfluss innerhalb der Bischofskonferenz nahm zu dieser Zeit langsam ab.

Nicole Priesching wirft einen Blick auf die Situation der theologischen Ausbildung in Paderborn. Dabei untersucht sie die Entwicklung der Priesterausbildung an der Erzbischöflichen Philosophisch-Theologischen Akademie (seit 1966 Theologische Fakultät) parallel zur Lehrerausbildung an der Pädagogischen Akademie (seit 1962 Pädagogische Hochschule), bis zur Paderborner Gründung der Gesamthochschule 1972. Jaeger unterhielt sehr gute Beziehungen zu beiden Ausbildungsstätten. Allerdings wehrte er sich in den 1960er Jahren gegen die Ermöglichung einer „Habilitation für Laien", da diesen die „religiös-aszetische Durchbildung" fehle. Sein Ideal von katholisch durchformten Lehrern in katholischen Schulen wurde zunehmend von der allgemeinen Entwicklung im Bildungsbereich überholt. Die Ekklesiologie des II. Vatikanischen Konzils spielte für Jaegers Positionen im Bildungsbereich keine Rolle.

Die Rolle Jaegers auf dem II. Vatikanischen Konzil wird von Joachim Schmiedl analysiert. In der Vorbereitungsphase reichte Jaeger zwei Voten zur Themenfindung des Konzils ein. Zentrales Thema sollte die Ökumene im Kontext einer erneuerten Ekklesiologie und einer Sensibilität für die Fragen der Zeit sein.

Auf die Initiative Jaegers ging die Gründung des Sekretariats zur Förderung der Einheit der Christen zurück. In der Vorbereitungsphase zeichnete der Paderborner Erzbischof für Vorlagen zur hierarchischen Struktur der Kirche und die Mischehen verantwortlich. Ebenso sprach er sich für eine Verstetigung des Sekretariats über das Konzil hinaus aus. Aus den vier Sitzungsperioden des Konzils selbst liegen 31 schriftliche und mündliche Beiträge Jaegers vor. Auch hier war der ökumenische Gesichtspunkt seine durchgängige Perspektive, die er mit Blick auf die Liturgie, die Offenbarung, die Ostkirchen, die Kollegialität der Bischöfe und das gemeinsame Priestertum aller Gläubigen einbrachte. Jaeger äußerte sich auch zu den Priestern und ihrer Ausbildung, zu einer stärker auf die Vorläufigkeit der Welt auszurichtenden Tendenz der Pastoralkonstitution und legte ein engagiertes Plädoyer für die Religionsfreiheit vor.

Thomas Pogoda geht intensiv auf die von Lorenz Jaeger geleitete Subkommission II des Sekretariats zur Förderung der Einheit der Christen ein. Jaeger ist eng mit dem 1960 gebildeten Sekretariat verbunden. Er gehörte nicht nur gemeinsam mit Kardinal Augustin Bea zu den Initiatoren dieser für die Katholische Kirche ganz neuen Institution sondern er war zugleich ein Mitglied der ersten Stunde und daher an den Vorbereitungsarbeiten des Einheitssekretariats für das II. Vatikanische Konzil beteiligt. Hier zeigten sich wesentliche Impulse für eine Erneuerung der Ekklesiologie, die dann in der Versammlung des Konzils ab 1962 nachgewirkt haben

Wilhelm Damberg untersucht Jaegers Haltung zur Enzyklika *Humanae vitae*. Am 30. August 1968 wurde die sogenannte Königsteiner Erklärung der Deutschen Bischofskonferenz veröffentlicht. Jaeger hatte zu seinem Namenstag am 10. August von Papst Paul VI. ein Glückwunschschreiben erhalten, auf das er zehn Tage später mit einem Dankschreiben mit Bezug auf die Enzyklika *Humane vitae* antwortete. Dies war die einzige Stellungnahme aus Deutschland, die im Osservatore Romano abgedruckt wurde – aber ohne den Hinweis auf die geplante Königsteiner Erklärung, was Jaeger in den Verdacht rückte, ein doppeltes Spiel zu führen. Im Erzbistum führte dies zu Irritationen und es machte der sogenannte „Hagener Brief" die Runde, der von der Deutschen Bischofskonferenz eine praktische Hilfestellung zur Enzyklika verlangte. Jaeger stimmte der Königsteiner Erklärung, die die Enzyklika zu einer Gewissensentscheidung machte, zu. Der Kardinal bedankte sich in einem offenen Rundschreiben vom 27. Oktober 1968 für alle Zuschriften in der Sache und verwies auf die Erklärung der nationalen Bischofskonferenz und im Übrigen auf die Schriften des damaligen Münsteraner Bischofs Joseph Höffner.

Stephan Knops schildert in seinem Beitrag, inwiefern Lorenz Jaeger die vom II. Vatikanischen Konzil entwickelte Ekklesiologie in seiner Diözese rezipierte. Dies besonders hinsichtlich der Verhältnisbestimmung von Priestern und

Laien. Während er diese Thematik in seinen zahlreichen Ansprachen, Predigten und Hirtenschreiben nur zurückhaltend aufgriff, wurden die entsprechenden Diskurse an anderer Stelle geführt, etwa im Priesterrat des Erzbistums. Jaeger bemühte sich, in der Diskussion mit seinen Priestern ein klar konturiertes Priesterbild zu erhalten, das von einer gewissen Absonderung von den Laien gekennzeichnet war. Die in den 60er- und 70er Jahren um sich greifende diesbezügliche Rollenunsicherheit verstand er nur bedingt und wandte sich eindeutig gegen entsprechende Problematisierungen. Beim Klerus des Bistums führte das nicht selten zu Resignation.

Mit liturgischen Reformen wurde Lorenz Jaeger in seinem Leben in unterschiedlichen Situationen konfrontiert, wie Georg Pahlke feststellt. Als Gruppen- und Gaukaplan des Bundes Neudeutschland in Herne und Dortmund lernte er die Liturgische Bewegung als für die katholische Jugendbewegung wichtige spirituelle Bereicherung kennen und schätzen. Als junger Bischof wurde er in die zu Beginn der 1940er Jahre tobende Auseinandersetzung um die Liturgische Bewegung hineingezogen und verteidigte sie gegenüber seinen Mitbrüdern im bischöflichen Amt, indem er ihre „meritorische Bedeutung" herausstellte. Als Konzilsvater und Diözesanbischof setzte er die vom II. Vatikanischen Konzil beschlossenen Reformen möglichst unmittelbar und beschlussgetreu um, ohne sich aber als Motor der Reform zu betätigen. Das überließ und übertrug er weitgehend seinem Weihbischof Paul Nordhues.

Die Gemeinsame Synode der Bistümer in der Bundesrepublik Deutschland von 1971 bis 1975 war in der Biographie Lorenz Kardinal Jaegers nur ein Randereignis, da er nur bis zur dritten Vollversammlung im Januar 1973 – er trat altersbedingt von seinem Bischofsamt zurück – an der Kirchenversammlung teilgenommen hatte. Stefan Voges zeigt in seinem Beitrag, dass die Haltung des Paderborner Erzbischofs zur Synode als kritisch loyal charakterisiert werden kann. Im Hinblick auf seine Diözese förderte Jaeger die Verbindung des Erzbistums zu der in Würzburg tagenden Synode. In der Sachkommission X arbeitete er als Ökumene-Experte an der Vorlage „Pastorale Zusammenarbeit der Kirchen im Dienst an der christlichen Einheit" mit und sprach sich insbesondere für eine hinreichende theologische Grundlegung des Papiers aus.

Der abschließende Beitrag dieses Bandes von Arnold Otto beschreibt Geschichte und Inhalt des umfangreichen schriftlichen Nachlasses von Lorenz Jaeger im Erzbistumsarchiv Paderborn. Nur durch diesen Archivbestand ist es möglich über das Leben und Wirken Kardinal Jaegers zu forschen.

Die Beiträge dieses Bandes zeichnen somit ein vielschichtiges Bild. Lorenz Kardinal Jaeger lässt sich nicht einfach einem theologischen Lager zuordnen. Das fängt schon bei seiner eigenen Ausbildung an, die durch kriegsbedingte

Unterbrechung seines Studiums zwischen 1914 und 1920 letztlich bei einem Minimalprogramm bleiben musste. So wurde aus Jaeger zwar kein wissenschaftlicher Theologe, aber er blieb theologischen Fragen gegenüber aufgeschlossen und interessiert. Drei Schwerpunkte kristallisieren sich bisher heraus:

1.) *Schule und Wissenschaft*: Jaeger hatte in seiner kurzen Münchener Studienzeit den Aufbruch der katholischen Pädagogik erlebt. Er sah seinen Tätigkeitsbereich als Priester vor allem in der Schule und wurde 1929 Gymnasiallehrer. Vor diesem biographischen Hintergrund verwundert es nicht, dass zu den drei Zuständigkeitsbereichen, mit denen Jaeger als Erzbischof (seit 1941) und Mitglied der Bischofskonferenz betraut war, derjenige für Wissenschaft und Kultur (seit 1945 Referat über „Vorbildung und Weiterbildung des Klerus") gehörte. So war er auf nationaler Ebene mit der Entwicklung der Theologieausbildung befasst. Auf der diözesanen Ebene förderte der Paderborner Oberhirte die Pädagogische Akademie ebenso wie die Philosophisch-Theologische Akademie. Bei ersterer war ihm der Erhalt des konfessionellen Charakters in der Ausbildung der Volksschullehrerinnen und Volksschullehrer ein Anliegen. Im Hinblick auf das Theologiestudium von Laien tat sich Jaeger schwer. So reichte er zwar 1959 ein ausführliches Votum mit Vorschlägen für das Konzil ein, in dem er auch forderte, dass Laien in Theologie promovieren dürften, allerdings nur Männer. Die gegenteilige Praxis sei nicht zu loben. In der Bischofskonferenz setzte er sich in den 1960er Jahren gegen die Habilitierung von Laien ein, auch hier besonders gegen die von Frauen. Im Priesterrat wurde 1968 neben Themen wie „Humanae vitae" auch über den Status der Religionslehrer an höheren und berufsbildenden Schulen diskutiert. Auch hier äußerte Jaeger Skepsis und schätzte die Kompetenz der Laien defizitär gegenüber Priestern ein. Die Diskussionen um Rollenbilder und Fragen nach mehr Partizipation von Laien, Männern wie Frauen, führten bei Jaeger zunehmend zu einer Ermüdung und einer Abwehrhaltung gegenüber eines „Demokratismus", wie er solche Bestrebungen nannte. Im Bildungsbereich zeigte sich Jaeger somit einerseits als interessierter und in gewissem Maße aufgeschlossener Förderer mit einer Hochphase in den langen 1950er Jahren, der nach dem II. Vatikanischen Konzil andererseits tendenziell eher zur restriktiven Fraktion im deutschen Episkopat gehörte.

2.) *Ekklesiologie*: Jaeger war zu Beginn des II. Vatikanischen Konzils (1962) bereits 70 Jahre alt. Dennoch engagierte er sich in überdurchschnittlicher Weise und war an allen Etappen des Konzils beteiligt. Er trug alle Beschlüsse des Konzils loyal mit. Obwohl ihm die Ekklesiologie des

„mystischen Leibes Christi" mehr zusagte als die des Volkes Gottes, zeigt seine Mitarbeit in der Subkommission II, wie Jaeger die veränderten Perspektiven auf das Wesen der Kirche mitvollzog und sich zu eigen machte. Jaeger gehörte zu denen, die alle Konzilsbeschlüsse rasch umsetzten. Allerdings löste die Rezeption des Konzils eine Dynamik aus, die zu Konflikten im Erzbistum und in der Bischofskonferenz führte. Jaeger gehörte in der Konzilszeit nicht zum mächtigen Zirkel um Kardinal Döpfner. Im Zuge der Diskussion um *Humanae vitae* schwenkte er sogar auf den Kurs Höffners ein, der zur Leitfigur eines Teils im deutschen Episkopat wurde, der in den post-vatikanischen Turbulenzen mehr und mehr eine ekklesiologische Krise der Autorität erkannte und dieser entgegenzusteuern bestrebt war. Das II. Vatikanische Konzil hatte bei Jaeger als Ereignis einen großen Eindruck hinterlassen. Er sah darin ein Schauspiel für die „Einheit und Einheitlichkeit" der Kirche. In diesem Sinne engagierte er sich auch noch bis 1973 in der Würzburger Synode, deren Beschlüsse für ihn verbindlich waren. Gleichzeitig hielt er eine „Demokratisierung der Kirche" für fatal und betonte die Rolle des Hirtenamtes für die Synode sowie den Vorrang der Priester gegenüber Laien.

3.) *Ökumene*: Seit seinem Amtsantritt als Erzbischof von Paderborn engagierte sich Jaeger für die Ökumene. Schon jetzt zeigt sich, dass die Ökumene das Thema gewesen ist, das ihm am meisten am Herzen lag. Andere Themen, wie zum Beispiel die Liturgie, betrachtete Jaeger in der Vorphase des Konzils eher unter dem ökumenischen Aspekt. Auch die Ökumene gehörte zu seinen Zuständigkeitsbereichen in der Bischofskonferenz. Damit exponierte er sich früh in einem zukunftweisenden Themenbereich, was ihn auch in Rom auf internationaler Ebene als Ökumeneexperten einflussreich werden ließ. Lässt sein früher Einsatz für die Ökumene Jaeger heute oft als modern oder liberal erscheinen, so relativiert sich dieser Eindruck im Hinblick auf sein ökumenisches Verständnis, das eher dem einer Rückkehr-Ökumene entsprach – so ist bisher der Eindruck. Angesichts des großes Gewichts, das dieses Thema für Jaeger besaß, soll diesem im nächsten Schritt des Forschungsprojekts eigens nachgegangen werden. So werden detaillierte Forschungen im nächsten Band (Jaeger als Ökumeniker) hier sicher noch genauere Erkenntnisse liefern können. Als Fragen lassen sich dafür bereits festhalten: Wie lässt sich Jaegers Verständnis zur Ökumene im Laufe seiner Amtszeit charakterisieren? Sind hier Veränderungen auszumachen? Welche Chancen und Grenzen sah er darin? Welche

Bedeutung kam seinem Engagement in der Entwicklung der Ökumene auf diözesaner, nationaler und internationaler Ebene zu?
Insgesamt wird deutlich, dass die Theologie für Jaeger unmittelbar zur Ausübung seines Lehr- und Hirtenamtes gehörte. Er war gegenüber den Zeittendenzen immer aufmerksam, handelte aber meist als konservativer Pragmatiker. Ihm war eine Einheit seines Bistums wichtig, so dass er bemüht war, verschiedene Richtungen auszugleichen und Konflikte möglichst lautlos zu schlichten. Rom gegenüber war er stets loyal. Gehorsam gehörte für ihn selbstverständlich zum Katholischsein. Als 1968 bei Priestern und Gläubigen eine zunehmende Spannung zwischen Gehorsamspflicht und Gewissensfreiheit entstand, votierte Jaeger für einen persönlich pragmatischen Umgang bei äußerlichem Vorrang des Gehorsams. Damit setzte allerdings eine Haltung der Nichtklärung von Problemen ein, die letztlich dazu führte, dass viele Probleme, die zwischen 1968 und 1975 diskutiert wurden, heute immer noch bestürzend aktuell sind. Von der wissenschaftlichen Theologie scheint Jaeger sich wenig zur Klärung der gegenwärtigen Probleme erwartet zu haben. Er unterhielt zwar durchaus enge Kontakte zu Theologen, besonders in Paderborn, aber der Einfluss von Männern wie Gustav Ermecke zeigt, dass Jaeger auch mit Theologen sympathisierte, die zu den erklärten Kritikern des II. Vatikanischen Konzils gehörten. So wird am Beispiel Jaegers deutlich, dass die Erfahrung von Einheitlichkeit in der Kirche, wie sie in der Einmütigkeit der Konzilsbeschlüsse zum Ausdruck kommt, nicht zu einer einheitlichen Rezeption führte. Jaeger versuchte einen gemäßigten Weg zwischen Kontinuität und Anpassung, der angesichts der raschen Veränderungen in den kirchlichen Strukturen sowie in der Gesellschaft zum Spagat wurde und konservativer wirkte als er es eigentlich sein wollte. Am Ende stand die Erfahrung, bei der stetig wachsenden Forderung von Priestern und Laien nach Mitbestimmung, an Macht und Einfluss zu verlieren. Dies ließ sich offenbar nicht mit seinem Selbstverständnis als Bischof vereinbaren; es lag auch nicht in seiner Art. So gab er, nachdem man ihm mitgeteilt hatte, er habe als emeritierter Bischof auf der Würzburger Synode kein Stimmrecht mehr, dort auch seinen Sitz mit der Begründung auf: „Ich habe daraufhin erklärt, daß ich meinem ganzen Naturell nach nicht darauf angelegt sei, bloß zuzuhören, ohne Stellung nehmen zu können."[1]

---

1 Siehe den Beitrag von Stefan Voges in diesem Band.

Klaus Unterburger

Herkunft als Zukunft
Strömungen und theologische Schwerpunkte im Studium Lorenz Jaegers

„Herkunft aber bleibt stets Zukunft" – die berühmte Antwort, die Martin Heidegger auf die Frage nach seiner theologischen Herkunft gegeben hat[1], wird auch für Lorenz Jaeger in gewisser Weise gelten. Die Quellenlage erlaubt es dabei nicht, das Gewicht der Einflüsse aus seiner Studienzeit exakt zu bestimmen. Dennoch kann man zentrale Entwicklungslinien und Tendenzen benennen, die damals einflussreich waren, Themenfelder, die modifiziert bei Jaeger virulent blieben. Die folgenden Ausführungen gehen zweigeteilt vor und behandeln 1.) allgemeine Rahmenbedingungen und dann 2.) die konkreten Studien Jaegers in Paderborn, München und Münster.

1 Die nachwirkenden Erfahrungen des Kulturkampfes und der Modernismuskrise

Zwei Erfahrungen prägten die theologischen Ausbildungsstätten in Deutschland zur Zeit Jaegers überall: Der Kulturkampf und seine Folgen und das Ringen um die päpstliche Verurteilung des kirchenoffiziell sogenannten „Modernismus". Dabei betraf der Kulturkampf direkt oder indirekt alle theologischen Ausbildungsstätten in Deutschland, besonders aber die in Preußen.[2] In Paderborn eskalierte er durch den unbeugsamen Bischof Konrad Martin (1812-1879) ganz besonders.[3] Für die theologischen Fakultäten in Deutschland bedeuteten die Jahre 1870-1887 also eine schwere Krise; es kam zu Schließungen, oder, wie in München, zu einem Abzug eines Teils der Studenten. Einige konservativ ausgerichtete Ausbildungsstätten, vor allem in Bayern, konnten zumindest teilweise von den sich deshalb verlagernden Studentenströmen profitieren, allen voran das Lyzeum in Eichstätt, dem Bischof August Graf Reisach (1800-1869) von Beginn an eine besondere Distanz zum bayerischen Staat eingeprägt hatte[4] und das sich zu einer Hochburg der neuscholastischen Bewegung entwickelte; dann aber beispielsweise auch das Lyzeum in Regensburg (Bischof

---

1 Heidegger, Gespräch, S. 96.
2 Mussinghoff, Fakultäten, S. 81-97.
3 Brandt/Hengst, Geschichte, S. 94-105; S. 131 f.
4 Garhammer, Seminaridee.

Ignatius Senestrey, 1818-1906) oder auch die theologische Fakultät an der Universität Würzburg, bei der sich eine Gruppe von Schülern des Germanikums als Professoren hatte festsetzen können.[5] Obwohl der preußische Kulturkampf eine längere Vorgeschichte des staatlichen Unbehagens an der Formierung einer Art katholischen Subgesellschaft und der Etablierung der Zentrumspartei hatte, eskalierte er auch in Paderborn mit dem Maigesetz von 1873. Für die bischöfliche Ausbildungsstätte bedeutete dies staatliche Aufsicht und Kontrolle über Lehre und Lehrkörper. Die Folge des sich daran entzündeten Konflikts war der Entzug der staatlichen Anerkennung sowie der staatlichen Finanzmittel und damit die Schließung der bischöflichen Lehranstalt bis zu den Friedensgesetzen 1886/87.[6]

Die Kulturkampfkonflikte bedeutenden für alle theologischen Fakultäten eine Stagnation in Bezug auf Modernisierung und Professionalisierung. Professuren, die von Altkatholiken gehalten wurden, wurden zunächst meist gar nicht mehr oder nur provisorisch besetzt; Themenbereiche, die mit dem Dogma von 1870 zusammenhingen, wurden umgangen. Professoren benachbarter Fächer in den philosophischen Fakultäten lehrten nun meist in einem betont antiultramontanen Sinn; viele waren altkatholisch oder nationalliberal eingestellt. Mit dem Abflauen der Konflikte kam es dann aber zu einer die katholische Theologie in Deutschland insgesamt erfassenden Aufholbewegung (Modernisierung und Professionalisierung):

1.) Nunmehr erreichte man sukzessive die ordentliche Neubesetzung aller Professuren, auch solcher, die nur provisorisch bislang vertreten wurden, und eine klare Abgrenzung von Altkatholiken.[7]

2.) Sukzessive kam es aber auch zu einer Neuerrichtung von Professuren und Lehraufträgen: Fächerkombinationen in den Lehraufträgen wie z. B. „Kirchengeschichte und Kirchenrecht" oder „Dogmatik und Apologetik" wurden nun getrennt, auch neue Extraordinariate konnten etabliert werden. Die sukzessive Professionalisierung[8], die sich natürlich an den Standards der übrigen Fächer an den Universitäten orientierte, zeigte sich auch darin, dass ein Wechsel zwischen den Disziplinen immer seltener

---

5 Strötz, Kleruserziehung, S. 473-507; Ganzer, Fakultät; Weiß, Modernismuskontroverse, S. 9-26; Hausberger, Lyzeum, S. 66-68.
6 Häger, Lehranstalt, S. 259-264.
7 Vgl. zu Bonn die Beiträge: Berlis, Cherusker; Lauscher, Fakultät, S. 35-42; Kleineidam, Fakultät, S. 72 f.; Kessler, Friedrich, S. 415-428.
8 Eine Gesamtübersicht dieser je nach Ausstattung und Größe unterschiedlich schnell sich vollziehenden Entwicklungen müsste erst erhoben werden. Ein erster Überblick, besonders mit der Übersicht über die Fächer Dogmatik und Apologetik von Peter Walter: Walter, Dogmatik.

wurde. Auch begann man damit, Gelehrte von außerhalb als Professoren zu berufen; allmählich wurden methodische Seminarübungen allgemein üblich.[9]

3.) Um 1900 entstanden auch eine ganze Reihe von theologischen Fachzeitschriften, in Paderborn etwa 1909 „Theologie und Glaube".[10] Auch kam man in Bezug auf die an die Theologie angrenzenden Disziplinen wie Philosophie und Geschichte ein gutes Stück weit aus der Defensive heraus. Bereits 1876 war ja in Koblenz die Görres-Gesellschaft gegründet worden.[11] An vielen Universitäten achtete man nun auf einen Proporz in den philosophischen Fakultäten, so dass ein oder mehrere Lehrstühle in Geschichte und Philosophie nun auch mit bekennenden Katholiken besetzt wurden, die wiederum vielfach unter Beweis stellen wollten, deshalb keine schlechteren Wissenschaftler zu sein.

Die Aufholjagd seit 1887 kann somit auf akademisch-wissenschaftlichem Gebiet als eine Integration der regionalen Katholizismen in eine kulturell-gesamtnationale Identität beschrieben werden. Damit war verbunden eine enge Orientierung an den Standards der damals auch international hoch angesehenen deutschen Universität und so auch der evangelischen theologischen Fakultäten; allmählich wurden aber auch von diesen die Forschungsleistungen von Katholiken mehr anerkannt. So wollte man also als katholischer Theologe beweisen, dass man selbst den methodischen Standards der Wissenschaft entsprach, dass sich der katholische Glaube wissenschaftlich begründen ließ und dass die katholische Theologie einen wichtigen Beitrag leisten konnte für die nationale kulturelle und akademische Identität.

Im ersten Jahrzehnt lastete mehr oder weniger auf allen katholisch-theologischen Fakultäten die Modernismuskrise. Zur dieser gingen auch einige Impulse von Deutschland aus, besonders sind hier die Diskussionen um die indizierten Reformschriften und um die Theologie Herman Schells in Würzburg zu nennen, auch die Auseinandersetzungen zwischen liberalem und Zentrumskatholizismus.[12] Dennoch sind die großen antimodernistischen Lehrschreiben Papst Pius' X. vor allem in Richtung Frankreich geschrieben worden, auch wenn man eine modernistische, international vernetzte Verschwörung vermutete.[13] Da die Enzyklika *Pascendi* 1907 ein modernistisches

---

9   Der Wandel wird etwa an der Klage Bernhard Bartmanns deutlich, dass es damals in der Theologie im Gegensatz zu später keine wissenschaftlichen Seminarübungen gegeben habe, so dass seine Studien defizitär geblieben seien: Bartmann, Bartmann, S. 7.
10 Haslinger, Geschichte.
11 Morsey, Görresgesellschaft.
12 Arnold, Geschichte, S. 23-49.
13 Arnold, Lemius.

hermeneutisches Gesamtsystem hinter den einzelnen beanstandeten Lehren konstruierte[14], war die deutsche Theologie in einer eigenartigen Zwischenposition. Auf der einen Seite war es in den meisten Fällen nicht nur eine Schutzbehauptung, dass das modernistische System nicht vertreten wurde. Andererseits war der „Modernismus" in den lehramtlichen Schreiben so konstruiert, dass bereits eines der Merkmale des Modernismus, etwa „unkatholische" Reformforderungen oder der historische Entwicklungsgedanke, als Zeichen dafür gewertet werden konnte, dass im Verborgenen eine modernistische Einstellung vorhanden sei.[15] So verschärfte die Modernismuskrise erneut das Spannungsverhältnis, in dem die katholische Theologie stand, zwischen katholischer Lehramtstreue und Integration in den universitären Wissenschaftsbetrieb mit seinen Standards. Zu den am meisten umkämpften Feldern gehörten die Fragen der modernen Bibelexegese, hier namentlich die Fragen nach der Literarkritik und nach Inspiration und Irrtumslosigkeit der Schrift; ganz besonders akut war die Auseinandersetzung mit der Wellhausenschen Quellenscheidung für den Pentateuch und dessen Sicht auf die Entwicklung Israels[16], im Neuen Testament die Frage der Zwei-Quellen-Theorie und der damit verbundenen Markus-Priorität.[17] Diese exegetischen Fragen hatten auch noch weitere Implikationen, etwa die Frage nach dem Verhältnis zu den modernen Naturwissenschaften, deren Resultate der biblischen Sicht auf die Welt zu widersprechen schienen, und Fragen der Apologetik, schienen doch traditionelle Elemente der katholischen Glaubensbegründung, etwa der Wunder- und Weissagungsbeweis oder die historische Kirchenstiftung durch Jesus, fraglich zu werden.

Zusammenfassend kann man statuieren: Katholische Theologie in Deutschland vor dem Ersten Weltkrieg zu studieren bedeutete, einem doppelten Anspruch gerecht werden zu wollen: wissenschaftlich mit den Methoden der universitären Gegenwart zu arbeiten und damit den Glauben vor der Vernunft rechtfertigen zu können und nicht eine akademische sektiererische Subgesellschaft zu bilden, die die Fragen der anderen Disziplinen nicht beantworten könne. Kirchlich wollte man treu katholisch sein, so dass die *opinio communis* darin bestand, die historische Methode zu akzeptieren, zugleich aber zeigen zu wollen, dass die Literarkritik und eine religionsgeschichtliche Nivellierung des Christentums Resultat einer unwissenschaftlichen Methode seien, die von

---

14 Klapcynski, Modernismus, S. 275 f.
15 Arnold, Geschichte, S. 124-127; Arnold, Reception.
16 Unterburger, Gefahren, S. 41-67; Unterburger, Dogma.
17 Heil, Exegese; Broer, Exegese, S. 63-75; Unterburger, Dogma.

willkürlichen Voraussetzungen ausgingen und durch eine sorgfältige Bibelkritik als Übertreibungen entlarvt werden könnten.

2 Jaegers Ausbildungsweg

2.1 *Paderborn*

Lorenz Jaeger begann Ostern, also mit dem Sommersemester 1913, seine theologischen Studien an der Bischöflichen Lehranstalt in Paderborn. „Kennzeichnend" für diese sei, so Benjamin Dahlke, in dieser Phase „das ausgeprägte Bewußtsein, mehr als nur eine provinzielle Priesterausbildungsstätte zu sein. So gab es das deutliche Bestreben, zu den Universitäten aufzuschließen, sowohl was das Niveau betrifft als auch des institutionellen Status."[18] In der Modernismuskrise verfolgte man in Paderborn deshalb bewusst den deutschen Mittelweg, es gab weder Modernisten noch antimodernistische Eiferer. Am 5. Dezember 1910 wurde der Antimodernisteneid im Paderborner Amtsblatt veröffentlicht. Die Professoren wandten sich deshalb am 13. Dezember brieflich an Bischof Karl Joseph Schulte (1871-1941): Der Eid verpflichte zu nichts Neuem, wozu man nicht bereits jetzt im Gewissen verpflichtet sei.[19] Man verfolgte die Strategie einer entschärfenden Interpretation, damit aber auch der Beschwichtigung, mit der man erreichen wollte, dass keine feierliche Eidesleistung abverlangt würde, die die Professoren gegenüber den staatlichen Fakultäten isoliert und Gewissenskonflikte verursacht hätte.

Tatsächlich zählte Paderborn damals einige herausragende Theologen, die sich mit den neuralgischen Fragen explizit beschäftigten und im Zentrum theologischer Kontroversen standen. Hier sind im Vorfeld zunächst die Konflikte um einen der profiliertesten deutschen Kanonisten zu nennen, Joseph Freisen (1853-1932). Als Paderborner Seminarist musste er im Kulturkampf seine Studien in Eichstätt vollenden, wo er zum Priester geweiht wurde. Habilitiert sollte er in Freiburg i. Br. 1885 werden. Freisen war der damals wohl beste Kenner der Geschichte des kirchlichen Eherechts, dazu beschäftigten ihn vor allem Fragen des Verfassungs- und Staatskirchenrechts. Freisen warf vor allem ein dogmengeschichtliches Problem auf: die kirchliche Konsenstheorie der Ehe sei im Frühmittelalter kaum verbreitet gewesen, vielmehr habe lange Zeit der Beischlaf erst die katholische Ehe begründet.[20] Diese führte beim Freiburger Ordinariat zu Beanstandungen, so dass er auf seine Habilitationsvor-

---

18 Dahlke, Ende, S. 271.
19 Ebd., S. 274 f.
20 Freisen, Geschichte.

lesung verzichten musste. Kirchliche Denunziationen verhinderten auch eine Habilitation in Breslau.[21] Es spricht für eine gewisse theologische Offenheit von Bischof Hubertus Simar (1835-1902) und seiner bischöflichen Studienanstalt in Paderborn, dass man Freisen dennoch 1892 dort zum Kirchenrechtsprofessor berief. Einen Ruf nach Münster lehnte er selbst ab; die Annahme von Rufen nach Würzburg, Prag und Czernowitz und die Ruferteilung in München hingegen hintertrieben wiederum kirchliche Stellen, nun vor allem der Paderborner Bischof Wilhelm Schneider, nachdem Freisen dessen Wahl im Jahr 1900 kritisiert hatte, bei der der preußische Staat faktisch der Kirche seinen Kandidaten aufgezwungen hatte.[22] Bei der tiefen Entfremdung zum Bischof sah sich Freisen 1905 genötigt, die Professur für Kirchenrecht in Paderborn aufzugeben. Nachfolger wurde zunächst der bereits Apologetik lehrende spätere Paderborner Bischof Karl Joseph Schulte und dann 1910 Johannes Linneborn (1867-1933), ein Spezialist für Staatskirchenrecht und westfälische Kirchengeschichte, der ab 1924 auch im preußischen Landtag saß und das Preußenkonkordat 1929 mit aushandelte.[23] So hat zu Jaegers Studienzeit ein bischofsnaher, gemäßigter Kirchenrechtler das Fach vertreten, dennoch dürften die Konflikte um Freisen noch bewusst gewesen sein.

Im Sommersemester 1913 und im Wintersemester 1913/14 belegte Jaeger die für den ersten Kurs vorgesehenen Lehrveranstaltungen: Philosophie und Philosophiegeschichte, Kirchengeschichte, Einführung in die kirchliche Kunst, die Einleitungsveranstaltungen für das Alte und das Neue Testament, dazu Hebräisch. Hinzu kamen Kurse in Sozialpolitik und im Gregorianischen Choral und ein neutestamentliches und ein kirchengeschichtliches Seminar.[24] Die beiden führenden Gestalten an der Paderborner Fakultät, in deren Lebenswerk sich die Fragen der Modernismuskrise und damit der Wissenschaftlichkeit und Kirchlichkeit der Theologie widerspiegelten, waren zu Jaegers Studienzeit sicherlich der Alttestamentler Norbert Peters (1863-1938) und der Dogmatikprofessor Bernhard Bartmann (1860-1938), der zu Beginn von Jaegers Studium das Dekanat innehatte. Beide, aus dem Kreis Arnsberg stammend, kämpften an vorderster Front an den durch moderne Exegese, Religionswissenschaft und Modernismuskrise aufgeworfenen Problemen.

Peters galt zur Studienzeit Jaegers als einer der führenden kritischen katholischen Bibelexegeten Deutschlands. Leopold Fonck (1865-1930), ein einflussreicher vom Niederrhein stammender Jesuit, der das Bibelinstitut in

21 Bendel/Hilling, Freisen, S. 534 f.
22 Freisen, Verfassungsgeschichte, S. 30; vgl. dazu: Hilling, Preußische Regierung.
23 Hilling, Linneborn; Herte, Linneborn.
24 EBAP, Nachlass Jaeger, 236 Bll. 8 f.

Rom mit einem antimodernistischen Kurs leitete und glaubte, die kritische katholische Bibelexegese in Deutschland widerspreche der Bibelenzyklika Leos XIII., *Providentissimus Deus*[25], sah in Peters einen der gefährlichsten deutschen Exegeten.[26] 1892 erhielt er die Professur in Paderborn; Rufe an andere Fakultäten wurden acht Mal von kirchlichen Stellen verhindert, die seine Exegese für zu kritisch hielten.[27] Peters arbeitete einerseits, wie viele katholische Exegeten, auf der Ebene der Textkritik, etwa zu den Samuelbüchern und Jesus Sirach.[28] Er wollte sich aber auch den modernen Fragen stellen. Viele Probleme mit Inspiration und Inerranz der Schrift rührten seiner Meinung nach daher, dass man von einem letztlich altprotestantischen Begriff ausgehe, der Offenbarung als wörtliche Einflüsterung verstehe. Entscheidend seien vielmehr „Glaube und Sitten" und die Gesamtoffenbarungsaussage eines biblischen Buches; so habe man sich in naturwissenschaftlichen Fragen nach dem Verständnis der Umwelt ausgedrückt.[29] Literarische Gattungen hätten ihre je eigene Wahrheit. Zugleich glaubte Peters, dass die moderne Literarkritik zu leichtfertig Thesen aufstelle, dass also gerade eine exakte Philologie und historische Kritik radikale Annahmen Julius Wellhausens (1844-1918) oder der religionsgeschichtlichen Schule widerlegen helfe.[30] So stellte sich Peters den großen Fragen, etwa der Auslegung des ersten Schöpfungsberichts der Genesis[31] oder dem Problem des menschlichen Leids bei Hiob, aber auch sonst in der Bibel.[32] Immer wieder kam er auch in populären Schriften auf die Frage von Glauben und Wissen zurück, zeigte, dass die Kirche die Lektüre volkssprachlicher Bibelübersetzungen – soweit nur approbiert – durchaus empfahl[33] und dass man auch von der Einbettung des Alten Testaments in die religiöse Umwelt zahlreiche Erkenntnisse erwarten könne, wenn man sich vor willkürlichen Ansichten der religionsgeschichtlichen Schule nur hüte.[34]

Der zweite Professor, der sich intensiv exegetisch mit den scheinbaren Nivellierungen der Religionsgeschichte auseinandersetzte, war weniger der Neutestamentler Heinrich Poggel (1858-1928), der seit seiner Dissertation 1896 keine Monographie mehr verfasste, sondern Dogmatikprofessor Bernhard

---

25   Fonck, Kampf.
26   Unterburger, Lehramt, S. 258-263.
27   Peters, Peters, S. 98.
28   Peters, Beiträge; Peters, Uebersetzung; Peters, Text.
29   Peters, Wahrheit.
30   Peters, Peters, S. 112-117.
31   Peters, Glauben.
32   Peters, Buch; Peters, Leidensfrage.
33   Peters, Kirche.
34   Peters, Religion.

Bartmann, der vor allem wegen seines vielgenutzten Dogmatiklehrbuchs bekannt wurde.[35] Dieses wollte vor allem den biblischen und historischen Beweis sorgfältig und adäquat führen, ansonsten die Glaubenslehre eher positiv darlegen, also nicht allzu schulphilosophisch-spekulativ begründen. Auch er studierte wegen des Kulturkampfs in Würzburg und Eichstätt; wie Freisen und Peters wurde er in Tübingen promoviert und verdankte seine Berufung nach Paderborn Bischof Simar.[36] Die Dissertation zum Verhältnis von Paulus und Jakobus[37] sowie die meisten Abhandlungen und Monographien Bartmanns betreffen aber Fragen des Neues Testaments bzw. dessen Bezug zum katholischen Dogma. Kritisch setzte er sich mit Adolf Harnack (1851-1930) auseinander und suchte in einer Gegenschrift gegen ihn und Alfred Loisy (1857-1940) zu zeigen, dass in der synoptischen Reich Gottes-Verkündigung Jesu und in seinen Selbstaussagen sehr wohl die spätere Christologie einen festen Ausgangspunkt habe.[38] Andere Schriften wandten sich gegen die Angriffe der religionsgeschichtlichen Schule: Die katholische Marienverehrung sei mitnichten eine Übernahme eines heidnischen Mutterkultes, der im Gegensatz zur Lehre Jesu stehe.[39] Die Soteriologie des Paulus werde von der Religionsgeschichtlichen Schule pagan missdeutet.[40] Die liberale Theologie versuche zu Unrecht, durch angebliche „Analogien" alle dogmatischen Inhalte aufzulösen. Ein weiteres Anliegen Bartmanns war es, das Dogma für das Leben fruchtbar zu machen: Die Theologie sei keine Geheimwissenschaft, die sich isolieren dürfe, sondern sie müsse die Lebendigkeit und Gegenwartsbedeutung ihres Gegenstandes klarmachen.[41] Wie die Offenbarung eine Geschichte habe und Fortschritte gemacht habe, so die Theologie und – im Sinn einer Entfaltung der Anfänge – auch das Dogma.

So war Jaegers Studium in Paderborn geprägt vom dortigen Streben, gegen liberale Theologie und Modernismus zu zeigen, dass kritische Exegese und Dogmengeschichte das Dogma stützen können und deshalb auch ein Recht in der Kirche haben. Zudem wollte man demonstrieren, dass die kulturprotestantische Verachtung katholischer Wissenschaft unbegründet sei, eine Isolierung der Katholiken im Stil des Kulturkampfs somit eine Ungerechtigkeit darstelle.

---

35 Bartmann, Lehrbuch.
36 Bartmann, Bartmann, S. 13.
37 Bartmann, St. Paulus.
38 Bartmann, Reich.
39 Bartmann, Christus.
40 Bartmann, Paulus.
41 Bartmann, Gnadenleben.

2.2 München

Obwohl Paderborn durchaus eine Theologie auf der Höhe der Zeit bot, wechselte Jaeger in seinem dritten Studiensemester, also ab Ostern 1914, nach München, wo er außerhalb des Seminars wohnte. Ein Blick auf sein Studienbuch[42] hilft, diesen Schritt besser zu verstehen. Neben einigen Vorlesungen in der Theologie, Kirchengeschichte bei Alois Knöpfler (1847-1921), Moraltheologie bei Franz Xaver Walter (1870-1950), Dogmatik beim außerordentlichen Professor Philipp Friedrich (1876-1940) und eine Vorlesung über den ersten Korintherbrief des Privatdozenten Heinrich Joseph Vogels (1880-1972), besuchte Jaeger vor allem Veranstaltungen in der philosophischen Fakultät und hier neben einem philosophischen Descartes-Seminar beim Inhaber des philosophischen Konkordatslehrstuhls, Clemens Bäumker (1853-1924)[43], vor allem Psychologie und Pädagogik. Da an der bischöflichen Studienanstalt in Paderborn ein breites Studium an einer philosophischen Fakultät nicht möglich war, wechselte Jaeger an eine Volluniversität. Von Beginn an scheint sein Ziel das Studium für das gymnasiale Lehramt gewesen zu sein. München stand dabei für einen Aufbruch der katholischen Pädagogik (Münchener Methode): Joseph Göttler (1874-1935) hatte sich dort der neuen, eher katholisch geprägten Strömung in der allgemeinen Pädagogik geöffnet und versuchte, die Religionspädagogik in das Gesamt der modernen, bei Otto Willmann (1839-1920) in Prag etwa dezidiert metaphysisch begründeten, Pädagogik zu integrieren.[44]

Jaeger belegte auch die Vorlesung des frisch nach München berufenen Friedrich Wilhelm Foerster (1869-1966), „Moderne pädagogische Bestrebungen in kritischer Beleuchtung". Foersters Berufung 1914 war begleitet von grundsätzlichen Auseinandersetzungen.[45] Er setzte sich für eine ethische und metaphysische Ausgestaltung bzw. Begründung der Erziehung ein (Einfluss von Willmann) und schien so gerade für eine christlich geprägte Pädagogik ungemein anschlussfähig. Im Krieg wirkte er polarisierend, da er den deutschen Militarismus und die deutsche Kriegspolitik kritisierte, vom Ministerium abgemahnt und an der Universität gerade von den Studenten massiv als Pazifist angegriffen wurde. 1917 musste er – überzeugt von der deutschen Kriegsschuld – in die Schweiz emigrieren. Er entwickelte sich so zu einer Hassfigur für rechte, deutschnationale Kreise, auch innerhalb des deutschen Katholizismus.[46]

---

42 UAM, Stud-BB-485; EBAP, Nachlass Jaeger, 236 Bll. 11-16.
43 Henckmann, Jahrhundertwende, S. 128-132; Grabmann, Baeumker.
44 Sayler, Göttler; Grell, Göttler.
45 Henckmann, Jahrhundertwende, S. 146-149; Hoschek, Foerster, S. 97-106; S. 115-117.
46 Hausberger, Kiefl, S. 285-317.

Ein weiterer Münchener Gelehrter hat Jaeger aber wohl bei weitem am stärksten geprägt. Bei Oswald Külpe (1862-1915) belegte er gleich drei Lehrveranstaltungen in Psychologie und Philosophie, dazu bei dessen damaligem Assistenten Karl Bühler (1879-1963) eine weitere vierstündige Psychologievorlesung. Külpe war ein damals weit über München bekannter, renommierter Psychologe, ein Schüler Wilhelm Wundts (1832-1920), der sich in Würzburg von seinem Leipziger Lehrer emanzipiert hatte. Hier bildete sich um ihn die sog. „Würzburger psychologische Schule", die dann durch Külpe und Bühler nach München verpflanzt wurde.[47] Diese hatte zwei Kennzeichen: Einerseits die experimentelle Ausrichtung, die von Wundt übernommen und auf kognitive Akte hin ausgebaut wurde. Denken wurde nicht mehr nur durch Assoziationsmechanismen erklärt. Durch Versuchsanordnungen, die sich auf Introspektion und Selbstbeschreibung der Probanten gründeten, wies man vielmehr nach, dass Denken anderen Gesetzen folge und es Denken ohne Anschauung geben könne. Das zweite von Wundt herkommende Standbein war die dezidiert philosophische Ausrichtung, vor allem die Auseinandersetzung mit der kritischen Philosophie Immanuel Kants (1724-1804).[48] Kant wurde damals vielfach im Neukantianismus rezipiert und weiterentwickelt, zugleich aber von der katholischen Philosophie in der Regel strikt abgelehnt. Seit den 1820er Jahren standen seine Kritiken auf dem Index der verbotenen Bücher.[49] Einerseits war es für einen Katholiken wie Jaeger also unerhört, sich bei Külpe mit ihm zu beschäftigen und seine positiven Anliegen zu würdigen; andererseits übte Külpe eine fundamentale, tiefeinschneidende Kritik an Kant und begründete durch seine methodisch-experimentell gewonnenen psychologischen Erkenntnisse einen antiidealistischen und antikritischen erkenntnistheoretischen Realismus.[50] In geistigem Kontakt zu Edmund Husserl (1859-1938) und der frühen Phänomenologie wurde einerseits die Intentionalität geistiger Akte herausgearbeitet, andererseits aber auch Materialismus und Naturalismus als reduktionistische Theorien des geistigen Lebens zu widerlegen versucht.

So eröffnete Külpes Schule eine Unterstützung für den katholischen Standpunkt von einer unerwarteten Seite, nämlich von einem baltischen Protestanten und modernen experimentellen Psychologen. Das von Josef Link und Josef Slominski 1966 verfasste Lebensbild Jaegers, das dieser selbst gelesen und somit gleichsam approbiert hat, schreibt über dieses Semester:

---

47 Mack, Schule; Gundlach, Külpe.
48 Külpe, Kant.
49 Unterburger, Kant.
50 Külpe, Realisierung; Külpe, Einleitung; Külpe, Psychologie.

„Eine wissenschaftliche Laufbahn schien ihren verheißungsvollen Anfang zu nehmen. Prof. Oswald Külpe, der bedeutende Psychologe und Philosoph, nahm ihn aufgrund hervorragender Leistungen in sein Oberseminar auf."[51] Dem Studienbuch ist zu entnehmen, dass dies eine leichte Übertreibung ist und es sich um die Aufnahme in eine Übungs- bzw. Seminarveranstaltung handelte mit dem Titel „Erkenntnistheoretische Übungen", für die kein Hörgeld bezahlt werden musste. Wie stark Külpes Einfluss auf begabte katholische Theologen zu dieser Zeit aber war, geht aus der Tatsache hervor, dass auch der spätere Fundamentaltheologe und Lehrer Ratzingers Gottlieb Söhngen (1892-1971)[52] bei Külpe studierte, dazu der Jesuit Johannes Lindworsky (1875-1939), ein Pionier der Rezeption der modernen Psychologie im Katholizismus.[53] Nach Külpes Tod schrieb Martin Grabmann (1875-1949) 1916 eine wissenschaftliche Abhandlung über dessen Leistung, bei der er herausstellte, dass Külpe den Phänomenalismus Kants widerlegt und durch die moderne Psychologie den Standpunkt der aristotelischen Scholastik vielfach bestätigt habe.[54] Noch vor Husserl sieht Grabmann deshalb in ihm den „einflußreichste[n] und am tiefsten grabende[n]" Vertreter des Realismus.[55] Sein kritischer Realismus sei eine der „aristotelisch-scholastischen Philosophie" ganz nahestehende Richtung.[56] Grabmann, der Erforscher der mittelalterlichen Theologie und Philosophie, wechselte wenig später von Wien auf die Dogmatikprofessur in München.

2.3 Weltkrieg und Abschluss der Studien in Münster und Paderborn

Nach einem Semester war Jaegers Studium in München schon vorbei; es erfolgte die Kriegseinberufung. Dass Jaegers Kriegserlebnisse für ihn ungemein prägend waren, steht außer Zweifel, ist freilich nicht Gegenstand dieser Abhandlung. Geprägt werden ihn aber wohl die zahlreichen Abhandlungen haben, mit denen die Paderborner Theologieprofessoren den Krieg deuteten und so Sinn zu stiften versuchten. Seit Kriegsausbruch erschienen in der Fakultätszeitschrift „Theologie und Glaube" immer wieder Abhandlungen, die nicht nur Aspekte des Kriegs von verschiedenen Perspektiven aus behandelten, sondern auch explizit einen Beitrag leisten wollten zu der als gerecht empfundenen deutschen Sache. Vielfach waren es Theologen von außerhalb, die in der Zeitschrift schrieben. Der Jesuit Hermann Gruber (1851-1930) führte

---

51 Link/Slominski, Jaeger, S. 12.
52 Graulich, Theologie, S. 17.
53 Eirich, Lindworsky.
54 Grabmann, Realismus.
55 Ebd., S. 5.
56 Ebd., S. 3.

etwa 1915 seine durchaus einflussreiche These aus, dass der Krieg von der Freimaurerei, die die Entente-Regierungen dominiere, angezettelt worden sei, um Österreich und die katholische Kirche zu zerstören.[57] Franz Keller (1873-1944), der Freiburger Moraltheologe, erhoffte sich vom Krieg wie viele andere, eine sittliche Reinigung[58], zumal die außerkirchliche Jugendbewegung vom Laster der Homosexualität infiziert sei.[59] Doch auch viele Paderborner Theologen stimmten ein. Nach dem geistlichen Gymnasiallehrer und späteren Generalvikar Josef Arnold Rosenberg (1865-1930)[60] wies auch der Kirchenrechtler Johannes Linneborn die Angriffe in „La Guerre allemand"[61] zurück, nach denen es im Krieg um einen Kampf zwischen romanischem Katholizismus und deutscher protestantischer Aggression gehe.[62] In einer anderen Besprechung führte Linneborn aus: „Ein starker Arm, ein weiter Blick, Gewandtheit und Übung im Waffenhandwerk, Ehrlichkeit und Menschlichkeit, Kameradschaft und frommer Sinn, führten damals die deutschen Krieger zum Siege und zum Ruhme als beste Streitmacht der Welt: dieselben Vorzüge und Tugenden werden auch jetzt den deutschen Waffen den Sieg sichern."[63] Vielfach suchten Paderborner Professoren Kriegsseelsorge zu leisten und schrieben zur Erbauung von Soldaten und Zivilisten auch für breitere Kreise bestimmte Werke, so vor allem die „Religiösen Kriegsblätter".[64] Norbert Peters predigte nicht nur in der Busdorfkirche, sondern verfasste 1914 auch das Werk „Heldentod".[65] Es verfolgte einen mehrfachen Zweck: Es wollte die Hinterbliebenen trösten, das schwere Schicksal durch den Blick auf die Bibel und den katholischen Glauben lindern und deuten.[66] Es wollte aber auch motivieren und nationale Geschlossenheit erreichen. Der Krieg war für ihn ein absolut gerechter Krieg; wie Gott in der Bibel sein Volk vielfach zum Siege geführt habe, werden auch die Deutschen in diesem Krieg durch göttliche Hilfe siegen[67]; schuld am Krieg hatten für ihn Rachsucht, Hass, Neid und Raubgier der Gegner.[68] Der Helden-

---

57 Gruber, Untergrund.
58 Keller, Reinigung.
59 Keller, Homosexualität.
60 Rosenberg, Krieg.
61 Baudrillart, Guerre.
62 Linneborn, Krieg.
63 Linneborn, Kriegern, S. 746.
64 Dahlke, Ende, S. 277 f.
65 Peters, Heldentod.
66 Ebd., S. V-VII; S. 1-3.
67 Ebd., S. 35-39.
68 „Als tiefste Ursache des grauenhaften Völkerkrieges hat sich aber längst herausgestellt der Vierverband unbezähmbarer Rachsucht, blindwütigen Hasses, habgierigen Neides und frecher Raubgier. Heimtückisch hatten Deutschlands Feinde schon seit Jahren den Krieg

tod, die Hingabe des Lebens für seine Lieben, wird gleichgesetzt mit der vollkommenen Reue, die auch schon vor dem Empfang des Bußsakramentes rechtfertige; er stehe deshalb in Parallele zum Martyrium.[69]

Diese Literatur seiner Lehrer wird teilweise auch den im Feld stehenden Jaeger erreicht haben. Freilich publizierten nicht alle Paderborner Professoren aktiv in diese Richtung; in den späteren Kriegsjahren scheint der nationale Ton auch etwas zurückhaltender gewesen zu sein. Ein Anliegen der Paderborner Beiträge ist es, den Krieg christlich zu deuten und so an einer christlichen Ethik zu messen, was jedoch mitunter zu einer eigentümlichen Verschmelzung von Nationalismus und katholischem Christentum führte. Jaeger war während des Krieges an der Westfront eingesetzt, im letzten Kriegsjahr an der sog. Siegfried-Linie und noch Anfang Oktober 1918 Teilnehmer eines schweren Gefechts zwischen Cambrai und St. Quentin.[70] Dort geriet er in englische Kriegsgefangenschaft. So konnte er sein Studium erst Anfang Februar 1920 fortsetzen, als das Wintersemesters beinahe vorüber war.

Jaeger immatrikulierte sich am 7. Februar 1920 in Münster, wo er bis zum 31. März eingeschrieben war.[71] Dort belegte er zahlreiche theologische Lehrveranstaltungen, unter anderem beim renommierten Moraltheologen Joseph Mausbach (1861-1931) und beim streng-thomistischen Dogmatiker Franz Diekamp (1864-1934), ohne dass er doch diese lange gehört haben wird.[72] Interessanterweise griff aber Jaeger, ähnlich wie vor dem Krieg in München, über

---

gegen uns beschlossen und sorgsam vorbereitet. Das Netz der Einkreisungspolitik war längst gesponnen für unsere Füße und wurde fester und enger gezogen, als der falsche Mund der ehrlosen Führer unserer Feinde noch troff von tückevollen Beteuerungen der Liebe zum Frieden und von erlogenen Bemühungen um seine Erhaltung. Mitten in unseren friedlichen Arbeiten sollten wir meuchlings überfallen werden, wie einen friedlichen Ackermann oder Bürger Wegelagerer einmal hinterrücks niederschlagen mögen. Der Zweck der vereinten Gegner aber war die Zerschmetterung und Aufteilung Österreich-Ungarns und die völlige militärische und politische Niederringung unseres Vaterlandes, die Hemmung der friedlichen Arbeit, die Vernichtung des Handels, die Zerschmetterung der Industrie Deutschlands, die Versklavung seiner Bewohner." Ebd., S. 36.

69 „Ihr Tod kann also wahrhaft dem Tod der Märtyrer, der Blutzeugen Jesu Christi verglichen werden. Das scheint uns eine wohlbegründete theologische Anschauung zu sein. Starben sie aber als Blutzeugen Christi, so hat dieser Blutzeugentod auch die dargelegten Wirkungen ausgeübt in ihrer Seele, so daß sie frei von Schuld und Fehle eingegangen sind ins Himmelreich, zu Gott in seine Seligkeit." Ebd., S. 56.

70 EBAP, Nachlass Jaeger, 228 Bll. 14 f.

71 EBAP, Nachlass Jaeger, 236 Bll. 37 f.

72 EBAP, Nachlass Jaeger, 236 Bll. 23-34. Außerdem belegte er weitere theologische Lehrveranstaltungen im Alten Testament bei Wilhelm Engelkemper (1869-1939), im Kirchenrecht bei Karl Lux (1872-1931), eine Vorlesung des Missionswissenschaftlers Joseph Schmidlin (1876-1944) zur Kirchengeschichte des 19. Jahrhunderts, eine Auslegung der Bergpredigt bei Dr. Wilhelm Vrede (1878-1943) und Apologetik bei Bernhard Dörholt (1851-1929): ebd.

das Gebiet der Theologie hinaus, wiederum auf das Feld der experimentellen Psychologie und des Kantianismus, wo er gleich drei Lehrveranstaltungen[73] des Wundt-Schülers Richard Hellmuth Goldschmidt (1883-1968) besuchte. Goldschmidt hatte in Münster soeben ein experimentalpsychologisches Seminar gegründet. Später war er als Jude gezwungen, zwischen 1933 und 1945 zu emigrieren, zunächst nach Amsterdam und dann nach England.[74] Dazu belegte Jaeger bei Alfred Brunswig (1877-1927) eine Vorlesung zu „Grundfragen der Ethik" und „Übungen zur kantischen Philosophie".[75] Schließlich inskribierte er sich auch in die Vorlesung „Einführung in die Pädagogik der Gegenwart" beim Privatdozenten Otto Braun (1882-1922)[76], einem Eucken-Schüler, der in katholischen und konservativen Kreisen als Linker galt und verhindert wurde, so dass er schließlich nach Basel ging.[77] Deutlich wird, dass Jaeger trotz der langen kriegsbedingten Pause an seine Vorkriegsstudien anknüpfen wollte. Er schrieb sich wiederum an einer Universität ein, um seine theologischen Studien ergänzen zu können. Erneut waren es experimentelle Psychologie und Pädagogik, dazu die Auseinandersetzung mit Kant; Interessen und Schwerpunkte, für die er bereits vor dem Krieg an der Münchener Universität Kompetenzen und Kenntnisse erworben hatte.

Dieses Unterfangen nahm jedoch bald wieder ein Ende. Zum Sommersemester 1920 musste er nach Paderborn zurückkehren und dort innerhalb von zwei Semestern sein Theologiestudium abschließen. Der Grund war vermutlich, dass die Priesteramtskandidaten eine Mindestaufenthaltszeit im Theologenkonvikt zu absolvieren hatten. Er hörte neben den beiden Exegeten Peters und Poggel und dem Dogmatiker Bartmann nun noch Franz Egon Schneider (1880-1943) im Kirchenrecht, Hermann Müller (1868-1932) in Moraltheologie, Josef Brögger (1883-1935) in Katechetik, dessen Lehrstuhl neu errichtet worden war und Apologetik bei Alois Fuchs (1877-1971), der auch eifrig als Kunsthistoriker publizierte. Für den Leiter des Collegium Leoninum, Paul Simon (1882-1946), später Professor in Tübingen und dann Dompropst in Paderborn[78], war eine Professur für Patrologie neu errichtet worden. Bei ihm hörte Jaeger ebenfalls.[79] Über den Sozialismus informierte Msgr. Dr. Josef Strake (1882-

---

73   Näherhin „Praktische Übungen in der experimental-psychologischen Untersuchung von Kindern", „Besprechungen über die Methoden der Pädagogik" und ein „Philos. Kolloquium über Vaihingers Fiktionsbegriff": ebd.
74   Hettwer, Goldschmidt.
75   EBAP, Nachlass Jaeger, 236 Bll. 23-34.
76   Tilitzki, Universitätsphilosophie, S. 66; Mannzmann, Geschichte, S. 333.
77   EBAP, Nachlass Jaeger, 236 Bll. 23-34.
78   Riesenberger, Dompropst.
79   EBAP, Nachlass Jaeger, 236 Bll. 40 f.

1960), der sein Leben ab 1922 dem Aufbau der „Josefs-Gesellschaft für Krüppelfürsorge" widmete. Nach Ausweis vorhandener Vorlesungsmanuskripte waren die theologischen Vorlesungen an den wichtigsten Lehrbüchern orientiert, Müllers Moraltheologie etwa am Lehrbuch Hubert Theophil Simars, der ab 1890 Bischof von Paderborn war.[80] Originell oder innovativ war dies aber ebensowenig wie das Apologetik-Manuskript von Alois Fuchs aus dem Jahr 1913, das erhalten geblieben ist, auch wenn dort in abwehrender Stellung durchaus die moderne evangelische Bibelkritik oder der Darwinismus als abzulehnen behandelt wurden.[81] Trotz seiner ambitionierten Zusatzstudien in München und Münster, die eine Aufgeschlossenheit für moderne Entwicklungen in Psychologie, Pädagogik und Philosophie beweisen und wohl auch auf das Ziel eines geistlichen Studienrats auf einem Gymnasium hin unternommen wurden, blieb Jaeger somit dann doch auf den Radius des gewöhnlichen Theologiestudiums beschränkt. Seine Studien blieben ein Torso und theologisch absolvierte er eher ein Minimalprogramm von insgesamt fünf Semestern; hinzu kam das halbe Semester in Münster. Im April 1921 trat er ins Priesterseminar ein, wo das theoretische Studium noch ein Semester lang durch einige praktische Lehrveranstaltungen ergänzt wurde[82], ehe er die höheren Weihen empfing. Er war nun mit wesentlich jüngeren Kandidaten im Weihekurs, die teilweise auch seine Kriegserlebnisse nicht teilten. Trotz seiner universitären Zusatzstudien und seiner sich in diesen dokumentierenden intellektuellen Interessen brachte es der Krieg mit sich, dass er eher nur ein Minimalprogramm studieren konnte, was er mit hoher Sicherheit als schmerzlich empfunden haben dürfte.

2.4 Zusatzstudien in Münster für das Gymnasiale Lehramt

Jaeger wird aus diesen Gründen die Anfrage, die Generalvikar Rosenberg ihm im April 1926 übermittelte, ob er die Stelle eines Religionslehrers an der städtischen Oberrealschule in Herne zu übernehmen bereit sei, wohl begrüßt haben. Auf diesem Weg bot sich doch noch die Möglichkeit, seine Studien zu ergänzen, denn ein Geistlicher mit bereits abgelegtem Staatsexamen stand im Bistum zur Abordnung nach Herne nicht zur Verfügung.[83] Jaeger wurde zu-

---

80 Müller, Skizzen, SS 1904; Müller, Skizzen, SS 1905 und SS 1906 (als Manuskripte in der Akademischen Bibliothek des Erzbistums Paderborn).
81 Fuchs, Apologetik (als Manuskript in der Akademischen Bibliothek des Erzbistums Paderborn).
82 Generalvikariat Paderborn an Jaeger, 29.3.1921, EBAP, Nachlass Jaeger, 236 Bl. 47.
83 „Dagegen würden wir den Pfarrvikar Jaeger in Oebisfelde, dessen Eignung für Unterricht und Erziehung wir kennen, zur Verfügung stellen, damit er den Religionsunterricht für die katholischen Schüler der Anstalt übernimmt. Unsererseits bestehen keine Bedenken, daß

nächst als Studienassessor angestellt.[84] Begleitend schrieb er sich an der Universität Münster vom Sommersemester 1926 bis zum Sommersemester 1927 als Gasthörer in der philosophischen Fakultät ein, um seine Studien für die Ablegung des Staatsexamens zu ergänzen.[85]

Die Münsteraner Universität und besonders die philosophische Fakultät vollzog in diesen Jahren einen Prozess der Ausdifferenzierung und des Wachstums. An der philosophisch-theologischen Akademie hatte sich diese während des Kulturkampfs bereits von der Theologie weitgehend emanzipiert und ein eigenes Promotionsrecht erhalten. 1902 kam die juristische Fakultät dazu und die Akademie wurde wieder in den Rang einer Universität erhoben. Bestimmend blieb eine Art konfessionelle Parität in den philosophischen Fächern. Jaeger belegte in allen drei Veranstaltungen pädagogische bzw. philosophische Lehrveranstaltungen bei Max Ettlinger (1877-1929). Ettlinger war ein Philosoph von katholischer Konfession; er wollte das traditionelle scholastische Erbe für die Gegenwart fruchtbar machen. Zugleich war er ein angesehener Pädagoge, der sich für eine Professionalisierung der Lehrerbildung einsetzte und das „Deutsche Institut für wissenschaftliche Pädagogik" in Münster begründete und leitete.[86] Vielleicht war sich Jaeger im Sommersemester 1926 noch nicht sicher, ob er Deutsch oder Geschichte als zweites Fach neben Religion unterrichten wollte, da er sich beim Germanisten Julius Schwering (1863-1942) als Professor für neue deutsche Literaturgeschichte, der als erster Vorsitzender der Droste-Gesellschaft die Erforschung der westfälischen Literatur vorantrieb[87], und bei Karl Spannagel (1862-1937), einem monarchistisch-national eingestellten Historiker, einschrieb.[88] In den beiden folgenden Semestern hörte Jaeger dann aber außer Ettlinger nur Geschichte, wobei Hermann Wätjen (1876-1944) sein wichtigster Lehrer wurde.[89] Dieser war auf die Erforschung der internationalen Handelsbeziehungen, insbesondere des Überseehandels, spezialisiert. Auch die Geschichtswissenschaft

       ihm unter Zustimmung der Stadtverwaltung und mit Genehmigung des Provinzialschulkollegiums auch anderer Unterricht übertragen wird. Wir würden es sogar begrüßen, weil damit die Besoldung in entsprechender Weise geregelt werden könnte." Generalvikar Rosenberg an OStD Dr. Wirtz, 3.4.1926, EBAP, Nachlass Jaeger, 237 Bl. 4.

84 Vorsitzender des Schulausschusses der Stadt Herne an Jaeger, 4.8.1928, EBAP, Nachlass Jaeger, 237 Bl. 15.

85 Vgl. die Gasthörerscheine für das SS 1926: EBAP, Nachlass Jaeger, 236 Bll. 60 f.; für das WS 1926: EBAP, Nachlass Jaeger, 236 Bll. 62 f.; für das SS 1927: EBAP, Nachlass Jaeger, 236 Bll. 64 f.

86 Müller, Institut.

87 Gödden, Schwering.

88 Mütter, Spannagel.

89 Mütter, Geschichtswissenschaft, S. 361-363; Mütter, Wätjen.

war in Münster tendenziell konfessionell paritätisch besetzt; Wätjen hatte den protestantisch geprägten Lehrstuhl inne. Ob es allein fachliche oder persönliche Präferenzen Jaegers für diese Wahl waren oder ob auch die parallel stattfindende Neubesetzung des katholischen Konkordats-Lehrstuhls oder einfach die bessere zeitliche Vereinbarkeit mit seinem Schulunterricht hierfür den Ausschlag gaben, kann nicht mehr eruiert werden. Der Protestant Wätjen kritisiert später, 1938, den Einmarsch in die Tschechoslowakei und dann 1939 den Angriff auf Polen. Ergänzend belegte Jaeger auch eine Vorlesung beim jüdischen Althistoriker Friedrich Münzer (1868-1942), der 1942 im Konzentrationslager Theresienstadt sterben sollte[90], über das Zeitalter der römischen Bürgerkriege.[91] Die konkreten Gründe für die Wahl bestimmter Lehrveranstaltungen müssen im Dunkeln bleiben, doch dürfte klar sein, dass Jaeger sich jedenfalls nicht von einseitigen und engen konfessionellen Rücksichten bei der Auswahl seiner Lehrer leiten ließ.

Nach dem Sommersemester 1927 meldete sich Jaeger für das Lehramt an höheren Schulen beim Prüfungsamt in Münster und erhielt von diesem als Thema für eine in drei Monaten zu bearbeitende Staatsexamensarbeit: „Die Anfänge der Jesuitenmissionen in Südamerika, mit besonderer Berücksichtigung ihrer wirtschaftlichen Tätigkeit".[92] Das Thema der Arbeit dürfte mit Wätjen vereinbart worden sein; leider scheint kein Exemplar derselben überliefert worden zu sein.[93] Die mündlichen Prüfungen fanden dann im Mai in den Fächern „Katholische Religion", „Geschichte" und „Hebräisch" statt und wurden jeweils mit der Note zwei (gut) bestanden. Wätjen war einer der beteiligten Prüfer.[94] Die nunmehr folgende Referendariatszeit wurde Jaeger um ein Jahr verkürzt; im Oktober 1928 schlug er Themen für die „pädagogische Arbeit" vor.[95] Jaeger

---

90   Hölkeskamp, Münzer.
91   Vgl. den Gasthörerschein SS 1927: EBAP, Nachlass Jaeger, 236 Bll. 64 f.
92   Wissenschaftliches Prüfungsamt Münster an Jaeger, 3.8.1927, EBAP, Nachlass Jaeger, 236 Bl. 66. Auf der Rückseite findet sich folgende Bemerkung: „nicht erwünscht mehr als 15 Bogen bei etwa 30 Zeilen und mündliche Prüfung in der Regel 2 Monate danach". Am 16. Oktober gewährte das wissenschaftliche Prüfungsamt eine Fristverlängerung bis zum 15. Dezember: EBAP, Nachlass Jaeger, 236 Bl. 68.
93   Freundliche Auskunft von Herrn Dr. Gerhard Kreuchel, Landesarchiv Nordrhein-Westfalen, Abteilung Westfalen in Münster, vom 7.11.2018, AZ: W3-2018/13325 und von Robert Gieseler, Universitätsarchiv Münster, vom 31.10.2018, AZ: 53 Tgbg. 577/2018.
94   „Der mündlichen Prüfung unterzog er sich am 8., 9. und 11. Mai 1928. Herr Lorenz Jaeger hat die Prüfung für das Lehramt an höheren Schulen gemäß § 48 der Prüfungsordnung bestanden. Er erhielt in katholischer Religion als Hauptfach das Zeugnis Gut, in Geschichte als Hauptfach das Zeugnis Gut, in Hebräisch als Nebenfach das Zeugnis Gut." Wissenschaftliches Prüfungsamt Münster, 11.5.1928, EBAP, Nachlass Jaeger, 236 Bll. 72r-73v.
95   „Vorschläge für die pädagogische Arbeit des Studienreferendars Jaeger (kath. Religion I; Geschichte I, Hebräisch). Für die pädagogische Arbeit bringe ich folgende Themen in

wurde Anfang 1929 dem städtischen Gymnasium Dortmund zugewiesen[96] und nach dem Bestehen der pädagogischen Lehrprobe im März zum Studienassessor mit Anwartschaft auf den höheren Schuldienst ernannt.[97] 1932/1933 ließ sich Jaeger schließlich erneut als Gasthörer an der philosophischen Fakultät in Münster inskribieren, dieses Mal für Germanistik. Vermutlich wollte er auch noch für das Fach Deutsch die Lehrbefähigung erwerben; im Sommer 1933 brach er dieses Unterfangen ohne Ergebnis ab.[98]

3 Fazit: Herkunft und Zukunft

Jaegers Ausbildung blieb aufgrund des Krieges zwar in gewisser Weise lückenhaft, sie war aber dennoch auf der Höhe der Zeit und ambitioniert. In Paderborn wurde er massiv mit den modernen Problemen von Glauben und Wissen, Religionsgeschichte und liberaler Theologie konfrontiert, also damit, wie der katholische Glaube vor den Anfragen der modernen akademischen Welt bestehen könne. Jaegers Lehrer stellten sich dieser Aufgabe in der Überzeugung, dass ein Mehr an Wissenschaft und Vernunft den Glauben schließlich stützen und kräftigen müsse. Eine Bestätigung scheinen die modernen Entwicklungen in Pädagogik, Psychologie und Philosophie in München und dann 1920 in Münster bekommen zu haben, die zu einer Abkehr dieser Disziplinen von Subjektivismus und Religionskritik führten. Ähnliches gilt später für die Geschichtswissenschaft in Münster. Damit war eine Aussöhnung zwischen Glauben und Vernunft, zwischen katholischer Konfession und deutscher akademischer Kultur leichter, auch mit der nationalen Idee.

Sieht man von Foerster ab, dürfte die Mehrzahl von Jaegers Lehrern 1914 durchaus national eingestellt gewesen sein. Einen Schluss auf Jaegers spätere eigene Einstellung daraus zu ziehen, wäre aber sicher voreilig. Viele außerakademische Faktoren dürften ihn mindestens ebenso geprägt haben; zudem

---

Vorschlag: 1. Meßopfererziehung im Religionsunterricht der höheren Schule; 2. Die Konzentration zwischen Geschichtsunterricht und kirchengeschichtlichem Unterricht in der Untertertiär." Jaeger an das wissenschaftliche Prüfungsamt Münster, 9.10.1928, EBAP, Nachlass Jaeger, 236 Bl. 79.

96   Pädagogisches Prüfungsamt des Provinzialschulkollegiums an Jaeger, 28.1.1929, EBAP, Nachlass Jaeger, 236 Bl. 80.
97   Provinzialschulkollegium Münster, 21.4.1929, EBAP, Nachlass Jaeger, 236 Bl. 86.
98   Gasthörerschein des Studienrats Jaeger im SS 1932, philosophisch-naturwissenschaftliche Fakultät, 1.5.1932, EBAP, Nachlass Jaeger, 236 Bl. 91; Gasthörerschein des Studienrats Jaeger im WS 1932/1933, philosophisch-naturwissenschaftliche Fakultät, 14.11.1932, EBAP, Nachlass Jaeger, 236 Bl. 96; Gasthörerschein des Studienrats Jaeger im SS 1933, philosophisch-naturwissenschaftliche Fakultät, 11.5.1933, EBAP, Nachlass Jaeger, 236 Bl. 98.

waren die akademischen Einflüsse ambivalent. Die nationalen Bekenntnisse Paderborner Professoren im Ersten Weltkrieg haben ebenso auf ihn gewirkt wie das Studium bei protestantischen und jüdischen Gelehrten in München und Münster. Selbst der Einfluss einer einzigen Lehrergestalt wie Bernhard Bartmann lässt sich kaum auf einen eindeutigen Nenner bringen: Einerseits beteiligte sich dieser an der Kriegspropaganda ab 1914 nur schwach; später aber, nach 1933, suchte er einen gewissen Brückenschlag, indem er vorher vorhandene Tendenzen in seiner Theologie ausbaute: die Substitutionslehre in Bezug auf das Judentum; die Betonung der Unvollkommenheit und Überholtheit des Altes Testaments und dessen Differenz zum Christentum und zu Paulus.[99] Doch selbst diese antijüdischen Schriften hatten auch das Ziel, indirekt den Nationalsozialismus bei seinem Parteiprogramm zu packen und so auf ein positives Offenbarungschristentum zu verpflichten, weitverbreitete weltanschauliche Schriften nationalsozialistischer Provenienz aber zu kritisieren.[100]

Immerhin wird man nicht umhin kommen zu konstatieren, dass zumindest Themenfelder, die Jaegers Ausbildung dominierten, für diesen weiter virulent blieben, das Verhältnis von Glauben und Wissen, von Kirche und Staat und Gesamtgesellschaft, die These, dass der erkenntnistheoretische Subjektivismus und Kritizismus durch die psychologische empirische Forschung ebenso überholt sei wie die radikale liberale Kritik an der Bibel durch eine objektive historische Forschung; gegen diese subjektiven Auflösungstendenzen gebe es ein gemeinsames Interesse von Katholiken und konservativen, offenbarungstreuen Protestanten. In diesem Sinne bedeutete für Jaeger Herkunft Zukunft.

Quellen- und Literaturverzeichnis

Quellen
Erzbistums-Archiv Paderborn (EBAP)
    Nachlass Lorenz Kardinal Jaeger (NLKJ) Akten Nr. 228, 236, 237
Landesarchiv Nordrhein-Westfalen, Abteilung Westfalen in Münster
    Akten-Zeichen W3-2018/13325
Universitätsarchiv München
    Stud-BB-485

---

99   Bartmann, Glaubensgegensatz.
100 Bartmann, Christentum.

Universitätsarchiv Münster
Akten-Zeichen 53 Tgbg. Nr. 577/2018

Gedruckte Quellen
Fuchs, Alois: Apologetik. Religion, Christentum, Kirche. Paderborn 1913 (Manuskript in der Akademischen Bibliothek des Erzbistums Paderborn)
Müller, Hermann: Skizzen zu moraltheologischen Vorlesungen im Anschluss an Simar, Lehrbuch der Moraltheologie. Zum Privatgebrauche der Zuhörer als Manuskript gedruckt. Paderborn SS 1904 (Manuskripte in der Akademischen Bibliothek des Erzbistums Paderborn)
Müller, Hermann: Skizzen zu moraltheologischen Vorlesungen im Anschluss an Simar, Lehrbuch der Moraltheologie. Zweites Buch Spezielle Moraltheologie. Zum Privatgebrauche der Zuhörer als Manuskript gedruckt. Paderborn SS 1905 und SS 1906 (Manuskripte in der Akademischen Bibliothek des Erzbistums Paderborn)

Literatur
Arnold, Claus: Kleine Geschichte des Modernismus. Freiburg i. Br. 2007
Arnold, Claus: P. Joseph Lemius OMI und die Entstehung der Enzyklika „Pascendi", in: Gisela Fleckenstein u. a. (Hg.): Kirchengeschichte. Alte und neue Wege. Festschrift für Christoph Weber. Frankfurt a. M. 2008, S. 299-320
Arnold, Claus: The Reception of the Encyclical Pascendi in Germany, in: Claus Arnold/Paul Vian (Hg.): The Reception and Application of the Encyclical *Pascendi* (Studi di Storia, 3). Venedig 2017, S. 75-91
Bartmann, Bernhard: St. Paulus und St. Jakobus über die Rechtfertigung (Biblische Studien, II/1). Freiburg i. Br. 1897
Bartmann, Bernhard: Christus ein Gegner des Marienkults? Jesus und seine Mutter in den heiligen Evangelien. Freiburg i. Br. 1909
Bartmann, Bernhard: Lehrbuch der Dogmatik. 2. Aufl., Freiburg i. Br. 1911
Bartmann, Bernhard: Das Reich Gottes in der Heiligen Schrift. Münster 1912
Bartmann, Bernhard: Paulus. Die Grundzüge seiner Lehre und die moderne Religionsgeschichte. Paderborn 1914
Bartmann, Bernhard: Des Christen Gnadenleben. Biblisch, dogmatisch, aszetisch dargestellt. Paderborn 1921
Bartmann, Bernhard: Bernhard Bartmann, in: Erich Stange (Hg.): Die Religionswissenschaft der Gegenwart in Selbstdarstellungen, Bd. 3. Leipzig 1927, S. 1-35
Bartmann, Bernhard: Positives Christentum in katholischer Wesensschau. Paderborn 1934
Bartmann, Bernhard: Der Glaubensgegensatz zwischen Judentum und Christentum. Paderborn 1938

Baudrillart, Alfred: La Guerre Allemande et le Catholicisme. Paris 1915

Bendel, Franz Josef/Hilling, Nikolaus: Joseph Freisen, in: AkathKR 112 (1932), S. 534-539

Berlis, Angela: Tapfere Cherusker, tüchtige Theologen. Ausbildung alt-katholischer Theologen an der Universität Bonn bis 1902 [Anhang: Alt-katholische Studenten bis 1902], in: Günter Eßer/Matthias Ring (Hg.): Zwischen Freiheit und Gebundenheit. Festschrift zum 100jährigen Bestehen des Alt-Katholischen Seminars der Universität Bonn (1902-2002). Bonn 2002, S. 49-111

Brandt, Hans Jürgen/Hengst, Karl: Das Bistum Paderborn im Industriezeitalter. Geschichte des Erzbistums Paderborn, Bd. 3 (Veröffentlichungen zur Geschichte der Mitteldeutschen Kirchenprovinz, 14). Paderborn 1997

Broer, Ingo: Gebremste Exegese. Katholische Neutestamentler in der ersten Hälfte des 20. Jahrhunderts. Friedrich Wilhelm Maier, Fritz Tillmann, Alfred Wikenhauser, Max Meinertz, in: Cilliers Breytenbach/Rudolf Hoppe (Hg.): Neutestamentliche Wissenschaft nach 1945. Hauptvertreter der deutschsprachigen Exegeten in der Darstellung ihrer Schüler. Neukirchen-Vluyn 2008, S. 59-112

Dahlke, Benjamin: Vom Ende des Kulturkampfes bis zur Erhebung zur Theologischen Fakultät (1887-1966), in: Josef Meyer zu Schlochtern (Hg.): Die Academia Theodoriana. Von der Jesuitenuniversität zur Theologischen Fakultät Paderborn 1614-2014. Paderborn 2014, S. 271-312

Eirich, Hans: Lindworsky, Johannes, in: Neue Deutsche Biographie 14 (1985), S. 619 f.

Fonck, Leopold: Der Kampf um die Wahrheit der H. Schrift seit 25 Jahren. Beiträge zur Geschichte und Kritik der modernen Exegese. Innsbruck 1905

Freisen, Joseph: Geschichte des Canonischen Eherechts bis zum Verfall der Glossenlitteratur. Tübingen 1888

Freisen, Joseph: Verfassungsgeschichte der katholischen Kirche in der Neuzeit. Auf Grund des katholischen Kirchen- und Staatskirchenrechts dargestellt. Leipzig u. a. 1916

Ganzer, Klaus: Die theologische Fakultät der Universität Würzburg im theologischen und kirchenpolitischen Spannungsfeld der zweiten Hälfte des 19. Jahrhunderts, in: Peter Baumgart (Hg.): Vierhundert Jahre Universität Würzburg. Eine Festschrift (Quellen und Beiträge zur Geschichte der Universität Würzburg, 6). Neustadt an der Aisch 1982, S. 317-373

Garhammer, Erich: Seminaridee und Klerusbildung bei Karl August Graf von Reisach. Eine pastoraltheologische Studie zum Ultramontanismus des 19. Jahrhunderts (Münchner Kirchenhistorische Studien, 5). Stuttgart u. a. 1990

Gödden, Walter u. a.: Julius Schwering (1863-1941). Förderer des literarischen und kulturellen Lebens in Westfalen. Ausstellung anlässlich der „Rüschhaus-Tage der Westfälischen Literatur" (10.-12. März 1989). Münster 1989

Grabmann, Martin: Der kritische Realismus Oswald Külpes und der Standpunkt der aristotelisch-scholastischen Philosophie. Fulda 1916

Grabmann, Martin: Clemens Baeumker und die Erforschung der Geschichte der mittelalterlichen Philosophie, in: Martin Grabmann (Hg.): Clemens Baeumker. Studien und Charakteristiken zur Geschichte der Philosophie, insbesondere des Mittelalters. Gesammelte Vorträge und Aufsätze von Clemens Baeumker. Mit einem Lebensbilde Baeumkers. Münster 1927, S. 1-38

Graulich, Markus: Unterwegs zu einer Theologie des Kirchenrechts. Die Grundlegung des Rechts bei Gottlieb Söhngen (1892-1971) und die Konzepte der neueren Kirchenrechtswissenschaft (Kirchen- und Staatskirchenrecht, 6). Paderborn u. a. 2006

Grell, Frithjof: Joseph Göttler (1874–1935), in: Winfried Böhm/Walter Eykmann (Hg.): Große bayerische Pädagogen. Bad Heilbrunn 1991, S. 219-240

Gruber, Hermann: Der freimaurerische Untergrund des Weltkrieges, in: ThGl 7 (1915), S. 652-672

Gundlach, Horst: Oswald Külpe und die Würzburger Schule, in: Wilhelm Janke/Wolfgang Schneider (Hg.): Hundert Jahre Institut für Psychologie und Würzburger Schule der Denkpsychologie. Göttingen u. a. 1999, S. 107-124

Häger, Peter: Die Paderborner philosophisch-theologische Lehranstalt in Abhängigkeit von staatlichem Wohlwollen im Zeitraum zwischen diözesaner Neuordnung und preußischem Kulturkampf 1818/21 bis 1887, in: Josef Meyer zu Schlochtern (Hg.): Die Academia Theodoriana. Von der Jesuitenuniversität zur Theologischen Fakultät Paderborn 1614-2014. Paderborn 2014, S. 239-265

Haslinger, Herbert: Zur Geschichte von Theologie und Glauben, in: ThGl 94 (2004), S. 145-164

Hausberger, Karl: Franz Xaver Kiefl (1869-1928). Schellverteidiger, Antimodernist und Rechtskatholik (1869-1928) (Quellen und Studien zur neueren Theologiegeschichte, 6). Regensburg 2003

Hausberger, Karl: Lyzeum – Philosophisch-Theologische Hochschule – Klerikalseminar. Ein Streifzug durch die Geschichte der Priesterausbildungsstätten in Regensburg (Beiträge zur Geschichte des Bistums Regensburg, 37). Regensburg 2003, S. 55-89

Heidegger, Martin: Aus einem Gespräch von der Sprache – Zwischen einem Japaner und einem Fragenden, in: Martin Heidegger (Hg.): Unterwegs zur Sprache. Pfullingen 1959, S. 83-155

Heil, Christoph: Exegese als „objektive kritische Geschichtsforschung" und die päpstliche Zensur. Die kirchliche Verurteilung von Friedrich Wilhelm Maier 1912, in: Rainer Bucher u. a. (Hg.): „Blick zurück im Zorn?" Kreative Potentiale des Modernismusstreits (Theologie im kulturellen Dialog, 17). Innsbruck u. a. 2009, S. 154-169

Henckmann, Wolfhart: Von der Jahrhundertwende bis zum Ende der Weimarer Republik, in: Hans Otto Seitschek (Hg.): Philosophie an der Ludwig-Maximilians-Universität. Die philosophische Lehre an der Universität Ingolstadt-Landshut-München von 1472 bis zur Gegenwart. St. Ottilien 2010, S. 105-158

Herte, Adolf: Johannes Linneborn, in: ThGl 25 (1933), S. 133-141

Hettwer, Elisabeth-Maria: Zum Gedenken an Richard Hellmuth Goldschmidt, in: http://www.flurgespraeche.de/richard-hellmuth-goldschmidt/ (acc. 29.1.2019)

Hilling, Nikolaus: Die preußische Regierung und die Paderborner Bischofswahl von 1900, in: AkathKR 96 (1916), S. 636-638

Hilling, Nikolaus: Johannes Linneborn, in: AkathKR 113 (1933), S. 500-505

Hölkeskamp, Karl-Joachim: Friedrich Münzer – Werk und Wirkung, in: Matthias Haake (Hg.): Friedrich Münzer. Kleine Schriften. Stuttgart 2012, S. XIII-XLVI

Hoschek, Maria: Friedrich Wilhelm Foerster (1869-1966). Mit besonderer Berücksichtigung seiner Beziehungen zu Österreich. 2. Aufl., Frankfurt a. M. u. a. 2003

Keller, Franz: Reinigung der sittlichen Atmosphäre, in: ThGl 7 (1915), S. 265-271

Keller, Franz: Homosexualität in der Jugendbewegung, in: ThGl 7 (1915), S. 378-385

Kessler, Ewald: Johann Friedrich (1836-1917). Ein Beitrag zur Geschichte des Altkatholizismus (Miscellanea Bavarica Monacensia, 55). München 1975

Klapczynski, Gregor: „Ab initio sic non erat!" „Modernismus" am Beispiel Hugo Koch (1869-1940), in: Hubert Wolf/Judith Schepers (Hg.): „In wilder zügelloser Jagd nach Neuem." 100 Jahre Modernismus und Antimodernismus in der katholischen Kirche (Römische Inquisition und Indexkongregation, 12). Paderborn 2009, S. 271-288

Kleineidam, Erich: Die katholische-theologische Fakultät der Universität Breslau 1811-1945. Köln 1961

Külpe, Oswald: Die Realisierung. Ein Beitrag zur Grundlegung der Realwissenschaften, Bde. 1-3. Leipzig 1912-1923

Külpe, Oswald: Einleitung in die Philosophie. 6. Aufl., Leipzig 1913, S. 153-172

Külpe, Oswald: Immanuel Kant. Hrsg. v. August Messer. 4. Aufl., Leipzig u. a. 1917

Külpe, Oswald: Über die moderne Psychologie des Denkens, in: Karl Bühler (Hg.): Oswald Külpe. Vorlesungen über Psychologie. 2. Aufl., Leipzig 1922, S. 297-331

Lauscher, Albert: Die katholisch-theologische Fakultät der Rheinischen Friedrich Wilhelms-Universität zu Bonn (1818-1918). Düsseldorf 1920

Link, Josef J./Slominski, Josef A.: Kardinal Jaeger. Paderborn 1966

Linneborn, Johannes: Der deutsche Krieg und der Katholizismus, in: ThGl 7 (1915), S. 574-579

Linneborn, Johannes: Von deutschen Kriegern im Mittelalter, in: ThGl 7 (1915), S. 741-746

Mack, Wolfgang: Die Würzburger Schule und ihre Bedeutung für die Kognitionswissenschaft, in: Horst Gundlach (Hg.): Arbeiten zur Psychologiegeschichte. Göttingen 1994, S. 141-158

Mannzmann, Anneliese: Zur Geschichte des Fachbereichs Erziehungswissenschaft, Soziologie, Publizistik (FB 9) in selbstvergewissernder Absicht, in: Heinz Dollinger (Hg.): Die Universität Münster 1780-1980. Münster 1980, S. 331-338

Morsey, Rudolf: Die Görres-Gesellschaft zur Pflege der Wissenschaft. Streiflichter ihrer Geschichte. Paderborn 2009

Müller, Markus: Das Deutsche Institut für wissenschaftliche Pädagogik 1922-1980. Von der katholischen Pädagogik zur Pädagogik von Katholiken (Veröffentlichung der Kommission für Zeitgeschichte, Reihe B: Forschungen 126). Paderborn 2014

Mütter, Bernd: Geschichtswissenschaft an der Alten Universität und Akademie Münster zwischen Aufklärung und Historismus (1773-1876), in: Heinz Dollinger (Hg.): Die Universität Münster 1780-1980. Münster 1980, S. 339-374

Mütter, Bernd: Hermann Wätjen (1876-1944) – ein Reederssohn als Handels- und Überseehistoriker in der Weltkriegsepoche, in: Westfälische Zeitschrift 160 (2010), S. 91-140

Mütter, Bernd: Karl Spannagel (1862-1937) – Ein „Gesinnungspreuße" als Historiker an der münsterischen Hochschule, in: Forschungen zur Brandenburgischen und Preußischen Geschichte 22 (2012), S. 57-99

Mussinghoff, Heinz: Theologische Fakultäten im Spannungsfeld von Staat und Kirche. Entstehung und Auslegung des Konkordats mit Preußen von 1929, dargelegt unter Berücksichtigung des Preußischen Statutenrechts und der Bestimmungen des Reichskonkordats (Veröffentlichungen der Kommission für Zeitgeschichte, Reihe B: Forschungen 27). Mainz 1979

Peters, Norbert: Die sahidisch-koptische Uebersetzung des Buches Ecclesiasticus. Auf ihren wahren Werth für die Textkritik untersucht. Freiburg i. Br. 1898

Peters, Norbert: Beiträge zur Text- und Literaturkritik sowie zur Erklärung der Bücher Samuel. Freiburg i. Br. 1899

Peters, Norbert: Der jüngst wiederaufgefundene hebräische Text des Buches Ecclesiasticus. Freiburg i. Br. u. a. 1902

Peters, Norbert: Die Wahrheit der heiligen Schrift nach der Anschauung der neueren katholischen Exegese, in: Hochland 2 (1907), S. 276-295

Peters, Norbert: Glauben und Wissen im ersten biblischen Schöpfungsbericht. Gen. 1, 1-2, 3. Paderborn 1907

Peters, Norbert: Kirche und Bibellesen oder die grundsätzliche Stellung der katholischen Kirche zum Bibellesen in der Landessprache. Paderborn 1908

Peters, Norbert: Die Religion des Alten Testamentes in ihrer Einzigartigkeit unter den Religionen des alten Orients. Kempten u. a. 1913

Peters, Norbert: Heldentod. Trostgedanken für schwere Tage in großer Zeit. Paderborn 1914

Peters, Norbert: Das Buch vom Dulder Job. Paderborn 1917

Peters, Norbert: Die Leidensfrage im Alten Testament. Münster 1923

Peters, Norbert: Norbert Peters, in: Erich Stange (Hg.): Die Religionswissenschaft der Gegenwart in Selbstdarstellungen, Bd. 3. Leipzig 1927, S. 91-126

Riesenberger, Dieter: Der Paderborner Dompropst Paul Simon (1882-1946). Ein Beitrag zur Geschichte des Nationalsozialismus, der Ökumene und der Nachkriegsjahre in Paderborn (Zeitgeschichte im Erzbistum Paderborn, 1). Paderborn 1992

Rosenberg, Josef Arnold: Der deutsche Krieg und der Katholizismus. Entgegnung auf das Buch: ‚La guerre allemande et le Catholicisme', in: ThGl 7 (1915), S. 353-369

Sayler, Wilhelmine: Josef Göttler und die christliche Pädagogik. München 1960

Strötz, Jürgen: Kleruserziehung. Das Bistum Eichstätt im 19. Jahrhundert. Hamburg 2003

Tilitzki, Christian: Die deutsche Universitätsphilosophie in der Weimarer Republik und im Dritten Reich, Bd. 1. Berlin 2002

Unterburger, Klaus: Kant, Immanuel, in: Dizionario storico della Inquisizione 2 (2010), S. 863

Unterburger, Klaus: Vom Lehramt der Theologen zum Lehramt der Päpste? Pius XI., die Apostolische Konstitution „Deus scientiarum Dominus" und die Reform der Universitätstheologie. Freiburg i. Br. 2010

Unterburger, Klaus: Gefahren, die der Kirche drohen. Eine Denkschrift des Jesuiten Augustinus Bea über den deutschen Katholizismus aus dem Jahr 1926 (Quellen und Forschungen zur Neueren Theologiegeschichte, 10). Regensburg 2011

Unterburger, Klaus: „Durch das Dogma beschränkter Liberalismus" (Joseph Ratzinger)? Die Münchener Theologische Fakultät und der Durchbruch der historisch-kritischen Methode in der katholischen Theologie, in: MThZ 65 (2014), S. 276-293

Walter, Peter: Die deutschsprachige Dogmatik zwischen den beiden Vatikanischen Konzilien untersucht am Beispiel der Ekklesiologie [Anhang: Die Lehrstuhlinhaber für Apologetik/Fundamentaltheologie und Dogmatik im deutschsprachigen Raum zwischen den Vatikanischen Konzilien], in: Hubert Wolf (Hg.): Die katholisch-theologischen Disziplinen in Deutschland 1870-1962. Ihre Geschichte, ihr Zeitbezug (Programm und Wirkungsgeschichte des II. Vatikanums, 3). Paderborn u. a. 1999, S. 129-230

Weiß, Wolfgang: Modernismuskontroverse und Theologenstreit. Die Katholisch-Theologische Fakultät Würzburg in den kirchenpolitischen Auseinandersetzungen zu Beginn des 20. Jahrhundert (Quellen und Forschungen zur Geschichte des Bistums und Hochstift Würzburg, 56). Würzburg 2000

Dominik Burkard

Informanten, Türöffner und Agenten
Erzbischof Lorenz Jaeger und seine (frühen) römischen Kontakte

Nicht alle Paderborner Bischöfe und Erzbischöfe haben eine über ihr Bistum hinausreichende oder gar weltkirchliche Rolle gespielt. Bei Lorenz Jaeger (1892-1975)[1] ist das anders. 1941 unter den widrigen Umständen von Nationalsozialismus und Weltkrieg in der südostwestfälischen Provinz als Bischof installiert[2], gelang es ihm rasch, aus dem Schatten der Provinz herauszutreten, sich in zunehmendem Maße auf gesamtdeutscher Ebene zu profilieren und bald auch universalkirchliche Funktionen wahrzunehmen. Seine Ernennung zum Kardinal – neben den „gesetzten" Kardinälen von Köln, München und Berlin – war 1965 von daher eine nur folgerichtige sichtbare Konsequenz einer real längst bestehenden Bedeutung.

Doch Konsequenz ist kein Automatismus. Die Frage stellt sich: Wie gelang Jaeger der Bedeutungszuwachs, der „Aufstieg" ins Kardinalat? Gefragt ist nach dem career management, das ihn in eine exponierte Stellung zur römischen Zentrale brachte. Die Dynamik seiner Romkontakte steht daher im Mittelpunkt dieser Analyse. Die zeitliche Beschränkung auf die erste Hälfte seiner bischöflichen Amtszeit ist der Gesamtanlage des Paderborner Forschungsprojekts geschuldet. Die römischen Kontakte der späteren Zeit, ab den Jahren des Konzils etwa, werden in anderen Beiträgen thematisiert.

1 Relevante Voraussetzungen

Es sind meines Erachtens drei Aspekte, die für die kirchliche Karriere Erzbischof Jaegers von besonderer Relevanz waren. Zwei dieser Aspekte fielen ihm gewissermaßen „in den Schoß", einer hingegen geht ganz auf sein eigenes „Konto".

1.) In den Schoß fiel Jaeger das Thema, das seinem Wirken in einer ganz besonderen historischen Konstellation gesamtkirchliche Bedeutung verlieh: Die Ökumene.

---

1 Zu ihm: Scheele, Erzbischof, S. 10-25; Scheele, Paderbornensis ecclesia; Gruß, Erzbischof; Gatz, Jaeger, S. 344-346; Klein, Jaeger, S. 140.
2 Zur Ernennung Jaegers vgl. zuletzt: Heim, Bischöfe, S. 611-629.

Das Bistum Paderborn war von jeher ein Diaspora-Bistum[3], die bis ins Mark katholische Bischofsstadt zwar in einem durch und durch katholischen Umland eingebettet, aber zum Bistum gehörten ausgedehnte Diasporagebiete. Die Notwendigkeit zur Abgrenzung dürfte eine besonders pointierte Katholizität hervorgebracht oder verstärkt haben. Die besondere Obsorge für die Situation von Katholiken in der Diaspora gehört von daher fundamental zur Paderborner Diözesan-Identität. „Sorge für die Katholiken in der Diaspora"[4] heißt freilich noch lange nicht „Ökumene". Dafür, dass Jaeger zum „Bischof der Ökumene" bzw. später zum „Kardinal der Ökumene" wurde, brauchte es also weiterer Anstöße.

Jaeger wurde, wie wir wissen, vor allem durch den Paderborner Dompropst Paul Simon (1882-1946)[5], vormals Professor für Philosophie an der Katholisch-Theologischen Fakultät in Tübingen, auf die Ökumene-Spur gesetzt; und zwar schon bald nach seinem Amtsantritt 1941. Simon gehörte zu dem vermutlich relativ kleinen Kreis deutscher Theologen, die seit vielen Jahren ein ausgeprägtes Interesse für die getrennten Christen entwickelt hatten und über zahlreiche Kontakte hinein in nichtkatholische Kreise verfügten. Man darf wohl davon ausgehen, dass Simon, nachdem Jaeger für das Thema gewonnen war, diesem seine Kontakte bereitwillig zur Verfügung stellte.

Simon stieß bei Jaeger auf offene Ohren, nicht zuletzt auch deswegen, weil dieser selbst einer Mischehe entstammte und also schon im Elternhaus die damit verbundenen Probleme und Verletzungen kennengelernt hatte. Nach dem frühen Tod seines katholischen Vaters dürfte die Beziehung zu seiner evangelischen Mutter besonders eng gewesen sein, auch wenn Jaeger, um in den Genuss einer höheren Schulbildung zu kommen, mit 15 Jahren in die Obhut der Franziskanerinnen von der ewigen Anbetung in Olpe gegeben wurde. Die ersten Seelsorgsjahre führten Jaeger wiederum in die Diaspora, ins sachsen-anhaltische Oebisfelde.

Jaeger brachte also ein eigenes, biographisch motiviertes Interesse für das Thema mit, das ihm Paul Simon gewissermaßen theologisch-organisatorisch zur Lebensaufgabe machte. In der Bischofskonferenz regte Jaeger zahlreiche Aktivitäten an, die den ökumenischen Dialog fördern sollten, unter anderem die Gründung eines „Ökumenischen Seminars". So lag es nahe, dass Jaeger nach seinem Eintritt in die Fuldaer Bischofskonferenz nicht nur Leiter des

---

3 Vgl. zusammenfassend etwa: Gatz, (Erz-)Bistum, S. 566-584, hier 569 f.
4 Zum ganzen Komplex: vgl. Gatz, Geschichte.
5 Zu ihm: Rintelen/Kampmann, Simon; Höfer, Erinnerungen, S. 631-689; Mühlek, Simon, S. 1296-1300; Riesenberger, Dompropst; Ernesti, Simon, S. 297-313; Ernesti, Ökumene. Vgl. auch: Burkard, Einbruch, S. 81-117.

Diasporakommissariats der deutschen Bischöfe wurde, sondern 1943 neben dem Referat für „Glaubensverteidigung und Glaubensverbreitung" auch ein neues Referat für „Ökumene" übertragen bekam[6], künftig also einen offiziellen Auftrag hatte. Wie die „Beunruhigungen" zeigen, die der Freiburger Erzbischof Conrad Gröber (1872-1948)[7] seinen bischöflichen Mitbrüdern 1943 vortrug[8], war die Ökumene innerhalb der Bischofskonferenz kein per se vergnügliches und prestigeträchtiges Referat, in dessen Glanz man sich ungestört sonnen konnte, sondern gehörte eher in die „Schmuddelecke".

Sozusagen „nebenbei" übernommen, sollte sich die Ökumene allerdings innerhalb weniger Jahre zu einem Riesenthema, *dem* Thema an sich, entwickeln. Die zunächst zaghaften Anfänge – es traf sich eine relativ begrenzte, jedenfalls überschaubare Zahl Interessierter in sogenannten Una-Sancta-Kreisen – wurden bald schon von einer immer mächtiger werdenden „ökumenischen Bewegung" überrollt. Dabei spielten vor allem die nach 1945 gewaltigen Bevölkerungsverschiebungen infolge von Flucht und Vertreibung eine Rolle. Neben die alten, „klassischen" Diasporagebiete traten neue Diasporasituationen und natürlich die mit der teils erzwungenen, teils freiwilligen Mobilität fast notwendigerweise verbundenen Bevölkerungs- und Konfessionsvermischungen.

Auf praktischer und dann auch theologischer Ebene tauchten Fragen auf, die beantwortet werden wollten. So gründete Jaeger – auf die Initiative Simons hin – zusammen mit dem inzwischen zum Oldenburger Bischof avancierten evangelischen Theologen Wilhelm Stählin (1883-1975)[9] einen exklusiven Zirkel katholischer und protestantischer Theologen, der für den theologischen Dialog große Bedeutung erhielt, den „Jaeger-Stählin-Kreis"[10]. Dazu kam 1957 das „Johann-Adam-Möhler-Institut für Konfessions- und Diasporakunde"[11], das – neben der Paderborner Katholisch-Theologischen Akademie – Jaeger in den folgenden Jahrzehnten als *think tank* wertvollste theologische Dienste leistete.

Spätestens mit dem Monitum *Cum Copertum* des Sanctum Officium vom 5. Juni 1948[12] und der Instructio *De motione oecumenica* vom 20. Dezember

---

6   Vgl. dazu den Beitrag von Jörg Seiler in diesem Band.
7   Zu ihm: Keller, Gröber; Schwalbach, Erzbischof; Ott, Erzbischof, S. 357-372.
8   Maas-Ewerd, Krise. Vgl. auch: Wolf, Einleitung, S. 24.
9   Zu ihm: Stählin, Via vitae; Höfer, Kirche, S. 142-158; Köberle, Stählin, S. 231-236; Gudelius, In memoriam; Schwab, Stählin (1995), S. 1115-1120; Schwab, Stählin (2004), S. 1672 f.
10 Vgl. Schlink/Volk, Pro veritate; Henrich, Arbeitskreis, S. 258-295; Schwahn, Arbeitskreis; Ruh, Theologie, S. 230-232; Sattler, Arbeitskreis, S. 103. Vgl. Auszüge aus den (nicht ganz zuverlässigen) Gesprächsprotokollen und der Teilnehmerliste bei: Nerger, Gespräch, S. 124-159; Ernesti, Ökumene.
11 Dazu: Brandenburg, Kardinal, S. 781-797; Klein, Möhler-Institut, S. 375.
12 Althaus, Hl. Officium, Monitum *Cum Copertum* (5.6.1948), S. 181 f.

1949[13] avancierte der Paderborner Erzbischof zu einer der einflussreichsten Gestalten der Bischofskonferenz. Die *Instructio* erinnerte unter Berufung auf den *Codex Iuris Canonici* an die strikte Einhaltung des früheren Verbots interkonfessioneller Versammlungen, auf denen Glaubensfragen behandelt wurden, und erklärte die Erlaubnis für ökumenische Zusammenkünfte und Gespräche zum Reservatrecht des Heiligen Stuhls, das den bischöflichen Ordinarien jeweils nur auf drei Jahre delegiert wurde[14]. Außerdem mussten die Bischöfe regelmäßig über ökumenische Aktivitäten berichten[15]. Damit war sozusagen eine Institutionalisierung der Rom-Kontakte des deutschen Ökumenereferenten Jaeger gegeben.

2.) Ein zweites Thema, das Jaeger mit Rom in besondere Fühlung brachte, nenne ich nur kurz: Die Tatsache, dass sein Bistum – neben Hildesheim, Fulda und (in allerdings weitaus geringerem Maße) Würzburg – bedeutende Gebiete in der nach Kriegsende sowjetisch besetzten Zone aufwies, katapultierte Jaeger in eine politisch brisante, aber auch bedeutsame Position. Mit der innerdeutschen Grenze (und später noch einmal verschärft durch den Mauerbau) waren Klärungen hinsichtlich der Verwaltung und Pastoral im Ostteil der Diözese herbeizuführen, für die ebenfalls enge römische Kontakte nötig waren. So etwa 1949, als es nötig wurde, dem für den östlichen Bistumsteil zuständigen Kommissar Weihevollmacht zu erteilen, also im Grunde einen zweiten Weihbischof[16] zu installieren, der zugleich die Rechte eines Generalvikars für diesen Diözesananteil erhielt. Oder 1952, als Jaeger auf der Huysburg bei Halberstadt ein Zweigseminar des Paderborner Priesterseminars für die in der Deutschen Demokratischen Republik (DDR) liegenden Bistumsteile errichtete.

Während Jaegers Amtszeit vollzog sich allerdings allmählich die Ablösung des mitteldeutschen Anteils von der Erzdiözese, die Jaeger schmerzlich empfand und ablehnte[17]. Die Resignation auf sein Bistum könnte mit der 1973 erfolgten Errichtung des „Bischöflichen Amts Magdeburg" zusammenhängen, das damit aus der Jurisdiktion des Paderborner Erzbistums entlassen wurde[18].

Für beide Bereiche – Ökumene und Diaspora – war hilfreich, dass Jaeger zugleich das dem jeweiligen Paderborner Bischof zukommende

---

13 Althaus, Hl. Officium, Instruktion *De motione oecumenica* (20.12.1949), S. 182-188.
14 Der Jaeger-Stählin-Kreis wurde auf telegraphische Nachfrage hin vom Sanctum Officium umgehend genehmigt. Vgl. Schwahn, Arbeitskreis, S. 64 f.
15 Vgl. auch: Burkard, Unam Sanctam, S. 57-109.
16 Vgl. Gatz, (Erz-)Bistum, S. 573.
17 Ebd.
18 Ebd., S. 567.

Protektorat des „Bonifatiusvereins für das katholische Deutschland"[19] innehatte. Denn mit diesem Verein und seinen Gliederungen bis hinunter in alle Seelsorgsgemeinden waren nicht nur erhebliche Geldsummen verbunden, die einen gewissen Gestaltungsspielraum ermöglichten, sondern auch weitgespannte Kontakte. Gerade nach dem Zweiten Weltkrieg liefen hier viele Fäden zusammen. Über den Bonifatiusverein wurden viele der überall in Deutschland neuentstehenden Diasporagemeinden mit Kirchenbauten versorgt, die zum Teil aus dem Ausland (und wesentlich auch durch päpstliche Gelder[20]) finanziert waren.

3.) Die Themen Ökumene und Ostpolitik infolge der deutschen Teilung und also auch der Teilung seines Bistums fielen Jaeger zwar in den Schoß, aber er hat in beiden Fällen doch beherzt zugegriffen und die Herausforderungen mutig angenommen. Und er hat diese Themen nicht passiv verwaltet, sondern aktiv gestaltet. Dies kennzeichnet seine Art des Umgangs mit „Problemen". Damit bin ich beim dritten Aspekt angekommen, der für die kirchliche Karriere des Bischofs Jaeger von besonderer Relevanz ist: Jaeger eignete sich eine besondere kommunikative und organisatorische Kompetenz an. Zu diesem – man kann sagen: Talent – gehörte, dass er bereit war, Ideen und Vorstellungen anderer anzunehmen, aufzugreifen und in positiver Weise fruchtbar zu machen. Jaeger besaß gewissermaßen einen „Riecher" dafür, was notwendig oder interessant war. Und er hatte die Fähigkeit, mit einer gewissen Leichtigkeit Kontakte herzustellen, die sich nach und nach zu einem Netzwerk verknüpfen ließen, auf das er bei Bedarf zurückgreifen konnte.

2   Nuntiatur

Ich beginne zunächst mit der Feststellung, dass Jaeger sich früh um einen guten Kontakt zur Berliner Nuntiatur und Nuntius Cesare Orsenigo (1873-1946)[21] bemühte[22]. Dasselbe gilt nach 1945 für den in Kronberg im Taunus

---

19   Riße/Kathke, Diaspora.
20   Vgl. die Korrespondenz Jaegers mit Pius XII.: EBAP, Nachlass Jaeger, 503 (insbes. 1.5.1949; April 1953). Vgl. auch etwa: Anders, Kirchen.
21   Zu ihm: Sauser, Orsenigo, S. 1136-1140; Biffi, Orsenigo; Biffi, Il cavalletto; Beckers, Orsenigo.
22   Orsenigo war von Anfang an positiv gegenüber Jaeger eingestellt. In der ersten Unterredung, in der er Jaeger seine Bischofsnomination eröffnete, erklärte Orsenigo – nach Gestapoinformationen: „Ich habe Ihr ganzes Leben studiert: Und wenn Sie nichts mitbringen würden als die katholische Jugend, es wäre auch das allein sehr viel". Zit. nach: Gruß, Erzbischof, S. 101. – Selbstverständlich gehörten Gratulationen – wie die im Dezember 1943 zu Orsenigos 70. Geburtstag – zur üblichen Kontaktpflege. Vgl. 8.12.1943, Jaeger an Nuntius, EBAP, Nachlass Jaeger, 506.

angesiedelten „Apostolischen Visitator" und Leiter der Päpstlichen Mission für die Flüchtlinge in Deutschland, Aloysius Muench (1889-1962)[23], der 1951 dann erster Nuntius der in Bonn wiedererrichteten Nuntiatur wurde. Der Kontakt zur Nuntiatur mag auf den ersten Blick kaum der Rede wert sein, war die Nuntiatur doch Bestandteil des ordentlichen kirchlichen Geschäftsgangs in der Korrespondenz der Bischöfe mit dem Papst und der römischen Kurie. Dennoch fällt auf, was Jaeger aus dem Geschäftsverkehr machte.

Einem Dankschreiben von Nuntiaturrat Karl Colli (1890-1941)[24] aus Eichstätt ist zu entnehmen, dass Jaeger sich im März 1945 darum bemüht hatte, der Nuntiatur angesichts der Kämpfe um Berlin „im Westen ein sicheres Unterkommen" zu besorgen. Das Schreiben erreichte die Nuntiatur offenbar zwar erst über ein Jahr später[25], doch hatte Jaeger damit ein Zeichen größten Wohlwollens und gesamtkirchlicher Verantwortung gesetzt und durfte sich auch des Dankes der apostolischen Vertretung in Deutschland sicher sein. Keine zwei Wochen später kündigte der inzwischen ernannte Apostolische Visitator für Deutschland seinen Besuch in Paderborn an[26]. Wieder außergewöhnlich: 1948 beantragte Jaeger bei der Katholisch-Theologischen Fakultät in Münster die theologische Ehrenpromotion für Muench[27]. Die enge Zusammenarbeit zwischen Jaeger und Muench, die sich in den folgenden Jahren ergab, hing wesentlich mit der Situation der in Deutschland neu entstandenen katholischen Diasporagemeinden zusammen. Muench vermittelte enorme Spendengelder vor allem zum Bau neuer Kirchen, für deren Verteilung und Organisation wiederum Jaeger in seiner Eigenschaft als Protektor des Bonifatiusvereins sorgte[28].

---

23 Zu ihm: Grühn, Jens.
24 Zu ihm: Barry, American nuncio; Alsheimer, Vatikan, S. 105; Brown-Fleming, Holocaust.
25 19.7.1946, Dr. Karl Colli (Geschäftsträger des Heiligen Stuhles), Eichstätt, an Jaeger, EBAP, Nachlass Jaeger, 506.
26 Dem Schreiben beigelegt war eine Liste der Themen, die Muench interessierten. Er sprach davon, in den nächsten Wochen alle Bistümer besuchen zu wollen, um sich ein möglichst genaues Bild der Situation in Deutschland zu machen. 9.9.1946, Muench, Kronberg, an Jaeger, EBAP, Nachlass Jaeger, 506.
27 25.3.1948, Jaeger an Katholisch-Theologische Fakultät Münster. – Mittelsmann der Münsteraner Fakultät war Georg Schreiber, die Initiative aber scheint von Jaeger ausgegangen zu sein. 1.3.1948, Georg Schreiber, Münster, an Jaeger. – Eingeschaltet war auch Ivo Zeiger SJ, der bei Muench vorfühlte und signalisierte, die Ehrung werde ihn nicht nur freuen, sondern auch in seiner Heimat „einen sehr guten Eindruck machen" – was politisch freilich von Bedeutung war. Vgl. 18.3.1948, Missione pontificia in Germania (Zeiger), Kronberg, an Jaeger. Alles in: EBAP, Nachlass Jaeger, 506.
28 Damit zusammen hingen weitere Fragen, etwa die Erwirkung eines päpstlichen Indults, das es deutschen Priestern erlaubte, am Allerseelentag auch für eine zweite und dritte Messe ein Stipendium annehmen zu dürfen, das jedoch vollständig dem Bonifatiusverein

Sodann zeigt die Korrespondenz, dass Jaeger von der Nuntiatur immer wieder um seine Meinung gefragt wurde. Im Juli 1952 antwortete er beispielsweise auf Fragen des Heiligen Offizium über den Gebrauch der deutschen Sprache in der Liturgie[29]. Mehrfach ging es um die Lockerung bzw. weitere Interpretation von Art. 32 des Reichskonkordats, der auf ein Verbot parteipolitischer Mitgliedschaft oder Betätigung von Geistlichen zielte. Hier gab es 1950 Überlegungen, einige Priester in die Parlamente wählen zu lassen, um in den parlamentarischen Ausschüssen zu kirchenpolitischen und kulturellen Fragen Fachleute sitzen zu haben. Jaeger sah zwar die damit verbundenen Vorteile, warnte aber dringend vor einer parteipolitischen Betätigung der Geistlichen in der Bundesrepublik Deutschland (BRD); damit entstünden „für den Klerus in der Ostzone" außerordentliche Schwierigkeiten[30]. 1953 erwog der Heilige Stuhl erneut eine „Lockerung der Bestimmungen", wollte die Frage aber nicht ohne Jaegers Einschätzung angehen[31]. Jaeger antwortete, zwar habe sich die Situation soweit geklärt, dass seitens der Sozialistischen Einheitspartei Deutschlands keine Versuche mehr unternommen würden, Geistliche in die Partei aufzunehmen oder zu Volksvertretern wählen zu lassen, aber die „strikte Beachtung" des Art. 32 scheine ihm wünschenswert für die Situation in der westdeutschen BRD:

> Bei der Spaltung des katholischen Volksteils in CDU- und Zentrumsanhänger und bei der scharfen Opposition, in der CDU und Zentrum stehen, würden wir das traurige Schauspiel erleben, daß im Parlament und auf Parteiversammlungen Kleriker gegen Kleriker stände, je nachdem sie CDU oder Zentrum verträten. Es wäre das nicht gerade ein erhebendes Beispiel für die Einheit und Geschlossenheit des katholischen Volksteils und trüge sicherlich nicht zum Ansehen des Priesterstandes bei.[32]

In Zusammenhang mit dem neuen Schulgesetz in Niedersachsen, das mit dem Reichskonkordat nicht im Einklang stand, kam es 1954 zum „Konkordatsstreit", für den Jaeger – auf Anforderung der Nuntiatur – Abschriften von Briefen, Stellungnahmen und Eingaben an staatliche Organe, Hirtenbriefe und

---

	für seine Zwecke abzuführen war. Vgl. 2.8.1948, Muench, Kronberg, an Jaeger, EBAP, Nachlass Jaeger, 506.
29	Dankschreiben vom 4.8.1952, Muench an Jaeger, EBAP, Nachlass Jaeger, 506.
30	29.3.1950, Jaeger an Muench, EBAP, Nachlass Jaeger, 506.
31	9.2.1953, Muench, Godesberg, an Jaeger, EBAP, Nachlass Jaeger, 506.
32	12.2.1953, Jaeger an Muench, EBAP, Nachlass Jaeger, 506. Dankschreiben vom 16.2.1953, Muench, Bad Godesberg, an Jaeger, EBAP, Nachlass Jaeger, 506.

anderen Veröffentlichungen zwischen 1945 und 1951, die sich auch das Reichskonkordat beriefen oder dasselbe erwähnten, bereitstellte[33].

Alarmiert zeigte sich Jaeger im Mai 1956 von Informationen, dass die evangelischen Kirchen innerhalb der DDR beabsichtigten, mit der Regierung einen Kirchenvertrag abzuschließen. Es hatten bereits erste Sondierungen im Februar stattgefunden. Jaeger fürchtete, dass mit einem solchen Staatsvertrag auch die katholischen Konkordatsvereinbarungen, die durch das Preußenkonkordat und das Reichskonkordat getroffen worden waren, für überholt angesehen werden könnten[34]. Die Mitteilungen, die Jaeger einige Tage später von evangelischer Seite erhielt, beruhigten allerdings etwas. Offenbar wollte die DDR mit der Kirche keinen echten Vertrag abschließen, andererseits war die evangelische Kirche auch nicht bereit, den Staatsvertrag des Landes Preußen von 1930 außer Kraft zu setzen[35].

1954 schickte Jaeger zweimal Ausführungen zum Thema „Indifferentismus in Deutschland" nach Bad Godesberg und erhielt von Muench hohes Lob: „Ich kann nur meine Anerkennung wiederholen und herzlich für die so ausgezeichneten und sachkundigen Informationen Ew. Exzellenz danken. Sie werden dem Hl. Offizium die besten Dienste leisten. Besonders beeindruckt und erfreut bin ich über Ihre Stellungnahme zur Frage der Marienverehrung"[36]. Die Initiativen gingen in diesem Fall offenbar von Jaeger selbst aus. Die Informationen Jaegers dürften in ein entsprechendes Schreiben des Sanctum

---

33 Vgl. 5.8.1954, Nuntiatur (Muench) an Jaeger; 19.8.1954, Jaeger an Münch. Beides in: EBAP, Nachlass Jaeger, 506.

34 1.5.1956, Jaeger an Muench, EBAP, Nachlass Jaeger, 506.

35 4.5.1956, Jaeger an Muench, EBAP, Nachlass Jaeger, 506.

36 14.5.1954, Nuntiatur (Muench), Bad Godesberg, an Jaeger, EBAP, Nachlass Jaeger, 506. – Jaeger hatte folgendermaßen formuliert: „Jede Aussage über deutsches religiöses Leben muß gemacht werden im Zusammenhang mit der deutschen Tradition, in der nun einmal der deutsche Mensch steht. Ein großer, breiter Strom der Marienverehrung des deutschen Volkes geht durch alle Jahrhunderte der deutschen Geschichte. Ich glaube nicht, daß es ein Volk der Erde gibt, das in seiner Muttersprache über einen solchen Reichtum von Marienliedern verfügt, die bis ins frühe Mittelalter zurückgehen und die heute noch im Volke lebendig sind und gesungen werden. Jedes Marienfest hat im deutschen Raum auch sein eigenes reiches Gebets- und Liedgut. Dieser Traditionsstrom ist so stark und lebendig, daß es sich sogar noch im Gebets- und Liedgut der evangelischen Kirche vorfindet, trotz der vierhundertjährigen Trennung von der Kirche. Und gerade heute besinnt sich auch der Protestantismus wieder auf diese große Tradition und versucht die Marienverehrung, die in der Zeit des Rationalismus in der Abwehrstellung gegen alles Katholische eine Einschränkung erfahren hatte, wieder dem evangelischen Volke schmackhaft zu machen und als biblisch nachzuweisen. Die Formen, in denen bei uns die Frömmigkeit Maria sieht, sind allerdings anders als die der romanischen Völker. Bei uns hat die Marienverehrung sehr stark den Zug zum Intimen und Persönlichen". 1.5.1954, Jaeger an Muench, EBAP, Nachlass Jaeger, 506.

Officium eingegangen sein, das am 1. Juli 1955 an Josef Kardinal Frings (1887-1978)[37] als Vorsitzenden der Plenarkonferenz der deutschen Bischöfe ging und nachdrücklich auf die „Gefahr des religiösen Indifferentismus in Deutschland" hinwies[38].

Diese wenigen Hinweise mögen genügen, um den intensiven Kontakt Jaegers zur Nuntiatur und über diese nach Rom anzudeuten; die im Nachlass Jaegers liegenden Schreiben der Nuntiatur sind vermutlich nur Spolien einer ausgedehnteren Korrespondenz, die in den Generalakten zu suchen ist.

3   Suche nach weiteren Kontakten

Jaeger bediente sich also ganz selbstverständlich – und wohl darüber hinaus auch in besonderer Weise – der Nuntiatur in Deutschland, wie gesagt: als der „ordentlichen", vorgesehenen Instanz im geschäftlichen Verkehr mit dem Heiligen Stuhl. Aber: Jaeger suchte daneben nach direkteren, also offiziösen oder privaten Wegen, um jenseits des normalen Verwaltungsgangs – und umso sicherer – zum Ziel zu gelangen.

Zentrale Bedeutung kommt hierbei wahrscheinlich dem Ad-limina-Besuch Jaegers im Jahr 1948 zu, möglicherweise seine erste Romreise seit seinem Amtsantritt als Bischof. Im Vorfeld hatte er Ivo Zeiger SJ (1898-1952)[39], den wichtigsten Mitarbeiter des Apostolischen Visitators Muench in seinen ersten Jahren in Deutschland, um finanzielle Unterstützung gebeten sowie um Hilfe bei der Suche nach einer Unterkunft in Rom[40]. Diesen Rom-Besuch nach dem Krieg scheint Jaeger nun genutzt zu haben, um neben dem Pflichtprogramm vor allem Deutschrömer aufzusuchen und also Kontakte zu knüpfen. Dazu gehörten auf jeden Fall auch der ehemalige Zentrumspolitiker Ludwig Kaas (1881-1952)[41], bei dem sich Jaeger nach der Rückkehr für eine Führung durch die Ausgrabungen von St. Peter bedankte[42], und der Rektor der Anima, Alois Hudal (1885-1963)[43].

---

37 Zu ihm: Trippen, Kardinal Frings, 2 Bde.
38 Vgl. das rechtfertigende Antwortschreiben von Frings vom 28.8.1955 an Kardinal Pizzardo, das Generalvikar Teusch am 1.9.1955 in Kopie an Jaeger sandte: EBAP, Nachlass Jaeger, 424.
39 Zu ihm: Anger, Zeiger.
40 15.3.1948, Jaeger an Ivo Zeiger, Kronberg, EBAP, Nachlass Jaeger, 522.
41 Zu ihm: May, Kaas; Morsey, Kaas, S. 1117.
42 31.5.1948, Jaeger an Kaas, EBAP, Nachlass Jaeger, 522.
43 Zu ihm: Burkard, Häresie, insbes. S. 63-119; S. 173-222; S. 252-258; S. 337-357; S. 365-372; Burkard, Hudal, Bd. 2, S. 754 f.; Burkard, Hudal als Konsultor, S. 235-272.

Sodann waren es Ordensleute, die Jaeger in den folgenden Jahren immer wieder punktuell als „Agenten" in besonderen Anliegen einspannte: Der Liturgiewissenschaftler Philippus Oppenheim OSB (1899-1949)[44], auch Konsultor der Ritenkongregation, musste beispielsweise für Jaeger 1949 mehrfach wegen eines Breves in den Vatikan. Offenbar keine angenehme Mission, denn Oppenheim wurde immer wieder vertröstet und beklagte sich auch über die mangelnde Unterstützung durch Hermann Maria Stöckle (1888-1972)[45], den Rektor des Collegio Teutonico. Am Ende waren für das päpstliche Breve von Paderborn 3.860 Deutsche Mark an die Nuntiatur zu zahlen, eine Summe, gegen die Oppenheim – weitgehend erfolglos – Protest einlegen musste[46]. Schließlich konnte er im Staatssekretariat immerhin eine Halbierung der Summe sowie die Zahlung in der günstigeren italienischer Währung erreichen[47].

Etliche Briefe haben sich zudem erhalten von bzw. an Gerard Oesterle OSB (1879-1963)[48] in Sant'Anselmo, Kanonist und Konsultor der Sakramentenkongregation sowie an der Rota tätig, der für Jaeger ebenfalls diverse Dinge erledigen musste[49]; desgleichen vereinzelte Korrespondenz mit P. Anton Deimel SJ (1865-1954)[50] vom Bibelinstitut sowie – wegen der Causa Pauline von Mallinckrodt (1953) – mit P. Alois Eilers OFM (1911-1967)[51].

Ein anderer römischer Verbindungsmann war der aus Westfalen stammende Redemptorist Clemens Maria Henze (geb. 1880)[52], mit dem sich eine lange Korrespondenz entspann, die bis 1960 reicht. Allerdings entwickelte sich Henze aufgrund seiner extrem konservativen, zum Mystizismus neigenden Frömmigkeit rasch doch auch zu einer belastenden Beziehung. So wurde Jaeger von Henze 1951 mehrfach aufgefordert, die „Marienerscheinungen" von Heroldsbach[53] zu untersuchen bzw. zu fördern. Es fällt auf, dass Jaeger klare Distanz zu Heroldsbach hielt: Mehr als das befürwortende Exposé, das Henze für das Sanctum Officium erstellt hatte, interessiere ihn die Aufnahme, die es bei den Konsultoren gefunden habe[54]. Jaeger selbst war zwar überzeugt, „dass

---

44 Zu ihm: Engelbert, Sant'Anselmo, S. 156-158; Kolb, Bibliographie, Bd. 2, 619 f.
45 Zu ihm: Gatz, Campo Santo, S. 9-38, hier 18-27.
46 28.2.1949, Oppenheim an Jaeger, EBAP, Nachlass Jaeger, 522.
47 24.3.1949, Oppenheim an Jaeger, EBAP, Nachlass Jaeger, 522.
48 Zu ihm: Engelbert, Sant'Anselmo, S. 165 f.; Kolb, Bibliographie, S. 615-619.
49 Vgl. EBAP, Nachlass Jaeger, 522.
50 Zu ihm: Pohl, Deimel, S. 104-106; Falkenstein, Deimel, S. 569 f.
51 Zu ihm: Clemens, Eilers; EBAP, Nachlass Jaeger, 79.
52 Zu ihm: Kosch, Deutschland, Bd. 1, S. 1516.
53 Vgl. Göksu, Heroldsbach.
54 Jaeger vermutete eine Antwort darauf in einem von Ottaviani unterzeichneten Artikel im *Osservatore Romano*.

der Pfarrer von Heroldsbach und ebenso die Kinder ganz unschuldig" seien an dem „Rummel", der um die angeblichen Visionen entstanden war. Aber genauso sehr war er davon überzeugt, dass dieser Rummel künstlich und aus unlauteren Motiven „aufgezogen" wurde. Henze würde – so Jaeger – in manchem anders urteilen, wenn er sähe,

> wie sich hier geschäftstüchtige Kreise der Angelegenheit bemächtigt haben, weil sie hoffen, hier ein gutes Geschäft machen zu können. Autobesitzer, die nichts mit der Kirche zu tun haben, arrangieren von sich aus ‚Wallfahrten' nach Heroldsbach. Es ist ein eigenes Blatt gegründet worden, das ständig über die Wallfahrten dorthin und die Mutter-Gottes-Erscheinung berichtet. Es steht in dem Blatt so viel Unsinn, solche dogmatische Unmöglichkeiten, die angeblich die Muttergottes gesagt haben soll, dass es beschämend ist, dass katholische Menschen so etwas lesen[55].

Wenn das Sanctum Officium derartige Artikel zu Gesicht bekomme, werde es schwer, ein Verbot zu verhindern. Er bete jedoch darum, dass es den zuständigen kirchlichen Instanzen gelinge, „Wahrheit und Irrtum, ungläubiges Erlebnis und geschäftstüchtige Mache voneinander zu scheiden"[56].

Hier und an vielen anderen Stellen zeigt sich ein ausgesprochen *rationaler* Erzbischof, der sich zwar keineswegs selbst in die theologischen Diskurse mit ihren Verästelungen hineinbegibt, der aber einen ausgesprochen gut informierten Eindruck macht und – vermutlich von dritter Seite „gefüttert" – eine vor allem klare, prägnante Sprache zu sprechen wusste.

Andererseits setzte Jaeger – wenn es ihm passte – auch geschickt die göttliche Vorsehung ein bzw. bespielte betont spirituelle Saiten. So ermahnte er Henze nach einer verurteilenden Verlautbarung des Sanctum Officium über Heroldsbach, „sich durch solche Verlautbarungen nicht erschüttern zu lassen, sondern alles im Gebete Gott anheim zu stellen". Es sei „eine lächerliche Einbildung" des Menschen, Gott bei der Offenbarung der Wahrheit nachhelfen zu können:

> Wenn, wie heute im Fall H[eroldsbach; d. Verf.], er zulässt, dass das Heilige Officium sich einschaltet mit einer Verlautbarung, und eine Erscheinung unterbindet, die Ihrer Meinung nach übernatürlicher Herkunft ist, dann wird das so gut sein, wenigstens in diesem Augenblick, wo die Menschen durch die Erschütterungen der Kriegs- und Nachkriegszeit so innerlich aufgewühlt und aus dem Gleichgewicht geraten sind, dass ein ungesunder Mystizismus den besten Nährboden findet. Ich schrieb Ihnen ja bereits, in welch unlauterer Weise geschäftstüchtige Leute daraus Kapital zu schlagen wissen und im großen Stil

---

55 8.2.1951, Jaeger an Henze, EBAP, Nachlass Jaeger, 522.
56 Ebd. – In der Folge weitere interessante Mitteilungen Henzes zur Sache.

> H[eroldsbach; d. Verf.] wirtschaftlich ausbeuten. Der mögliche Schaden scheint mir hier wirklich sehr groß zu sein.[57]

Und noch einmal später:

> Solch eine Erklärung über Echtheit oder Unechtheit einer Erscheinung beeinträchtigt doch in keiner Weise die Muttergottesverehrung und kann auch und will auch nicht abträglich sein Ihrer Liebe zur lieben Gottesmutter. Soweit ich sehe, hat unser katholisches Volk das durchaus richtig verstanden. Die Muttergottesverehrung hatte nach dem Krieg und Zusammenbruch hier einen großen Aufschwung erlebt, wie das bei allen Gelegenheiten sich zeigt. Ich bin sehr froh darum, weil ich hoffe, dass in den vielfachen Zeitirrtümern und Gefahren die Fürbitte Mariens uns helfen und den Sieg erringen wird.[58]

Henze empfahl er, einmal „die weite Reise nach dem Norden" zu wagen, um die alte Heimat wieder zu sehen und sich selbst ein Urteil über die religiösen Zustände in Deutschland zu bilden. „Gewiß, der Kreis der wirklich wachen Christen ist kleiner geworden; aber er ist da, und sein religiöses Leben ist intensiver und wesentlicher, als das in früheren Zeiten der Fall gewesen ist"[59].

Jaeger – das zeigen solche Sätze – sah sich als Vermittler zwischen den Kulturen und Sichtweisen, als Vermittler nicht nur zwischen Katholiken und Protestanten, zwischen Rom und Deutschland, sondern auch zwischen dem schwärzesten Paderborn und einem noch schwärzeren Mystizismus. Und: er hatte dabei eine durch und durch optimistisch-positive Einstellung.

Dass Jaeger freilich auch Kontakte zu solchen Personen pflegte, die seine eigene theologische oder kirchenpolitische Meinung nicht teilten, gehörte zu Jaegers weitblickender Netzwerkpolitik. Auf diese Weise war er bestens auch über anders orientierte Meinungen informiert, und er behielt die Möglichkeit in der Hand, auch auf dieser Seite einen gewissen Einfluss geltend zu machen. Tatsächlich besuchte Henze übrigens 1952 seine norddeutsche Heimat[60].

---

57 6.3.1951, Jaeger an Henze, EBAP, Nachlass Jaeger, 522.
58 3.10.1951, Jaeger an Henze, EBAP, Nachlass Jaeger, 522.
59 Ebd.
60 30.9.1952, Jaeger an Henze, EBAP, Nachlass Jaeger, 522. – Jaeger berichtet übrigens in diesem Brief über Fritz Müller in Bad Lippspringe, der ihm wegen Heroldsbach viele Sorgen bereitete. „Er ist der beste Propagandist hierzulande für Heroldsbach und gibt ein Flugblatt nach dem anderen heraus, das für Heroldsbach wirbt. Der Erzbischof von Bamberg erbittet von mir die Exkommunikation von Fritz Müller. Ich habe bis jetzt noch gezögert, weil er ja – laut ärztlichem Gutachten und Gerichtsbescheid – den § 51 (nicht volle Zurechnungsfähigkeit) für sich hat. Mein Generalvikar hat ihn schon zweimal ermahnt und ihm kirchliche Strafen angedroht; aber das alles macht auf ihn keinen Eindruck. Schade, dass dieser fromme Mann, der zu jedem Opfer für die Kirche bereit ist, sich so verrannt hat. Wir wollen für ihn beten". – Und später: „Fritz Mueller gibt keine

1952 bat Henze Jaeger um das Imprimatur für ein von ihm verfasstes Bändchen zur Verteidigung der „Santa Casa", des „Heiligen Hauses von Loreto". Es ist bezeichnend für Jaeger, wie er sich dieser Bitte entzog und versuchte, den „Schaden" möglichst gering zu halten: Selbstverständlich, so erklärte er dem Redemptoristen, sei er zum erbetenen Imprimatur gerne bereit. Er riet Henze jedoch ab, die Schrift bei Schöningh oder in der Bonifatius-Druckerei verlegen zu lassen; es sei ohnehin nicht darauf zu hoffen, dass diese das Bändchen in ihr Verlagsprogramm aufnähmen. Stattdessen solle es Henze doch in Kevelaer versuchen[61] – wo sich Henze tatsächlich aber auch eine Abfuhr holte[62].

Infolge eines zweiten Rom-Besuchs Jaegers im Jahr 1950, zusammen mit einer großen Paderborner Pilgergruppe, kam es zu einer Erweiterung der römischen Kontakte. Jaeger wohnte während dieses römischen Aufenthalts im Campo Santo, dem „traditionellen Absteige-Quartier der Paderborner Bischöfe"[63]. Nach seiner Rückkehr dankte er Carlo Bayer (1915-1977)[64] vom deutschen Pilgerbüro für die hervorragende Betreuung der Pilgerfahrt. Bei dieser Gelegenheit bat er Bayer auch, Sr. Pascalina Lehnert (1894-1983)[65], die Haushälterin des Papstes, noch einmal daran zu erinnern, dass sie ihm für seine Mutter und die vier Ordensschwestern in seinem Haushalt ein Andenken versprochen habe, das sie ihm in den Campo Santo hatte schicken wollen[66]. Er hatte also offenbar Zugang zur einflussreichen Madre Pascalina gefunden[67].

      Ruhe. Er hat zwar in den letzten 4 Wochen keine Dummheit begangen; aber kurz davor hat er wieder ein Flugblatt herausgegeben, das den Ärger aller deutschen Bischöfe erregt hat. Er wird wohl auch nicht mehr zu bekehren sein, bevor er nicht in Gott die Wahrheit schauen darf". 24.12.1952, Jaeger an Henze, EBAP, Nachlass Jaeger, 522.

61   9.10.1952, Jaeger an Henze, EBAP, Nachlass Jaeger, 522.

62   „Richtig ist auch Ihre Feststellung, dass Ihr Schriftchen zweifellos sofort einen Verleger gefunden hätte, wenn es Loreto als Humbug hingestellt hätte. Die Menschen unserer Tage suchen überall Sensation. Die Sensation lassen sie sich etwas kosten. Ich wundere mich, dass Italien von dieser Sucht noch nicht ergriffen ist und dass dort noch – wie Sie schreiben – so viel Ehrfurcht vor dem Heiligen und Numinosen anzutreffen ist". 24.12.1952, Jaeger an Henze, EBAP, Nachlass Jaeger, 522.

63   Ein Angebot der Salvatorianerinnen, während seines Rom-Besuchs im Generalat Wohnung zu nehmen, schlug Jaeger aus. 20.4.1950, Jaeger an die Generaloberin der Salvatorianerinnen (Mater Olympia Heuel), EBAP, Nachlass Jaeger, 522.

64   Zu ihm: Heidrich, Carlo Bayer; Heidrich, Bayer, S. 87 f.

65   Zu ihr: Lehnert, Erinnerungen; Mazzolari, La Carita; Murphy/Arlington, La Popessa; Schad, Dienerin.

66   18.6.1950, Jaeger, Olpe, an Bayer, EBAP, Nachlass Jaeger, 522.

67   Sr. Pascalina suchte nach dem Tod Pius' XII. Jaeger für die von ihr initiierte Seligsprechung des Papstes zu gewinnen. Von Margarete von der Hagen hatte sie gehört, sie habe von Jaeger erreicht, dass „das Gebet um die Seligsprechung" nun auch in der Erzdiözese Paderborn gedruckt und verbreitet werde. Pascalina berichtete, in Rom sei das Grab Pius' XII. immer gleich stark besucht, voller Blumen und auf Anweisung von Kardinal Tardini

Jaeger erkannte offenbar auch das Talent von Bayer, der später zur grauen Eminenz im Campo Santo und als Generalsekretär von Caritas Internationalis sehr einflussreich wurde. Jaeger bot Bayer, der zur inzwischen polnisch gewordenen Diözese Breslau gehörte, wie es scheint einen Posten in der Erzdiözese Paderborn an. Bayer war nicht von vornherein abgeneigt. Im November schrieb er an Jaeger: „Noch habe ich mir keine Sorgen oder Plaene ueber die Zukunft gemacht und will erst einmal das heilige Jahr und die anschliessenden Rechnungsabschluesse und Berichte hinter mich bringen, danach fuer einige Zeit Luft schnappen und bei dieser Gelegenheit auch nach Deutschland kommen. Dann werde ich mich rechtzeitig in Paderborn anmelden"[68].

Sodann gelang es Jaeger anlässlich seines Rom-Besuchs 1950 vor allem zwei wichtige Kontakte aufzubauen. Zunächst zum ehemaligen Generalsuperior der Steylermissionare, Joseph Grendel SVD (1878-1951)[69]. Dieser Kontakt war vor allem für Jaegers Ökumene-Referat wichtig, denn Grendel war Konsultor im Sanctum Officium und – neben vor allem Hudal und dem Moraltheologen Franz Hürth SJ (1880-1963)[70] – einer der Bearbeiter der deutschen Angelegenheiten im Sanctum Officium. Vor allem aber war Grendel Experte in Sachen Ökumene, weil er die diesbezüglichen Dinge zu bearbeiten hatte[71].

Ein wichtiges Scharnier für den Kontakt zu Grendel war übrigens Josef Höfer, auf den ich später noch weiter eingehen werde. Dieser hatte Jaeger im Juni 1949 eine von Grendel erstellte Liste von Einzelfragen hinsichtlich der Führung bzw. Weihe konvertierter evangelischer Pfarrer übergeben, die Jaeger durcharbeiten sollte. Es ging um die Frage ergänzender theologischer Studien für solche Pfarrer, um die Koordination dieser – wie man damals noch glaubte – breiteren „Bewegung", ihre tiefere praktische und spirituelle Begleitung etc.[72]

---

sei in der Grabkapelle ein Altar erstellt worden, an dem viele Priester und Bischöfe die heilige Messe feierten. Man spreche auch von „vielen, vielen Gebetserhörungen und auch Wundern". P. Bea habe bereits an die drei deutschen Kardinäle geschrieben, Deutschland, für das der Papst viel getan habe, solle nicht das letzte Land sein, das sich für Pius XII. rühre. 28.5.1959, Sr. Pascalina an Jaeger, EBAP, Nachlass Jaeger, 523.

68 10.11.1950, Ufficio Romano pellegrini Tedeschi (Carlo Bayer) an Jaeger, EBAP, Nachlass Jaeger, 522. – Jaeger dankte für die Mitteilung und noch einmal „überglücklich" für die römischen Gespräche. 16.11.1950, Jaeger an Bayer, EBAP, Nachlass Jaeger, 522.

69 Zu ihm: Bornemann, Geschichte, S. 28 f.

70 Zu ihm: Schuster, Hürth, S. 173-189.

71 7.12.1950, Jaeger an Grendel, EBAP, Nachlass Jaeger, 522 (Schriftwechsel mit Rom): „Recht froh bin ich, daß sich in der römischen Stellung zu den konvertierenden evangelischen Pfarrern nichts geändert hat. Es ist jetzt ein Pfarrer Richter, den die Diözese Münster übernehmen will, so weit, daß für ihn die Anträge gestellt werden können".

72 Vgl. „Einzelpunkte" sowie „Vorläufige Richtlinien": EBAP, Nachlass Jaeger, 424.

Im Juli 1950 – also noch vor seinem Rom-Besuch – erhielt Jaeger von Grendel privatim auch die römische Bitte einer Stellungnahme des deutschen Episkopats zur damals virulenten Frage der Schönstattbewegung. Jaeger berichtete in einer kleinen Ausarbeitung über die Schritte, die der Episkopat zur Sache unternommen hatte. Dabei stellte er sich nachdrücklich hinter Trier und Bischof Franz Rudolph Bornewasser (1866-1951)[73]: die Religiosen-Kongregation sei einseitig informiert worden[74]. Grendel dankte und erklärte, Jaegers Stellungnahme habe „genau das" getroffen, worauf es ihm angekommen sei. „Nur habe ich mir fast Vorwürfe gemacht, daß Ew. Excellenz so viel Zeit und Mühe auf die Beantwortung dieser meiner Anfragen verwendet haben. Selbstverständlich werde ich alles nur als private Information für mich betrachten und verwenden"[75].

Grendel starb im darauffolgenden Jahr. Jaeger musste sich nach einem Ersatz umtun. Im März 1951 bat er Augustin Bea SJ (1881-1968)[76], ihm für sein Referat „Glaubensverbreitung" und die Ökumene „Ratgeber und Helfer" zu sein, an den er sich in schwierigen Fragen wenden könne: „Sie kennen die Meinung des Heiligen Vaters und des Sanctum Officiums in diesen Fragen. Sie kennen anderseits die deutschen Verhältnisse und können diese den übrigen Consultoren besser dartun, als ich das schriftlich vermöchte"[77]. Bea, als Bibelwissenschaftler und Konsultor des Sanctum Officium[78] sicher nicht unterbeschäftigt, zudem mit dem Amt des päpstlichen Beichtvaters betraut, antwortete umgehend. „Recht gerne" wolle er seine Kräfte den Interessen Jaegers zur Verfügung stellen. Auch wenn er „die Sachkenntnis und praktische Erfahrung des guten P. Grendel" nicht besitze, wolle er doch tun, was in seinen Kräften stehe, um sich „bald in die Fragen einzuarbeiten"[79]. Bekanntlich entwickelte sich aus diesem ersten Kontakt zwischen Jaeger

---

73   Zu ihm: Thomas, Bornewasser, S. 65-67; Thomas, Kirche.
74   20.7.1950, Jaeger an Grendel, EBAP, Nachlass Jaeger, 522.
75   4.8.1950, Grendel, Roma-Ostiense, an Jaeger, EBAP, Nachlass Jaeger, 522. – Jaeger seinerseits bat Grendel auch bei Ordensangelegenheiten um Hilfe, die mit der Religionenkongregation geklärt werden mussten: EBAP, Nachlass Jaeger, 522.
76   Zu ihm: Buchmüller, Bea; Bader, Bea; Schmidt, Bea; Schmidt, Dienst; Heid, Bea, 2 Bde.; Brodkorb/Burkard, Kardinal.
77   Jaeger verwies auch auf seinen Mitarbeiter in diesen Fragen. Er habe Professor Höfer angewiesen, Bea das Protokoll der letzten Arbeitstagung mit den evangelischen Theologie-Professoren („Jaeger-Stählin-Kreis") zuzusenden. Die Tagung habe „wieder einmal gezeigt, wie die Protestanten ihre Stellungen revidieren müssen, sobald sie in ein ernsthaftes wissenschaftliches Gespräch mit katholischen Theologen kommen". 19.3.1951, Jaeger, Paderborn, an Bea, EBAP, Nachlass Jaeger, 532.
78   Vgl. dazu: Burkard, Augustin Bea als Konsultor.
79   24.3.1951, Bea, Rom, an Jaeger, EBAP, Nachlass Jaeger, 532.

und Bea ein intensives Arbeitsverhältnis, dem sich nicht nur die Förderung des evangelisch-katholischen Gesprächs, sondern später auch die Errichtung des päpstlichen Sekretariats für die Einheit der Christen und die Konstitution *Unitatis redintegratio* des II. Vatikanischen Konzils verdankte[80].

Ein weiterer wichtiger Kontakt hatte sich schon 1950 zu Wilhelm Hentrich SJ (1887-1972)[81] ergeben, der die Privatbibliothek Pius' XII. betreute und als Relator, später als Konsultor, für das Sanctum Officium arbeitete. Mit Hentrich, zu dem sich ein fast vertrautes Verhältnis entwickelte, war es Jaeger erstmals gelungen, näher an den Papst zu rücken. Hentrich war Paderborn von früheren Zeiten her verbunden: gegen Ende des Ersten Weltkriegs hatte er im Paderborner Leokonvikt die Lazarett-Seelsorge übernommen und war seither mit Johannes Brinktrine (1889-1965)[82] und Joseph Wenner (1890-1966)[83], aber auch mit Theoderich Kampmann (1899-1983)[84] und Eduard Stakemeier (1904-1970)[85], die später allesamt in Paderborn Professoren geworden waren, freundschaftlich verbunden[86].

Im April 1950 – also noch vor seinem Rom-Besuch – ließ Jaeger Hentrich durch einen Boten[87] vier Exemplare des Buchs *Das wahre Gesicht der Heiligen*[88] nach Rom senden, das der Paderborner Diözesanpriester Wilhelm Schamoni (1905-1991)[89] verfasst hatte. Hentrich überreichte eines davon samt Brief Pius XII. selbst, eines dem langjährigen Substitut des Staatssekretariats, Montini, und eines Kardinal Clemente Micara (1879-1965)[90].

Mit dem Buch verbunden waren „Pläne" von großer Bedeutung, die Hentrich den Adressaten im Auftrag Jaegers detailliert auseinanderzusetzen hatte. Um was genau es ging, konnte bislang noch nicht eruiert werden. Jedenfalls stieß die Initiative auf offene Ohren. Wenige Tage später erhielt Schamoni

---

80 Diese ersten Hinweise zu Bea und Jaeger mögen an dieser Stelle genügen. Mehr dazu im Rahmen der für 2019 angekündigten Tagung über Jaeger und die Ökumene. Vgl. Marotta, La genesi, S. 159-191; Marotta, „Ökumenische Ungeduld", S. 229-246; Burkard, Sondierungen, S. 367-447.
81 Zu ihm: Tophinke, Hentrich, S. 25 f.
82 Zu ihm: Berger, Brinktrine, S. 190-192; Berger, Schule, S. 349-362; Carl, Brinktrine, S. 62 f.
83 Zu ihm: Wacker, Gedenken, S. 151-157.
84 Zu ihm: Schüepp, Gedenken, S. 530 f.; Betz, Kampmann, S. 355-358; Lange, Kampmann, S. 1163.
85 Zu ihm: Thönissen, Stakemeier, S. 217 f.
86 9.4.1950, Hentrich an Jaeger (vertraulich), EBAP, Nachlass Jaeger, 522.
87 Als Bote fungierte ein „Hochwürdigster Herr P. Dietmar". Es handelt sich wohl um P. Dietmar Westemeyer OFM (1908-1997), den damaligen Provinzialminister der Sächsischen Franziskanerprovinz. Zu ihm: Kutzner, Westemeyer
88 Schamoni, Gesicht.
89 Zu ihm: Berger, Schamoni.
90 Zu ihm: Munzinger-Archiv, Micara.

übrigens – wie von Jaeger beantragt – ein päpstliches Handschreiben, das seine Verdienste lobend hervorhob[91].

Für Kredit Jaegers in Rom sorgte auch die Stromlinienförmlichkeit der Paderborner theologischen Akademie. So wurde von Pius XII. die Assumptio-Petition der Akademie sowie deren mehrfache, befürwortende Stellungnahme in der Zeitschrift *Theologie und Glaube* über die Frage der Definibilität der Assumptio freudig zur Kenntnis genommen. Zweifelsohne befürwortete auch Jaeger selbst das Mariendogma, dessen feierliche Definition „als Krönung des Hl. Jahres" 1950 gedacht war[92]. Jedenfalls gibt es Spuren in seiner Korrespondenz, die zeigen, dass er die entsprechenden Ausführungen seiner Paderborner Theologen als Sonderdrucke nach Rom schickte[93].

Die Antwort erfolgte unter anderem in dem Artikel *Alla vigilia della definizione dogmatica dell'assunzione*, den Hentrich im *Osservatore Romano* veröffentlichte[94] und den Jaeger im Gegenzug erhielt. Er lobte ihn als sehr „instruktiv" und fügte hinzu: „Ich bin überzeugt, daß die Definierung des Dogmas keinerlei Schwierigkeiten auslösen wird, wenigstens nicht bei unserem katholischen Volke, das höchstens darüber erstaunt ist, daß hier etwas definiert wird, was es schon immer geglaubt hat"[95].

Im August 1951 informierte Hentrich den Paderborner Erzbischof über das in Rom von dem Jesuiten Charles Boyer (1884-1980)[96] gegründete Foyer „Unitas", eine von drei holländischen Schwestern („Frauen von Bethanien") in Weltkleidung geleitete Stelle, die sich der Aufgabe verschrieben hatte, nichtkatholische Besucher Roms zu betreuen, Führungen zu organisieren und nicht zuletzt über katholische Dinge Auskunft zu erteilen. Hentrich glaubte Jaeger angesichts der ausgedehnten Diaspora seiner Erzdiözese und seiner engen Beziehungen zum Bonifatiusverein besonders interessiert. Er selbst habe bei einem Besuch des Foyers „den denkbar besten Eindruck von dem Geiste dieser Genossenschaft und von ihrem Wirken" erhalten. Hentrich artikulierte seinen „leisen, rein persönlichen Wunsch", die Genossenschaft könne vielleicht auch im Erzbistum Fuß fassen[97].

---

91   Hentrich hatte dem Papst auch die besondere Bitte Jaegers nahegelegt, das Handschreiben nicht von Monsignore Montini unterzeichnen zu lassen, sondern selbst zu unterzeichnen. Die Reaktion des Papstes: „Der Hl. Vater meinte überlegend, das sei allerdings etwas Ungewöhnliches, aber er schien es nicht abzulehnen, sondern es in Erwägung zu ziehen". 9.4.1950, Hentrich an Jaeger (vertraulich), EBAP, Nachlass Jaeger, 522.
92   9.4.1950, Hentrich an Jaeger (vertraulich), EBAP, Nachlass Jaeger, 522.
93   Vgl. 23.2.1951, Henze, Rom, an Jaeger, EBAP, Nachlass Jaeger, 522.
94   Hentrich, *Alla virgilia della definizione dogmatica dell'assunzione*.
95   8.9.1950, Jaeger an Hentrich, EBAP, Nachlass Jaeger, 522.
96   Zu ihm: Ernesti, Boyer, S. 46-48.
97   10.8.1951, Hentrich, Rom, an Jaeger, EBAP, Nachlass Jaeger, 522.

Die marianische Frömmigkeit gehörte auffallender Weise ganz zentral zur geistlichen Ausrichtung Jaegers. 1953 begrüßte er in einem Brief an Hentrich in überschwänglichen Worten die Enzyklika *Fulgens corona*, mit der Pius XII. für 1954 ein Marianisches Jahr angekündigt hatte:

> Ich glaube, dass dieser Ruf in der ganzen katholischen Welt ein gewaltiges Echo findet. Soweit ich sehe und höre, ist wenigstens in unserm Vaterlande alles überglücklich, sowohl der Klerus wie auch die Gläubigen. Ich bin dabei, Handreichungen für den Klerus zu erarbeiten, mit denen er durch Predigt und Katechese das Marienjahr vorbereiten und tiefer in die Bedeutung und in die Anliegen des Marienjahres einführen kann. Ich habe dann vor, die bedeutendsten Marien-Wallfahrtsorte der Diözese herauszustellen und zu ihnen die Wallfahrten zu organisieren, die das ganze Jahr hindurch den Gedanken lebendig halten. Ich glaube, dass dieses Marienjahr auf die Fürbitte unserer Lieben Frau ein wirkliches Gnadenjahr für die Erzdiözese Paderborn und – so hoffe ich – für die Kirche in aller Welt sein wird.[98]

Jaeger regte an, das Marianische Jahr mit Ablässen für alle zu verbinden, die sich an den Wallfahrten zu den Muttergottes-Heiligtümern beteiligten, und bat Hentrich, diese Bitte dem Papst vorzulegen:

> Ich meine, dass Marienjahr wäre unvollständig, wenn der Heilige Vater nicht für die Teilnahme an den Marienwallfahrten und an den Gebets- und Bußübungen, die der Heilige Vater vorschreibt, auch Ablässe geknüpft wären. Wir bekommen bestimmt groß und klein, arm und reich in diesem Gnadenjahr des öfteren in den Beichtstuhl und an die Kommunionsbank. Aber es sollten deshalb auch – ähnlich wie im Heiligen Jahr – von der Kirche geistliche Wohltaten den Gläubigen, die dem Ruf des Heiligen Vaters folgen, geschenkt werden.[99]

Hentrich, der schon bei der Dogmatisierung der leiblichen Aufnahme Mariens in den Himmel (1950) eine Rolle gespielt hatte[100], trug den Vorschlag Jaegers dem Papst tatsächlich vor, der den Gedanken sehr begrüßte und an die Sacra Poenitentiaria weiterleitete[101]. Am 19. und 22. November wurden das Dekret und der betreffende Gebetstext im *Osservatore Romano* veröffentlicht[102]. Gewissermaßen als Gegenleistung für seine Anregung erbat sich Jaeger die

---

98 17.10.1953, Jaeger an Hentrich, EBAP, Nachlass Jaeger, 522.
99 Ebd.
100 Vgl. Feldkamp, Pius XII., S. 5. – Vgl. Hentrich, De definibilitate assumptionis.
101 29.10.1953, Hentrich an Jaeger, EBAP, Nachlass Jaeger, 522. – Vgl. auch die weitere Nachricht dazu vom 12.11.1953: EBAP, Nachlass Jaeger, 522.
102 Vgl. 25.11.1953, Hentrich an Jaeger, EBAP, Nachlass Jaeger, 522.

Erhebung der Wallfahrtskirche von Werl durch die Ritenkongregation zur Päpstlichen Basilika[103].

Auch hierfür ließ er Hentrich tätig werden[104], und dieser kam – diesmal auch aus eigener Verbundenheit mit Werl – der Bitte gerne nach. In einem Schreiben an Jaeger erinnerte er sich an eine Wallfahrt nach Werl während seines Noviziats:

> Die Novizen unseres Ordens müssen (oder mussten) nach dem Willen des heiligen Ignatius im zweiten Noviziatsjahr eine einmonatliche Pilgerreise zu Fuss, ohne irgendwelche Geldmittel (als Prüfungs-‚experimentum' des Berufes) zu einem Wallfahrtsort machen: immer zu je zwei Novizen. Ich hatte als Ziel Werl: von Exaten bei Roermond (unserem damaligen Noviziat) hiess es in vorgezeichneten Tagesrouten durch den niederrheinischen Teil der münsterschen Diözese (es war um Pfingsten, anno 1908), vorher noch durch den Nordrand der Kölner Diözese, dann durch das Ruhrgebiet nach Werl pilgern und unterwegs ‚um der Liebe Christi willen' uns Unterkunft und Lebensunterhalt erbitten; dann ging es in einem anderen Bogen wieder heim ins Noviziat. In Werl wurden wir mit großer Güte im Franziskanerkloster aufgenommen.[105]

In Sachen Werl mussten allerdings neben Hentrich auch noch die römischen Franziskaner bemüht werden, weil nicht alles schnell genug voranging. Der Generalminister der Franziskaner setzte sich jedoch ein und sprach persönlich bei Kardinal Micara, bei der Ritenkongregation und beim Sekretär der Breven vor. So konnte die feierliche Proklamation der Werler Kirche zur Basilica minor zum vorgesehenen Termin am 8. Dezember erfolgen[106].

Es erstaunt, dass Jaeger ein so starkes Engagement im Bereich der Marienfrömmigkeit entwickelte, war dies doch ein Bereich, der seinen ökumenischen Bemühungen scheinbar zuwiderlaufen musste. Die Briefe an Hentrich offenbaren hier eine erstaunliche Seite des Theologen Jaeger. Das katholische Volk spreche – so meinte er – auf die Verehrung der Gottesmutter in ungewöhnlichem Maße an und so sei zu hoffen, „dass die Predigten, Andachten, Festlichkeiten aus Anlass der Jahrhundertfeier der Dokumentverkündigung viele echte Bekehrung zuwege bringen und bei den übrigen Gläubigen eine Vertiefung ihres Glaubenslebens und eine Erweckung ihres apostolischen Eifers bewirken". Er halte diese Herausstellung der Marienverehrung für „provinziell":

---

103 Bellot-Beste, Wallfahrt; Schürmann, 300 Jahre; Olschewski, Mutter, S. 217-237.
104 Vgl. 3.11.1953, Hentrich an Jaeger; 25.11.1953, Hentrich an Jaeger. Beides in: EBAP, Nachlass Jaeger, 522.
105 Jaegers Bemühungen, im marianischen Jahr auch die Marianischen Kongregationen wieder zu beleben, wurde von Pius XII. ebenfalls freudig begrüßt. 25.11.1953, Hentrich an Jaeger, EBAP, Nachlass Jaeger, 522.
106 28.11.1953, Klemens Füller OFM, Rom, an Jaeger, EBAP, Nachlass Jaeger, 522.

> Wir befinden uns in der Tat auf dem Weg in einen ganz gefährlichen Interkonfessionalismus. Über dem Willen zur Einheit und zum Zusammengehen mit den Andersgläubigen im politischen, sozialen und kulturellen Leben ist doch recht vielen Menschen, auch sogen[annten] guten Katholiken, der Sinn für die Unabdingbarkeit der Wahrheit weithin abhandengekommen. Es werden bewußt die spezifisch-katholischen Wahrheiten verschwiegen und nur immer wieder das Gemeinsame betont, daß in absehbarer Zeit die spezifisch-katholischen Wahrheiten völlig vergessen werden. Ich hoffe, daß dieses Marianische Jahr auch darin einen echten Wandel schafft.[107]

Jaeger musste sich in seinen Hoffnungen allerdings getäuscht sehen. Seine mariologische Handreichung führte – gerade im Ostteil des Erzbistums – zu erheblichen Problemen und brachte Jaeger in Bedrängnis. 1961 wurde Jaeger übrigens von der Pontificia Academia Mariana Internationalis zum Ehrenmitglied ernannt. In der Würdigung hieß es ausdrücklich, man ehre damit Jaegers Kenntnisse um die Fragen der Wiedervereinigung und seine vielfältigen Bemühungen zur Förderung der ökumenischen Bewegung[108].

Hentrich blieb auch in den folgenden Jahren ein enger Korrespondenzpartner Jaegers in Rom, zumal nachdem er 1955 zum Konsultor des Sanctum Officium ernannt worden war. Damit trat er in eine fast schon „amtliche" Verbindung zu Jaeger, der in der Deutschen Bischofskonferenz (DBK) das Referat „Glaubensüberwachung und Glaubensverbreitung" leitete. Und Jaeger hatte in Hentrich einen weiteren Deutschen im Sanctum Officium, der vor allem in informeller Hinsicht wichtige Dienste leisten konnte. Im Februar 1955 sandte er Hentrich – neben der Gratulation zur Ernennung – das jüngste Protokoll einer Tagung der Diözesanreferenten für die Fragen der „Glaubensüberwachung und Glaubensverbreitung" in den deutschen Diözesen, die regelmäßig zweimal im Jahr unter seiner Leitung stattfand[109].

---

107 Jaeger dankte Hentrich bei dieser Gelegenheit für die Zusendung eines Vortrags, den der Jesuit am Vorabend der dogmatischen Definition von 1950 in Rom gehalten hatte, und „für all ihre gütige Hilfsbereitschaft!". 30.11.1953, Jaeger an Hentrich, EBAP, Nachlass Jaeger, 522.

108 15.11.1961, Pontificia Academia Mariana Internationalis (Carlo Balić OFM), Rom, an Jaeger, EBAP, Nachlass Jaeger, 523. – Balić verband mit der Ehrung die Bitte um Nennung zweier Wissenschaftler für Beiträge über „Die Stellung der Protestanten zum Mariendogma und zum Marienkult", und zwar zunächst bei den Reformatoren selbst und sodann bei den neueren protestantischen Theologen. Die auf Lateinisch erbetenen Aufsätze sollten in einem Band über den Beitrag der Mariologie zur heutigen Ökumene veröffentlicht werden. – Jaeger benannte daraufhin Eduard Stakemeier und Albert Brandenburg. Vgl. 16.1.1962, Jaeger an Pontificia Academia Mariana Internationalis (Balić), EBAP, Nachlass Jaeger, 523.

109 Hentrich solle von dem Protokoll keinen amtlichen Gebrauch machen, doch solle es seiner persönlichen Information dienen und vor allem zeigen, um welche Fragen man

Wie hilfreich diese Verbindung sein konnte, zeigte sich bereits im August. Am 14. Juli 1955 war im *Osservatore Romano* ein Artikel erschienen, der sich ausgesprochen kritisch mit einem angeblichen deutschen marianischen Minimalismus auseinandersetzte[110] und im deutschen Klerus für nicht geringe Aufregung sorgte. Gemünzt war der Artikel gegen das Schriftchen *Grundsätzliche und praktische Erwägungen zur christlichen Verkündigung im Marianischen Jahre*[111] von Johannes Pinsk (1891-1957)[112]. Jaeger versuchte den Ball flach zu halten. Sofort nach dem Erscheinen der Schrift seien auch in Deutschland ablehnende Stimmen laut geworden, er selbst habe die erste sich bietende Gelegenheit benutzt, anlässlich der Zusammenkunft der Diözesanreferenten für die Aufgabe der Glaubensverbreitung/ Glaubensüberwachung „die Schwächen des Buches" aufzudecken und „die Unhaltbarkeit der theologischen Argumentation" aufzuzeigen, auch „den wissenschaftlich-theologisch unhaltbaren Ansatzpunkt seiner Argumentation und seine einseitige Auswertung der Schrift". Pinsk gehöre als Vertreter der Diözese Berlin dieser Arbeitsgemeinschaft unter seiner Führung an und sei danach „recht nachdenklich und kleinlaut" gewesen. Allerdings sei die Haltung von Pinsk zu verstehen aus der Atmosphäre der Weltstadt Berlin, in der eben „eine recht liberale und protestantisch infizierte Luft" wehe. In der ständigen Berührung mit dem Protestantismus sähen viele Dinge etwas anders aus. „Das Bestreben, die Protestanten nicht zu verletzen, bzw. nicht zu sagen, was ihre Ohren beleidigen könnte, ist offenbar Anlass gewesen, der Mariologie eine Linie zu geben, zu der auch die Protestanten ja sagen können". Man brauche in Rom allerdings keine Sorge zu haben; das Buch von Pinsk werde in Deutschland nicht Schule machen.

Es zeugt von der Klugheit Jaegers, wenn er in demselben Schreiben an Hentrich ein anderes, auch von Rom abgelehntes Extrem marianischer Frömmigkeit thematisierte. Es war wiederum der Fall „Heroldsbach". In Rom seien verschiedene Eingaben seines Diözesanen Fritz Müller[113] eingegangen und vom Staatssekretariat auch beantwortet worden. Müller – ein „kindlich

---

      sich in Deutschland derzeit bemühe. 2.2.1955, Jaeger an Hentrich, EBAP, Nachlass Jaeger, 523. – Hentrich selbst hatte Jaeger mit seinem letzten Brief den Sonderdruck *Episcoporum triplex munus* von Franz Hürth SJ sowie das Schriftchen *Le rôle de la Sainte Vierge dans le mystère du Christ et de son église* aus der Feder des Benediktiners Gaspar Lefebure zugesandt.

110 *Minimismo deplorevole*, in: Osservatore Romano vom 14.7.1955.
111 Pinsk, Erwägungen.
112 Zu ihm: Amon, Lebensaustausch; Wójcik, Pinsk, S. 165-214; Thorak, Weskamm, S. 177-199; Unterburger, Pinsk, S. 458.
113 Fritz Müller, Besitzer eines Lebensmittelgeschäfts in Bad Lippspringe, hatte „um des Glaubens willen viel gelitten", während der NS-Zeit acht Jahre im Konzentrationslager

frommer Mann" – habe sich „in blindem Eifer für die Kirche" den Heroldsbachern verschrieben und werde von den Agitatoren dieser Bewegung missbraucht für die Herausgabe von werbenden Flugblättern. Es sei nun gelungen, Müller vernünftig zuzureden. Dieser sehe ein, „daß Heroldbach abwegig war und nichts mit echter Marienverehrung zu tun hat"[114]. Damit hatte Jaeger indirekt die ganze Spannbreite aufgezeigt, in der sich Theologie und kirchliche Praxis in Deutschland zu bewegen und zu bewähren hatten, nicht zuletzt aber die „Causa Pinsk" in gewissem Sinne relativiert.

Der Fall Heroldsbach beschäftigte Jaeger und Hentrich allerdings noch weiter, wobei Jaeger sich schützend auch vor Müller stellte. Ihn leitete dabei „ausschließlich das seelsorgerliche Anliegen", dem in „religiösem Wahn" befindlichen Müller einen Ausweg zu weisen. In diesem Zusammenhang wandte sich Jaeger auch deutlich gegen Pater Henze. Dieser glaube irrtümlich, „ganz allgemein aussprechen zu können, daß wir deutschen Menschen eben viel skeptischer und mißtrauischer gegen jede Begnadigung seien als die romanischen Völker. Das sei der Grund, warum bei uns keine Wunder geschehen würden und warum auch Deutschland in der Kirche Gottes so wenige Heiligsprechungen aufzuweisen hätte"[115].

An Hentrich sandte Jaeger auch seine vertrauliche Denkschrift *Über die neue ökumenische Lage seit der Instructio „Ecclesia Catholica"*. Er hatte um strenge Vertraulichkeit gebeten. Hentrich übergab das Exemplar jedoch an Pius XII. – und konnte Jaeger berichten, dass den Papst jenes Exemplar, das ihm über die Nuntiatur hätte zugehen sollen, noch nicht erreicht hatte[116]. Handelte es sich um eine von der Nuntiatur oder vom Staatssekretariat „kalkulierte" Zurückhaltung von Informationen? Möglich, dass hier eine einseitige Informationspolitik des Staatssekretariats aufscheint, hinter der die ökumenekritische Haltung Leibers vermutet werden dürfte[117]. Hentrich, der von der Notwendigkeit eines gründlichen Studiums der Denkschrift überzeugt war, händigte dem

---

zugebracht, später mehrfach Rom besucht und auch persönlich mit Pius XII. sprechen können.

114 Müller hatte Jaeger um eine Empfehlung gebeten, um von Pius XII. in einer Audienz empfangen zu werden, was Jaeger allerdings abgelehnt hatte. Daraufhin hatte ihm Müller zwei Briefe geschickt mit der Bitte, dafür zu sorgen, dass sie in die Hände des Papstes gelangten – eine Zumutung für den Papst, wie Jaeger meinte. Er bat Hentrich, Müller ein paar antwortende Zeilen zu schreiben oder vom Staatssekretariat eine Eingangsbestätigung zu erwirken. Müller könne dadurch in seinem Vorsatz neu bestärkt werden, „jetzt in kindlichem Gehorsam gegen die Weisungen der Kirche und in seiner Liebe und Treue zur Kirche auszuharren".

115 27.9.1955, Jaeger an Hentrich, EBAP, Nachlass Jaeger, 523.

116 Hentrich, Rom, an Jaeger, EBAP, Nachlass Jaeger, 523.

117 Dazu auch: Burkard/Tonner, Reformation.

Papst jedenfalls sein eigenes Exemplar aus und informierte ihn zugleich über alles, was Jaeger ihm in seinem Begleitbrief geschrieben hatte. Pius XII. nahm diese Informationen „trotz seiner vielen Arbeiten mit großer Anteilnahme" entgegen[118].

Im April 1958 besuchte Jaeger wieder einmal Rom[119] und verbrachte auch einen ganzen Nachmittag mit Hentrich. Abends übergab dieser dem Papst dann – mit Erläuterungen – einen ganzen Packen Material, das Jaeger ihm ausgehändigt hatte[120]; auch Ottaviani erhielt auf diesem Wege Material.

Der Tod Pius' XII. im Oktober 1958 veränderte die Sachlage auf einen Schlag und schien (zunächst) für das römische Netzwerk Jaegers von katastrophaler Auswirkung zu sein. Zurecht sprach Jaeger von einem Tag, „der uns zu Waisen gemacht hat". Er kondolierte Hentrich „zu dem schweren Verlust, den Sie mehr noch als wir anderen spüren werden. Sie haben das Glück des täglichen Umgangs mit dem hohen Verstorbenen gehabt. Er wird Ihnen in Zukunft viel fehlen". Jaeger erwartete nun einen „Umschwung" im Vatikan, der „radikal" sein werde:

---

118 Zur Illustration berichtete Hentrich – sicher auch, weil er Jaeger als Multiplikator für die „Stimmung" in Deutschland betrachtete: „In diesen Tagen kam über eine Million von Glückwunschbriefen aus der ganzen Welt an ihn, von Katholiken und Protestanten, von Christen und Heiden, von Weißen und Schwarzen; von Staatsmännern, Arbeitern, Schulkindern. Es ist ergreifend, die Liebe der ganzen Menschheit zum Hl. Vater in diesen Briefen in allen Farbtönen der Bildung, der Rasse usw. ausgesprochen zu sehen. Der Hl. Vater selbst hat sich mit allen Mitteln gegen die Feier seines 80. Geburtstages gesträubt und die Festlichkeiten auf jede Weise auf ein Minimum zurückzuschrauben versucht". Hentrich, Rom, an Jaeger, EBAP, Nachlass Jaeger, 523.
119 1953 hatte er an Henze geschrieben: „So gern ich an Rom denke und so sehr ich wünschen möchte, einmal längere Zeit dort leben zu können, so wenig gern möchte ich doch jetzt in diesen Sommermonaten dort sein". 15.8.1953, Jaeger an Henze, EBAP, Nachlass Jaeger, 79.
120 So „den gebundenen Bericht, reich mit Photos illustriert, über die Kirchenbauten in Deutschland; die Fragen der ‚katholisierenden' Protestanten an Eure Exzellenz über eine ‚evangelisch-katholische Union' und die Antworten Eurer Exzellenz darauf; den Bericht über die Aufgabe der Benutzung protestantischer Kirchen für den katholischen Gottesdienst; der Heilige Vater war sehr erfreut, daß es der tatkräftigen Hirtensorge des deutschen Episkopates und im besonderen Eurer Exzellenz gelungen ist, 66 % davon aufzugeben; den Auszug aus dem Vortrag Eurer Exzellenz über die ‚Heutige Lage des Protestantismus in Deutschland'; den langen Artikel des H.H. Dr. Brandenburg über ‚Protestantismus in katholischer Sicht' für das neu erscheinende evangelische Lexikon. Der Heilige Vater war für alle diese Dokumente sehr interessiert und dankbar und sagte mir, Er wolle sie zur Vorbereitung auf die Audienz Eurer Exzellenz eingehend studieren". 20.5.1958, Hentrich (Curia Praepositi Generalis Societatis Iesu), Rom, an Jaeger, EBAP, Nachlass Jaeger, 523.

Gebe Gott, daß er seiner Kirche einen Pontifex schenkt, der dem Vorgänger kongenial ist und der auch ein ganz klein wenig Herz für uns Deutsche mitbringt. – Ich denke vor allem mit Sorge an unsere Una-Sancta-Arbeit und all die Bemühungen um die Wiedervereinigung der getrennten Christen. Diese Not kann nur der nachfühlen, der sie einmal kennengelernt hat. Ich mache mir Sorge auch um die zwei oder drei konvertierten protestantischen Pfarrer, die im theologischen Studium stehen oder die Zulassung zum Studium beantragt haben. Wird die Tür geöffnet bleiben, die Papst Pius XII. ihnen aufgemacht hat? Sie verstehen, daß ich am heutigen Tag, wo ich Leben und Wirken des Heiligen Vaters nochmal überdenke, sehr stark von all diesen Sorgen bewegt bin. Wir wollen inständig bitten, daß der Herr in Seinem Erbarmen der Kirche den rechten Pontifex schenke.[121]

Die Korrespondenzen mit Hentrich wurden in der Folgezeit deutlich dünner[122]; Hentrich hatte seine wichtigste „Funktion", Scharnierstelle zum Papst zu sein, verloren; auch verfügte Jaeger inzwischen über andere, sachlich kompetentere römische Ansprechpartner, die auch im neuen Pontifikat ihren Einfluss behielten[123]. 1960 sandte Jaeger jedoch seine Arbeit über das bevorstehende Konzil[124] an Hentrich. Dieser studierte dieselbe und hob in seiner Antwort vor allem hervor, dass Jaeger die Geschichte der Konzilien im Hinblick auf die fortschreitende Entfaltung der „Lehre von der Kirche" behandelt habe. Er hege „die begründete Hoffnung, daß das kommende Konzil den authentisch-dogmatischen Abschluß dieser Entfaltung schenke und dadurch tiefer und auf lange Sicht betrachtet die Rückkehr unserer getrennten Brüder fördern" werde. Auch bete er selbst täglich „für die Rückkehr unserer getrennten Brüder und Schwestern", habe er doch – wie viele Deutsche – die Trennung von frühester Kindheit an gespürt. So hoffe er, „dass die Einzelkonversionen im Zusammenhang mit dem Konzil – bei uns und in England besonders – sich mehren werden". Auch um die Rückkehr geschlossener Gruppen wolle man beten – „sperare contra spem"[125].

Jaeger kündigte ihm daraufhin einen Besuch in Rom an, zu einer Papstaudienz am 14. November und zu einigen Sessionen des Sekretariats für die Einheit der Christen, zu der Kardinal Augustin Bea SJ[126] geladen hatte. Er

---

121 9.10.1958, Jaeger an Hentrich, EBAP, Nachlass Jaeger, 523.
122 „Mit Ihren Brief vom 29.9.1960 haben sie mir eine ganz große Freude gemacht. [...] Wir hatten lange nichts mehr voneinander gehört. Um so mehr hat mich ihr Brief gefreut". 15.10.1960, Jaeger an Hentrich, EBAP, Nachlass Jaeger, 523.
123 Dazu zählte an erster Stelle Augustin Bea SJ, dem es gelang, in kürzester Zeit auch das Vertrauen Johannes' XXIII. zu gewinnen. Zu ihm: vgl. unten.
124 Jaeger, Konzil.
125 29.9.1960, Hentrich, Rom, an Jaeger, EBAP, Nachlass Jaeger, 523.
126 Zu ihm und Jaegers Kontakt: vgl. unten.

freue sich, anlässlich dieses Besuchs auch Hentrich wiederzusehen und sich mit ihm dann ausgiebig über „das uns beide so am Herzen liegende Anliegen der Wiedervereinigung im Glauben" unterhalten zu können. In dieser Hinsicht sei manch Erfreuliches aus Deutschland zu berichten, freilich aber auch zu klagen über „viel Unerleuchtetheit bis hinein in die Reihen unserer geistlichen Mitbrüder"[127].

Hentrich machte für Jaegers Konzilsbuch Werbung – so benutzten es seine Mitbrüder in Japan bereits zu Vorträgen und Missionspredigten – und sorgte auch dafür, dass es vom Sanctum Officium angeschafft wurde. Auch wies er Jaeger auf eine Denkschrift lutherisch-preußischer Pastoren vor dem I. Vatikanischen Konzil an Jaegers Paderborner Vorgänger hin, in der sich diese Pastoren zur Wiedervereinigung geneigt erklärt hatten, falls die Kirche im Konzil die Priesterehe gestatte, und ein genaues Programm der Bedingungen einer solchen Ehe vorlegten. Er habe geglaubt, Jaeger sei diese Denkschrift bekannt, aber auch Bea, mit dem er kürzlich davon sprach, habe sie nicht gekannt. Sie könne aber für das bevorstehende Konzil von unmittelbarer Bedeutung sein[128].

Nur erwähnt sei hier noch der Versuch Jaegers, 1956 zu dem einflussreichen Sozialwissenschaftler Gustav Gundlach SJ (1892-1963)[129] Beziehungen anzuknüpfen[130]. Der Versuch ging – aufgrund von Missverständnissen[131] – gründlich schief. Ein längerer Kontakt entwickelte sich daraus nicht.

4 Josef Höfer – Jaegers (fast) wichtigster Kontaktmann nach und in Rom

Jaegers unbestritten wichtigster Kontaktmann in die römische Kurie hinein, und zugleich sein wohl wichtigster theologischer Ratgeber über Jahrzehnte hin, war der nur vier Jahre jüngere Paderborner Priester Josef Höfer (1896-1976)[132]. Als Jaeger 1941 als Bischof nach Paderborn kam, war Höfer erst seit wenigen Monaten aus Rom zurück, wo er sich von Februar bis Juni 1940 auf Wunsch des deutschen Botschafters beim Heiligen Stuhl, Diego von Bergen

---

127 15.10.1960, Jaeger an Hentrich, EBAP, Nachlass Jaeger, 523.
128 Hentrich regte an, im erzbischöflichen Archiv nach dieser Denkschrift an Bischof Martin suchen zu lassen. 1.11.1960, Hentrich, Rom, an Jaeger, EBAP, Nachlass Jaeger, 523.
129 Zu ihm: Schwarte, Gundlach; Rauscher, Gundlach; Schuster, Gundlach, S. 131-156.
130 20.3.1956, Jaeger an Gundlach, EBAP, Nachlass Jaeger, 523.
131 Vgl. 24.3.1956, Gundlach, Rom, an Jaeger; 3.4.1956, Jaeger an Gundlach; 11.4.1956, Gundlach an Jaeger. Alles in: EBAP, Nachlass Jaeger, 523.
132 Zu ihm: Ernesti, Höfer, S. 634-636.

(1872-1944)[133], als dessen „freier theologischer Berater" aufgehalten hatte. Aufgrund von Denunziationen bei Himmler und beim Kirchenministerium unter die Aufsicht des Reichssicherheitsdienstes gestellt und aus seinem theologischen Lehramt in Münster vertrieben, stand Höfer gewissermaßen „zur freien Verfügung"[134].

Jaeger erkannte das Potential Höfers, machte ihn noch 1941 zum Domvikar, beauftragt ihn mit der Verwaltung der Dompfarrei und übertrug ihm 1942 auch die Aufgaben eines Promotor iustitiae[135]. 1944 berief er Höfer neben Robert Grosche (1888-1967)[136], Michael Schmaus (1897-1993)[137], Karl Rahner (1904-1984)[138] und Romano Guardini (1885-1968)[139] in eine Arbeitsgruppe unter Leitung von Paul Simon, die einen interkonfessionellen Arbeitskreis, den späteren „Jaeger-Stählin-Kreis", vorbereiten sollte[140]. 1945 ernannte Jaeger Höfer zum Direktor des Collegium Leoninum und zum Professor für Philosophie- und Theologiegeschichte an der Theologischen Akademie. Nach dem Tod Simons 1946 wurde Höfer zudem wissenschaftlicher Leiter des ökumenischen Arbeitskreises auf katholischer Seite.

Höfer brachte für Jaeger nicht nur theologische Kompetenz und Interesse am Thema Ökumene mit, sondern auch wertvolle römische Erfahrungen und Kontakte. Und zwar nicht nur aus den wenigen Monaten an der Vatikanbotschaft. Die Rom-Erfahrungen Höfers reichten bis ins Jahr 1930 zurück, als er durch den damaligen Kardinalstaatssekretär Pacelli in seiner Eigenschaft als Protektor zum Kaplan und 1932 zum Vizerektor der Anima ernannt worden war. Höfer hatte sodann Spezialstudien zur Philosophie und Theologie Thomas von Aquins am Angelicum absolviert und dann in der von Alois Hudal geleiteten römischen Agenzie der deutschen Bischöfe gearbeitet, sich also intime Einblicke in den Geschäftsgang und Umgang mit den verschiedenen kurialen Behörden verschafft. Bis September 1934 war Höfer zudem als persönlicher Agent des Paderborner Erzbischofs Kaspar Klein in Rom tätig gewesen und hatte im Heiligen Jahr 1933 das deutsche Pilgerkomitee geleitet. Einen besseren Türöffner, Networker und Agenten für Rom als Höfer konnte sich Jaeger also gar nicht vorstellen. Und er nutzte die damit gegebenen Möglichkeiten.

---

133 Zu ihm: Erler, Bergen, S. 78; Keipert/Grupp, Handbuch, Bd. 1, S. 116.
134 Vgl. Lebenslauf Höfer: EBAP, Nachlass Jaeger, 533.
135 Ebd.
136 Zu ihm: Goritzka, Seelsorger; Albert/Haas, Menschen.
137 Zu ihm: Eder, Schmaus, S. 322-327.
138 Zu ihm: Hardt, Rahner, S. 187-189; Hilberath, Rahner; Lehmann, Rahner, S. 272-293.
139 Zu ihm: Knoll, Glaube; Gerl-Falkovitz, Guardini.
140 Ernesti, Höfer, S. 634-636.

1949 wurde Höfer von Jaeger mit einem umfänglichen Besuchsprogramm nach Rom geschickt. Zunächst hatte er beim Privatsekretär des Papstes, Robert Leiber SJ (1887-1967)[141], auszuloten, ob eine Beteiligung Pius' XII. an dem in diesem Jahr in Bochum stattfindenden deutschen Katholikentag zu erreichen war[142]. Dies war ein Prestigeobjekt, zumal Bochum durch das internationale Ruhrstatut und die Demontage der Schwerindustrie im Interesse der internationalen Aufmerksamkeit stand und ohnehin durch die Zerstörungen des Krieges besonders hart betroffen war. Gedacht war entwder an eine Radiobotschaft des Papstes oder ein Handschreiben, das der Apostolische Visitator für Deutschland auf dem Katholikentag verlesen könnte. Man erhoffte sich vor allem „ein wegweisendes und ermunterndes Wort" für die Katholiken. Bevor jedoch offizielle Schritte getan wurden, sollte Höfer sondieren.

In einem Schreiben an Pater Leiber brachte Jaeger außerdem für Höfer eine Audienz bei Pius XII. ins Spiel, um diesen persönlich und kompetent über den Stand der „Una-Sancta-Arbeit" in Deutschland zu unterrichten. Leiber sollte, falls opportun, die Audienz vermitteln. Hinter den dürren Worten muss man sich den Zeitpunkt der Romfahrt Höfers vor Augen halten. Im Juni 1948 hatte das Sanctum Officium ein *Monitum* erlassen, das in ökumenisch gesinnten Kreisen für einen Aufschrei gesorgt hatte[143] und die ganze Ökumenearbeit infrage stellte. Die Kongregation erinnerte in dem *Monitum* an die strikte Einhaltung ihres früheren Verbots interkonfessioneller Versammlungen, auf

---

141 Zu ihm: Repgen, Leiber, S. 777; Schmidt, Bea, S. 210; S. 387 f.; nach Leibers Darstellung war er bereits seit 1921 Sekretär Pacellis, zunächst noch in München. [Vorbemerkung der Redaktion zu:] Leiber, S. 293-298, hier 293.

142 „Das Festkomitee hat die große Bitte, der Heilige Vater möchte genau wie im vorigen Jahre eine Botschaft über das Radio an die Teilnehmer und die Katholiken Deutschlands senden. Es glaubt sich zu einer solchen Bitte versteigen zu können, einmal, weil dieser Katholikentag mitten im Herzen des zerstörten Ruhrgebietes stattfindet, in Bochum, das zur Zeit im Mittelpunkt des Weltinteresses steht durch das internationale Ruhrstatut und die Demontage der Schwerindustrie, Maßnahmen, die für die Weiterentwicklung nicht nur Deutschlands, sondern für den Wiederaufbau Europas entscheidend werden können, wenn sie im rechten Geiste vorgenommen und verstanden und ertragen werden. Zum anderen ist dies ein Gebiet, das durch den Krieg und seine maßlosen Zerstörungen an Wohnraum, Kirchen und Menschenleben am allerschwersten getroffen worden ist. Schließlich steht der Katholikentag unter dem Wahlspruch des Heiligen Vaters: ‚Opus iustitiae Pax'. Und hat die Aufgabe, Wege zu einer sozialen Neuordnung nach den Weisungen der heiligen Kirche zu suchen und den christlichen Politikern, Wirtschaftsführern, ja der ganzen apostolisch tätigen Laienwelt ein klares Programm für die zu erstrebenden Ziele und die dahin führenden Mittel an die Hand zu geben". 9.4.1949, Jaeger an Leiber, EBAP, Nachlass Jaeger, 522.

143 Vgl. dazu auch: Stobbe, Lernprozess, S. 71-123; Sartory, Bewegung, S. 87-99.

denen Glaubensfragen behandelt wurden[144]. Selbst in katholischen Kreisen wurde die „herbe Form des Monitums" kritisiert. Höfer sollte auch in dieser Beziehung informieren, klären und sondieren.

Und schließlich bat Jaeger Leiber, dem Papst ein „kleines Andenken zu seinem 50-jährigen Priesterjubiläum" sowie eine statistische Übersicht über die derzeitige Lage im russisch besetzten Gebiet Deutschlands zu überreichen, die Jaeger als Leiter des Diasporakommissariats der deutschen Bischöfe hatte zusammenstellen lassen.

Das Ganze war eine einzige Offerte. Jaeger bot sich und seine Mitarbeiter der höchsten römischen Stelle an: als Arrangeur für propagandistische Aktionen des Papstes in Deutschland, als Informant über die politische Situation in Deutschland und als Expertenstelle in Fragen der umstrittenen Ökumene. Indem Jaeger sich an den Privatsekretär des Papstes wandte, beschritt er den einzigen gangbaren Weg, um seine Ziele zu erreichen. Und er schickte in Höfer einen Mitarbeiter vor, der sich nicht nur auf dem römischen Parkett zu bewegen wusste, sondern bei den entscheidenden Persönlichkeiten bereits bekannt war.

Zum Besuchsprogramm Höfers gehörten im Übrigen weitere wichtige kuriale Stellen. So informierte Jaeger auch Kardinal Giuseppe Pizzardo (1877-1970)[145], den Präfekten der Studienkongregation, über Höfers Anwesenheit in Rom, „damit Ew. Eminenz die Möglichkeit haben, falls Sie noch über die hiesige Philosophische Akademie oder über die Ausbildung und Erziehung meiner Theologen irgendwelche Fragen haben, Herrn Professor Dr. Höfer zu befragen. Er steht Ihnen jederzeit auf Anruf zur Auskunft zur Verfügung"[146]. Ebenso wurde Alfredo Ottaviani (1890-1979)[147], der Assessor des Sanctum Officium, über Höfers Anwesenheit benachrichtigt:

> Dieser Herr ist von mir gleichzeitig beauftragt, mit der Überwachung der Una Sancta Bestrebungen in Deutschland und mit der Leitung des Studienkreises führender Theologen, über dessen Arbeit ich schon ein paar Mal einen schriftlichen Bericht erstatten konnte. Wenn Ew. Exzellenz über den Stand der Annäherungen zwischen Katholiken und Protestanten, über das Ergebnis der Arbeiten der protestantischen Theologen oder über andere mit dieser Angelegenheit zusammenhängende Fragen Auskünfte wünschen, steht Ihnen Herr Professor Dr. Höfer jederzeit auf Anruf zur Verfügung.[148]

---

144 Noch weniger – so interpretierte das Monitum – sei es jedoch Katholiken erlaubt, derartige Zusammenkünfte selbst einzuberufen. AAS 40 (1948), S. 257.
145 Zu ihm: Gedda, Il cardinale Giuseppe Pizzardo.
146 8.4.1949, Jaeger, Paderborn, an Pizzardo, EBAP, Nachlass Jaeger, 533.
147 Zu ihm: Burkard, Bea, S. 45-66.
148 8.4.1949, Jaeger an Ottaviani, EBAP, Nachlass Jaeger, 533.

Höfer enttäuschte nicht. Es öffneten sich Türen; Kontakte waren geknüpft. Auch – wie erwähnt – zu Konsultor Josef Grendel vom Sanctum Officium. Die Beruhigung der aufgebrachten ökumenischen Gemüter nach dem *Monitum* von 1948 gehörte zu den zentralen Anliegen Jaegers. Ergebnis der Verhandlungen Höfers mit Ottaviani sowie Grendel und anderen Konsultoren des Sanctum Officium war eine tragfähige Grundlage, auf der weiterhin Arbeitsgemeinschaften zwischen Katholiken und Protestanten bestehen und wirken konnten.

In diesem Zusammenhang setzte sich Jaeger 1949 bei Grendel auch für das Schrifttum des Benediktiners Odo Casel (1886-1948)[149] ein, dessen Indizierung damals befürchtet wurde. Jaeger betonte die sicher zu erwartenden negativen Konsequenzen einer solchen Indizierung gerade für die Ökumene:

> Ich würde es für höchst bedauerlich halten, wenn offiziell ein Verbot käme. P. Odo Casel genießt als Mensch und Theologe gerade in den Kreisen jener suchenden Protestanten, die sich auf dem Weg zur Kirche befinden, ein so großes Ansehen, daß diese Menschen durch ein Verbot seiner Schriften kopfscheu würden. Ich bin der Ansicht, daß diese Kreise nach der Beunruhigung, die durch das Monitum entstanden ist, jetzt nicht schon wieder einen solchen Schock durch das Vorgehen gegen P. Odo Casel ertragen können.[150]

Tatsächlich erhielt Jaeger daraufhin aus Rom die beruhigende Nachricht, man denke nicht daran, „die gesamte Mysterienlehre" oder die Arbeit Odo Casels zu verbieten. Jaeger war aber wohl nicht ganz überzeugt, so dass er noch einmal nachfasste: In der Theologie Casels lägen „zweifellos wichtige neue Erkenntnisse". Man solle abwarten. Die theologische Arbeit werde „ganz sicherlich in den nächsten Jahren die Spreu vom Weizen zu scheiden wissen, sodass die richtigen und guten Erkenntnisse dann sich fruchtbar auswirken" könnten in der Theologie und im religiös-aszetische Leben[151].

1954 gelang Jaeger mit der Bestellung Höfers zum Geistlichen Beirat der Vatikanbotschaft der BRD ein Coup. Die Sache war lange zuvor eingefädelt; schon 1951 rechnete Höfer mit der Ernennung, da kirchlicherseits alles geklärt war. Doch von Regierungsseite ergaben sich immer wieder Verzögerungen[152].

---

149 Zu ihm: Fittkau, Begriff; Volk, Casel, S. 164; Krahe, Herr; Schilson, Theologie.
150 Jaeger war durch ein vertraulich mitgeteiltes Schreiben des Abtpräses der Beuroner Kongregation an den Abt von Maria Laach und an sämtliche Klöster der Kongregation aufmerksam gemacht worden. 2.5.1949, Jaeger an Grendel, EBAP, Nachlass Jaeger, 522.
151 9.6.1949, Jaeger an Grendel, EBAP, Nachlass Jaeger, 522.
152 Höfer hatte mit der Sendung des Briefs an Dr. Globke noch gewartet, weil es ihm ratsam schien, „selbst in dieser Sache keine Schritte zu unternehmen. Es könnte der Eindruck eines persönlichen Drängens zu jenem Amte entstehen. Ich kann rein persönlich

Noch Anfang 1952 bat der Kölner Erzbischof Kardinal Frings, „doch nicht 5 Minuten vor 12 die Nerven" zu verlieren. Die Entscheidung werde fallen, sobald der Schumannplan im Bundestag angenommen sei, vorher könne der Kanzler aus taktischen Gründen die gewünschte Besetzung nicht vornehmen". Auch Hudal, mit dem Jaeger in Kontakt stand, hoffte auf Höfers Bestellung nach Rom, wohl weil er hoffte, an ihm „einen treuen und zuverlässigen Ratgeber und Helfer zu finden"[153]. Im Frühjahr 1954 beantragte Jaeger über die Nuntiatur die rasche Ernennung Höfers zum Päpstlichen Hausprälaten und wies darauf hin, Höfer sei bekanntlich als geistlicher Konsultor der Vatikanbotschaft in Rom in Aussicht genommen; die Ernennung sei vermutlich in Kürze zu erwarten[154]. Möglicherweise war dies als sichernde Maßnahme gedacht. Dann endlich erfolgte die Ernennung[155].

Jaeger entpflichtete Höfer und dankte ihm zugleich in einem offiziellen, aber sehr persönlich gehaltenen Schreiben für seine geleisteten Dienste um das Erzbistum Paderborn, aber auch für das, was Höfer ihm „persönlich gewesen" war „in der Geschäftsführung für die Arbeitsgemeinschaft der Diözesanvertreter des Fuldaer Referates I und für den katholisch-ökumenischen Arbeitskreis (!)"[156].

Von nun an besaß Jaeger einen eigenen, ausgesprochen versierten Agenten in Rom, der nicht nur Augen und Ohren aufhielt und manches auf dem kleinen Dienstweg erledigte, sondern auch wirklich Aktivitäten miteinander verzahnen konnte. Er war nun nicht mehr in gleichem Maße wie früher auf andere, unsichere oder brüchige Kontakte angewiesen. Freilich fehlte Höfer in Paderborn, am Leokonvikt, aber insbesondere im „Jaeger-Stählin-Kreis"[157].

Ab November 1954 gibt es dann einen engen Briefwechsel zwischen Jaeger und Höfer in Rom. Sie schrieben sich sehr häufig, oft mehrmals im Monat[158].

---

das Warten aushalten und hänge so an meiner jetzigen Tätigkeit, dass ich auch innerlich frei bin". Er bat den Erzbischof jedoch um einen Hinweis, falls dieser die Absendung des Briefs wegen sachlicher Umstände wünsche. 3.9.1951, Höfer an Jaeger, EBAP, Nachlass Jaeger, 533.

153 3.1.1952, Jaeger an Höfer (in Weidenau), EBAP, Nachlass Jaeger, 533.
154 8.3.1954, Jaeger an Nuntius, EBAP, Nachlass Jaeger, 506.
155 Der Einberufungserlass wurde Jaeger vom Auswärtigen Amt (Löns) am 15.4.1954 zur Aushändigung an Höfer zugesandt: EBAP, Nachlass Jaeger, 533.
156 4.10.1954, Höfer an Jaeger, EBAP, Nachlass Jaeger, 533.
157 So war im Oktober die Nachfolge im Theologenkreis noch ungeklärt. Jaeger versuchte, den Dogmatiker Hermann Volk zur Übernahme des Vorsitzes zu überreden. Grosche war auch als geeignet im Gespräch, war aber zu stark durch Seelsorgeverpflichtungen in Anspruch genommen. Vgl. 26.10.1954, Jaeger an Höfer, EBAP, Nachlass Jaeger, 533. – Höfer sollte in Rom Grüße an Johannes Willebrands (1909-2006) ausrichten.
158 Dazu werde ich ausführlicher im Band „Jaeger und die Ökumene" berichten.

In unserem Zusammenhang ist vor allem von Interesse, dass Höfer daran arbeitete, Paderborner Theologen zu einem Studium nach Rom zu bekommen. 1955 ging es zunächst um einen Kaplan Krems aus der Ostzone, den Höfer eigentlich an die Anima lotsen wollte[159], der dann aber nicht mehr infrage kam, weil ihm vom Campo Santo eine Freistelle angeboten wurde[160]. Für die Anima brachte Höfer Remigius Bäumer (1918-1998)[161] ins Spiel, der zwar als Kirchenhistoriker eher in den Campo Santo gepasst hätte, nach den Vorstellungen Höfers aber später mit Krems hätte tauschen können[162] – offenbar war daran gedacht, beide für längere Zeit in Rom festzusetzen. Die Freistelle für Krems am Campo Santo erledigte sich, weil Krems in der Ostzone nicht rechtzeitig freizubekommen war. Wiederholt versuchte Höfer, Jaeger davon zu überzeugen, Bäumer nach Rom zu schicken und setzte dafür auch die Ökumene ein: Bäumer könne in Rom nicht nur seine historischen Studien abrunden – also habilitieren, sondern vor allem „römische Sehweise und Denkweise hinsichtlich der ökumenischen Arbeit kennenlernen". Beides sei – so Höfer – auf die Dauer für das Erzbistum sehr nützlich. Nicht zuletzt fände Jaeger in Bäumer „einen Helfer für die weitreichenden Arbeiten für die Fuldaer Konferenz und für die römische Berichterstattung"[163]. Doch Jaeger wollte nicht. Bäumer war für ihn „kein eigentlich wissenschaftlicher Typ"[164]:

> Er hat kein Sitzfleisch, um zähe und konsequent eine geistige Arbeit durchzutragen. Bäumer braucht seelsorgerliche Betätigung. Er wird in einer wissenschaftlichen Arbeit nie zufrieden werden. Hätte nicht Herr Dr. Emminghaus ihm so zugeredet wie einem lahmen Gaul, wäre er wahrscheinlich überhaupt nicht nach Bonn zum Examen gefahren. Vertraulich darf ich Ihnen dann mitteilen, was Herr Professor Dr. Schöllgen Herrn Professor Ermecke gesagt hat, daß man Not gehabt hat, Herrn Dr. Bäumer durch das Examen durchzubringen. Er hat bei Professor Nötscher völlig versagt, hat bei Professor Schöllgen eine 3-4 und hat auch bei den anderen Professoren durchweg sehr schlechte Leistungen aufzuweisen gehabt. Ich bitte Sie, diese Mitteilungen vertraulich zu behandeln, da ich nicht möchte, daß der gute Dr. Bäumer in den Augen der anderen abgewertet wird. Aber bestehen bleibt, daß er nur auf Bitte Professor Jedins überhaupt noch mit rite durchgekommen ist. Sie wissen, wie schnell sich gerade Universitätsprofessoren über die wissenschaftliche Leistung anderer Akademien oder von Kollegen auslassen. Ich fürchte, daß eines Tages doch die Fama von diesem Doktorexamen ihre Runde durch die Öffentlichkeit macht, wenn ich Herrn Dr. Bäumer in eine wissenschaftliche Position bringe. Ich erinnere Sie bloß an

---

159 6.10.1955, Höfer an Jaeger, EBAP, Nachlass Jaeger, 533.
160 12.10.1955, Jaeger an Höfer, EBAP, Nachlass Jaeger, 533.
161 Zu ihm: Drobner, Bäumer, S. 85-113.
162 15.10.1955, Höfer an Jaeger, EBAP, Nachlass Jaeger, 533.
163 15.1.1956, Höfer, z. Zt. Siegen, an Jaeger, EBAP, Nachlass Jaeger, 533.
164 18.1.1956, Jaeger an Höfer, EBAP, Nachlass Jaeger, 533.

die Schwierigkeiten, die Herr Dr. Brandenburg in München und in Bonn gehabt hat. Soll ich nun auch noch den Herrn Dr. Bäumer verpfuschen und für eine frohe priesterliche Wirksamkeit in der Seelsorge untauglich machen, indem ich ihn weiter auf dem Pegasus der theologischen Wissenschaft reiten lasse?[165]

Von Höfer bearbeitet, gab Jaeger seinen Widerstand schließlich auf, im Herbst 1956 kam Bäumer als Stipendiat nach Rom[166].

Sodann nutzte Jaeger auch andere sich bietende Gelegenheiten, Diözesanpriester an die Kurie zu bringen. Nicht immer mit dem gewünschten Erfolg. 1954 suchte der Heilige Stuhl einen deutschen Auditor für die Rota; Jaeger nannte daraufhin Heinrich Ewers (1906-1992)[167] und schickte dessen Personalien über die Nuntiatur nach Rom[168]. Doch die Sache lief nicht rund, möglicherweise, weil man einen Ordensmann auf der Stelle haben wollte[169]. Das Staatssekretariat bat um ergänzende Auskünfte, insbesondere hinsichtlich der moralischen und priesterlichen Haltung Ewers sowie hinsichtlich seiner allgemeinen Geistesrichtung und Gesundheit[170]. Obwohl diese wie

---

165   18.1.1956, Jaeger an Höfer, EBAP, Nachlass Jaeger, 533. – Für Bäumer setzte sich offenbar vor allem auch Jedin ein. Vgl. 4.2.1956, Höfer an Jaeger, EBAP, Nachlass Jaeger, 533: „PS. Hinsichtlich Herrn Bäumer scheint mir das Urteil Prof. Jedins doch beachtlich. – An anderen Fakultäten wird ein Kandidat, der nicht in Exegese arbeitet, im AT gelinde behandelt. Bäumer hat im Krieg viel mitgemacht. Seine Dissertation war schon vor dem Krieg weit gediehen, verbrannte aber mit dem ganzen Material. Mit großer Energie hat er neu begonnen und einen so kritischen Gelehrten wie Prof. Jedin befriedigt. Das wiegt m.E. schwerer als das Versagen im Hebräischen und die nicht große Leistung im Mündlichen überhaupt. Für ein richtiges Rigorosum ist Herr Bäumer auch zu alt. Ein verständiger und wohlwollender Prüfer berücksichtigt das gewöhnlich."

166   Höfer freute sich für den Bischof und das Erzbistum und berichtete bei dieser Gelegenheit, Klauser in Rom sei mit Jedin der Meinung, dass Bäumers Dissertation das Weiterstudium rechtfertige. Klauser wolle sich deshalb an den Erzbischof wenden und Bäumer befürworten. 23.10.1956, Höfer an Jaeger, EBAP, Nachlass Jaeger, 533.

167   Zu ihm: Killermann, Ewers.

168   Der Vorschlag war von Höfer ausgegangen. Jaeger erklärte sich schon im Juli 1954 Höfer gegenüber zur Freigabe von Ewers bereit, falls dieser gewünscht werde, rechnete aber „bestimmt" damit, Köln wolle Heinrich Flatten an der Rota unterbringen. Vgl. 22.7.1954, Jaeger an Höfer, EBAP, Nachlass Jaeger, 533.

169   Der ausscheidende Prälat Wynen hatte bereits P. Reuther OMI in Vorschlag gebracht und wollte diesen, obwohl vom Heiligen Stuhl schon einmal abgelehnt, unter allen Umständen durchsetzen. Höfer riet Jaeger, dem Heiligen Stuhl unbedingt rasch Antwort zu geben auf die von diesem bereits erteilte Dispens vom Examen im Jus romanum Civile und von weiteren Studien für Ewers, um dem Papst zu beweisen, dass die Bemühungen für Ewers ernst gemeint seien. Höfer an Jaeger, EBAP, Nachlass Jaeger, 533.

170   1.11.1954, Nuniaturrat Giudo del Mestri, Bad Godesberg, an Jaeger, EBAP, Nachlass Jaeger, 506.

gewünscht ausfielen[171], blieb Ewers eine Personalie, die viel Mühe machte[172]. Das Staatssekretariat war offenbar zunächst nicht überzeugt, sondern erließ im Mai 1955 einen allgemeinen Aufruf an alle deutschen Bischöfe, Kandidaten zu nennen[173]. Jaeger reagierte „verschnupft": Er könne niemand anderen benennen als Ewers, nehme aber zur Kenntnis, dass dieser „nicht genehm" sei oder den gestellten Bedingungen nicht entspreche. Von den übrigen Kanonisten am Paderborner Offizialat komme allerdings keiner in Betracht, weil sie alle noch zu jung und unerfahren seien[174]. Schließlich wurde Ewers von Rom doch akzeptiert[175].

5 Kontaktpflege zu den Päpsten und in die Kurie

Es fällt auf, wie Jaeger jede sich bietende Gelegenheiten aufgriff, bestehende Kontakte zu pflegen oder neue herzustellen. Bereits 1942 sandte er Pius XII. zur Papstkrönungsfeier einen Gruß, in dem er „mit bewegten Worten" und im Namen aller Priester und Gläubigen der Erzdiözese Paderborn die Verbundenheit mit dem Haupt der Kirche zum Ausdruck brachte. Der Papst antwortete mit einem ausführlichen Brief, in dem er die Innigkeit, Glaubenstiefe und Glaubensstärke der Erzdiözese lobte sowie die „mannhafte Festigkeit, mit der

---

171 Aus der Antwort Jaegers: „aus sehr gut katholischer Familien mit hohem kulturellen Niveau", „gediegene häusliche Erziehung", „gefällige Umgangsfomen", „zurückhaltend und diskret", „erfreut sich […] größter Wertschätzung", „priesterliche Haltung", „in der nationalsozialistischen Zeit […] im letzten Jahr noch zur Zwangsarbeit […] verpflichtet, weil von der Familie der Mutter her durch eine jüdische Konversion er als nicht rein arisch galt, […] hat auch diese für ihn menschlich schwierige Zeit in der Kraft des Glaubens sehr gut überstanden und eine vorbildliche Haltung während der ganzen Zeit bewahrt", „besitzt das sentire cum ecclesia", „dem Apostolischen Stuhl in aufrichtiger Verehrung treu ergeben". Jaeger hatte nur aus einem Grund Bedenken: Ewers hatte nicht in Rom studiert, verfügte über keine Italienischkenntnisse und tat sich auch „im Abfassen lateinischer Schriftsätze etwas schwer". Jedenfalls benötige Ewers eine gewisse Zeit der Einarbeitung. 25.11.1954, EBAP, Nachlass Jaeger, 506.
172 23.10.1956, Höfer an Jaeger, EBAP, Nachlass Jaeger, 533; 12.11.1956, Jaeger an Höfer, EBAP, Nachlass Jaeger, 533.
173 31.5.1955, Muench, Bad Godesberg, an die deutschen Bischöfe, EBAP, Nachlass Jaeger, 506.
174 4.6.1955, Jaeger an Muench, EBAP, Nachlass Jaeger, 506.
175 Es zeigte sich allerdings, dass diesem die Sicherheit im Auftreten und das notwendige Selbstbewusstsein ebenso fehlten wie die Fähigkeit, die erforderlichen Schriftsätze zu formulieren. Jaeger war gezwungen, Ewers Nachhilfe erteilen zu lassen. Höfer sollte Ewers helfen, sich schneller zurechtzufinden „und die notwendige Sicherheit und Selbständigkeit im Verkehr und in seiner Arbeit" zu erlangen. 17.8.1956, Jaeger an Höfer, EBAP, Nachlass Jaeger, 533.

sie allen Anfechtungen zum Trotz ihre Hingabe an den Herrn der Kirche und seinen Stellvertreter auf Erden auch nach außen stolz und froh bekenne". Beim Lesen von Jaegers Zeilen seien jene Tage wieder in ihm lebendig geworden, die er einst in den Mauern Paderborns als Gast von Jaegers Vorgänger verbracht habe. Was Jaeger über die Frömmigkeit vieler Soldaten und ihre treue Anhänglichkeit an die Kirche schreibe, könne er aus eigenem Erleben bestätigen. „Fast täglich knien deutsche Heeresangehörige vor Uns, in glaubensvoller Gesinnung um den hl. Segen bittend. Wir sind glücklich zu sehen und zu hören, dass der Besuch beim Papst nicht alleine ihnen, sondern auch ihren sich gleichfalls zahlreich einfindenden nichtkatholischen Kameraden religiöse Erbauung und Stärkung bringt". Er sei sich sicher, dass „aus dem Mutterboden des Glaubensreichtums" neue Saaten und Ernten hervorgehen, die „weder die eisige Kälte des Unglaubens noch der sengende Brand des Hasses gegen Christus und seine Kirche vernichten" könnten. Gerade in der Stunde höchster Not und Gefahr, wo rein menschliches Hoffen verzagen wolle, wirke die Gnade Gottes „Wunder der Erleuchtung, der Läuterung und Festigung". Jaeger ließ das päpstliche Schreiben in allen Messfeiern der Erzdiözese verlesen[176]. Auch später schickte Jaeger fleißig Gratulations- oder Kondolenzschreiben nach Rom, 1958 beispielsweise an Kardinal Eugène Tisserant (1884-1972)[177] als Dekan des Heiligen Kollegiums zum Tod Pius' XII.[178], oder 1961 zum Tod von Kardinalstaatssekretär Domenico Tardini (1888-1961)[179] an Paul VI.[180]

Sodann scheute sich Jaeger nicht, dem Nuntius eigene Produkte zuzusenden und den Heiligen Stuhl bzw. die entsprechenden römischen Stellen auf diese Weise mit seinem eigenen Denken und Streben vertraut zu machen. So dankte der Nuntius 1953 beispielsweise für Zusendung des jüngsten Fastenhirtenbriefs, dessen „Gedankentiefe" und „mahnende Eindringlichkeit" ihn beeindruckt hätten. Muench wünschte den Ausführungen Jaegers bei den Paderborner Diözesanen einen fruchtbaren Boden, damit sie ihnen „ihren ureigenen Reichtum, den sie durch ihr Katholischsein besitzen, anschaulich" machten[181]. 1958 lobte der Nuntius den Fastenhirtenbrief Jaegers als „wichtiges" Schreiben, „um der Hl. Schrift Verbreitung und Vertiefung zu verschaffen"[182].

---

176 1.9.1942, Generalvikar Rintelen, Paderborn, an alle Geistlichen, EBAP, Nachlass Jaeger, 503.
177 Zu ihm: Kreuzenbeck, Tisserant, S. 1463-1466; Fouilloux, Tisserant.
178 9.10.1958, Telegramm Jaeger an Dekan des Heiligen Kollegiums (Tisserant), EBAP, Nachlass Jaeger, 503.
179 Zu ihm: Gelmi, Tardini, S. 1267; Nicolini, Il cardinale.
180 31.7.1961, Kondolenztelegramm Jaeger an Papst, EBAP, Nachlass Jaeger, 503.
181 16.2.1953, Nuntius an Jaeger, EBAP, Nachlass Jaeger, 506.
182 11.4.1958, Staatssekretariat an Jaeger, EBAP, Nachlass Jaeger, 503.

Geschickt nutzte Jaeger auch das Paderborner Liborifest[183], zu dem er immer wieder wichtige kuriale Persönlichkeiten einlud[184], um sein römisches Netzwerk enger zu knüpfen. Denn auf diese Weise konnte nicht nur die Bedeutung des Liborifestes gesteigert werden; Paderborn wurde vielmehr mit einem „Label" versehen und dadurch in kurialen Kreisen ein Begriff. Den Anfang machte Visitator Muench, den Jaeger schon 1949 sowohl zum Liborifest als auch zum Bochumer Katholikentag einlud. Dieser freute sich über die damit gegebene Gelegenheit, „sowohl Ew. Exzellenz in Ihrem Wirkungsbereich zu begrüßen, als auch eine innere Verbindung aufzunehmen mit dem lieben katholischen Volk aus der alten westfälischen Kulturstadt Paderborn und aus dem notbedrängten Industriegebiet"[185]. Das Liborifest sollte in diesem Jahr – anlässlich der 1150. Wiederkehr der für die weitere Entwicklung Europas folgenreichen Begegnung Leos III. und Karls des Großen in Paderborn – besonders festlich begangen werden, „ganz unter dem Gedanken einer gesegneten Zusammenarbeit von Kirche und Staat stehen" und so den „säkularistischen Tendenzen einer vollständigen Trennung der beiden Gewalten" entgegenwirken. Jaeger versuchte, zu diesem Anlass – mit Erfolg – ein päpstliches Wort zu erwirken[186].

Auch später blieb das Liborifest immer als Vehikel der Kontaktpflege interessant. Für 1958 wollte Jaeger Ottaviani einladen. Als im Januar Höfer allerdings warnte, weil Ottaviani sich mit einem von ihm veröffentlichten Artikel[187] beim Staatssekretariat in die Nesseln gesetzt hatte, wodurch eine Spannung gegenüber dem Papst entstanden war[188], lud Jaeger im April anlässlich eines Essens in der Deutschen Botschaft Kardinal Tisserant ein. Dieser sagte nicht nur zu, im Anschluss an seine Reise zur Heiligtumsfahrt nach Aachen auch zum Liborifest nach Paderborn zu kommen, sondern äußerte den Wunsch, bei dieser Gelegenheit auch eine Kohlegrube oder ein modernes Industriewerk besichtigen zu können. Jaeger schlug die Westfalenhütte in Dortmund vor[189]. 1961 besuchte der neu ernannte Nuntius Corrado Bafile

---

183 Dazu: Stambolis, Libori.
184 Stadt und Bischof spielten sich hier gegenseitig die Bälle zu. Vgl. Otto, Libori, S. 199-210.
185 9.3.1949, Visitator Apostolicus in Germania (Muench), Kronberg, an Jaeger, EBAP, Nachlass Jaeger, 506.
186 Vgl. oben. Die erste Anregung dazu ging an Muenchs Mitarbeiter Ivo Zeiger SJ, dem Jaeger den Plan vorlegte, das Handschreiben dann durch Muench verlesen zu lassen. 9.4.1949, Jaeger an Zeiger, EBAP, Nachlass Jaeger, 506.
187 Ottaviani, *Servire la Chiesa*.
188 24.1.1958, Höfer an Jaeger, EBAP, Nachlass Jaeger, 533.
189 1.7.1958, Jaeger an Tisserant, EBAP, Nachlass Jaeger, 523. – Das Sekretariat Tisserants bestätigte am 12. Juli, dem Kardinal sei alles recht, was Jaeger vorschlage.

(1903-2005)[190] das Liborifest und erlebte hier „spontane Kundgebungen der Verehrung und Freude"[191].

Jaeger vermittelte Kontakte von Persönlichkeiten seines Umfelds nach Rom[192] und nutzte auch – exzessiv, so könnte man sagen – die Möglichkeit, bei der Kurie um Ernennungen, Auszeichnungen oder andere Gunsterweise zu bitten[193]. Zum einen verpflichtete er damit wiederum wichtige Persönlichkeiten, zum anderen blieb er in Rom „präsent" und demonstrierte dazuhin seine römische Gesinnung. Nicht immer stieß Jaeger jedoch auf offene Türen. So gab es etwa 1949 von Seiten des päpstlichen Staatssekretariats Bedenken[194] gegen die Verleihung des Monsignore-Titels an Gerhard Fittkau (1912-2004)[195], woraufhin Jaeger seinen Antrag zurückzog[196]. 1952 bat die Nuntiatur, offenbar

---

190 Zu ihm: Munzinger-Archiv, Bafile.

191 7.8.1961, Jaeger an Bafile, EBAP, Nachlass Jaeger, 507.

192 So etwa Freiherr von Boeselager aus Höllinghofen, der die „moralische Aufrüstung" in Caux kennengelernt hatte und eine einstündige Audienz bei Gilberto Agustoni, dem Sekretär von Ottaviani, vermittelt bekam. „Ich darf bemerken, dass Herr und Frau von Boeselager vorbildliche Katholiken sind, wahre Edelleute, mit einer großherzigen sozialen Einstellung, die außerordentlich viel Gutes tun. An ihrer Treue zur heiligen Kirche und in ihrem guten Willen ist gar nicht zu zweifeln. Ob sie alles recht sehen, was sie in Caux glauben beobachtet zu haben, vermag ich nicht zu beurteilen". Vgl. 14.7.1952, Jaeger an Muench, EBAP, Nachlass Jaeger, 506. – Eine Spezialaudienz beim Papst für von Boeselager hatte P. Hentrich SJ vermittelt. Vgl. 10.5.1952, Jaeger an Hentrich, EBAP, Nachlass Jaeger, 79.

193 Zahlreiche Anträge dazu in: EBAP, Nachlass Jaeger, 506 f.

194 Muench, der im Auftrag des Staatssekretariats Rückfrage hielt, sprach von Vorgängen zu Lebzeiten und nach dem Tod von Bischof Kaller, die damals auch in angesehenen Priesterkreisen „einiges Befremden hervorgerufen" hätten. Er habe zwar immer wieder von solchen Klagen gehört, aber nie Veranlassung gehabt, deren Berechtigung genauer zu untersuchen. Er wolle auch nicht jenem Brief nachgehen, der nach dem Ableben Kallers von ermländischen Kreisen unter der Hand verbreitet wurde „mit reichlich viel Unrichtigkeiten, unbegründeten Unterstellungen auch gegen hohe kirchliche Persönlichkeiten". Jedenfalls sei in diesem Zusammenhang auch Fittkau genannt worden als jemand, „der sich an diesen etwas verbitterten Kritiken beteiligt haben soll". Ob zu Recht oder zu Unrecht – nicht wenige Priester könnten sich über eine so frühe Ehrung des Genannten wundern, zumal dieser eben erst in eine neue Stellung berufen worden sei, in der er noch nichts habe leisten können. Falls Jaeger freilich einen darüber hinausgehenden Grund für die Ehrung Fittkaus sehe, könnten die entgegenstehenden Überlegungen durchaus zurücktreten. 13.4.1949, Visitator Apostolicus in Germania (Muench), Kronberg, an Jaeger, EBAP, Nachlass Jaeger, 506.

195 Zu ihm: Berger, Fittkau, S. 626-629. – Der Vorschlag Fittkaus war einsichtig: dieser hatte seit 1947 für den Bonifatiusverein „Bettelreisen" in die Schweiz und die USA unternommen und wurde 1949 Direktor der American St. Boniface Society.

196 „Ich habe den Antrag gestellt auf Bitten des Vizepräsidenten des Bonifatiusvereins, Herrn Prälaten Gabriel, der glaubte, dass ein solcher Titel für die Aufgabe des Herrn Fittkau in den U.S.A. wünschenswert sei. Ich hatte vor der Einreichung des Antrags die

aus politischen Gründen, generell von Vorschlägen zur Verleihung päpstlicher Auszeichnungen für Priester aus Ostdeutschland abzusehen[197].

Die Entwicklung ab den 1960er Jahren ist nicht Gegenstand dieses Beitrags. Nur angedeutet sei, dass mit dem neuen Nuntius Bafile und der nachkonziliaren Situation der früher vorherrschende Optimismus Jaegers spürbar nachließ. In einem (leider undatierten, aber wohl in den späten 1960er Jahre zu verortenden) Schreiben an den Papst sprach Jaeger von einer immer größer werdenden Unruhe in der Weltkirche. Die Schuld hierfür suchte er – dies fällt auf – vor allem auf Seiten der Theologen: Er bete darum, dass „insbesondere unsere gelehrten Theologen alle Geltungssucht ablegen und die Kirche innig lieben lernen". Einst seien durch die Theologen die Glaubenswirren der sogenannten Reformation entstanden, durch die Arbeit von Theologen müsse der Christenheit auch die Glaubensfreude der Wiedervereinigung geschenkt werden[198]. 1973, als Jaeger zu seinem 50-jährigen Priesterjubiläum von Paul VI. ein ehrendes Handschreiben erhielt, glaubte er bereits wieder deutliche Zeichen eines Gesinnungswandels im jungen Klerus und bei den Alumnen des Priesterseminars feststellen zu können: Das christliche Volk wehre sich gegen die Verunsicherung des Glaubens, die unerträglich geworden sei, und wende sich wieder lebendiger Frömmigkeit zu[199].

6   Resümee

Der vorliegende Beitrag versuchte, den Spuren Jaegers nach Rom nachzugehen, also seine römischen Kontakte bis Mitte der 1950er Jahre freizulegen. Es handelt sich um erste Sondierungen. Zusammenfassend ist festzuhalten:

Meinung des Herrn Kapitularvikars, Prälat Kather, erfragt, die zustimmend war. Darum hatte ich geglaubt, ohne Bedenken den Antrag stellen zu können. Ich bitte Sie nun aber, meinen Antrag ruhen zu lassen, bis ich durch Rückfrage bei Sr. Eminenz, dem Herrn Kardinal-Erzbischof von Köln und den übrigen Hochwürdigsten Herrn, die seinerzeit glaubten, durch das Verhalten des H.H. Dr. Fittkau irgendwie tangiert zu sein, die damaligen Vorgänge geklärt habe". 2.5.1949, Jaeger an Muench, EBAP, Nachlass Jaeger, 506. – Erst vier Jahre später wurde Fittkau doch noch zum Monsignore ernannt, 1956 zum Päpstlichen Hausprälaten und 1982 sogar zum Apostolischen Protonotar: Berger, Fittkau, S. 626-629.

197   Wenig später kam vom Staatsekretariat die Information, dass „unter Umständen einzelne solcher Gesuche trotzdem Berücksichtigung finden könnten". 9.9.1952, Muench, Bad Godesberg, an Jaeger, EBAP, Nachlass Jaeger, 506.

198   Jaeger an Papst, EBAP, Nachlass Jaeger, 503.

199   Ebd.

1.) Es tritt uns ein selbstbewusster Jaeger entgegen, dem höchste Aktivität und Tatendrang anzumerken sind. Er begann früh, Kontakte in die römische Kurie zu knüpfen. Dafür nutzte er zunächst wohl eher zufällig bestehende Kontakte zu Mittelsmännern, die er – etwa aufgrund landsmannschaftlicher Verbundenheit – kannte: Ordensleute wie den Redemptoristen Henze, den Benediktiner Oppenheim und die Jesuiten Hentrich und Leiber. Die Beziehungen zu dem Steylerpater Grendel waren eher sächlich gegeben, wie auch die zum Jesuiten Bea, der 1951 Grendels Arbeiten im Sanctum Officium übernahm. Dieser Kontakt hatte von Anfang an eine andere Qualität und anderen Zugriff: In Bea trat Jaeger ein vor allem theologisch kompetenter Gesprächspartner und zielorientierter Akteur gegenüber. Hier fand nicht nur ein Informationsaustausch in gegenseitiger Wertschätzung statt, sondern hier griffen zwei Räder (das Referat der DBK für Glaubensfragen und Ökumene – mit dem Paderborner Johann-Adam-Möhler-Institut für Kontroverstheologie – und das Sanctum Officium) in sehr effizienter Weise ineinander. Besonders erfolgreich war Jaeger sodann mit der Installation von Höfer als Geistlichen Botschaftsrat bei der deutschen Vatikanbotschaft. Dieser wurde zur stabilen „Achse". Mit Hentrich, Leiber und Bea gelang es Jaeger nicht nur, zu einflussreichen Männern im kurialen Umfeld – und vor allem: außerhalb der Amtshierarchie – in Kontakt zu treten, sondern auch in die unmittelbare Umgebung Papst Pius' XII. vorzudringen. Diese Kontakte erwiesen sich als weit wichtiger denn das unbestritten gute Verhältnis zur Vertretung des Papstes in Deutschland (Visitator Aloysius Muench und Ivo Zeiger). Auf den ersten Blick könnte der Eindruck entstehen, Jaeger sei Karrierist gewesen, der mit aller Macht versuchte, sich in Rom ins Spiel zu bringen. Beim zweiten Blick relativiert sich dieser Eindruck.

2.) Jaeger war ein überaus kluger, weitschauender und strategisch denkender Networker. Er besaß die dafür notwendige Menschenkenntnis, hatte einen „Riecher" für die richtigen Leute. Er verstand es, sich dort Hilfe zu holen, wo er sie bekommen konnte, und so eigene Defizite auszugleichen. Hier ist wiederum vor allem Höfer zu nennen, dessen Geschick und Kenntnis Jaeger seine Kontakte weitgehend verdankte. Jaegers Kommunikationsstil war ungezwungen, direkt und freundlich, meist auch bestimmt, ja dezidiert. Ablehnungen oder Diskrepanzen in der Einschätzung konnte er hingegen so formulieren, dass er nicht verletzte.

3.) Das theologische Profil Jaegers war schon in den 1950er Jahren erstaunlich „konservativ", jedenfalls nach heutigen Maßstäben. Zwar könnte die starke Betonung von Mariologie und Marienfrömmigkeit zwischen 1950 und 1954 in opportunistischem Sinne der vorgegebenen Linie Pius' XII. geschuldet gewesen sein. Aber Jaeger ging doch über das übliche Maß von Zeitgebundenheit und Gefolgschaft hinaus. Irritierend 1954 sein maßgebliches Eintreten für die

Ausschreibung eines Ablasses zum hundertjährigen Jubiläum der Definition der *Immaculata conceptio*. Zum konservativen Profil gehört auch sein Verständnis von Ökumene im Sinne einer Rückkehrökumene. All dies war freilich „zeittypisch" für die 1950er Jahre; irritierend erscheint dieses Profil eher im Blickwinkel eines späteren Geschichtsbildes, das Jaegers „ökumenisches" Wirken als „modern" oder gar „liberal" erscheinen lassen wollte. In den 1960er Jahren scheint Jaegers Haltung noch einmal eine konservative Verschärfung erfahren zu haben. Möglicherweise ist dies im Sinne einer Reaktion auf enttäuschende Erfahrungen gerade im Bereich der Ökumene zu verstehen, oder als Reaktion auf die Wirkungen einer (von den Konzilsvätern *so* nicht intendierten) Konzilsrezeption.

4.) Auf der anderen Seite treten deutlich auch jene Versuche Jaegers zutage, Rom von Schritten abzuhalten, die sich negativ auf die Rückkehrökumene auswirken konnten oder mussten. Erinnert sei an sein Eintreten für Odo Casel und seine Mysterientheologie, oder seine Versuche, einen mariologischen Mystizismus à la Heroldsbach einzuhegen oder zurückzudrängen. Interessant ist in diesem Zusammenhang seine Argumentation mit deutschem Gefühl und Frömmigkeitsempfinden. Im Grunde zeigte sich hier ein ausgeprägtes Gespür für die Berechtigung von Differenzen inkulturierten Glaubens. Im Übrigen zielte auch seine Initiative zur Schaffung einer Stelle für ökumenische Fragen in Rom in diese Richtung: Das (spätere) Sekretariat für die Förderung der Einheit der Christen sollte nicht nur ökumenische und konfessionalistische Bestrebungen beobachten, sondern vor allem unerwünschte Störfeuer abwehren.

Quellen- und Literaturverzeichnis

Quellen
Erzbistums-Archiv Paderborn (EBAP)
  Nachlass Lorenz Kardinal Jaeger (NLKJ) Akten Nr. 79, 424, 503, 506, 507, 522, 523, 532, 533

Gedruckte Quellen
Acta Apostolicae Sedis (AAS) 40 (1948), S. 257
Althaus, Hans-Ludwig (Hg.): Hl. Officium. Monitum Cum Copertum (5.6.1948). Ökumenische Dokumente. Quellenstücke über die Einheit der Kirche. Göttingen 1962, S. 181 f.
Althaus, Hans-Ludwig (Hg.): Hl. Officium. Instruktion De motione oecumenica (20.12.1949). Ökumenische Dokumente. Quellenstücke über die Einheit der Kirche. Göttingen 1962, S. 182-188

Hentrich, Wilhelm: Alla vigilia della definizione dogmatica dell'assunzione ..., in: Osservatore Romano vom 16.-17.8.1950. Rom 1950

Minimismo deplorevole, in: Osservatore Romano vom 14.7.1955. Rom 1955

Ottaviani, Alfredo: Servire la Chiesa e non servirsene, in: Il Quotidiano vom 21.1.1958

Literatur

Albert, Marcel/Haas, Reimund (Hg.): Bei den Menschen bleiben. Kölner Pfarrer und das Ende des Zweiten Weltkriegs. Sankt Ottilien 2012

Alsheimer, Herbert: Der Vatikan in Kronberg. Ein Unikat in der deutschen Nachkriegsgeschichte. Frankfurt a. M. 2003

Amon, Eberhard: Lebensaustausch zwischen Gott und Mensch. Zum Liturgieverständnis Johannes Pinsks (Studien zur Pastoralliturgie, 6). Regensburg 1988

Anders, Johanna: Neue Kirchen für die Diaspora. Eine Studie zu den Kirchenneubauten nach 1945 im nordhessischen Teil des Bistums Fulda. Kassel 2014

Anger, Gunna: Zeiger, in: BBKL [im Druck; https://www.bbkl.de/public/index.php/frontend/lexicon/Z/Ze/zeigerivo-74663 (acc. 20.2.2019)]

Bader, Dietmar (Hg.): Kardinal Augustin Bea. Die Hinwendung der Kirche zu Bibelwissenschaft und Ökumene. München u. a. 1981

Barry, Colman: American nuncio. Cardinal Aloisius Muench. Collegeville 1969

Beckers, Hubert: Cesare Orsenigo (1873-1946), in: https://www.zukunft-brauchterinnerung.de (acc. 19.2.2019)

Bellot-Beste, Elisabeth: Die Wallfahrt zum Gnadenbild von Werl in Westfalen. Werl 1958

Berger, David: Brinktrine, in: BBKL 17 (2000), S. 190-192

Berger, Davind: Schamoni, in: BBKL 23 (2004), S. 1268-1272

Berger, David: Fittkau, in: BBKL 24 (2005), S. 626-629

Berger, David: In der Schule des Hl. Thomas von Aquin. Studien zur Geschichte des Thomismus. Bonn 2005, S. 349-362

Betz, Otto: Kampmann (1899-1983), in: KatBl 112 (1987), S. 355-358

Biffi, Monica M.: Mons. Cesare Orsenigo. Nunzio apostolico in Germania (1930-1946) (Archivio ambrosiano, 75). Mailand 1998

Biffi, Monica M.: Il cavalletto per la tortura. Cesare Orsenigo, ambasciatore del papa nella Germania di Hitler. Rom 2006

Böhm, Roland: Jedin, in: BBKL 53 (1992), S. 1-5

Borengässer, Norbert M.: Werner Schöllgen (1893-1985), in: Dominik Burkard/ Wolfgang Weiss/Konrad Hilpert (Hg.): Katholische Theologie im Nationalsozialismus, Bd. 2/1: Disziplinen und Personen. Moraltheologie und Sozialethik. Würzburg 2019, S. 797-806

Bornemann, Fritz (Hg.): Geschichte unserer Gesellschaft (Analecta SVD, 54/2). Rom 1981

Brandenburg, Albert: Kardinal Jaeger und das Möhler-Institut, in: Paul-Werner Scheele (Hg.): Paderbornensis ecclesia. Beiträge zur Geschichte des Erzbistums Paderborn. Festschrift für Lorenz Kardinal Jaeger zum 80. Geburtstag am 23. September 1972. München 1972, S. 781-797

Brodkorb, Clemens/Burkard, Dominik (Hg.): Der Kardinal der Einheit. Zum 50. Todestag des Jesuiten, Exegeten und Ökumenikers Augustin Bea (1881-1968) (Jesuitica, 22). Regensburg 2018

Brown-Fleming, Suzanne: The Holocaust and Catholic Conscience. Cardinal Aloisius Muench and the Guild Question in Germany 1946-59. Notre Dame 2006

Buchmüller, Maria (Hg.): Augustin Kardinal Bea. Wegbereiter der Einheit. Gestalt, Weg und Wirken in Wort, Bild und Dokument aus Zeugnissen von Mitarbeitern und Weggenossen. Veröffentlicht unter dem Protektorat von Lorenz Jaeger. Augsburg 1972

Burkard, Dominik: Häresie und Mythus des 20. Jahrhunderts. Rosenbergs nationalsozialistische Weltanschauung vor dem Tribunal der Römischen Inquisition (Römische Inquisition und Indexkongregation, 5). Paderborn u. a. 2005

Burkard, Dominik: ... Unam Sanctam (Catholicam?). Zur theologiegeschichtlichen Verortung des Ökumenismusdekrets „Unitatis redintegratio" aus der Sicht des Kirchenhistorikers, in: Thomas Franz/Hanjo Sauer (Hg.): Glaube in der Welt von heute. Theologie und Kirche nach dem Zweiten Vatikanischen Konzil. Profilierungen (FS für Elmar Klinger), Bd. 1. Würzburg 2006, S. 57-109

Burkard, Dominik: Hudal, in: Dizionario storico dell'Inquisizione, diretto da Adriano Prosperi con la collaborazione di Vincenzo Lavenia e John Tedesci, Bde. 1-4. Pisa 2010, hier II, S. 754

Burkard, Dominik: Augustin Bea und Alfredo Ottaviani. Thesen zu einer entscheidenden personellen Konstellation im Vorfeld des Zweiten Vatikanischen Konzils, in: Franz Xaver Bischof (Hg.): Das Zweite Vatikanische Konzil (1962-1965). Stand und Perspektiven der kirchenhistorischen Forschung im deutschsprachigen Raum (Münchener kirchenhistorische Studien, Neue Folge 1). Stuttgart 2012, S. 45-66

Burkard, Dominik: Alois Hudal als Konsultor der Congregatio Sancti Officii (1930-1953), in: Römische Historische Mitteilungen 57 (2015), S. 235-272

Burkard, Dominik: „... den Einbruch des NS vollkommen abgewehrt ..."? Die katholisch-theologischen Fakultäten im Nationalsozialismus, in: Hans Günter Hockerts/Friedrich Wilhelm Graf (Hg.): Distanz und Nähe zugleich? Die christlichen Kirchen im „Dritten Reich". Im Auftrag des NS-Dokumentationszentrums München. München 2017, S. 81-117

Burkard, Dominik: Augustin Bea als Konsultor des Sanctum Officium. Annäherungen an ein komplexes Thema, in: Brodkorb, Clemens/Burkard, Dominik (Hg.): Der Kardinal der Einheit. Zum 50. Todestag des Jesuiten, Exegeten und Ökumenikers Augustin Bea (1881-1968) (Jesuitica, 22). Regensburg 2018, S. 191-227

Burkard, Dominik: Frühe katholisch-evangelische Sondierungen. Augustin Bea und die „Sammlung" ökumenisch orientierter Protestanten, in: Clemens Brodkorb/ Dominik Burkard (Hg.): Der Kardinal der Einheit. Zum 50. Todestag des Jesuiten, Exegeten und Ökumenikers Augustin Bea (1881-1968) (Jesuitica, 22). Regensburg 2018, 367-447

Burkard, Dominik/Tonner, Jacob: Reformation katholisch. Genese und Rezeption von Joseph Lortz' „Reformation in Deutschland" (1940-1962). Freiburg i. Br. 2019

Carl, Clemens: Brinktrine, in: Michael Quisinsky/Peter Walter (Hg.): Personenlexikon zum Zweiten Vatikanischen Konzil, Freiburg i. Br. u. a. 2012, S. 62 f.

Clemens, Elger: Pater Alois (Wilhelm) Eilers, in: Vita Seraphica 49 (1968), S. 112-116

Drobner, Hubertus R.: Bäumer, in: BBKL 25 (2005), S. 85-113

Eder, Manfred: Schmaus, in: BBKL 9 (1995), S. 322-327

Engelbert, Pius: Sant'Anselmo in Rom. Kolleg und Hochschule. Von den Anfängen (1888) bis zur Gegenwart. St. Ottilien 2012, S. 156-158

Erler, Adalbert: Bergen, in: NDB 2 (1955), S. 78

Ernesti, Jörg: Paul Simon – Humanist und Pionier der Ökumene, in: Catholica 58 (2004), S. 297-313

Ernesti, Jörg: Höfer, in: BBKL 25 (2005), S. 634-636

Ernesti, Jörg: Ökumene im Dritten Reich (Konfessionskundliche und kontroverstheologische Studien, 77). Paderborn 2007

Ernesti, Jörg: Boyer, in: Jörg Ernesti/Wolfgang Thönissen (Hg.): Personenlexikon Ökumene, im Auftrag des Johann-Adam-Möhler-Instituts für Ökumenik. Freiburg i. Br. 2010, S. 46-48

Falkenstein, Adam: Deimel, in: NDB 3 (1957), S. 569 f.

Feldkamp, Michael F.: Pius XII. und Deutschland. Göttingen 2000

Fittkau, Gerhard: Der Begriff des Mysteriums bei Johannes Chrysostomus. Eine Auseinandersetzung mit dem Begriff des „Kultmysteriums" in der Lehre Odo Casels. Bonn 1953

Fouilloux, Étienne: Eugène cardinal Tisserant (1884-1972). Une biographie. Paris 2011

Gatz, Erwin: Der Campo Santo seit dem Tode Anton de Waals (1917), in: Erwin Gatz (Hg.): Hundert Jahres Deutsches Priesterkolleg beim Campo Santo Teutonico 1876-1976. Beiträge zu seiner Geschichte (RQ Suppl., 35). Rom u. a. 1977, S. 9-38

Gatz, Erwin (Hg): Geschichte des kirchlichen Lebens in den deutschsprachigen Ländern seit dem Ende des 18. Jahrhundert, Bd. 3: Katholiken in der Minderheit. Diaspora, ökumenische Bewegung, Missionsgedanke. Freiburg i. Br. u. a. 1994

Gatz, Erwin: Jaeger, in: Erwin Gatz (Hg.): Die Bischöfe der deutschsprachigen Länder 1945-2001. Ein biographisches Lexikon. Berlin 2002, S. 344-346

Gatz, Erwin: (Erz-)Bistum Paderborn, in: Erwin Gatz (Hg.): Die Bistümer der deutschsprachigen Länder von der Säkularisation bis zur Gegenwart. Freiburg i. Br. u. a. 2005, S. 566-584

Gedda, Luigi: Il cardinale Giuseppe Pizzardo. Discorso tenuto il 18 settembre 1970 nell'aula magna del magistero Maria SS. Assunta durante il corso annuale di aggiornamento per le insegnanti. Rom 1970

Gelmi, Josef: Tardini, in: LThK 9 (2000), S. 1267

Gerl-Falkovitz, Hanna-Barbara: Romano Guardini. Konturen des Lebens und Spuren des Denkens. Mainz 2005

Göksu, Cornelia: Heroldsbach. Eine verbotene Wallfahrt. Würzburg 1991

Goritzka, Richard: Der Seelsorger Robert Grosche (1888-1967). Dialogische Pastoral zwischen Erstem Weltkrieg und Zweitem Vatikanischen Konzil (Studien zur Theologie und Praxis der Seelsorge, 39). Würzburg 1999

Grill, Rupert: Wegbereiter einer erneuerten Moraltheologie. Impulse aus der deutschen Moraltheologie zwischen 1900 und dem II. Vatikanische Konzil. Freiburg i. Br. 2008, S. 341-404

Grühn, Jens: Muench, in: LThK 7 (1998), S. 514-515

Gruß, Heribert: Erzbischof Lorenz Jaeger als Kirchenführer im Dritten Reich. Tatsachen, Dokumente, Entwicklungen, Kontext, Probleme. Paderborn 1995

Gudelius, Georg (Hg.): In memoriam Wilhelm Stählin. Gießen 1976

Hamp, Vinzenz/Schnackenburg, Rudolf (Hg.): Zum 70. Geburtstag von Nötscher mit Würdigung und Nachtrag zum Schriftenverzeichnis, in: Biblische Zeitschrift NF 4 (2/1960)

Hardt, Michael: Rahner, in: Jörg Ernesti/Wolfgang Thönissen (Hg.): Personenlexikon Ökumene, im Auftrag des Johann-Adam-Möhler-Instituts für Ökumenik. Freiburg i. Br. 2010, S. 187-189

Heid, Hans (Hg.): Augustin Bea (1881-1968). Über Leben, Person und Werk eines badischen Kardinals. Eine Ausstellung, 2 Bde. Rastatt 1999/2000

Heidrich, Christian: Carlo Bayer. Ein Römer aus Schlesien und Pionier der Caritas Internationalis. Sigmaringen 1992

Heidrich, Christian: Bayer, in: BBKL 30 (2009), S. 87 f.

Heim, Bernd: Braune Bischöfe für's Reich? Das Verhältnis von katholischer Kirche und totalitärem Staat dargestellt anhand der Bischofsernennungen im nationalsozialistischen Deutschland. Bamberg 2007, S. 611-629

Henrich, Stefan: Der Ökumenische Arbeitskreis evangelischer und katholischer Theologen (Dokumentation), in: Kerygma und Dogma 35 (1989), S. 258-295

Hentrich, Guilhelmus: De definibilitate assumptionis beatae Mariae virginis circa recentem theologorum motum assumptionisticum et circa momentum dogmaticum „Petitionum de assumptione definienda ad S. Sedem delatarum". Rom 1949

Hilberath, Bernd Jochen: Karl Rahner. Gottesgeheimnis Mensch. Mainz 1995

Höfer, Josef: „Katholische Kirche augsburgischen Bekenntnisses". Referat zu Via Vitae. Lebenserinnerungen von Wilhelm Stählin, in: Catholica 24 (1970), S. 142-158

Höfer, Josef: Erinnerungen an Dompropst Professor Dr. Paul Simon, in: Paul-Werner Scheele (Hg.): Paderbornensis ecclesia. Beiträge zur Geschichte des Erzbistums Paderborn. Festschrift für Lorenz Kardinal Jaeger zum 80. Geburtstag am 23. September 1972. München 1972, S. 631-689

Höpfner, Hans-Paul: Die Universität Bonn im Dritten Reich. Bonn 1999

Jaeger, Lorenz: Das ökumenische Konzil, die Kirche und die Christenheit. Erbe und Auftrag (Konfessionskundliche Schriften des Johann-Adam-Möhler-Instituts, 4). Paderborn 1960

Junker, Hubert/Botterweck, Johannes (Hg.): Alttestamentliche Studien. Friedrich Nötscher zum 60. Geburtstag (BBB, 1). Bonn 1950

Keipert, Maria/Grupp, Peter (Hg.): Biographisches Handbuch des deutschen Auswärtigen Dienstes 1871-1945, hg. vom Auswärtigen Amt. Historischer Dienst, 4 Bde. Paderborn u. a. 2000-2002

Keller, Erwin: Conrad Gröber 1872-1948. Erzbischof in schwerer Zeit. 2. Aufl., Freiburg i. Br. u. a. 1981

Killermann, Stefan: Ewers, in: BBKL 26 (2006), S. 289-298

Klein, Aloys: Möhler-Institut, in: LThK 7 (1998), S. 375

Klein, Aloys: Jaeger, in: Michael Quisinsky/Peter Walter (Hg.): Personenlexikon zum Zweiten Vatikanischen Konzil. Freiburg i. Br. u. a. 2012, S. 140

Knoll, Alfons: Glaube und Kultur bei Romano Guardini. Paderborn 1993

Köberle, Adolf: Wilhelm Stählin, in: Hans Jürgen Schultz (Hg.): Tendenzen der Theologie im 20. Jahrhundert. Stuttgart 1967, S. 231-236

Köhler, Joachim: Hubert Jedins „Geschichte des Konzils von Trient" (1950-1975) – ein Jahrhundertwerk oder der Abgesang einer kirchenhistorischen Methode, in: ASKG 55 (1997), S. 93-118

Kolb, Aegidius (Hg.): Bibliographie der deutschsprachigen Benediktiner 1880-1980 (SMBO, Suppl. 29), 2 Bde. St. Ottilien 1985-1987

Kosch, Wilhelm (Hg.): Das Katholische Deutschland. Biographisch-bibliographisches Lexikon, 3 Bde. Augsburg 1933-1939

Krahe, Maria Judith: Der Herr ist der Geist. Studien zur Theologie Odo Casels. Sankt Ottilien 1986

Kreuzenbeck, Johannes: Tisserant, in: BBKL 20 (2002), S. 1463-1466

Kutzner, Engelhard: Dietmar Westemeyer, in: Dieter Berg (Hg.): Management und Minoritas. Lebensbilder Sächsischer Franziskanerprovinziale vom 13. bis 20. Jahrhundert (Saxonia Franciscana, Beiheft 1). Kevelaer 2003, S. 387-419

Lange, Günter: Kampmann, in: LThK 5 (1996), S. 1163

Lehmann, Karl: Karl Rahner. Ein katholischer Pionier der Ökumene, in: Christian Möller u. a. (Hg.): Wegbereiter der Ökumene im 20. Jahrhundert. Göttingen 2005, S. 272-293

Lehnert, Pascalina: Ich durfte ihm dienen. Erinnerungen an Papst Pius XII. Würzburg 1986

Maas-Ewerd, Theodor: Die Krise der liturgischen Bewegung in Deutschland und Österreich. Zu den Auseinandersetzungen um die „liturgische Frage" in den Jahren 1939 bis 1944 (Studien zur Pastoralliturgie, 3). Regensburg 1981

Marotta, Saretta: La genesi di un ecumenista. La corrispondenza tra Augustin Bea e il vescovo di Paderborn Lorenz Jaeger (1951-1960), in: Luca Ferracci (Hg.): Towards an History of the Desire for Christian Unity. Preliminary Research Papers. Proceedings of the International Conference at the Monastery of Bose (November 2014). Wien u. a. 2015, S. 159-191

Marotta, Saretta: „Ökumenische Ungeduld". Das Tandem Augustin Bea/Lorenz Jaeger und die Errichtung des Sekretariats zur Förderung der Einheit der Christen, in: Clemens Brodkorb/Dominik Burkard (Hg.): Der Kardinal der Einheit. Zum 50. Todestag des Jesuiten, Exegeten und Ökumenikers Augustin Bea (1881-1968) (Jesuitica, 22). Regensburg 2018, S. 229-246

May, Georg: Ludwig Kaas. Der Priester, der Politiker und der Gelehrte aus der Schule von Ulrich Stutz (Kanonistische Studien und Texte, 35). Amsterdam 1982

Mazzolari, Primo: La Carita Del Papa. Pio XII. e la ricostruzione dell'Italia. Rom 1991

Mertens, Gerhard: Ethik und Geschichte. Der Systemansatz der theologischen Ethik Werner Schöllgens. Mainz 1982

Morsey, Rudolf: Kaas, in: LThK 5 (1996), S. 1117

Mühlek, Karl: Simon, in: BBKL 17 (2000), S. 1296-1300

Munzinger-Archiv (Hg.): Micara, in: Internationales Biographisches Archiv 22 (1965)

Munzinger-Archiv (Hg.): Bafile, in: Internationales Biographisches Archiv 23 (2005)

Murphy, Paul I./Arlington, Rene: La Popessa. The Controversial Biography of Sister Pascalina, the Most Powerful Woman in Vatican History. New York 1983

Nerger, H. J.: Das interkonfessionelle Gespräch in Berlin-Hermsdorf 1934, in: Theo Hauf/Ursula Kisker (Hg.): Siebzig Jahre Hochkirchliche Bewegung (1918-1988). Hochkirchliche Arbeit: Woher? – Wozu? – Wohin? (Eine Heilige Kirche, Neue Folge 3). Bochum 1989, S. 124-159

Nicolini, Giulio: Il cardinale Domenico Tardini. Padua 1980

Olschewski, Ursula: „Mutter Maria, Jungfrau und Magd – all unsere Not sei Dir geklagt". Die Wallfahrt in der Seelsorge von Migranten im 20. Jahrhundert am Beispiel der Vertriebenenwallfahrten nach Werl in der Erzdiözese Paderborn, in: Benedikt Kranemann (Hg.): Liturgie und Migration. Die Bedeutung von Liturgie und Frömmigkeit bei der Integration von Migranten im deutschsprachigen Raum (Praktische Theologie heute, 122). Stuttgart 2012, S. 217-237

Ott, Hugo: Erzbischof Dr. Conrad Gröber (1872-1948). Vortrag zum Gedenken an den 50. Todestag, 14. Februar 1948, in: FDA 118 (1998), S. 357-372

Otto, Arnold: Libori zwischen Rathaus und Dom. Gäste zum Liborifest in der Zeit Erzbischof Lorenz Jaegers (1941-1973) im Spiegel der Bestände des Paderborner Metropolitankapitels und der Libori-Gilde im Stadtarchiv Paderborn, in: Andreas Gaidt/Wilhelm Grabe (Hg.): Kommunalarchiv und Regionalgeschichte. Rolf-Dietrich Müller zum 65. Geburtstag. Paderborn 2015, S. 199-210

Pinsk, Johannes: Grundsätzliche und praktische Erwägungen zur christlichen Verkündigung im Marianischen Jahre (Handreichungen zur Seelsorge, 3). Berlin 1954

Pohl, Alfred: Deimel, in: Orientalia NF 24 (1/1955), S. 104-106

Rauscher, Anton: Gustav Gundlach 1892-1963. München u. a. 1988

Redtenbacher, Andreas: Johannes H. Emminghaus als Universitätsprofessor und Emeritus in Wien, in: Rudolf Pacik/Andreas Redtenbacher (Hg.): Johannes H. Emminghaus.... aber den Vorrang hat das Leben. Beiträge zur Liturgiewissenschaft aus fünf Jahrzehnten. Zum 20. Todestag. Würzburg 2009, S. 30-43

Repgen, Konrad: Der Geschichtsschreiber des Trienter Konzils. Hubert Jedin (1900-1980), in: ZSRG.K 70 (1984), S. 356-393

Repgen, Konrad: Leiber, in: LThK 6 (1997), S. 777

Riesenberger, Dieter: Der Paderborner Dompropst Paul Simon (1882-1946). Ein Beitrag zur Geschichte des Nationalsozialismus, der Ökumene und der Nachkriegsjahre in Paderborn (Zeitgeschichte im Erzbistum Paderborn, 1). Paderborn 1992

Rintelen, Friedrich M./Kampmann, Theoderich: Paul Simon zum Gedächtnis. Paderborn 1947

Riße, Günter/Kathke, Clemens (Hg.): Diaspora. Zeugnis von Christen für Christen. 150 Jahre Bonifatiuswerk der Deutschen Katholiken. Paderborn 1999

Rüffin, Simon: Schöllgen, in: BBKL 29 (2008), S. 1282-1294

Ruh, Ulrich: Theologie. 50 Jahre Ökumenischer Arbeitskreis, in: Herder Korrespondenz 50 (1996), S. 230-232

Sartory, Thomas: Die Ökumenische Bewegung und die Einheit der Kirche. Ein Beitrag im Dienste einer ökumenischen Ekklesiologie. Meitingen 1955, S. 87-99

Sattler, Dorothea: Ökumenischer Arbeitskreis evangelischer und katholischer Theologen (ÖAK), in: LThK 7 (1998), S. 103

Sauser, Ekkart: Orsenigo, in: BBKL 20 (2002), S. 1136-1140

Schad, Martha: Gottes mächtige Dienerin. Schwester Pascalina und Papst Pius XII. München 2013

Schamoni, Wilhelm: Das wahre Gesicht der Heiligen. Leipzig 1938. 2. Aufl., München 1950

Scharbert, Josef: Nötscher, in: BBKL 6 (1993), S. 985-989

Scheele, Paul-Werner (Hg.): Paderbornensis ecclesia. Beiträge zur Geschichte des Erzbistums Paderborn. Festschrift für Lorenz Kardinal Jaeger zum 80. Geburtstag am 23. September 1972. München 1972

Scheele, Paul-Werner: Erzbischof Lorenz Kardinal Jaeger: Diener des Wortes – Zeuge des Glaubens, in: ThGl 83 (1993), S. 10-25

Schilson, Arno: Theologie als Sakramententheologie. Die Mysterientheologie Odo Casels. 2. Aufl., Mainz 1987

Schlink, Edmund/Volk, Hermann (Hg.): Pro veritate. Ein theologischer Dialog. Festgabe für Erzbischof Dr. h. c. Lorenz Jaeger und Bischof Prof. D. Dr. Wilhelm Stählin. Münster u. a. 1963

Schmidt, Stjepan: Augustin Bea. Der Kardinal der Einheit. Graz u. a. 1989

Schmidt, Stjepan: Im Dienst der Einheit. Zum 25. Todestag von Augustin Kardinal Bea und zur Einweihung des Museums in Riedböhringen. Freiburg i. Br. 1994

Schüepp, Guido: Zum Gedenken an Kampmann, in: KatBl 108 (1983), S. 530 f.

Schürmann, Waltram: 300 Jahre Wallfahrt nach Werl 1661-1961. Werl 1961

Schuster, Josef: Gustav Gundlach SJ (1892-1963), in: Dominik Burkard/Wolfgang Weiss/Konrad Hilpert (Hg.): Katholische Theologie im Nationalsozialismus, Bd. 2/1: Disziplinen und Personen. Moraltheologie und Sozialethik. Würzburg 2019, S. 131-156

Schuster, Josef: Franz Hürth (1880-1963), in: Dominik Burkard/Wolfgang Weiss/Konrad Hilpert (Hg.): Katholische Theologie im Nationalsozialismus, Bd. 2/1: Disziplinen und Personen. Moraltheologie und Sozialethik. Würzburg 2019, S. 173-189

Schwab, Ulrich: Stählin, in: BBKL 10 (1995), S. 1115-1120

Schwab, Ulrich: Stählin, in: RGG 7 (2004), S. 1672 f.

Schwahn, Barbara: Der Ökumenische Arbeitskreis evangelischer und katholischer Theologen von 1946 bis 1975 (FSÖTh, 74). Göttingen 1996

Schwalbach, Bruno: Erzbischof Conrad Gröber und die nationalsozialistische Diktatur. Eine Studie zum Episkopat des Metropoliten der Oberrheinischen Kirchenprovinz während des Dritten Reiches. Karlsruhe 1986

Schwarte, Johannes: Gustav Gundlach S. J. (1892-1963). Maßgeblicher Repräsentant der katholischen Soziallehre während der Pontifikate Pius' XI. und Pius' XII. München u. a. 1975

Sobiech, Frank: Ermecke, in: BBKL 20 (2002), S. 464-469

Stählin, Wilhelm (Hg.): Via vitae. Lebenserinnerungen. Kassel 1968

Stambolis, Barbara: Libori, das Kirchen- und Volksfest in Paderborn. Eine Studie zu Entwicklung und Wandel historischer Festkultur. Münster u. a. 1996

Stobbe, Heinz-Günther: Lernprozess einer Kirche. Notwendige Erinnerung an die fast vergessene Vorgeschichte des Ökumenismus-Dekrets, in: Peter Lengsfeld (Hg.): Ökumenische Theologie. Ein Arbeitsbuch. Münster 1980, S. 71-123

Thomas, Alois: Bornewasser, in: Erwin Gatz (Hg.): Die Bischöfe der deutschsprachigen Länder 1785/1803 bis 1945. Berlin 1983, S. 65-67

Thomas, Alois: Kirche unter dem Hakenkreuz. Erinnerungen und Dokumente. Trier 1992

Thönissen, Wolfgang: Stakemeier, in: Jörg Ernesti/Wolfgang Thönissen (Hg.): Personenlexikon Ökumene, im Auftrag des Johann-Adam-Möhler-Instituts für Ökumenik. Freiburg i. Br. 2010, S. 217 f.

Thorak, Thomas: Wilhelm Weskamm und Johannes Pinsk. Theologische Innovationen im Spannungsfeld des „Antimodernismus", in: Jahrbuch für mitteldeutsche Kirchen- und Ordensgeschichte 2 (2006), S. 177-199

Tophinke, Hermann: P. Wilhelm Hentrich SJ, in: Mitteilungen aus der Provinz, 3, April 1973, S. 25 f.

Trippen, Norbert: Joseph Kardinal Frings (1887-1978) (VKZG.B, 94/104), 2 Bde. Paderborn u. a. 2005/2009

Unterburger, Klaus: Pinsk, in: NDB 20 (2001), S. 458

Volk, Paulus: Casel, in: NDB 3 (1957), S. 164

[Vorbemerkung der Redaktion zu:] Robert Leiber. Der Vatikan und das Dritte Reich, in: Politische Studien 14 (1963), S. 293-298

Wacker, Paulus: Zum Gedenken an Prälat Prof. DDr. Joseph Wenner, in: ThGl 57 (1967), S. 151-157

Wassilowsky, Günther: Exil eines Geschichtsschreibers – Hubert Jedins römische Jahre, in: Michael Matheus/Stefan Heid (Hg.): Orte der Zuflucht und personeller Netzwerke: Der Campo Santo Teutonico und der Vatikan 1933-1955 (RQ Suppl., 63). Rom u. a. 2015, S. 52-75

Wójcik, Andrzej-Franciszek: Johannes Pinsk (1891-1957), in: Archiv für Sozialgeschichte 45 (2005), S. 165-214

Wolf, Hubert: Einleitung, in: Hubert Wolf (Hg.): Karl Rahner. Theologische und philosophische Zeitfragen im katholischen deutschen Raum (1943). Ostfildern 1994, S. 18-77

Zacharias, Klaus: Brandenburg, in: Altertumsverein Paderborn und Verein für Geschichte Paderborn (Hg.): Westfälische Biographien, http://www.westfälische-biographien.de/biographien/person/309 (acc. 20.2.2019)

Jörg Seiler

Lorenz Jaeger als Mitglied der Bischofskonferenz
Ein Überblick

1   Lorenz Jaeger in der Rangordnung der Bischofskonferenz

Zwischen Oktober 1941 und April 1973, also über 31 Jahre lang, war Lorenz Jaeger (1892-1975) Erzbischof von Paderborn und als solcher Mitglied der Fuldaer bzw. (seit 1966) der Deutschen Bischofskonferenz (DBK). Er stand damit einer der (nach 1945) fünf deutschen Kirchenprovinzen (Köln, Paderborn, Freiburg, München-Freising, Bamberg) vor. Bereits seit Mitte 1952 war er der dienstälteste residierende Metropolit.[1] In den Protokollen der Bischofskonferenz rangierte Jaeger hinter den bischöflichen Kardinälen, sofern deren Erhebung in den Kardinalsrang vor jener Jaegers (22. Februar 1965) lag. Protokollarisch an erster Stelle stand immer der Vorsitzende der Bischofskonferenz. Betrachtet man die Kardinalserhebungen zwischen 1945 und dem Tod Jaegers im April 1975, so fällt auf, dass die Päpste von der Vergabe des Kardinalhuts über die Bischöfe der hierfür traditionellerweise vorgesehenen Erzbistümer Köln und München-Freising hinaus (für den Berliner Bischof trifft dies nicht in gleicher Weise zu) lediglich in zwei Fällen abwichen: Lorenz Jaeger wurde, um seine Verdienste für die Ökumene zu ehren und zu fördern, 1965 in das Kardinalskollegium aufgenommen, und die Ehrung des Mainzer Bischofs Hermann Volk (5. März 1973) hing vornehmlich mit der Würdigung von dessen Engagement auf dem II. Vatikanum zusammen. Eine gewisse Spitze gegen den Limburger Bischof und ehemaligen Untersekretär des Konzils, Wilhelm Kempf (1906-1982), wird im letzten Fall jedoch auch mitgeschwungen haben – so wurde es in Rom kolportiert.

Dass Julius Döpfner (1913-1976) auch in den Teilnehmerlisten der Protokolle der Bischofskonferenz vor Jaeger geführt wurde, obgleich er knapp 21 Jahre jünger und sieben Jahre nach Jaeger zum Bischof geweiht worden war, hing also mit seiner über sechsjährigen früheren Ernennung zum Kardinal (15. Dezember 1958) zusammen. Döpfners Wahl zum Nachfolger von Josef Frings (1887-1978) als Vorsitzender der Bischofskonferenz (2. Dezember 1965), der nun erstmals ein Münchner Erzbischof vorstand, wird darüber hinaus auch

---

1   Zuvor waren die Erzbischöfe von München-Freising und von Freiburg i. Br. dienstälter: Kardinal Michael von Faulhaber/München-Freising (Erzbischof seit 3.9.1917) starb am 18.6.1952, Konrad Gröber/Freiburg i. Br. (Erzbischof seit 20.6.1932) starb am 14.2.1948.

seiner überragenden Bedeutung auf dem Konzil geschuldet gewesen sein. Zudem war Döpfner nach dem Kölner Erzbischof der ranghöchste Kardinal (Jaeger war erst kurz zuvor Kardinal geworden), so dass Frings, der bereits im März 1965 zurücktreten wollte, den Münchner Oberhirten bat, seine Stellvertretung zu übernehmen.[2] Über eine Kandidatur von Jaeger ist diesbezüglich nichts bekannt, wenngleich er bei der Wahl eines neuen Vorsitzenden zwei Stimmen erhalten haben soll.[3]

Bereits früh war klar, dass der Paderborner Oberhirte nicht nur in seiner Eigenschaft als Metropolit, sondern auch aufgrund persönlicher Eignung innerhalb der Bischofskonferenz eine führende Rolle spielte. Obgleich bei der Kardinalserhebung von Frings, Galen und Preysing am 18. Februar 1946 einige wesentlich dienstältere Bischöfe zur Verfügung standen, u. a. mit dem Münchner Erzbischof Faulhaber sogar der einzige deutsche Kardinal im Bischofskollegium und Senior der Metropoliten, übertrug Frings für die Zeit der Abwesenheit in Rom seine Vertretung als Vorsitzender der Fuldaer Bischofskonferenz an Lorenz Jaeger.[4] Dies hing gewiss damit zusammen, dass gerade in der unmittelbaren Nachkriegszeit bis in die 1950er Jahre hinein Jaeger wichtige Aufgaben für die Kirche in Westdeutschland, etwa bezüglich der deutschen Kriegsgefangenen, übernommen hatte. Als Diaspora-Kommissar der Bischofskonferenz war er darüber hinaus für die wichtige Finanzierung von kirchlichen (Bau-)Projekten in Ostdeutschland und in der norddeutschen Diaspora zuständig. „Jaegers Vorträge vor der Fuldaer Bischofskonferenz endeten alljährlich mit neuen, mittelfristigen Millionenforderungen für den Diasporakirchbau."[5] Seine gründliche Auseinandersetzung mit dem Finanzetat der Bischofskonferenz wird auch in entsprechenden Bemerkungen in den Akten

---

2   Trippen, Frings, Bd. 2, S. 457 f. Bereits auf der Plenarkonferenz in Hofheim (8.-10.3.1965) hatte Kardinal Frings darum gebeten, ihn von seinem Amt als Vorsitzender der Fuldaer Bischofskonferenz zu entpflichten. Allerdings bat man ihn, seinen Rücktritt bis nach dem Konzil zu verschieben. Tatsächlich fand die Neuwahl des Vorsitzenden dann auf der Plenarkonferenz in Rom am 12.11.1965 statt. Weder im gedruckten Protokoll noch in den handschriftlichen Aufzeichnungen Jaegers findet sich ein Hinweis darauf, dass Jaeger eine Kandidatur in Erwägung gezogen hätte: vgl. EBAP, Nachlass Jaeger, 11 Bll. 1-17; Bll. 126-130. Bislang waren stets die Oberhirten von Köln oder Breslau zu Vorsitzenden gewählt worden.
3   So ein Tagebucheintrag von Wolfgang Große (1928-2001), dem Sekretär von Bischof Franz Hengsbach in Essen: Trippen, Frings, Bd. 2, S. 486.
4   Trippen, Frings, Bd. 1, S. 135.
5   Ebd., S. 547. Jaegers finanzieller Weitblick und seine Expertise als Diaspora-Kommissar scheinen wesentliche Momente in den langjährigen Auseinandersetzungen um die Gründung des Bistums Essen gewesen zu sein. Vgl. hierzu: Ebd., S. 577-604.

sichtbar.⁶ Für Kardinal Frings war Jaeger zusammen mit dem Münsteraner Bischof Michael Keller (1896-1961) und dem Osnabrücker Bischof Wilhelm Berning (1877-1955) dadurch ausgezeichnet, dass sie sich bei der Generalaussprache über den Bericht des Vorsitzenden am Vorabend der Arbeitssitzungen besonders oft bzw. mit bemerkenswerten Beiträgen zu Wort meldeten.⁷ Jaeger leitete auch das bedeutende Referat „Glaubensverbreitung und Glaubensüberwachung", über das er vornehmlich die ökumenischen Kontakte organisierte. Darüber zeichnete er (ab Ende der 1950er Jahre) als bischöflicher Referent für die Bearbeitung der Belange der Wissenschaft und Kultur verantwortlich. Jaeger war zudem vermutlich seit Ende der 1950er Jahre bis zur Neuordnung 1966/68 Mitglied im Referat für die Seelsorge.

Nach dem gesundheitsbedingten Rückzug von Frings (Rücktritt als Vorsitzender der Fuldaer Bischofskonferenz 1965; Niederlegung des Bischofsamtes 1969) waren Döpfner und Jaeger die beiden rangmäßig vornehmsten Bischöfe der Bischofskonferenz. Zwar war die Erhebung in den Kardinalsrang (22. Februar 1965) eine bedeutende Auszeichnung. Die Rangerhöhung – Jaeger war neben Döpfner der einzige amtierende Bischof im Kardinalsrang; es folgten 1967 Alfred Bengsch, 1969 Joseph Höffner (1906-1987) und 1973 Hermann Volk (1903-1988) – konnte jedoch nicht darüber hinwegtäuschen, dass seit bzw. nach dem Konzil Jaegers Einfluss auf die katholische Kirche der Bundesrepublik Deutschland (BRD) und sein Gestaltungsspielraum innerhalb der Bischofskonferenz zunehmend schwand. Dies mag auch Altersgründe gehabt haben. Zu Konzilsbeginn 1962 war Jaeger immerhin schon 70 Jahre alt. Es

---

6 Als Beispiele seien genannt: „Bemerkungen zum überdiözesanen Finanzbedarf 1966" (10.8.1965) zur Vorbereitung auf die Herbstkonferenz 1965 mit Anmerkungen Jaegers, die auf der Konferenz eingetragen worden sein mussten. Jaeger bzw. sein Finanzreferent Hermann Christoph, der die „Bemerkungen" vorbereitet hatte, wandten sich hier gegen die Finanzierung der Zisterzienserabtei Maria im Moor (handschriftliche Anmerkung: „Mit schwacher Mehrheit angenommen"), gegen eine Unterstützung des Jesuiten-Noviziats in Poona (handschriftliche Anmerkung: „Trotz meines Einspruchs genehmigt!") und gegen eine Finanzierung für die Akademie für Jugendfragen (handschriftliche Anmerkung: „Betrag genehmigt wegen der bewilligten Landes- und Bundemittel"): EBAP, Nachlass Jaeger, 11 Bll. 137 f. Sehr umfangreich sind die Anmerkungen zur Finanzplanung auf der Plenarkonferenz vom 29.9.-2.10.1959: EBAP, Nachlass Jaeger, 9 Bll. 101-110 oder zum Etatansatz für 1962: EBAP, Nachlass Jaeger, 10 Bll. 159-173. Für die 1950er Jahre sei etwa verwiesen auf die Diskussionen der Bischofskonferenz 1953: EBAP, Nachlass Jaeger, 2264. 1973 sprach sich Jaeger gegen eine finanzielle Beteiligung der Bischofskonferenz bei einer diskutierten Integration der Theologischen Fakultät in die Universität Trier aus; Jaeger an Bischof Wetter, 18.6.1973, EBAP, Nachlass Jaeger, 1530.
7 So in den Erinnerungen des emeritierten Kölner Erzbischofs (1973): vgl. Trippen, „Bischofskonferenzen", S. 306. Die dortigen Ausführungen (S. 304-308) Trippens sind, wenn auch etwas erweitert, nahezu wörtlich wiederholt in: Trippen, Frings, Bd. 1, S. 605-612.

folgte eine neue Bischofsgeneration, deren kirchenpolitischer Einfluss wesentlich höher zu veranschlagen ist: der ehemalige Paderborner Weihbischof und erste Bischof von Essen (seit 1. Januar 1958), Franz Hengsbach (1910-1991), der 1962 gewählte Bischof von Mainz, Hermann Volk, Joseph Höffner als Kölner Erzbischof (seit 1969) oder Heinrich Tenhumberg (1915-1979) als dessen Nachfolger in Münster (seit 1969). Es waren dies sich ihrer theologischen und/ oder kirchenpolitischen Expertise durchaus bewusste und die Geschicke der nachkonziliaren Kirche in der BRD maßgeblich bestimmende Bischöfe. Die Rangordnung war demgegenüber sekundär. So hatte es keine Bedeutung, dass mit dem Rücktritt des Passauer Bischofs Simon Konrad Landersdorfer (1880-1971) am 27. Oktober 1968 Jaeger mit seinen 76 Jahren der dienstälteste Bischof Deutschlands geworden war. Ansehen und Einfluss hatte der Paderborner Erzbischof jedoch nicht nur wegen seiner Tätigkeit im Rahmen der Fuldaer (bzw. Deutschen) Bischofskonferenz, sondern auch durch seine Mitgliedschaft in der Konferenz der westdeutschen Bischöfe und als Metropolit der Paderborner Kirchenprovinz. Beides kann jedoch im vorliegenden Beitrag nicht berücksichtigt werden.

2   Jaegers Aufgabenbereiche innerhalb der Bischofskonferenz

Bemerkenswert an Jaegers Organisation seiner Bischofskonferenzakten ist, dass er handschriftliche Mitschriften der Sitzungen anfertigte, die bis 1970 nahezu vollständig zusammen mit den gedruckten Protokollen bei den Akten liegen. Sie ermöglichen in manchen Fällen eine partielle Rekonstruktion der Diskussionsverläufe und lassen zuweilen Jaegers persönliche Ansichten sichtbar werden. Für Jaeger waren diese Aufzeichnungen so wichtig, dass er sie öfters (vor allem in den späteren Jahren) noch einmal maschinenschriftlich abschreiben ließ.[8] Jaegers Amtsethos drückt sich auch darin aus, dass

---

8   Im Nachlass begegnen handschriftliche Mitschriften bereits für die Bischofskonferenz 1945: EBAP, Nachlass Jaeger, 6 Bll. 42 f.; Bll. 77-79 (teilweise Stenographie). Auf folgende Bischofskonferenzen, bei denen Jaegers handschriftliche Notizen wortgetreu maschinenschriftlich abgeschrieben wurden, sei verwiesen: 29.8.-1.9.1961, EBAP, Nachlass Jaeger, 9 Bll. 12-17 (maschinenschriftlich); Bll. 57-60 (handschriftlich; mit einigen wenigen Abweichungen von der maschinenschriftlichen Fassung); 12.-15.3.1962, EBAP, Nachlass Jaeger, 10 Bll. 122-126 (maschinenschriftlich); Bll. 127-130 (handschriftlich); 27.-31.8.1962, EBAP, Nachlass Jaeger, 10 Bll. 89-94 (maschinenschriftlich); Bll. 145-150 (handschriftlich); 4.-6.3.1963, EBAP, Nachlass Jaeger, 10 Bll. 46-53 (maschinenschriftlich); Bll. 7-11 (handschriftlich); 17.-19.2.1964, EBAP, Nachlass Jaeger, 10 Bll. 189-196 (maschinenschriftlich); Bll. 204-207 (handschriftlich); 20.5.1964, EBAP, Nachlass Jaeger, 10 Bll. 176 f. (maschinenschriftlich); Bl. 178 (handschriftlich); 31.8.-2.9.1965, EBAP, Nachlass Jaeger, 11 Bll. 39-45 (maschinenschriftlich); Bll. 46-50

er, soweit dies überprüfbar ist, bei nahezu keiner Konferenz fehlte. Lediglich bei zwei Kommissionssitzungen ließ er sich krankheitsbedingt vertreten.⁹ Er arbeitete sorgfältig und in klarer Offenheit seine Berichte aus der Referenten- bzw. Kommissionsarbeit für die Plenarversammlung aus. Bis zur Neuordnung in den 1960er Jahren tagten zuweilen die jeweiligen Kommissionen parallel zueinander auf der Bischofskonferenz und fanden sich erst im Anschluss zur Plenarsitzung. Hierbei ging man schematisch nach den fest definierten Zuständigkeiten vor, indem die Kommissionen und deren Themen auf den Plenarsitzungen nacheinander abgearbeitet wurden.

In den 1960er Jahren bat der Vorsitzende im Vorfeld der Sitzungen jeweils um Anmeldungen für die Tagesordnung. Die Kommissionsvorsitzenden meldeten dann entsprechende Themen aus ihrem Zuständigkeitsgebiet an. In der Regel wurden bereits vor der Konferenz Beschlussvorlagen ausgearbeitet. Oftmals musste Jaeger an die Einreichung entsprechender Tagesordnungspunkte ein zweites Mal erinnert werden. Er selbst reichte zuweilen im Vorfeld schriftliche Exposés ein (etwa im Vorfeld der Herbsttagung 1966 zur Reform des Theologiestudiums), um dadurch die Diskussion auf der Vollversammlung abzukürzen. D. h.: Nicht alle aufgerufenen Tagesordnungspunkte wurden mündlich diskutiert. Es hat den Anschein als seien die Berichte aus den Kommissionen – zumindest hinsichtlich jener Kommissionen, denen Jaeger vorstand, – gegenüber den Debatten um die Neustrukturierung der Bischofskonferenz in den Jahren 1964 bis 1968 in den Hintergrund getreten. Zu kleineren Themen nahm Jaeger auch kurze Exposés zur Vollversammlung mit, die bei Bedarf hätten ausgehändigt werden können. In der Umbruchphase der Neuordnung der Bischofskonferenz war sich Jaeger 1966 nicht sicher, ob diese

---

(handschriftlich); 28.2.-4.3.1966, EBAP, Nachlass Jaeger, 10 Bll. 204-213 (maschinenschriftlich); Bll. 214-221 (handschriftlich); 13.-16.2.1967, EBAP, Nachlass Jaeger, 13 Bll. 126-131 (maschinenschriftlich); Bll. 102-112 (handschriftlich); 19.-22.9.1967, EBAP, Nachlass Jaeger, 13 Bll. 33-40 (maschinenschriftlich); Bll. 41-46 (handschriftlich). – Nur eine handschriftliche Ausfertigung gibt es für die Mitschriften zu folgenden Bischofskonferenzen: 21.-24.9.1970, EBAP, Nachlass Jaeger, 1378; 4.-7.3.1968, EBAP, Nachlass Jaeger, 14 Bll. 72-75; 19.-27.9.1960, EBAP, Nachlass Jaeger, 9 Bll. 71-77; 29.9.-2.10.1959, EBAP, Nachlass Jaeger, 9 Bll. 101-110; 19.-21.8.1958, EBAP, Nachlass Jaeger, 7 Bll. 127-132; 27.-29.9.1957, EBAP, Nachlass Jaeger, 7 Bll. 123-125; 27.-29.9.1956, EBAP, Nachlass Jaeger, 7 Bll. 115-121; 23.-26.8.1955, EBAP, Nachlass Jaeger, 7 Bll. 108-114; 31.8.-2.9.1954, EBAP, Nachlass Jaeger, 9 Bll. 102-105; 18.-20.8.1953, EBAP, Nachlass Jaeger, 7 Bll. 93-96; 11.-13.8.1952, EBAP, Nachlass Jaeger, 7 Bl. 86; 21.-23.8.1951, EBAP, Nachlass Jaeger, 7 Bll. 81-84; 24.-26.8.1948, EBAP, Nachlass Jaeger, 7 Bll. 30-33; 19.-21.8.1947, EBAP, Nachlass Jaeger, 7 Bll. 24-27; 20.-22.8.1946, EBAP, Nachlass Jaeger, 7 Bll. 2-13.

9 Vgl. etwa die Sitzung der bayerischen und westdeutschen Bischofskonferenz im Juni 1958: Hürten, Akten 1956-1960, S. 566 oder die Sitzungen der Kommission XII, am 20.1. und am 11.2.1969, Protokoll der Sitzung der Kommission XII am 20.1.1969 und Höffner an Kaplan Brinkmann, 6.2.1969. Alles in: EBAP, Nachlass Jaeger, 1522.

Stellungnahmen auch den Weihbischöfen oder nur den Residenzialbischöfen zukommen sollten.[10]

Jaeger war vornehmlich innerhalb der Bischofskonferenz für drei Aufgabenfelder zuständig: für die Diaspora, für die Ökumene und für Wissenschaft und Kultur. Die Zuständigkeit für das Diasporakommissariat, das etwa den Kirchenbau und die Finanzierung der Kirche in den nord- und ostdeutschen Diasporagebieten organisierte, ergab sich aus der Aufsichtsfunktion, die der Paderborner Erzbischof gegenüber dem Bonifatiuswerk besaß. Es wurde 1942 errichtet und auch nach 1945 weitergeführt.[11] Auseinandersetzungen hierüber innerhalb der Bischofskonferenz traten vor allem dann auf, als mit den Hilfswerken Misereor (seit 1958) und Adveniat (seit 1961) weitere caritative Initiativen, diesmal mit weltkirchlicher Relevanz, etabliert wurden.

Bereits kurz nach Beginn seiner bischöflichen Amtszeit wurde Jaeger die Zuständigkeit für Ökumene in der Bischofskonferenz übertragen. Hier legte er 1942 „Bemerkungen zur ökumenischen Frage" vor, die auf der Herbstkonferenz 1943 zur Bildung eines eigenen Referates für „Wiedervereinigungsfragen" unter der Leitung Jaegers führen sollten.[12]

Vermutlich zeitgleich mit der Übernahme der Verantwortung für die Ökumene hatte Jaeger auch das „Referat für alle die Seelsorge an Alt- und Jungakademikern betreffenden Fragen" der Fuldaer Bischofskonferenz inne.[13] Er war also zuständig für jenen Bereich, den später die Kommission „Wissenschaft und Kultur" bearbeitete. In der Nachkriegszeit war die Neustrukturierung der „deutschen katholischen Studentenschaft" von besonderer Bedeutung, die Jaeger intensiv begleitete.[14] Studenten- und Akademikerfragen fielen also

---

10   Jaeger an Döpfner, 8.8.1966, EBAP, Nachlass Jaeger, 12 Bl. 153. Es ist dies ein bemerkenswerter Hinweis für die bei Jaeger offensichtlich noch vorherrschende hierarchische Denkweise in diesem Punkt.

11   So der Beschluss der Bischofskonferenz vom August 1945; Volk, Akten 1943-1945, S. 600.

12   Volk, Akten 1940-1942, S. 831. Vgl. Protokoll der Plenarkonferenz des deutschen Episkopats, 17.-19.8.1943; Volk, Akten 1943-1945, S. 133-146, hier 144 f. – Zur Errichtung des Referates: vgl. Ernesti, Ökumene, S. 337-368. Ernesti konnte noch nicht Jaegers frühe Akten hierzu nutzen: EBAP, Nachlass Jaeger, 1401.

13   Die Formulierung stammt aus dem Protokoll der Konferenz der westdeutschen Bischöfe in Werl (26.-28.3.1946), die von Jaeger geleitet wurde; Helbach, Akten 1945-1947, S. 435-449, hier 448.

14   Akten für diese Frühphase sind ediert bei: ebd., S. 722 f. (Referat Jaegers über Organisationsfragen der Studentenschaft und Zustimmung der Bischofskonferenz, 20.-22.8.1946); S. 855 (Anerkennung des „Grundgesetz[es] der deutschen katholischen Studentenschaft" durch die Konferenz der westdeutschen Bischöfe, 4.-6.11.1946); S. 857 f. (Grundgesetz der deutschen katholischen Studentenschaft, 3.10.1946); S. 1021-1024 (Sachstandsbericht Jaegers zur Akademikerseelsorge). – Zu Jaegers Wirken in diesem zentralen Bereich: vgl. Schmidtmann, Studierende, passim.

in seinen Zuständigkeitsbereich. Wichtige Aufgabengebiete und Themenfelder waren die Gründung und Begleitung des Cusanus-Werkes (1955), aber auch die Vorbereitung einer Stellungnahme der Bischofskonferenz zu den (schlagenden) Studentenverbindungen. Bereits für die Bischofskonferenz im August 1945 war Jaeger ein Referat über „Vorbildung und Weiterbildung des Klerus" angetragen worden.[15] Von daher war und blieb er – wenn auch nicht immer federführend – für die Fragen des Theologiestudiums zuständig. Ein markanter Beitrag Jaegers ist seine Skepsis gegenüber der Zulassung von Laien zur Habilitation[16].

Im August 1946 wurde Jaeger zum Referent für die Frauenseelsorge in der Nachfolge des verstorbenen Münsteraner Bischofs Clemens August von Galen (1878-1946) bestellt.[17] In dieser Funktion war er noch bis in die Zeit des II. Vatikanums Ansprechpartner für Ordensfrauen und Frauenverbände und deren Anliegen wie etwa Eingaben für das Konzil. Dies wird etwa sichtbar bei den Interventionen des Katholischen Deutschen Frauenbundes und der Leiterin von dessen Kölner Zentrale, Gertrud Ehrle (1897-1985), die im Kontext der Diskussionen um das Schema über das Laienapostolat u. a. neben der Betonung der „Personenwürde der Frau" auch die Wertschätzung der (ehelosen) berufstätigen Frau betrafen. Jaeger war offensichtlich mit Ehrle gut bekannt und sollte ihre Ernennung zur Laienauditorin auf dem Konzil fördern.[18] Für die Plenarkonferenz 1946 hatte Jaeger noch ein umfangreiches Memorandum zur Neuordnung und Organisation der Jugendarbeit von Johannes Baptist Hirschmann SJ (1908-1981) ausarbeiten lassen. Auf der Bischofskonferenz wurde jedoch ein schriftliches Referat von Ludwig Wolker (1887-1955) und Hermann Klens (1880-1972) verteilt.[19] Vermutlich waren es Überschneidungen im Bereich der Akademikerarbeit, die immer wieder Aussprachen zwischen Jaeger und dem seit 1937 für Jugendseelsorge zuständigen Mainzer Bischof

---

15 Frings an Jaeger, 18.6.1945 (Anfrage); Jaeger an Frings, 21.6.1945 (Zusage). Beides in: EBAP, Nachlass Jaeger, 6 Bl. 1. Das noch nicht edierte Referat Jaegers über Klerusfragen auf der Bischofskonferenz im Herbst 1945 befindet sich in: EBAP, Nachlass Jaeger, 6 Bll. 46-49.
16 Vgl. hierzu den Beitrag von Nicole Priesching in diesem Band.
17 Protokoll der Plenarkonferenz des deutschen Episkopates, 20.-22.8.1946: Helbach, Akten 1945-1947, S. 708-724, hier 721. – Bereits im Einladungsschreiben zur Plenarkonferenz war Jaeger als Referent für „Frauen-, Jungfrauen- und Jungmädchenseelsorge" mit der „Umschreibung seiner Aufgaben und Befugnisse" benannt worden: Josef Frings, Tagesordnung für die Plenarkonferenz des deutschen Episkopats im August 1946, 4.7.1946: ebd., S. 595 f., hier 595.
18 Heyder/Muschiol, Katholikinnen, S. 59; S. 145-161; S. 514.
19 Denkschrift [Hirschmanns für Jaeger] zur Jugendarbeit, vor 7.8.1946: Helbach, Akten 1945-1947, S. 651-660. Anlage 5: Bericht des Referates Jugendseelsorge, 20.-22.8.1946: ebd., S. 732-742.

Albert Stohr (1890-1961) nötig machten.[20] Innerhalb des Konveniats der westdeutschen Bischöfe war Jaeger auch für katholische Eheberatungsstellen und Fragen der Ehe- und Familienreform zuständig.[21]

In Vorbereitung auf das II. Vatikanum leitete Jaeger eine von drei im Herbst 1959 eingesetzten Kommissionen, nämlich die „Kommission für die Fragen der Wiedervereinigung". Er unterbreitete zusammen mit Bischof Volk (Mainz) die Vorlage für die Eingabe des deutschen Episkopats an die vorbereitende Konzilskommission.[22] Auch hier wird deutlich, welch hohes Gewicht dem Paderborner Erzbischof bis in die Konzilszeit hinein innerhalb der Bischofskonferenz zukam. Für die Herbstkonferenz 1960 legte er eine ausführliche Stellungnahme zum Konzil vor.[23] Anders als Volk gehörte Jaeger dann auf dem Konzil und in der Zwischenkonzilszeit jedoch nicht zum bestimmenden und mächtigen Zirkel um Kardinal Döpfner.

Jaeger war selten an der Ausarbeitung von gemeinsamen Hirtenbriefen der Bischofskonferenz beteiligt, die jenseits seines eigentlichen Aufgabenfeldes lagen. Seit Februar 1964 leitete er eine Kommission zur Ausarbeitung eines Hirtenbriefs zur Ökumene.[24] Regelmäßig war er seit Mitte der 1960er Jahre für die Abfassung der Diaspora-Hirtenbriefe verantwortlich.

Vorlagen aus anderen Kommissionen bzw. anderer Mitbrüder kommentierte Jaeger nur dann, wenn es ihm theologisch notwendig erschien und er anderer Meinung war. Beispielsweise kritisierte Jaeger in der Frage des Umgangs mit Homosexualität, die auf der Vollversammlung im Frühjahr 1973 beraten werden sollte, die im Vorbereitungspapier „Kirchliche Beratung von Homophilen" der Pastoralkommission der DBK formulierte Meinung einiger Mitbischöfe und Kardinal Höffners, die „vor dem Faktischen des Triebes kapituliert" hätten. Die Heilige Schrift werde nicht genannt, und die pastoralen Folgen seien wegen der Öffentlichkeit bischöflicher Dokumente „sehr bedenklich".[25] Kurz zuvor hatte er ebenso zu einem Dokument aus der Pastoralkommission vernichtend

---

20 Vgl. etwa Stohr an Jaeger, 26.1.1946: ebd., S. 384-386.
21 Mertens, Akten 1950-1955, S. 330; S. 367; S. 386 u. ö.
22 Hürten, Akten 1956-1960, S. 846; S. 932 f. Vgl. Trippen, Frings, Bd. 2, S. 215-229; Mokry, Döpfner, S. 241, Anm. 936.
23 Hürten, Akten 1956-1960, S. 993-1003. – Eine weitere wichtige Zuarbeit Jaegers für die Gesamtbischofskonferenz im Vorfeld des Konzils sind seine Ausführungen zur Geschäftsordnung, die Jaeger Anfang Juni 1961 für Döpfner anfertigte: Mokry, Döpfner, S. 297 f.
24 Vgl. Protokoll der Plenarkonferenz, 17.-19.2.1964, EBAP, Nachlass Jaeger, 11 Bll. 183-185, hier 185.
25 So Jaegers handschriftlichen Bemerkungen auf einem Gutachten vom 15.9.1972, das der Moraltheologe Bernhard Fraling, der nicht der Meinung Jaegers war, für den Paderborner Erzbischof anfertigte: EBAP, Nachlass Jaeger, 1472.

Stellung genommen, nämlich zum „Pastoralen Entwurf ‚Eingliederung in die Kirche'" (1972). Zu diesem Entwurf bemerkte Jaeger:

> Der Faszikel ‚Eingliederung in die Kirche' leidet vom Ansatz her darunter, daß eine ganz bestimmte theologische Richtung unreflektiert als Prämisse für alle Überlegungen und Folgerungen verabsolutiert wird. Das schafft durchgängig Blickverengungen, Fehlurteile, Einseitigkeiten. Ich wurde bei der Lektüre an das Diktum Bischof Volks bei der Synode erinnert: ‚Theologie = Theorie.' Schade! Es müßte bei der Auswahl der Mitarbeiter sorgfältiger vorgegangen werden und *vorher* [Hervorh. im Original; d. Verf.] die Zustimmung des Episkopates erbeten werden. Die Gemeinde, die als Ganzes Träger der Seelsorge ist, steht im Mittelpunkt der vorgelegten Konzeption. Dieser Sicht ist sicherlich voll zuzustimmen, doch bleiben gewichtige Fragen offen. So erscheint mir die Bedeutung des Einzelnen in der Kirche, des persönlichen Charismas, nicht genügend beachtet. Bei aller Notwendigkeit der Einrichtungen, von denen z.B. in 2.3.1 gesprochen wird, müßte doch auch die Aufgabe und Rolle des ‚freien Zeugnisses' gesehen werden. Wenn alles in ‚Einrichtungen' und ‚Maßnahmen' hinein verzweckt wird und wenn der einzelne Gläubige beinahe ausschließlich als Glied der Kirche im Sinne der soziologischen Kategorie der Gruppe angesprochen wird, tritt für den Glauben die Gefahr ein, daß er des persönlichen, individuellen, nicht verzweckbaren Momentes entleert wird. Auch wenn in der Vergangenheit der Glauben weitgehend individuell bestimmt worden ist, kann man jetzt nicht in das entgegengesetzte Extrem fallen.

Jaeger kritisierte, dass zu wenig über die Familie geschrieben würde und die Funktion der Bistumsleitung negativ konnotiert sei. Zudem vermisste er eine gesamtkirchliche Perspektive. Ähnlich scharf kritisierte Bischof Volk die Vorlage.[26]

Jaeger konnte intern sehr klar seine Meinung äußern und – aus seiner Perspektive – theologischen Wildwuchs kritisieren. Doch insgesamt ist es schwer möglich, aus der genuinen Bischofskonferenz-Überlieferung sich der *Person* Jaegers zu nähern. Wenn seine Persönlichkeit durchscheint, dann immer in jenen Fällen, in denen er sich, v. a. in der unmittelbaren Nachkonzilszeit, gegen popularisierende oder für ihn modernistische Tendenzen in Theologie oder gegen falsch verstandene Demokratisierungsforderungen in der Kirche wandte.

---

26 Stellungnahme Jaegers zum Pastorale Entwurf „Eingliederung in die Kirche", EBAP, Nachlass Jaeger, 1572. – Der Entwurf war von einer Kommission unter Leitung von Professor Dr. Günther Biemer, Freiburg i. Br., erarbeitet worden. Weitere Kommissionsmitglieder waren: Professor Dr. Adolf Exeler (Münster), Dr. Egon Golomb (Essen), Pfarrer Anton Alteyer (Rüsselsheim), Dr. Anneliese Lissner (Monheim-Baumberg), Professor Dr. Josef Müller (Bamberg), Pfarrer Eugen Walter (Freiburg i. Br.), Pfarrer Bernhard Welzel (Wiesbaden), Professor Dr. Rolf Zerfaß (Trier).

3 Jaegers Beitrag bei den Reformen der Bischofskonferenz

Als der Münchner Kardinal Michael Faulhaber auf der Bischofskonferenz im August 1943 eine Geschäftsordnung zur Diskussion stellte, fasste er im Grunde nur den Status quo, nicht zuletzt unter kirchenrechtlicher Sicht, zusammen. Ein wie auch immer geartetes *institutionalisiertes* Referentensystem wird hier nahezu nicht sichtbar, vermutlich da es kirchenrechtlich nicht zu verankern gewesen wäre.[27] Dennoch gab es thematische Zuständigkeiten, die sich damals zu einem festen Referentensystem ausgeweitet hatten. Bereits auf der Bischofskonferenz 1949 versuchte man die noch stark an der Standesseelsorge orientierten Aufgabenbereiche der Sachreferate neu zu ordnen.[28] Wohl in der unmittelbaren Nachkriegszeit hatte man sich hier bereits eine informelle Geschäftsordnung gegeben. Die Referenten waren für bestimmte Themenfelder zuständig, über die sie regelmäßig intern in der Konferenz referieren sollten. Im Namen der Bischofskonferenz durfte allerdings kein Referent öffentliche Erklärungen abgeben. Referenten konnten Berater aus Organisationen und Verbände hinzuziehen. Im Auftrag der Konferenz konnten sie „größere Arbeiten" vorbereiten, wobei sie in engem Kontakt mit dem Vorsitzenden stehen sollten.[29]

---

27 Entwurf Faulhabers für eine Geschäftsordnung der Bischofskonferenzen, 19.8.1943; Volk, Akten 1943-1945, S. 157-160. – Bei der Reformdiskussion 1965 hielt Jaeger hierzu in seinen handschriftlichen Bemerkungen, nach der Feststellung, dass der Tagesordnungspunkt Satzung der Bischofskonferenz verschoben worden sei, Folgendes fest: „Für die deutsche Konferenz besteht aus dem Jahre 1867 [sic! Text bricht hier ab; d. Verf.]. Ein späterer neuer Entwurf Card. Faulhabers aus dem Jahre 1944 [sic!; d. Verf.] ist nicht angenommen worden. Ist dieser Entwurf noch in unseren Paderborner Akten?"; handschriftlicher Vermerk Jaegers zum Protokoll der Bischofskonferenz, 12.-13.11.1965, EBAP, Nachlass Jaeger, 11 Bl. 16.

28 Demnach sollten die Referate wie folgt (neu?) verteilt werden: allgemein politische Fragen (Köln), Jugendseelsorge (Mainz, Speyer), Männerseelsorge (Fulda), Frauenseelsorge (Paderborn), Studentenseelsorge (Paderborn), Schule und Erziehung (Osnabrück), Liturgie (Mainz, Passau), Caritas (Freiburg i. Br.), Kirchliche Kunst (Limburg), Presse und Schrifttum (Würzburg), Diasporakommissariat (Paderborn), Catholica Unio (Passau), Siedlung (Aachen), Mäßigkeits- und Sittlichkeitsfragen (Eichstätt), Überdiözesane Zuschüsse (Köln), Elisabethenverein (Limburg), Heimatvertriebene (Prälat Hartz): Protokoll der Fuldaer Bischofskonferenz, 23.-25.8.1949; Mertens, Akten 1948/1949, S. 760-775, hier 765.

29 Vgl. die Richtlinien über die Aufgaben der Referenten der Fuldaer Bischofskonferenz, o. D.; Mertens, Akten 1948/49, S. 313. – Mertens datiert den Text auf 1948 und verweist darauf, dass die Datierung nur aus dem von ihr benutzten Fundort (Diözesanarchiv Eichstätt) und den „umliegenden Dokumenten" erschlossen werden könne. Im Nachlass Jaeger befindet sich dasselbe Schriftstück in einer Akte zur Fuldaer Bischofskonferenz 1945

Die ineffiziente Arbeitsweise der Bischofskonferenz, mangelhafte Koordination und das Bedürfnis nach komprimierter, jedoch umfassender Information führten im August 1950 zur Einrichtung einer Kommission unter Leitung Jaegers, die einen Plan zur Errichtung eines Sekretariates der Bischofskonferenz ausarbeiten sollte. Ein solches war bereits 1947 diskutiert worden.[30] Vorangegangen war eine vernichtende Analyse des Aachener Bischofs van der Velden (vor Juni 1950).[31] Die Kommission legte im Januar 1951 ein Gutachten vor. Es kritisierte, dass das Referentensystem „zufällig entstanden" sei. Dennoch wären die bischöflichen Referenten im Laufe der Zeit zu „Fachbischöfen" geworden. Als solche seien sie zu sehr von der Beratung katholischer Organisationen abhängig – modern würde man von Lobbyismus sprechen –, so dass „einseitige Informationen und entsprechend einseitige Urteilsbildungen" entstehen könnten. Die nicht in das Referentensystem eingebundenen Bischöfe würden sich kein sicheres Urteil bilden können. Dies habe Unsicherheit und Unbefriedigtsein zur Folge, „weil man die Gesamtheit des kirchlichen und öffentlichen Lebens und die sich daraus ergebenden Aufgaben des Hirtenamtes zu überschauen sich nicht mehr in der Lage fühlt". Die Kommission schlug ein Doppeltes vor: die Institutionalisierung des Referentensystems und die Einrichtung eines „Sekretariates der Deutschen Bischöfe".[32] Im Paderborner Ordinariat waren in diesem Kontext verschiedene Modelle diskutiert worden.[33] Bezüglich des Sekretariates präferierte Jaeger offensichtlich den Umbau des „Zentralkomitees für die deutschen Katholikentage" zu einer den Bischöfen untergeordneten Informations- und Organisationsstelle mit einem bischöflichen Leiter, einem Laienpräsidenten und einem Generalsekretär. Der Umbau sollte geräuschlos vor sich gehen. Die Kommission entschied jedoch anders und schlug ein Doppeltes vor: Die

---

(Laufzeit der Akten nur 1945). Von daher ist das Jahr 1945 (oder früher) zu plausibilisieren: EBAP, Nachlass Jaeger, 6 Bl. 25.

30   Vgl. Protokoll der Plenarkonferenz des deutschen Episkopats, 19.-21.8.1947; Helbach, Akten 1945-1947, S. 1253-1268, hier 1266. – Die Diskussionen bis zur Mitte der 1960er Jahre sind nachgezeichnet bei: Trippen, Frings, Bd. 1, S. 618-634.

31   Anlage 6 zum Protokoll des Konveniats der westdeutschen Bischöfe: Memorandum van der Veldens zum Bochumer Katholikentag 1949 und zur Einrichtung eines Sekretariats der Fuldaer Bischofskonferenz; Mertens, Akten 1950-1955, S. 131-137.

32   Jaeger, Gutachten einer bischöflichen Sonderkommission über die Neuorganisation der Fuldaer Bischofskonferenz, 22.-24.1.1951; Mertens, Akten 1950-1955, S. 258-265. – Der Kommission gehörten an die (Erz-)Bischöfe von Paderborn, Bamberg, Osnabrück, Aachen, Münster, Würzburg und Rottenburg: ebd., S. 184. Allerdings konnten Erzbischof Joseph Otto Kolb (1881-1955) von Bamberg und Karl Joseph Leiprecht (1903-1981) von Rottenburg nicht an der Sitzung teilnehmen, in der das Papier erarbeitet wurde.

33   Akten hierzu in: EBAP, Nachlass Jaeger, 7.

Erweiterung des Referentensystems auf acht „Sachreferate" und drei kleinere „Sonderausschüsse" und v. a. die Schaffung eines Sekretariats der Deutschen Bischöfe.[34] Die nun teilweise auch „Kommissionen" genannten Referate wurden offiziell auf der Bischofskonferenz im August 1951 eingerichtet. Sie sollten aus mindestens zwei Bischöfen (Leiter und Stellvertreter) und einem aus höchstens drei Personen bestehenden Rat gebildet werden. Folgende Referate wurden eingeführt: 1. Kommission: Glaubensunterweisung und Glaubensüberwachung (Paderborn, Hildesheim, Augsburg); 2. Kommission: Religiöses Leben (Mainz, Passau, Fulda); 3. Kommission: Katholische Aktion (Speyer, Münster, Würzburg); 4. Kommission: Erziehung und Bildung (Osnabrück, Bamberg, Regensburg, Trier; seit 1952: Bildung, Erziehung und Unterricht); 5. Kommission: Caritas und Fürsorge (Freiburg, Speyer, Meißen, Franz Hartz); 6. Kommission: Gesellschaft und Wirtschaft (sozialpolitisches Referat; Aachen, Münster, Eichstätt); 7. Kommission: Kirche und Staat (kirchenpolitisches Referat; Köln, München, Berlin); 8. Kommission: Katholische Publizistik (Osnabrück, Aachen, Rottenburg, Limburg). Daneben wurden folgende kleinere Sonderausschüsse gebildet: 1. Priesterbildung und Priesterseelsorge; 2. Diasporakommissariat der deutschen Bischöfe; 3. Überdiözsane Zuschüsse.[35] Die Errichtung eines eigentlichen Sekretariates wurde aufgrund des Widerstandes innerhalb der Bischofskonferenz zurückgestellt.[36]

Die Effizienz dieser Kommissionen als regelmäßig arbeitende Gremien wurde 1958 von Kardinal Frings bestritten: Als Gremien seien sie nahezu nie zusammengekommen, bewährt habe sich lediglich die neue Zuteilung der Referatsbereiche.[37] Daraufhin wurden auf einer außerplanmäßigen

---

34   Jaeger, Gutachten einer bischöflichen Sonderkommission über die Neuorganisation der Fuldaer Bischofskonferenz, 22.-24.1.1951; Mertens, Akten 1950-1955, S. 258-265. – Die Wiederbegründung des Zentralkomitees als „Zentralkomitee der deutschen Katholiken" (ZdK) wurde 1952 vollzogen. Hierbei spielte seitens der Bischofskonferenz der Leiter des Erzbischöflichen Seelsorgeamtes in Paderborn, Franz Hengsbach, eine zentrale Rolle, der 1953 Geistlicher Assistent des ZdK werden sollte. Akten und einen Überblick bietet: Mertens, Akten 1950-1955, S. 13 f.; S. 277-279; S. 333-337; S. 410; vgl. Grossmann, Kirche, S. 66-74.

35   Vgl. Protokoll der Fuldaer Bischofskonferenz, 21.-23.8.1951; Mertens, Akten 1950-1955, S. 305-323, hier 311.

36   Jaeger, Vorlage zur Neuordnung der Referate der Bischofskonferenz und zur Einrichtung eines Sekretariats, [vor 21.8.1951]; Mertens, Akten 1950-1955, S. 303-305, hier 303 f. Richtlinien über die Aufgabe der Referenten der Fuldaer Bischofskonferenz; Mertens, Akten 1948/49, S. 313; vgl. S. 710.

37   Frings an Wendel, 21.2.1958; Hürten, Akten 1956-1960, S. 531. – Vgl. zur Diskussion über den Zuschnitt der Kommissionen auch die Niederschrift über die Organisation der Fuldaer Bischofskonferenzen, [vor 27.3.1957]: ebd., S. 295-298.

Bischofskonferenz im Februar 1958 Modifikationen vorgenommen.[38] Folgende Kommission wurden eingerichtet: Hauptkommission: Köln (Vorsitz); München, Berlin, Eichstätt, Essen (Mitglieder); 1. Kommission – Glaubensüberwachung und Glaubensverbreitung (*fides*): Paderborn (Vorsitz); Bamberg, Aachen, Görlitz (Mitglieder); 2. Kommission – Die Pflege des religiösen Lebens (*cultus*): Mainz (Vorsitz); Limburg, Meißen, Passau, Speyer, Trier (Mitglieder); 3. Kommission – Seelsorge (*cura animarum*): Mainz (Vorsitz); Paderborn, Fulda, Hildesheim, Münster, Speyer, Würzburg (Mitglieder); 4. Kommission – Familie, Schule und Erziehung: Aachen (Vorsitz); Osnabrück, Würzburg (Mitglieder); 5. Kommission – Wissenschaft, Kulturpflege, Erwachsenenbildung: Paderborn (Vorsitz); Köln, Freiburg, Regensburg, Augsburg, Bamberg (Mitglieder); 6. Kommission – Publizistik: Rottenburg (Vorsitz); Limburg, Osnabrück (Mitglieder); 7. Kommission – Soziale Arbeit: Münster (Vorsitz); Essen, Eichstätt, Limburg, Rottenburg (Mitglieder); 8. Kommission: Caritas und Fürsorge: Freiburg (Vorsitz); Hildesheim; Meißen, Trier (Mitglieder). An der Aufstellung erkennt man die Bedeutung von Jaeger, der zwei Kommissionen vorstehen sollte. Dies war sonst nur bei Mainz gegeben (Bischof Wilhelm Kempf). Zudem war Paderborn – ebenso wie Limburg, das allerdings keine Kommission zu leiten hatte, – Mitglied in drei Kommissionen. Der Vorsitz wurde nicht nach der erzbischöflichen Würde vergeben. Bamberg (Bischof Josef Schneider) etwa blieb relativ unbedeutend, und auch Freiburg – der plötzliche Tod von Eugen Seiterich im März und die dann eintretende Sedisvakanz waren nicht vorherzusehen – scheinen unterrepräsentiert zu sein. Freiburg und Bamberg waren zudem Mitglieder der von Jaeger geleiteten Kommission V. Die Leiter der Bischofskonferenzen (Köln wegen der Leitung der westdeutschen, München wegen der Leitung der Freisinger Bischofskonferenz und Berlin wegen der Leitung der Berliner Ordinarienkonferenz) waren Mitglieder der Hauptkommission und blieben von der Mitarbeit in anderen Kommissionen befreit. Mit Weihbischof Hengsbach war auch dieses Mal ein Paderborner maßgeblich an der Ausarbeitung der Reformen beteiligt.[39] Diese Struktur blieb bei der personellen Revision im August 1962 intakt.

---

38   Protokoll der westdeutschen und bayerischen Bischofskonferenz, 25.-27.2.1958: ebd., S. 531-537, hier 534 f.

39   Hengsbachs Initiativen zur Neuordnung der Bischöflichen Hauptstellen (ZdK) sind bereits in der Forschung bekannt: Hürten, Akten 1956-1960, S. 366-373. – Unediert blieben bei Hürten die Überlegungen Hengsbachs zur Neuordnung der Kommissionen. Hengsbach war durch Jaeger im Auftrag des westdeutschen Bischofskonveniats hierzu beauftragt worden. In seinem Schreiben vom 14.8.1957 an Kardinal Wendel als den Vorsitzenden der Bischofskommission für Koordinierungsfragen schlug Hengsbach vor, dass der Münchner Erzbischof noch vor der Bischofskonferenz mit Jaeger diesbezüglich „Fühlung nehmen"

Bereits bei der Plenarkonferenz im August 1962, an der ausnahmsweise die Weihbischöfe teilnahmen[40], wurde eine Neuordnung der Kommissionen beschlossen. Jaeger erhielt den Vorsitz der Kommission I und der Kommission V. In Kommission III (Seelsorge) unter Leitung von Speyer war Jaeger als Mitglied vertreten (zusammen mit Fulda, Hildesheim, Münster, Würzburg).[41] Bedeutender war Jaegers Zuarbeit und Gestaltungswille bei der Neuordnung der Bischofskonferenz 1966 und in den Folgejahren. Die beiden wesentlichen strukturellen Änderungen bei der im Anschluss an *Christus Dominus* (28. Oktober 1965) vollzogenen Neuordnung der Bischofskonferenz, die 1966 für den Bereich der nunmehrigen DBK kirchenrechtlich umgesetzt wurde, betrafen die personelle Zusammensetzung und die Neuordnung der Kommissionen. Personell wurden die Weihbischöfe (stimmberechtigte) Mitglieder der Konferenz.[42] Hinzu kam die Auswahl und Bestellung ständiger Beraterinnen und Berater in den letztendlich 15 Kommissionen, die die eigentlichen Gutachten für die nunmehr regelmäßig halbjährlich tagenden Konferenzen vorbereiteten. Ein erster Vorschlag für die Neuordnung der Kommissionen war auftragsgemäß (Plenarkonferenz Rom, 3. Dezember 1965) im Februar 1966 durch Döpfner, Schäufele und Hengsbach vorgelegt worden. Aus den

---

sollte. Die Vorschläge Hengsbachs wichen von den Festlegungen im Februar 1958 in folgenden Punkten ab: 1.) Einrichtung einer Kommission IV: Kirchenpolitische Fragen (Kirche als *societas perfecta*) und 2.) einer Kommission IX: Staatspolitische Arbeit; 3.) die von Hengsbach vorgeschlagene Kommission VIII (Soziale Arbeit und Caritas) wurde 1958 als zwei Kommissionen konstituiert (7. Kommission: Soziale Arbeit und 2. Kommission: Caritas und Fürsorge); Akten hierzu in: EBAP, Nachlass Jaeger, 1544. – Hengsbach verwendet lateinische Ziffern. Diese Art der Bezifferung setzt sich seit der Bischofskonferenz im August 1958 durch.

40   Teilnahme am ersten Tag der Konferenz vom 12.-14.3.1962: „Zum ersten Tag der diesjährigen Konferenz, an dem Fragen des bevorstehenden Konzils behandelt werden sollen, werden auch die Hochwürdigsten Herren Weihbischöfe Deutschlands eingeladen"; Protokoll der außerordentlichen Plenarkonferenz der Bischöfe der Diözesen Deutschlands, 12.-14.3.1962, EBAP, Nachlass Jaeger, 10 Bll. 117-120.

41   Protokoll der Plenarkonferenz der Bischöfe der Diözesen Deutschlands, 28.-30.8.1962, EBAP, Nachlass Jaeger, 10 Bll. 85-88.

42   Seit der Herbstkonferenz 27.-30.9.1966 waren die Weihbischöfe regelmäßig anwesend: vgl. Protokoll der Vollversammlung der DBK, 27.-30.9.1966, EBAP, Nachlass Jaeger, 12 Bll. 1-12 und Einladungsschreiben Döpfners zur Frühjahrskonferenz, 28.2.-4.3.1966, EBAP, Nachlass Jaeger, 12 Bl. 170: „Diesmal sind Weihbischöfe noch nicht geladen, da neue Statuten von den bisherigen Mitgliedern der Konferenz verabschiedet werden müssen." – Über das neue Statut und dessen historischen und kirchenrechtlichen Kontext: vgl. Voges, Konzil, S. 47-63 (mit kritischen Hinweisen zur zeitgenössischen Einordnung durch Georg May). Die Geschichte der Bischofskonferenz in der Nachkriegszeit ist noch nicht geschrieben. Für die NS-Zeit: vgl. Leugers, Mauer.

bisherigen neun wurden zwölf bzw. 13 Kommissionen[43], wobei die endgültige Reihung auf der Bischofskonferenz im März 1966 festzulegen sein würde. Die markantesten Änderungen bestanden in der Schaffung einer „Kommission für Weltmission, Diaspora und Bruderhilfe" und in eigenständigen Kommissionen für Priester und für Ordensleute. Die bisher existierenden Unterkommissionen („Fachkommissionen") sollten in die neu zugeschnittenen Kommissionen überführt werden. So wurde etwa die Fachkommission „Kommission für ökumenische Arbeit" unter Jaegers Leitung in die erste Kommission integriert und zugleich eine programmatische Namensänderung vorgenommen: Aus der Kommission für „Glaubensüberwachung und Glaubensverbreitung" wurde nun die Kommission „für Fragen des Glaubens sowie des Ökumenismus". Allerdings wurde dadurch nach außen lediglich ein Zustand sanktioniert, der bereits seit Beginn der Tätigkeit der fides-Kommission gegeben war, nämlich dass hier vor allem Fragen des Ökumenismus beraten wurden. Es blieben zunächst vier Sonderkommissionen übrig. Jaeger setzte sich mit den Vorschlägen auseinander und schlug vermutlich eine alternative Reihung vor.[44] Die personelle Zusammensetzung der neuen Kommissionen sollte erst auf der Herbstkonferenz festgelegt werden, wenn zum ersten Mal auch die Weihbischöfe anwesend wären. Bis zum September 1966 erarbeitete Hengsbach einen modifizierten Zuschnitt der nunmehr 15 Kommissionen und einen Vorschlag zur Besetzung derselben. Das zunächst der Kommission I zugeordnete Themenfeld Ökumene findet sich als eigenständige Kommission II aufgewertet. Zudem wurde eine Kommission für Laienfragen und eine für Finanzfragen etabliert.[45]

Nach diesen Planungen (Herbstvollversammlung 1966) sollte Jaeger den Vorsitz für die Kommissionen II (Ökumene), VIII (Diaspora und Weltmission) und XII (Wissenschaft und Kultur) erhalten.[46] Der Verlust des Vorsitzes der Glaubenskommission war also durch den Vorsitz der neu geschaffenen „Kommission für Diaspora und Weltmission" kompensiert worden. Allerdings wollte Jaeger genau diese Kommission gestrichen sehen, da aufgrund von Presseveröffentlichungen der Eindruck entstanden sei, „als ob diese Kommission für die Entscheidung der Bittgesuche aus Missionsländern

---

43   In den Übersichten EBAP, Nachlass Jaeger, 1365 fehlt teilweise die Finanzkommission, die jedoch im Protokoll der Bischofskonferenz vom 28.2.-4.3.1966 erwähnt ist: EBAP, Nachlass Jaeger, 12 Bll. 199-203.
44   Vgl. die handschriftlichen Bemerkungen Jaegers im fünfseitigen „Vorschlag für eine Neuordnung der Kommissionen der Deutschen Bischofskonferenz", die Hengsbach am 9.2.1966 versandt hatte: EBAP, Nachlass Jaeger, 1365.
45   Akten in: EBAP, Nachlass Jaeger, 1365.
46   Protokoll der Vollversammlung der DBK, 27.-30.9.1966, EBAP, Nachlass Jaeger, 12 Bll. 1-13.

zuständig sei"⁴⁷. Im Hintergrund stand wohl der Ärger darüber, dass das von Jaeger geleitete „Diasporakommissariat der deutschen Bischöfe" in Paderborn, das Jaeger in der Kommission I bislang mitverwaltet hatte, nicht in die Neuordnung eingebunden war und zudem die für die Kommission VIII vorgesehenen Bischöfe bislang nicht für Misereor, Adveniat und das Ostpriesterhilfswerk Juvate fratres zuständig waren und sein sollten. Gegenüber Hengsbach forderte Jaeger zudem, dass alle „‚Protektorate'⁴⁸ über bestimmte Vereine, Institutionen und Bischöfliche Hauptarbeitsstellen" zu beseitigen seien. Jaeger selbst sah verschiedene seiner bisherigen Zuständigkeiten vor allem im Bereich der Konvertitenarbeit (Betreuung der „Glaubensinformationsstellen" und der „Offenen Tür")⁴⁹ und der Fragen des Theologiestudiums und der theologischen Fakultäten nicht ausreichend geklärt. Für die ihm zugeteilten Kommissionen II (Ökumenische Fragen) und XII (Wissenschaft und Kultur) legte Jaeger detaillierte Untergliederungen vor – der Kommission VIII schenkte er keine Aufmerksamkeit, da er sie für erledigt ansah.⁵⁰ Doch Kommission VIII überlebte mit anderem Zuschnitt. Ende Januar 1967 setzte Jaeger im Zusammenspiel mit Klaus Mund (1902-1979) vom katholischen Missionsrat durch, dass Kommission VIII sich auf die Weltmission beschränken und unter die Leitung des Essener Weihbischofs Julius Angerhausen (1911-1990) gestellt werden sollte. Die Diasporaseelsorge wurde der Pastoralkommission zugeordnet und zudem eine Spezialkommission eingerichtet, in der Jaeger in Personalunion das „Diasporakommissariat" und den Generalvorstand des Bonifatiusvereins zusammenführte.⁵¹ Auf der Früh-

---

47   Jaeger an Hengsbach, 14.1.1967, EBAP, Nachlass Jager, 1365.
48   Diese Formulierung übernimmt Hengsbach in seinem Entwurf für die Bischofskonferenz vom 13.-16.2.1967; Anlage I zum Schreiben vom 6.2.1967, EBAP, Nachlass Jager, 1365. Von dort fand sie Eingang in das Protokoll der Konferenz: Protokoll der Vollversammlung der DBK, 13.-16.2.1967, S. 4; EBAP, Nachlass Jager, 13 Bll. 90-101, hier 92.
49   Vgl. zu dieser Tätigkeit exemplarisch: Protokoll der außerordentlichen Plenarkonferenz der Bischöfe der Diözesen Deutschlands, 12.-14.3.1962, S. 5; EBAP, Nachlass Jager, 10 Bll. 117-120, hier 120. Paderborn berichtet über die Entwicklung im deutschsprachigen Protestantismus „und weist auf die besondere seelsorgliche Betreuung der konvertierten ehemals protestantischen Pfarrer hin. Der Erzbischof von Paderborn wird den Ordinarien die diesbezüglichen Bitten schriftlich unterbreiten." – Zum Problem konvertierter Geistlicher vgl. etwa auch: EBAP, Nachlass Jager, 1407.
50   Jaeger an Hengsbach, 14.1.1967, EBAP, Nachlass Jager, 1365.
51   Unterlagen hierzu in: EBAP, Nachlass Jager, 1512. Entsprechende Festlegungen erfolgten auf der Bischofskonferenz vom 13.-16.2.1967. Gegen diese Neuordnung regte sich Protest: Jaeger, Private Ergebnis-Niederschrift (in Stichworten) zur Bischofskonferenz in Honnef vom 13.-16.2.1967 (maschinschriftlich), EBAP, Nachlass Jager, 13 Bll. 102-112, hier 103: „Ad I,2": Widerstand von Hildesheim und Osnabrück „gegen Ablösung der Kommission Diaspora und Weltmission. Es wird Gespräch über die Diasporaprobleme, Seelsorge an

jahrskonferenz 1967 wurde dann der endgültige Zuschnitt verabredet.⁵² Eine Binnengliederung der Kommissionen und ein erster Vorschlag für zu benennende Beraterinnen und Berater sollten bis Juni vorgelegt werden.⁵³ Die Geschäftsverteilung der Kommissionen wurde auf der Herbstkonferenz 1967 vorgelegt und zur erneuten Kontrolle an die Kommissionen rücküberwiesen, um sie dann im Frühjahr 1968 final zu beschließen.⁵⁴ Ebenfalls im Herbst 1967 wurde Jaeger als Mitglied der Hauptkommission bestimmt.

Da die Neuordnung der Kommissionen auch die Beteiligung ständiger Beraterinnen und Berater vorsah, wurden seit Anfang 1967 entsprechende Listen zusammengestellt, wobei im Dezember 1967 der Sekretär der Bischofskonferenz, Karl Forster (1928-1981), ein gewisses Chaos attestierte und die Bischöfe um endgültige Zusendung der kompletten Listen bat, die dann über die Hauptkommission der Frühjahrsvollversammlung 1968 zur Abstimmung vorgelegt werden und die Vorschlagslisten des ZdK berücksichtigen sollten.⁵⁵ Ihre Zahl der Beraterinnen und Berater belief sich seit ihrer Etablierung 1968 auf etwa 140-150 Personen. Die Zusammensetzung der einzelnen Beratergremien

---

        Diasporahelferinnen usw. gewünscht. Beschluß: Die Diasporaseelsorge wird eingegliedert in Pastoralkommission. Diasporahilfe der deutschen Bischöfe und Generalvorstand des Bonifatiusvereins wird [sic!; d. Verf.] als 4. Bischöfl. Werk unter Sonder-Kommissionen geführt."

52   Protokoll der Vollversammlung der DBK, 13.-16.2.1967, EBAP, Nachlass Jaeger, 13 Bll. 90-101. – Änderungen gab es v. a. bezüglich des Rottenburger Wunsches der Errichtung einer (Unter-)Kommission für biblische Fragen. Die entsprechende Unterkommission wurde der Kommission I zugeordnet (Leitung: Weihbischof Schick/Fulda).

53   Jaeger, Private Ergebnis-Niederschrift (in Stichworten) zur Bischofskonferenz in Honnef, 13.-16.2.1967 (maschinschriftlich), EBAP, Nachlass Jaeger, 13 Bll. 102-112, hier 105. Dass eine endgültige Diskussion über die Beraterinnen und Berater nicht stattfand, geht auf den Wunsch Hengsbachs zurück: Protokoll der Vollversammlung der DBK, 13.-16.2.1967, S. 4; EBAP, Nachlass Jaeger, 13 Bll. 90-101, hier 92.

54   Protokoll der Vollversammlung der DBK, 19.-22.9.1967, S. 6; EBAP, Nachlass Jaeger, 13 Bll. 20-32. – Die endgültige Geschäftsverteilung findet sich in: Protokoll der Vollversammlung der DBK, 4.-7.3.1968, EBAP, Nachlass Jaeger, 14 Bll. 49-70.

55   Vgl. Hengsbach an Bischöfe, 6.2.1967 und Forster an die Vorsitzenden der Kommissionen, 29.12.1967, EBAP, Nachlass Jaeger, 1365. – Die Bitte um Berücksichtigung der ZdK-Listen ist im Protokoll vermerkt: Protokoll der Vollversammlung der DBK, 19.-22.9.1967, S. 7; EBAP, Nachlass Jaeger, 13 Bll. 20-32, hier 24. – Die nochmals leicht modifizierte Liste findet sich in: Protokoll der Vollversammlung der DBK, 4.-7.3.1968, EBAP, Nachlass Jaeger, 14 Bll. 49-70. – Jaeger nutzte das gedruckte Heft der Bischofkonferenz („Die Kommissionen der Deutschen Bischofskonferenz. Stand 1. Juli 1968") als Handexemplar, in das er regelmäßig Änderungen eintrug: EBAP, Nachlass Jaeger, 14 Bll. 43-48. – Die neue Publikation über Karl Forster konnte bis zur Drucklegung dieses Beitrags nicht mehr eingesehen werden: Oelgemöller, Forster.

wurde alle drei Jahre neu bestimmt, wobei eine einmalige Wiedernominierung möglich war.

Für die Ökumenekommission ließ Jaeger ausgewiesene Fachleute berufen: Heinrich Fries (1911-1998), Abt Emmanuel Heufelder (1898-1982), Abt Laurentius Klein (1928-2002), Alfons Maria Mitnacht (1894-1976), Johannes Madey (1933-2012), Albert Rauch (1933-2015) und Eduard Stakemeier (1904-1970). Zum Zuge kamen aber auch die CDU-Politikerin und Sozialpädagogin Berta Konrad (1913-1992), dann auch Gertrud Luckner (1900-1995), Gertrudis Reimann aus der Societas Christi Regis in Meitingen (1907-2004) und der über die Grabesritter mit Jaeger verbundene Verleger Karlheinz Schmidtues (1905-1972). Auf Vorschlag der Geschäftsführerin der Arbeitsgemeinschaft katholischer deutscher Frauen sollte auch Marianne Pünder (1898-1980) in die Ökumenekommission aufgenommen werden, was jedoch trotz Jaegers Zustimmung nicht geschah.[56] Unter den sechs Beratern für die Kommission XII sind Bernhard Hanssler (1907-2002), Bernhard Vogel (geb. 1932) und Paul Mikat (1924-2011) hervorzuheben. Letzteren zog Jaeger immer wieder als Berater heran. Hinzu kamen fünf Personen „von Amts wegen".[57] Die wichtige Hauptkommission verzichtete auf die Bestellung ständiger Berater.[58] Bei anderen Kommissionen nahm Jaeger allenfalls während der Diskussionen auf der Bischofskonferenz Einfluss auf die Auswahl der Beraterinnen und Berater. Dies wird etwa sichtbar im Fall von Herbert Haag. Gegenüber Nuntius Bafile äußerte sich Jaeger dahingehend, dass er ebenso wie jener Bedenken gegen die Berufung des Alttestamentlers in die Kommission I trage. Da er allerdings nicht mehr deren Vorsitz habe, habe er „infolgedessen unmittelbar keinen Einfluß auf die Berufung der Kommissionsmitglieder für die Glaubenskommission. Ich will aber gerne vertraulich mit Eminenz Frings sprechen und ihm meine Bedenken, die ich vorstehend geschildert habe, mitteilen".[59]

Auch nach 1966 blieb die Umstrukturierung der Bischofskonferenz ein ständiges Thema.[60] Zu klären waren die Stellung des Sekretärs, die Zusammenarbeit mit dem ZdK und dem Katholischen Büro, aber auch die Indienstnahme

---

56 Akten in: EBAP, Nachlass Jaeger, 1365.
57 Hierbei handelte es sich um 1.) den Präsidenten der Görres-Gesellschaft, 2.) den Vorsitzenden der Studentenpfarrerkonferenz, 3.) den Vorsitzenden des Fakultätentages der katholischen Universitätsfakultäten, 4.) den Vorsitzenden der Regentenvereinigung und 5.) den Präsidenten der Katholischen Deutschen Akademikerschaft.
58 Seine endgültige Liste reichte Jaeger nach Erhalt der Zustimmung der als Beraterinnen und Berater vorgesehenen Personen am 10.4.1968 bei Forster ein: Jaeger an Forster, 10.4.1968, EBAP, Nachlass Jaeger, 1365.
59 Jaeger an Bafile, 29.2.1968, EBAP, Nachlass Jaeger, 1388.
60 Die Herbstversammlung 1967 verabschiedete eine Geschäftsordnung der DBK, die bis zur Gründung des Verbandes der Diözesen Deutschlands, die am 4.3.1968 erfolgte, als

externer Beraterinstitutionen. Hier setzte Jaeger im Frühjahr 1969 durch, dass auch das „Johann-Adam-Möhler Institut Paderborn für ökumenische Fragen" in die Liste jener Institutionen aufgenommen wurde, bei denen entsprechende Expertisen angefragt werden konnten.[61]

4 Arbeit in der Glaubenskommission

Im Folgenden werden sehr kurz erste Eindrücke über Jaegers Arbeit in den Kommissionen I und XII und ihren Vorgängerinstitutionen gegeben. Eine ausführliche Analyse der Ökumenekommission (II) ist für den nächsten Jaeger-Tagungsband zu erwarten. Es ist zu zeigen, dass Jaeger das Referat für die Glaubensweitergabe im Grunde als Ökumene-Kommission nutzte.[62]

Seit der endgültigen Institutionalisierung 1951 leitete Jaeger das Referat für „Glaubensverbreitung und Glaubensüberwachung" und legte als dessen Vorsitzender der Bischofskonferenz schriftliche Jahresberichte vor. Der Zusatz „Glaubensverbreitung" war in diesem Jahr auf Betreiben Jaegers dem Referat zugeordnet worden, da dessen Aufgaben um die „Zusammenarbeit zwischen Katholiken und Protestanten" erweitert worden sei.[63] 1957 plante Jaeger das Referat entsprechend zweizuteilen, wobei ihm die „Glaubensverbreitung" und Bamberg die „Glaubensüberwachung" zugeordnet werden sollte. Es ist fraglich,

---

Richtlinie gültig bleiben sollte: Protokoll der Vollversammlung der DBK, 19.-22.9.1967, S. 5; EBAP, Nachlass Jaeger, 13 Bll. 20-32, hier 23.

61 Vgl. EBAP, Nachlass Jaeger, 1365. – Auf der Frühjahrsversammlung wurde über die Arbeitsweise der Vollversammlung, die Kommissionen und über das Sekretariat diskutiert. Es wurde beschlossen, dass für thematische Unterstützung für das Sekretariat folgende Institutionen zur Verfügung stehen sollten: das Katholische Büro (Bonn), das Generalsekretariat des ZdK, das Liturgische Institut Trier, die Hauptstelle für Schule und Erziehung und die Publizistische Hauptstellen. Da das Johann-Adam-Möhler Institut Paderborn für ökumenische Fragen vergessen wurde, stellte Jaeger nachträglich sicher, dass auch von dort entsprechende Expertisen angefertigt werden konnten.

62 Zu beiden Kommissionen (I und XII) sind weitere Publikationen in Vorbereitung. Es handelt sich im Folgenden nur um einen skizzenhaften Überblick über die Kommissionsarbeit von Jaeger.

63 Verlauf der Tagung der Diözesan-Referenten, 12.-14.10.1951, EBAP, Nachlass Jaeger, 1404. – Während dieser Tagung wurde folgende Unterkommissionen eingesetzt: 1.) Die Kommission für das Studium des Einbaues der ökumenischen Frage in Dogmatik und Moral (Professor Dr. Hermann Volk, Münster; Professor Dr. Wilhelm Bartz, Trier; Professor Dr. Franz Ranft, Fulda). 2.) Die Kommission für das Schrifttum über die ökumenische Frage (Leitung: Jaeger; Pfr. Kirchgäßner, Ffm; Dr. Eugen Walter, Freiburg i. Br.). 3.) Die Kommission für die Weiterbildung des Klerus (Alfred Weitmann, Rottenburg; Professor Dr. Rudolf Graber, Eichstätt).

ob diese Trennung stattfand, da der Bamberger Erzbischof Einwände erhob.[64] Jede Diözese sollte einen eigenen Diözesanbeauftragten für Glaubensverbreitung und Glaubensüberwachung haben.[65] Jaeger beanspruchte für sich, dass er als Beauftragter der Bischofskonferenz seinen Auftrag durch Diözesan- und Bezirksreferenten ebenso erfülle wie über folgende Institutionen: das Johann-Adam-Möhler-Institut (wissenschaftliche Erforschung), den Winfriedbund (Publikationen und Betreuung von Konvertiten) und die Glaubensberatungsstellen (Seelsorge an Ungläubigen, Abseitsstehenden, religiös Suchenden, Konvertiten).[66]

Die Hauptarbeit der Kommission fand zunächst auf Jahrestagungen statt. Sie thematisierten das Glaubensleben in Deutschland – vornehmlich unter dem Aspekt, einen Glaubensverfall aufzuhalten und ein neues „katholisches Glaubensbewusstsein" zu fördern, – und legten einen besonderen Fokus auf die Situation der Ökumene. Hinzu kamen regelmäßig Referate der führenden Theologen zu aktuellen theologischen Fragen. Die Referate der Tagungen wurden oftmals in den gängigen Publikationsorganen veröffentlicht. Eine weitere Hauptaufgabe bestand in der Überwachung des Schrifttums. Die jeweiligen Diözesanreferenten berichteten auf den Tagungen über die Situation der ökumenischen Aktivitäten vor Ort, so dass aus diesen Quellen sehr gut eine regionale Bestandsaufnahme möglich wäre. Jaeger sah 1954/55 die Notwendigkeit gegeben, sich verstärkt dem modernen Schrifttum zuzuwenden.[67] Auch in späteren Zeiten wird er immer wieder kritisch die mangelnde Bindung der Theologie an das Lehramt bzw. die Kirche und eine zu starke Annäherung an

---

64   Protokoll der Tagung der Diözesan-Vertreter des Referates „Glaubensverbreitung und Glaubensüberwachung", 9.-11.4.1958, S. 6; EBAP, Nachlass Jaeger, 1404. – Der Bamberger Widerstand gegen eine grundlegende Teilung des Referates ist dokumentiert in: Protokoll der Tagung der Diözesan-Vertreter des Referates „Glaubensverbreitung und Glaubensüberwachung", 31.3.-2.4.1959, S. 2; EBAP, Nachlass Jaeger, 1404.

65   Zur Zusammenarbeit mit diesen: Protokoll der Fuldaer Bischofskonferenz, 11.-13.8.1952; Mertens, Akten 1950-1955, S. 401-416, hier 404. – Eine erste Liste über die diözesanen Ökumene-Referenten findet sich in: Protokoll der Tagung der Referenten für Glaubensverbreitung und Glaubensüberwachung, 20.-21.4.1954; Mertens, Akten 1950-1955, S. 685-696, hier 685-687. – Seit der Bischofskonferenz von 1956 waren sogar eigene Stadt- und Dekanatsreferenten vorgesehen: Protokoll der Fuldaer Bischofskonferenz, 27.-29.9.1956; Hürten, Akten 1956-1960, S. 200-213, hier 202 f.

66   Arbeitsweise des Referates I: Glaubensverbreitung und Glaubensüberwachung: EBAP, Nachlass Jaeger, 1404.

67   Zur Arbeitsweise, den Diskussionen und den Protokollen des Referates bereitet der Verfasser weitere Studien vor. – Vgl. zur Überwachung des Schrifttums den weitgehenden Vorschlag, alle vier bis sechs Wochen entsprechende Berichte den Bischöfen zukommen zu lassen: Protokoll der Fuldaer Bischofskonferenz, 18.-20.8.1953; Mertens, Akten 1950-1955, S. 576-594, hier 580. Akten hierzu in: EBAP, Nachlass Jaeger, 1404.

den Zeitgeist kritisieren. Jaeger verurteilte hierbei auch „gewagte Äusserungen" in katholischen Blättern und Zeitschriften, die dem Glauben und der Morallehre der Kirche widersprächen. Er wandte sich gegen

> hyperkritische ehrfurchts- und lieblose Stellungnahmen zum religiösen Leben der Gläubigen wie zur kirchenamtlichen Führung. Solche Formulierungen mögen aus einer vermeintlichen Liebe und Sorge um die Kirche oder auch in pädagogischer Gesinnung gesagt sein, aber sie sind in ihrer Verschwommenheit und Unklarheit Anlaß zu verderblichen Mißverständnissen und sind vielfach die Totengräber der Ehrfurcht und des Gehorsams gegenüber der kirchlichen Autorität sowie der Wegbereiter des religiösen Indifferentismus, der sich heute in allen Bevölkerungsschichten breit macht.[68]

Es verwundert von daher nicht, dass Jaeger lange für die Beibehaltung des *Index librorum prohibitorum* eintrat.[69] Berichtet wurde regelmäßig über „Sekten", über die vermeintlichen Marienerscheinungen in Heroldsbach oder über die Schönstatt-Bewegung, die ausführlich in den Bischofskonferenzakten behandelt wird. Mit der Neuordnung 1966 gab Jaeger die Leitung dieser Kommission ab, war aber bis Ende 1968 weiterhin bei deren Sitzungen anwesend. Aus der Lektüre der Akten gewinnt man den Eindruck, dass erst seit der Neuordnung nach dem Konzil sich die Glaubenskommission profiliert mit innerkatholischen theologischen und disziplinären Streitthemen auseinandersetzte. Dies zeigt sich an den ökumenischen Themen, die weniger aus einer (abstrakten) theologischen Perspektive, sondern vor dem Hintergrund der (konkreten) Aufbrüche in den Pfarrgemeinden diskutiert wurden (konfessionsverschiedene Ehe; Zulassung zu den Sakramenten). Dies zeigt sich auch bei der Frage der Laienpredigt und der Unauflöslichkeit der Ehe oder bei Lehrbeanstandungen, etwa im Falle von Hans Küng (geb. 1928), Hubertus Halbfas (geb. 1932), bei Herbert Haags (1915-2001) „Abschied vom Teufel"

---

68   Jahresbericht Referat 1: Glaubensverbreitung und Glaubensüberwachung 1954/55 [für die Bischofskonferenz im August 1955; d. Verf.], EBAP, Nachlass Jaeger, 1403. Vgl. hierzu: Protokoll der Fuldaer Bischofskonferenz, 23.-25.8.1955; Mertens, Akten 1950-1955, 858 f. – Ähnliche Äußerungen finden sich immer wieder. Vgl. etwa: Jaeger an Wendel, 25.4.1960 und 13.6.1960; Hürten, Akten 1956-1960, S. 941-943.

69   Protokoll der Tagung der Diözesan-Vertreter des Referates „Glaubensverbreitung und Glaubensüberwachung", 24.-26.4.1957, S. 6. – Zur Diskussion über das Referat von Dr. Albert Hartmann SJ (zum Problem der religiösen Toleranz) vermerkt das Protokoll: „Der moderne Mensch lasse sich nicht gerne bevormunden. Demgegenüber betonte Exzellenz Jaeger, dass man doch unbedingt an der Geltung des Index librorum prohibitorum festhalten müsse. Er forderte, dass sich vor allem die katholischen Ordens- und Privatschulen ernstlich dagegen wehren sollten, dass Literatur, die auf dem ‚Index' stände, für den Deutschunterricht gewählt würde", EBAP, Nachlass Jaeger, 1404.

oder bei Hans Kesslers (geb. 1938) „Erlösung als Befreiung". Nach dem Konzil wurde aus der Glaubenskommission, die unter Jaegers Leitung eine erweiterte Ökumenekommission gewesen war, die zentrale theologische Überprüfungsbehörde der Bischofskonferenz oder, positiv formuliert, ein wichtiger theologischer *think tank* im Dienste der Bischofskonferenz.

5   Arbeit in der Bildungskommission

Für die Fragen von Kultur, Wissenschaft und Bildung war Jaeger als Kommissionsvorsitzender erst seit 1958 verantwortlich, als diese Kommission neu geschaffen wurde. Ihre Anfänge reichen jedoch bis ins Jahr 1943, als im Rahmen der Geschäftsordnungsdebatte implizit die Neuordnung bzw. Institutionalisierung der Zuständigkeiten innerhalb der Bischofskonferenz zur Disposition standen.[70] Die Bildungskongregation übernahm unter Jaeger die Verantwortung für Themenfelder, die etwa bislang im Referat „Religiöses Leben" behandelt wurden. Es waren hier – vor allem im Bereich der Studentenseelsorge – Aufgaben neu verteilt worden, für die auch bereits vorher Jaeger zuständig war.

Die Kommission XII Wissenschaft und Kultur nahm im Juli 1968 ihre Arbeit auf. Interessanterweise ließ Jaeger den genauen Zuschnitt und die Zuständigkeitsbereiche der Kommission unter den Mitgliedern diskutieren, da ihm selbst der auf der Frühjahrsversammlung 1968 definierte Zuschnitt, der zudem auf seinen Vorarbeiten des Jahres 1967 basierte, nicht (mehr?) gefiel. Die Mitglieder legten daraufhin eine Neuordnung vor und verteilten untereinander die Mitgliedschaft in den Teilbereichen.[71] Hier zeigt sich bei Jaeger eine außerordentliche Bereitschaft zur Beratung und kollegialen Problemlösung. Jaeger leitete die Kommission nur bis zum Juli 1970.[72] Er hatte von Beginn an nur noch wenig Kraft und Vergnügen zur Leitung dieser schwierigen Kommission. Denn bereits auf der Bischofskonferenz 1968 bat er um Entpflichtung von dieser Aufgabe. Da man seinem designierten Nachfolger, Bischof Wetter aus Speyer, Zeit zur Einarbeitung geben wollte, blieb Jaeger trotz erneuter Rücktrittsbitten

---

70   Protokoll der Plenarkonferenz des deutschen Episkopats, 17.-19.8.1943; Volk, Akten 1943-1945, S. 133-146, hier 142. – Die Kommission, die sich um die „Pflege des katholischen Geisteslebens und katholischer Kultur" kümmern sollte, wurde vom Freiburger Erzbischof Conrad Gröber geleitet. Mitglieder waren die (Erz-)Bischöfe von Wien, Osnabrück und Würzburg.
71   Jaeger, Aufzeichnungen zur Konstituierenden Versammlung der Kommission XII am 5.7.1968 (handschriftlich), EBAP, Nachlass Jaeger, 1522.
72   Protokoll der Kommissionssitzung vom 2.7.1970, EBAP, Nachlass Jaeger, 1525.

auf den kommenden Bischofskonferenzen im Amt. Im Herbst 1969 wurde der Tagesordnungspunkt des Berichtes aus Kommission XII kurzfristig abgesetzt. Gegenüber Hengsbach hielt Jaeger verbittert fest, dass seit Jahren die Berichterstattung aus dem Bereich der Wissenschaft an den Schluss der Konferenz gehängt würde und dann unterginge. „Ich bin deshalb froh wenn mir demnächst die Leitung der Kommission XII genommen wird. Ich hoffe, daß ein anderer Leiter eher Berücksichtigung findet für seinen Vortrag bei der Bischofskonferenz."[73] Immer wieder sprach Jaeger auch öffentlich von seinen Plänen, den Vorsitz der Kommission XII niederzulegen. Das Protokoll der Studentenpfarrerkonferenz 1969 hält etwa fest:

> Kardinal Jaeger spricht zu den Anwesenden. Er teilt mit, daß er wegen Arbeitsüberlastung den Vorsitz der Kommission XII – und damit der Vertretung der Studentenseelsorge in der Bischofskonferenz – abgeben müsse. Er bedauert, daß er sich im Gegensatz zu früheren Jahren in letzter Zeit nicht mit gleicher Intensität um die Fragen der Studentengemeinden habe kümmern können. Er warnt davor, bei unseren Überlegungen zur Satzung u. a. zu sehr Zustände zu zementieren, da durch den dauernden Wandel gerade in unserer Arbeit eine Offenheit von Nutzen sei. Der Vorsitzende dankt Kardinal Jaeger für seine Arbeit in der Bischofskonferenz und spricht die Hoffnung aus, daß er weiterhin ein Fürsprecher unserer Arbeit bleiben möge, auch wenn der Vorsitz der Kommission XII wechseln sollte. Kardinal Jaeger geht noch einmal darauf ein und betont, daß er sich auch dafür einsetzen werden [sic; d. Verf.], daß Vertreter der Studentenpfarrerkonferenz an der geplanten Synode teilnehmen können.[74]

Jaegers Frustration mag auch mit der zu bewältigenden Arbeitsmasse und der turbulenten Situation der Universitätslandschaft in den Jahren zwischen 1967 und 1970 zusammen gehangen haben. Auf zwei Aspekte, die Neuordnung des Theologiestudiums und die Auseinandersetzung mit den Hochschulgemeinden, sei kurz verwiesen.

Eine Reform des Theologiestudiums war auf der Plenarkonferenz im August 1962 beschlossen und eine Kommission unter Vorsitz Paderborns (zusammen mit Eichstätt und Mainz) eingerichtet worden. Inhaltlich ging es um die Erfüllung der Vorgaben der Apostolischen Konstitution *Veterum sapientia* (22.2.1962).[75] Seit Februar 1964 erarbeitete Jaeger zusammen mit Mainz und

---

73 Jaeger an Hengsbach, 9.10.1969, EBAP, Nachlass Jaeger, 1525. – Jaegers Verärgerung mag auch damit zusammenhängen, dass Anfang September das Rücktrittsgesuch auf der Sitzung der Hauptkommission (1.9.1969) ein weiteres Mal „bis zur nächsten Konferenz" vertagt wurde: EBAP, Nachlass Jaeger, 1546.
74 Protokoll der Studentenpfarrerkonferenz, 19.-22.9.1969, EBAP, Nachlass Jaeger, 1524.
75 Protokoll der Plenarkonferenz der Bischöfe der Diözesen Deutschlands, 28.-30.8.1962, S. 3; EBAP, Nachlass Jaeger, 10 Bll. 85-88, hier 87.

Münster Vorschläge zu einer Studienreform.[76] Die Ergebnisse lagen 1966 vor und wurden bis 1967 überarbeitet und schließlich in Rom zur Approbation eingereicht. Zum Wintersemester 1968/69 trat die Neuordnung in Kraft.[77]

Ein Teilaspekt innerhalb der Reform der theologischen Studien ist die Frage nach der Zulassung von Laien zur Habilitation. Interessanterweise hatte man diesen Teilaspekt innerhalb der Bischofskonferenz aus der Bildungskommission ausgegliedert, da man – so wenigstens das Argument – den aszetischen Aspekt stärken wollte. In einem Schreiben an den Münsteraner Alttestamentler Hermann Eising (1908-1981), der wegen der Zulassung von Laien zur Habilitation bei Jaeger nachgefragt hatte, verwies dieser ihn an Bischof Höffner und bemerkte, er könne hierauf keine umfassende Antwort geben,

> da diese Frage nicht in meine Zuständigkeit fällt. Eigentümlicherweise ist von den Aufgaben der Kommission XII (Fragen der Wissenschaft und Kultur) die Frage der Habilitation der Laientheologen abgezweigt worden. Die Begründung war damals, daß die Angelegenheiten der Laientheologen nicht vordringlich eine Frage der Wissenschaft, sondern ebenso notwendig ein Anliegen der rechten spirituellen Anleitung und religiösen Durchformung sei. Sie sei überdies eine Frage, die eminent die Kirche angehe, die diesen Damen und Herren die missio canonica erteilen müsse und das nur könne, wenn die entsprechende Vorsorge getroffen sei, daß diese Theologiestudenten nicht nur das nötige Maß theologischen Wissens sich angeeignet hätten, sondern während ihres Studienganges auch zu religiösen Persönlichkeiten geformt seien, die den Glauben

---

76 Nach den handschriftlichen Aufzeichnungen Jaegers zur Bischofskonferenz 17.-19.2.1964 in Hofheim wurde hier bereits die Vergabe der Missio an Laientheologen, wie sie in Würzburg gängige Praxis sei, besprochen, da keine einheitliche Regelung bestünde. Die Bischöfe von Paderborn, Münster und Würzburg sollten für die Herbstversammlung „das Problem" aufarbeiten: EBAP, Nachlass Jaeger, 11 Bl. 194. Vermutlich wurde auch auf dieser Konferenz das Konzept eines Schreibens des Bischofs von Münster, Joseph Höffner, an die „Studentinnen und Studenten der Universität Münster, die Theologie als Studienfach gewählt haben" (datiert: 20.2.1964), diskutiert. Bischof Höffner betonte hier, dass neben der theologisch-wissenschaftlichen Qualifikation auch kirchliche Voraussetzungen für die Vergabe der Missio für den Religionsunterricht an Laientheologen erfüllt sein müssten. Er benannte folgende: 1.) den engen Kontakt zu einem beauftragten Priester, 2.) die Teilnahme an Ferienkursen und 3.) die aktive Präsenz in der Studentengemeinde. In seinen handschriftlichen Ergänzungen ließ Jaeger den Hinweis einarbeiten, dass dies im Einvernehmen mit den Bischöfen von Paderborn und Osnabrück geschehe, deren Laientheologen in Münster studierten: EBAP, Nachlass Jaeger, 11 Bl. 181.

77 Druck: Neuordnung der theologischen Studien für Priesterkandidaten, verabschiedet von der Vollversammlung der Deutschen Bischofskonferenz in Stuttgart-Hohenheim vom 4.-7.3.1968, hg. im Auftrag der Deutschen Bischofskonferenz von Lorenz Kardinal Jaeger, [o. O.] 1968; Protokoll der Vollversammlung der DBK, 4.-7.3.1968, EBAP, Nachlass Jaeger, 14 Bll. 49-70.

vorleben und die in unzweifelhafter Treue zur Kirche und ihrem Lehramt stünden.[78]

Möglich wäre allerdings auch, dass man diesen Themenkomplex nicht unter der verantwortlichen Federführung von Jaeger, dessen Vorbehalte bzw. restriktive Handhabung in dieser Frage bekannt sein mussten, bearbeitet sehen wollte.

Kräfteraubend und nervenaufreibend musste für Jaeger der Streit mit den Hochschulgemeinden gewesen sein, der schon einige Zeit schwelte und 1968 eskalierte. In seinem Bericht für die Herbstvollversammlung analysierte Jaeger die Lage folgendermaßen:

> In immer stärkerem Maße engagieren sich in den Studentengemeinden radikale Gruppen, die z. T. von Laientheologen in ihren Forderungen unterstützt werden. Das Gestrüpp von Halbwahrheiten wuchert von Tag zu Tag immer üppiger, und wir müssen in Zukunft möglicherweise mit noch grösseren Schwierigkeiten rechnen. Die Ursache ist einfach darin zu suchen, daß der heutigen Jugend Ideale fehlen, und keine Aufgaben gezeigt werden, für die es sich lohnt, ein Mannes- oder Frauenleben einzusetzen. Der Aktivismus der Jugend ist daher gezwungen, sich selber Ziele und Aufgaben zu suchen. Er findet sie in der gesellschaftspolitischen Kritik und Reform; innerhalb der Kirche in Kritik und Agitation gegen Amt und unverstandene Institutionen jeglicher Art.[79]

Resigniert hielt Jaeger ein Jahr später in seinem nicht gegebenen Bericht für die Bischofskonferenz im Herbst 1969 fest:

> Das weitverbreitete Unbehagen unter unseren Universitätsstudenten und die religiöse Not, unter der die deutsche Jugend ganz allgemein leidet, hat sich ungut ausgewirkt auch in unseren Studentengemeinden. Nicht überall sind die Studentenpfarrer stark genug gewesen, illegalen liturgischen Versuchen Widerstand zu leisten (Interkommunion und Interzelebration) und die kritische Opposition gegen die Kirche und das kirchliche Lehramt auf das richtige Maß zurückzudämmen. Teilweise sind katholische Studenten beiderlei Geschlechts führende Persönlichkeiten im SDS [Sozialistischer Deutscher Studentenbund;

---

78   Jaeger an Eising, 30.4.1969, EBAP, Nachlass Jaeger, 1533. – Bereits bei den Planungen des Kommissionszuschnitts war Höffner, damals noch als Bischof von Münster, für den Bereich „Ausbildung und Weiterbildung der Laientheologen" zuständig. Auch bei dem am 4.7.1968 in der Konstituierenden Sitzung verabschiedeten Neuzuschnitt behielt er diese Zuständigkeit (Sektion II: Gegenwartsprobleme der Hochschule). Eising, selbst Mitglied der Bildungskommission, wurde der Sektion I: Wissenschaft – Forschung – Lehre zugeordnet: EBAP, Nachlass Jaeger, 1522.

79   Jaeger, Beurteilung der Lage im studentischen Raum. II. zur Vorlage für die VV, 23.-26.9.1968, EBAP, Nachlass Jaeger, 1523.

d. Verf.], bei der APO [Außerparlamentarische Opposition; d. Verf.] und in den verschiedenen Formationen des kritischen Katholizismus.[80]

Heftige Kritik übten die Bischöfe und weitgehend auch die Gutachter (Karl Lehmann, Josef Pieper, Rechtsanwalt Beitz) an dem von der Kommission XII im Juli 1968 in Auftrag gegebenen Pastoralplan für die Hochschulgemeinden. Als die erste Fassung ausgearbeitet war, zeigte sich Jaeger entsetzt. Vertraulich hielt er fest, dass die Verfasser, Studentenpfarrer Bender und der Jesuit P. Herbeck, beide Frankfurt a. M., auch

> führend gewesen [seien] bei der Ausarbeitung der Limburger Synodalpläne. Das dortige Experiment ist heftig umstritten. Das zugrundeliegende Konzept wird hier noch ungehemmter auf die Studentengemeinden angewandt. [...] M. E. stellt der Plan weithin die Kapitulation der Theologie vor der Soziologie dar. Er atmet auf weite Strecken den Geist eines Neo-Pelagianismus. Wir werden uns mit diesem Plan auch vonseiten der Glaubenskommission beschäftigen müssen.[81]

Gegenüber Volk betonte Jaeger:

> Du findest aber bestätigt, was ich seit Jahren auf unseren Konferenzen betont habe, daß unsere derzeitige Hochschulpfarrer-Garnitur theologisch nicht hinreicht. Sie haben infolgedessen keine Möglichkeit zur kritischen Urteilsbildung gegenüber theolog. Meinungen und den gängigen Schlagworten. Sie schwimmen hilflos im Kielwasser der radikalen Progressisten in ihren Gemeinden.[82]

Ein weiterer Konflikt brach mit der Katholischen deutschen Studenten Einigung (KDSE) aus.[83] Er schwelte seit Jahren und entlud sich 1970 bei den Diskussionen um eine neue Satzung, der gegenüber Jaeger erhebliche ekklesiologische Bedenken hatte. Da die Interventionen Wetters und Homeyers nicht fruchteten, strich die Bischofskonferenz 1972 den Zuschuss für die KDSE, was de facto ihrer Auflösung gleich kam. In der Beschlussvorlage zur Rücknahme der Anerkennung der KDSE heißt es im Frühjahr 1972:

> Aufgrund eingehender Prüfung stellt die Deutsche Bischofskonferenz mit Bedauern fest, daß die KDSE durch ihr augenblickliches Selbstverständnis und die sich daraus ergebenden Zielsetzung ihrem kirchlichen Auftrag nicht mehr gerecht wird. Sie verkürzt und verfälscht die christliche Botschaft im Sinne einer

---

80   Jaeger, Bericht der Kommission XII für die Vollversammlung, 22.-25.9.1969, EBAP, Nachlass Jaeger, 1525.
81   Jaeger, vertrauliche Notizen zum Pastoralplan, EBAP, Nachlass Jaeger, 1522.
82   Jaeger an Volk, 13.2.1969, EBAP, Nachlass Jaeger, 1523.
83   Hierzu: Schmidtmann, Studierende, S. 353-367.

rein innerweltlichen Heilslehre. Der Glaube dient nurmehr als Motivation gesellschaftskritischen und einseitig politischen Handelns. Die Kirche, von der in der heutigen KDSE die Rede ist, wird nicht vom Evangelium Jesu Christi und vom verbindlichen Glauben her verstanden. Dahinter steht vielmehr ein marxistisch beeinflußter sozial-ökonomischer Begriff der Befreiung. Damit steht die KDSE im Widerspruch zu ihrer ursprünglichen Zielsetzung. Die Deutsche Bischofskonferenz muß daher die gegenwärtige Ausrichtung der KDSE entschieden ablehnen und ihre Mißbilligung zum Ausdruck bringen. Die deutschen Bischöfe bitten die katholischen Studenten, ihre Gruppen und Verbände um das Zeugnis eines unverkürzten lebendigen Glaubens, der wirksam wird in jener Liebe, die den einzelnen verantwortlich an Gott bindet und zum Dienst an Kirche und Gesellschaft verpflichtet.[84]

6 Jaeger als (konservativer) Theologe

Die zuletzt zitierten Äußerungen verweisen auf eine Grundkonstante in Jaegers theologischem Denken, wie es sich in der Überlieferung der Bischofskonferenz zeigt: Er war ein konservativer Theologe, für den die Ausrichtung auf die kirchliche Autorität wesentlich war, und der eine Theologie, die diese nicht hinreichend beachtete, ablehnte. Er kritisierte wiederholt, wenn auch ohne Namennennung, Äußerungen von Theologen, die nicht mehr die volle und ganze Lehre der Kirche vertraten, undifferenziert an ihr Kritik übten und in den modernen Massenmedien auf große Resonanz stießen bzw. stoßen wollten. Gegenüber den Aufbrüchen in der katholischen Kirche nach dem II. Vatikanum, v. a. wenn es um Demokratisierung ging, blieb er grundskeptisch. Ein laikaler Eigensinn aus der Berufung als Glieder des einen Volkes Gottes heraus war ihm fremd. Von daher formulierte er offen etwa seinen Widerstand gegen die Schaffung eines ständigen Diakonats.[85] Auch gegenüber dem erstarkenden ZdK blieb Jaeger skeptisch. Einige Beispiele für diese konservative Grundhaltung seien abschließend erwähnt.

---

84 Jaeger, Vorlage zur Frage KDSE (TOP XII, 1), o. D., EBAP, Nachlass Jaeger, 1528.
85 Jaeger, Verheiratete Diakone für Deutschland? (handschriftliche Bemerkungen), EBAP, Nachlass Jaeger, 11 Bl. 131. – Auf der Bischofskonferenz im Herbst 1965 wurde hierüber diskutiert. Befürworter der Einrichtung eines Ständigen Diakonats waren Frings (Köln) und Höffner (Münster). Dagegen plädierte v. a. Jaeger, der bereits im März seinen Widerstand formuliert hatte. Er wurde von der Bischofskonferenz schließlich beauftragt, die Argumente gegen einen Ständigen Diakonat zusammenzutragen: Jaeger, Plenarkonferenz der deutschen Bischöfe vom 31.8.-2.9.1965 in Fulda (Mitschrift; maschinenschriftlich), EBAP, Nachlass Jaeger, 11 Bll. 39-45. Jaeger vertrat in dieser Frage eine Minderheitsposition. Die Bischofskonferenz reichte schließlich nach der Herbstvollversammlung 1967 die Bitte zur Einrichtung eines „Diakonats als bleibende Weihestufe" in Rom ein: Protokoll der Vollversammlung der DBK, 19.-22.9.1967, EBAP, Nachlass Jaeger, 13 Bll. 20-32.

Als Kardinal Frings 1966 innerhalb der Bischofskonferenz eine moderate Antwort auf die scharfen Attacken der Glaubenskongregation, die zu zehn Fragen eine Stellungnahme der Bischofskonferenz eingefordert hatte, zur Abstimmung stellte, stand Jaeger auf der Seite der kritischen Anfragen der Glaubenskongregation und schrieb an Frings:

> [...] es scheint mir bald an der Zeit, daß wir öffentlich dem unverantwortlichen, geltungshungrigen Gerede mancher Theologen entgegentreten. Gebe Gott, daß das beschlossene Wort der deutschen Bischöfe an alle, die in der Verkündigung des Evangeliums tätig sind, die Dinge im sachlichen und menschlichen Bereich klar und unmißverständlich beim Namen nennt.

Er bat Frings, etwas näher einzugehen auf die Ursachen der tatsächlichen Verwirrung und Unruhe, die zu schweren Glaubenskrisen, ja auch schon zu einer echten Glaubensgefährdung bei Wahrung traditioneller Glaubensformeln geführt hätten. Jaeger sah sie vornehmlich in den Folgen der historisch-kritischen Forschung und in einer an Bultmann orientierten existenzialistischen Deutung des Evangeliums (Stichwort Entmythologisierung).[86]

In liturgischen Fragen reagierte Jaeger gegenüber zu schnellen und radikalen Neuerungen zurückhaltend bis skeptisch. So vermerkte er in seiner privaten Niederschrift zur Bischofskonferenz im Februar 1967: Die Messfeiern in Familien seien „verboten und zu unterbinden". Die Handkommunion sei zwar diskutabel, „aber bislang nicht [doppelt unterstrichen; d. Verf.] erlaubt [...]. Der Unfug, die bisherige Form als Baby-Fütterung lächerlich zu machen, ist zu billig und verantwortungslos, als daß dazu Stellung genommen werden sollte".[87]

Und schließlich sei auf den Entwurf des Hirtenbriefes „Leben des Christen in der Welt", den Heinz Schuster, Professor in Saarbrücken, 1970 formuliert hatte, verwiesen. Er war bei vielen Bischöfen auf Missfallen gestoßen. Doch besonders heftig war Jaegers Reaktion:

> Der Faszikel kommt dem [...] Trend unserer Zeit entgegen. Wenn wir dem Evangelium treu bleiben wollen, dürfen wir das Geheimnis der Vorsehung Gottes nicht außer Acht lassen. [...] Ein Pastorale sollte dem modernen Trend nicht folgen, alles auf den Menschen auszurichten. Es bleibt immer das erste Gebot, Gott *über alles* [Hervorh. im Original; d. Verf.] zu lieben, das andere Gebot,

---

86 Jaeger an Frings, 30.11.1966, EBAP, Nachlass Jaeger, 13 Bll. 122-124. Frings hatte am 28.11.1966 den Bischöfen den Antwortentwurf auf den Brief der Glaubenskongregation (24.7.1966) bekannt gemacht: EBAP, Nachlass Jaeger, 13 Bl. 117; Bll. 118-121 (Entwurf).

87 Jaeger, Private Ergebnis-Niederschrift (in Stichworten) zur Bischofskonferenz in Honnef 13.-16.2.1967 (maschinenschriftlich), EBAP, Nachlass Jaeger, 13 Bll. 102-112.

das erstem gleich ist, verlangt nicht den Nächsten über alles zu lieben, sondern nur, ihn zu lieben wie man sich selbst liebt. [...] In der Abhandlung heißt es: die Welt ‚vermutet, daß sie (die Kirche) eher auf der Seite Gottes als auf der Seite des Menschen steht.' Das ist natürlich eine unsinnige Alternative. Aber wehe der Kirche u. dem Christen, wenn sie nicht auf der Seite Gottes stehen! [...]. Er [der Christ; d. Verf.] muss es auch wagen, selbst in unserer Zeit von den Folgen der Ursünde zu sprechen, von denen leider in dem Faszikel überhaupt nicht die Rede ist. [...] Mir scheint die Ausarbeitung nicht geeignet in ‚das Pastorale' aufgenommen zu werden. Vielleicht wird man mir antworten, es gehe doch darum, den modernen Menschen anzusprechen. Gewiß; aber auch dem modernen Menschen müssen wir eindeutig und klar die ganze Wahrheit sagen, auch wenn sie ihm Torheit und Ärgernis ist.[88]

In den letzten zehn Jahren seines bischöflichen Wirkens hat sich Jaeger an diesem von ihm als Dilemma empfundenen Zwiespalt zwischen Moderne und dem Bewahren der ganzen Wahrheit abgearbeitet. Den Höhepunkt erreichte Jaegers Pontifikat hingegen in den 1950er Jahren. Hierfür geben seine Wirksamkeit und Bedeutung in der Bischofskonferenz wichtige Hinweise. Er selbst war in dieser Zeit in den 60er Lebensjahren. Als das Konzil begann, war Jaeger 70 Jahre alt. Stets auf eine am Anderen interessierte, aber auch moderate Konfessionspolitik bedacht, waren ihm viele Entwicklungen der Nachkonzilszeit suspekt. Sie gingen für ihn über das Ziel hinaus. Er selbst fühlte sich nicht ausreichend gehört in der Bischofskonferenz. Als Jaeger zum Mai 1973 von seinem Amt entpflichtet wurde, konnte er um seinen Verdienst wissen und zugleich muss ihm bewusst gewesen sein, dass die Nachkonzilszeit einen anderen Bischofstyp benötigte.

Quellen- und Literaturverzeichnis

Quellen

Erzbistums-Archiv Paderborn (EBAP)

Nachlass Lorenz Kardinal Jaeger (NLKJ) Akten Nr. 6, 7, 9-14, 1365, 1378, 1388, 1394, 1401, 1403, 1404, 1407, 1472, 1512, 1522-1525, 1528, 1530, 1533, 1544, 1546, 1572, 2264

Gedruckte Quellen

Helbach, Ulrich (Bearb.): Akten deutscher Bischöfe seit 1945. Westliche Besatzungszonen 1945-1947 (VKZG.A, 54), 2 Bde. Paderborn u. a. 2012

Hürten, Heinz (Bearb.): Akten deutscher Bischöfe seit 1945. Bundesrepublik Deutschland 1956-1960 (VKZG.A, 57). Paderborn u. a. 2012

---

88 Jaeger an Schuster, 16.11.1970, EBAP, Nachlass Jaeger, 1394.

Mertens, Annette (Bearb.): Akten deutscher Bischöfe seit 1945. Westliche Besatzungszonen und Gründung der Bundesrepublik Deutschland 1948/49 (VKZG.A, 55). Paderborn u. a. 2010

Mertens, Annette (Bearb.): Akten deutscher Bischöfe seit 1945. Bundesrepublik Deutschland 1950-1955 (VKZG.A, 59). Paderborn 2017

Volk, Ludwig (Bearb.): Akten deutscher Bischöfe über die Lage der Kirche 1940-1942 (VKZG.A, 34), Bd. 5. Mainz 1983

Volk, Ludwig (Bearb.): Akten deutscher Bischöfe über die Lage der Kirche 1943-1945 (VKZG.A 38), Bd. 6. Mainz 1985

Literatur

Gatz, Erwin (Hg.): Die Bischöfe der deutschsprachigen Länder 1945-2001. Ein biographisches Lexikon. Berlin 2002

Grossmann, Thomas: Zwischen Kirche und Gesellschaft. Das Zentralkomitee der deutschen Katholiken 1945-1970 (VKZG.B, 56). Mainz 1991

Heyder, Regina/Muschiol, Gisela (Hg.): Katholikinnen und das Zweite Vatikanische Konzil. Petitionen, Berichte, Fotografien. Münster 2018

Leugers, Antonia: Wider eine Mauer bischöflichen Schweigens. Der Ausschuß für Ordensangelegenheiten und seine Widerstandskonzeption 1941 bis 1945. Frankfurt a. M. 1996

Mokry, Stephan: Kardinal Julius Döpfner und das Zweite Vatikanum. Ein Beitrag zur Biografie und Konzilsgeschichte (Münchener Kirchenhistorische Studien, Neue Folge 3). Stuttgart 2016

Oelgemöller, Simon: Karl Forster (1928-1981). Katholizismus in der politischen Kultur der Bundesrepublik Deutschland (VKZG.B, 137). Paderborn 2019

Schmidtmann, Christian: Katholische Studierende 1945-1973. Eine Studie zur Kultur- und Sozialgeschichte der Bundesrepublik Deutschland (VKZG.B, 102). Paderborn u. a. 2006

Trippen, Norbert: Von der „Fuldaer Bischofskonferenzen" zur „Deutschen Bischofskonferenz" 1945-1976, in: Historisches Jahrbuch 121 (2001), S. 304-319

Trippen, Norbert: Josef Kardinal Frings (1887-1978), Bd. 1-2. Paderborn u. a. 2003/2005

Voges, Stefan: Konzil, Dialog und Demokratie. Der Weg zur Würzburger Synode 1965-1971 (VKZG.B, 132). Paderborn 2015

TAB. 1   Die deutschen Erzbischöfe (Kirchenprovinz; nicht ad personam)

Ende 1945	Ende 1955	Ende 1965	Anfang 1973
Faulhaber (geb. 5.3.1869), München 3.9.1917	Jaeger (geb. 23.9.1892), Paderborn 19.10.1941	Jaeger (geb. 23.9.1892), Paderborn 19.10.1941	Jaeger (geb. 23.9.1892), Paderborn 19.10.1941
Gröber (geb. 1.4.1872), Freiburg i. Br. 20.6.1932	Frings (geb. 6.2.1887), Köln 21.6.1942	Frings (geb. 6.2.1887), Köln 21.6.1942	Schneider (geb. 5.2.1906), Bamberg 13.7.1955
Jaeger (geb. 23.9.1892), Paderborn 19.10.1941	Wendel (geb. 27.5.1901), München 9.11.1952	Schneider (geb. 5.2.1906), Bamberg 13.7.1955	Schäufele (geb. 14.11.1906), Freiburg i. Br. 16.9.1958
Frings (geb. 6.2.1887), Köln 21.6.1942	Seiterich (geb. 9.1.1903), Freiburg i. Br. 21.9.1954	Schäufele (geb. 14.11.1906), Freiburg i. Br. 16.9.1958	Döpfner (geb. 26.8.1913), München 30.9.1961
Kolb (geb. 19.8.1881), Bamberg 9.5.1943	Schneider (geb. 5.2.1906), Bamberg 13.7.1955	Döpfner (geb. 26.8.1913), München 30.9.1961	Höffner (geb. 24.12.1906), Köln 23.2.1969

TAB. 2   Die deutschen Kardinäle (residierende Bischöfe)

Reihung nach dem Kardinalat	**Ernennung als Bischof in:**
Faulhaber (geb. 1869, gest. 12.6.1952), 7.3.1921	München-Freising
Galen (geb. 1878, gest. 22.3.1946), 18.2.1946	Münster
Frings (geb. 1887, Rücktritt 23.2.1969, gest. 17.12.1978), 18.2.1946	Köln
Preysing (geb. 1880, gest. 21.12.1950), 18.2.1946	Berlin
Wendel (geb. 1901, gest. 31.12.1960), 12.1.1953	München-Freising
Döpfner (geb. 1913, gest. 24.7.1976), 15.12.1958	Berlin
Jaeger (geb. 1892, Rücktritt 30.4.1973, gest. 1.4.1975), 22.2.1965	Paderborn
Bengsch (geb. 1921, gest. 13.12.1979), 26.6.1967	Berlin
Höffner (geb. 1906, gest. 16.10.1987), 28.4.1969	Köln
Volk (geb. 1903, Rücktritt 27.12.1982, gest. 1.7.1988), 5.3.1973	Mainz
Ratzinger (geb. 1927), 27.6.1977	München-Freising

TAB. 3 Jaeger in der Rangfolge als (residierender) Bischof (Angaben nach: Gatz, Bischöfe)

	Anfang 1950	Anfang 1955	Anfang 1960	Anfang 1965	Anfang 1970	Anfang 1973
1	Berning (geb. 26.3.1877), Osnabrück 29.9.1914	Berning (geb. 26.3.1877), Osnabrück 29.9.1914	Buchberger (geb. 8.6.1874), Regensburg 12.3.1928 (WBf München 20.1.1924)	Landersdorfer (geb. 2.10.1880), Passau 28.10.1936	**Jaeger (geb. 23.9.1892), Paderborn 19.10.1941**	**Jaeger (geb. 23.9.1892), Paderborn 19.10.1941**
2	Faulhaber (geb. 5.3.1869), München 3.9.1917 (Bf Speyer 19.2.1911)	Buchberger (geb. 8.6.1874), Regensburg 12.3.1928 (WBf München 20.1.1924)	Stohr (geb. 13.11.1890), Mainz 24.8.1935	**Jaeger (geb. 23.9.1892), Paderborn 19.10.1941**	Kempf (geb. 10.8.1906), Limburg 25.7.1949	Kempf (geb. 3.10.1906), Limburg 25.7.1949
3	Bornewasser (geb. 12.3.1866), Trier 18.5.1922 (WBf Köln/Aachen 29.5.1921)	Machens (geb. 29.8.1886), Hildesheim 25.7.1934	Landersdorfer (geb. 2.10.1880), Passau 28.10.1936	Frings (geb. 6.2.1887), Köln 21.6.1942	Leiprecht (geb. 11.9.1903), Rottenburg 8.9.1949 (WBf 30.11.1948)	Leiprecht (geb. 11.9.1903), Rottenburg 8.9.1949 (WBf 30.11.1948)
4	Buchberger (geb. 8.6.1874), Regensburg 12.3.1928 (WBf München 20.1.1924)	Stohr (geb. 13.11.1890), Mainz 24.8.1935	**Jaeger (geb. 23.9.1892), Paderborn 19.10.1941**	Schröffer (geb. 20.2.1903), Eichstätt 21.9.1948	Pohlschneider (geb. 18.4.1899), Aachen 18.11.1954	Pohlschneider (geb. 18.4.1899), Aachen 18.11.1954
5	Legge (geb. 16.10.1882), Meißen 28.10.1932	Landersdorfer (geb. 2.10.1880), Passau 28.10.1936	Frings (geb. 6.2.1887), Köln 21.6.1942	Kempf (geb. 10.8.1906), Limburg 25.7.1949	Schneider (geb. 5.2.1906), Bamberg 13.7.1955	Schneider (geb. 5.2.1906), Bamberg 13.7.1955
6	Machens (geb. 29.8.1886), Hildesheim 25.7.1934	Dietz (geb. 30.1.1879), Fulda 10.4.1939 (WBf 27.9.1936)	Keller (geb. 16.2.1896), Münster 28.10.1947	Leiprecht (geb. 11.9.1903), Rottenburg 8.9.1949 (WBf 30.11.1948)	Janssen (geb. 28.12.1907), Hildesheim 14.5.1957	Janssen (geb. 28.12.1907), Hildesheim 14.5.1957

TAB. 3 Jaeger in der Rangfolge als (residierender) Bischof (Angaben nach: Gatz, Bischöfe) (*Fortsetzung*)

	Anfang 1950	Anfang 1955	Anfang 1960	Anfang 1965	Anfang 1970	Anfang 1973
7	Stohr (geb. 13.11.1890), Mainz 24.8.1935	**Jaeger (geb. 23.9.1892), Paderborn 19.10.1941**	Schröffer (geb. 20.2.1903), Eichstätt 21.9.1948	Wehr (geb. 6.3.1892), Trier 20.12.1951 (WBf 29.10.1951)	Stangl (geb. 12.8.1907), Würzburg 12.9.1957	Stangl (geb. 12.8.1907), Würzburg 12.9.1957
8	Preysing (geb. 30.8.1880), Berlin 31.8.1935 (Eichstätt 28.10.1932)	Frings (geb. 6.2.1887), Köln 21.6.1942	Kempf (geb. 10.8.1906), Limburg 25.7.1949	Emanuel (geb. 7.10.1895), Speyer 1.2.1953	Wittler (geb. 28.9.1913), Osnabrück 2.10.1957	Wittler (geb. 28.9.1913), Osnabrück 2.10.1957
9	Landersdorfer (geb. 2.10.1880), Passau 28.10.1936	Kolb (geb. 19.8.1881), Bamberg 9.5.1943 (WBf 13.10.1935)	Leiprecht (geb. 11.9.1903), Rottenburg 8.9.1949 (WBf 30.11.1948)	Pohlschneider (geb. 18.4.1899), Aachen 18.11.1954	Hengsbach (geb. 10.9.1910), Essen 1.1.1958 (WBf Paderborn 29.9.1953)	Hengsbach (geb. 10.9.1910), Essen 1.1.1958 (WBf Paderborn 29.9.1953)
10	Dietz (geb. 30.1.1879), Fulda 10.4.1939 (WBf Fulda 27.9.1936)	Keller (geb. 16.2.1896), Münster 28.10.1947	Freundorfer (geb. 31.8.1894), Augsburg 21.9.1949	Schneider (geb. 5.2.1906), Bamberg 13.7.1955	Spülbeck (geb. 8.1.1904), Meißen 24.7.1958	Schäufele (geb. 14.11.1906), Freiburg i. Br. 16.9.1958 (WBf 11.5.1955)
11	**Jaeger (geb. 23.9.1892), Paderborn 19.10.1941**	Schröffer (geb. 20.2.1903), Eichstätt 21.9.1948	Wehr (geb. 6.3.1892), Trier 20.12.1951 (WBf 29.10.1951)	Janssen (geb. 28.12.1907), Hildesheim 14.5.1957	Schäufele (geb. 14.11.1906), Freiburg i. Br. 16.9.1958 (WBf 11.5.1955)	Bolte (geb. 15.11.1901), Fulda 2.8.1959 (WBf 29.6.1945)
12	Frings (geb. 6.2.1887), Köln 21.6.1942	Döpfner (geb. 26.8.1913), Würzburg 14.10.1948 (Berlin 25.3.1957, München 30.9.1961)	Wendel (27.5.1901), EB München 9.11.1952 (WBf Speyer 29.6.1941, Bf Speyer 4.6.1943)	Stangl (geb. 12.8.1907), Würzburg 12.9.1957	Bolte (geb. 15.11.1901), Fulda 2.8.1959 (WBf 29.6.1945)	Bengsch (geb. 10.9.1921), Berlin 19.9.1961 (WBf 11.6.1959)

TAB. 3 Jaeger in der Rangfolge als (residierender) Bischof (Angaben nach: Gatz, Bischöfe) *(Fortsetzung)*

	Anfang 1950	Anfang 1955	Anfang 1960	Anfang 1965	Anfang 1970	Anfang 1973
13	Kolb (geb. 19.8.1881), Bamberg 9.5.1943 (WBf 13.10.1935)	Kempf (geb. 10.8.1906), Limburg 25.7.1949	Emanuel (geb. 7.10.1905), Speyer 1.2.1953	Wittler (geb. 28.9.1913), Osnabrück 2.10.1957	Bengsch (geb. 10.9.1921), Berlin 19.9.1961 (WBf 11.6.1959)	Döpfner (geb. 26.8.1913), München 30.9.1961 (Berlin 25.3.1957, Würzburg 14.10.1948)
14	Wendel (geb. 27.5.1901), Speyer 4.6.1943 (WBf Speyer 29.6.1941, EB München 9.11.1952)	Leiprecht (geb. 11.9.1903), Rottenburg 8.9.1949 (WBf 30.11.1948)	Pohlschneider (geb. 18.4.1899), Aachen 18.11.1954	Hengsbach (geb. 10.9.1910), Essen 1.1.1958 (WBf Paderborn 29.9.1953)	Döpfner (geb. 26.8.1913), München 30.9.1961 (Berlin 25.3.1957, Würzburg 14.10.1948)	Graber (geb. 13.9.1903), Regensburg 2.6.1962
15	van der Velden (geb. 7.8.1891), Aachen 10.10.1943	Freundorfer (geb. 31.8.1894), Augsburg 21.9.1949	Schneider (geb. 5.2.1906), Bamberg 13.7.1955	Spülbeck (geb. 8.1.1904), Meißen 24.7.1958	Graber (geb. 13.9.1903), Regensburg 2.6.1962	Volk (geb. 27.12.1903), Mainz 5.6.1962
16	Keller (geb. 16.2.1896), Münster 28.10.1947	Weskamm (geb. 13.5.1891), Berlin 31.7.1951 (WBf Magdeburg 30.11.1949)	Döpfner (geb. 26.8.1913), Berlin 25.3.1957, Würzburg 14.10.1948	Schäufele (geb. 14.11.1906), Freiburg i. Br. 16.9.1958 (WBf 11.5.1955)	Volk (geb. 27.12.1903), Mainz 5.6.1962	Stimpfle (geb. 25.3.1916), Augsburg 26.10.1963
17	Schröffer (geb. 20.2.1903), Eichstätt 21.9.1948	Wienken (geb. 14.2.1883), Meißen 29.11.1951 (WBf 11.4.1937)	Janssen (geb. 28.12.1907), Hildesheim 14.5.1957	Bolte (geb. 15.11.1901), Fulda 2.8.1959 (WBf 29.6.1945)	Stimpfle (geb. 25.3.1916), Augsburg 26.10.1963	Stein (geb. 5.9.1904), Trier 5.6.1967 (WBf 5.11.1944)

TAB. 3 Jaeger in der Rangfolge als (residierender) Bischof (Angaben nach: Gatz, Bischöfe) (Fortsetzung)

	Anfang 1950	Anfang 1955	Anfang 1960	Anfang 1965	Anfang 1970	Anfang 1973
18	Döpfner (geb. 26.8.1913), Würzburg 14.10.1948 (Berlin 25.3.1957, München 30.9.1961)	Wehr (geb. 6.3.1892), Trier 20.12.1951 (WBf 29.10.1951)	Stangl (geb. 12.8.1907), Würzburg 12.9.1957	Bengsch (geb. 10.9.1921), Berlin 19.9.1961 (WBf 11.6.1959)	Stein (geb. 5.9.1904), Trier 5.6.1967 (WBf 5.11.1944)	Wetter (geb. 20.2.1928), Speyer 29.6.1968 (EB München 12.12.1982)
19	Rauch (geb. 30.8.1885), Freiburg i. Br. 28.10.1948	Wendel (geb. 27.5.1901), EB München 9.11.1952 (WBf Speyer 29.6.1941, Bf Speyer 4.6.1943)	Wittler (geb. 28.9.1913), Osnabrück 2.10.1957	Döpfner (geb. 26.8.1913), München 30.09.1961 (Berlin 25.3.1957, Würzburg 14.10.1948)	Wetter (geb. 20.2.1928), Speyer 29.6.1968 (EB München 12.12.1982)	Brems (geb. 19.4.1906), Eichstätt 6.7.1968
20	Kempf (geb. 10.8.1906), Limburg 25.7.1949	Emanuel (geb. 7.10.1905), Speyer 1.2.1953	Hengsbach (geb. 10.9.1910), Essen 1.1.1958 (WBf Paderborn 29.9.1953)	Graber (geb. 13.9.1903), Regensburg 2.6.1962	Brems (geb. 19.4.1906), Eichstätt 6.7.1968	Hofmann (geb. 4.10.1909), Passau 27.10.1968 (WBf 26.11.1961)
21	Leiprecht (geb. 11.9.1903), Rottenburg 8.9.1949 (WBf 30.11.1948)	Seiterich (geb. 9.1.1903), Freiburg i. Br. 21.9.1954 (WBf 3.9.1952)	Spülbeck (geb. 8.1.1904), Meißen 24.7.1958	Volk (geb. 27.12.1903), Mainz 5.6.1962	Hofmann (geb. 4.10.1909), Passau 27.10.1968 (WBf 26.11.1961)	Höffner (geb. 24.12.1906), Köln 23.2.1969 (Bf Münster 14.9.1962)
22	Freundorfer (geb. 31.8.1894), Augsburg 21.9.1949	Pohlschneider (geb. 18.4.1899), Aachen 18.11.1954	Schäufele (geb. 14.11.1906), Freiburg i. Br. 16.9.1958 (WBf 11.5.1955)	Höffner (geb. 24.12.1906), Münster 14.9.1962 (Bf Köln 23.2.1969)	Höffner (geb. 24.12.1906), Köln 23.2.1969 (Bf Münster 14.9.1962)	Tenhumberg (geb. 4.6.1915), Münster 14.9.1969 (WBf 20.7.1958)

TAB. 3 Jaeger in der Rangfolge als (residierender) Bischof (Angaben nach: Gatz, Bischöfe) (Fortsetzung)

	Anfang 1950	Anfang 1955	Anfang 1960	Anfang 1965	Anfang 1970	Anfang 1973
23			Bolte (geb. 15.11.1901), Fulda 2.8.1959 (WBf 29.6.1945)	Stimpfle (geb. 25.3.1916), Augsburg 26.10.1963	Tenhumberg (geb. 4.6.1915), Münster 14.9.1969 (WBf 20.7.1958)	Schaffran (geb. 4.7.1912), Meißen 23.9.1970 (WBf Görlitz 22.1.1963)

TAB. 4 Neuordnung der Kommissionen (EBAP, Nachlass Jaeger, 10; 12; 1365)

1951	1958	Vorschlag Februar 1966	Diskussion auf der Bischofskonferenz 1.3.1966; mit hss. Ergänzungen Jaegers)	September 1966/März 1968
A. Referate	A. Kommissionen	A. Kommissionen	A. Kommissionen	A. Kommissionen
1. Glaubensunterweisung und Glaubensüberwachung (*Paderborn*; Hildesheim, Augsburg)	I. Glaubensüberwachung und Glaubensverbreitung (fides) (*Paderborn*; Bamberg, Aachen, Mainz [seit 1962, zuvor: Görlitz])	I. Kommission für Fragen des Glaubens sowie des Ökumenismus (Theologische Kommission)	I. Kommission für Fragen des Glaubens- und Sittenlehre" sowie des Ökumenismus (Theologische Kommission)	I. Kommission für Fragen der Glaubens- und Sittenlehre (*Köln*; Bamberg, Mainz, Münster, Regensburg; Weihbischöfe Schick/Fulda, Frotz/Köln) • Unterkommission für Biblische Fragen

TAB. 4 Neuordnung der Kommissionen (EBAP, Nachlass Jaeger, 10; 12; 1365) *(Fortsetzung)*

1951	1958	Vorschlag Februar 1966	Diskussion auf der Bischofskonferenz 1.3.1966; mit hss. Ergänzungen Jaegers)	September 1966/März 1968
2. Religiöses Leben (*Mainz*; Passau, Fulda)		II. Kommission für Weltmission, Diaspora, kirchliche Bruderhilfe	II. Kommission für Seelsorge und religiöses Leben „(Pastoralkommission)" (überdiözesane Seelsorgsfragen, überdiözesane Planung, Standes- und Familienseelsorge, Aus- und Einwandererseelsorge, Gastarbeiterseelsorge, Fragen des religiös-aszetischen Lebens)	II. Kommission für ökumenische Fragen (*Paderborn*; Würzburg, Mainz, Regensburg, Exarch Kornyliak; Weihbischöfe Rudloff/Osnabrück, Kindermann/Hildesheim) Unterabteilungen: • 1.) Die Kirche des reformatorischen Bekenntnisses und die verschiedenen „Ökumenischen Bewegungen" innerhalb und außerhalb der Landeskirchen • 2.) Die orientalischen Kirchen; a) Kirche der Orthodoxie; b) Unierte Ostkirchen • 3.) Der Anglikanismus • 4.) Die altkatholische Kirche

TAB. 4 Neuordnung der Kommissionen (EBAP, Nachlass Jaeger, 10; 12; 1365) (*Fortsetzung*)

1951	1958	Vorschlag Februar 1966	Diskussion auf der Bischofskonferenz 1.3.1966; mit hss. Ergänzungen Jaegers)	September 1966/März 1968
3. Katholische Aktion (*Speyer*; Münster, Würzburg)	II. Religiöses Leben (cultus) (Mainz, Limburg, Meißen, Passau, Speyer, Trier)	III. Liturgische Kommission (einschl. Fragen der Kirchenmusik sowie der Herausgabe eines gemeinsamen Gesang- und Gebetbuches)	III. Liturgische Kommission (einschl. Fragen der Kirchenmusik, kirchl. Kunst" sowie der Herausgabe eines gemeinsamen Gesang- und Gebetbuches)	III. Pastoralkommission (*München*; Fulda, Würzburg, Hildesheim, Osnabrück; Weihbischöfe Reuss/Mainz, Angerhausen/Essen, Kempf/Würzburg, Kindermann/Hildesheim, Böggering/Münster) • 15 Referate (u. a. Diasporaseelsorge [Osnabrück]) • Unterkommission für Fragen der Reform des Kanonischen Rechtes

TAB. 4 Neuordnung der Kommissionen (EBAP, Nachlass Jaeger, 10; 12; 1365) (*Fortsetzung*)

1951	1958	Vorschlag Februar 1966	Diskussion auf der Bischofskonferenz 1.3.1966; mit hss. Ergänzungen Jaegers)	September 1966/März 1968
4. Erziehung und Bildung (*Osnabrück*; Bamberg, Regensburg, Trier; seit 1952: Bildung, Erziehung und Unterricht)	III. Seelsorge (cura animarum) (Speyer [Leitung seit 1962, vorher Mainz; Speyer zuvor Mitglied], Fulda, Limburg [bis 1962], Münster [ab 1962]	IV. Kommission für das Ordensleben (Kontakte zwischen Episkopat und höheren Ordensoberen, u. a. auch Nachwuchsfragen)	IV. Kommission für Priester und Priesterausbildung	IV. Liturgische Kommission (*Mainz*; Limburg, Trier, Augsburg; Weihbischof Nordhues/Paderborn, Koadjutor Hofmann/Passau) • sechs Unterkommissionen
5. Caritas und Fürsorge (*Freiburg i. Br.*; Speyer, Meißen, Franz Hartz)	Hildesheim, **Paderborn**, Würzburg	V. Kommission für Seelsorge und religiöses Leben (überdiözesane Seelsorgsfragen, überdiözesane Planung, Standes- und Familienseelsorge, Aus- und Einwandererseelsorge, Fragen des religiös-aszetischen Lebens)	V. Kommission für das Ordensleben (Kontakte zwischen Episkopat und höheren Ordensoberen, u. a. auch Nachwuchsfragen)	V. Kommission für Priesterfragen (Weihbischof *Frotz*/Köln; Rottenburg, Münster, Koadjutor Hofmann/Passau, Weihbischöfe Hiltl/Regensburg, Reuss/Mainz, Schick/Fulda) • drei Unterkommissionen (Priesterausbildung, Priesterfragen, Diakonat)

TAB. 4 Neuordnung der Kommissionen (EBAP, Nachlass Jaeger, 10; 12; 1365) *(Fortsetzung)*

1951	1958	Vorschlag Februar 1966	Diskussion auf der Bischofskonferenz 1.-3.1966; mit hss. Ergänzungen Jaegers)	September 1966/März 1968
6. Gesellschaft und Wirtschaft (sozialpolitisches Referat: *Aachen*; Münster, Eichstätt)		VI. Kommission für Priester und Priesterausbildung	VI. Kommission für Weltmission, Diaspora, kirchliche Bruderhilfe	VI. Kommission für das Ordenswesen (*Rottenburg*; Passau, Speyer, Trier; Weihbischöfe Gnädinger/Freiburg i. Br., Böggering/Münster, Prälat Christoph)
7. Kirche und Staat (kirchenpolitisches Referat: *Köln*; München, Berlin)	IV. Familie, Schule und Erziehung (Aachen, Osnabrück, Würzburg, Rottenburg [seit 1962])	VII. Kommission für Caritas und Fürsorge	VII. Kommission für Caritas und Fürsorge	VII. Kommission für Laienfragen (*Essen*; Würzburg, Augsburg; Weihbischöfe Kampe/Limburg, Tenhumberg/Münster, Pachowiak/Hildesheim, Buchkremer/Aachen)
8. Katholische Publizistik (*Osnabrück*; Aachen, Rottenburg, Limburg)	V. Wissenschaft, Kulturpflege, Erwachsenenbildung (*Paderborn*, Köln, Freiburg i. Br, Bamberg, Augsburg, Regensburg)	VIII. Kommission für Schule und Erziehung	VIII. Kommission für Schule und Erziehung	VIII. Kommission für Diaspora und Weltmission (ab 1967: VIII. Kommission für Weltmission) (Weihbischof *Angerhausen*; Essen, Fulda, Aachen, Augsburg; Weihbischof Wiesend/Bamberg, Prälat Hoppe, Prälat Beigel)

TAB. 4 Neuordnung der Kommissionen (EBAP, Nachlass Jaeger, 10; 12; 1365) (Fortsetzung)

1951	1958	Vorschlag Februar 1966	Diskussion auf der Bischofskonferenz 1.3.1966; mit hss. Ergänzungen Jaegers)	September 1966/März 1968
	VI. Publizistik (Rottenburg, Limburg, Osnabrück)	IX. Kommission für Soziale Fragen	IX. Kommission für Soziale Fragen	IX. Kommission für Caritative Fragen (*Freiburg i. Br.*; Hildesheim; Weihbischöfe Neuhäusler/München, Nordhues/Paderborn, Schmidt/Trier, Prälat Volkmann)
	VII. Soziale Arbeit (Münster, München [seit 1962], Eichstätt, Essen, Limburg [Rottenburg ist 1962 ausgeschieden]	X. Kommission für Fragen der Erwachsenenbildung, Wissenschaft und Kultur	X. Kommission für Wissenschaft und Kultur und Fragen „und Organisationen" der Erwachsenenbildung	X. Kommission für Gesellschaftspolitische Fragen (Sozialkommission) (*Münster*; Limburg; Weihbischöfe Gnädinger/Freiburg i. Br, Kindermann/Hildesheim)
	VIII. Caritas und Fürsorge (Freiburg i. Br, Hildesheim, Meißen, Trier, Regenburg [seit 1962])	XI. Kommission für Publizistik	XI. Kommission für Publizistik	XI. Kommission für Erziehung und Schule (*Aachen*; Bamberg, Rottenburg, Trier; Weihbischöfe Cleven/Köln, Baaken/Münster, Zimmermann/Augsburg, Tenhumberg/Münster)

TAB. 4 Neuordnung der Kommissionen (EBAP, Nachlass Jaeger, 10; 12; 1365) (*Fortsetzung*)

1951	1958	Vorschlag Februar 1966	Diskusion auf der Bischofskonferenz 1.3.1966; mit hss. Ergänzungen Jaegers)	September 1966/März 1968
	(IX.) Hauptkommission (Köln, München, Berlin, Eichstätt, Essen)	XII. Hauptkommission (zuständig für Koordinierung, politische und internationale Fragen und Sekretariat)	XII. Hauptkommission (zuständig für Koordinierung, politische und internationale Fragen und Sekretariat)	XII. Kommission für Fragen der Wissenschaft und Kultur (*Paderborn*; Münster, Mainz, Regensburg; Weihbischöfe Sedlmeier/Rottenburg, Schick/Fulda Unterabteilungen (Plan): • 1.) Wissenschaft (Hochschulfragen und Studentenseelsorge, Seelsorge an Ingenieurschulen und Verwaltungsakademien, Katholischer Akademischer Austauschdienst) • 2.) Organisation der Altakademiker • 3.) a) Reform des theologischen Studiums der künftigen Priester; b) Ausbildung und Weiterbildung der Laientheologen

TAB. 4 Neuordnung der Kommissionen (EBAP, Nachlass Jaeger, 10; 12; 1365) (*Fortsetzung*)

1951	1958	Vorschlag Februar 1966	Diskussion auf der Bischofskonferenz 1.3.1966; mit hss. Ergänzungen Jaegers	September 1966/März 1968
				• 4.) a) Kirchliche Akademikerarbeit; b) Kirchliches Bibliotheks- und Archivwesen; c) Vereinigung des katholischen Buchhandels • 5.) Kultur a) Bildende Kunst; b) Theater und Musik Vorschlag der Kommission (4.7.1968): • 1.) Wissenschaft – Forschung – Lehre • 2.) Gegenwartsprobleme der Hochschule • 3.) Der Bereich der Kultur
				XIII. Kommission für Publizistik (*Rottenburg*; Limburg, Osnabrück; Weihbischöfe Kampe/Limburg, Kempf/Würzburg, Tenhumberg/Münster)

TAB. 4 Neuordnung der Kommissionen (EBAP, Nachlass Jaeger, 10; 12; 1365) (*Fortsetzung*)

1951	1958	Vorschlag Februar 1966	Diskussion auf der Bischofskonferenz 1.3.1966; mit hss. Ergänzungen Jaegers)	September 1966/März 1968
				(Nr. XIV blieb zunächst unbesetzt; Vorschlag für Bischofskonferenz Februar 1967: Kommission für biblische Fragen) [XV.] XIV. Finanzkommission (*Essen*; Rottenburg, Münster) Zugeordnete Kommissionen: • Verlagsrechtskommission • Kirchensteuerkommission
			XII. Hauptkommission (zuständig für Koordinierung, politische und internationale Fragen und Sekretariat)	XVI./XV. Hauptkommission (*München*; Köln, *Paderborn*, Essen; Weihbischof Tenhumberg/Münster, Generalvikar Adolph/Berlin)

TAB. 4 Neuordnung der Kommissionen (EBAP, Nachlass Jaeger, 10; 12; 1365) *(Fortsetzung)*

1951	1958	Vorschlag Februar 1966	Diskussion auf der Bischofskonferenz 1.3.1966; mit hss. Ergänzungen Jaegers	September 1966/März 1968
B. Sonderausschüsse	B. Fachkommissionen	B. Sonderkommissionen		
1. Priesterbildung und Priesterseelsorge	1. Altersvorversorgung der führenden Laien (Essen)	1. Misereor		
2. Diasporakommissariat	2. Herausgabe von Religionsbüchern (Rottenburg)	2. Adveniat		
3. Überdiözesane Zuschüsse	3. Misereor (Köln)	3. Finanzkommission		
	4. Adveniat (Essen)			
	5. Gemischte Kommission (mit Vertretern der Konferenz Höherer Ordensoberer) (Mainz)	zu oben A Nr. 4		
	6. Einheitliches Gesang- und Gebetbuch (Mainz)	zu oben A Nr. 3		
	7. Seminarkommission (Eichstätt)	zu oben A Nr. 6		
	8. Ökumenische Arbeit (**Paderborn**)	zu oben A Nr. 1		
	9. Liturgische Kommission (im Sinne des Konzils) (Mainz)	zu oben A Nr. 3		

TAB. 4 Neuordnung der Kommissionen (EBAP, Nachlass Jaeger, 10; 12; 1365) (*Fortsetzung*)

1951	1958	Vorschlag Februar 1966	Diskussion auf der Bischofskonferenz 1.3.1966; mit hss. Ergänzungen Jaegers)	September 1966/März 1968
	10. Kirchensteuerkommission (Generalvikar Krautscheidt/Essen)			
	11. Gründung einer Katholischen Wochenzeitung (Mitglieder: Essen, Osnabrück, Würzburg)			

Nicole Priesching

Die Entwicklung der theologischen Ausbildungsstätten in Paderborn

Die theologische Ausbildung lässt sich historisch nicht unabhängig von den gesamtgesellschaftlichen und bildungspolitischen Entwicklungen betrachten. Als Lorenz Jaeger 1941 Erzbischof von Paderborn wurde, gab es dort die *Erzbischöfliche Philosophisch-Theologische Akademie*, an welcher die angehenden Priester studierten. Im selben Jahr wurde in Paderborn eine *Lehrerbildungsanstalt* gegründet, die als Ergebnis einer Entakademisierung der Lehrerbildung zu sehen ist, nachdem seit Kriegsbeginn der Lehrermangel immer größer geworden war. Abiturienten wurden hier nur ein Jahr, Personen mit Volksschulabschluss fünf Jahre ausgebildet. Die Mitgliedschaft bei der Hitler-Jugend (HJ) war Zugangsvoraussetzung. Diese Ausbildung von Volksschullehrern fand internatsmäßig statt, nach Geschlechtern getrennt. Die „Kasernierung" diente dabei der Ausrichtung auf die NS-Ideologie.[1] Eine Gegenwelt bildete das Priesterseminar, in welchem die Ausrichtung auf den katholischen Glauben mit „religiös-asketischer Durchformung", wie Jaeger das noch in den 1960er Jahren nennen sollte, angestrebt wurde. Bildung war keine weltanschaulich neutrale Angelegenheit, da war man sich in Politik und Kirche einig.

Nach 1945 veränderte sich die Situation. Sie wurde offener. Die katholische Kirche sah sich als „Siegerin in Trümmern".[2] Während man nach außen jede Diskussion um die eigene Mitverantwortung vermied, wagte man nach innen auch einen selbstkritischen Blick auf die eigenen Zustände. Für Paderborn sollen hier die beiden Berichte des Direktors des Theologenkonvikts und Priesterseminars, Josef Höfer[3], von 1946 und 1949 vorgestellt werden, mit denen Jaeger einen klaren Einblick in die schwierige äußere und innere Situation der Theologiestudenten bekam. Diese Offenheit lässt sich so in den Quellen seit den 1950er Jahren nicht mehr finden.

---

1   Blömeke, Lehrerausbildung, S. 49.
2   Köhler/van Melis, Siegerin.
3   Josef Höfer (1896-1976), 1924 Priester, seit 1930 Weiterstudium in Rom, 1932 dort Promotion zum Dr. theol., 1936 Übernahme einer Lehrstuhlvertretung für Pastoraltheologie in Münster, 1940 Entzug der Lehrerlaubnis durch die Nationalsozialisten, 1945 Professor an der Philosophisch-Theologischen Akademie in Paderborn und Direktor des Theologenkonvikts, 1954 Botschaftsrat an der Botschaft der Bundesrepublik Deutschland beim Heiligen Stuhl: Bäumer, Höfer, S. 197.

1 Die Situation der theologischen Ausbildung und der Priesteramtskandidaten nach dem Zweiten Weltkrieg

Die Ausbildung der Priesteramtskandidaten in den ersten Nachkriegsjahren fand nicht in Paderborn statt, da von der Zerstörung Paderborns 1945 auch das Gebäude der Philosophisch-Theologischen Akademie betroffen war. So wurde der Lehrbetrieb nach Bad Driburg verlegt, wo das Missionshaus St. Xaver und das Spätberufenenseminar St. Clemens den Krieg unbeschadet überstanden hatten. Die Studenten wohnten im Haus der Steyler Missionare. Die Vorlesungen fanden im *Klemensheim* statt. Vier Jahre wurde dort gelehrt, bevor im Wintersemester 1949/50 die Rückkehr nach Paderborn erfolgte.[4] Das Gebäude, das man nun hierfür errichtete, wurde allerdings erst 1954 fertig. Erzbischof Jaeger weihte es am 13. Mai 1954 ein.[5]

Zwei Quellen aus dem Nachlass Lorenz Jaegers geben einen seltenen Einblick in die Situation der theologischen Ausbildung in den Nachkriegsjahren. Sie sollen deshalb im Folgenden vorgestellt werden.

Im September 1946 kam eine „Konferenz der Direktoren deutscher Theologenkonvikte" im Collegium Leoninum in Bonn zusammen. Teilnehmer waren Hans Daniels (Leoninum Bonn), Josef Pascher (Gregorianum München), Johannes Weinand (Borromäum Münster), Josef Höfer (Leoninum Paderborn) und Hermann Sauter (Wilhelmsstift Tübingen).[6] Auf dieser Konferenz hielt der Direktor des Paderborner Priesterseminars, Professor Josef Höfer, ein Referat über „die Situation der Nachkriegstheologen".[7] Zunächst beschrieb Höfer die „äußere Verfassung der Theologen". Danach studierten im Sommersemester 1946 an der Paderborner Akademie 218 Theologen, von denen sich nur fünf wieder abmeldeten. Von 172 Studenten konnte er die Herkunft ermitteln.[8] Die meisten Anwärter kamen aus Mittel- und Kleinstädten, wo

---

4 Zum Wiederaufbau der Akademie in Paderborn und dessen Finanzierung siehe: EBAP, Nachlass Jaeger, 1098. Hier findet man auch die Baupläne von 1950.
5 Dahlke, Kulturkampf, S. 284.
6 Domkapitular Wendelin Rauch aus Freiburg i. Br. hatte sich entschuldigt. Als Gast und Vertreter der Ostzone war zudem anwesend Domkapitular Karl Kastner, z. Zt. Bad Lippspringe: EBAP, Nachlass Jaeger, 1104 Bl. 74.
7 Seine Beobachtungen stammten aus eigenen Erfahrungen mit den ersten Semestern „der Studierenden des Erzbistums Paderborn, der Theologen von Meißen und Hildesheim, einer Anzahl von Theologen aus Breslau und aus verschiedenen Bistümern des Sudetenlandes. Dazu kommen unierte ukrainische Studenten aus Lemberg und Przemysl, dazu einige aus Polen und Ungarn." Ebd.
8 „Aus dem Arbeitsstand kommen 7, von Handwerkern 29, von Kaufleuten 19, von Landwirten 12, von kleinen Angestellten oder Beamten 29, von mittleren 34, von freien akademischen Berufen und höheren Beamten 8, von Rentnern und Pensionären 34." Ebd.

dem Nationalsozialismus nach Höfer eine stärkere Schranke gesetzt werden konnte als auf dem Land. Das Durchschnittsalter hatte sich durch den Krieg stark verschoben. Es betrug nun im ersten und zweiten Semester 24 Jahre. Alle Studenten waren in der HJ, im Reichsarbeitsdienst und im Heeresdienst gewesen. Mit wenigen Ausnahmen waren auch alle in Gefangenschaft gewesen.[9]

Höfer charakterisierte die Studenten als Angehörige der „alten Garde". Nur in zwei Fällen hätte der Zusammenbruch des Hitlerreiches zu einer inneren Konversion und Zuwendung zum Priesterberuf geführt. Etwa zwei Drittel hätten ihre Berufswahl schon vor dem Krieg getroffen. Hinzu kämen vereinzelte „Verlegenheitskandidaten", also Unentschlossene, Akademiker, die durch Parteiämter belastet waren und nun im Priestertum Zuflucht suchten, qualifizierte Spätberufene, zudem zwei Konvertiten. Der Gesundheitszustand sei erstaunlich gut, wenngleich es auch zahlreiche Fälle von Amputationen und Verletzung innerer Organe gebe.

Es folgt ein Gesamteindruck zur „inneren Verfassung der Theologen". Das Collegium werde wie eine „rettende Arche" betrachtet. Die Studenten seien bescheiden, gestehen sich ihr mangelndes Wissen ein, studierten in „wildem, unmethodischem Eifer". Nach Sport bestehe kein Verlangen, umso mehr aber nach Musizieren. Die Studenten hätten als Lehrweise gern eine Art „Nürnberger Trichter", in den der Lernstoff hineinzuschütten wäre. Anders als vor dem Krieg bestehe ein Verlangen nach genauer Begriffsarbeit und dogmatischer Klarheit. Historische Perspektiven interessierten ebenso wenig wie eine Art Erlebnistheologie. Im geistlichen Leben zeigte die Mehrzahl ein „ungewohntes Bedürfnis nach Anlehnung und Führung durch Vorstand und Spiritual. [...] Bei der leisesten Andeutung einer Kritik nehmen die Theologen sofort offiziell gehorsame Haltung an." Die Maske des Soldaten sei stets griffbereit und stehe nach Höfer einer persönlich verantwortlichen Entwicklung entgegen.

Der gemeinsame Gottesdienst sei zu einem liturgischen Drill geworden, aus dem nun vereinzelt Befreiung durch selbständige Gestaltung von Gebetsstunden und Andachten gesucht werde. Im Unterschied zur Generation nach dem Ersten Weltkrieg nehme diese Generation nicht mehr alles als gegeben hin. Zwar habe man eine nüchterne und verständige Auffassung vom Zölibat, möchte aber alle Pflichten auch ausgiebig begründet wissen. Die Haltung zur Politik zeichne sich einerseits durch eine radikale Ablehnung des Nationalsozialismus auf religiösem Gebiet aus, andererseits seien „keinerlei Grundlagen zur Beurteilung außer- und innerpolitischer Fragen vorhanden". Gegenüber

---

9 „Unter den Neueintretenden, deren Abiturzeugnis meist nicht die Angabe des Studiums der Theologie enthielt, befinden sich Offiziere, die älteren Semester brachten es aus den bekannten Gründen nur bis zum Feldwebel." Ebd.

anderen Nationen herrsche ein unkritisches Bewusstsein der eigenen Überlegenheit in jeder Hinsicht vor. Dieselbe Überheblichkeit, so Höfer, zeige sich im Urteil über fremde Bräuche. Die große Mehrheit sei auch gern Soldat gewesen. „Die allgemeine Wehrpflicht, das Recht des Soldaten zum Angriff, wenn er stark genug ist, einen Schwächeren zu besiegen, seine Pflicht dem Befehl von oben zu gehorchen, sind fast selbstverständlich." Höfer kritisiert, dass die Theologiestudenten „in den Hafen der Kirche ein[laufen; d. Verf.] mit gebrochenem Mast, irdischer Hoffnungen und vom politischen Sturm aus der natürlichen Gedankenrichtung herausgeworfen, aber keineswegs überzeugt, daß der Kurs wirklich falsch errechnet und gesteuert war." Eine wirklich kritische Auseinandersetzung mit dem Nationalsozialismus als politischem System hatte also noch nicht stattgefunden. Kritisch sieht Höfner auch das schnelle Wiederaufleben des Bundes Neudeutschland, denn das Bündische sei mit einem „festen Sendungsbewusstsein" ausgestattet, „oft gepaart mit innerer und äußerer Überheblichkeit".[10]

An diesen informativen und klarsichtigen Bericht Höfers zur Situation 1946 schloss sich eine Diskussion an. Am Ende beschloss die Konferenz, den Bischöfen eine Resolution zuzuleiten. Nach der einleitenden Feststellung, dass die Zahl der Priesterberufe seit 1935 stetig gesunken und kein Gegentrend zu erwarten sei, wurden pastorale Maßnahmen vorgeschlagen, um Priesterberufungen, v. a. auf dem Land, zu fördern. Die Religionslehrer an den höheren Schulen sollten zum Beispiel so ausgewählt werden, dass sie in der Lage seien, für den Priesterberuf zu begeistern.

Es folgte eine Diskussion über die von P. Sebastian Krebs OFM vorgelegten „Instruktionen für Beichtväter", welche Voraussetzungen ein angehender Priesteramtskandidat in seinem Vorleben erfüllen müsse, um zum Studium zugelassen zu werden, näher hin zur Frage: „Kann ein Bewerber zugelassen werden, der die copula perfecta vollzogen hat?" Hier lehnte die Konferenz aber jede Fragepflicht und einheitliche Instruktionen ab. Mit einem zweiten Referat des Kölner Caritasdirektors Karl Boskamp über die „soziale Frage und die Theologenerziehung" ging die Konferenz am 19. September schließlich zu Ende. Bei den Einzelpunkten, die noch zu klären waren, wurde auch das Thema „politische Prüfung" angesprochen. Dazu wurde festgehalten, dass nirgendwo bisher Schwierigkeiten aufgetreten seien. Parteigenossen seien „entnazifiziert" worden. In Paderborn hätte sich Erzbischof Jaeger für die Annahme zuständig erklärt und behalte sich die Entscheidung vor.[11]

---

10 Ebd.
11 Ebd.

Fast drei Jahre später, im März 1949, verfasste Höfer für Erzbischof Jaeger einen Bericht über die „psychische Situation der Nachkriegstheologenschaft". Dieser Bericht ist ebenfalls sehr aufschlussreich, vor allem im Hinblick auf die Entwicklung seit 1946 und die Einschätzungen Höfers. Er führte darin Phänomene an, die er außergewöhnlich häufig bei den Paderborner Theologiestudenten beobachtet hatte und die er für die psychische Gesamtsituation als typisch ansah. Wie sah diese nach Höfer aus?

Der erste Punkt ist mit „Idealverlagerungen" überschrieben. Der Zusammenbruch des Nationalsozialismus hätte bei den jüngeren und national erzogenen jungen Männern zum Verlust ihrer inneren Idealwelt geführt. „Mehrfach erzählen Theologen, dass die Nachricht von der Kapitulation bei ihnen Weinkrämpfe ausgelöst hätte", so Höfer. In diesen psychischen Leerraum sei dann vielfach eine Christusbegeisterung getreten und „der Wille zur Reichgottesarbeit und zum Priesterberuf". Deshalb müsse man damit rechnen, dass sich die berufliche Entscheidung allmählich als Illusion erweisen werde, sobald derartige Ersatzziele ihren psychologischen Einfluss verlieren würden.[12] Der zweite Punkt heißt „Lebensenttäuschung". Die Nöte der Kriegs- und Nachkriegsjahre hätten in der jungen Generation zu einer frühen Enttäuschung über das Leben und die Welt geführt und diese wiederum „zu einer supernaturalistischen und spiritualistischen Haltung". Vor diesem Hintergrund bewertete Höfer die Hinwendung zu religiösen Aufgaben und zum Priesterberuf – im Unterschied zu 1946 – als „kurzschlussartig". Auch hier befürchtet er mit der Zeit ein Erwachen aus einer falschen Berufsentscheidung. Der dritte Punkt behandelt „unbewusste Entscheidungsfaktoren". Hier attestiert Höfer den meisten Theologiestudenten, dass sie keine Möglichkeit für sich sehen würden, in einen entsprechenden weltlichen akademischen Beruf zu kommen. Dieser Mangel an Alternativen würde unbewusst ihre Berufswahl zum Priester mitbestimmen. Da man solche unbewussten Faktoren kaum in der Erziehung erreiche, könne man hier nur auf indirekte korrigierende Einflüsse über einen längeren Zeitraum hoffen. Der vierte Punkt betrifft „Bildungsschwierigkeiten". Die meisten der jüngeren Theologiestudenten hatten bis zu ihrem 14. Lebensjahr nur unregelmäßig Religionsunterricht gehabt. Es mangele an Wissen und methodischer Vorbildung. Der verlangte Wissensstoff würde die meisten in den ersten Semestern überfordern, besonders, wenn noch das Graecum gemacht werden müsse. Daneben bleibe auch kein Raum mehr für freies Studium und individuelle Aneignung. Entsprechend befürchtet Höfer, dass man eine theologische Halbbildung erziele, die nicht zu echter Verkündigung befähige. Er mahnte an, dass Wege zu einer echten theologischen Bildung und

---

12   EBAP, Nachlass Jaeger, 1101 Bl. 120.

nicht nur zur Übermittlung von Wissensstoff gefunden werden müssten. Den fünften Punkt nannte Höfer „Triebschwächen". Darunter ist zu verstehen, dass infolge der ständigen Sorge ums nackte Überlegen, besonders bei Theologen, die aus russischer Kriegsgefangenschaft kommen, ein „völliges Schweigen des Geschlechtstriebes" zu beobachten sei. Hier befürchtet Höfer, dass sich eine Entscheidung für den Zölibat aufgrund eigener Triebschwäche eines Tages als Fehlentscheidung herausstellen könnte. Als sechsten Punkt führte er „Entwicklungshemmungen" an. Die Reifejahre in Uniform und Kaserne hätten „die seelische Ausreifung häufig dispensiert", wie Höfer es nannte. Damit meine er, dass die jungen Männer in ihrer Entwicklung noch wenig Reife zeigten. So erklärte er sich, dass im Konvikt „Onanieschwierigkeiten und Triebperversionen [...] unverhältnismäßig häufig" begegneten. Auch wenn dies nicht gegen eine Befähigung zum Zölibat spreche, so sollte man einer verspäteten Ausreifung durch Studienunterbrechungen oder Zwischensemester noch Raum geben. Der siebte Punkt betrifft „Neurosen". Dazu zählte Höfer Skrupulosität, Zwangspsychosen, hysterisches Ausweichen, neurotisch bedingte sexuelle Anormalitäten und andere seelische Erkrankungen. Solche Neurosen zeigten sich in anormaler Häufigkeit. Auch hier müsse man den Erkrankten die nötige Zeit zur Ausheilung zubilligen. Der achte und letzte Punkt trägt die Überschrift „Umschichtungen im religiösen Bewusstsein". Hier stellte Höfer eine Diskrepanz zwischen einem eigenen religiösen Bewusstsein und den überlieferten religiösen Vorstellungen und Formen fest, die von der Nachkriegsgeneration schmerzlich empfunden werde. So drückte er nochmals seine Hoffnung auf einen letztlich ganzheitlichen Abschluss des Theologiestudiums aus.[13]

Leider ist von Jaeger keine Antwort auf diesen sehr besorgt gehaltenen Bericht über die psychische Situation der jungen Theologiestudenten überliefert. Vermutlich gab es im Anschluss mündliche Gespräche. Immerhin ist damit deutlich, dass man sich bei der theologischen Ausbildung der künftigen Priester nach dem Krieg vielen Problemen gegenübersah. Es herrschte keineswegs eine Aufbruchsstimmung, sondern eher die Sorge, wie viele der jetzigen Kandidaten wieder abbrechen oder sich als ungeeignet erweisen würden. Ein Vergleich der beiden Berichte zeigt, dass sich die Probleme der „alten Garde" von 1946 bei den jüngeren Studenten von 1949 verändert hatten. Zudem zeigen die beiden Gutachten, welch herausragende und luzide Priesterpersönlichkeit Josef Höfer war, geprägt von realer Lebenserfahrung und großer innerer Freiheit.

---

13   Ebd.

2 Die Pädagogische Akademie in Paderborn

Die britische Besatzungsmacht gab der Provinz Westfalen 1945 zunächst den Status eines Landes mit dem Oberpräsidium als Verwaltungsspitze.[14] Bereits am 20. Oktober 1946 wurden die Oberpräsidien aufgelöst, und ihre Aufgaben gingen auf eine neue nordrhein-westfälische Landesregierung über. Nur in wenigen Angelegenheiten behielten sich die Briten noch ein Vetorecht vor. Die erste Wahl zum Landesparlament fand am 20. April 1947 statt.[15] In dieser frühen Phase vor der Errichtung des Landes Nordrhein-Westfalen (NRW) fiel die Entscheidung, in Paderborn eine Pädagogische Akademie zu gründen.

Eine wichtige Frage nach dem Zusammenbruch des „Dritten Reichs" war das Bildungswesen. Der Brite Lord Robert Gilbert Vansittard (1881-1957) vertrat die recht verbreitete Auffassung, wonach der krankhafte Nationalcharakter der Deutschen Schuld an der Katastrophe gewesen sei, und dieser wiederum ein Resultat falscher Erziehung.[16] Entsprechend wurde die Erziehung der Deutschen, die wiederum maßgeblich von Volksschullehrerinnen und Volksschullehrern geleistet wurde, als wichtig eingestuft. Nach Vorstellung der britischen Besatzungsmacht sollte die Ausbildung hierfür drei Jahre betragen und auf ein universitäres Niveau angehoben werden. Ein vergleichbarer Status zum Gymnasiallehrer erschien wünschenswert. Der britische Leiter der Erziehungsabteilung für die Nordrhein-Provinz, Henry James Walker, der als Erziehungskontrolloffizier den Wiederaufbau des deutschen Ausbildungssystems begleitete, vertrat die Position, wonach neben dem Christentum als Fundament jeglicher Zivilisation auch ein aufgeklärter, bürgerlich-liberaler und demokratischer Geist in Deutschland wünschenswert sei.[17] Dem standen neun Entwürfe von deutscher Seite für den Wiederaufbau der Lehrerausbildung gegenüber, die 1945 das Oberpräsidium erreichten. Nur ein Konzept (vom Außenseiter Fritz Helling) sprach sich für eine universitäre Ausbildung aus und kam den britischen Vorstellungen entgegen. Alle anderen plädierten für Pädagogische Akademien (einer sogar für die Wiedererrichtung der alten

---

14 Auf der Suche nach einem Oberpräsidenten ließen sich die Briten vor allem von der katholischen Kirche beraten. Von den drei Zentrumspolitikern, die zur Auswahl standen, wurde Rudolf Amelunxen (1888-1969) am 5.7.1945 auf Empfehlung des Münsteraner Bischofs Clemens August Graf von Galen zum Oberpräsidenten ernannt: vgl. Blömeke, Lehrerausbildung, S. 52 f. Er konnte relativ frei agieren. Weil sich die Parteien noch im Aufbau befanden, ernannte die Militärregierung Abgeordnete für nominated councils auf Provinz- und Länderebene: ebd., S. 53.
15 Ebd., S. 54.
16 Ebd.; siehe dazu: Später, Vansittart.
17 Blömeke, Lehrerausbildung, S. 57.

Seminare).[18] Im Unterschied zu den Briten setzten die Deutschen also nicht auf eine Akademisierung der Ausbildung, sondern betonten mit der überwiegenden Unterstützung einer Pädagogischen Akademie die konfessionelle Bindung. Zudem erreichte außer Helling kein deutsches Konzept die Höhe der britischen Diskussion, in welcher eine rationale Aufklärung im Vordergrund stand.[19] Dies stellte auch Weichen für den Umgang mit der eigenen NS-Vergangenheit. Der Nationalsozialismus wurde weniger als politische Erscheinung, sondern eher als Symptom für einen allgemeinen Werteverfall wahrgenommen. Der Ton wurde moralisch, nicht politisch. Das Christentum bot eine Möglichkeit, den Nationalsozialismus zu verwerfen, ohne die eigene Verantwortung zu thematisieren.[20]

Am 26. März 1946 fiel die Entscheidung für eine Pädagogische Akademie in Paderborn als eine von fünf in Westfalen.[21] Die Pädagogischen Akademien in Münster und Paderborn sollten für die katholische Konfession, die in Bielefeld und Lüdenscheid für die evangelische, die in Dortmund für beide Konfessionen errichtet werden.[22] Alle fünf Akademien nahmen den Betrieb 1946 bis 1947 auf, wobei Paderborn, Dortmund und Bielefeld den Anfang machten.

---

18   Wischinski, Akademie, S. 15. Darunter war auch der Vorschlag des Mescheder Schulrates und späteren Dozenten an der Pädagogischen Akademie Paderborn, Theodor Schwerdt, der konfessionell ausgerichtete Anstalten vorschlug, „bei denen sowohl Dozentenkollegium als auch Studentenschaft eine regionale Bindung haben sollten. Eine katholische Bildungsstätte schlug er für Paderborn oder das Paderborner Land vor". Dieser Vorschlag fand am meisten Berücksichtigung. Ein anderer Vorschlag war jener der Ordensgemeinschaft des Klosters Brede (Brakel), zu deren Ideengebern Theoderich Kampmann gehörte. Für die Beschreibung der gesellschaftlichen Lage wurden Schicksalskategorien gewählt, so dass die analytisch fassbaren politischen Ursachen der deutschen ‚Katastrophe' im Dunkeln blieben. Als Ziel wurde formuliert: Bildung eines neuen Menschen, der die Gegebenheiten der Zeit ertragen kann. Gedacht war an ein Internat für Studierende, um die Beeinflussung im christlichen Sinne zu vertiefen. Gefordert wurde auch Geschlechtertrennung: Blömeke, Lehrerausbildung, S. 59.
19   Ebd., S. 62.
20   Ebd., S. 63.
21   Wischinski, Akademie, S. 15. Bei einem Treffen am 26.3.1946 der Referenten für Lehrerbildung wurde im Protokoll von Otto Koch festgehalten: „Zur Wiederherstellung und Sicherung eines geordneten Lehrerbildungswesens in Hochschulform in Westfalen habe ich mit Genehmigung der Mil.Reg. beschlossen, noch im Laufe dieses Jahres fünf Pädagogische Akademien zu eröffnen, und zwar in Münster und Paderborn für die katholische Konfession, in Bielefeld und Lüdenscheid für die evangelische, in Dortmund für beide Konfessionen." Zitiert nach: Blömeke, Lehrerausbildung, S. 93.
22   Am 4.12.1946 begann die katholische Paderborner Akademie mit der Lehre. Die offizielle Eröffnung fand eine Woche später statt. Am 5.12.1946 folgte der Lehrbeginn der simultanen Pädagogischen Akademie in Dortmund. Wegen fehlender Gebäude war sie nach Lünen verlagert worden. Die evangelische Akademie in Bielefeld wurde am 10.12.1946 eröffnet.

Erzbischof Jaeger war von Anfang an ein Förderer der Pädagogischen Akademie. Da im zerbombten Paderborn eine große Raumnot herrschte, stellte er ihr für den Anfang die Räume eines Waisenhauses zur Verfügung, was allerdings rasch zu eng wurde.[23] Erst mit der Währungsreform im Juni 1948 kehrte langsam eine Verbesserung der materiellen Verhältnisse ein.[24] „Am 11. Mai 1948 wurde eine ‚Vorläufige Ordnung der ersten Prüfung für das Lehramt an Volksschulen in Nordrhein-Westfalen' erlassen."[25] Diese sah vor, dass die Studierenden nach einem viersemestrigen Studium eine Abschlussprüfung abzulegen hatten.

So lässt sich für die ersten Nachkriegsjahre festhalten, dass es in Paderborn zwei „Akademien" gab, an denen so etwas wie eine theologische Ausbildung stattfand, allerdings in sehr unterschiedlicher Weise: die Philosophisch-Theologische Akademie in kirchlicher Trägerschaft, an der Männer mit dem Berufswunsch Priester eine volltheologische Ausbildung erhielten, und eine Pädagogische Akademie in staatlicher Trägerschaft mit katholisch-konfessioneller Bindung, an welcher künftige Volksschullehrerinnen und Volksschullehrer, die katholisch sein mussten, von katholischen Dozentinnen und Dozenten unterrichtet wurden. Der Gründungsrektor der Pädagogischen Akademie Paderborn wurde im Sommer 1946 Professor Bernhard Rosenmöller, der dort Philosophie lehrte und sogar einen Ruf als Ordinarius an die Universität Münster zugunsten von Paderborn ablehnte.[26] Die Ausrichtung der Pädagogischen Akademie war für Rosenmöller klar. Bei der Eröffnung des zweiten Normallehrgangs 1947 betonte er „die Konfessionalität der Akademie", die es ermögliche, alle Fächer auf christlicher Grundlage zu vertreten.[27] In beiden Akademien wurde also auf die Entfaltung einer christlichen Persönlichkeit wert gelegt, einmal für Priester und einmal für Laien. Theologische Inhalte sollten in der Volksschullehrerbildung in allen Fächern weltanschaulich zum Tragen kommen. Das Fach Religion

---

Unmittelbar nach Neujahr 1947 begann die evangelische Akademie in Lüdenscheid mit der Lehre. Die offizielle Eröffnung wurde „wegen Kälte" auf März verschoben. Die katholische Akademie in Münster-Emsdetten nahm den Betrieb am 5.5.1947 auf: ebd., S. 99.

23 Wischinski, Akademie, S. 30.
24 Ebd., S. 25.
25 Ebd.
26 Zu Rosenmöller siehe: Blömeke, Lehrerausbildung, S. 130-140.
27 Ebd., S. 139. Der Gründungsrektor Rosenmöller zog sich bereits 1947 eine schmerzhafte Gelenkentzündung zu, die mit längerer Dienstunfähigkeit verbunden war. Ende 1949 verließ er die Paderborner Akademie und zog nach Münster um. Dort blieb er über die ökumenischen Tagungen mit dem Münsteraner Professor Wilhelm Staehlin und Erzbischof Jaeger in Verbindung: ebd., S. 140.

wurde von Josef Pollmann unterrichtet. Wie die Vorlesungsverzeichnisse seit 1948 zeigen, hat Pollmann Grundlagenwissen aus allen Fachbereichen der Theologie (Exegese, Systematik, Kirchengeschichte) behandelt.[28]

Im Jahr 1946 kam im Kollegium der Philosophisch-Theologischen Akademie die Frage auf, ob man das Studium in Bad Driburg auch für Studenten öffnen sollte, die nicht Priester werden wollten, und hier auch für Frauen. Die Meinungen gingen unter den Professoren auseinander. Rektor Blome wandte sich an Jaeger, der ihm am 16. März 1946 antwortete: „Ich bin gleichfalls der Ansicht, daß eine Zulassung von Nichttheologen und erst recht von Mädchen nicht in Frage kommen kann, schon deswegen nicht, weil sie das Abschlußexamen dann als Externe machen müssen und nicht den erleichterten Prüfungsbedingungen teilhaftig werden."[29] Doch die Diskussion darüber ging weiter. Blome schrieb an Jaeger am 15. November 1946, dass die Professoren über die Frage, ob man Mädchen immatrikulieren lassen solle, immer noch geteilter Meinung seien. Es gebe konkret zwei Anfragen. Als Argument dafür führte Blome an, dass es auch in Tübingen und Münster Theologiestudentinnen gebe. Dagegen sprächen Probleme der räumlichen Enge.[30] Daraufhin zeigte sich Jaeger flexibel. Er antwortete am 25. November 1946:

> Auf Ihre Anfrage vom 15.11. teile ich Ihnen mit, dass solche außerordentlichen Zeiten, wie wir sie jetzt durchleben, auch außerordentliche Erlaubnisse rechtfertigen. Wenn die beiden Abiturientinnen, die die Immatrikulation nachsuchen, gut beleumundet sind, habe ich keinerlei Bedenken, ihnen die Zulassung zur Immatrikulation zu genehmigen, damit ihnen die Semester nicht verloren gehen und wir später an ihnen tüchtige Lehrerinnen haben.[31]

Für eine pragmatische Lösung trat Jaeger auch am 30. November 1947 ein, als er sich mit einem Brief an Professor Rosenmöller, den Rektor der Pädagogischen Akademie, in folgender Angelegenheit wendete:

> Gestern besuchten mich hier in Bochum, wo ich zur Spendung der hl. Firmung weile, zwei katholische Studentinnen der evangelischen Lehrerakademie Lüdenscheid, um mir ihre Notlage zu klagen, in die sie dort in Lüdenscheid hineingeraten sind und mich zu bitten, bei Ihnen Fürsprache einzulegen, dass sie an die Akademie in Paderborn sich umimmatrikulieren können. Es handelt sich um 1 oder zwei männliche im übrigen weibliche Schulhelfer, insgesamt 15, die von der Regierung in Arnsberg nach Lüdenscheid zur Aufnahmeprüfung überwiesen worden sind und dort auch aufgenommen wurden. In Lüdenscheid

---

28 Zu den Vorlesungsverzeichnissen siehe: UniA PB, Vorlesungsverzeichnisse.
29 Jaeger an Blome am 16.3.1946, EBAP, Nachlass Jaeger, 1591.
30 Blome an Jaeger am 15.11.1946, EBAP, Nachlass Jaeger, 1591.
31 Jaeger an Blome am 25.11.1946, EBAP, Nachlass Jaeger, 1591.

ist keinerlei Möglichkeit, katholische Religionslehre zu belegen. Die Bitte dieser Studenten wenigstens nebenamtlich einen Geistlichen mit diesen Vorlesungen zu betrauen, ist von dem Rektor der Akademie abgelehnt worden. Auch sonst ist der ganze Geist der Akademie so fremd und ungläubig, dass diese Vertreterinnen im Namen der 15 Studenten mir erklärten, sie sehen sich gezwungen, ihren Beruf aufzugeben und Lüdenscheid zu verlassen, wenn ihnen nicht geholfen würde.[32]

Nachdem er seinen Unmut darüber geäußert hatte, dass die Regierung in Arnsberg katholische Bewerber an eine evangelische Akademie überwiesen hat, fuhr Jaeger fort:

Ich bitte Sie darum dringend diese 15 Schulhelfer, die alle jetzt ihr erstes Semester begonnen haben, an Ihre Akademie zu übernehmen. Sollten irgendwelche rechtlichen Bedenken dem gegenüberstehen oder der Numerus clausus die Immatrikulation in Paderborn verhindern, bitte ich um gütige Nachricht, damit ich durch eine Eingabe an das Kultusministerium in Düsseldorf diese Hindernisse aus dem Wege räumen kann. Ich werde im Laufe des 6. Dezember von meiner Firmungsreise nach Paderborn zurückkehren und bin dann dort auch jederzeit telefonisch zu erreichen.[33]

Jaeger und Rosenmöller hatten ein sehr gutes Verhältnis. Der Erzbischof nahm Anteil am Schicksal der Pädagogischen Akademie und dem Nachwuchs der katholischen Lehrerschaft. Am 16. November 1948 schrieb Rosenmöller an Jaeger und machte ihn auf die materielle Not der Studierenden an der Pädagogischen Akademie aufmerksam:

Bei 25 % der Studierenden beträgt das Monatseinkommen der Eltern zur Zeit unter 100 DM, 4.8 % sind Vollwaisen, bei 23.5 % unserer Studierenden ist der Vater verstorben, der Prozentsatz der Ostflüchtlinge beträgt 14.1 %, der der Spätheimkehrer 8.5 %, in der Ostzone sind beheimatet 4.3 %, totalbombenbeschädigt sind 16.6 %, von den Studierenden haben 3 und mehr unversorgte Geschwister 21.3 %.

Auch wenn die Studenten tatkräftig zur Selbsthilfe schritten über zusätzliche Arbeiten, so reiche dies nicht, um ihre Not zu lindern. „Die Spätheimkehrer gebrauchen eine Zeit um wieder Kontakt mit dem zivilen Leben zu gewinnen, erst recht aber, um sich selbst Geldmittel zu beschaffen." Entsprechend bat Rosenmöller den Erzbischof um Unterstützung, seien es Sach- oder Geldmittel.[34]

---

32 Jaeger an Rosenmöller am 30.11.1947, EBAP, Nachlass Jaeger, 862 Bl. 26.
33 Ebd.
34 Rosenmöller an Jaeger am 16.11.1948, EBAP, Nachlass Jaeger, 862 Bl. 33.

Die Folgen des Krieges verbanden in den ersten Jahren alle. Es war eine Zeit der Not, der Improvisation, der pragmatischen Lösungen. Zu Beginn sollten 120 katholische Studierende im Alter von 18 bis 32 Jahren an der Pädagogischen Akademie in Paderborn ausgebildet werden. Die 120 Plätze waren für 90 Studenten und 30 Studentinnen vorgesehen. Bei der Auswahl der Frauen wurde angesichts des hohen Andrangs strengere Maßstäbe angelegt. So war für sie Abitur generell Voraussetzung, bei Männern reichte die Mittlere Reife. Ein wichtiges Auswahlkriterium waren ferner die Aktivitäten in der katholischen Kirche, die vom Heimatpfarrer bescheinigt werden mussten. Eine bevorzugte Aufnahme fanden Soldaten.[35]

Was in Paderborn gänzlich fehlte, war eine universitäre Studienmöglichkeit für Laien, Männer wie Frauen, um an höheren Schulen wie Gymnasien Religion unterrichten zu dürfen. Paderborn hatte zwar zwei Akademien, aber keine Universität, die dafür notwendig gewesen wäre. Die Immatrikulation von Laien in Bad Driburg war nur eine kurzfristige Ausnahme gewesen.

3 Die Klage über den Priestermangel

Wie ein roter Faden zieht sich seit 1946 die Klage über den Priestermangel durch die Korrespondenzen Jaegers. Am 31. März 1948 schrieb er dem Rektor der Philosophisch-Theologischen Akademie, Theoderich Kampmann: „Der immer schlimmer sich auswirkende Priestermangel zwingt mich, die Vorbereitungszeit unserer Priesteramtskandidaten auf das Priestertum bis auf weiteres auf fünf Jahre herabzusetzen."[36] Als ihm 1952 der Theologiestudent Dr. Michael Ulrich schrieb, dass er sich entschlossen habe, die Erzdiözese Paderborn zu verlassen, weil er in das Oratorium des hl. Philipp Neri eintreten und in Ostdeutschland wirken wolle[37], antwortete ihm Jaeger am 8. November 1952:

---

35 Blömeke, Lehrerausbildung, S. 151-154.
36 Jaeger an Kampmann am 31.3.1948, EBAP, Nachlass Jaeger, 1591.
37 Michael Ulrich an Jaeger am 13.10.1952, EBAP, Nachlass Jaeger, 1104 Bl. 4. Darin beschreibt Ulrich seine Zeit in Paderborn folgendermaßen: „Zugegeben, dass ich nicht zum Oratorium des hl. Philipp Neri gehen würde, wenn ich die Stadtmauern Paderborns nie überschritten hätte und weder italienische noch deutsche Oratorien kennengelernt hätte. Aber es wäre dann auch sehr die Frage, ob ich dann in dem im ‚Paderborner Geist' ängstlich behüteten Klerus das Vorbild eines Priesters gefunden hätte, das mich für das katholische Priestertum begeistert hätte. Es wäre Ruhe im Paderborner Konvikt und im Klerus, aber ich glaube eine Friedhofsruhe. Es würde, glaube ich, wie innerhalb einer chinesischen Mauer alles auf die Dauer verkümmern, es wäre sicherlich wie in einem Organismus (und die Kirche Gottes ist doch einer) wenn ein Teilglied autark sein will,

Sie haben das ganz richtige Empfinden, daß Sie nach alldem, was das Erzbistum Paderborn für Sie getan hat, es eine gewisse Undankbarkeit darstellt, daß Sie nun die Erzdiözese verlassen, um ins Oratorium einzutreten. Sie wissen genau, daß neben der Diözese Meißen die Erzdiözese Paderborn den größten Priestermangel von allen deutschen Diözesen hat, daß jeder Theologe, der mir verlorengeht, ein schmerzlicher Verlust ist, weil ich in den nächsten 5 Jahren in keinem Jahr mehr Priester weihen kann, als mir der Herrgott durch den Tod durchschnittlich nimmt. Ich habe heute 400 aktive Priester weniger als vor 11 Jahren, da ich die Leitung der Diözese übernommen habe. Diese Kriegsverluste und Ausfälle habe ich bis heute nicht ausgleichen können, obschon die Diözese inzwischen um 600.000 Seelen gewachsen ist. So können Sie verstehen, daß ich bei Ihrem Ausscheiden nicht gerade in die Versuchung komme, ein Te Deum anzustimmen.[38]

Diese Klage sollte bis zum Ende seiner Amtszeit nicht mehr verstummen.

Im Ostteil des Erzbistums Paderborn entstand 1952 das Priesterseminar Huysburg nahe Halberstadt, eine Außenstelle der Paderborner Akademie. Hier wurden die Priester der Diözesen Berlin und Meißen, des Erzbischöflichen Amtes Görlitz, der (Erz-)Bischöflichen Kommissariate Magdeburg, Schwerin und Meiningen sowie des Generalvikariats Erfurt ausgebildet. Je mehr sich das Priesterseminar in Erfurt als Ausbildungsstandort für die Kirche in Mitteldeutschland etablierte, desto geringer wurde die Bedeutung der Huysburg.[39]

Negative Auswirkungen auf den Priesternachwuchs in Paderborn hatte die Gründung des Bistums Essen 1957. Zum einen verringerte sich die Zahl der Studierenden, weil das Erzbistum Paderborn Großstädte wie Bochum und Gelsenkirchen abtrat.[40] Zum anderen verschoben sich mit der Zeit die Ausbildungsstandorte, da die Priesteramtskandidaten aus dem Bistum Essen, die zunächst in Bonn, Münster und Paderborn studierten, in Bonn zu einem eigenen Konvikt zusammengezogen wurden, bevor sie dann nach Bochum an die neu gegründete Ruhr-Universität übersiedelten.[41] Das Priesterseminar St. Ludgerus in Essen-Werden wurde am 26. März 1962 gegründet.[42]

---

und sich vom gemeinsamen Kreislauf ausschliesst. Ich bin deshalb froh, dass die Erzdiözese keine chinesische Mauer hat und meines Wissens nie gehabt hat."
38   Jaeger an Herrn Ulrich am 8.11.1952, EBAP, Nachlass Jaeger, 1104 Bl. 3.
39   Dahlke, Kulturkampf, S. 300 f.
40   „Von den 1.848 Quadratkilometern des neuen Bistums wurden 18,4% vom Erzbistum Köln, 15,7% vom Bistum Münster und 65,9% vom Erzbistum Paderborn abgetreten." Damberg/Meier, Essen, S. 181. Der neue Bischof von Essen, Franz Hengsbach, war seit 1953 Weihbischof von Paderborn gewesen.
41   Dahlke, Kulturkampf, S. 301.
42   Damberg/Meier, Essen, S. 196.

4   Der Mangel an Theologieprofessoren

Im Professorium der Philosophisch-Theologischen Akademie herrschte eine relativ hohe Fluktuation. 1950 wechselte der Kirchenhistoriker Johannes Kollwitz nach Freiburg i. Br., sein Nachfolger Hermann Tüchle ging 1952 nach Tübingen.[43] Am 14. Februar 1954 schrieb der Moraltheologe Gustav Ermecke an Jaeger, dass es möglich sei, dass er einen Ruf nach München erhalten könnte. Professor Höfer, der vor ihm auf der Berufungsliste stehe, gehe wohl nach Rom.[44] Für diesen Fall suchte Ermecke bei Jaeger um die Erlaubnis einer Entbindung von seinen Lehrverpflichtungen in Paderborn an.[45] Jaeger antwortete gleich am nächsten Tag. Er könne Ermecke nicht entbehren, so dass dieser bei einem Ruf nach München absagen müsse. „Das bonum commune geht in diesem Falle dem bonum privatum vor", wurde dem Moraltheologen mitgeteilt. „Teilen Sie also, bitte, rechtzeitig der Münchener Fakultät mit, daß Ihre Berufung nicht infrage kommen kann, weil ich mich bei allem Wohlwollen und bei aller Einsicht in die Wichtigkeit der neuen Professur nicht dazu verstehen kann, Sie von hier fortzulassen."[46] Doch so einfach ließ sich Ermecke nicht entmutigen, wie noch zu sehen sein wird. Am 6. August 1954 traf ein Schreiben des Bayerischen Kultusministeriums für Unterricht und Kultus bei Jaeger ein. Darin las der Erzbischof, man wolle Ermecke in München auf den Lehrstuhl für Christliche Gesellschaftslehre berufen. Deshalb bitte man Jaeger, Ermecke zum Wintersemester 1954/55 freizugeben.[47] Ermecke hatte also keineswegs der Münchener Fakultät mitgeteilt, dass seine Berufung nicht in Frage komme. Doch wenn er gemeint hatte, dass sich Jaeger von einem solchen Schreiben beeindrucken lasse, hatte er sich geirrt. Jaeger schrieb am 26. August 1954 dem Dekan der Münchener Theologischen Fakultät, dass er Ermecke nicht freigebe. Dasselbe habe er auch dem Kultusminister geschrieben. Ermecke erhielt am 27. August eine Durchschrift dieser beiden Briefe.[48]

Doch auch damit war die Sache keineswegs erledigt. Es muss zu einem Gespräch zwischen Ermecke und Jaeger gekommen sein, indem Jaeger ihm anbot, falls ein Nachfolger für ihn in Paderborn gefunden werde, dürfe er nach München gehen. Zumindest schickte Ermecke Jaeger am 18. Oktober 1954 eine

---

43   Dahlke, Kulturkampf, S. 307.
44   Tatsächlich wurde Höfer 1954 Botschaftsrat der deutschen Botschaft am Heiligen Stuhl: siehe Anm. 3.
45   Ermecke an Jaeger, 14.2.1954, EBAP, Nachlass Jaeger, 1591.
46   Jaeger an Ermecke, 15.2.1954, EBAP, Nachlass Jaeger, 1591.
47   Brief des Bayerischen Kultusministeriums für Unterricht und Kultus an Jaeger vom 6.8.1954, EBAP, Nachlass Jaeger, 1591.
48   Jaeger am 26.8.1954 an den Dekan der Münchener Fakultät, EBAP, Nachlass Jaeger, 1591.

Stellungnahme zu einer Liste über mögliche Nachfolger zu. Und hier kam es zu einer merkwürdigen Wendung. Keiner der Kandidaten passte Ermecke, obwohl ihm das lieber gewesen wäre, damit er nach München könne, wie er angab.[49] Hatte Jaeger mit dieser Eitelkeit gerechnet? Hielt sich nun auch Ermecke für unersetzlich? Am Ende hatte sich Jaeger jedenfalls durchgesetzt.

Diese kleine Episode gibt nicht nur einen Einblick in das Verhältnis zwischen Jaeger und Ermecke, das einerseits vertraut, aber auch nicht konfliktfrei war. Es spiegelt das Selbstverständnis des Erzbischofs als Magnus Cancellarius „seiner Akademie" wieder, der hier die Interessen des Erzbistums über das Interesse Einzelner stellte. Es macht auch den Mangel an Professoren in den 1950er Jahren deutlich. So schrieb Jaeger an Ermecke am 9. April 1955 diesem in den Urlaub, dass nun Theoderich Kampmann nach München berufen werden sollte. Dies würde er allerdings genauso ablehnen wie vormals bei Ermecke.[50] Und dennoch ging diese Geschichte anders aus. Theoderich Kampmann, von 1945-1956 Professor für Katechetik und Pädagogik in Paderborn, wechselte 1956 auf den Lehrstuhl für Religionspädagogik und Kerygmatik nach München. Otto Kuss zog 1960 dorthin nach.[51]

Mit der Gründung der Ruhr-Universität Bochum 1961, wobei der Lehrbetrieb 1965 aufgenommen wurde, setzte ein größerer Exodus aus Paderborn ein: Bereits 1965 wechselten Othmar Schilling, Heinrich Zimmermann und Rudolf Padberg nach Bochum. Gustav Ermecke folgte 1966 nach.[52]

Über die Motive der Bewerbungen weg aus Paderborn kann man spekulieren. Die geringere finanzielle und personelle Ausstattung im Vergleich zu staatlichen Universitäten könnte ein Grund gewesen sein. Besonders aber das fehlende Promotionsrecht und damit die Verhinderung einer eigenen Schülerschaft wird zu mancher Unzufriedenheit beigetragen haben. Wie ein Brief aus dem Jahr 1954 zeigt, den Jaeger an seinen Weihbischof Franz Hengsbach schrieb, war Jaeger über die Politik verärgert, die seinen Wünschen offenbar keine Rechnung trug. Er schrieb: „Es tut mir leid, wenn ich auch die Frau Minister [Christine Teusch; d. Verf.] persönlich angreifen muß wegen

---

49   Stellungnahme Ermeckes vom 18.10.1954 an Jaeger, EBAP, Nachlass Jaeger, 1591.
50   Jaeger an Ermecke, 9.4.1955, EBAP, Nachlass Jaeger, 1591.
51   Dahlke, Kulturkampf, S. 307.
52   Ein weiterer Wechsel war der von Heimo Dolch, der von 1954-1963 Professor für Philosophiegeschichte in Paderborn war. 1963 wurde er als ordentlicher Professor für Fundamentaltheologie, Religionsphilosophie und Grenzfragen zwischen Theologie und Naturwissenschaft an die Katholisch-Theologische Fakultät der Universität Bonn berufen.

nicht gehaltener Zusagen, nicht nur im Falle [der] Akademie Dortmund[53], sondern auch in der Frage des Promotionsrechtes der Phil.-Theol. Akademie hier in Paderborn."[54] Auch 1960 machte Jaeger wieder einen Vorstoß, dass die Philosophisch-Theologische Akademie endlich auch akademische Grade verleihen könne.[55] Es musste dringend etwas für die Attraktivität des Standortes getan werden. Doch auch dieser Vorstoß hatte keinen Erfolg.

Zwischen der Pädagogischen Hochschule (PH) und der Philosophisch-Theologischen Akademie herrschte gutes Einvernehmen. Als die beiden Rektoren, Heinz Mühlmeyer von der PH und Schilling von der Paderborner Akademie im Januar 1963, „ein gleichzeitiges Belegungsrecht" einrichten wollten, um eine gegenseitige Anerkennung von Lehrveranstaltungen zu ermöglichen, war Jaeger sehr erfreut. Nach mehreren Gesprächen schickten beide Rektoren am 8. Mai 1963 schließlich eine entsprechende „Vereinbarung zwischen der Erzbischöflichen Philosophisch-Theologischen Akademie Paderborn und der Pädagogischen Hochschule Paderborn" an den Kultusminister, die sie am 19. April getroffen hatten.[56]

---

53 Es ging um eine Neuordnung der simultanen Akademie in Dortmund, mit der Jaeger nicht einverstanden war. Nähere Hintergründe werden hier nicht genannt.
54 Lorenz Jaeger an Weihbischof Franz Hengsbach, 18.5.1954, EBAP, Nachlass Jaeger, 482 Bl. 182. Diesen Hinweis verdanke ich Herrn Florian Geidner (Würzburg).
55 Dahlke, Kulturkampf, S. 290.
56 „Zwischen der Erzbischöflichen Philosophisch-Theologischen Akademie Paderborn und der Pädagogischen Hochschule Paderborn wurde heute folgende Vereinbarung getroffen: 1. Die Erzbischöfliche Philosophisch-Theologische Akademie Paderborn und die Pädagogische Hochschule Paderborn räumen gegenseitig ihren Studierenden das Recht auf Zweiteinschreibung ein. Damit besitzen die Studierenden das Belegrecht an beiden Hochschulen. 2. Die Studiengebühren sind nur an den Hochschulen zu entrichten, an der der Studierende immatrikuliert ist. 3. Die Genehmigung zur Zweiteinschreibung erteilt die annehmende Hochschule jeweils für das laufende Semester in den ersten zwei Wochen nach Semesterbeginn. Formulare hierzu sind in den Sekretariaten der Hochschule erhältlich. Die Zweitschrift der Genehmigung verbleibt bei der annehmenden Hochschule, die Drittschrift wird der Hochschule, an der der Studierende immatrikuliert ist, zugeleitet. Nach erteilter Genehmigung erhält der Studierende einen Hörerschein, dessen Gültigkeit durch den Semesterstempel bestätigt wird. 4. Die mit dieser Vereinbarung entstehenden Verwaltungskosten trägt die Pädagogische Hochschule Paderborn. Paderborn, den 19. April 1963. Der Rektor der Erzbischöflichen Philosophisch-Theologischen Akademie Paderborn, Der Rektor der Pädagogischen Hochschule Paderborn." Vereinbarung vom 19.4.1963, UnA PB, B. 22/1.

5 Die Theologiestudenten 1958 und 1968: Kritisch und friedlich

Neben Briefwechseln Jaegers mit den Professoren der Philosophisch-Theologischen Akademie sind auch die Schreiben der Studentenschaft oder einzelner Studenten an ihn aufschlussreich. Es handelt sich um Anfragen, Bitten oder Mitteilungen. Im Folgenden sollen zwei studentische Perspektiven auf das Theologiestudium eingefangen werden.

Am 17. März 1958 wurde Jaeger ein sechsseitiger Bericht über die Beurteilung der Akademie von der theologischen Studentenschaft zugesandt. Darin wird auf der Grundlage zahlreicher Gespräche folgendes Meinungsbild festgehalten: „Etwa ein Viertel aller Theologen komme von sich aus zu einer kritischen Stellung gegenüber der Akademie, weitere zwei Viertel teilen auf Anrede hin die Einwände der ersten Gruppe, ein letztes Viertel sei von ganz positiver Einstellung oder mache sich anscheinend keine eigenen Gedanken."[57] Sehr viele Theologen seien der Meinung, „dass die Verleihung des Promotionsrechtes für die Akademie im gegenwärtigen Zeitpunkt nicht vertreten werden könne."[58] Der Verdruss der Theologen richte sich vor allem auf „eine unbefriedigende wissenschaftliche Arbeitsweise, die Art der Leistungskontrolle und eine teilweise unzweckmäßige Verteilung innerhalb der Studienordnung."[59] Alle drei Punkte werden nun näher ausgeführt. Sowohl die Vorlesungen als auch die Seminare werden stark kritisiert.[60] Viele fühlten sich offenbar fachlich nicht

---

57 Schreiben von Gerhard Kraus an Erzbischof Jaeger, 17.3.1958, EBAP, Nachlass Jaeger, 1591.
58 Ebd.
59 Ebd.
60 „So erklären sie die stark zurückgehenden Besucherzahlen bei den Vorlesungen aller Professoren – mit Ausnahme von Prof. Kuss und Prof. Dolch – mit dem Hinweis, dass man in der Vorlesung nicht mehr erwarten könne, als was längst in ‚Klätschen' bzw. eigenen Lehrbüchern der Professoren stünde. Das mehr visuelle Gedächtnis lasse sie dann von vornherein ihre Hoffnung mehr auf das Gedruckte als auf das Gehörte setzen. Dabei halten die Theologen manches für mangelnde Beziehung zur Sache oder auch zur theologischen und nichttheologischen Umwelt, was mehr in der Art des einzelnen Professors zu denken zu liegen scheint; positives Denken in der Dogmatik, asketisches Zurücktreten hinter der Objektivität der Sache oder auch Überalterung. Empfindlich reagieren die Theologen, wenn sie den Eindruck bekommen, dass die Sache und damit sie selbst nicht ernst genommen werden. […] Als Meinungen zu den Seminaren wird widergegeben: ‚Ein dogmatisches Seminar darf nicht nur eine Übersetzungsübung sein.' ‚Seminarien, die in gewissen Abständen mit gleichem Thema und gleichem Inhalt immer wieder abrollen, wirken unernsthaft.' ‚Das moraltheologische Seminar hatte während des ganzen Wintersemesters nur drei oder vier Sitzungen.' ‚In den 14-tägigen Seminarien im Alten Testament mit ganz umfassenden Themen (Das AT als Verkündigung, Das AT und die Entmythologisierung, Gerhard Kraus) kann es nicht zu einer eigentlichen Seminararbeit kommen.'" Ebd.

gut ausgebildet und ernst genommen. „Die Theologen wünschen allgemein einen engeren Kontakt mit den Professoren. Sie stellen sich darunter weniger ein menschliches Interesse als einen Kontakt in der Anteilnahme an der eigenen wissenschaftlichen Arbeit des Professors vor."[61] Eine Antwort Jaegers ist leider nicht überliefert. Allerdings wurden viele Reformvorschläge gemacht. Es wäre zu untersuchen, was davon aufgegriffen wurde.

Die nächste größere Äußerung der Studenten stammt von 1968, als der Allgemeine Studierendenausschuss (AStA) Vorschläge zur Durchführung einer Studienreform unterbreitete. Mittlerweile war aus der Akademie eine Fakultät mit Promotionsrecht geworden. Wer hier den Geist der 68er sucht, wird allerdings enttäuscht. Die Studenten wünschten sich eher vermehrt Kolloquien und Seminare anstatt Vorlesungen. Der Tonfall ist sachlich und konstruktiv.[62] Die Fakultätsversammlung, der diese Vorschläge gemacht wurden, lehnte diese ab, wie Jaeger am 12. Mai 1968 berichtet wurde.[63] Die Lage blieb dennoch ruhig.

6 Eine Universität in Paderborn

Die Ausgangslage der Universitäten in NRW war 1945 schwierig. Der „größte Teil der Lehr- und Forschungseinrichtungen der Universitäten Bonn, Köln, Münster und der Technischen Hochschule Aachen waren völlig zerstört"[64]. Zunächst ging es der Regierung vor allem darum, die bestehenden Hochschulen wieder aufzubauen. Seit den 1960er Jahren trat neben dem Ausbau der alten Universitäten die Gründung neuer Universitäten in den politischen Vordergrund.[65] Den Anfang machte die neu gegründete Ruhr-Universität Bochum (1962) und die Technische Hochschule in Dortmund (1962). Angesichts der steigenden Studentenzahlen wurde bereits 1964 von Landesregierung und Landtag beschlossen, eine neue Hochschule in Ostwestfalen zu gründen.[66]

---

61 Ebd.
62 Es handelt sich um „Vorschläge der Studentenschaft zur Durchführung der Studienreform an der Theologischen Fakultät Paderborn", datiert vom 4.5.1968, die der AStA an die Fakultätsversammlung schickte und die Jaeger zugeleitet wurden: EBAP, Nachlass Jaeger, 1591.
63 Schreiben des Rektors an Jaeger, 12.5.1968, EBAP, Nachlass Jaeger, 1591.
64 Mikat, Universitätsplanung, S. 12.
65 „Im Juli 1961 gab der Landtag in Folge der Empfehlungen des Wissenschaftsrates seine bis dahin zögerliche Haltung gegenüber Universitätsneugründungen auf und votierte für eine erste solche Neugründung in Bochum." Mälzer, Suche, S. 235.
66 Mikat, Universitätsplanung, S. 18.

Bei der Bewerbung um den Universitätsstandort in Ostwestfalen konkurrierten vor allem die Städte Bielefeld, Detmold, Herford und Paderborn miteinander.[67] Die Landesregierung setzte eine Gutachterkommission ein, welche die Bewerbungen nach definierten Kriterien bewerten sollte.[68] Bei der Bewerbung Paderborns gehörte auch Erzbischof Jaeger zu den Kräften, die diese unterstützten. So findet sich in den Bewerbungsunterlagen neben Hinweisen auf Infrastruktur, Wohnungslage, Bebauungssituation auch der Hinweis, dass im Sommersemester 1964 bereits drei „Hochschulen" in Paderborn bestehen: 1.) Die Philosophisch-Theologische Akademie mit 260 Studenten, 2.) die Franziskanerhochschule mit 30 Studenten und 3.) die PH mit 549 Studenten.[69] Dem war vorausgegangen, dass die Pädagogischen Akademien in NRW 1962 in „Pädagogische Hochschulen" umbenannt wurden.[70] Jaeger hätte es wohl gern gesehen, dass die Philosophisch-Theologische Akademie zusammen mit den anderen beiden Hochschulen ein Teil dieser neuen Universität geworden wäre. Eine solche Argumentation entsprach allerdings überhaupt nicht den Vorstellungen von Kultusminister Paul Mikat (1924-2011), der am 11. November 1965 auf der konstituierenden Sitzung des Gründungsausschusses für eine Universität in Ostwestfalen betonte, dass die Standortfrage sich „nur nach einer hochschulpolitischen Gesamtkonzeption richten" könne, und diese fand er für Ostwestfalen in den Vorschlägen des Soziologen Helmut Schelsky zu einer „Reform-Universität".[71] Aus einem Vermerk des Kultusministeriums vom 29. Juli 1965 geht hervor, dass Schelsky im Grunde nur eine Wahlmöglichkeit zwischen Detmold und Bielefeld sah.[72]

Noch bevor eine offizielle Entscheidung in der Standortfrage getroffen worden war, wurde am 1. Oktober 1965 die Philosophisch-Theologische Akademie mit Zustimmung des Kultusministers in „Philosophisch-Theologische Hochschule" umbenannt. In dem von Jaeger verfassten Beschluss wurde betont, dass sie „die legitime Nachfolgerin der theologischen Fakultät der von Fürstbischof Theodor von Fürstenberg im Jahr 1614 gegründeten

---

67 Mälzer, Suche, S. 314.
68 Die vorgegebenen Kriterien waren Fragen der verkehrsmäßigen Anbindung, Fragen der Finanzkraft des jeweiligen Gemeinwesens, Fragen der Wohnungssituation, Fragen der Arbeitsmarktbedingungen, Fragen des wirtschaftlichen, sozialen und kulturellen Gefüges. Neben solchen Fragen des „Makrostandortes" standen die des „Mikrostandortes", wie z. B. Einzelgeländeplanung, Bodennutzungsmöglichkeiten, Bebauungsgegebenheiten, Eigentumsverhältnisse, städtebauliche Zuwendung: ebd., 18 f.
69 Zur Bewerbung Paderborns siehe: EBAP, Nachlass Jaeger, 1710.
70 Blömeke, Lehrerausbildung; Fisch/Vollmer, Einblicke.
71 Vgl. dazu: Mikat/Schelsky, Grundzüge.
72 Mälzer, Suche, S. 316.

Paderborner Universität"⁷³ sei. Zudem wolle man „Verwechslungen mit anderen Instituten, die heute zunehmend den Namen ‚Akademie' führen, aber nicht der wissenschaftlichen Forschung und Lehre dienen", ausschließen.⁷⁴ Damit war drei Jahre nach der „Pädagogischen Akademie" auch aus der „Philosophisch-Theologischen Akademie" eine „Hochschule" geworden. Dies wurde als Schritt in Richtung Universität betrachtet, auf die man in Paderborn immer noch hoffte. In der Stellungnahme Schelskys zur Standortfrage, welche die Standortkommission überzeugte, hieß es, dass Bielefeld für eine Universität als urbaner Einrichtung die einzige Wahl sei. Paderborn sei nur dann geeignet, wenn man bewusst eine katholische Universität gründen wollte, da eine Universität „mit der traditionellen Geistlichkeit Paderborns fast sicher in Spannungen geraten würde"⁷⁵. So wurde am 9. November 1965 die Entscheidung der Landesregierung für Bielefeld verkündet.⁷⁶

Eine Reaktion auf diese Niederlage Paderborns als Universitätsstandort war, dass Rektor Paulus Wacker von der Philosophisch-Theologische Hochschule am 18. November 1965 an Jaeger schrieb, der sich gerade auf dem Konzil in Rom befand. Darin erinnerte Wacker den Erzbischof an das lang ersehnte und immer noch ausstehende Promotionsrecht. „Er verwies auf die Gunst der Stunde und drängte darauf hin, bei der zuständigen Kongregation einen entsprechenden Antrag zu stellen."⁷⁷ Günstig sei die Stunde, weil Kultusminister Paul Mikat die staatliche Anerkennung des Promotionsrechts in Aussicht gestellt habe, wenn

---

73 EBAP, Nachlass Jaeger, 1591: „Betr.: Umbenennung der Erzbischöflichen Phil.-Theol. Akademie zu Paderborn in Phil.-Theol. Hochschule zu Paderborn. Die ‚Erzbischöfliche Philosophisch-Theologische Akademie zu Paderborn', die legitime Nachfolgerin der theologischen Fakultät der von Fürstbischof Theodor von Fürstenberg im Jahr 1614 gegründeten Paderborner Universität, dient der wissenschaftlichen Ausbildung der Theologiestudenten des Erzbistums Paderborn sowie der übrigen an ihr immatrikulierten Studierenden aus anderen Bistümern und religiösen Ordensgemeinschaften.

Um diesen Charakter besser in der Benennung zum Ausdruck zu bringen und Verwechslungen mit anderen Instituten, die heute zunehmend den Namen ‚Akademie' führen, aber nicht der wissenschaftlichen Forschung und Lehre dienen, auszuschließen, wird nach Zustimmung des Herrn Kultusministers die Akademie mit Wirkung vom 1. Oktober 1965 umbenannt in ‚Philosophisch-Theologische Hochschule zu Paderborn'. In Klammern soll hinzugefügt werden ‚Academia Theodoriana', um so das Andenken an den Gründer wach zu halten. Der volle Titel der mehr als 350 Jahre alten theologischen Lehranstalt lautet mithin in Zukunft: ‚Philosophisch-theologische Hochschule (Academia Theodoriana) zu Paderborn'. Paderborn, den 1. Oktober 1965 Tgb.-Nr. A 1126/65, Lorenz Kardinal Jaeger (Unterschrift) Erzbischof von Paderborn."

74 Ebd.
75 Schelsky, Stellungnahme, S. 221; zitiert nach: Mälzer, Suche, S. 316.
76 Ebd.
77 Dahlke, Kulturkampf, S. 292; Paulus Wacker an Lorenz Jaeger am 18.11.1965, in: ebd., Anm. 135. Überlegungen, dass die Philosophisch-Theologische Akademie eine Kooperation mit

der Vatikan zustimme. „Jaeger folgte dem, obwohl dies der bisherigen Linie widersprach."[78] Die vatikanische Studienkommission bewilligte diese Eingabe und erhob am 11. Juni 1966 die Philosophisch-Theologische Hochschule zur Theologischen Fakultät mit dem Recht der Verleihung akademischer Grade für die Katholische Theologie.[79] Es darf bezweifelt werden, dass er mit dieser Entscheidung im Nachhinein ganz glücklich gewesen ist, vor allem in Anbetracht der weiteren Hochschulentwicklung in Paderborn, die dann doch noch zur Gründung einer Universität führte, einer Entwicklung, von der die Theologische Fakultät nun abgehängt wurde. Diese Entwicklung soll nun im Folgenden kurz skizziert werden.

In den 1960er Jahren fand eine schrittweise Akademisierung der Volksschullehrerausbildung statt. Bereits die Umbenennung von „Pädagogische Akademie" in „Pädagogische Hochschule" 1962 war ein erster Schritt in diese Richtung. Bis zu diesem Zeitpunkt war sie beträchtlich gewachsen: „500 Studierende waren eingeschrieben, die von einem auf 29 Personen angewachsenen Dozentenkollegium in einem erweiterten Fächerspektrum unterrichtet und betreut wurden."[80] Am 31. März 1964 richtete Kultusminister Prof. Paul Mikat per Erlass Seminare an den PHs ein. Zehn Seminare waren hierbei vorgesehen, darunter das „Seminar für Religionspädagogik". Die Seminare wurden mit wissenschaftlichen Assistenten, einer Sekretärin und einer Fachbibliothek ausgestattet.[81]

Im Jahr 1965 wurden als nächster Reformschritt die bestehenden PHs in NRW zu drei PHs zusammengefasst: Rheinland, Ruhr und Westfalen-Lippe. Paderborn wurde damit zu einer Abteilung der PH Westfalen-Lippe, die am 9. Juni 1965 gegründet worden war. Weitere Abteilungen bestanden in Bielefeld, Münster und Siegen.[82] Die PHs waren durch das PH-Statusgesetz den Universitäten gleichgestellt worden. Der bekenntnismäßige Charakter der PHs blieb allerdings erhalten, und das war das Argument dafür, die PHs den Universitäten nicht anzugliedern. Sie sollten den Anforderungen des

---

der Theologischen Fakultät an der neu errichteten Ruhr-Universität Bochum eingehen könnte, waren zu diesem Zeitpunkt schon längst obsolet.
78 Ebd.
79 Schmidt, Fakultät, S. 360.
80 Wischinski, Akademie, S. 45.
81 Peters, Nordrhein-Westfalen, S. 131.
82 Wischinski, Akademie, S. 45. Die Entwicklung ging auf das am 26.5.1965 vom Landtag verabschiedete „Gesetz über die Errichtung von Pädagogischen Hochschulen im Land Nordrhein-Westfalen" (PH Statusgesetz) zurück. Zudem wurde am selben Tag das „Gesetz über die Ausbildung für die Lehrämter an öffentlichen Schulen" (Lehrerausbildungsgesetz, LABG) verabschiedet. Diese beiden Gesetze bildeten zusammen den Brennpunkt der kulturpolitischen Auseinandersetzungen: Peters, Nordrhein-Westfalen, S. 133.

„Elternrechts" entsprechen.[83] Diese Bestimmung war von der Bildungspolitik der CDU geprägt, welche „an der Konfessionsschule als Regelschule und an eigenständigen konfessionellen Pädagogischen Hochschulen" festhielt.[84]

Ende 1966 kam es nach einem Misstrauensvotum gegen Ministerpräsident Franz Meyers zu einer Regierungsneubildung aus SPD und FDP. Dies führte auch zu Veränderungen in der Schulpolitik. Die bisherige Volksschule sollte zu einer leistungsfähigen Grund- und Hauptschule ausgebaut werden. Neue Lehrpläne sahen die Hauptschule als Schule weiterführender Bildung. Nach langwierigen Beratungen mit Kirchen und Fraktionen schlossen Regierungskoalition (SPD/FDP) und Opposition (CDU) einen Kompromiss, der in einer Änderung des weltanschaulichen Charakters der Grund- und Hauptschulen bestand. Nach einer Verfassungsänderung im Juni 1968 fiel der Konfessionsparagraph für die PHs weg. Lehrerausbildung konnte nun gemeinsam evangelisch und katholisch erfolgen. Die SPD betrachtete das volle Hineinwachsen der PH in die Wissenschaftlichkeit als unvereinbar mit deren Konfessionsgebundenheit, unterstützt von der Mehrheit der Studierenden. Die CDU wies darauf hin, das Einverständnis mit den Kirchen herzustellen.

> Im Gegensatz zur ev. Kirche, die erklärte, sie werde der Verfassungsänderung ohne vorherige Verhandlungen zustimmen, gestalteten sich die Verhandlungen mit der kath. Kirche schwieriger und dauerten viele Monate, da ihre Forderungen für die Aufgabe der bisherigen konfessionellen Gliederung der Abteilungen in den PHs bei den Regierungsparteien und der Regierung auf Widerstand stieß.[85]

Die Landesregierung vereinbarte mit beiden Kirchen, dass an jeder Hochschulabteilung sowohl ein Lehrstuhl für evangelische wie katholische Religionsdidaktik zu errichten sei.[86]

Das Jahr 1968 brachte der PH in Paderborn neben dem Wegfall des Konfessionsparagraphen auch eine neue Prüfungsordnung. Der Umfang der Praktika wurde darin reduziert. Unterrichtserfahrung in Schulen war keine notwendige Voraussetzung mehr, um eine Dozentenstelle zu bekommen. Die praktisch-methodische Schulbildung wurde mehr in die Phase nach der ersten Staatsprüfung verlegt und erfolgte in neu eingerichteten Bezirksseminaren. 1971 wurden eine Diplomprüfungsordnung, eine Promotionsordnung und eine Habilitationsordnung erlassen. Das Recht auf Habilitation hatten die PHs bereits 1968 zugesprochen bekommen. Dies alles zeigt, dass

---

83 Ebd., S. 136.
84 Ebd., S. 169.
85 Ebd., S. 197.
86 Wischinski, Akademie, S. 49.

eine Verwissenschaftlichung der Lehrerausbildung an den PHs stattgefunden hatte.[87] Die Zahl der Studierenden wuchs weiter. Im Sommersemester 1972 waren es 1.023 in Paderborn.

Am 1. August 1972 beschloss die Landesregierung, eine „Gesamthochschule" in Paderborn zu errichten. Darin ging nicht nur die PH auf, sondern auch die früheren Ingenieursschulen aus Paderborn, Höxter, Soest und Meschede, die kurz zuvor in der Fachhochschule Südost-Westfalen aufgegangen waren.[88] Damit fand die Trennung der Ausbildungsstätten für Volksschullehrer und Gymnasiallehrer ein Ende.[89] Paderborn hatte eine Gesamthochschule ähnlich einer Universität, an der ein Studium für alle Schulformen möglich war.[90]

Erzbischof Jaeger war seit 1969 von den neuen Plänen einer Universitätsgründung in Paderborn unterrichtet.[91] Das Thema der Lehrerbildung im christlichen Sinne war ihm stets ein Anliegen gewesen. Aber sein Ideal von katholisch durchformten Lehrern in katholischen Schulen war längst kein Zukunftsmodell mehr. Entsprechend ging es nun mehr um Schadensbegrenzung. Am 12. Februar 1969 machte er Vorschläge für einen Vertrag zwischen dem Heiligen Stuhl und dem Land NRW über die PHs. Dabei forderte er unter anderem: „1. Die Lehrstühle für Kath. Theologie dürfen nur mit solchen Theologen besetzt werden, gegen die der zuständige Diözesanbischof keine Einwände erhebt. [...] 5. Die jetzige Regelung muss ferner so erfolgen, daß sie auch dann Gültigkeit behält, wenn in Zukunft die Pädagogischen Hochschulen den Universitäten angegliedert werden."[92] Dies zeigt, dass sich Jaeger ein Mitspracherecht auf die Besetzung der katholischen Theologieprofessoren an der PH sichern wollte, auch dann, wenn die PHs in Universitäten eingegliedert werden. Mit dieser Entwicklung war also bereits 1969 zu rechnen.

---

87 Ebd., S. 50; Peters, Nordrhein-Westfalen, S. 159 f.
88 Wischinski, Akademie, S. 54.
89 Ebd., S. 55. Die als Gesamthochschule gegründete Universität ging auf die Initiative der Ratsfrau Ellen Rost, des Institutsdirektors der PH Helmar Gunter Frank und des Paderborner Computerpioniers Heinz Nixdorf zurück. Letzterer verhalf der Universität zu einem Forschungsschwerpunkt in Informatik. 2002 wurde die Gesamthochschule, die neben der Universität mehrere Fachhochschulabteilungen umfasste, ausschließlich zur Universität.
90 Weitere Erkenntnisse zur Idee der „Gesamthochschule" sind zu erwarten durch das seit 2015 von der DFG geförderte Forschungsprojekt: „Die Transformation ‚hochschulleerer Räume' zur ‚Hochschullandschaft'. Das nordrhein-westfälische Gesamthochschulkonzept, 1965-1985." (geleitet von Prof. Dr. Ute Schneider, Abteilung für Sozial- und Wirtschaftsgeschichte, Universität Duisburg-Essen).
91 Siehe: EBAP, Nachlass Jaeger, 1708.
92 12.2.1969: Vorschläge von Jaeger für einen Vertrag zwischen dem Heiligen Stuhl und dem Land NRW über PHs: EBAP, Nachlass Jaeger, 863.

7 Das Institut für Religionspädagogik und die Entstehung der Katholischen Fachhochschule (KFH NW[93]) Abteilung Paderborn

Im Jahr 1968 wurde das „Institut für Religionspädagogik" in Paderborn gegründet. Träger war das Erzbistum. Am 14. Oktober 1968 (das Datum dürfte auf die Universitätsgründung vom 14. Oktober 1614 anspielen), wurde diese „Höhere Fachhochschule für Religionspädagogik" feierlich eröffnet. Als Ausbildungsziel gab eine kleine Broschüre von 1969 an:

> Im Institut für Religionspädagogik erhalten Ordensfrauen eine theologische, spirituelle und pädagogische Schulung für den späteren Dienst in Führungsaufgaben ihrer Gemeinschaft. Speziell dient das Institut der Ausbildung künftiger Katecheten, die im Auftrag der Kirche in öffentlichen und freien Schulen oder in der Missionsarbeit der Kirche wirken. Zur Ausbildung für den Beruf des Religionslehrers (Katecheten) werden Laien (Männer und Frauen) und Ordensfrauen aufgenommen.[94]

Damit eröffnete sich auch für Laien die Möglichkeit einer schmalen theologischen Ausbildung mit Berufsaussichten in der Kirche. Die Ausbildung sollte zwei Jahre (vier Semester) gehen. Voraussetzungen waren Mittlere Reife; wünschenswert war eine abgeschlossene Berufsausbildung oder vorherige pädagogische Tätigkeit.

Zu Beginn dieses Instituts hatten die Ordensfrauen noch die Oberhand. Am ersten Kurs nahmen 32 Studierende teil, davon 26 Ordensfrauen, zwei Mitglieder eines Säkularinstituts und vier Laien (zwei Frauen und zwei Männer). Es wurde ein gemeinschaftliches Leben geführt, das in diesem Fall Ordensfrauen mit Laien zusammenführten. Die Studenten wohnten im Liborihaus in der Leostraße, nicht weit vom Priesterseminar.[95] Im Jahresbericht 1969/70 wurde die gute Nachbarschaft zwischen den Priesteramtskandidaten und den Katecheten gelobt.[96]

Während sich die Volksschullehrerausbildung an der PH seit einigen Jahren verwissenschaftlichte, entsprach diese „Fachhochschule" anfangs eher den Vorstellungen der alten Pädagogischen Akademien. Mit dem Übergewicht von Ordensleuten gegenüber Laien wurde zudem auf die stets angemahnte „religiös-aszetische Durchformung" der Laien reagiert. Wenn Jaeger hier auf

---

93 Zu dieser Zeit kürzte man Nordrhein-Westfalen noch mit ‚NW' statt mit ‚NRW' ab. Ab 2008 wird die Abkürzung ‚KatHO' für die ‚Katholische Hochschule' verwendet, zu der die ‚Katholische Fachhochschule' geworden war.
94 Prospekt vom März 1969, EBAP, Nachlass Jaeger, 1115.
95 Ebd.
96 EBAP, Nachlass Jaeger, 1116.

ein Gegenmodell zur aktuellen Hochschulpolitik gesetzt hatte, dann wurde er bald eines Besseren belehrt. Im Wintersemester 1971/72 setzte auch hier eine Akademisierung der Katecheten ein, die sich z. B. an der Verlängerung der Studiendauer auf sechs Semester erkennen lässt.[97]

Der Direktor des Instituts war Ulrich Wagener. Er schrieb am 4. Februar 1971 an Jaeger, er habe „einen Antrag auf Eingliederung des Instituts für Religionspädagogik Paderborn in die ‚Katholische Fachhochschule NW gGmbH' (gemeinnützige Gesellschaft mit beschränkter Haftung)" am Hauptsitz Köln gestellt. Der Antrag wurde bewilligt. Das Institut wurde damit Teil der „Fachhochschule NW – Abteilung Paderborn". Dabei war von Anfang an angedacht gewesen, hier auch einen Fachbereich Theologie zu etablieren, was die anderen KFHs NW nicht hatten. Am 29. Juni 1971 fand eine Tagung in der Katholischen Akademie Schwerte statt, auf der es um die Ausbildung von Seelsorgehelferinnen in Paderborn ging. Diese sollten auch an der Fachhochschule Paderborn ausgebildet werden können, so dass das Institut nicht mehr nur künftige Katecheten ausbildete.[98] Jaeger hatte nichts gegen eine theologische Ausbildung an der Fachhochschule für künftige Seelsorgehelferinnen. Am 22. Januar 1973 gratulierte er dem Fachbereichsleiter, Dr. Hubert Reifenhäuser, zur Anerkennung des Fachbereichs Theologie.

Es war Jaeger auch ein Anliegen, eine Laufbahn von der Fachhochschule zum Priesterberuf hin zu ermöglichen. So erklärte er in einem Brief am 5. April 1973, dass er an ein drei- bis viersemestriges Aufbaustudium an der Theologischen Fakultät denke, wenn ein Student der Fachhochschule sich nach seiner Ausbildung entscheiden sollte, Priester werden zu wollen.[99] Hier sah Jaeger erstmals Vorteile eines solchen Instituts, in dem es freilich auch zu einer Laisierung der Theologie kam, für Priesterberufungen.

8 Schluss

Jaeger erlebte im Laufe seiner Amtszeit als Erzbischof von Paderborn umfassende Veränderungen im Bildungswesen, von der auch die akademische Theologie betroffen war. Während des Zweiten Weltkrieges sank die Zahl der Theologiestudenten an der Philosophisch-Theologischen Akademie rapide, weil immer mehr junge Männer zum Wehrdienst eingezogen wurden. 1940

---

97 Ebd.
98 Ebd.; hierzu existieren Protokolle.
99 Ebd.

waren noch 201 Studenten vor Ort, während 447 im Feld standen.[100] Nach dem Zusammenbruch des „Dritten Reichs" begann zunächst eine Phase des Wiederaufbaus, wobei die katholische Kirche von ihrem Image als weltanschauliche Gegnerin des Nationalsozialismus profitierte. Bei den 218 Theologiestudenten von 1946 zeigten sich jedoch auch deutlich Spuren der Kriegserlebnisse. Das Soldatische hatten alle noch verinnerlicht. Darin sah Konviktsdirektor Höfer durchaus ein Problem. Ihm war grundsätzlich an der Entwicklung von reifen Persönlichkeiten gelegen. Der „wilde unmethodische Eifer", mit dem studiert wurde, entsprach nicht seinen Vorstellungen. 1949 diagnostizierte Höfer bei den Studenten zahlreiche psychologische Faktoren, die bei den meisten an einer dauerhaften Berufung oder Eignung zum Priesterberuf zweifeln ließen. Höfer bemängelte, dass eine selbstkritische Auseinandersetzung mit dem Nationalsozialismus noch nicht stattgefunden habe. 1949 sah er sogar vielfach eine ideologische Verlagerung vom Führer zur Christusbegeisterung, vom Deutschen Reich zum Reich Gottes. Im Studium zeigten sich die meisten überfordert. Bei Jaeger war nach 1945 ständig die Sorge um den Priestermangel präsent, der zunächst durch die Verluste im Krieg bedingt war und dann durch zu wenig Theologiestudenten. So zeichnete er 1952 in einem Schreiben an einen ausscheidenden Priesteramtskandidaten ein düsteres Bild von der Zukunft.

In einem patriarchalen Habitus, der von Strenge wie Güte geprägt war, zeigte er sich nicht nur der Philosophisch-Theologischen Akademie, sondern auch der 1946 gegründeten Pädagogischen Akademie verbunden. Er stand mit den Rektoren beider Akademien im Austausch, versuchte beiden in ihren Nachkriegsnöten tatkräftig zu helfen. Wie viele sah er vermutlich im Christentum den einzigen Garanten für einen zivilisatorischen Fortschritt. Den Volksschullehrerinnen und Volksschullehrern kam insofern eine tragende gesellschaftspolitische Bedeutung zu. Dies sorgte bei Katholiken für einen Einsatz für Konfessionsschulen und konfessionelle Lehrerausbildung. Eine CDU geführte Landesregierung maß den Kirchen großen Einfluss zu. So konnte die Kirche ihren Anspruch auf politische Einfluss im Bildungsbereich erfolgreich behaupten. In den Auseinandersetzungen um konfessionelle Schulen oder Gemeinschaftsschulen wurde in Paderborn 1946 eine Elternbefragung durchgeführt, wonach von 2.940 abgegebenen Fragebögen nur zehn Prozent gegen die konfessionelle Bindung der Volksschulen votierten. Die 1946 in NRW gegründeten „Pädagogischen Akademien" waren konfessionell gebunden. Das bedeutete, dass evangelische Kinder in Paderborn weite Schulwege zurücklegen

---

100 Dahlke, Nationalsozialismus, S. 327.

mussten. Für sie gab es später auch keine Möglichkeit, in Paderborn an der Pädagogischen Akademie zu studieren.

Unter diesen günstigen Rahmenbedingungen konnten sich in den 1950er Jahren die beiden Akademien in Paderborn gut entwickeln. Diese Re-Konfessionalisierung im Strukturrahmen eines katholischen Milieus sorgte für eine gewisse Stabilität, war jedoch ein Pyrrhussieg. Das Bild hatte längst Risse, die in den 1950er Jahren eher verdrängt wurden. Insgesamt ging die gesellschaftliche Entwicklung in eine andere Richtung. Überkommene rigide Autoritätsvorstellungen verloren zunehmend ihre Plausibilität. Die Lockerungen der privaten Umgangsformen sowie die spezifisch deutsche Ausformung des Generationenkonflikts im Hinblick auf die NS-Zeit seien hier erwähnt. In den 1960er Jahren wurden diese Veränderungen bildungspolitisch relevant, denn für all dies wurden die Universitäten vorzugsweise zur Projektionsfläche und zum Austragungsort.[101]

Bei einigen Professoren der Philosophisch-Theologischen Akademie herrschte schon in den 1950er Jahren eine große Unzufriedenheit, so dass es zu zahlreichen Wegbewerbungen kam, die Jaeger wie im Fall Ermecke 1954 gern tatkräftig blockierte. Vor allem das nicht vorhandene Promotionsrecht und damit die Unmöglichkeit, eigene Schüler heranzubilden, war ein Grund für diese Fluktuation. Hier fühlte sich Jaeger von der Politik im Stich gelassen.

Ein Bericht der Studenten aus dem Jahr 1958 zeigt eine relativ große Unzufriedenheit mit den Professoren der Philosophisch-Theologischen Akademie, mit deren Lehrveranstaltungen und Auftreten gegenüber den Studenten. Sie wünschten sich einen stärkeren Kontakt zu den wissenschaftlichen Arbeiten der Professoren. Vermutlich hatte das nicht vorhandene Promotionsrecht dazu geführt, dass die meisten Professoren keine Mühe auf eine wissenschaftliche Förderung der Studenten verwendeten. So war die Situation trotz konfessionspolitisch günstiger Rahmenbedingungen in Paderborn schwierig.

Ab 1960 trat die Landesregierung bildungspolitisch in eine Reformphase ein, wobei neben dem Ausbau der alten Universitäten in NRW neue errichtet werden sollten. Nach Bochum (1961) und Dortmund (1962) sollte eine Universität in Ostwestfalen gegründet werden. Paderborn bewarb sich 1964 um den Standort; Bielefeld erhielt den Zuschlag. In dieser Situation erwirkte Jaeger auf Drängen des Paderborner Kollegiums 1966 das Promotionsrecht und die Umwandlung der Philosophisch-Theologischen Hochschule in eine Theologische Fakultät. Seit 1969 zeichnete sich allerdings der Weg der PH Paderborns zu einer Gesamthochschule ab, wobei die Theologische Fakultät in freier Trägerschaft kein Teil dieser Gesamthochschule wurde. Als dritter Ausbildungsort

---

101 Klenke, Verfassungsgerichtsurteil, S. 219.

für Theologen kam 1968 das „Institut für Religionspädagogik" hinzu, das später Teil der Paderborner Abteilung der KFH NW wurde.[102]

Die Universitätspolitik war stets von einem Bildungsdiskurs begleitet, mit dem unterschiedliche parteipolitische Interessen verfolgt wurden. Schon in der Weimarer Republik wurde darüber gestritten, ob die Volksschullehrerausbildung akademisiert werden sollte, d. h. am besten an einer Universität mit einem gewissen wissenschaftlichen Anspruch stattfinden sollte, oder ob man lieber Pädagogische Akademien gründen soll, an denen vor allem eine praktische pädagogische Ausbildung erfolgen sollte. Das „Dritte Reich" hatte 1933 zunächst die Pädagogischen Akademien übernommen, brachte dann ab 1940 eine zusätzliche Entakademisierung durch die Errichtung von „Lehrerbildungsanstalten".[103] 1946 knüpfte man wieder an den Pädagogischen Akademien an, wobei die Forderungen nach einer Akademisierung der Volksschullehrerausbildung wiederaufkamen. Mit der Reformphase seit den 1960er Jahren setzte sich diese Richtung endgültig durch. Die Pädagogische Akademie wurde 1962 zur PH und damit den Universitäten gleichgestellt. Nur der Konfessionsparagraph trennte sie noch von einer Eingliederung.

Hier sieht man, wie eng der Diskurs um Akademisierung mit dem Diskurs um Konfessionalität verknüpft war. Man stritt auch um die Auffassung, ob echte Wissenschaft weltanschaulich neutral sein müsse, was die Frage nach sich zog, ob Theologie echte Wissenschaft sei. Dieser Diskurs konnte hier nicht verfolgt werden. Er gehört aber ins geistige Klima der weiteren Entwicklungen. War nach dem Krieg das Christentum als Leitkultur quasi unwidersprochen, so sah man sich als Theologe zunehmend gesamtgesellschaftlichen Anfragen gegenüber, die mit herkömmlichen theologischen Wissen nicht zu beantworten waren. Dies sei als Gegenstand für theologiegeschichtliche Abhandlungen hier nur erwähnt.

Das gesellschaftliche Klima veränderte sich. So versprach der erste Bundeskanzler einer sozialliberalen Regierung, Willy Brandt, 1969 in seiner Regierungserklärung, man wolle „mehr Demokratie wagen". Es folgte eine umfassende Liberalisierung des gesellschaftlichen Systems im damaligen Westdeutschland.[104]

Lorenz Jaeger hat diese Entwicklung bis zu seiner Emeritierung als Paderborner Erzbischof 1973 miterlebt und im Rahmen seiner Möglichkeiten versucht, darauf einzuwirken. Dabei zeigte er sowohl pragmatische Anpassungsfähigkeit als auch Widerständigkeit, wenn es um die Gefährdung

---

102 Diesen Hinweis verdanke ich Herrn Dr. Henning Wachter, Paderborn.
103 Vgl. Blömeke, Lehrerausbildung.
104 Lambrecht, Hochschulpolitik, S. 146.

katholischer Interessen ging. Vor allem den umfassenden Prozess der Hochschulreformen in den 1960/70er Jahren nahm er zunehmend als bedrohlich wahr. In seiner letzten Empfehlung an die Bischofskonferenz sprach er 1969 davon, dass die Kommission XII „den Einfluss und das ‚Abfärben' der gesellschaftlichen Zeitströmungen etwa: Demokratismus, Forderung nach ‚Räten', Autoritätsallergie etc. auf die Kirche [feststellen; d. Verf.] und in einer gründlichen Auseinandersetzung die der Kirche eigenen Strukturen und Wirkweisen" aufzeigen möge.[105]

Jaegers Verhältnis zur theologischen Entwicklung im Horizont allgemeiner Hochschulreformen lässt sich von daher einerseits als Geschichte einer doppelten Entfremdung erzählen. Während sich die Gesellschaft, auch die katholische, zunehmend von den Strukturen und kulturellen Deutungen des Katholischen Milieus entfremdete, entfremdete sich Erzbischof Jaeger zunehmend von den „gesellschaftlichen Zeitströmungen". Andererseits wurde diese Entfremdung nie so stark, dass sich die beiden Pole „Kirche" und „Welt" aus den Augen verloren hätten. Insofern handelt es sich auch um eine Geschichte der Vermittlungsversuche, Anpassungs- und Lernprozesse.

Quellen- und Literaturverzeichnis

Quellen

Erzbistums-Archiv Paderborn (EBAP)
  Nachlass Lorenz Kardinal Jaeger (NLKJ) Akten Nr. 482, 862, 863, 1098, 1101, 1104, 1115, 1116, 1525, 1591, 1708, 1710
Universitätsarchiv Paderborn (UniA PB)
  B. 22/1

Literatur

Bäumer, Remigius: Josef Höfer, in: LThK 5 (1996), S. 197

Blömeke, Sigrid: „… auf der Suche nach festem Boden". Lehrerausbildung 1945/46 – Professionalisierung versus Bildungsbegrenzung. Münster 1999

Dahlke, Benjamin: Vom Ende des Kulturkampfes bis zur Erhebung zur Theologischen Fakultät (1887-1966), in: Josef Meyer zu Schlochtern (Hg.): Die Academia Theodoriana. Von der Jesuitenuniversität zur Theologischen Fakultät Paderborn 1614-2014. Paderborn 2014, S. 271-312

---

105 Protokoll von Jaeger zur Vollversammlung der Deutschen Bischofskonferenz in Fulda vom 22.-25.9.1969, EBAP, Nachlass Jaeger, 1525.

Dahlke, Benjamin: Die Zeit des Nationalsozialismus, in: Josef Meyer zu Schlochtern (Hg.): Die Academia Theodoriana. Von der Jesuitenuniversität zur Theologischen Fakultät Paderborn 1614-2014. Paderborn 2014, S. 313-335

Damberg, Wilhelm/Meier, Johannes: Das Bistum Essen. Eine illustrierte Geschichte 1958-2008. Münster 2007

Fisch, Elisabeth/Vollmer, Hartmut (Hg.): Einblicke – Ausblicke. 25 Jahre Universität –Gesamthochschule Paderborn. Paderborn 1998

Klenke, Dietmar: Das Verfassungsgerichtsurteil von 1973 über die universitäre Mitbestimmung. Ein Balanceakt zwischen Demokratisierungs-Mythos und bildungsaristokratischem Freiheitsprivileg, in: Dietmar Klenke/Rainer Pöppinghege (Hg.): Hochschulreformen früher und heute. Zwischen Autonomie und gesellschaftlichem Gestaltungsanspruch. Göttingen 2011, S. 217-246

Köhler, Joachim/van Melis, Damian (Hg.): Siegerin in Trümmern. Die Rolle der katholischen Kirche in der Nachkriegsgesellschaft. Stuttgart 1998

Lambrecht, Wolfgang: „Lange Linien" und Brüche in der (deutsch-)deutschen Hochschulpolitik nach 1945, in: Dietmar Klenke/Rainer Pöppinghege (Hg.): Hochschulreformen früher und heute. Zwischen Autonomie und gesellschaftlichem Gestaltungsanspruch. Göttingen 2011, S. 146-157

Mälzer, Moritz: Auf der Suche nach der neuen Universität. Die Entstehung der ‚Reformuniversitäten' Konstanz und Bielefeld in den 1960er Jahren. Göttingen 2016

Mikat, Paul: Gedanken zur Universitätsplanung in Nordrhein-Westfalen. Vortrag vor dem Gründungsausschuß für die Universität Ostwestfalen, in: Paul Mikat/Helmut Schelsky (Hg.): Grundzüge einer neuen Universität. Gütersloh 1966, S. 12-19

Mikat, Paul/Schelsky, Helmut: Grundzüge einer neuen Universität. Gütersloh 1966

Peters, Walter: Lehrerausbildung in Nordrhein-Westfalen 1955-1980. Von der Pädagogischen Akademie über die Pädagogische Hochschule zum Aufbruch in die Universität. Frankfurt a. M. 1996

Schelsky, Helmut: Standortbestimmung einer Universität. Gutachten zum Standort einer Universität in Ostwestfalen. Münster 1967

Schmidt, Konrad: Die Theologische Fakultät seit dem Zweiten Vatikanischen Konzil, in: Josef Meyer zu Schlochtern (Hg.): Die Academia Theodoriana. Von der Jesuitenuniversität zur Theologischen Fakultät Paderborn 1614-2014. Paderborn 2014, S. 359-414

Später, Jörg: Vansittart. Britische Debatten über Deutsche und Nazis 1902-1945. Göttingen 2003

Wischinski, Monika: Pädagogische Akademie und Pädagogische Hochschule in Paderborn 1946-1972. Paderborn 1998

Joachim Schmiedl

Kardinal Jaeger und das II. Vatikanische Konzil

1 Die vorbereitenden Voten Lorenz Jaegers und seine Mitarbeit im Sekretariat Bea

1.1 *Zur Dynamik des II. Vatikanischen Konzils*
Nicht nur für die bei der Feier zum Abschluss der Weltgebetsoktav für die Einheit der Christen anwesenden Kardinäle und Bischöfe kam die kurze Ansprache von Papst Johannes XXIII. in der Sakristei der Basilika San Paolo fuori le mura überraschend. Unter einer Diözesansynode konnten sich die Zuhörer etwas vorstellen – sie war vom Kirchenrecht alle zehn Jahre vorgesehen -, ebenso unter der Ankündigung der Reform des Kirchenrechts. Ein „Ökumenisches Konzil" rief dagegen viele Fragen hervor. Den wenigsten war klar, dass ihnen mehr als dreieinhalb Jahre Vorbereitung bevorstanden, weitere drei Jahre in vier Sitzungsperioden engagierte Diskussionen mit der Änderung aller erarbeiteten Vorlagen und eine nicht absehbare Dauer der Umsetzung in den Ortskirchen.[1]

Der Paderborner Erzbischof Lorenz Jaeger, nach dem Abschluss der dritten Sessio von Papst Paul VI. zum Kardinal kreiert, war an allen Etappen des Konzils beteiligt. Er engagierte sich bereits, als nach möglichen Themen gefragt wurde. Er gehörte dem *Sekretariat für die Einheit der Christen* an. Auf dem Konzil war Jaeger in allen Phasen präsent und brachte seine Vorschläge ein. Um Überschneidungen zu anderen Forschungen im Rahmen des Projekts zu vermeiden, konzentriere ich mich auf die Vorbereitungsphase des Konzils und seine Voten während der vier Konzilssessionen.[2]

1.2 *Die beiden Voten Jaegers von 1959*
Mit Datum vom 18. Juni 1959 richtete Kardinalstaatssekretär Domenico Tardini (1888-1961)[3] einen Brief an alle künftigen Konzilsväter mit der Bitte, ihre Themenvorschläge einzureichen. Die meisten deutschen Bischöfe nützten den

---

1 Die Literatur zum II. Vatikanischen Konzil ist kaum mehr zu überblicken. Vgl. vor allem die fünfbändige Konzilsgeschichte: Alberigo/Wittstadt, Geschichte, Bde. 1-3 und Alberigo/Wassilowsky, Geschichte, Bde. 4-5 sowie den Theologischen Kommentar zu den Dokumenten, hg. v. Hünermann/Hilberath.
2 Neben dem Tagungsband zu „Jaeger als Ökumeniker" (voraussichtlich Paderborn 2020) sei besonders verwiesen auf den Beitrag von Dominik Burkard in diesem Band.
3 Nicolini, Domenico Tardini.

Ferienmonat August, um ihre Voten vorzubereiten. Der schnellste war Lorenz Jaeger, dessen Votum das Datum des 3. August 1959 trägt.

1.2.1 Das Votum vom 3. August 1959

Vier Punkte und ein praktisches Anliegen umfasste Jaegers rasche Antwort.[4]

Um *erstens* alle gesellschaftlichen, ökonomischen und technischen Fragen und ihren Einfluss auf das religiöse Leben, die Regulierung des sozialen und politischen Lebens – vor dem Hintergrund der atomaren Bedrohung des Kalten Krieges, der Stationierung von Atomwaffen in der Bundesrepublik Deutschland (BRD) und der Proteste dagegen nannte Jaeger ausdrücklich die Entwicklung der Atomindustrie, „rerum atomicarum evolutionis" – nach den naturgesetzlichen und christlichen Normen sowie die Zurückweisung und Überwindung des theoretischen und praktischen Materialismus zu lösen, brauche es den Expertenrat von Laien, die eine besondere Erfahrung in diesen Themen mitbringen. Jaeger forderte, Laien in die Kommissionen zu berufen. Für die dogmatischen Fragen seien ebenfalls Sachkenntnisse erforderlich, die besonders die ökumenische Frage betreffen. Hierzu empfahl Jaeger neben dem an der Gregoriana in Rom lehrenden holländischen Jesuiten Johannes Witte die Kompetenz des Johann-Adam-Möhler-Instituts. Da Jaeger vielleicht glaubte, nicht genügend Kenntnisse über den Namensgeber des Instituts voraussetzen zu können, fügte er zur Kennzeichnung des Tübinger Professors Möhler (1797-1839) bei: „theologo catholico, qui S. Bellarmini opus controversiarum novis methodis prosequebatur" – Möhler habe die Kontroverstheologie mit neuen Methoden fortgeführt.

Das zentrale Thema solle *zweitens* die Lehre von der Kirche sein, die auf dem I. Vatikanum abrupt abgebrochen worden sei, inzwischen aber intensiv studiert wurde. Fundament der gesamten Ekklesiologie sei die Lehre vom „corpus Christi mysticum". Jaeger bezog sich damit auf theologische Strömungen der Zwischenkriegszeit, durch welche eine einseitige juridische Sichtweise der Kirche durch eine „organische" ergänzt werden sollte. Das paulinische Bild vom Leib Christi wurde theologisch reflektiert[5] und von Papst Pius XII. in seiner Enzyklika *Mystici Corporis* (MC) von 1943 lehramtlich bestätigt[6]. Jaeger bezieht sich in den Ausführungen seines Votums auf die Studie eines amerikanischen Theologen, Stanislaus J. Grabowski, der 1957 auf die Verbindung zwischen der Lehre des Pacelli-Papstes und der Ekklesiologie

---

4 Vgl. ADAP II/I, S. 637-639.
5 Vgl. Remenyi/Wendel, Kirche. Darin: Unterburger, Realidentität, S. 91-109; Marschler, Kernelemente, S. 110-142.
6 Vgl. Pius XII., Mystici Corporis Christi.

des hl. Augustinus hingewiesen hatte[7]. Hervorzuheben sei, so Jaeger, dass die Gnade der Rechtfertigung von der Fülle Christi gratis geschenkt und immer barmherzig bewahrt worden sei; damit könnten auch falsche Vorstellungen der Protestanten zurückgewiesen werden. Gegen verkehrte protestantische Auffassungen von der Hierarchie sei auf die Herrschaft Christi, dem das Volk Gottes, die Kirche, in Gehorsam unterworfen sei, hinzuweisen.

Die Lehre von der Jurisdiktion der Bischöfe sei *drittens* weiter auszuarbeiten. Vor allem im sozialen und kulturellen Bereich, etwa in Radio und Fernsehen, sei christliches Gewissen gefragt. Bei diesen und ähnlichen Fragen sollten Laien auch in den Kommissionen mitwirken.

Als theologische Methode sprach sich Jaeger *viertens* für eine allen einsichtige Sprache aus, die sich an der Heiligen Schrift und den Kirchenvätern, besonders dem hl. Augustinus und den orientalischen Vätern, orientiere. Dadurch würden die getrennten orthodoxen Christen, aber auch die Anglikaner und Protestanten besser erreicht.

Schließlich sollten Kleriker in der Öffentlichkeit keinen Talar tragen müssen, sondern nur einen Kollar, wie es zu dieser Zeit in der BRD bereits weitgehend üblich geworden war.[8] Näheres sollten die Bischöfe bestimmen können.

1.2.2   Das Votum vom 15. Dezember 1959

Ungewöhnlich an den Voten der Vorbereitungsphase ist, dass Jaeger vier Monate später, am 15. Dezember 1959, ein ungleich ausführlicheres Votum[9] nach Rom sandte. Die wichtigste Hoffnung, die er mit dem kommenden Konzil verband, war die nach der Förderung der Einheit der Christen. Er verwies dabei auf seinen Vorgänger Konrad Martin (1812-1879)[10], der auf dem I. Vatikanum ein Vorkämpfer von Primat und Unfehlbarkeit des Papstes gewesen sei, anschließend aber auch die Fertigstellung der übrigen vorbereiteten Texte herbeigesehnt habe.

In einem ersten Abschnitt entfaltete Jaeger die Methodologie eines Konzils, das dem ökumenischen Anliegen wirklich dienen könne. Gegenüber einem falschen Verständnis der Lehre des katholischen Glaubens solle die Fülle aus den Quellen der Offenbarung erhoben werden. Einige neuralgische Punkte würden bei den Protestanten Konfusion und Schrecken hervorrufen, etwa „ex opere operato", die Mitwirkung des Menschen mit der Gnade Gottes, die Marienverehrung oder das Wort „extra ecclesiam nulla salus". Die Orientalen

---

7   Vgl. Grabowski, Church.
8   Vgl. Fahrner, Kleider, S. 102-120.
9   Vgl. ADAP II/I, S. 639-653.
10   Vgl. Martin, Zeitbilder.

wiederum würden sich beim „filioque" skandalisieren. Unter Verweis auf eine beim Konzil von Florenz bereits erreichte Einigung ließe sich auch heute eine Lösung finden. Mit *Humani generis*[11] brachte Jaeger ein, die Quellen der Offenbarung seien sowohl die Heilige Schrift als auch die Tradition, die in der Kirche von den Aposteln bis zu uns quasi von Hand zu Hand weitergegeben worden sei. Jaegers Wunsch für alle Konzilsentscheidungen: Sie sollten scholastische Termini nur so verwenden, dass ihr Sinn einsichtig sei und der Intelligenz aller angemessen vorgetragen werde.

Das zweite Kapitel des Jaegerschen Votums entfaltete die Ausführungen des ersten Votums, allerdings nun mit vielen Belegen aus den Lehrschreiben der Päpste seit Leo XIII., der Heiligen Schrift und den Kirchenvätern sowie Kirchenlehrern, besonders Thomas von Aquin. Das Verhältnis von sichtbarer zu unsichtbarer Kirche, also „corpus Christi mysticum" und Regierung durch die Nachfolger der Apostel, entspreche der unsichtbaren göttlichen und der sichtbaren menschlichen Natur in Christus. Sein priesterliches und prophetisches Amt übe Christus durch die Kirche aus, die ihm untertan sei. Darin sah Jaeger auch einen möglichen Anknüpfungspunkt für ökumenische Annäherungen. So wie die Autorität des Petrus im Römischen Pontifex fortdauere, so sei der Ordo der Bischöfe für die Konstitution von Kirche notwendig. Die apostolische Sukzession sei göttlichen Rechts, obwohl wir damit von den Lutheranern und Calvinisten getrennt würden. In Bezug auf die Orthodoxen gebe es aber eine Brücke zur Einheit.[12] Behandelt werden sollten auch die Sakramente, wobei neben dem hl. Thomas auch der hl. Augustinus zu berücksichtigen sei, der einen Zusammenhang zwischen Kirche und Sakramenten hergestellt habe. Nach der Wiederholung seiner Ausführungen zur Rechtfertigung und zum Status der Laien plädierte Jaeger für eine Orientierung der Ekklesiologie an den vier „nota ecclesiae" des Glaubensbekenntnisses.

Sechs Punkte umfasste Jaegers Votum zur kirchlichen Disziplin:

1.) In Bezug auf die Liturgie sprach sich Jaeger für die Verwendung der Muttersprache bei der Sakramentenspendung aus, ebenso beim privaten Breviergebet, sowie für die Ausweitung der Möglichkeiten zur Kommunion unter beiderlei Gestalt, wie sie das Konzil von Trient bereits diskutiert und Pius IV. als Indult für Kaiser Ferdinand eröffnet habe.

2.) Für die Ausbildung der Kleriker forderte er eine Anpassung der Apostolischen Konstitution *Deus Scientiarum Dominus*[13]. Vorlesungen

---

11   Vgl. Pius XII., Humani generis.
12   Jaeger bezog sich unter anderem auf eine englischsprachige Neuerscheinung: Gill, Council.
13   Vgl. Pius XI., Deus Scientiarum Dominus.

und praktische Übungen in Katechese, Gesellschaftslehre und Soziologie, Religionswissenschaft und Ökumene sollten in das Studienprogramm aufgenommen werden. Ein Doktorat in Theologie sollten Priesteramtskandidaten nicht vor dem Empfang der Diakonenweihe erhalten können, womit Jaeger den Bestimmungen von *Deus Scientiarum Dominus* und der Praxis der römischen Universitäten widersprach. Auch Laien sollten in Theologie promovieren dürfen, allerdings nur Männer. Die gegenteilige Praxis sei nicht zu loben, fügte Jaeger bei.

3.) Für die kirchliche Kunst forderte Jaeger eine Einschränkung abstrakter Darstellungen in den Kirchen. Es gehe um die Auferbauung der Gläubigen. Manche Marien- und Heiligenbilder würden weniger den Glauben stärkern als Ekel und Aversionen hervorrufen. Die größere künstlerische Freiheit in der westlichen Kirche gegenüber dem Osten müsse durch Gesetze geregelt werden. Jaeger empfahl dem Konzil, den florentinischen Maler Fra Angelico (zwischen 1386 und 1400-1455)[14] zum Lehrer der kirchlichen Kunst zu ernennen.

4.) Jaeger forderte einen besseren und leichteren Zugang zu den römischen Kongregationen, vor allem bei den die einzelnen Diözesen betreffenden Angelegenheiten.

5.) Der Index der verbotenen Bücher sollte der heutigen Zeit vernünftig angepasst werden. So sollte ein Autor vor der Indizierung die Möglichkeit erhalten, sein Buch zurückzuziehen und eine neue verbesserte Ausgabe vorzulegen.

6.) Orden und Kongregationen mit ähnlichen Regeln sollten sich zu Konföderationen zusammenschließen, um die Kräfte für gemeinsame Aufgaben, etwa im Schulbereich, zu bündeln. Regelungen sollten erlassen werden, damit die Priester-Religiosen den Bischöfen bei der Jugendarbeit und anderen pastoralen Aufgaben helfen. Vor allem beim Habit und den Anforderungen eines aktiven Lebens sollten die Gebräuche der Schwesternkongregationen angepasst werden. Habit und Kleidung sollten der heiligen Berufung gemäß, aber auch zeitgemäß sein. Was der körperlichen Gesundheit ganz entgegensteht, solle gemäß dem Rat katholischer Ärzte reformiert werden.

Herausforderungen durch aktuelle Zeitfragen sah Jaeger vor allem in den Naturwissenschaften und der Technik, im praktischen und dialektischen Materialismus sowie in einer klaren Darlegung der bürgerlichen Toleranz und Gewissensfreiheit.

---

14 Fra Angelico wurde 1982 von Papst Johannes Paul II. seliggesprochen und 1984 zum Schutzpatron der christlichen Künstler proklamiert.

Für die Mission empfahl Jaeger eine weitergehende Möglichkeit der Verwendung der Muttersprache in der Liturgie. Zu überlegen sei, ob dem einheimischen Klerus in den Missionsgebieten vor dem Empfang der Diakonenweihe die Erlaubnis zur Heirat gegeben werden solle, wie es in der Ostkirche Brauch sei.

Für das gemeinsame Votum der deutschen Bischöfe wurde Jaegers Expertise ebenfalls einbezogen. Er verantwortete zusammen mit dem Mainzer Bischof Hermann Volk (1904-1988) den dogmatischen Teil, der sich um die beiden großen Themen Anthropologie und Ekklesiologie gruppierte.[15] Die Bischöfe, deren Anliegen die Überwindung des Materialismus war, sprachen sich für die Erarbeitung eines anthropologischen „Symbolums" aus: Der Mensch ist Schöpfung; er ist Person, ein religiöses Wesen und auf Gemeinschaft hingeordnet.[16]

1.3 Die Mitarbeit Jaegers im Einheitssekretariat

Einen Monat nach der Ankündigung eines „Ökumenischen Konzils" durch Johannes XXIII. wandte sich der Schweizer Theologe Hans Urs von Balthasar (1905-1988) an den Berliner Kardinal Julius Döpfner (1913-1976). Für die Ökumene wies er dem Paderborner Möhler-Institut eine zentrale Rolle zu, obwohl er dessen Personal für ungeeignet hielt. Er forderte deshalb die verstärkte Ausbildung ökumenisch gebildeten Personals: „Anders können die Deutschen den Weg zu einem ökumenisch ausgerichteten Konzil gar nicht antreten. Und wenn Deutschland versagen würde, dann wäre es unersetzbar (wie damals in Trient) und die Amerikaner würden, mit ihren theologischen Naivitäten, die Führung der Protestanten-Diskussion übernehmen."[17] Balthasar kritisierte sowohl das Möhler-Institut[18] als auch den Jaeger-Staehlin-Kreis.[19] Seine eigene Mitwirkung am Konzil aber sollte sich auf einige briefliche Anregungen konzentrieren, während Jaeger und das Paderborner Institut in den Konzilsgremien ihren Einfluss geltend machen konnten.

Lorenz Jaeger hatte sich in den 1950er Jahren zu dem großen Spezialisten für ökumenische Fragen entwickelt. Er war es gewesen, der nach dem Tod des Steyler Missionars und langjährigen Generalsuperiors seines Ordens, Joseph Grendel (1878-1951), den ehemaligen Direktor des Päpstlichen Bibelinstituts, den

---

15 Vgl. Bemerkungen zum II. Vatikanischen Konzil auf der Berliner Ordinarienkonferenz, S. 12 f., Juli 1960, in: Döpfner, Konzilstagebücher, S. 112 f. Der Text des Votums in: ADAP II/I, S. 734-771.
16 Vgl. ADAP II/I, S. 737 f.
17 Hans Urs von Balthasar an Döpfner, 5.3.1959, in: Döpfner, Konzilstagebücher, S. 62.
18 Vgl. Brandenburg, Kardinal, S. 781-798.
19 Vgl. Schwahn, Arbeitskreis.

Jesuiten Augustin Bea (1881-1968), als Kontaktmann für Ökumene im Heiligen Offizium gewinnen konnte. Saretta Marotta sieht in dieser „Investitur" durch Jaeger den Beginn von Beas ökumenischem Engagement.[20] Ein Brief Beas an Jaeger vom 3. November 1959 steht auch am Beginn der konziliaren Ökumene. Bea schlug vor, „ein Fachbüro für Fragen der ökumenischen Bewegung und des Protestantismus"[21] einzurichten. Klaus Wittstadt behauptet: „Man darf ohne Übertreibung sagen, daß dieses Sekretariat, dessen Mitglied Jaeger von Anfang an war, diesem letztlich seine Entstehung verdankte."[22] Auf Bitten Beas, der inzwischen von Johannes XXIII. zum Kardinal ernannt worden war, reichte am 4. März 1960 Jaeger eine Denkschrift und einen Statutenentwurf ein.[23] Als Ziele des „Pontificium consilium christianorum unitati promovendum" nannte er das Studium der ökumenischen Bewegung, die Lenkung der entsprechenden Versuche, die Zusammenarbeit der mit Ökumene befassten Kurienorgane und der nicht-katholischen Zusammenschlüsse sowie die Öffentlichkeitsarbeit. Mit Blick auf die Zusammensetzung des Sekretariats warnte Jaeger vor einer „Nationalitätenarithmetik": „Ich fürchte, daß bei der Erarbeitung von Vorlagen oder bei Abstimmungen die Nationen, bei denen das Problem der Wiedervereinigung besonders dringlich ist, überstimmt werden könnten."[24]

Vor der ersten Sitzung des Sekretariats waren die Mitglieder und Konsultoren zu ersten Stellungnahmen aufgefordert worden. Jaeger begann seine Intervention mit einem programmatischen Satz: „Da unser Sekretariat keine Schemata für die Konzilsberatungen auszuarbeiten hat, können wir nur in Verbindung mit den vorbereitenden Kommissionen auf die Gestaltung der Schemata Einfluss nehmen."[25] Die Themen, die Jaeger vorschlug, konzentrierten sich für die Ostkirchen auf Bischofsamt, Primat des Papstes und Konzilien. Für die reformatorischen Kirchen müsste das Verständnis von Kirche geklärt werden, die Begründung der Kirche aus Schrift und Tradition und die Eucharistie als Sakrament der Einheit. Dazu müsse man sich mit den reformatorischen Bekenntnisschriften auseinandersetzen. Dringliche Themen seien das Verhältnis von Schrift und Lehramt, die „Würde und die Heilskraft des Gotteswortes"[26] sowie eine Weiterentwicklung der katholischen

---

20   Vgl. Marotta, Augustin, S. 376.
21   Ebd., S. 389.
22   Wittstadt, Perspektiven, S. 98.
23   EBAP, Nachlass Jaeger, 526 Bll. 104-108. Text auch abgedruckt bei: Velati, Dialogo, S. 114-117. Zum Zusammenspiel von Jaeger und Bea bei der Gründung des Einheitsrates: vgl. Thönissen, Einheit, S. 310, Anm. 38.
24   Jaeger an Bea, 16.7.1960, zit. in: Marotta, Augustin, S. 390, Anm. 65.
25   Parere di Jaeger, 5.11.1960, in: Velati, Dialogo, S. 132.
26   Ebd., S. 134.

Kontroverstheoelogie. „Fast alle vorgenannten Anliegen ließen sich in eine Ekklesiologie einfügen, deren allgemeiner Rahmen durch die Enzyklika Mystici Corporis angedeutet sein könnte."[27]

In der ersten Versammlung des Sekretariats wurden Unterkommissionen gebildet. Die Kirchenstruktur und die Mischehenfrage wurden Jaegers Themen, zu denen am Ende noch die Planung der Zukunft des Sekretariats hinzukam.

1.3.1 Die hierarchische Struktur der Kirche

Lorenz Jaeger wurde der Vorsitz der Unterkommission über die hierarchische Struktur der Kirche anvertraut. Ihr gehörten noch die Konsultoren Michele Maccarrone (1910-1993), Alberto Bellini (1919-2012), Gerard M. Corr OSM sowie Eduard Stakemeier (1904-1970) an. Auf der konstituierenden Sitzung des Sekretariats am 17. November 1960 im Campo Santo Teutonico wurden die deutschen Mitglieder der Unterkommission mit der Ausarbeitung eines Entwurfs beauftragt. Ein Teil des Votums orientierte sich an der gemeinsamen Eingabe der deutschen Bischöfe zum Konzil und behandelte den freien Willen, die Rechtfertigung durch den Glauben, das Verhältnis zwischen der Gnade Christi und der einwohnenden Gnade sowie das Thema der Verdienste. In einem zweiten Anhang („Animadversones de fundamento disputationum cum protestantibus") ging es darum, welche Lehrautorität die Protestanten hätten und auf welcher Grundlage („Bekenntnisschriften") der Dialog erfolgen solle. Das Votum, über das in der Sitzung des Sekretariats vom 7.-9. Februar 1961 diskutiert wurde („De structura hierarchica Ecclesiae"[28]) behandelte die enge Beziehung zwischen Primat und Episkopat, den Primat als Prinzip der Einheit, immer mit Verweisen auf die kirchliche Lehrtradition, besonders die Diskussionen auf dem I. Vatikanischen Konzil unter besonderer Berücksichtigung der Meinungen der Minorität. Jaeger stellte das Dokument vor, meldete sich in der Diskussion aber nicht zu Wort.

Die Unterkommission traf sich am 8. Februar zu einer weiteren Sitzung, um das Dokument vorzubereiten, das am 17. April 1961 in der zweiten Lesung diskutiert und verabschiedet wurde. Zwölf Voten[29] greifen sowohl die

---

27 Ebd., S. 135.
28 Velati, Dialogo, S. 213-224.
29 Votum I: Ecclesia est mysterio; Votum II: Ecclesia est coetus fidelium; Votum III: De Ecclesiae unitate; Votum IV: Regale Christi dominium in Ecclesia; Votum V: Ministerium et potestas in Ecclesia; Votum VI: Munerum et potestatis origo et finis; Votum VII: De Episcopis apostolorum successoribus atque de Romano Pontifice Petri successore; Votum VIII: De Episcopis ministerio et auctoritate in Ecclesia particulari; Votum IX: De collegio Episcoporum cum capite unitorum, in Ecclesia universali ministerio atque potestate; Votum X: De Romani Pontifici munere et praerogativis; Votum XI: Summi Pontificis

traditionelle Lehre der Kirche auf, zeigen aber bereits Öffnungen zu dem, was in den Konzilsdokumenten neue Akzente setzen wird, etwa in Votum II die Beschreibung der Kirche als „Volk Gottes".

1.3.2 Mischehen

Die zweite Unterkommission, an der Jaeger beteiligt war, trug den Titel „De matrimoniis mixtis". Fünf Kapitel umfasste der Text, der von Jaeger am 4. April 1961 unterzeichnet wurde.[30] Ausgehend vom Dekret *Tametsi* des Konzils von Trient wurde eine Neuformulierung der kirchenrechtlichen Definition eines Ehehindernisses bei Mischehen[31] vorgeschlagen, die Formpflicht sowie die Sanierung von ungültig geschlossenen Ehen erörtert. Für pastorale Fragen wurde auf vorhandene Handreichungen in England und der BRD hingewiesen. Nach der Diskussion in der Vollversammlung des Sekretariats am 20. April 1961 wurde der Text an die Vorbereitungskommission über die Sakramentendisziplin weitergereicht.

Eine zweite Fassung des Textes, wieder in einzelne Voten gefasst, wurde am 27. August 1961 diskutiert. Jaeger wies für das Verständnis auf einen Brief des Generalsekretärs des Ökumenischen Rats der Kirchen, Willem Adolf Visser't Hooft (1900-1985), an Msgr. Johannes Willebrands (1909-2006) vom 1. August 1961 und auf den Apostolischen Brief *Litteris altero abhinc* Papst Pius' VII. vom 25. März 1830 über die Pflicht zur katholischen Erziehung der Kinder hin. Wieder überließ Jaeger die Diskussionsbeiträge seinen beiden Paderborner Mitstreitern Stakemeier und Josef Höfer (1896-1976). Nach einer Phase der Überarbeitung wurde der Text mit zehn Voten, die konkrete Vorschläge zur Veränderung des Kirchenrechts beinhalteten, am 30. November 1961 verabschiedet.

Ein Nachklapp zum Thema Mischehen findet sich in einem Brief Jaegers an seinen Münchener Kollegen Julius Döpfner. Jaeger erwähnt am 23. März 1962 einen Brief, den er an José Ramon Bidagor SJ (1924-2001) gerichtet hatte,

> [...] mit meinen Objektionen gegen das Schema über die Mischehe, das die Sakramentenkommission eingereicht hat. Das letztere wird Ihnen als Mitglied der Zentralkommission bereits vom Hochwürdigsten Herrn Generalsekretär Felici zugegangen sein. Ich wäre Ihnen sehr dankbar, wenn Sie sich meine Objektionen zu eigen machen könnten, um sie bei der Beratung des Schemas von der Sakramentenkommission in der Zentralkommission geltend zu machen.[32]

---

cum Ecclesia in munere doctrinali obeundo unione; Votum XII: Nota de Patriarcharum iuribus. Text in: ebd., S. 342-346.
30   Text in: ebd., S. 439-451.
31   Statt „perversionis periculum" sollte es heißen „periculum aversionis": ebd., S. 444.
32   Döpfner, Konzilstagebücher, S. 211.

Diese Bemerkung ist ein Beispiel für die Zusammenarbeit unter den deutschen Bischöfen noch vor Konzilsbeginn.

1.3.3 Dauerhaftigkeit des Sekretariats

Eine der wenigen Wortmeldungen Jaegers in den Versammlungen des Bea-Sekretariats ging am 28. November 1961 über das Verhältnis zu den Juden. Es gebe eine Differenz zwischen dem biologischen Konzept des Volkes Israel, das in Abraham von Gott erwählt worden sei, und dem Israel dem Geist nach. Wohlwollen gegenüber dem israelitischen Volk müsse man zeigen, ohne jedoch die Neutralität gegenüber den politischen Staaten der Araber und Israels aufzugeben.[33]

In derselben Sitzungsperiode legte Jaeger als Relator ein Votum vor, das über die Vorbereitungsarbeiten hinausging. Eine Arbeitsgruppe hatte sich seit August 1961 mit „De continuatione secretariatus" beschäftigt. Dem Beispiel der Kongregation für die Orientalischen Kirchen folgend, sollte ein Sekretariat zur Förderung der Einheit der Christen auch nach dem Konzil bestehen bleiben. Die getrennten Ostkirchen, die anglikanischen Gemeinschaften sowie die lutherischen und reformierten Gemeinschaften sollten Adressaten sein. Zudem gehe es um die Förderung der Kontroverstheologie. Das Sekretariat solle unter der Leitung eines Kardinals stehen. Die Beziehungen zu den anderen Kurienbehörden müssten eigens stabilisiert werden.[34]

Besonders aufgrund der Intervention Maurice Bévenots (1897-1980) wurde das Thema am 10. März 1962 noch einmal aufgegriffen, gestrafft, in Bezug auf die Arbeitsweise und die Verflechtungen mit den bestehenden Kurienbehörden erweitert. Der endgültige Text wurde im April 1962 verabschiedet.[35]

Das Bea-Sekretariat hatte seine Aufgabe damit noch lange nicht erfüllt. Auf dem Konzil war es den übrigen Kommissionen gleichgestellt. Durch den ökumenischen Blickwinkel und die permanenten Kontakte zu den Beobachtern der anderen christlichen Kirchen brachte das Sekretariat notwendige Korrekturen an den vorbereiteten Schemata an. Erzbischof Jaeger gehörte dem Sekretariat weiterhin an. In seinen Interventionen kam die ökumenische Sensibilität in den damaligen zeitbedingten Möglichkeiten zur Geltung.

---

33 Velati, Dialogo, S. 739.
34 Text in: ebd., S. 747-755.
35 Text in: ebd., S. 904-909.

2 Die mündlichen und schriftlichen Beiträge Jaegers auf dem II. Vatikanischen Konzil

Unter den deutschen Konzilsvätern gehörte Lorenz Jaeger zu denen, die sich am häufigsten zu Wort meldeten. Die meisten mündlichen Interventionen kamen von den beiden Kardinälen Josef Frings (18 mal) und Julius Döpfner (15 mal). Doch wenn man die 19 schriftlichen Eingaben zu den zwölf Wortmeldungen hinzuzählt, liegt Jaeger an der Spitze.[36] Zurückgreifen konnte er dafür auf sein Paderborner Netzwerk. In ökumenischen Fragen, die sich für Jaeger nicht allein im Ökumenismus-Dekret erschöpften, arbeitete ihm das Johann-Adam-Möhler-Institut unter der Leitung von Eduard Stakemeier zu. Wichtige Verbindungen stellte ihm der Paderborner Diözesanpriester und Geistliche Botschaftsrat an der deutschen Vatikanbotschaft, Josef Höfer, her. Und schließlich öffnete ihm die Mitarbeit im Sekretariat Bea Türen in die christliche Ökumene.

Im Folgenden sollen die Themen benannt werden, die Jaeger in seinen Interventionen an das Konzil behandelte.

2.1 *Liturgie*

In der dritten Sitzungswoche des Konzils meldete sich Lorenz Jaeger das erste Mal schriftlich zu Wort[37]. Er legte dar, dass die Aussage des Konzils von Trient, es sei nicht förderlich, die Messe in der Muttersprache zu feiern, nur gegen die Reformatoren gerichtet gewesen sei. Auf dem Balkan und in China aber sei der Gebrauch der Landessprache erlaubt worden. Diese Kontroverse gelte aber heute nicht mehr, da auch die Protestanten die Beziehung zwischen dem Herrenmahl und seinem eucharistischen Gedächtnis sowie dem Kreuzesopfer besser verstünden. Die Praxis müsse sich aber nach dem kulturellen Hintergrund und dessen Nähe zum griechisch-römischen Erbe richten, die weder in Japan noch in China oder Afrika gegeben sei. Jaeger schlug vor, den Messkanon sowie die für die sakramentale Form wichtigen Worte bei der Sakramentenspendung auf Latein zu belassen.

Diese vorsichtige Öffnung für die Muttersprache in der Liturgie wurde in der Liturgiekonstitution *Sacrosanctum Concilium* (SC) 36 aufgenommen. Es zeigte sich aber sehr rasch, dass die kulturelle Distanz zum griechisch-römischen Erbe in allen Ländern so groß war, dass die Eucharistie in Gänze bereits wenige Jahre nach dem Konzil in der Muttersprache gefeiert wurde. Mit allen deutschen Bischöfen warnte Jaeger vor einer Einführung der deutschen

---

36 Vgl. Schmiedl, Bischöfe, S. 69-91.
37 Vgl. AS I/I, S. 630 f.

Sprache in allen Teilen der Messe, bevor es zu einer einheitlichen Regelung gekommen sei. Das betraf vor allem den Canon Missae (Römisches Hochgebet), für den Jaeger bis zu einer gemeinsamen neuen Übersetzung der Einsetzungsworte im deutschen Sprachraum den lateinischen Text weiterhin als verpflichtend vorschrieb.[38] Mit dem Ersten Adventssonntag 1969 wurde dann die gesamte Eucharistiefeier in der deutschen Sprache eingeführt.

Am 31. Oktober 1962 kam Jaeger zu seiner ersten Konzilsrede.[39] Erneut bezog er sich auf das Konzil von Trient, das die Möglichkeit der Änderung der Praxis der Kommunionspendung anerkannt hätte. So empfahl er die Kelchkommunion für die Eucharistiefeier aus Anlass der heiligen Weihen für die Neugeweihten, bei den Professfeiern in religiösen Instituten, bei der Eheschließung als Zeichen der Verbundenheit Christi mit der Kirche, bei der Taufe von Erwachsenen. Die Gefahr, dass der Kelch als Zeichen der Trennung von Katholiken und Nicht-Katholiken verstanden werden könne, sah er nicht mehr gegeben. Die Liturgiekonstitution übernahm in SC 55,2 weitgehend die Aufzählung der Anlässe für den Kommunionempfang unter beiderlei Gestalten, öffnete aber durch die Einfügung eines „veluti" („wie etwa") den Weg für eine noch weitergehende Praxis in den Gemeinden.

Eine dritte Anmerkung zur Liturgie reichte Jaeger schriftlich ein.[40] Es ging um die Krankensalbung – „unctio sacra" statt „extrema unctio". Jaeger sprach sich für eine Wiederholbarkeit dieses Sakraments aus, allerdings nur nach erfolgter Genesung bei erneuter Todesgefahr. Die Liturgiekonstitution ließ offen, ob die Krankensalbung wiederholt werden dürfe. In seiner Apostolischen Konstitution machte Paul VI. deutlich, dass es ein Sakrament in erster Linie für Kranke und nicht nur für Sterbende sei: „Dieses Sakrament kann wiederholt werden, wenn der Kranke nach empfangener Krankensalbung genesen ist und dann wiederum erkrankt oder wenn im längeren Verlauf derselben Krankheit sich die Gefahr noch verschlimmert."[41]

2.2 Offenbarung

Am 21. November 1962 gehörte Jaeger zu denen, die das vorgelegte Schema „De divina revelatione" kritisierten.[42] Dieser Entwurf entschied alle Fragen – Schrift-Tradition, Verbalinspiration der Schrift, Irrtumslosigkeit und Historizität der Schrift – rein defensiv. Obwohl Jaeger seine theologischen Gewährsleute

---

38 Vgl. KA 110 (1967) 11.
39 Vgl. AS I/II, S. 76-78.
40 Vgl. AS I/II, S. 369.
41 Paul VI., Sakrament der Krankensalbung.
42 Vgl. AS I/III, S. 288 f.

mit den Befürwortern dieser Textvorlage teilte – nämlich die Neuscholastiker Matthias Joseph Scheeben (1835-1888) und Johann Baptist Franzelin (1816-1886) –, forderte er Textänderungen in den Passagen über das Verhältnis von Schrift und Tradition ein. Es gehe nicht um einzelne Worte, sondern um eine andere Art der theologischen Sprache, welche die Prärogative der Schrift nicht in Frage stelle. Tatsächlich wurde das Schema in der ersten Konzilssessio abgelehnt. Wegen einer missverständlichen Formulierung der Frage erreichte die Forderung nach Absetzung des Schemas zwar nicht die erforderliche Zwei-Drittel-Mehrheit, doch führte ein Eingriff von Papst Johannes XXIII. zu einer Neubearbeitung durch eine Gemischte Kommission aus Mitgliedern der Theologischen Kommission unter Kardinal Alfredo Ottaviani und dem Sekretariat für die Einheit der Christen unter Kardinal Augustin Bea.

Die Debatten um das Offenbarungsschema dauerten bis zum Ende des Konzils an. In der dritten Sessio wurde die Vorlage wieder zur Diskussion gestellt. Am 1. Oktober 1964 griff Jaeger in die Debatte ein.[43] In seiner Antrittsenzyklika „Ecclesiam suam"[44] hatte Paul VI. mehrere Dialogkreise umrissen. Jaeger wollte den innersten Dialogkreis, das Gespräch zwischen Vater, Sohn und Heiligem Geist als eigentlichen Ort der Offenbarung, in den Text aufgenommen wissen. Außerdem müsse die Geschichtlichkeit der Offenbarung besser dargelegt werden, die sich nicht außerhalb der Geschichte oder in einer mythischen Zeit ereigne, sondern durch die Intervention Gottes in die menschliche Geschichte selbst zu einer bestimmten Zeit. Christus sei, so unter Hinweis auf Ignatius von Antiochien, gleichzeitig „Deus revelans" und „Deus ipse revelatus". Seine Sendung werde durch die Sendung des Heiligen Geistes vollendet.

In diesem Sinne empfahl Jaeger[45] auch einen Epilog zum gesamten Schema, in dem die Haltung der drei Personen der Dreifaltigkeit zur Offenbarung dargelegt werde. Dabei bezog er sich besonders auf Irenäus von Lyon.

In der zweiten Intersessio konzentrierten sich die Anmerkungen Jaegers[46] auf die schriftliche Form göttlicher Offenbarung, die jedoch nicht mechanisch zu verstehen sei und über welche die Kirche auch keine Urteilsdominanz beanspruche. „Heilsgeschichte" müsse im katholischen Sinn interpretiert werden und dürfe nicht auf einzelne schwierige Stellen der Schrift gezwungen werden.

---

43   Vgl. AS III/III, S. 195-197.
44   Vgl. Paul VI., Ecclesiam suam.
45   Vgl. AS III/III, S. 471-473.
46   Vgl. AS III/III, S. 842-845.

Der lange Prozess der Texterarbeitung tat dem Schema gut. Die Dogmatische Konstitution „Dei Verbum" über die göttliche Offenbarung wurde am 18. November 1965 bei nur sechs Gegenstimmen verabschiedet.

2.3 Ökumene

„De Ecclesiae unitate" wurde gegen Ende der ersten Sitzungsperiode verteilt. Für Jaeger Anlass, sich gleich in einer Animadversio dazu zu äußern. Es sei der Heilige Geist, der das Prinzip der Einheit sei, wie er unter Bezugnahme auf Nr. 60 der Enzyklika MC anmerkte.[47] Das Konzil griff dieses Anliegen auf. In *Unitatis redintegratio* (UR) 2,6 wird formuliert: „Dies ist das heilige Mysterium der Einheit der Kirche, in Christus und durch Christus, wobei der Heilige Geist die Vielfalt der Gaben wirkt. Das höchste Vorbild und Prinzip dieses Mysteriums ist in der Dreifaltigkeit der Personen die Einheit des einen Gottes, des Vaters und des Sohnes im Heiligen Geist."

In die Diskussion griff Jaeger am 22. November 1963 ein.[48] Jaeger wies auf den Unterschied zwischen einem katholischen und reformatorischen Ökumenismus hin. Die Differenz liege in der Ekklesiologie, woraus sich ein unterschiedliches Konzept von Einheit ergebe. Jaeger plädierte dafür, das Ökumene-Schema im Licht der Kirchenkonstitution zu lesen. Es müsse auch nicht immer wieder das Trennende betont werden, sondern das, was uns verbinde. Diese Methode habe bereits der hl. Thomas angewandt. Johannes XXIII. habe schließlich als springenden Punkt des Konzils betont, es gehe darum, die Substanz der traditionellen Lehre in einer für die heutige Pastoral guten Weise auszudrücken.[49] Schriftlich forderte Jaeger eine bessere Würdigung der nichtkatholischen Konfessionen ein. Sie nur als Fragmente der katholischen Fülle zu bezeichnen, zeuge von zu großer Vereinfachung und Unkenntnis über die Eigentümlichkeiten der ganzen Reformation. Jaeger forderte, das hervorzuheben, was uns als heiliges Band mit ihnen verbinde, nämlich den Glauben an Jesus Christus, die Taufe und andere „beneficia" Christi, womit er einer breiteren Diskussion um die Sakramententheologie aus dem Weg gehen wollte.[50]

---

47 Vgl. AS II/I, S. 676.
48 Vgl. AS II/V, S. 759-762.
49 „Denn etwas anderes ist das Depositum Fidei oder die Wahrheiten, die in der zu verehrenden Lehre enthalten sind, und etwas anderes ist die Art und Weise, wie sie verkündet werden, freilich im gleichen Sinn und derselben Bedeutung." Johannes XXIII., Ansprache, S. 539.
50 Jaeger wiederholte die Argumente noch einmal in einer schriftlichen Animadversio: vgl. AS II/VI, S. 401.

Vor der dritten Sessio brachte Jaeger noch einige Änderungswünsche ein.[51] So sollten die Bedingungen für eine Abendmahlsgemeinschaft (*communicatio in sacris*) klar formuliert werden. Nicht nur die liturgischen Eigentümlichkeiten, sondern auch die anderen disziplinären Gewohnheiten sollten ausdrücklich anerkannt werden. Eine Taufe mit der trinitarischen Formel und der Intention, sie im Sinne der Kirche zu spenden, werde gemäß den rechtlichen Normen gespendet. Eventuell sollte in einer Fußnote auch die soziale Natur des Menschen breiter entfaltet werden.

UR war das Konzilsdokument, das Jaeger am wichtigsten war. Aus seiner Feder stammen mehrere Textausgaben mit deutscher Übersetzung und Kommentar.[52]

2.4 Ostkirchen

In einer kurzen schriftlichen Eingabe vor der dritten Sessio[53] lobte Jaeger die Verbesserungsvorschläge des bayerischen Benediktinerabtes Johannes Maria Hoeck (1902-1995)[54] wegen der Kürzungen und dem Eingehen auf den Geist der orientalischen Kirchen. Ehen, die nicht unter Einhaltung der kanonischen Form geschlossen wurden, seien zwar unerlaubt, sollten aber als gültig anerkannt werden.

Dass Jaeger dabei auch die wachsende Zahl von Gastarbeitern orthodoxen Glaubens in der BRD im Blick hatte, machte er bereits am 21. Mai 1963 in einem Brief an Kardinal Döpfner klar:

> Bei der zunehmenden Zahl orthodoxer und auch griechisch-unierter Fremdarbeiter, nicht nur in unserem Lande, sondern praktisch in allen Ländern der westlichen Hemisphäre – man denke nur an die Unzahl von Flüchtlingen aus den kommunistischen Staaten – braucht es gerade in der Frage des Eheabschlusses eine einheitliche Regelung in der lateinischen wie in den griechisch-unierten Kirchen.[55]

Am 31. März 1970 erließ Paul VI. mit dem Motu proprio *Matrimonia mixta* die Regelungen für konfessions- und religionsverschiedene Ehen und erleichterte die erforderlichen Dispensen.

---

51 Vgl. AS III/II, S. 866.
52 Vgl. Jaeger, Konzilsdekret „Über den Ökumenismus"; Jaeger, Dekret über den Ökumenismus.
53 Vgl. AS III/V, S. 844.
54 Vgl. AS III/V, S. 836-842.
55 Jaeger an Döpfner, 21.5.1963, EBAP, Nachlass Jaeger, 526 Bl. 37.

2.5 Kirche

Der erste Entwurf der Kirchenkonstitution war gegen Ende der ersten Sessio heftig kritisiert worden. Jaeger kam dabei nicht zu Wort. Aber in den Monaten zwischen der ersten und zweiten Sessio brachte er einige Änderungswünsche ein[56], alle motiviert von dem Anliegen, die Einheit der Christen zu fördern. Besonders wandte er sich dagegen, die Differenzen auf die reformatorischen „sola"-Prinzipien zurückzuführen. Vielmehr lägen die Schwierigkeiten in der Ekklesiologie und vor allem im Unfehlbarkeitsdogma:

> Omnes tam catholici quam protestantes hodie concedunt, separationis causas aperte manifestari in ecclesiologia. Constat quaestionem de successione apostolica divino iure instituta maxime dividere christianos et hanc successionem in magisterio auctoritativo et infallibili viventem esse cardinem totius controversiae. – Katholiken wie Protestanten seien sich einig, dass die Ursachen der Trennung in der Lehre von der Kirche lägen. Die Lehre von der apostolischen Sukzession sei der Dreh- und Angelpunkt jeder Kontroverse.

Die erste Wortmeldung Jaegers in der zweiten Konzilssessio galt am 10. Oktober 1963 dem zweiten Kapitel der Vorlage zur Kirchenkonstitution über die Kollegialität der Bischöfe.[57] Die Apostel hätten ihre Lehr-, Leitungs- und Heiligungsvollmacht auf ihre Nachfolger, die Bischöfe, übertragen. Es müsse aber eine Differenz zwischen der apostolischen und nachapostolischen Zeit festgehalten werden, was für den ökumenischen Dialog wichtig sei. Die Kollegialität der Bischöfe gebe ein solides Fundament für die Bischofskonferenzen ab. Jaeger wollte zudem unter Berufung auf Joh 14,16 die bleibende Gegenwart des Geistes der Wahrheit hervorgehoben wissen. Derselbe Heilige Geist sei es, der das Kollegium der Bischöfe in Einheit mit seinem Haupt sowohl in den feierlichen Definitionen als auch im ordentlichen Lehramt vor jedem Irrtum bewahre.

Eine Woche später, am 17. Oktober 1963, kam Jaeger wieder an die Reihe, diesmal ausdrücklich auch im Namen ökumenischer Experten unter den Bischöfen, die allerdings nicht namentlich genannt werden.[58] Er lobte, dass von der priesterlichen Würde des Volkes Gottes die Rede sei. Gegenüber der Leib-Christi-Theologie sei der Ausdruck vom Mysterium des Gottesvolkes zu bevorzugen. Taufe und Eucharistie seien die formierenden und konstitutiven Elemente der Kirche. Die Eucharistie ist das Einheitsprinzip der Kirche, wie Jaeger in den schriftlichen Anmerkungen unter Verweis auf

---

56 Vgl. AS II/V, S. 894 f.
57 Vgl. AS II/II, S. 399-402.
58 Vgl. AS II/III, S. 92-95.

den ersten Korintherbrief ausführlich begründete. An Verbesserungen schlug Jaeger unter anderem vor, deutlicher hervorzuheben, dass das Volk Gottes in Kontinuität zum Leben Jesu Christi stehe. Die Kirche solle stärker als eine dynamische Kirche auf dem Weg dargestellt werden, die in vielen Bedrängnissen und Verfolgungen die Ankunft des Herrn erwarte. Die solidarische Verbindung unter den Gliedern solle betont werden, aber auch der Unterschied zwischen dem allgemeinen Priestertum und dem des Dienstes. Der Zusammenhang zwischen Taufe und Firmung werde dargelegt.

Am 16. September 1964 sprach Jaeger im Namen von über 70 deutschsprachigen Konzilsvätern zum siebten Kapitel der Kirchenkonstitution.[59] Er wollte den eschatologischen Charakter der Kirche besser herausgearbeitet wissen. Die Kirche ist Sakrament des ewigen Bundes, Kirche des inkarnierten Wortes.

Mit der am Ende der dritten Sitzungsperiode verabschiedeten Dogmatischen Konstitution über die Kirche *Lumen gentium* (LG) war die Grundlage gelegt für die weiteren Konkretisierungen zum inneren und äußeren Leben der Kirche.

2.6 *Maria*

In die Auseinandersetzungen um das Marienschema griff Jaeger schriftlich ein.[60] Er sprach sich gegen die Verwendung des Titels „Mater ecclesiae" aus. Die Tradition rede eher von Maria als Typus und Exempel der Kirche. Damit schloss sich Jaeger der Meinung an, die sich im weiteren Verlauf durchsetzen sollte. Zudem solle zum Ausdruck gebracht werden, dass das Konzil nicht beabsichtige, weitere marianische Definitionen vorzulegen.

Den Wunsch nach maximalistischen Aussagen über Maria brachten vor allem polnische und südeuropäische Bischöfe vor. Der Gesichtspunkt der Frömmigkeit, zum Marienfest am 8. Dezember 1962 ein Marienschema zu verabschieden, kam nicht durch. Außerdem gab es Auseinandersetzungen darüber, ob es nicht besser sei, Maria im Kontext des Kirchenschemas zu behandeln. Darüber wurde in der zweiten Sessio, am 29. Oktober 1963, eigens abgestimmt. Mit 40 Stimmen Mehrheit (1.114 zu 1.074) wurde beschlossen, das Marienschema in die Kirchenkonstitution zu integrieren. Daraus entstand das achte Kapitel von LG, das eine Mitte zwischen den verschiedenen mariologischen Strömungen einzuhalten bemüht war und eine klare heilsgeschichtliche Perspektive Marias vertrat[61]. In diesem Kapitel fehlt der Titel „Mutter der

---

59 Vgl. AS III/I, S. 483 f.
60 Vgl. AS II/III, S. 738.
61 Vgl. Toniolo, Lumen gentium; Cecchin, mariologia; Menke, Spielball.

Kirche". Paul VI. proklamierte ihn gegen den Willen der Mehrheit der Konzilsväter am 21. November 1964.

Am 17. September 1964 hatte Jaeger wieder die Möglichkeit, in der Konzilsaula zu sprechen.[62] Er forderte eine deutlichere Herausarbeitung der Beziehung zwischen Maria und dem Heiligen Geist. Maria sei deshalb Typus der Kirche, weil sie Tempel („sacrarium") des Heiligen Geistes sei. Wie die Kirche vom Heiligen Geist beseelt und belebt werde, so ist auch Maria das auserwählte Organ des Heiligen Geistes, betonte Jaeger gegen den evangelischen Theologen Gerhard Ebeling[63]. Maria sei als Mutter Gottes durch den Heiligen Geist über alle anderen Menschen erhoben, durch die Gnade des Heiligen Geistes aber Magd des Herrn. So müsse das Wort „durch Maria zu Jesus" in einem positiven und nicht exklusiven Sinn verstanden werden. Der Ökumeniker Jaeger versuchte damit, eine Brücke von einer trinitarisch fundierten katholischen Mariologie zu einer reformierten Pneumatologie zu schlagen.

2.7 *Priester*

Das Schema über die Priester wurde in der Intersessio 1963 schriftlich diskutiert. Jaeger[64] meinte, man solle die Vorschrift für Priester, alle drei Jahre Exerzitien zu machen, nicht verschärfen. Er sprach sich zudem dafür aus, Priestern, die in einer Ehe mit Kindern lebten, eine Dispens zu gewähren, damit sie ihre Ehe in Ordnung bringen und als einfache Christen leben könnten. Das würde der Kirche statt Hass Liebe und Dankbarkei einbringen.

Nach der dritten Sessio reichte Jaeger einige Textänderungswünsche ein.[65] Unter anderem wollte er die kirchenrechtliche Vorschrift, „regelmäßig" die Heilige Messe zu feiern, nicht durch ein „täglich" verschärfen. Außerdem solle auf die soziale Hypothek jeden Eigentums hingewiesen werden. An dieser wie an anderen Stellen wird deutlich, dass Jaeger keine Verschärfung der kirchlichen Disziplin befürwortete. Das galt zumindest für die gesamtkirchliche Ebene.

Jaeger beeindruckte an vielen Konzilsvätern ihre Einfachheit und Armut. Das teilte er den Priestern seines Erzbistums in einem Neujahrsbrief mit:

> Mir ist im Konzil sehr eindrucksvoll bewußt geworden, daß auch das Mysterium des Priestertums und die priesterliche Zeugniskraft heute wieder in neuem Glanz erstehen könnten, wenn es uns nur gelänge, tiefer in der Einfachheit des Evangeliums zu wurzeln und kompromißloser einzig und allein die imago

---

62   Vgl. AS III/I, S. 517-519.
63   Vgl. Ebeling, Frage.
64   Vgl. AS III/IV, S. 901.
65   Vgl. AS IV/IV, S. 891 f.

Christi auszuprägen. Ein Priester wird geboren durch den Anruf Gottes, in die Gesinnung Christi einzutreten und damit der intentio Christi gleichförmig zu werden. Die Gesinnung Christi aber heißt, in schlichter Hingabe den Auftrag des himmlischen Vaters durch Opfer und Gebet vollziehen.

Ich werde es nie vergessen können, wie groß und überzeugend jene Priester- und Bischofsgestalten dem Konzilsgeschehen ihren Stempel aufgedrückt haben, die in menschlicher Demut, bewundernswerter Schlichtheit, mit einem vor Eifer brennenden Herzen das Wort ergriffen haben. Ihr Wort war kein hohles Pathos, keine rhetorische Fassade, sondern die ursprüngliche, kraftvolle Stimme des Evangeliums. Sie verkündigten nicht Menschenweisheit und komplizierte, der Ratio abgerungene Erkenntnisse, sondern die schlichte Botschaft des Herrn, die in ihrem Herzen sichtbar Gestalt angenommen hatte. In unzertrennbarer Harmonie vereinigte sich in ihnen menschliche Bescheidenheit und Einfachheit mit der durchsichtigen Lauterkeit ihres Sprechens und Handelns. Solchen Priestern gelingt auch der Blick für das Wesentliche, sie erfassen die rechte Rangordnung der Werte und überzeugen durch die Aufrichtigkeit der Motive ihres Handelns. Sie stehen ganz im Medium des Evangeliums. Ihr Herz hat unmittelbar im Herzen Jesu Christi Wurzeln geschlagen. Noch von einer weiteren Erfahrung kann ich nicht schweigen, und ich möchte auch Euch daran teilnehmen lassen. Das Konzil hat uns die Kirche als die Kirche der Armen, der Notleidenden und Bedrängten eindringlich vor Augen geführt. Wie ein roter Faden zog sich die Forderung nach der Armut von Priestern und Kirche durch alle Diskussionen. Es wurde aber nicht nur viel davon gesprochen. Wir haben die Armut auch in mannigfacher Gestalt mit eigenen Augen gesehen, so daß wir – ich wage es zu sagen – oft tief beschämt waren. Wenn die Kirche das Volk Gottes auf der Pilgerschaft ist, muß sie allen unnötigen Ballast abwerfen und unbeschwert vom Irdischen in Entschiedenheit ihrem Ziele zustreben. Klerikalistische Agitation, herrscherliches Trachten nach Macht, Einfluß und Ansehen, das Vertrauen auf Geld und Gut, das Liebäugeln mit dem Besitz haben im Konzil ein hartes Urteil gefunden. In einer eindrucksvollen Rede kündigte Cardinal Gracias an, daß der Eucharistische Weltkongreß zu Bombay im November d[iesen] J[ahres] unter dem Thema: ‚Christus und die Armut' stehen werde. Für uns aber ist eine der ernstesten Gewissensfragen aufgerichtet worden, von der wir uns nicht leicht dispensieren können.

Einfachheit und Armut – im persönlichen Leben wie im offiziellen kirchlichen Raum – sind das Echtheitszeugnis des Priesters wie der gesamten Kirche. Wo es zu finden ist, lebt das Evangelium Jesu Christi in ursprünglicher Reinheit und Klarheit. Wo aber das Evangelium überzeugend gelebt wird, dort werden auch Priester- und Ordensberufe wachsen. Darum ist meine dringende und inständige Bitte: Helft durch das Echtheitszeugnis Eures Lebens und Dienstes Priester- und Ordensberufe zu wecken und zu fördern. Mit wachsendem Priestermangel geht doppelt schnell der Schwund kirchlichen Lebens einher. Wer vermag den Schaden zu ermessen, wenn auch nur eine einzige Berufung durch unsere direkte oder indirekte Schuld verlorengeht![66]

---

66 Jaeger, Neujahrsbrief.

2.8 Priesterausbildung

Zum Entwurf des Dekrets über die Priesterausbildung merkte Jaeger an[67], man solle die Rede von einer „geistlichen Ehe mit Jesus" vermeiden, die ja wohl eher für Frauen gelte und einem tieferen Wachstum im mystischen Leben angemessen sei. Wenn so viel von Berufung die Rede sei, müsse der Begriff geklärt werden. Außerdem sollten die philosophischen und theologischen Kurse in den Seminarien denen in den Universitäten und Fakultäten angeglichen werden.

Am 14. November 1964 konnte Jaeger, der nicht nur für ein Priesterseminar, sondern auch für eine Theologische Akademie Verantwortung trug, seine Anliegen in der Aula vortragen.[68] Er begrüßte, dass die Propositionen den kulturellen, gesellschaftlichen und spirituellen Traditionen der unterschiedlichen Regionen Rechnung trügen. Dadurch werde den Bischofskonferenzen Spielraum für die Erarbeitung einer *Ratio Institutionis Sacerdotalis* (Rahmenordnung für die Priesterbildung) gelassen. Zu begrüßen sei das Ziel einer menschlichen, geistlichen und priesterlichen Reifung der Persönlichkeit im Laufe der Formation. Besonders zu loben sei die organische Einheit der gesamten Ausbildung. Zu empfehlen sei eine bessere Koordinierung der philosophischen und theologischen Studien: die zentrale Bedeutung der Heiligen Schrift, die fundamentalen Leitlinien für die dogmatischen Traktate, der ökumenische Aspekt und die didaktischen Methoden. Außerdem empfahl Jaeger, mehr als nur ein pastorales Praktikum vorzusehen. Thomas von Aquin sei in besonderer Weise als Leittheologe zu erwähnen, ohne jedoch andere damit auszuschließen. Einen langen Abschnitt widmete Jaeger dem Latein als Unterrichtssprache in der Theologie, wie sie die Konstitution *Veterum Sapientia*[69] vorgeschrieben hatte. Darüber sollten die Bischofskonferenzen entscheiden. Im deutschen Sprachgebiet sei es wegen der Verknüpfung mit der Lehrerausbildung an den Fakultäten und deren Einbindung in den universitären Dialog und aus Gründen des ökumenischen Dialogs nicht statthaft, auf diese Vorschrift zu bestehen.

2.9 Mission

Bereits 1959 hatte Jaeger die Missionsprobleme als besonders dringliche Beispiele für die Anpassung der Kirche angesehen. „Diese neue Situation ist von

---

67 Vgl. AS III/VII, S. 862.
68 Vgl. ebd., S. 731-734.
69 Johannes XXIII., Veterum sapientia.

dem Willen der farbigen Völker bestimmt, als gleichberechtigte Partner in die Weltgeschichte einzutreten."[70]

Zum Missionsschema sprach Jaeger am 7. Oktober 1965[71]. Begrüßt wird die sehr gute theologische Fundierung des Themas, die Übereinstimmung mit anderen Konzilstexten und besonders die Aussagen zur absoluten Notwendigkeit missionarischen Handelns. Als Verbesserungen werden vorgeschlagen: Eine Aussage über das Wirken des Heiligen Geistes außerhalb der sichtbaren Kirche, eine Aussage über den Gerichtscharakter der Evangeliumsverkündigung, um die heilsgeschichtliche Dramatik und die Realität der Sünde gegen einen übertriebenen Optimismus deutlich zu machen und schließlich eine Aussage über den Skandal der Glaubensspaltung und die ökumenische Zusammenarbeit nicht nur auf individueller Ebene, sondern auf der Ebene der kirchlichen Gemeinschaften. In diesem „dritten Kirchenschema", das eine Wende im Missionsverständnis der katholischen Kirche mit sich brachte, kondensiert Jaeger noch einmal seine zentralen theologischen Anliegen.

2.10 Bischöfe

Zum Bischofsschema merkte Jaeger am 23. September 1964 schriftlich an[72], dass das Beispiel des priesterlichen Lebens die Seele aller äußeren Aktivitäten sei. Ein kurzer Text über die Laienmitarbeiter solle eingefügt werden. Das gelte besonders für diejenigen, die in der Kurie und den diözesanen Räten auch mit kanonischer Beauftragung ihr Amt ausübten. Jaeger merkte an, dass er damit im Sinn vieler Konzilsväter spreche. Das Bischofsdekret *Christus Dominus* (CD) trug diesem Anliegen Rechnung, indem es in CD 27 Laien nicht nur als Angehörige der Diözesankurie aufführte, sondern auch als Mitglieder des zu errichtenden Pastoralrats benannte.

2.11 Schema 13

Mehrere Beiträge reichte Jaeger zum so genannten „Schema 13" ein. Das erste Mal war es eine schriftliche Animadversio während der dritten Sessio (23. September 1964).[73] Jaeger lobte das Schema, „iam nunc pretiosissimum studii documentum", und brachte vier Anmerkungen vor. 1.) Das Schema wolle alle Menschen, also sowohl Gläubige als auch Nichtgläubige, ansprechen. Daher müsse der neue Menschentyp unserer Zeit dargelegt werden sowie die Haltung der Kirche zu ihm, wie sie sich etwa in der Haltung zur

---

70 Jaeger, Das ökumenische Konzil, 1961, S. 113.
71 Vgl. AS IV/III, S. 714 f.
72 Vgl. AS III/II, S. 411 f.
73 Vgl. AS III/V, S. 474-476.

Religionsfreiheit zeige. 2.) Neben dem schon oft erwähnten militanten Atheismus müsse der nachchristliche, humanistische Atheismus als Zeichen der Zeit benannt werden.[74] Ein nachchristliches Heidentum zeige sich in Literatur und Kunst als radikaler Pessimismus und tiefe Verzweiflung. Dagegen würden keine Verurteilungen helfen. 3.) Der Mensch habe eine neue Haltung gegenüber den religiösen Problemen. Die Konstitution solle das Verhältnis des transzendenten Gottes zu den Zweitursachen klar darlegen. Im Abschnitt 36 über „Die richtige Autonomie der irdischen Dinge", *Gaudium et Spes* (GS) 36, griff die Pastoralkonstitution GS dieses Anliegen breit auf. 4.) Jaeger mahnte eine präzise Verwendung der augustinischen Antagonismen „civitas Dei" und „civitas terrena" an. Der dynamische Charakter der Heilsgeschichte bringe auch den tragischen Aspekt der Menschheit zum Vorschein. Die Rede von der Abwesenheit Gottes finde ihre Antwort im Weg des Kreuzes.

In dem letzten Punkt wurde die Pastoralkonstitution gerade von deutscher Seite heftig kritisiert. Karl Rahner (1904-1984) warf dem Schema vor, es habe „keine hinreichende theologische Kriteriologie, um die Erkenntnis der konkreten Situation der heutigen Welt, sei sie aus der Perspektive des Menschen oder von der Kirche selbst erhoben, und die wirklich praktischen und konkreten Folgerungen, die sich aus dieser Situation ergeben, unterscheiden zu können"[75]. Rahner galt als Exponent der deutschen Theologie und war in diesem Punkt Kontrahent von Marie-Dominique Chenu (1895-1990). Beide gingen von Thomas von Aquin aus, hatten aber sehr unterschiedliche Perspektiven auf die Bedeutung der konkreten Geschichte des Menschen.

Am 21. September 1965 lobte Jaeger[76] den engen Zusammenhang mit den Konzilsdokumenten über die Kirche und die Religionsfreiheit sowie die Ausgewogenheit zwischen der überlieferten Lehre der Kirche und den Antworten auf die Zeitfragen. Jaeger warnte vor jeder Art eines unrealistischen Optimismus, der die Ambivalenz der Technik und die Gefahren jedes menschlichen Fortschritts nicht sehe. Besonders das Johannes-Evangelium und die Apokalypse bezeugten den großen Konflikt zwischen dem Reich Christi und dem des Teufels. Jaeger merkte an, es solle im Blick auf die Lösung der Zeitfragen die Zusammenarbeit mit den Kirchen und kirchlichen Gemeinschaften stärker

---

74 Darauf hatte Jaeger bereits in einer frühen Veröffentlichung zum Konzil hingewiesen: „Die glorreiche Geschichte der vergangenen Konzilien legt die Vermutung nahe, daß das kommende Konzil der Leugnung des christlichen Menschenbildes durch eine atheistische Weltanschauung und Gesellschaftslehre mit einer klaren Abgrenzung der kirchlichen Lehre antworten wird." Jaeger, Das ökumenische Konzil, 1961, S. 111.
75 Zit. nach: Sander, Theologischer Kommentar, S. 651.
76 Vgl. AS IV/I, S. 575 f.

thematisiert werden. Eine nachkonziliare Kommission solle eine Summe der katholischen Lehre erarbeiten, eine Art Sozialkatechismus.

Anfang Oktober 1965 reichte Jaeger noch ein schriftliches Votum zum Kapitel über die Kultur ein.[77] Er bemängelte, dass zu sehr vom innerweltlichen Fortschritt der Kultur und zuwenig über ihr eschatologisches Ziel die Rede sei. Der historische und finale Zweck müsse ebenfalls ausgedrückt werden. Dazu gehöre auch die Rede von der Vergänglichkeit der Welt, „ut optimismus simplex iugiter evitetur", um einem simplen Optimismus zu entgehen.

Auch zu dem dann nicht verabschiedeten Votum über das Ehesakrament äußerte sich Jaeger.[78] Eine Lösung des Mischehenproblems werde nicht gefunden, solange die Trennung der Christen andauere. Jaeger mahnte eine klare Unterscheidung von Ehen zwischen Katholiken und nicht katholischen bzw. nicht getauften Partnern an. Wichtig sei, dass die Ziele und wesentlichen Besonderheiten der christlichen Ehe bekannt seien. Für Eheprozesse an der römischen Rota sollten außer Latein auch die am meisten benutzten Volkssprachen erlaubt werden, also Italienisch, Französisch, Englisch und Deutsch, um den Prozessverlauf nicht zu verzögern.

2.12 *Juden/Nichtchristen*

Ein knappes, aber engagiertes Plädoyer legte Jaeger am 28. September 1965 den Konzilsvätern vor.[79] Unter Hinweis auf die Verbrechen Deutschlands („populus noster") am jüdischen Volk solle das gemeinsame Erbe mit den Juden klarer ans Licht gebracht werden, um jede Diskriminierung in Zukunft auszulöschen. Die religiöse Eigenart der Mohammedaner, die zur Familie Abrahams gehören und den einen personalen Gott anbeten sowie die totale Übergabe und Unterordnung des menschlichen Willens unter den allmächtigen Gott, dürfe aber nicht zu einem Synkretismus verleiten.

2.13 *Religionsfreiheit*

Zum Schema über die Religionsfreiheit merkte Jaeger an[80], dass seiner Meinung nach die Unterscheidung zwischen bürgerlicher und persönlicher Freiheit zu subjektivistisch und individualistisch sei. Die menschliche Natur sei eine soziale und gründe in einer personalen Beziehung zu anderen menschlichen Personen. Deshalb sei die soziale Freiheit gleich mit der personalen individuellen Tat und Gewissensfreiheit. „Personal" bedeute in diesem Sinne

---

77 Vgl. AS IV/III, S. 303 f.
78 Vgl. AS IV/I, S. 601.
79 Vgl. AS III/II, S. 600-602.
80 Vgl. AS IV/I, S. 612.

zur Person gehörig, so dass die unteilbare personale Freiheit einen doppelten Aspekt beinhalte, einen individuellen und einen sozialen.

Am 16. September 1965 ergriff Jaeger im Namen von 150 Bischöfen das Wort.[81] Die Widerstände seitens südländischer Kardinäle (Ernesto Ruffini, Giuseppe Siri und Benjamin Arriba y Castro) aufgreifend, machte Jaeger auf den neuralgischen Punkt der Diskussion aufmerksam. Alle würden zustimmen, dass die mittelalterliche res publica christiana unter den heutigen Umständen völlig verschwunden sei. Jaeger skizzierte unterschiedliche Situationen: Fast ganz katholische Staaten oder Staaten mit Privilegien für eine bestimmte Religion. Heute genüge es nicht, dass niemand zur Annahme des katholischen Glaubens gezwungen werde, ebenso wenig wie es ausreiche, nur die private Ausübung des Glaubens zu gestatten. Der öffentliche und private Kult sei überall zu gestatten in den Grenzen der natürlichen Ethik und der Rechte der anderen. Diese allgemeine Regel könne auf alle Nationen angewandt werden. Damit werde kein Indifferentismus begünstigt, denn die eine wahre Religion sei die katholische. Bekräftigt werde die Aufgabe, nach der Wahrheit zu suchen und das Gewissen nach dem göttlichen Gesetz zu bilden. In der Zurückweisung und Verachtung eines politischen Messianismus und in der pädagogischen Erklärung seiner wahren Messianität zeige Christus den Charakter des Gottesreiches und der evangelischen Freiheit, die die Wurzel jeder Art von Religionsfreiheit sei. Dabei dürfe die Religionsfreiheit aber nicht mit einer moralischen Freiheit verwechselt werden.[82]

Jaeger skizzierte die Situation, wie sie sich in der BRD entwickelt hatte: rechtliche Freiheit und Freizügigkeit für Religionen und Kirchen, Orientierung nach Werten und ethischen Maßstäben, die allen einsichtig seien. Es ist die Situation konfessionell und religiös gemischter Länder. Ähnliche Positionen wurden über John Courtney Murray (1904-1967) von den nordamerikanischen Bischöfen im Konzil eingebracht, so dass die Erklärung über die Religionsfreiheit *Dignitatis humanae* (DiH) auch als „amerikanisches Schema" bezeichnet wurde. Neben der Pastoralkonstitution ist DiH das Konzilsdokument, das am weitesten über die bisherige Lehre hinausgeht. Es überwindet die Engführungen und Verurteilungen des *Syllabus* aus dem Pontifikat Pius' IX. und antwortet auf die Herausforderungen der Gegenwart. Das Prinzip eines katholischen Staates und der *societas christiana* ist damit aufgegeben.

---

81 Vgl. ebd., S. 239-242.
82 Jaeger bezog sich in seinem schriftlichen Text auf die einschlägigen Artikel zur Freiheit in der zweiten Auflage des „Lexikon für Theologie und Kirche": Bläser, Freiheit; Hofmann, Gewissensfreiheit; Hirschmann, Parität sowie die Studien in: Hartmann, Toleranz.

3 Zusammenfassung: Jaeger als Theologe

Lorenz Jaeger war ein eifriger Mitgestalter des II. Vatikanischen Konzils. Sein Hauptinteresse galt sicherlich der Ökumene. Die Theologie der getrennten Kirchen brachte er immer wieder ins Gespräch ein, nicht nur bei der Behandlung der direkt die Ökumene betreffenden Dokumente. Ein weiteres Anliegen galt den Priestern, ihrem Leben und vor allem der Ausbildung. Kritisch setzte er sich mit der optimistischen Grundausrichtung der Pastoralkonstitution auseinander. Hier haben die Interventionen der deutschen Konzilsväter einige Modifikationen ermöglicht. Erwähnenswert ist auch sein engagiertes Votum für die Religionsfreiheit.

In der Begründung seiner Voten brachte Jaeger eine breite biblische Fundierung ein. Von den Kirchenvätern ist neben Augustinus noch Irenäus von Lyon mit seiner Pneumatologie zu nennen. Dass Thomas von Aquin Referenzautor ist, braucht nicht eigens hervorgehoben zu werden. Für die ausführlichen Bezüge zu vorherigen Konzilien und vor allem zum Konzil von Trient konnte Jaeger auf die kurz vor Konzilsbeginn erschienene Sammlung aller Konzilsdekrete zurückgreifen.[83]

Von den neueren päpstlichen Lehräußerungen stützte sich Jaeger vor allem auf die Enzyklika MC von Pius XII. 1943 erschienen, war es das erste päpstliche Rundschreiben in der Zeit des Episkopats Jaegers. Deshalb verwundert es nicht, dass die Ekklesiologie des „mystischen Leibes Christi" ihm mehr zusagte als die des Volkes Gottes.

In den schriftlichen Voten und den nicht vorgetragenen Ergänzungen der Konzilsreden zitierte Jaeger nur wenige theologische Bücher. Dennoch nahm er die neuere Literatur zur Kenntnis, und zwar mehr englisch- als deutschsprachige Bücher.

Zwei Jahre vor dem Beginn des Konzils schrieb Jaeger:

> Die Ankündigung des Konzils hat weltweite hochgespannte Erwartungen in der gesamten Christenheit geweckt und die Sehnsucht nach kirchlicher Einheit zu einer vorher noch nie dagewesenen eindringlichen Manifestation aufflammen lassen. Wir hoffen und beten, daß Gottes Heiliger Geist die in die vorbereitenden Kommissionen berufenen Männer hellhörig mache für die Not der Menschen und hellsichtig für die Aufgaben unserer Gegenwart – *vox temporis, vox Dei*[84] –, damit die Erwartungen der Christenheit durch das kommende Konzil erfüllt

---

83 Vgl. Alberigo, Conciliorum.
84 Dieses Wort war der bischöfliche Wahlspruch von Kardinal Michael Faulhaber; vgl. dazu: Schindler, Kairos.

werden und die Sehnsucht nach Einheit ihrem gottgewollten Ziele näherkommt.[85]

Lorenz Jaeger gehört zu denen, die in der Vorbereitung, Durchführung und Umsetzung des II. Vatikanischen Konzils diesem Auftrag gerecht zu werden suchten.

Quellen- und Literaturverzeichnis

Quellen
Erzbistums-Archiv Paderborn (EBAP)
Nachlass Lorenz Kardinal Jaeger (NLKJ) Akten Nr. 526

Gedruckte Quellen
Acta et Documenta Concilio Oecumenico Vaticano II apparando. Series I (Antepraeparatoria). Volumen II: Consilia et Vota Episcoporum ac Praelatorum. Pars I: Europa: Anglia – Austria – Belgium – Dania – Finnia – Gallia – Gedanum – Germania. Vatikan 1960 (ADAP II/I)

Acta Synodalia Sacrosancti Concilii Oecumenici Vaticani II. Volumen I: Periodus Prima. Pars I: Sessio Publica I. Congregationes Generales I-IX. Vatikan 1970 (AS I/I)

Acta Synodalia Sacrosancti Concilii Oecumenici Vaticani II. Volumen I: Periodus Prima. Pars III: Congregationes Generales XIX-XXX. Vatikan 1971 (AS I/III)

Acta Synodalia Sacrosancti Concilii Oecumenici Vaticani II. Volumen I: Periodus Secunda. Pars I: Sessio Publica II. Congregationes Generales XXXVII-XXXIX. Vatikan 1971 (AS II/I)

Acta Synodalia Sacrosancti Concilii Oecumenici Vaticani II. Volumen I: Periodus Prima. Pars II: Congregationes Generales X-XVIII. Vatikan 1972 (AS I/II)

Acta Synodalia Sacrosancti Concilii Oecumenici Vaticani II. Volumen I: Periodus Secunda. Pars III: Congregationes Generales L-LVIII. Vatikan 1972 (AS II/III)

Acta Synodalia Sacrosancti Concilii Oecumenici Vaticani II. Volumen I: Periodus Secunda. Pars I: Congregationes Generales LXV-LXXIII. Vatikan 1973 (AS II/V)

Acta Synodalia Sacrosancti Concilii Oecumenici Vaticani II. Volumen II: Periodus Secunda. Pars VI: Congrega-tiones Generales LXXIV-LXXIX. Sessio Publica III. Vatikan 1973 (AS II/VI)

Acta Synodalia Sacrosancti Concilii Oecumenici Vaticani II. Volumen III: Periodus Tertia. Pars I: Sessio Publica IV. Congregationes Generales LXXX-LXXXII. Vatikan 1973 (AS III/I)

---

85 Jaeger, Das ökumenische Konzil, 1960, S. 145.

Acta Synodalia Sacrosancti Concilii Oecumenici Vaticani II. Volumen III: Periodus Tertia. Pars II: Congregationes Generales XC-XCV. Vatikan 1974 (AS III/II)
Acta Synodalia Sacrosancti Concilii Oecumenici Vaticani II. Volumen III: Periodus Tertia. Pars II: Congregationes Generales XC-XCV. Vatikan 1974 (AS III/III)
Acta Synodalia Sacrosancti Concilii Oecumenici Vaticani II. Volumen III: Periodus Tertia. Pars IV: Congregationes Generales XCVI-CII. Vatikan 1974 (AS III/IV)
Acta Synodalia Sacrosancti Concilii Oecumenici Vaticani II. Volumen III: Periodus Tertia. Pars V: Congregationes Generales CIII-CXI. Vatikan 1975 (AS III/V)
Acta Synodalia Sacrosancti Concilii Oecumenici Vaticani II. Volumen III: Periodus Tertia. Pars VII: Congregationes Generales CXIX-CXXII. Vatikan 1975 (AS III/VII)
Acta Synodalia Sacrosancti Concilii Oecumenici Vaticani II. Volumen IV: Periodus Quarta. Pars I: Sessio Publia VI. Congregationes Generales CXXVIII-CXXXII. Vatikan 1976 (AS IV/I)
Acta Synodalia Sacrosancti Concilii Oecumenici Vaticani II. Volumen IV: Periodus Quarta. Pars III: Congregationes Generales CXXXVIII-CXLV. Vatikan 1977 (AS IV/III)
Acta Synodalia Sacrosancti Concilii Oecumenici Vaticani II. Volumen IV: Periodus Quarta. Pars IV: Congregationes Generales CXLVI-CL. Vatikan 1977 (AS IV/IV)
Alberigo, Joseph (Hg.): Conciliorum oecumenicorum decretal. Freiburg i. Br. 1962
Döpfner, Julius: Konzilstagebücher. Briefe und Notizen zum Zweiten Vatikanischen Konzil, in: Guido Treffler (Hg.): Schriften des Archivs des Erzbistums München und Freising, 9. Regensburg 2006
Jaeger, Lorenz: Das ökumenische Konzil, die Kirche und die Christenheit (Konfessionskundliche Schriften des Johann-Adam-Möhler-Instituts, 4). 1. Aufl., Paderborn 1960
Jaeger, Lorenz: Das ökumenische Konzil, die Kirche und die Christenheit. Erbe und Auftrag (Konfessionskundliche Schriften des Johann-Adam-Möhler-Instituts, 4). 2. Aufl., Paderborn 1961
Jaeger, Lorenz: Neujahrsbrief an die Priester des Erzbistums, in: Kirchliches Amtsblatt (KA) für die Erzdiözese Paderborn 107 (1964) 1, 1.1.1964, S. 1 f.
Jaeger, Lorenz: Dekret über den Ökumenismus. Authentischer lateinischer Text der Acta Apostolicae Sedis. Münster 1967
Jaeger, Lorenz: Das Konzilsdekret „Über den Ökumenismus". Sein Werden, sein Inhalt und seine Bedeutung. Lateinischer und deutscher Text mit Kommentar. Anhang: Übersicht über die Verhandlungen. Paderborn 1968
Johannes XXIII.: Ansprache zur Eröffnung des Zweiten Vatikanischen Konzils, in: Amtsblatt für die Erzdiözese Freiburg, 26, 26.11.1962, S. 537-540
Johannes XXIII.: Constitutio Apostolica Veterum sapientia, in: Acta Apostolicae Sedis 54 (1962), S. 129-135
Kirchliches Amtsblatt (KA) für die Erzdiözese Paderborn 110 (1967) 11, 5.6.1967, S. 81 f.

Martin, Konrad: Zeitbilder oder Erinnerungen an meine verewigten Wohlthäter, neu hg. v. Dieter Hattrup. Paderborn 2015

Paul VI.: Litterae Encyclicae Ecclesiam suam, in: Acta Apostolicae Sedis 56 (1964), S. 609-659.

Paul VI.: Apostolische Konstitution über das Sakrament der Krankensalbung (30.11.1972), in: Würzburger Diözesanblatt 119 (1973) 12, 18.5.1973, S. 158-160

Pius XI.: Constitutio Apostolica Deus Scientiarum Dominus, in: Acta Apostolicae Sedis 23 (1931), S. 241-262

Pius XII.: Litterae Encyclicae Mystici Corporis Christi, in: Acta Apostolicae Sedis 35 (1943) 7, 20.7.1943, S. 193-248

Pius XII.: Litterae Encyclicae Humani generis, in: Acta Apostolicae Sedis 42 (1950), S. 561-578

Velati, Mauro (Hg.): Dialogo e rinnovamento. Verbali e testi del segretariato per l'unita dei cristiani nella prepara-zione del Concilio Vaticano II, 1960-1962 (Testi e ricerche di scienze religiose, 5). Bologna 2011

Literatur

Alberigo, Giuseppe/Wittstadt, Klaus (Hg.): Geschichte des Zweiten Vatikanischen Konzils. Die katholische Kirche auf dem Weg in ein neues Zeitalter. Die Ankündigung und Vorbereitung des Zweiten Vatikanischen Konzils. Januar 1959-Oktober 1962, Bd. 1. Mainz 1997

Alberigo, Giuseppe/Wittstadt, Klaus (Hg.): Geschichte des Zweiten Vatikanischen Konzils. Das Konzil auf dem Weg zu sich selbst. Erste Sitzungsperiode und Intersessio. Oktober 1962-September 1963, Bd. 2. Mainz 2000

Alberigo, Giuseppe/Wittstadt, Klaus (Hg.): Geschichte des Zweiten Vatikanischen Konzils. Das mündige Konzil. Zweite Sitzungsperiode und Intersessio. September 1963-September 1964, Bd. 3. Mainz 2002

Alberigo, Giuseppe/Wassilowsky, Günther (Hg.): Geschichte des Zweiten Vatikanischen Konzils. Die Kirche als Gemeinschaft. September 1964-September 1965, Bd. 4. Mainz 2006

Alberigo, Giuseppe/Wassilowsky, Günther (Hg.): Geschichte des Zweiten Vatikanischen Konzils (1959-1965). Ein Konzil des Übergangs. September-Dezember 1965, Bd. 5. Ostfildern 2008

Bläser, Peter: Freiheit. Im Verständnis der Schrift, in: LThK 4 (1960) 2. Aufl., S. 328-331

Brandenburg, Albert: Kardinal Jaeger und das Möhler-Institut, in: Paul-Werner Scheele (Hg.): Paderbornensis ecclesia. Beiträge zur Geschichte des Erzbistums Paderborn. Festschrift für Lorenz Kardinal Jaeger zum 80. Geburtstag am 23. September 1972. München 1972, S. 781-798

Cecchin, Stefano M.: La mariologia a partire dal Concilio Vaticano II. Ricezione, bilancio e pros-pettive, in: Ephemerides Mariologicae 63 (2013) 1/2, S. 169-175

Ebeling, Gerhard: Zur Frage nach dem Sinn des mariologischen Dogmas, in: Zeitschrift für Theologie und Kirche 47 (1950), S. 383-391

Fahrner, Elke: Des Priesters Kleider und ein Blick darunter. Thaur 1998, S. 102-120

Gill, Joseph: The Council of Florence. Cambridge 1959

Grabowski, Stanislaus J.: The church. An introduction to the theology of St. Augustine. St. Louis 1957

Hartmann, Albert: Toleranz und christlicher Glaube. Frankfurt a. M. 1955

Hirschmann, Johannes Baptist: Parität, in: LThK 8 (1963) 2. Aufl., S. 103-105

Hofmann, Rudolf: Gewissensfreiheit, in: LThK 4 (1960) 2. Aufl., S. 870-873

Hünermann, Peter/Hilberath, Bernd Jochen (Hg.): Herders theologischer Kommentar zum Zweiten Vatikanischen Konzil, Bde. 2-4. Freiburg i. Br. 2004-2006

Marotta, Saretta: Augustin Bea auf dem Weg zum Ökumeniker 1949-1960, in: Zeitschrift für Kirchengeschichte 127 (2016) 3, S. 373-394

Marschler, Thomas: Kernelemente der Leib-Christi-Ekklesiologie bei Sebastian Tromp S.J., in: Matthias Remenyi/Saskia Wendel (Hg.): Die Kirche als Leib Christi. Geltung und Grenze einer umstrittenen Metapher (Quaestiones disputatae, 288). Freiburg i. Br. 2017, S. 110-142

Menke, Karl-Heinz: Ein Spielball heftiger Kontroversen. Das mariologische Schlusskapitel der Kirchenkonstitution, in: Internationale katholische Zeitschrift „Communio" 41 (2012), S. 652-668

Nicolini, Giulio: Il cardinale Domenico Tardini. Padova 1980

Remenyi, Matthias/Wendel, Saskia (Hg.): Die Kirche als Leib Christi. Geltung und Grenze einer umstrittenen Metapher (Quaestiones disputatae, 288). Freiburg i. Br. 2017

Sander, Hans-Joachim: Theologischer Kommentar zur Pastoralkonstitution über die Kirche in der Welt von heute Gaudium et spes, in: Peter Hünermann/Bernd Jochen Hilberath (Hg.): Apostolicam Actuositatem. Dignitatis Humanae. Ad Gentes. Presbyterorum Ordinis. Gaudium et Spes (Herders theologischer Kommentar zum Zweiten Vatikanischen Konzil, 4). Freiburg i. Br. 2005, S. 581-866

Schindler, Dominik: Der Kairos im Chronos der Geschichtlichkeit. Michael Faulhaber als Bischof von Speyer (1911-1917) (Münchener Kirchenhistorische Studien, Neue Folge 7). Stuttgart 2017

Schmiedl, Joachim: Die deutschen Bischöfe während des Konzils. Wie das Zweite Vatikanum die deutsche katholische Kirche veränderte, in: Cristianesimo nella storia 34 (2013) 1, S. 69-91

Schwahn, Barbara: Der Ökumenische Arbeitskreis evangelischer und katholischer Theologen von 1946 bis 1975 (Forschungen zur systematischen und ökumenischen Theologie, 74). Göttingen 1996

Thönissen, Wolfgang: Einheit und Erneuerung. Lorenz Kardinal Jaeger als Vorreiter der ökumenischen Idee in Deutschland, in: ThGl 94 (2004), S. 300-313

Toniolo, Ermanno M.: Il capitolo VIII della „Lumen gentium". Cronistoria e sinossi, in: Ephemeri-des Mariologicae 65 (2004) 165/166, S. 9-425

Unterburger, Klaus: Zwischen Realidentität und symbolischer Repräsentation. Weichenstellungen der Leib-Christi-Ekklesiologie in kirchenhistorischer Perspektive, in: Matthias Remenyi/Saskia Wendel (Hg.): Die Kirche als Leib Christi. Geltung und Grenze einer umstrittenen Metapher (Quaestiones disputatae, 288). Freiburg i. Br. 2017, S. 91-109

Wittstadt, Klaus: Perspektiven einer kirchlichen Erneuerung. Der deutsche Episkopat und die Vorbereitungsphase des II. Vatikanums, in: Franz-Xaver Kaufmann/Arnold Zingerle (Hg.): Vatikanum II und Modernisierung. Historische, theologische und soziologische Perspektiven. Paderborn 1996, S. 85-106

Thomas Pogoda

Perspektivwechsel
Die von Lorenz Jaeger geleitete Subkommission II des Sekretariats zur Förderung der Einheit der Christen in den Jahren 1960/1961

Vorbemerkung

Mit Lorenz Kardinal Jaeger ist ein prominenter Name aus dem deutschsprachigen Raum mit dem 1960 gebildeten Sekretariat zur Förderung der Einheit der Christen verbunden. Der Paderborner Erzbischof gehörte nicht nur gemeinsam mit Augustin Kardinal Bea zu den Initiatoren dieser für die Katholische Kirche ganz neuen Institution. Jaeger war zugleich ein Mitglied der ersten Stunde und daher an den Vorbereitungsarbeiten des Einheitssekretariats für das II. Vatikanische Konzil beteiligt. Hier zeigten sich wesentliche Impulse für eine Erneuerung der Ekklesiologie, die dann in der Versammlung des Konzils ab 1962 nachgewirkt haben.

Diese Entwicklungen hat die vom Autor vorgelegte Studie untersucht, die von der Katholisch-Theologischen Fakultät der Universität Erfurt im November 2018 unter dem Titel „Ökumenismus und Erneuerung der Ekklesiologie. Die Vorarbeiten des Sekretariats zur Förderung der Einheit der Christen im Licht der Nachlässe Lorenz Jaeger und Eduard Stakemeier" als Dissertationsschrift angenommen wurde.[1] Diese Studie nutzte zwei im Johann-Adam-Möhler-Institut vorliegende Aktenkonvolute, die zum einen den Nachlass von Eduard Stakemeier darstellen, zum anderen mit Blick auf die Mitarbeit Erzbischof Jaegers im Einheitssekretariat sowie im Konzilsgeschehen einen thematisch umrissenen Bereich des Nachlasses von Lorenz Jaeger bilden. Nach einer Ordnung und Verzeichnung beider bis dahin unbearbeiteten Bestände bildeten diese aufgrund ihrer Geschlossenheit eine solide Quellenbasis, die es erlaubte, die Vorarbeiten des Einheitssekretariats zum II. Vatikanischen Konzil zuerst historisch im Detail wahrzunehmen und nachzuzeichnen, sowie diese dann systematisch im Blick auf die artikulierte Ekklesiologie und die zugrundeliegende Hermeneutik zu rekonstruieren. Darüber macht die Studie je ein Verzeichnis beider bearbeiteten Bestände sowie drei für Themen der Ekklesiologie besonders relevante Quellen im Originaltext mit einer deutschen

---

1 Die noch nicht erfolgte Veröffentlichung befindet sich in Vorbereitung.

Arbeitsübersetzung zugänglich.² Die vom Verfasser vorgelegte Studie konnte knapp 200 Einzeldokumente heranziehen, die aus der Mitarbeit Jaegers und Stakemeiers im Einheitssekretariat entstammen bzw. aus der theologischen Zusammenarbeit beider (Stakemeier war letztlich der Peritus Jaegers) entstanden waren. Damit wurde es möglich, die Anfänge und Ausgangspunkte erneuerter Sichtweisen in der Ekklesiologie zu verstehen, wie sie in den Vorarbeiten des Einheitssekretariats praktiziert und artikuliert und die dann im weiteren Verlauf der Konzilsversammlung wirksam wurden.

Der hier nun vorgelegte Beitrag zu Lorenz Jaeger gibt einen Teil der in dieser Studie im Blick auf das gesamte Einheitssekretariat gewonnene Erkenntnisse wieder, fokussiert dabei auf Lorenz Jaeger und fragt danach, wie sich die Perspektiven im Feld der Ekklesiologie entwickelt haben.

1 Lorenz Jaeger, das Einheitssekretariat und die Subkommission II

Das Einheitssekretariat der Jahre 1960-1962 führte um Augustin Kardinal Bea als Präsidenten und Johannes Willebrands als Sekretär 36 Bischöfe und Theologen aus unterschiedlichen Regionen der Welt zusammen. Jeder für sich brachte seine je unterschiedlich gefärbten Erfahrungen in der Begegnung mit den Christinnen und Christen anderer Konfession ein. Zugleich verbanden sich in diesem Gremium der Konzilsvorbereitung Expertisen, die diese Theologen in der wissenschaftlichen Beschäftigung mit den Theologien anderer christlicher Konfessionen gewonnen hatten.³ Hiermit entstand in den wenigen Jahren vor der eigentlichen Konzilsversammlung ein theologischer *think tank*, der, angeregt durch die entstandene ökumenische Bewegung, Antworten auf die Fragen nach einem ekklesiologischen Selbstverständnis der (Römisch-)Katholischen Kirche, nach der theologischen Wahrnehmung der getrennten christlichen Geschwister sowie nach den sich daraus ergebenen Konsequenzen in Leben und Praxis der eigenen Kirche geben musste (und wollte). Diese Arbeiten der Gruppe um Bea und Willebrands bereitete

---

2 Für diese Aktenbestände im Johann-Adam-Möhler-Institut (JAMI) schlage ich folgende Zitation vor: Nachlass Stakemeier (NSt) und Konzilsakten Jaeger (KJ). Diese Zitation kommt auch in diesem Beitrag zur Anwendung. Zu den drei in die Edition aufgenommenen Texten: vgl. Anm. 605 weiter unten.

3 Diese Kompetenzen waren bereits in den Jahren zuvor in der Katholischen Konferenz für Ökumenische Fragen zusammengeführt worden. Viele der Protagonisten – allen voran Johannes Willebrands – wirkten nach einem Engagement in diesem freien Zusammenschluss katholischer Theologen dann auch im Einheitssekretariat als offiziellem Gremium der Konzilsvorbereitung mit. Vgl. dazu: Oeldemann, Konferenz.

maßgeblich Neuorientierungen vor, die sich in der folgenden Konzilsversammlung und ihren Ergebnistexten – gerade auch in den durch das Einheitssekretariat verantworteten Dokumenten *Unitatis redintegratio* (UR), *Nostra aetate* (NA) und *Dignitatis humanae* (DiH) niedergelegt – zeigen sollten.

Lorenz Jaeger wirkte an diesen Vorarbeiten mit und half diese als Leiter von drei Subkommissionen mit zu organisieren.[4] Für die Frage nach einer Erneuerung der Ekklesiologie mit einem Bezug zur Person Jaegers ist vor allem der Blick auf die Subkommission II *Über die hierarchische Struktur der Kirche* interessant. Anders als die Überschrift vermuten lässt, blieb diese Untergruppe des Einheitssekretariats mit ihrem letztendlich angenommen Ergebnistext nicht bei dem Thema der Hierarchie stehen, sondern versuchte diesen Fragenkomplex in eine umfassende ekklesiologische Perspektive einzubetten.[5]

Neben Lorenz Jaeger als Relator wirkten außerdem Michaele Maccarone, Alberto Bellini, Gerard Corr und Eduard Stakemeier in dieser Subkommission mit. Gerade Letzterer dürfte, obwohl die Arbeitspapiere immer als Relator den Paderborner Erzbischof nennen, die Hauptlast der Texterstellung und Redaktion getragen haben. Dafür spricht der Umstand, dass sämtliche Eingaben und Zuarbeiten Dritter im Nachlass von Eduard Stakemeier überliefert sind.[6] Wer aber waren die Mitarbeiter Jaegers in der Subkommission II?

Der Italiener Michaele Maccarone, 1910 geboren, war stimmberechtigtes Mitglied des Einheitssekretariats, und hat sich – unter anderem während eines Studienaufenthaltes in Freiburg i. Br. – mit Papst Innocenz III. befasst, zu dem er 1933 und 1941 Arbeiten vorlegte.[7] In der Dekade vor der Konzilsvorbereitung beschäftigte sich der Kirchenhistoriker an der Lateranuniversität mit dem Verständnis des Papsttums im Mittelalter.[8] Später als Konzilsperitus bearbeitete er im Blick auf das Schema *De Ecclesia* gemeinsam mit Karl Rahner, Joseph Ratzinger und Joaquin Salaverri in einer Arbeitsgruppe die Frage nach der Kollegialität der Bischöfe.[9]

---

4 Jaeger fungierte als Leiter (Relator) der Subkommissionen II (De structura hierarchica Ecclesiae), VII (De matrimoniis mixtis) sowie XI (De permanentia secretariatus).
5 Joseph Komonchak kennzeichnete das Arbeitsergebnis der Subkommission II zu Recht als eine „integrale [...] Ekklesiologie". So: Komonchak, Kampf, S. 327.
6 Das dementsprechend Lorenz Jaeger im Vergleich zu anderen Subkommissionen begrenzter an der Texterstellung beteiligt war, deutet die Schilderung Stakemeiers an, Jaeger habe in der Subkommission II De structura hierarchica Ecclesia den Vorsitz innegehabt, aber das Votum der Subkommission VII De matrimonium mixtis selbst erstellt. So: Stakemeier, Jaeger, S. 279 f.
7 Maccarone, Chiesa.
8 Dabei handelt es sich um: Maccarone, Vicarius; Maccarone, Dottrina.
9 Vgl. dazu: Melloni, Beginn, S. 133-135.

Auch Alberto Bellini, Jahrgang 1919, stammte aus Italien – er lehrte am Priesterseminar von Bergamo Dogmatik. Bellini, der ab 1958 mit der Katholischen Konferenz für Ökumenische Fragen in Verbindung stand, war nach Auskunft von Johannes Willebrands ein Kenner der Theologie Karl Barths.[10]

Der Brite Gerard Corr gehörte der Gemeinschaft der Serviten an und war auf Empfehlung von Erzbischof John Carmel Heenan Mitglied des Einheitssekretariats.[11]

Der für Lorenz Jaeger engste Mitarbeiter in der Subkommission II war zweifellos Eduard Stakemeier. Stakemeier, geboren 1904, war Paderborner Diözesanpriester und wie Jaeger selbst an der Erzbischöflichen Akademie in Paderborn Schüler von Bernhard Bartmann. Im Jahr 1934 erfolgte am römischen Angelicum eine Promotion mit einer Arbeit über die Rechtfertigungslehre auf dem Konzil von Trient.[12] Er wechselte dann zu Karl Adam nach Tübingen und legte eine zweite Dissertation über Augustinus auf dem Tridentinum vor.[13] Ebenfalls in Tübingen habilitierte sich Stakemeier mit einer Arbeit über Thomas von Aquin.[14] Ab 1939 war Stakemeier ordentlicher Professor für Fundamentaltheologie an der Erzbischöflichen Akademie in Paderborn. In dieser Funktion berief ihn Erzbischof Jaeger auch zum Gründungsdirektor des 1957 neu errichteten Johann-Adam-Möhler-Instituts. Stakemeier formulierte hier gleich zu Beginn in Anknüpfung an Möhlers Bezug auf die Bekenntnistexte der getrennten Christen den Versuch eines zeitgemäßen Ansatzes für die Konfessionskunde.[15]

Mit diesem „Team" widmete sich Lorenz Jaeger mit dem Thema der hierarchischen Struktur einer zentralen Frage der Ekklesiologie, deren Klärung er vor dem Hintergrund einer Begegnung mit den nichtkatholischen Christen als dringlich markierte. Damit blieb Jaeger jener Spur treu, die er bereits in seinen beiden Eingaben die Vor-vorbereitende Konzilskommission vorgezeichnet hatte.[16] Unmittelbar im Vorfeld der ersten Tagung des Einheitssekretariats vom 14./15. November 1960 in Rom wurde dabei die Intension deutlich, mit der Jaeger gemeinsam mit seinem Berater Stakemeier in die

---

10   Vgl. dazu: Willebrands, Diary, S. 108.
11   Darauf weist Mauro Velati hin: Velati, Dialogo, S. 22.
12   Stakemeier, Glaube.
13   Stakemeier, Kampf.
14   Stakemeier, Gottheit.
15   Stakemeier, Konfessionskunde.
16   Hier liegen die erste, kürzere Eingabe (Jaeger, Votum vom 3.8.1959; bzw. in deutscher Übersetzung: Jaeger, Bemühungen) sowie die zweite, umfangreichere Eingabe (Jaeger, Votum vom 15.12.1959; bzw. in deutscher Übersetzung: Jaeger, Einheit) vor.

bevorstehende Konzilsvorbereitung ging. Stakemeier legte damals eine Zuarbeit vor, die vermutlich für Erzbischof Jaeger bestimmt war.[17] In dieser wurden Grundzüge zukünftiger Arbeiten im Einheitssekretariat benannt. Das Sekretariat müsse das Ziel haben, „die Vorbereitung des Konzils so zu gestalten, daß die kommenden Beschlüsse des ökumenischen Konzils nach dem Willen unseres hl. Vaters eine Einladung an die getrennten Christen darstellen, die Einheit der Christen in einer sichtbaren Kirche wieder herzustellen."[18] Daher sei eine Konzilserklärung nötig, die die Perspektive der Ökumene zu einem zentralen Anliegen des Konzils, gewissermaßen zu einer Querschnittaufgabe, machen sollte. Das Einheitssekretariat solle dabei der inhaltlichen Verknüpfung dieser ökumenischen Perspektive mit den anderen Bereichen der konziliaren Arbeit sicherstellen.[19] Dann schließlich klangen Grundlinien an, die erahnen lassen, wohin sich die Arbeiten des Einheitssekretariats bis in das Konzil hinein, aber auch die hier in den Blick genommene Subkommission II hin entwickeln würden:

> Diese Erklärung müßte die katholische Einheitsidee in einer Weise darstellen, welche nicht nur die äußeren Organisationsformen der kirchlichen Einheit, sondern auch und vor allem ihre inneren Prinzipien und namentlich den Heiligen Geist als ihr tiefstes Prinzip herausstellte. Zugleich müßte die Mannigfaltigkeit sowohl des theologischen Denkens wie der verschiedenen Riten und Liturgien und auch der kirchenrechtlichen Verfassungsstrukturen hervorgehoben werden neben dem einheitlichen Glauben an das offenbarte Wort, den einheitlichen auf göttliche Einsetzung zurückgehenden liturgischen und hierarchischen Institutionen. Es könnten in dieser Erklärung des Konzils auch die Grundzüge einer ökumenischen Theologie umrissen werden, und zwar im Hinblick auf die Anliegen der orthodoxen wie auch der reformatorischen Christen.[20]

Gerade dieses letzte Stichwort *Anliegen* (der nichtkatholischen Christen) wird für die von Jaeger geleitete Arbeitsgruppe von hermeneutischer Relevanz sein. Eduard Stakemeier machte sich dementsprechend während der Aussprache

---

17 Dieses Dokument ist im Nachlass Jaegers überliefert: [Stakemeier], Bemerkungen zu dem Programm für die Sitzungen des Sekretariates für die Einheit der Christen am 14. u. 15. Nov. 1960, [14.-15.11.1960], JAMI, KJ 86. Der Text enthält Korrekturen aus der Hand Stakemeiers und ging in einen Text Jaegers ein, mit denen dieser sich am 25.10.1960 zur Arbeit des Einheitssekretariats äußerte: vgl. Jaeger, Anliegen.
18 [Stakemeier], Bemerkungen zu dem Programm für die Sitzungen des Sekretariates für die Einheit der Christen am 14. u. 15. Nov. 1960, [14.-15.11.1960], JAMI, KJ 86, S. 1.
19 „Aus dem Ziel und den Arbeitsmethoden des Sekretariates ergibt sich ein ungemein weites Aufgabengebiet, welches fast die ganze Vorbereitung des Konzils umfaßt und durch die Ausrichtung auf eine künftige Wiedervereinigung einheitlich zusammengefaßt wird." Ebd., S. 2.
20 Ebd., S. 1.

im Plenum des Einheitssekretariats vom 15. November 1960, als es um die zukünftigen Ziele und Arbeitsweisen ging, dahingehend stark, sich auf die reformatorischen Bekenntnisschriften zu beziehen, diese dann im Licht der eigenen konfessionellen Theologie zu bewerten und in der Darstellung der katholischen Lehre achtsam im Blick auf die Protestanten zu sein.[21] Dieses Anliegen griffen auch andere Mitwirkende im Einheitssekretariat auf. Deutlich wurde, dass eine Voraussetzung für eine, im Hinblick auf die getrennten Christen, positive Artikulation der katholischen Lehre in einer fundierten Kenntnis der theologischen Positionen der nichtkatholischen Christen lag.

In der Debatte auf der ersten Plenartagung des Sekretariats rückten dann auch die ekklesiologischen Fragen in das Zentrum: die Beziehungen der getrennten Christen zur Kirche und in welchem Sinn sie als Glieder der Kirche zu verstehen sein könnten[22], das Priestertum der Gläubigen und die Stellung der Laien in der Kirche[23] und schließlich die hierarchische Struktur der Kirche. Diese drei Themen bearbeite das Einheitssekretariat im Rahmen der beiden folgenden Plenarkonferenzen in Arricia vom 6. bis 9. Februar 1961 sowie vom 16. bis 21. April 1961. So war es möglich, dass die daraus entstandenen Ergebnistexte am 24. Mai 1961 durch Johannes Willebrands, Sekretär des Einheitssekretariats, an Sebastian Tromp, Sekretär der Theologischen Kommission, übergeben werden konnten.[24] In der Theologischen Kommission um Alfredo Ottaviani haben diese Texte aber keine nachhaltige Berücksichtigung gefunden.[25] Gleichwohl waren diese in einer ersten Phase der Konzilsvorbereitung im Einheitssekretariat (zwischen November 1960 und Mai 1961) erarbeiteten Grundüberlegungen eine wichtige Voraussetzung, um dann in einer zweiten Phase (vom Sommer 1961 bis zum Sommer 1962) diese Grundüberlegungen, etwa im

---

21 Vgl. Einheitssekretariat, Compte-rendu des sessions du Secrétariat pour l'Unité des Chrétiens (ROME 14 et 15 novembre) 1960, 14.-15.11.1960, JAMI, NSt 590, S. 3.

22 Zu diesem Thema hat dann die durch Pieter Antonius Niermann geleitete Subkommission I (De christianorum acatholicorum ordine ad Ecclesiam) gearbeitet. So: Einheitssekretariat, Aufstellung der Subkommissionen in der Vorbereitungsarbeit des Konzils und ihrer Zusammensetzung, [1962], JAMI, NSt 577.

23 Hierzu hat dann die Subkommission IV (De sacerdotio fidelium et de officiis laicorum) gearbeitet. Relator war dabei Émilie-Joseph De Smedt. So: ebd.

24 Dies ist belegt in: Arrighi an Jaeger, 27.5.1961, JAMI, KJ 52 und in: Tromp, Tagebuch, S. 222.

25 Dazu schreib Eduard Stakemeier am 8.10.1962, unmittelbar am Beginn der ersten Konzilssession in sein Tagebuch: „Wir [Stakemeier und Michaele Maccarone; d. Verf.] sprachen darüber, daß von all den Vorschlägen, die das Sekretariat zu den Themen und Schemata der Kommissionen gemacht hat, in den uns bis jetzt bekannten Schemata der theologischen Kommission, die dem Konzil vorgelegt werden sollen, kaum etwas wirksam geworden ist. Warum sind unsere Vorschläge, die Kardinal Bea in der Zentralkommission mit solchem Nachdruck vorgetragen hat, nicht angekommen? Warum haben sie bis jetzt kaum Erfolg gehabt?" Stakemeier, Diarium vom Oktober 1962, JAMI, 8.

Blick auf ein Schema *De oecumenismo catholico*[26], anzuwenden. Im späteren Verlauf des Konzils fanden diese drei Papiere dann eine gewisse Verbreitung und lagen so etwa einigen Protagonisten für einen deutschen Alternativvorschlag zu einer Kirchenkonstitution vom Frühjahr 1963 vor.[27]

2 Der Arbeitsverlauf

Die Subkommission II bearbeitete demnach ein Kernthema innerhalb der Vorarbeiten des Einheitssekretariats.[28] Zwischen dem Beginn der Arbeit – noch auf der ersten Plenartagung des Sekretariats im November 1960 – und der letztlich Ende Mai 1961 übergebenen (und zuvor am 20. oder 21. April 1961 durch die Mitglieder genehmigten) Endfassung entstanden insgesamt drei Fassungen des Votums *De structura hierarchica Ecclesiae*.[29]

Der Arbeitsprozess an diesem Text zeigt eine bemerkenswerte Entwicklung, die sich von einer anfänglichen Fokussierung auf ein hierarchisches Gefüge der Kirche mit einer Betonung des Papstamtes hin zu einer umfassenden Sicht bewegte. Zugleich nahm sie die Anliegen und theologischen Positionen der nichtkatholischen Christen ernst. Dieser Reflexionsprozess vollzog sich, durch die Arbeitsweise des Einheitssekretariats gefördert, zwischen dem Relator und seinem unmittelbaren Berater (im Fall der Subkommission II Jaeger und Stakemeier), den in der Subkommission mitwirkenden Theologen sowie dem

---

26 Dies lag dann am Ende der Phase der Konzilsvorbereitung (in: Einheitssekretariat, Schema) vor.

27 Zu diesem Deutschen Schema siehe die Untersuchung: Wassilowsky, Heilssakrament. Akteure waren hier neben Karl Rahner auch Hermann Volk, selbst Mitglied des Einheitssekretariats, und Otto Semmelroth, der Volks Peritus war. Volk machte im Dezember 1962, als sich die Notwendigkeit eines neuen Schemas für eine Kirchenkonstitution gezeigt hatte, die drei Entwürfe des Einheitssekretariats vom Mai 1961 zugänglich (eben diese Texte werden durch den Verfasser ediert). Zur Übergabe der drei Entwürfe siehe den Hinweis bei: Teuffenbach, Bedeutung, S. 332 f. Die vom Verfasser vorgelegte Studie untersucht dann auch die Verwandtschaft der theologischen Ansätze im Deutschen Schema vom Frühjahr 1963 und in den Ergebnissen der Vorarbeiten des Einheitssekretariats der Jahre 1960-1962.

28 Die Zeitabfolge der Arbeiten in dieser Subkommission sind dokumentiert in: Einheitssekretariat, Bericht über Sitzungen und Arbeiten der Subkommissionen II, VII, XI, 7.11.1961, JAMI, KJ 761, S. 1 f.

29 Folgende Fassungen liegen vor: Fassung eins vom 20.1.1961 (Jaeger, Votum Subcommissionis II. De structura hierachica Ecclesiae, 20.1.1961, JAMI, NSt 891); Fassung zwei vom Februar 1961 (Jaeger, Votum Subcommissionis II. De structura hierachica Ecclesiae, Februar 1961, JAMI, NSt 890) und letztendlich Fassung drei vom Mai 1961 (Jaeger, Votum Subcommissionis II. De Structura Hierachica Ecclesiae, Mai 1961, JAMI, NSt 888).

Plenum des Sekretariats unter der Leitung von Bea und Willebrands. Damit geschah Meinungsbildung in einer sehr komplexen Weise. Sie war fähig, unterschiedliche, vielfältige Ansichten aufzugreifen und zugleich einseitige Schwerpunktsetzungen zu vermeiden bzw. zu öffnen.

Die erste Fassung für ein Votum der Subkommission II war jedoch von einer Fokussierung auf den Primat des Papstes gekennzeichnet. Zu Grunde lagen dabei zwei Vorarbeiten, die Gerard Corr[30] und Michaele Maccarone[31] den beiden Paderborner Redaktoren zur Verfügung stellten. Gerade die Zuarbeit von Maccarone griffen Stakemeier und Jaeger auf. In der Folge war das Votum vom 20. Januar 1961[32] mit seiner Zweiteilung – einmal ein Abschnitt über den Primat und den Episkopat, dann ein zweiter zum Zusammenhang von Rechtfertigungslehre und Ekklesiologie – in den ekklesiologischen Aussagen durch den Primat des Papstes als Konstruktionspunkt geprägt. Die zentrale Stellung des Primats bestimmte dann auch die Perspektive und die herangezogenen Argumente. In Anschluss an die vorliegenden Vorarbeiten Maccarones empfahl diese erste Fassung des Votums in der Verhältnisbestimmung von Primat und Episkopat die Terminologie des 4. und 5. Jahrhunderts zu verwenden, bis hin zur Formulierung „Petrus initium episcopatus". Themen waren dann der innere Zusammenhang der Lehre vom Primat und der Lehre vom Episkopat, der Primat als Prinzip der Einheit und die Beziehung von Primat und Apostelkollegium. Referenzquellen stellten in diesem Feld die Konstitution *Pastor aeternus* des I. Vatikanisches Konzils[33] sowie das durch Joseph Kleutgen für dieses Konzil entworfene Schema einer zweiten ekklesiologischen Konstitution[34] dar. Eine Bezugnahme auf die Bekenntnisschriften oder die Theologie der Reformatoren – wie sie Stakemeier etwa im Plenum des Einheitssekretariats im November 1960 ja eingefordert hatte – fand sich hier nicht. Anders gestaltete sich dies naturgemäß im zweiten Teil, der sich mit der Rechtfertigungslehre, als einem zwischen den Konfessionen kontroversen Thema, auseinandersetzte. Gleichwohl wurde hier mit der Brille der einschlägigen Definitionen des Tridentinischen Konzils auf die Theologie der

---

30   Corr, Zuarbeit für die Subkommission II. The Hierarchical Structure Of The Church, 30.12.1960, JAMI, NSt 916.
31   Maccarone, Zuarbeit für die Subkommission II. Primato Papale ed Episcopato: Note storico-dottrinali, 14.1.1961, JAMI, NSt 924 (eine erste italienische Fassung vom 14.1.1961) und Maccarone, Zuarbeit für die Subkommission II. Primatus et Episcopatus: Notae historico-theologicae, 16.1.1961, JAMI, NSt 913 (eine überarbeitete, lateinische Fassung).
32   Jaeger, Votum Subcommissionis II. De structura hierachica Ecclesiae, 20.1.1961, JAMI, NSt 891.
33   Erstes Vatikanisches Konzil, Pastor aeternus.
34   Kleutgen, Schema.

anderen Konfession geschaut. Im weiteren Verlauf der Arbeiten in der Subkommission II trat dieser zweite Themenkomplex aber in den Hintergrund.

War also der Großteil an ekklesiologischen Aussagen in diesem ersten Entwurf durch eine Erklärung (eine Rechtfertigung?) des Primates geprägt, trat jedoch am Ende dieses Abschnittes in einigen zusammenfassenden Schlussfolgerungen eine veränderte Perspektive hinzu, die erste Hinweise zu einer Bestimmung des Wesens der Kirche gibt. Diese vermutlich auf die Paderborner Redaktoren zurückgehende[35] Passage deutete die Richtung an, die die Arbeiten der Subkommission nehmen wird:

> Die Kirche möge deutlich werden als Volk Gottes durch Christ Blut erworben, seiner Königsherrschaft demütig unterworfen, als einzige Braut des Sohnes Gottes und Familie Gottes des Vaters als Kirche von Pilgern, die die glückliche Erfüllung der Hoffnung bei der Ankunft unseres Herrn Jesus Christus erwarten.
>
> Wie schon in der Enzyklika ‚Mystici Corporis' ist der klassische locus theologicus der Ekklesiologie die Lehre vom Leib Christi, vom Heiligen Paulus verkündet und vom Heiligen Augustinus und vom Heiligen Thomas von Aquin ausgearbeitet.
>
> Der Heilige Geist, der die Seele des Mystischen Leibes ist, ist außerdem inneres Prinzip der Einheit der Kirche, während das Sakrament der Einheit die heiligste Eucharistie ist im Heiligen Geist, der den Seelen der Gerechten innewohnt, werden die Glaubenden durch das Band des Glaubens, der Hoffnung und der Liebe zusammengeführt.
>
> Die Beziehungen werden erklärt zwischen der sichtbaren Kirche und dem Reich Gottes und besonders der Gemeinschaft der Heiligen.[36]

Es traten weitere Metaphern für Kirche (Volk Gottes, Braut, Familie Gottes, Kirche der Pilger oder Leib Christi) und auch eine unerwartete Bestimmung der Einheit der Kirche (der Geist als Prinzip der Einheit) hinzu. Die durch den Bezug auf die hierarchischen Strukturen eher statische Perspektive erhielt hier mit einer sich verändernden Blickweise eine dynamisierende Ergänzung. Schließlich scheint eine im Feld der Ekklesiologie bedeutsame ökumenische Frage auf: Die Beziehung zwischen den sichtbaren und den unsichtbaren Elementen der Kirche. Bereits hier zeigt sich, dass eine Einlassung zur hierarchischen Struktur der Kirche einer grundlegenden Erklärung zu ihrem Wesen bedurfte.

---

35 Hier verweist der Text auch auf Jaegers zweite Eingabe an die Vor-vorbereitende Kommission: Jaeger, Votum vom 15.12.1959.
36 Jaeger, Votum Subcommissionis II. De structura hierachica Ecclesiae, 20.1.1961, JAMI, NSt 891, S. 12 f.

In diese Richtung entwickelte sich dann auch die Debatte im Plenum des Einheitssekretariats, als am 7. Februar 1961 diese erste Vorlage erörtert wurde.[37] Sehr deutlich wurde dabei, dass eine Darstellung der Kirche und der in ihr ausgeübten Vollmacht bei Christus ansetzen müsse. Dieser anfänglich von Alberto Bellini formulierte Hinweis fand im Verlauf der Debatte breite Zustimmung und erfuhr eine Weiterentwicklung, gerade weil die Bedeutung dieses Bezuges auf Christus für die Anliegen der getrennten Christen erkannt wurde.[38] Zur Sinnspitze der Aussage trat mit dem Verweis auf den Mysteriumscharakter eine Möglichkeit, diesen Bezug der Kirche auf Christus – etwa der Kirche in ihren sichtbaren und unsichtbaren Elementen – auszudrücken.[39] Neben diesen Hinweisen zum Wesen wurde auch die Fokussierung auf den Primat als Prinzip der Einheit in Frage gestellt. Hermann Volk erinnerte dabei im Blick auf die Einheitsprinzipen auf die notwendige Ergänzung durch die Kollegialität der Bischöfe.[40] Zu diesem Motiv trat die Hoffnung auf ein Zusammenspiel unterschiedlicher Teilkirchen innerhalb der eigenen Konfession (etwa im Rahmen einer Bischofskonferenz) oder auf die Möglichkeiten in der Begegnung mit Kirchen anderer Konfession (etwa den Ostkirchen).[41] Damit deutete sich ein neues Zueinander von Primat und Episkopat an, indem dem kollegial verstandenen Episkopat eine stärker kirchenkonstitutive Rolle zugesprochen wurde. Folgerichtig war die von Michaele Maccarone promovierte Formulierung „Petrus initium episcopatus" nicht mehr angemessen.[42]

So war die Erkenntnis gewachsen, dass der erste Entwurf für ein Votum der Subkommission II einer Überarbeitung bedurfte, für die Augustin Bea

---

37   Siehe hier das dazugehörige Protokoll: Einheitssekretariat, Protokoll zur Diskussion über die Berichterstattung der Subkommission II „De structura hierarchica ecclesiae" durch Lorenz Jaeger am 7.2.1961, JAMI, NSt 889.
38   So: ebd., S. 1.
39   Darauf hat gerade Christophe Dumont hingewiesen: ebd., S. 3. Augustin Bea forderte dann die Subkommission auf, dieses Moment in ihrer weiteren Arbeit zu berücksichtigen. So: ebd., S. 4.
40   So in: ebd., S. 2.
41   Stark ausgedrückt durch Jerome Hamer: ebd., S. 4. Hamer hat dazu im Nachgang am 14.2.1961 auch ein eigens Arbeitspapier mit Gründen vorgelegt, die für eine Rede von Kollegialität der Bischöfe sprachen: Hamer, Zuarbeit für die Subkommission II. La collegialite episcopale. Note complémentaire, [14.2.1961], JAMI, NSt 912.
42   Gegen ihre Verwendung sprach sich dann auch Frans Thijssen aus: Einheitssekretariat, Protokoll zur Diskussion über die Berichterstattung der Subkommission II „De structura hierarchica ecclesiae" durch Lorenz Jaeger am 7.2.1961, JAMI, NSt 889, S. 3. In der Folge legte auch Thijssen zu dieser Frage ein eigenes Arbeitspapier vor: Thijssen, Zuarbeit für die Subkommission II. Nota ad Votum „de structura hierarchica Ecclesiae", [Februar 1961], JAMI, NSt 914.

eine biblisch und patristisch rückgebundene Terminologie anmahnte.[43] Dem stellten sich die Theologen um Lorenz Jaeger und konzipierten noch während dieser Plenartagung im Februar 1961 eine Neufassung für ihren Text[44], in dem sie bemerkenswerte Neuorientierungen vollzogen. Am markantesten fällt auf, dass nun eine andere Hermeneutik als bisher leitend war. An Stelle einer (nur anders formulierten) Wiederholung der eigenen konfessionellen Theologie als Ausgangspunkt – etwa in den lehramtlichen Aussagen zum Primat – traten nun die Fragestellungen, Anliegen und Wünsche der getrennten Christen in den Vordergrund. Dies stellte einen wirklichen Perspektivwechsel dar! Getragen vom Anliegen einer einladenden Darstellung der katholischen Lehre fiel der Blick zuerst mit Aufmerksamkeit und Wohlwollen auf die Theologien der christlichen Geschwister. Dieses hermeneutische Herangehen empfahlen die Autoren der Subkommission II auch der bevorstehenden Konzilsversammlung. In der Conclusio ihrer Vorlage[45] umrissen sie in Anlehnung an die Praxis auf dem Tridentinum folgendes Vorgehen: Analyse der Theologie der getrennten Christen durch Experten; Beurteilung durch die Konzilsväter; eine katholische Antwort auf Basis dieses Urteils, die zugleich Ausgangspunkt für einen sachorientierten Dialog sein solle. Die Darstellung des Ergebnistextes eröffnete für die elf Einzelvoten die Möglichkeit, in einem Dreischritt einen kommunikativen Prozess abzubilden. Eine *Introductio 1.*) leitete jedes Einzelthema ein, in dem es die Standpunkte der getrennten Christen aufgriff. Die eigentlich empfohlene Aussage wurde im *Votum 2.*) formuliert. Schließlich trugen die Verfasser in einer *Explicatio et probatio 3.*) argumentatives Material aus Schrift, Tradition und Theologiegeschichte zusammen, mit dem sie die These des Votums inhaltlich untermauerten.

Zu dieser Veränderung in Hermeneutik und Methode traten zwei systematische Neuorientierungen, die sich in der Plenardebatte vom 4. Februar 1961 bereits abgezeichnet hatten. Zum einen setzen die Überlegungen jetzt bei Aussagen zum Wesen der Kirche – ausgehend von der Kirche als Mysterium – ein.[46] Zum anderen ging die Beschreibung des

---

43 So: Einheitssekretariat, Protokoll zur Diskussion über die Berichterstattung der Subkommission II „De structura hierarchica ecclesiae" durch Lorenz Jaeger am 7.2.1961, JAMI, NSt 889, S. 4.
44 Jaeger, Votum Subcommissionis II. De structura hierarchica Ecclesiae, [Februar 1961], JAMI, NSt 890.
45 Vergleiche dazu: ebd., S. 28.
46 So sind die einzelnen Voten überschrieben mit: I. Ecclesia est mysterium, II. Regale Dominium Christi in Ecclesia, X. Ecclesia est coetus und XI. De unitate Ecclesiae. Hinzu

hierarchischen Gefüges nicht mehr vom Primat, sondern von einer zentralen Stellung des Episkopats und seiner Kollegialität aus.[47]

Die oben beschriebene hermeneutische Neuorientierung wirkte sich in dieser Textfassung nicht nur in der veränderten Textstruktur aus, sondern auch bis in die Formulierung der Voten. Hier lag der Versuch vor, einen katholischen Standpunkt für die getrennten Christen einladend darzustellen. In der Paderborner Redaktion entstand damit an einigen Stellen ein Amalgam, das die Perspektiven in den Theologien unterschiedlicher Konfession verbinden wollte. Ein sehr deutliches Beispiel stellte das erste Votum in dem nun neuen Text – Ecclesia est mysterium[48] – dar, das an dieser Stelle etwas ausführlicher in den Blick genommen werden soll.

Dieses Votum leitete den Gedankengang zur Bestimmung der Kirche mit dem Verweis auf den Mysteriumscharakter der Kirche ein. Dabei machten die Autoren in ihrer Einleitung zum Votum[49] deutlich, dass es ihnen dabei um eine Reaktion auf ein reformatorisches Kirchenverständnis ging. Diese reformatorische Lesart der Rechtfertigungslehre betone die geistliche und unsichtbare Kirche. Folglich habe Martin Luther die geistliche, unsichtbare Kirche in den durch Glauben Gerechtfertigten gesehen, Johannes Calvin und Ulrich Zwingli in der Gemeinschaft der Vorherbestimmten. Luther gebrauche entsprechend für die Kirche Formulierungen wie *creatura evangelii* oder *creatura verbi praedicati* und betone damit den Glauben.[50] Sahen die Verfasser diese Gedanken auch in der zeitgenössischen, evangelischen Theologie als gegeben an, so nahmen sie – etwa mit Verweis auf einen Vertreter, Joachim Beckmann – zugleich wahr, wie mit Wortverkündigung und Sakramentsverwaltung der sichtbare Aspekt von Kirche als Gemeinschaft der Glaubenden in den Blick geriet.

In der Formulierung des eigentlichen Votums versuchten die Redaktoren nun, eine katholische Lesart des Sachverhalts anzubieten, die dem Anspruch einer

---

      traten mit III. Ministerium et potestas und IV. Origo et Finis munerum et potestatis in Ecclesia zwei Abschnitte, die das Amt in der Kirche grundsätzlich beschrieben.

47 So zeigt sich folgende Gedankenfolge: II. Regale dominum Christi in ecclesia → III. Ministerium et potestas → IV. Origo et finis munerum et potestatis in Ecclesia → V. Episcopi → VIII. De collegio apostolico Episcoporum → Anwendung: IX. De patriarchis eorumque relationibus ad sedem Apostolicam Romanam.

48 Hier: ebd., S. 2 f.

49 Ebd., S. 2.

50 So hatte Luther in den Resolutionen zu seinen Thesen in der Leipziger Disputation 1519 ausgeführt: „Ecclesia enim creatura Euangelii, incomparabiliter minor ipso." Luther, Resolutiones, S. 430. Daraus entwickelte sich in der Folge die Formel: „Ecclesia est creatura verbi."

wertschätzenden Berücksichtigung der Perspektiven anderer konfessioneller Theologien Rechnung trug. Entgegen einer ebenso einseitigen Betonung sichtbarer Momente – in einer Beschreibung der hierarchischen Strukturen – stand am Anfang der Versuch einer ausgewogenen, grundlegenden Wahrnehmung. Modell für diese Sicht sei die christologische Struktur der Kirche, die mit dem Terminus *mysterium* korrespondiere. Das Votum lautete:

Ecclesia est creatura Verbi incarnati,	Die Kirche ist Schöpfung des fleischgewordenen Wortes,
cuius similitudinem imitatur.	dessen Ähnlichkeit sie nachbildet.
Propter suam structuram christologiam ex una parte est visibilis, ex altera parte invisibilis ac supernaturalis.	Wegen ihrer christologischen Struktur ist sie einerseits sichtbar, andererseits unsichtbar und übernatürlich.
Quare Ecclesia est mysterium fide solum modo cognoscendum et modo sacramentali gratiam Christi transmittens.[51]	Deswegen ist die Kirche ein Mysterium, allein im Glauben zu erkennen und auf sakramentale Weise die Gnade Christi mitteilend.

Bemerkenswert an diesem kurzen Text sind die Anklänge an Aussagen der Reformatoren, die jedoch im Sinne einer katholischen Ekklesiologie modifiziert wurden. So erinnerte die Formulierung *creatura Verbi Incarnati* an die ähnlich klingende, lutherische Bestimmung *creatura Evangelii* bzw. *verbi* für die Kirche in ihrer Abhängigkeit vom Wort Gottes sowie in ihrer Charakterisierung als Glaubensgeschehen, das seinen Ursprung in der Verkündigung des Wortes habe. Gleichwohl verorteten die Autoren diese Abhängigkeit der Kirche direkt in der Person Christi, indem sie die Formel durch das Adjektiv *incarnatus* ergänzten. Mit der Bestimmung der Kirche als ein nur durch den Glauben erkennbares Mysterium verwiesen die Autoren auf die Notwendigkeit des Glaubens („*fide solumodo*" / „*sola fide*"?). Auch die Bestimmung der Kirche als sichtbar und unsichtbar („*visibilis*" und „*invisibilis*") hatte einen wörtlichen Bezug auf eine Differenzierung, die sich bei Huldrych Zwingli fand, wenn auch im Horizont der Prädestinationslehre.[52] Das Votum der Subkommission stellte

---

51 Jaeger, Votum Subcommissionis II. De structura hierarchica Ecclesiae, [Februar 1961], JAMI, NSt 890, S. 2.
52 So schrieb dieser in seiner *Christianae fidei brevis et clara expositio ad regem Christianum*: „Credimus et unam sanctam esse catholicam, hoc est universalem ecclesiam. Eam autem

diesen sichtbaren/unsichtbaren Charakter in einen anderen Kontext, nämlich den der christologischen Struktur der Kirche.

Die Theologen um Jaeger formulierten eine sakramentale Vorstellung von der Kirche im Blick auf die von ihnen aufgenommenen Fragestellungen der reformatorischen Theologie und integrierten so die beiden Dimensionen im Wesen der Kirche, vermittelt durch den Grundbegriff *mysterium*. Sie beschrieben in ihrer Erläuterung zum Votum[53] den sakramentalen Charakter des *Mysteriums Kirche* in seiner Funktion der Gnadenmitteilung und verglichen (*„similiter ac"*) das Mysterium der Kirche mit den Sakramenten des Neuen Bundes. So sei die unsichtbare Gabe des Heiligen Geistes im Mysterium Kirche unlösbar (*„indissolubiliter"*) mit den sichtbaren Gaben verbunden. Wie die Sakramente Zeichen wären, so sei auch die Kirche ein „Zeichen, das vor den Nationen aufgerichtet ist, durch dessen Glanz die Wahrheit zu erkennen ist und durch dessen Wirksamkeit das Heil zuteilwird".[54] Das biblische Bild vom *Zeichen vor den Nationen* bezog sich vermutlich auf Jes 11,12 und war auch in der Beschreibung der Kirche im Rahmen der Dogmatischen Konstitution *Dei filius* auf dem I. Vatikanum verwandt worden.[55] Die christologische Struktur vertieften die Autoren in der Verbindung von Göttlichem und Menschlichem, die in der Kirche ebenso wie in der Person Jesu Christi vorzufinden sei.[56] Argumentativ untermauerten die Autoren ihre Aussagen mit Verweisen auf die Enzyklika *Satis cognitum* von *Leo XIII.*[57] sowie mit einer Formulierung von Clemens Schrader.[58]

Neben diesem grundlegenden Thema der Kirche als Mysterium sind in den anderen Einzelvoten, wenn auch in unterschiedlicher Intensität, ähnliche Entwicklungen zu beobachten. So etwa sprach das zweite Votum

---

    esse aut visibilem aut invisibilem." Zwingli, Fidei, S. 108-110. Dazu siehe: Ritschl, Begriffe, S. 68-70.

53 Vgl. Jaeger, Votum Subcommissionis II. De structura hierarchica Ecclesiae, Februar 1961, JAMI, NSt 890, S. 2 f.

54 Ebd., S. 3: „Et sicunt sacramenta sunt in genere signi, ita etiam Ecclesia est signum elevatum in nationibus cuius splendore veritas cognoscitur et cuius eficacia salus tribuitur."

55 Vgl. Erstes Vatikanisches Konzil, Dei Filius, Rd. 3014.

56 Vgl. Jaeger, Votum Subcommissionis II. De structura hierarchica Ecclesiae, Februar 1961, JAMI, NSt 890, S. 2 f.

57 Vgl. Leo XIII., Satis cognitum, Rd. 3301.

58 „Unde fit, ut Ecclesia tamquam coetus humano-divinus manifestetur illustremque referat Christi θεανθρώπου similitudinem". So zitiert bei: Schauf, De corpore Christi mystico, S. 127.

von der Königsherrschaft Christi in der Kirche.[59] Dieser Begriff findet sich bei Johannes Calvin[60] und diente hier – ähnlich wie später im Entwurf der Subkommission II – dazu, auf eine genaue Weise das Verhältnis Christi zu seiner Kirche zu charakterisieren und seinen unmittelbaren Bezug auf die Leitung der Kirche auszudrücken. Inwieweit die Subkommission II unter Jaegers Leitung ein theologisches Stück von Calvin aufgriff und sich zu eigen machte, kann auf der Grundlage der zur Verfügung stehenden Quellen vermutet, aber nicht sicher nachgewiesen werden.[61]

Es ist davon auszugehen, dass diese hermeneutische Neuorientierung, die in der theologischen Aussage zu einer Verknüpfung von Positionen reformatorischer und katholischer Theologie führte, in der Redaktionsarbeit der beiden Paderborner Mitglieder der Subkommission II geleistet wurde. Gleichwohl wurde diese vermutlich vor allem durch Stakemeier getragen.

3 Das Arbeitsergebnis

Die neuerliche Plenardebatte[62] der Subkommission II führte zu einer systematischen Geschlossenheit der gesamten Vorlage. Der letztendlich durch das Plenum angenommene Text leitete seine Aussagen zur hierarchischen Struktur in einer stringenten Weise aus dem Wesen der Kirche ab.[63] Und vor einer Aussage zum Primat stand zuerst eine Erläuterung des Dienstamtes in der Kirche und des (kollegialen) Episkopats. So erhielt der Text folgende inhaltliche Struktur:

---

59   Vgl. Jaeger, Votum Subcommissionis II. De structura hierarchica Ecclesiae, Februar 1961, JAMI, NSt 890, S. 4.

60   Siehe dazu: Calvin, Unterricht, II, 15, 3-5. Vergleiche dazu auch: Staedtke, Lehre, S. 208-212.

61   Gleichwohl ist diese Herangehensweise bereits ab der ersten Eingabe Jaegers an die Vor-vorbereitende Konzilskommission nachweisbar: Jaeger, Votum vom 3.8.1959; Jaeger, Bemühungen, S. 95 f.

62   Vergleiche dazu das Protokoll: Einheitssekretariat, Protokoll zur Diskussion über die Berichterstattung der Subkommission II „De structura hierarchica ecclesiae" durch Lorenz Jaeger am 17.4.1961, JAMI, NSt 1215.

63   Jaeger, Votum Subcommissionis II. De Structura Hierarchica Ecclesiae, Mai 1961, JAMI, NSt 888. Dieser Text wird mit der Veröffentlichung der zugrundeliegenden Studie im lateinischen Original und einer deutschen Arbeitsübersetzung, versehen mit ergänzenden Materialien, ediert. Seinen stringenten Aufbau erhielt der Text aufgrund einer Intervention von Gustav Thils. So: Einheitssekretariat, Protokoll zur Diskussion über die Berichterstattung der Subkommission II „De structura hierarchica ecclesiae" durch Lorenz Jaeger am 17.4.1961, JAMI, NSt 1215, S. 3.

> *Rahmen von Vor- und Nachbemerkungen inhaltlicher wie methodischer Natur I*
> Einführung: Ziel und Methode dieser Voten und Vorlagen
> Vorwort: Warum die Lehre über die hierarchische Struktur der Kirche im Konzil geklärt werden sollte
> *Inhaltlicher Hauptteil mit Vorschlägen zur Lehre im Rahmen der Ekklesiologie*
> *Aussagen im Blick auf das Wesen der Kirche*
> I. Die Kirche als Mysterium
> II. Die Kirche als Versammlung der Glaubenden
> III. Die Einheit der Kirche
> IV. Die Königsherrschaft Christi in der Kirche
> *Aussagen im Blick auf das Verständnis des Amtes in der Kirche*
> V. Dienstamt und Vollmacht in der Kirche
> VI. Ursprung und Ziel der Ämter und Vollmacht in der Kirche
> VII. Die Bischöfe als Nachfolger der Apostel und der Römische Bischof als Nachfolger Petri
> *Aussagen im Blick auf das Verständnis des Bischofsamtes*
> VIII. Dienst und Autorität der Bischöfe in den Teilkirchen
> IX. Universaler Dienst und Vollmacht des mit dem Haupt in der Kirche vereinten Bischofskollegiums
> *Aussagen im Blick auf das Verständnis des Papstamtes*
> X. Amt und Vorrechte des Römischen Bischofs
> XI. Die vom Römischen Bischof mit der Kirche im Lehramt zu beachtende Aufgabe
> *Aussagen im Blick auf die Patriarchen*
> XII. Anmerkung über die Rechte der Patriarchen
> *Rahmen von Vor- und Nachbemerkungen inhaltlicher wie methodischer Natur II*
> Nachwort Auf welche Weise die Wahrheit im kommenden Konzil in Liebe vorzutragen ist

In diesen nun gesetzten Themen und ihrer Ausführung zeigten sich veränderte Perspektiven, wie Kirche und amtliche Strukturen zu beschreiben waren. Zugleich dokumentierte die Endfassung die Impulse, welche die Subkommission II und das gesamte Einheitssekretariat im bevorstehenden Konzil in Blick auf die nichtkatholische Christenheit setzen wollte. In aller Knappheit sollen diese hier benannt werden.

Kirche wurde als *Mysterium* in einer sakramentalen Weise verstanden (*Votum I*), zum einen, um seine sichtbaren und unsichtbaren Aspekte in ausgewogener Weise gemeinsam darzustellen, und zum anderen, um den unmittelbaren Bezug der Kirche auf Christus zu betonen. Die Gestalt dieser auf Christus orientierten Kirche wird dann (*Votum II*) in der konkreten Versammlung der Glaubenden (coetus fidelium) beschrieben, die das *Volk Gottes* (populus Dei) ist. Die Kirche ist Volk Gottes in lebendiger Fortführung zum Volk des Alten Bundes, Volk Gottes als Wirkungsraum des Heiligen Geistes zum

Heil der Welt und schließlich pilgerndes Volk Gottes in einer eschatologischen Ausrichtung. Die *Einheit der Kirche* (*Votum III*) ist ein wesentliches Gut, das sich in den äußeren oder sichtbaren und fassbaren Prinzipien zeige. Zugleich erhalte sie mit dem Heiligen Geist ein inneres Prinzip der Einheit, in dessen Wirkungsbereich sich auch die getrennten, christlichen Geschwister bewegen. Einheit erschien hier als dynamisches Geschehen, das sich in Vielgestaltigkeit ausdrücken kann. In der Kirche sei schließlich *Christus allein* („Christus [...] solus") das Haupt (*Votum IV*). Von ihm geht alle Vollmacht in der Kirche aus.

Mit dieser Grundlegung besteht nun die Voraussetzung das Amt in der Kirche zu bestimmen. *Amt ist* zuallererst *Dienst* (*Votum V*). Das Papier der Subkommission II gewann damit ein ursprünglich biblisches Verständnis vom Amt zurück, das im Laufe der Theologiegeschichte mit einem Fokus auf Vollmacht und rechtliche Legitimation verloren gegangen war. Damit zeichnete sich mit *Dienst* bereits hier eine Perspektive ab, die im II. Vatikanum zu einem Grundduktus wurde. In diesem Grundduktus erkennt Eva-Maria Faber eine „Konvergenz" zum Amtsverständnis von Johannes Calvin.[64] Ursprung und Ziel von Ämtern und Vollmachten sollen *aus den Zeugnissen der Schrift* erwiesen werden (*Votum VI*). Dann wird die *Funktion und die Grenze der Apostolischen Sukzession* der Bischöfe wie des Bischofs von Rom markiert (*Votum VII*). Es geht hier um den Bezug zu den Ursprüngen, in die sich – bei allen Unterschieden zwischen der Zeit der Apostel und der Zeit der Kirche heute – die Christenheit stellt.

Mit den beiden folgenden Abschnitten kennzeichnet das Votum den *Dienst und die Vollmacht der Bischöfe in der jeweiligen Teilkirche* (*Votum VIII*) – hier als von Christus gegeben ordentlich und unmittelbar, ständig und vollständig – sowie *in der Universalkirche* (*Votum IX*) – kollegial verfasst und ausgeübt.

Dem *Bischof von Rom* komme ein besonderer Dienst zu, der deswegen mit *besonderen Prärogativen* (Primat und Unfehlbarkeit) ausgestattet sei (*Votum X*). Gerade die *Unfehlbarkeit* – als *Einheitsdienst* verstanden – müsse daher in Übereinstimmung mit der Gesamtkirche ausgeübt werden (*Votum XI*).

Das Einheitsverständnis, das zwischen inneren Prinzipien und äußeren Ausdrucksformen unterscheidet, sowie das Verständnis vom Bischofsamt, das mit einer starken Stellung innerhalb einer Teilkirche in ein Kollegium eingebettet ist, mündet am Ende der langen Stellungnahme zur hierarchischen Struktur in der Empfehlung, die *Eigenarten* in Ritus, Disziplin und Kirchenrecht gerade *der Christen des Ostens zu bewahren oder wiederherzustelle*n (*Votum XII*).

---

64 So: Faber, Amt, S. 13.

Die Grundlinie, katholische Stellungnahmen mit Blick auf die Anliegen und Wünsche auf die getrennten christlichen Geschwister zu formulieren, blieb auch in der Endfassung des Textes erhalten. Die Formulierungen der Einzelempfehlungen wurden präziser ausgedrückt, wobei der direkte sprachliche Bezug auf Texte der Reformatoren teilweise in den Hintergrund trat. Als ein Beispiel soll dabei erneut das Votum über die Kirche als Mysterium dienen:

Ecclesiae Auctor et Caput est Verbum Incarnatum, cuius similitudinem refert.	Urheber und Haupt der Kirche ist das Fleischgewordene Wort, dessen Gleichnis sie darstellt.
Propter suam structuram christologicam supernaturalis est, et quidem ex una parte visibilis, ex altera autem invisibilis.	Wegen ihrer christologischen Struktur ist sie übernatürlich, dabei einerseits sichtbar, anderseits unsichtbar.
Quare Ecclesia mysterium est, fide solummodo cognoscibile, in qua cultus sacramentalis Christi iugiter exercetur.[65]	Deshalb ist die Kirche ein Mysterium, allein im Glauben zu erkennen, in der der sakramentale Kult Christi beständig vollzogen wird.

In der Endfassung ist nicht mehr die Kirche, sondern Christus selbst das Subjekt der Aussage. Er ist Urheber und Haupt und wird von der Kirche nichtmehr nur nachgeahmt sondern von ihr als Gleichnis dargestellt. Sein Handeln, der Kult Christi, wird im Mysterium Kirche sichtbar und wirksam. Damit formulierten die Theologen der Subkommission II ein sakramentales Kirchenverständnis, das sie sowohl aus der Begegnung mit der Theologie der Reformatoren als auch aus der Befassung mit dem eigenen traditionellen Selbstverständnis als neuen Impuls gewonnen hatten. Zugleich wirkten sich parallele Reflektionsprozesse aus, die etwa in der Subkommission I – im Blick auf die Grundlegung einer Ekklesiologie der Elemente – und Subkommission IV – im Blick auf die Bestimmung des königlichen Priestertums des Volkes Gottes – zu ähnlichen systematischen Überlegungen mit einer grundlegenden Bedeutung eines sakramentalen Kirchenverständnis kamen.

---

65 Jaeger, Votum Subcommissionis II. De Structura Hierarchica Ecclesiae, Mai 1961, JAMI, NSt 888, S. 5.

4 Würdigung

Die Vorarbeiten der Subkommission II haben zu veränderten Perspektiven auf das Wesen der Kirche und ihre sichtbare Gestalt geführt. Als Teil des Einheitssekretariats wurden hier wesentliche Impulse für eine erneuerte Ekklesiologie für den konziliaren Prozess des II. Vatikanums vorgedacht und vorbereitet. Die Kirche ist als Sakrament zu bestimmen. Sie stellt das Volk Gottes dar. Ihre Einheit ist ein wesentliches Gut, das bereits von Christus her im Heiligen Geist gegeben ist und das bei aller berechtigter Vielfalt weiter verwirklicht werden muss. Amt und Vollmacht sind zuerst als Dienst zu verstehen. Die Bischöfe leisten einen Dienst mit eigener Vollmacht. Der kollegial verfasste Episkopat verleiht der Kirche eine Gestalt, die Einheit in Vielfalt abbilden kann. Damit deuten sich im Ergebnistext der Subkommission II bereits Motive an, die in den späteren Konzilstexten von Bedeutung sein werden.[66] Diese Klärungen können als wichtige Vorarbeiten für das II. Vatikanische Konzil angesehen werden, die sich in den Jahren 1960/1961 bereits sehr früh im Konzilsprozess vollzogen haben.

Die wohl stärkste Leistung der Subkommission II war der hermeneutische Perspektivwechsel, der den Anspruch hatte, im Dienste einer für die getrennten Christen einladend formulierten Ekklesiologie, die Theologien der getrennten christlichen Geschwister in den Blick zu nehmen. Damit entstand eine Verknüpfung von Dialog mit Tradition, die es den Theologen des Einheitssekretariats ermöglichte, Neuorientierungen vorzuschlagen, die einerseits Aufgeschlossenheit gegenüber den getrennten Christen, andererseits Treue zur eigenen Tradition markierten, um „die Anderen" und „die Eigenen" zu gewinnen. Hier zeigt sich das Anliegen, eine im besten Wortsinne *katholische* Theologie zu formulieren.

Diese durch die Subkommission II formulierten Impulse sind jedoch nur ein Teil von Elementen der Erneuerung, die das Sekretariat zur Förderung der Einheit der Christen als Ganzes in den Jahren 1960 bis 1962 erarbeitet hat. Diese Vorarbeiten vollzogen sich in einer sehr komplexen Weise, die eine Rekonstruktion herausfordert, die Wechselwirkungen und Impulse einer Theologengruppe von fast 40 Personen, die sich in 13 Untergruppen strukturierte und jeweils in Abständen von mehreren Monaten im Plenum versammelte,

---

66 Eine ähnliche Charakterisierung nahm Eduard Stakemeier, ein Mitarbeiter der Subkommission II, nach dem Konzil in einem Beitrag für eine Festschrift für Otto Semmelroth, einem Mitwirkenden am Neuentwurf der Konstitution *Lumen gentium*, vor: Stakemeier, Leitmotive.

wahrzunehmen. Die Leistung einer Untergruppe ist damit sachgerecht wohl immer als Leistung des Gesamtgremiums zu verstehen.

Lorenz Jaeger hat in dieser Komplexität mitgearbeitet und eine wirklich innovative Teilgruppe des Einheitssekretariates organisiert und moderiert. Jaeger war dabei bereit, sich die Position von Beratern zu Eigen zu machen und als verantwortlicher Berichterstatter letztlich dafür einzustehen. Damit hat er eine Erneuerung der Ekklesiologie mitermöglicht. Dabei kam ihm seine „ökumenische Biografie" – nicht zuletzt die Begegnungen im Gemeinsamen Arbeitskreis Katholischer und Evangelischer Theologen – sicher zu Gute. Gleichwohl dürfte die theologische und redaktionelle Arbeit im Fall der Subkommission II sehr durch Eduard Stakemeier getragen worden sein. Als leitender Direktor des Johann-Adam-Möhler-Instituts konnte Stakemeier unbestreitbar eine für die interkonfessionelle Begegnung sensible, fachliche Expertise einbringen.

Konzilsvorbereitung im Sekretariat zur Förderung der Einheit der Christen erscheint damit vor allem als Teamleistung, die von dem Anliegen getragen war, eine werbende Einladung an die christlichen Geschwister auszusprechen. Hier ging es nicht um Rückkehr, sondern um eine Suche nach einer immer tieferen Verwirklichung der Einheit. Der Blick richtete sich dabei auf ein gemeinsames Ziel, auf das sich die Christenheit – Katholiken wie Nichtkatholiken – hinbewegen solle. Dieses Anliegen scheint in der von Lorenz Jaeger geleiteten Subkommission besonders im hermeneutischen Herangehen an die Fragestellungen auf. Es wird in den Diskursen des Einheitssekretariats weiterentwickelt, um dann im konziliaren Prozess letztlich mit UR Teil einer Selbstvergewisserung der Katholischen Kirche zu werden.

Quellen- und Literaturverzeichnis

Quellen
Quellendokumente aus dem Archiv des Johann-Adam-Möhler-Instituts (JAMI)
Arrighi an Jaeger, 27.5.1961, JAMI, KJ 52
Corr, Gerard: Zuarbeit für die Subkommission II. The Hierarchical Structure Of The Church, 30.12.1960, JAMI, NSt 916
Einheitssekretariat, Compte-rendu des sessions du Secrétariat pour l'Unité des Chrétiens (ROME 14 et 15 novembre) 1960, 14.-15.11.1960, JAMI, NSt 590
Einheitssekretariat, Protokoll zur Diskussion über die Berichterstattung der Subkommission II „De structura hierarchica ecclesiae" durch Lorenz Jaeger am 7.2.1961, JAMI, NSt 889

Einheitssekretariat, Protokoll zur Diskussion über die Berichterstattung der Subkommission II „De structura hierarchica ecclesiae" durch Lorenz Jaeger am 17.4.1961, JAMI, NSt 1215

Einheitssekretariat, Bericht über Sitzungen und Arbeiten der Subkommissionen II, VII, XI, 7.11.1961, JAMI, KJ 761

Einheitssekretariat, Aufstellung der Subkommissionen in der Vorbereitungsarbeit des Konzils und ihrer Zusammensetzung, [1962], JAMI, NSt 577

Hamer, Jerome: Zuarbeit für die Subkommission II. La collegialite episcopale. Note complémentaire, [14.2.1961], JAMI, NSt 912

Jaeger, Lorenz: Votum Subcommissionis II. De structura hierachica Ecclesiae, 20.1.1961, JAMI, NSt 891

Jaeger, Lorenz: Votum Subcommissionis II. De structura hierachica Ecclesiae, Februar 1961, JAMI, NSt 890

Jaeger, Lorenz: Votum Subcommissionis II. De Structura Hierarchica Ecclesiae, Mai 1961, JAMI, NSt 888

Maccarone, Michele: Zuarbeit für die Subkommission II. Primato Papale ed Episcopato: Note storico-dottrinali, 14.1.1961, JAMI, NSt 924

Maccarone, Michele: Zuarbeit für die Subkommission II. Primatus et Episcopatus: Notae historico-theologicae, 16.1.1961, JAMI, NSt 913

[Stakemeier, Eduard]: Bemerkungen zu dem Programm für die Sitzungen des Sekretariates für die Einheit der Christen am 14. u. 15. Nov. 1960, [14.-15.11.1960], JAMI, KJ 86

Stakemeier, Eduard: Diarium vom Oktober 1962, JAMI

Thijssen, Frans: Zuarbeit für die Subkommission II. Nota ad Votum „de structura hierarchica Ecclesiae", [Februar 1961], JAMI, NSt 914

Gedruckte Quellen

Calvin, Johannes: Unterricht in der christlichen Religion, in: Klaus Vogler (Hg.): (2009), http://www.calvin-institutio.de/side.php?news_id=122&part_id=0&navi=3 (acc. 5.4.2017)

Jaeger, Lorenz: Votum Archiepiscopi Paderbornensis, 3.8.1959, in: Secretaria Pontificia Commissionis Centralis Praepararoriiae Concilii Vaticani II (Hg.): Acta et documenta Concilio oecumenico Vaticano II apprando. Series I Antepraeparatoria (AD, I/2.1). Rom 1960/1961, S. 637-639

Jaeger, Lorenz: Votum Archepiscopi Paderbornensis, 15.12.1959, in: Secretaria Pontificia Commissionis Centralis Praepararoriiae Concilii Vaticani II (Hg.): Acta et documenta Concilio oecumenico Vaticano II apprando. Series I Antepraeparatoria (AD, I/2.1). Rom 1960/1961, S. 639-653

Jaeger, Lorenz: Konziliare Bemühungen im Blick auf die ganze Christenheit und die ganze Welt. Erste Eingabe an die Päpstliche Vor-vorbereitungskommission des II.

Vatikanischen Konzils, in: Johann-Adam-Möhler-Institut für Ökumenik (Hg.): Einheit und Gemeinschaft. Stellungnahmen zu Fragen der christlichen Einheit (KKS, 31). Paderborn 1972, S. 94-96

Jaeger, Lorenz: Lebensvollere Einheit für alle. Zweite Eingabe an die Päpstliche Vor-vorbereitungskommission des II. Vatikanischen Konzils, in: Johann-Adam-Möhler-Institut für Ökumenik (Hg.): Einheit und Gemeinschaft. Stellungnahmen zu Fragen der christlichen Einheit (KKS, 31). Paderborn 1972, S. 97-107

Jaeger, Lorenz: Die Anliegen der getrennten Brüder. Vorschläge für das konziliare Vorgehen, in: Johann-Adam-Möhler-Institut für Ökumenik (Hg.): Einheit und Gemeinschaft. Stellungnahmen zu Fragen der christlichen Einheit (KKS, 31). Paderborn 1972, S. 176-179

Kleutgen, Joseph: Zweites Schema für eine zweite Konstitution über die Kirche von Kleutgen, in: Joannes Dominicus Mansi u. a. (Hg.): Acta synodalia (Congreg. LXXXVII-LXXXIX). Acta deputationum, Postulata, Schemata decretorum, Promulgatio, Catalogus patrum (Mansi, 53). Arnhem u. a. 1927, S. 308-317

Leo XIII.: Peccim. Vincenzo Gioacchino: Enzyklika „Satis cognitum", in: Heinrich Denzinger u. a. (Hg.): Kompendium der Glaubensbekenntnisse und kirchlichen Lehrentscheidungen. Freiburg i. Br. 2005, Rd. 3300-3310

Luther, Martin: Resolutiones Lutherianae super propositionibus suis Lipsiae dusputatis (1519), in: Ulrich Köpf u. a. (Hg.): D. Martin Luthers Werke (WA, 2). Weimar 1884, S. 388-435

Sekretariat zur Förderung der Einheit der Christen (UC): Schema proposita a Secretariatu ad Christianorum Unitatem fovendam. De Oecumenismo Catholico (Decretum pastorale), in: Secretaria Pontificia Commissionis Centralis Praepararoriiae Concilii Vaticani II (Hg.): Acta et documenta Concilio Oecumenico Vaticano II apparando. Series II Praeparatoria (AD, II/2.4). Rom 1964-1995, S. 785-792

Tromp, Sebastian: Konzilstagebuch I (1960-1962). Mit Erläuterungen und Akten aus der Arbeit der Theologischen Kommission; II. Vatikanisches Konzil. Rom 2006

I. Vatikanisches Konzil: Dogmatische Konstitution „Dei Filius" über den katholischen Glauben, in: Heinrich Denzinger u. a. (Hg.): Kompendium der Glaubensbekenntnisse und kirchlichen Lehrentscheidungen. Freiburg i. Br. 2005, Rd. 3000-3045

I. Vatikanisches Konzil: Erste dogmatische Konstitution „Pastor aeternus" über die Kirche Christi vom 18. Juli 1870, in: Heinrich Denzinger u. a. (Hg.): Kompendium der Glaubensbekenntnisse und kirchlichen Lehrentscheidungen. Freiburg i. Br. 2005, Rd. 3050-3075

Willebrands, Johannes: Diary – Notebook one. 31 July 1958-27 September 1959, in: Theo Salemink (Hg.): „You will be called repairer of the breach". The Diary of J.G.M. Willebrands 1958-1961 (IT, 32). Louvain 2009, S. 37-138

Zwingli, Huldrych: Christianae fidei brevis et clara expositio ad regem Christianum: Corpus reformatorum. Leipzig u. a. 1991, S. 50-163

Literatur

Faber, Eva-Maria: Das kirchliche Amt bei Johannes Calvin, in: Cath(M) 63 (2009), S. 1-15

Komonchak, Joseph A.: Der Kampf für das Konzil während der Vorbereitung, in: Giuseppe Alberigo u. a. (Hg.): Geschichte des Zweiten Vatikanischen Konzils (1959-1965), Bd. 1. Leuven u. a. 1997-2008, S. 189-401

Maccarone, Michele: Chiesa e stato nella dottrina di Papa Innocenzo III (Lateranum, NS 6,3/4). Rom 1940

Maccarone, Michele: Vicarius Christi. Storia del titulo papale (Lateranum, NS 18,1-4). Rom 1952

Maccarone, Michele: La dottrina del primato papale dal IV all VIII secolo nelle relazioni con le chiese occidentali. Spoleto 1960

Melloni, Alberto: Der Beginn der zweiten Konzilsperiode und die große Ekklesiologische Debatte, in: Giuseppe Alberigo u. a. (Hg.): Geschichte des Zweiten Vatikanischen Konzils (1959-1965), Bd. 3. Leuven u. a. 1997-2008, S. 1-138

Oeldemann, Johannes: Katholische Konferenz für ökumenische Fragen, in: Wolfgang Thönissen (Hg.): Lexikon der Ökumene und Konfessionskunde. Freiburg i. Br. 2007, S. 598 f.

Ritschl, Albrecht: Ueber die Begriffe sichtbare und die unsichtbare Kirche, in: Albrecht Ritschl (Hg.): Gesammelte Aufsätze. Freiburg i. Br. u. a. 1893, S. 68-99

Schauf, Heribert: De corpore Christi mystico sive. De ecclesia Christi theses. Die Ekklesiologie des Konzilstheologen Clemens Schrader an Hand seines veröffentlichten und unveröffentlichten Schrifttums. Freiburg i. Br. 1959

Staedtke, Joachim: Die Lehre von der Königsherrschaft Christi und den zwei Reichen bei Calvin, in: KuD 18 (1972), S. 202-214

Stakemeier, Eduard: Der Kampf um Augustin auf dem Tridentinum. Augustinus und die Augustiner auf dem Tridentinum. Paderborn 1937

Stakemeier, Eduard: Glaube und Rechtfertigung. Die Verhandlungen und Lehrbestimmungen des Trienter Konzils über den Glauben als Anfang, Fundament und Wurzel aller Rechtfertigung. Freiburg i. Br. 1937

Stakemeier, Eduard: Verborgene Gottheit. Das Geheimnis der Begegnung von Gott und Seele nach Thomas von Aquin und der deutschen Mystik. Paderborn 1937

Stakemeier, Eduard: Konfessionskunde heute. Im Anschl. an d. „Symbolik" Johann Adam Möhlers (Konfessionskundliche Schriften des Johann-Adam-Möhler-Instituts, 1). Paderborn 1957

Stakemeier, Eduard: Lorenz Kardinal Jaeger im Zweiten Vatikanischen Konzil, in: ThGl 56 (1966), S. 278-303

Stakemeier, Eduard: Leitmotive der Kirchenkonstitution in einem Votum des Einheitssekretariates vom 20. April 1961, in: Otto Semmelroth (Hg.): Martyria, Leiturgia, Diakonia. Mainz 1968, S. 386-398

Teuffenbach, Alexandra von: Die Bedeutung des subsistit in LG 8. Zum Selbstverständnis der katholischen Kirche. München 2002

Velati, Mauro: Dialogo e Rinnovamento. Verbali e testi del Segreatiato per l'unità dei christiani nella preparazione del concilio Vaticano II (1960-1962) (Testi e ricerche di scienze religiose, 5). Bologna 2011

Wassilowsky, Günther: Universales Heilssakrament Kirche. Karl Rahners Beitrag zur Ekklesiologie des II. Vatikanums (Innsbrucker theologische Studien, 59). Innsbruck 2001

Wilhelm Damberg

Kardinal Jaeger, die Enzyklika „Humanae vitae" und die „Königsteiner Erklärung" der Deutschen Bischofskonferenz (1968)

Am 30. August 1968 verabschiedete die Deutsche Bischofskonferenz (DBK) die nach ihrem Tagungsort so benannte *Königsteiner Erklärung*, mit der sie zu der Enzyklika *Humanae Vitae* Stellung nahm, die Papst Paul VI. wenige Wochen zuvor, am 25. Juli 1968, veröffentlicht hatte. Dieses schon länger erwartete Lehrschreiben löste, wie bekannt, sogleich außergewöhnlich heftige Reaktionen nicht nur in den Medien, sondern auch im Klerus und im katholischen Kirchenvolk aus, die auch an die Bischöfe adressiert waren. Dazu mussten sie Stellung beziehen. Insbesondere der für den 5. bis 9. September 1968 angesetzte Katholikentag in Essen setzte die Bischöfe unter Druck, denn es war absehbar, dass die Enzyklika dort ein zentrales Thema sein würde.[1] Dieser Beitrag wird die Frage beleuchten, wie sich Kardinal Jaeger zur Enzyklika des Papstes und den turbulenten Ereignissen dieser Sommermonate verhielt.[2] Dabei werden im Folgenden die hauptsächlichen Inhalte der Enzyklika und der *Königsteiner Erklärung* als bekannt vorausgesetzt.[3]

Die zeitgenössische Literatur ist zunächst – wenn man die journalistische Debatte einrechnet – nur schwer überschaubar; später verlor sich das Interesse an der Enzyklika in Theologie und Öffentlichkeit jedoch rasch. Norbert

---

1 Einen Eindruck von den äußerst gedrängten Entwicklungen des Jahres 1968, in dem sich Kirchengeschichte und Gesellschaftsgeschichte wie selten überlagerten und verstärkten, vermitteln im Überblick und aus zwei zentralen Perspektiven: Großbölting, Himmel; Voges, Konzil; Bock, Fall „Publik".
2 Als Quellengrundlage wurden im Wesentlichen der Nachlass Jaeger im Erzbischöflichen Archiv zu Paderborn und die zeitgenössische Presse herangezogen.
3 Am einfachsten sind die Texte online zugänglich: Sekretariat der Deutschen Bischofskonferenz, Humanae vitae und Königsteiner Erklärung (online); im Printformat liegt die *Königsteiner Erklärung* wegen der verzögerten Fortführung der wissenschaftlichen Edition „Akten deutscher Bischöfe" über das Jahr 1960 hinaus lediglich vor in: Sekretariat der Deutschen Bischofskonferenz, Dokumente, S. 463-471 („Verlautbarung der Deutschen Bischofskonferenz zur Diskussion um die Enzyklika Humanae Vitae" und „Wort der deutschen Bischöfe zur seelsorglichen Lage nach dem Erscheinen der Enzyklika Humanae Vitae", Beschluß der Vollversammlung der DBK vom 29.-30.8.1968). Zu erinnern ist daran, dass in der Deutschen Demokratischen Republik die Berliner Ordinarienkonferenz am 9. September gesonderte „Hinweise zur pastoralen Besinnung nach der Enzyklika Humanae Vitae" verabschiedete: vgl. ebd., S. 472-482.

Lüdecke legte erstmals 2008 eine sehr präzise Rekonstruktion der Vorgänge und der Rezeption der *Königsteiner Erklärung* bis in die Gegenwart vor, soweit es die zu diesem Zeitpunkt sehr eingeschränkte Zugänglichkeit der Archive ermöglichte.[4] Im „Jubiläumsjahr" 2018 erschienen sodann ein präziser Überblick über die Vorgeschichte und Verabschiedung der Enzyklika einschließlich der *Königsteiner Erklärung* von Franz Xaver Bischof[5] und zwei Sammelbände, die die europäische Rezeption beleuchteten und eine interdisziplinäre kritische, besonders ethische Würdigung der Enzyklika vornahmen.[6] Die lange Jahre praktisch inaktive Forschung zu *Humanae Vitae* hat damit einen enormen Schub an neuen Erkenntnissen erfahren, allerdings können die potentiell darin enthaltenen, mannigfachen Bezüge zu Jaegers Sicht auf die Ereignisse in dem hier vorgelegten Beitrag noch nicht analysiert werden. Er beschränkt sich darauf, eine Mikro-Studie zu einigen dramatischen Wochen der Biographie des Kardinals von Paderborn zu entwerfen.

Die Publikation von *Humanae Vitae* erfolgte am Donnerstag, den 25. Juli 1968. Kardinal Döpfner, Erzbischof von München-Freising, seit 1965 Vorsitzender der DBK und insofern besonders betroffen, als er Mitglied der päpstlichen Beratungskommission war, deren Mehrheitsvotum in Bezug auf die Empfängnisverhütung Paul VI. jedoch *nicht* folgte, lud bereits am darauffolgenden Montag, den 29. Juli, zwei besonders betroffene Kommissionen der DBK, nämlich die Kommission für Glaubens und Sittenfragen und die Pastoralkommission kurzfristig zu einer Sonder-Sitzung am nächstfolgenden Freitag, den 2. August, nach Frankfurt a. M. ein.

Teilnehmer waren er selbst und die Bischöfe Rudolf Graber (Regensburg), Joseph Höffner (damals noch Münster), Heinrich Maria Janssen (Hildesheim), Hermann Volk (Mainz), sowie die Weihbischöfe Julius Angerhausen (Essen) und Laurenz Böggering (Münster). Hinzu kamen die Professoren Richard Egenter (München), Gustav Ermecke (Bochum), Heinz Fleckenstein (Würzburg), Josef Fuchs (Rom) und Johannes Hirschmann SJ (Frankfurt).[7]

Dem Protokoll der Konferenz ist zu entnehmen, dass sich die inhaltliche Diskussion recht bald von der ethischen Beurteilung der Empfängnisverhütung („intrinseca malitia contraceptionis") hin zur Frage nach dem Wesen

---

4 Lüdecke, Königstein.
5 Bischof, Fünfzig Jahre.
6 Harris, Schism; Hilpert/Müller, Humanae Vitae. Im Druck ist die Dokumentation der Beiträge einer internationalen Konferenz in Bonn: Aschmann/Damberg, (bislang ohne Titel).
7 Zur Orientierung über die Biographien der Bischöfe: vgl. Gatz, Bischöfe, S. 200 f. (Angerhausen); S. 265-267 (Janssen); S. 290-295 (Höffner); S. 359-361 (Volk); S. 416 (Böggering); S. 457-460 (Graber). Zu Höffner zusätzlich: Trippen, Höffner, hier bes. S. 98-102.

der Lehrautorität, also auch des Bischofsamtes, verlagerte.[8] Als Sofortmaßnahmen wurden beschlossen 1.) eine außerordentliche Vollversammlung der DBK in Königstein am 29. und 30. August und 2.) zur Vorbereitung dieser Konferenz die Erstellung eines Entwurfs zu einer Erklärung der DBK durch die erwähnten Professoren Egenter, Fuchs, Hirschmann sowie Müller (Freiburg i. Br.) und den Sekretär der DBK, Karl Forster, und den Direktor der Akademie des Bistums Essen „Die Wolfsburg", Scherer.

Mit Blick auf Kardinal Jaeger und das Erzbistum Paderborn war die Teilnahme von Gustav Ermecke bedeutsam, Professor für Christliche Soziallehre an der 1962 begründeten Ruhr-Universität Bochum und Herausgeber der neuesten Auflage des damaligen Standardwerks der Moraltheologie, dem 1922 von Josef Mausbach grundgelegten „Handbuch der Moraltheologie".[9] Jaeger und Ermecke hatten offenkundig ein enges Verhältnis zueinander; der Professor bezeichnete sich als „geistlichen Sohn" des Erzbischofs.[10] Insofern war Jaeger, wenn er bei der Sitzung der Doppelkommission schon nicht selber oder durch einen Weihbischof anwesend war, wenigstens durch einen engen Vertrauensmann vertreten.

Unübersehbar ist jedoch, dass der Verlauf der Frankfurter Konferenz vom 2. August 1968 von den Beteiligten keineswegs einheitlich bewertet wurde. Das lässt sich daran ablesen, dass nicht nur Döpfner am darauffolgenden Montag, den 5. August, die deutschen Bischöfe über den eingeschlagenen Weg informierte und zur Konferenz nach Königstein einlud, begleitet von einer Handreichung des als reformfreudig geltenden Weihbischofs Reuß (Mainz).[11] Zusätzlich meldete sich nämlich am 15. August auch der Bischof von Münster, Joseph Höffner, zu Wort und versandte an den gesamten Episkopat eine Ausarbeitung, die er am 21. August im Seelsorgerat seines Bistums vorstellen wollte, aber offensichtlich auch dazu dienen sollte, in der Bischofskonferenz Pflöcke mit anderen Akzenten einzuschlagen. Auch Norbert Trippen kam in seiner Biographie Höffners zu der Einschätzung, dass er „mit der Tendenz der Sitzung der beiden Kommissionen am 2. August nicht recht einverstanden war."[12] Weil sich Jaeger später inhaltlich an Höffner orientieren sollte, seien hier vier zentrale Punkte des Papiers aus Münster genannt: 1.) Das Lehramt ist für die Gläubigen auch dann verbindlich, wenn es sich nicht um eine unfehlbare Entscheidung handelt. 2.) Es erstreckt sich nicht nur auf die Offenbarung,

---

8   Protokoll der Konferenz der Kommission für Glauben und Sittenlehre und der Pastoralkommission der DBK vom 2.8.1968, EBAP, Nachlass Jaeger, 724.
9   Ermecke, Moraltheologie.
10 Ermecke an Jaeger vom 5.8.1968 (Abschrift), EBAP, Nachlass Jaeger, 725 Bl. 112.
11 Vgl. Gatz, Bischöfe, S. 362 f.
12 Trippen, Höffner, S. 89.

sondern auch auf das natürliche Sittengesetz. 3.) Es gibt eine Kontinuität der Sittenlehre. 4.) Das Gewissen ist subjektive Norm des sittlichen Verhaltens, aber an das Gesetz Gottes gebunden.[13] Ein Wettlauf um die Deutungshoheit über die Enzyklika war in Gang gekommen, wobei sich Höffner faktisch neben der Professorenkommission exponierte.

Womit sich die Frage stellt, was aus Gustav Ermecke geworden war, dem Vertrauensmann von Jaeger. Tatsächlich gehörte er nicht zum Autorenteam der Vorlage der späteren *Königsteiner Erklärung*. Warum? Tatsächlich hatte er die Frankfurter Konferenz am 2. August 1968 bereits um zwölf Uhr mittags verlassen, weil er im Westdeutschen Rundfunk mit dem Walberberger Dominikaner-Pater, Ethiker und Pastoraltheologen Anselm Hertz (1914-2013) ein Streitgespräch über die Enzyklika zu führen beabsichtigte. Am 5. August – zeitgleich zur Einladung Döpfners nach Königstein – und dann noch einmal am 10. August berichtete der Bochumer Professor dem Paderborner Kardinal von der Frankfurter Konferenz und machte seinem Ärger über die Konferenz und die allgemeine Situation Luft[14]:

Sein (also Ermeckes) Erfolg sei „nicht gerade ermutigend" gewesen. Und weiter:

> Wie wenig Bischöfe verstehen denn etwas von Theologie im allgemein und heutiger [Theologie; d. Verf.] im Besonderen... Gefährlich ist die Geltungs- und Machtsucht des Münchner Kardinals. *Wie gerne würde ich Ihm in einer Bischofs Konferenz als bischöflich Gleich Berechtigter gegenübertreten!* [Hervorh. im Original; d. Verf.] So aber habe ich die Befürchtung, er wird die nächste Sitzung in seinem Sinn manipulieren und Experten einladen, die nur seine modernistischen Ansichten unterstützen.
>
> Eminenz! In dieser Zeit müssen Sie für zwei Dinge *kämpfen* [Hervorh. im Original; d. Verf.] als guter Offizier Christi:
>
> 1.) die Deutsche Bischofs Konferenz muss sich hinter den heiligen Vater stellen.

---

13 Vgl. ebd., S. 90.
14 Die im Folgenden zitierten Briefe Ermeckes an Jaeger vom 5. und 10.8.1968 liegen nur in Abschriften vor, die in Kurzschrift von der Hand Jaegers stammen. Besonderer Dank gebührt an dieser Stelle Herrn Archivdirektor Dr. Otto und seinen Mitarbeiterinnen und Mitarbeitern für die Transkription der Aufzeichnungen. Die Abschriften finden sich in den Akten Jaegers zur Konferenz von Königstein: EBAP, Nachlass Jaeger, 726 Bll. 112-114. Die Originale konnten bisher nicht ausfindig gemacht werden. Die Tatsache, dass Jaeger diese Abschriften offenbar bei seiner Reise nach Königstein mitgeführt hat, spricht für die Vermutung, dass Ermeckes Einschätzung der Problematik beim Paderborner Erzbischof von sehr hohem Gewicht war.

2.) die Deutsche Bischofs Konferenz hofft auf eine weitere Entfaltung der Lehre, wobei der Ansatz Punkt gelegen sein sollte bei den therapeutischen Gesichtspunkten der Enzyklika.[15]

[...] Kämpfen sie wenigstens für die oben genannten 2 Punkte! Je mehr der Papst in seiner Autorität erschüttert wird, um so mehr wird das auch für die bischöfliche gelten!!![16]

Offenkundig wollte der Bochumer Moraltheologe den Erzbischof von Paderborn an seine Offizierseehre erinnern, wenn es darum ging, den Papst zu verteidigen, ganz abgesehen davon, dass es aus seiner Sicht um das Interesse der Aufrechterhaltung der bischöflichen Autorität überhaupt ging. Die Verschiebung der Fragestellung von den „malitia" der Empfängnisverhütung zum Gehorsamsdiskurs, die im Protokoll der Konferenz vom 2. August angedeutet wurde und sich besonders im Rundschreiben von Bischof Höffner abzeichnet, findet sich ebenso in der Philippika Ermeckes wieder.

In einem zweiten Schreiben vom 10. August[17] legte dieser noch einmal nach: Döpfner, das (so wörtlich) „böse Kind" der Konferenz, versuche jetzt auf der Bischofskonferenz „und Ihnen" seinen Standpunkt im Sinne des Mehrheits-Gutachtens der päpstlichen Kommission durchzusetzen: „Meines Erachtens will er die Bischöfe bei der Konferenz ‚überfahren'". Dazu habe Döpfner am 2. August ein im Sinne Döpfners angelegtes Eröffnungsreferat von Professor Egenter benutzt; bei der darauffolgenden Diskussion habe er, Ermecke, einen eigenen Text verlesen, den er zufällig für die Katholische Nachrichtenagentur (KNA) vorbereitet hatte. (Tatsächlich wurde dieser Text dort unter demselben Datum [2. August] als Kommentar verbreitet und am 6. August in der „Tagespost" publiziert: Hervorgehoben wurde von Ermecke die Kontinuität der Lehre und der für die Gläubigen gebotene Gehorsam; Contraceptiva seien nur therapeutisch zulässig). Döpfner habe dies lediglich mit „Das ist die andere Meinung" kommentiert. Dann habe Ermecke die Konferenz – wie erwähnt – wegen des Streitgesprächs mit Hertz verlassen müssen, aber nach eigenem Bekunden Döpfner nachträglich schriftlich angeboten, mit den anderen Professoren, die die *Königsteiner Erklärung* vorbereiten sollten, zusammenzuarbeiten und in Königstein auch ein Referat

---

15 Ermecke bezieht sich hier insbesondere auf Humanae Vitae 15, wo „therapeutische Maßnahmen" zur Heilung von Krankheiten als erlaubt bezeichnet werden, auch wenn dadurch eine Zeugung verhindert wird. Die entsprechende Passage wollte Ermecke mit Blick auf die „Pille", wie das Schreiben an Jaeger erkennen lässt, „weiter" auslegen.
16 Ermecke an Jaeger vom 5.8.1968 (Abschrift), EBAP, Nachlass Jaeger, 726 Bl. 112.
17 Ermecke an Jaeger vom 10.8.1968 (Abschrift), EBAP, Nachlass Jaeger, 726 Bll. 113 f.

zu halten. Die anderen Professoren lägen alle „ganz auf der Linie Döpfners." Döpfner habe jedoch auf seine Angebote nicht reagiert.

Als dieser Brief Jaeger erreichte, hatte der Kardinal kurz zuvor zu seinem Namenstag am 10. August auch Post aus Rom erhalten, und zwar mit einem Glückwunschschreiben von Papst Paul VI. Das wiederum nahm er zum Anlass, dem Papst am 20. August ein umfangreiches Dankschreiben zukommen zu lassen, in dem zugleich auf die Enzyklika Bezug genommen wurde.

Dieses persönlich gehaltene Dankschreiben, das auf dem Umweg über eine von Jaeger wohl nicht erwartete Veröffentlichung im *Osservatore Romano* wiederum eine erhebliche Rückwirkung auf sein Erzbistum entfalten sollte, liegt bisher in drei Fassungen vor: Erstens ein undatierter handschriftlicher Entwurf, der allerdings u. a. wegen zahlreicher Umstellungen teilweise schwer lesbar ist, zweitens eine im *Osservatore Romano* vom 12. September publizierte Fassung in italienischer Übersetzung, drittens eine maschinenschriftliche Fassung in deutscher Sprache, der offenbar eine Rückübersetzung aus dem *Osservatore Romano* zugrunde liegt, ergänzt um einen Kommentar zu dieser Fassung, die auf Kürzungen aufmerksam macht.[18]

In dem Brief an Papst Paul VI. hieß es nach der einleitenden Danksagung für die Gratulation und den apostolischen Segen, Jaeger wolle die Gelegenheit gerne nutzen, dem Papst Dank zu sagen für die Enzyklika *Humanae Vitae*, denn:

> In einer Zeit wie dieser, in der man den wahren Wert ehelicher Liebe immer weniger begreift und in der ein Pan-Sexualismus sich ausbreitet und die Ehre und Würde der menschlichen Person bedroht, verkündet die Enzyklika die wahren Werte der Liebe, der Ehe, der Elternschaft und der Familie. Leider ist diese Absicht der Enzyklika in Deutschland verdunkelt worden von der durch Presse und öffentliche Meinung verbreiteten Diskussion um die ‚Pille' und ihren Gebrauch. Diese einseitige und verengte Darstellung des Problems hat von Anfang bei vielen eine rechte Einstellung zu den von der Enzyklika verkündeten Lehrprinzipien behindert und ihre Bereitschaft zu einer ernsthaften Annahme dieser Prinzipien verringert. Die ausgelösten Emotionen haben für viele Katholiken und auch für manche Priester, eine objektive Diskussion über

---

18 Jaeger an Papst Paul VI., Handschriftliche Vorlage, o. D., EBAP, Nachlass Jaeger, 726 Bl. 129. Der am 20. August versandte Text befindet sich nicht in diesem Bestand. Die deutsche Übersetzung aus dem *Osservatore Romano* samt Aktenvermerk zu den Auslassungen (handschriftliche Datierung: 12.9.) in: EBAP, Nachlass Jaeger, 726 Bll. 3 f. Zitiert wird im Folgenden nach der maschinenschriftlichen Fassung, die den Gedankengang der Vorlage gut wiedergibt, wenn nicht ausdrücklich anders vermerkt (Der Aktenvermerk vermittelt den Eindruck, dass man in Paderborn den Text aus dem *Osservatore Romano* am Tag des Erscheinens als Vorab-Information in Übersetzung erhielt. Der italienische Text bzw. der Artikel aus dem *Osservatore Romano* liegt den Akten nicht bei: vgl. Anm. 21).

> den Text der Enzyklika schwierig gemacht. Die negativen Auswirkungen der Enzyklika waren deswegen so stark, weil eine Gruppe von Theologen auf der Grundlage der Ansicht der Mehrheit der einschlägigen päpstlichen Kommission sowohl mündlich als auch in Schriften, die zuweilen sogar mit dem Imprimatur versehen waren, eine Entscheidung vorweggenommen hatten, die noch keine Bestätigung gefunden hatte. Viele Gläubige haben sich jedenfalls ein irriges Gewissen gebildet.
>
> Das Echo auf die Enzyklika hat deutlich gemacht, wie schwach der den Glaubenswahrheiten geschuldete Gehorsam vieler Katholiken ist. Einen Grund dafür kann man in den verschiedenen Streichungen und Änderungen sehen, die an bisher gültigen kirchlichen Vorschriften gemacht worden sind. Es besteht ein dringendes Bedürfnis danach, den Gläubigen bei der Bildung eines rechten Gewissens zu helfen, das an der Hl. Schrift, an der Tradition und am Lehramt der Kirche ausgerichtet ist. Was heute für eigene Gewissensentscheidung gehalten wird, ist oft nur Ausdruck eigener Begierden und Wünsche. Sicherlich wird diese bedeutende Enzyklika über das Eheleben erst in der Zukunft von der öffentlichen Meinung in all ihrer Bedeutung gewürdigt werden, wenn nämlich die Selbstverliebtheit des modernen Menschen von der Fortentwicklung des Menschen und der Gesellschaft immer mehr ad absurdum geführt werden.

Ausdrücklich erklärte Jaeger mit Blick auf die unmittelbar bevorstehende Konferenz von Königstein allerdings auch: „Ich bin überzeugt, daß schon bald die Deutsche Bischofskonferenz ein klärendes Wort sagen kann und insbesondere pastorale Hilfen und Anweisungen den Priestern und Eheleuten zu geben vermag, die dringend erforderlich sind."[19] Auch Jaeger sah also dringenden Handlungsbedarf.

Am 9. September 1968 – also eine Woche *nach* Königstein – verfasste Kardinalstaatssekretär Cicognani daraufhin wiederum ein Dankesschreiben an den Erzbischof von Paderborn, in dem er mitteilte, Jaeger habe seiner Heiligkeit durch dieses Schreiben eine ganz besondere Freude bereitet.[20] Diese Freude hat wohl auch den Ausschlag dafür gegeben, dass die Loyalitätsadresse Jaegers nicht vertraulich blieb, sondern drei Tage später, am 12. September im *Osservatore Romano* in italienischer Übersetzung publiziert wurde: Der Brief reihte sich in eine lange Reihe von Ergebenheitsadressen des Weltepiskopats und anderen Katholiken an den Papst ein, die der *Osservatore Romano* im August und September abdruckte.[21] Pikant war dabei, dass es sich in dieser literarischen Prozession um die einzige Stellungnahme aus der Bundesrepublik Deutschland (BRD) handelte, wobei die *Königsteiner Erklärung* mit keinem Wort Erwähnung fand; selbst der kurze Absatz des Briefes mit dem

---

19 Jaeger an Papst Paul VI., Handschriftliche Vorlage, EBAP, Nachlass Jaeger, 726 Bl. 129.
20 Cicognani an Jaeger vom 9.9.1986, EBAP, Nachlass Jaeger, 724 Bl. 2.
21 I principi dottrinali dell'Enciclica „Humanae Vitae" chiedono una comprensione positive e globale, non unilateral, in: Osservatore Romano 209 („Voci di Porporati") 12.9.1968, S. 3.

zuversichtlichen Hinweis Jaegers auf die zu erwartenden Hilfestellungen durch den deutschen Episkopat wurde von der Redaktion des *Osservatore* in der italienischen Übersetzung purgiert.

Als die Existenz des Schreibens auf diesem Wege und über die KNA dann wiederum im Erzbistum Paderborn bekannt wurde, löste dies Irritationen aus, weshalb sich jetzt die Kirchenzeitung des Erzbistums, *Der Dom*, am 22. September, zu einer Stellungnahme veranlasst sah.[22] Unter der Überschrift „Absicht der Enzyklika verdunkelt" bestätigte das Blatt in wenigen Zeilen und mit ausgewählten Zitaten die Grundgedanken des Briefs:

> Die einseitige und verengte Darstellung des Problems, so heißt es in dem Schreiben unseres Erzbischofs, habe von Anfang an bei vielen eine rechte Einstellung zu den von der Enzyklika verkündeten Lehrprinzipien behindert und ihre Bereitschaft zu einer ernsthaften Annahme verringert. Die ausgelösten Emotionen hätten für viele Katholiken und auch für manche Priester eine objektive Diskussion über den Text der Enzyklika schwierig gemacht. Die Enzyklika werde ‚erst in Zukunft' von der öffentlichen Meinung in all ihrer Bedeutung gewürdigt werden, ‚wenn nämlich', so heißt es in dem Schreiben wörtlich, die ‚Selbstverliebtheit' des modernen Menschen von der Fortentwicklung des Menschen und der Gesellschaft immer mehr ‚ad absurdum' geführt wird. Da sich viele Gläubige ein irriges Gewissen gebildet hätten, bestehe ein dringendes Bedürfnis danach, den Gläubigen bei der Bildung eines rechten Gewissens zu helfen, das an der Heiligen Schrift, an der Tradition und dem Lehramt der Kirche ausgerichtet ist.[23]

In der letzten Zeile wurde so der in der römischen Fassung purgierte Punkt des Schreibens nachjustiert.

Doch davon später mehr, denn zunächst ist die chronologische Folge der Ereignisse im Blick zu halten: Im Erzbistum wie insgesamt in der Bundesrepublik wurden im August 1968 – also im unmittelbaren Vorfeld von Königstein und Katholikentag – zahlreiche Petitionen von Pfarrgemeinden und Vereinigungen, Klerikern und Laien, sowie Einzelpersonen an die deutschen Bischöfe gerichtet. Im Erzbistum Paderborn machte insbesondere der „Hagener Brief" von sich reden. Hier hatten sich am 15. August vier der sieben Bezirksdekane, Priester und Laien zusammengefunden, um über die Auswirkungen der Enzyklika auf die Seelsorge zu beraten. Im Ergebnis wurde ein Brief an die DBK formuliert mit der dringenden Bitte, aufgrund der seit langem drängenden Probleme in der Ehepastoral, der „durch die frühere kirchliche

---

22 Eingegangene Briefe mit dem Wunsch nach einer Publikation des Ganztextes: EBAP, Nachlass Jaeger, 716 Bl. 15.
23 Absicht, in: Der Dom (38) 25.9.1968, S. 2.

Praxis heraufbeschworenen unermeßlichen Not katholischer Eheleute", die „immer dringender nach einer Reform der Ehelehre" verlange, ein „offenes und mutiges Wort gegenüber dieser Enzyklika zu wagen, wie es bei den Aposteln möglich war und dem Geist des Konzils entspricht". Ohnehin handele es sich ja nicht um eine unfehlbare Lehrentscheidung. Dieser Brief ging den Pfarrgemeinderäten zu; er wurde schließlich von 4826 Mitgliedern aus 364 Gemeinderäten unterzeichnet, darunter 290 Priester. Insgesamt 34 Personen hatten sich gegen den Brief ausgesprochen. Die unterschriebenen Texte wurden dem Kardinal zugesandt, mit der Bitte, sie weiterzuleiten.[24] Als Jaeger nach Königstein abreiste, war der Erwartungsdruck jedenfalls auch aufgrund des Hagener Briefs im eigenen Erzbistum nochmals deutlich weiter gestiegen.

In Königstein versammelten sich sodann am 29. August 42 von 56 Mitgliedern der DBK[25], denen verschiedene Entwürfe zum Beschluss vorlagen: Von der Arbeitsgruppe der Professoren ein Entwurf zu einer Erklärung der DBK und eine Kurzfassung für die Presse, von Höffner eine „Würdigung der Enzyklika" und ein Alternativvorschlag für die Presse-Kurzfassung[26] – womit er sich faktisch gegen Döpfners Kurs positionierte. Nach einer allgemeinen Debatte und Änderungsvorschlägen wurden die Entwürfe der Arbeitsgruppe der Professoren von einer Redaktionsgruppe überarbeitet[27] und am 30. August als „Wort der Bischöfe zur seelsorglichen Lage nach dem Erscheinen der Enzyklika Humanae Vitae" auch nach den Unterlagen Jaegers einstimmig verabschiedet. Inhaltlich war es genau so gekommen, wie Ermecke gegenüber Jaeger befürchtet hatte: Döpfner hatte in Zusammenarbeit mit Hirschmann seine Linie ohne große Widerstände durchgesetzt. Auch Jaeger stimmte zu, wobei sich aus seinen Unterlagen nichts Näheres darüber entnehmen lässt, wie er sich in der Debatte positionierte. Wenn er später an die Position Höffners heranrückte, wie noch zu zeigen sein wird, der in seinen Entwürfen Lehrkontinuität und Glaubensgehorsam neben der Gewissensfreiheit der Katholiken betonte, ist bisher mindestens aus den Quellen nicht erkennbar, dass er sich besonders zugunsten des Münsteraner Bischofs exponiert hätte. Schon Trippen konstatiert deshalb, dass der Alternative Höffners in Königsstein

---

24 Zum „Hagener Brief": vgl. Besorgnisse, in: Der Dom (35) 4.9.1968, S. 2 sowie die Aussprache über „Humanae Vitae" im Priesterrat am 18.9.1968: EBAP, Nachlass Jaeger, 825 Bl. 24.
25 Vgl. hierzu: Bischof, Fünfzig Jahre, S. 347-352.
26 Das Folgende nach den Unterlagen Jaegers zur Konferenz in Königstein: EBAP, Nachlass Jaeger, 726 Bl. 5, sowie dazugehörigen Entwürfen. Auf eine ins Einzelne gehende Rekonstruktion der Beratungen über diesen Text wurde verzichtet.
27 Die Bischöfe Hengsbach, Volk, Höffner, Angerhausen sowie Professor Hirschmann und der Sekretär der Bischofskonferenz, Karl Forster.

keine sichtbare Wirkung beschieden war, denn das Protokoll vermerkt, dass seine Ausarbeitung „nur als internes Arbeitspapier betrachtet [wird] und kein Dokument der Konferenz [ist]."[28] Ebenso wenig hinterließ Ermeckes Brandbrief bei Jaeger äußere Spuren in den Akten der Konferenz.

Umso schwieriger wurde die Position des Kardinals, als nach der von ihm mitgetragenen Publikation der Königsteiner Erklärung am 3. September nach dem Bericht im *Osservatore Romano* am 12. September sein Schreiben an den Papst vom 20. August bekannt wurde – im Erzbistum bemerkte man sogleich, dass die Königsteiner Erklärung die strittige Frage letztlich in das Gewissen der Gläubigen legte, aber im Schreiben an den Papst von der Selbstverliebtheit des modernen Menschen und dem irrigen Gewissen vieler Gläubiger die Rede war. In einem an den Kardinal adressierten Schreiben wurde das Problem wie folgt zusammengefasst: „Hinter welchem Wort sollen wir unseren Bischof suchen?"[29] Jaeger stand jetzt im Verdacht, ein doppeltes Spiel zu treiben.

Wenig überraschend ist deshalb, dass auch eine Versammlung des Priesterrats des Erzbistums Paderborn am 18. September 1968[30] um die Enzyklika und die *Königsteiner Erklärung* kreiste, wobei erstaunlicherweise mit keinem Wort explizit auf das Schreiben des Kardinals an den Papst rekurriert wurde, obwohl es mindestens einigen Teilnehmern schon bekannt gewesen sein muss – die Versammlung fiel in die Lücke zwischen der Publikation des Briefes im *Osservatore Romano* (12. September) und der Bestätigung seiner Existenz in *Der Dom* (22. September). Vermutlich war der Brief das, was die Angelsachsen „the elephant in the room" nennen, der gewaltige Weiße Elefant im Raum, den aber niemand direkt thematisierte – außer Jaeger selbst in einer entsprechenden Andeutung, wie wir sehen werden. Das Protokoll der Versammlung ist in jedem Fall sehr aufschlussreich hinsichtlich der Stimmungslage im Erzbistum und hinsichtlich der Selbstpositionierung Jaegers in dieser kritischen Lage.

Dekan Münch gab den Einstieg in die Versammlung des Priesterrats: Bereits vor der Veröffentlichung der Enzyklika sei in dieser Frage eine große Unruhe in Klerus festzustellen gewesen, nach dem Erscheinen der Enzyklika habe man deshalb Seelsorgehilfen für Klerus und Eheleute erwartet; der Versuch der Einberufung einer Sondersitzung des Priesterrats sei allerdings zweimal gescheitert. Vermutet wurde im Klerus, dass die Bischöfe gar nicht wüssten, was tatsächlich in der Pastoral praktiziert werde, und deshalb sei zu befürchten gewesen, dass sie die veränderte Situation nicht genügend berücksichtigt hätten:

---

28 Vgl. auch: Trippen, Höffner, S. 90.
29 Reaktionen auf Humanae Vitae: EBAP, Nachlass Jaeger, 716 Bl. 14.
30 Die folgenden Zitate in: Aussprache über „Humanae Vitae" im Priesterrat am 18.9.1968, EBAP, Nachlass Jaeger, 825 Bll. 24-32.

„Die Bedrängnis ist groß. Wissen die Bischöfe wirklich, was wir glauben und denken?"[31], so brachte Münch die Bewusstseinslage im Erzbistum auf den Punkt. Aus der Einschätzung heraus, dass in dieser Sache kein Kontakt mit dem Erzbischof möglich sei, habe man kurzfristig einen kleinen Kreis von interessierten Priestern und fachkundigen Laien nach Hagen eingeladen, um festzustellen, was die Gläubigen in der Kirche von Paderborn in dieser Frage dächten. Ergebnis des Gesprächs sei der bereits erwähnte „Hagener Brief" gewesen, der anschließend die Runde durch die Pfarrgemeinderäte des Erzbistums machte.

Der Kardinal bestritt in seiner Antwort das Kommunikationsproblem nicht:

> ‚Ein gewisses Ausmaß von Schuld an der Explosion in der deutschen Öffentlichkeit hat der Deutsche Episkopat. Die Kommunikationsmittel hätten rechtzeitig und besser unterrichtet werden müssen. Drei Wochen vor der Veröffentlichung wusste man von der Enzyklika, wenn auch nicht die Einzelheiten bekannt waren. So viel war bekannt, dass im wesentlichen die traditionelle Ehelehre der Kirche bestätigt würde bis auf einige Modifikationen.' Im Gegensatz zu Frankreich, wo das Dokument schon frühzeitig bekannt gewesen sei, habe der Text des Dokumentes den deutschen Episkopat zu spät erreicht, die Deutsche Presse Agentur habe den Text genauso schnell wie die Bischöfe gekannt. Jaeger reklamierte, dass der Umgang mit der Öffentlichkeit von den Bischöfen offenkundig nicht beherrscht werde, woraus man lernen müsse. Unter diesen Umständen sei – wieder im Gegensatz zu Frankreich, wo die Medien die Themen der Liebe und Menschenwürde positiv gewürdigt hätten – in Deutschland die Rezeption der Enzyklika lediglich auf die Pille abgestellt, die darauffolgende ‚Explosion ... ungeheuer stark' gewesen. Sodann berichtet Jaeger über die Entstehung der Königsteiner Erklärung und erklärte ausdrücklich: ‚Dieses neue ‚Wort' ist abgewogen. Es schlägt eine Brücke zwischen Ehrfurcht, die eine Enzyklika beanspruchen kann und dem, was die Öffentlichkeit der derzeitigen Situation erwarten konnte.'[32]

Wie im Brief an den Papst hob er hervor, dass nun eine schnelle Hilfe für Seelsorger und Eheleute herausgegeben werden müsse, daran werde gearbeitet. „Die pastoralen Hilfen […] müssen Priester und Eheleute beraten, sie müssen darlegen, wie breit und recht ein Gewissen sein muss. Pastorale Gespräche und Arbeitsgemeinschaften müssen sich konfrontieren mit der päpstlichen Enzyklika und der Gewissensentscheidung."[33] An der Gewissensfreiheit der Eheleute machte Jaeger im Folgenden ausdrücklich keine Abstriche: „Den Eheleuten bleibt ihre eigene Verantwortung, wie der Papst in einer Ansprache am

---

31 Ebd., Bl. 25.
32 Ebd, Bl. 26.
33 Ebd.

Sonntag nach Erscheinen der Enzyklika ausdrücklich sagte."[34] Gleichwohl verteidigte er die Verbindlichkeit der Enzyklika, es bedürfe aber einer intensiven theologischen Arbeit an dieser Frage, wobei „Modifikationen" zu erwarten seien.[35] Rückblickend überrascht, wie optimistisch Jaeger (und auch andere Bischöfe!) zu diesem Zeitpunkt noch waren, dass das nach dem Konzil neugeschaffene Gremium einer Bischofssynode sich als kollegiales Instrument der Kirchenleitung etablieren werde:

> Die Bischofssynode wird 1969 über den Verbindlichkeitswert [der Enzyklika; d. Verf.] diskutieren. Man kann gar nicht daran vorbei und muss eine Entscheidung fällen. – Die Kommunikation zwischen Papst und Bischöfen könnte besser sein (Beifall). Wenn die Bischofssynode gesprochen hat, respektiert das der Papst und unterschreibt das. Er betrachtet sie als Kirchen amtliche Einrichtung. Dann ist der Papst in seinem Gewissen entlastet.[36]

Sachlich entsprach dies der „Bemühenszusage" der *Königsteiner Erklärung* (15), eine Klärung der offenen Fragen im gemeinsamen Gespräch zu suchen. Die Horizonte des Erwartbaren waren nach dem Konzil offenkundig weit offen.

Die Unterschriftenaktion des Hagener Briefes, durch die die Initiatoren ja gerade den Bischöfen gegenüber dem Papst den Rücken stärken wollten, bewertete der Kardinal jedoch ausdrücklich kritisch: Es sei Schaden gestiftet worden wegen „nicht glücklicher Formulierungen über die Verbindlichkeit von Enzyklika, Formulierungen, die in der Fassung despektierlich sind gegenüber dem Papst in seinem Amt." Den Rest von Autorität und Ehrfurcht, die heute ohnehin nur noch selten anzutreffen seien, dürfe man nicht noch weiter angreifen; die Argumentation, dass die Briefe den Bischöfen „Rückendeckung" hätten geben wollen, stamme aus dem demokratischen Denken und sei hier nicht zutreffend.[37] Grundsätzlich seien eigenständigen Stellungnahmen zur Enzyklika begrüßenswert, aber er habe bisher nur vier Zuschriften erhalten, die etwas Neues gesagt hätten, was für eine Lösung des Problems mitberücksichtigt werden müsste. Offenkundig machte Jäger vor allem der Glaubwürdigkeitsverlust zu schaffen: „Unsere Glaubwürdigkeit ist dahin, wenn die Glaubwürdigkeit des Lehramtes so angegriffen wird. Es ist billig, so etwas

---

34   Ebd., Bl. 27. Diese Ansprache konnte bisher noch nicht identifiziert werden.
35   Ebd., Bl. 29.
36   Ebd. Auch an anderen Stellen der Diskussion rekurrierte Jaeger auf diese Synode: „[I]m Jahre 1969 [wird] diese Frage [der Grundlegung des Naturrechts; d. Verf.] auf der Bischofssynode in extenso behandelt", ebd., Bl. 26.
37   Ebd., Bl. 25.

einfach zur Unterschrift herumzuschicken. Hier wäre von Akademikern eine saubere Erhärtung der Gründe zu erwarten gewesen. So hat das kein Gewicht."[38]

Mit „Gewissen" war ein zentrales (und ja auch im Papstbrief thematisiertes) Stichwort gefallen, um das die Debatte besonders kreiste. Jaeger gab es selbst vor: Der Papst habe ein eigenes Gewissen und er habe „den Leuten" (also den Katholiken) auch ein eigenes Gewissen zugestanden, „[a]ber dies Gewissen kann nicht absolut sein."[39] Wie aber, wurde dann aus dem Priesterrat heraus gefragt, verhalte es sich dann mit den Priestern? Man respektiere das Gewissen des Papstes, aber auch die Priester seien nun einmal im Gewissen gebunden und nach Nummer 28 der Enzyklika fordere der Papst loyalen Gehorsam von den Priestern, ohne dass deren Gewissen thematisiert würde. Wie stehe es um die Gehorsamspflicht der Priester und um diese Spannung?

Die Antwort Jaegers war klar: Was für das Verhältnis von Papst und Bischöfen galt, gelte nicht für das Verhältnis von Bischöfen und Priestern. Hier bezog der Kardinal eine eindeutige Position: „Die Priester sind an die Enzyklika gebunden, gebunden in Ehrfurcht und innerlicher Anerkennung. Hat jemand triftige Gründe zur Ablehnung, kann er das in Rom geltend machen. – Ist jemand anderer Meinung, kann er das persönlich sein, aber als ‚Diener der Kirche' muss er das verkündigen, was die Enzyklika sagt."[40] Das wurde von seinen Priestern aber nicht ohne weiteres geteilt, denn – so reklamierte der erwähnte Dekan Münch – „Die letzte Instanz ist das Gewissen. Das muss den Leuten hier gesagt werden", worauf Jaeger konterte: „Man muss ihnen sagen, was das rechte Gewissen ist."[41] Offenkundig spitzte sich hier die Debatte zu: ein Dechant erklärte, die Konfliktsituation für die Priester sei noch ungeklärt:

> Ich gehe aus dieser Sitzung nicht weg ohne ein klares Wort des Kardinals. Dass jeder einzelne eheliche Akt für die Zeugung offen bleiben muss, kann ich nicht akzeptieren. Ich kann auf der Kanzel schweigen, aber ich kann nicht schweigen, wenn ich gefragt werde. Sonst werde ich unwahrhaftig und unglaubwürdig. Ich kann mein Gewissen nicht durch einen Gehorsamsakt vergewaltigen.[42]

Der Kardinal daraufhin: „Man kann privat als Priester sagen ‚Ich bin persönlich anderer Meinung', aber auf der Kanzel geht das nicht." Und: „Wir [können; d. Verf.] als ‚Diener der Kirche' offiziell auf keinen Fall gegen die Enzyklika

---

38 Ebd., Bl. 26.
39 Ebd., Bl. 27.
40 Ebd., Bl. 29.
41 Ebd.
42 Ebd., Bll. 29 f.

Stellung nehmen [...]". Wenn die Eheleute nach ernsthafter Prüfung anderer Meinung seien, sündigten sie nicht.[43] Und abschließend: „Arbeiten Sie, aber loyal. Das ist eine Gewissensfrage, die man nicht aus der la main [d. h. aus dem Ärmel schüttelnd; d. Verf.] entscheiden kann. Wir können nicht den bequemeren Weg der Selbstbestätigung gehen. Ich gebe alle Anregungen weiter. Ich spiele nicht mit verdeckten Karten. Aber ich habe auch ein Gewissen."[44]

Die letzten Worte des Kardinals im Priesterrat rekurrierten so faktisch noch einmal auf den drohenden Vertrauensverlust in seinem Bistum: Sie enthielten die Zusicherung, dass er die Bedenken des Klerus, wie sie im Hagener Brief sichtbar wurden, weiterkommunizieren werde, und dass sein Brief an Papst Paul VI. nicht im Sinne eines Doppelspiels zu interpretieren sei, sondern als Ausdruck seines eigenen innersten Dafürhaltens.

Fasst man die Debatte im Priesterrat mit Blick auf die hier verfolgte Fragestellung, d. h. die Positionierung von Jaeger in der Debatte um die Enzyklika und die *Königsteiner Erklärung* zusammen, ergeben sich vor allem folgende zentrale Einsichten:

1.) Die Autorität der Enzyklika war und blieb für Jaeger unbestritten. Die Aspekte, die ihm persönlich wichtig waren, formulierte er in dem Schreiben an den Papst, aber vor den Priestern des Bistums machte er auch deutlich, dass es theologischen und pastoralen Klärungsbedarf gab, nicht nur hinsichtlich der Adaption der Enzyklika an die deutschen Verhältnisse, sondern auch hinsichtlich der Verbindlichkeit einer solchen Lehrentscheidung, was er auf eine zukünftige Bischofssynode projizierte.

2.) Die *Königsteiner Erklärung* trug er mit, weil sie ihm als „abgewogen" erschien zwischen der gebotenen Ehrfurcht und dem, was in der Öffentlichkeit kommunizierbar war. Was sich hinter der Formel: „was die Öffentlichkeit erwarten konnte" weiterhin für ihn verbarg, muss offen bleiben.

3.) Die Gewissensfreiheit der Eheleute hinsichtlich ihres zu verantwortenden Handels stand für ihn außer Frage.

4.) Mit der Gewissensfreiheit der Priester als ‚Diener der Kirche' verhielt es sich für ihn anders: Persönliche Vorbehalte durften nicht nach außen getragen werden, in der Seelsorge und auf der Kanzel war die Linie der Enzyklika vorzutragen. Faktisch lief das bei Gewissensproblemen auf die Empfehlung einer Haltung des „gehorsamen Schweigens" hinaus, die Lüdecke thematisiert hat.[45]

---

43 Ebd., Bl. 30.
44 Ebd., Bl. 31.
45 Lüdecke, Königstein, S. 285.

Einen gewissen Abschluss fand die Debatte um die Enzyklika *Humanae vitae* und die *Königsteiner Erklärung* für Kardinal Jaeger, soweit es die bisherige Quellenlage auf Grund der Dichte der Überlieferung erkennen lässt, am 27. Oktober 1968, als er sich in einem Rundschreiben an alle diejenigen wandte, die sich im Verlauf der vergangenen Monate zu diesem Thema an ihn gewandt hatten: Aufgrund der Fülle der Zuschriften sei es ihm leider unmöglich gewesen, alle Briefe schriftlich zu beantworten, was er bedauere, da es viele dieser Briefe durchaus verdient hätten, zu ihnen persönlich Stellung zu beziehen (dieser Befund ist auffallend abweichend von dem, was er im Priesterrat moniert hatte, dass nämlich nur wenige Briefe tatsächlich inhaltlich Bedenkenswertes enthalten hätten). Jaeger bedankte sich bei den Absendern, denn es sei richtig, dass sie, also Priester und Laien, dem Bischof in dieser Frage gegenüber Stellung bezögen. Andererseits bringe es das Gewicht der Frage mit sich, dass es Sache der jeweiligen nationalen Bischofskonferenzen sei, dazu in ihrer Gesamtheit Stellung zu beziehen, und die *Königsteiner Erklärung* habe das für die BRD als Hilfe und Klärung getan. Inhaltlich hob er hervor, dass die Enzyklika trotz aller Kritik ein gewichtiges Lehrschreiben sei, zu deren Würdigung – und das ist nun für Jaegers eigene Positionierung wichtig – eine vom Bischof von Münster, Josef Höffner, verfasste Publikation „Zur Würdigung der Enzyklika Humanae Vitae" beitragen könne. Der Text war – wie erwähnt – von Höffner bereits in Königstein vorgelegt worden und hatte wie in seinen anderen Stellungnahmen Kontinuität und Autorität des Lehramtes hervorgehoben. Dieser mittlerweile im Druck erschienene Text[46] sei, so Jaeger, eine gute Ergänzung der Königsteiner Erklärung. Anstelle einer persönlichen Antwort auf die Zuschrift übersende er ihnen deshalb diese Schrift und empfehle es ihrer wohlwollenden Beachtung.

Der Tenor des Schreibens ist zweifellos versöhnlich gefasst. Bemerkenswert bleibt aber, dass der Kardinal öffentlich auf den Kurs von Josef Höffner einschwenkte. Jaeger nimmt also im Sommer 1968 eine doppelte juxta positio vor, in der er zunächst der *Königsteiner Erklärung* als Auslegungshilfe der Enzyklika *Humanae Vitae* zustimmt, diese dann aber wiederum durch einen Text ergänzt, der einer anderen Akzentuierung folgt. Weitet man den Blick auf diese Entwicklung über das Erzbistum Paderborn hinaus, spiegelt sich darin rückblickend auch bereits der Aufstieg Höffners zur Leitfigur eines Teils des deutschen Episkopates wieder, der in den post-vatikanischen Turbulenzen mehr und mehr eine ekklesiologische Krise der Autorität erkannte und dieser entgegenzusteuern bestrebt war. In diesen Kontext gehören auch die Auseinandersetzungen um *Humanae vitae* und die *Königsteiner Erklärung*,

---

46 Höffner, Würdigung; späterer Abdruck in: Dreier, Weltverantwortung, S. 280-293.

als sich der Fokus der Fragestellung immer mehr von den „intrinseca mala conceptionis" und dem faktischen sexuellen Verhalten der Katholiken weg hin zur Frage der Autorität des Lehramts an sich bewegte. Hier fanden sich Jaeger und Höffner, der zwar in Königstein unterlag, sich aber zweifellos zugleich bei seinen Amtskollegen und in Rom für höhere Aufgaben empfohlen hatte und wenige Monate später von Papst Paul VI. nach Köln berufen wurde.

Quellen- und Literaturverzeichnis

Quellen
Erzbistums-Archiv Paderborn (EBAP)
Nachlass Lorenz Kardinal Jaeger (NLKJ) Akten Nr. 716, 724-726, 825

Gedruckte Quellen
Absicht der Enzyklika verdunkelt, in: Der Dom. Sonntagsblatt für das Erzbistum Paderborn (38) 25.9.1968, S. 2
Besorgnisse und Hoffnungen. Geistliche und Laien unseres Erzbistums nahmen Stellung zur Enzyklika, in: Der Dom. Sonntagsblatt für das Erzbistum Paderborn (35) 4.9.1968, S. 2
Ermecke, Gustav: Katholische Moraltheologie, Bde. 1-3. Münster 1959-1961
Höffner, Joseph: Zur Würdigung der Enzyklika „Humanae vitae". Münster 1968
Höffner, Joseph: Zur Würdigung der Enzyklika „Humanae vitae", in: Wilhelm Dreier (Hg.): Weltverantwortung aus dem Glauben. Joseph Höffner. Reden und Aufsätze, Bd. 2. Münster 1969, S. 280-293 (Abdruck)
I principi dottrinali dell'Enciclica „Humanae Vitae" chiedono una comprensione positive e globale, non unilateral, in: Osservatore Romano, 209 („Voci di Porporati") 12.9.1968, S. 3
Sekretariat der Deutschen Bischofskonferenz (Hg.): Königsteiner Erklärung. „Verlautbarung der Deutschen Bischofskonferenz zur Diskussion um die Enzyklika Humanae Vitae" und „Wort der deutschen Bischöfe zur seelsorglichen Lage nach dem Erscheinen der Enzyklika Humanae Vitae". Beschluß der Vollversammlung der Deutschen Bischofskonferenz vom 29.-30.8.1968, in: Dokumente der Deutschen Bischofskonferenz. 1965-1968, Bd. 1. Köln 1998, S. 463-471
Sekretariat der Deutschen Bischofskonferenz (Hg.): Humanae vitae und Königsteiner Erklärung (online), in: https://www.dbk.de/fileadmin/redaktion/veroeffent lichungen/Sonstige/k_nigsteiner_erkl_rung.pdf (acc 7.3.2019)

Literatur

Aschmann, Birgit/Damberg, Wilhelm (Hg.): (bislang ohne Titel). Paderborn 2019 (im Druck)

Bischof, Franz Xaver: Fünfzig Jahre nach dem Sturm – Ein historischer Rückblick auf die Enzyklika Humanae vitae, in: Münchener Theologische Zeitschrift 68 (2017), S. 336-354

Bock, Florian: Der Fall „Publik". Katholische Presse in der Bundesrepublik Deutschland um 1968 (Veröffentlichungen der Kommission für Zeitgeschichte, Reihe B: Forschungen 128). Paderborn 2015

Gatz, Erwin (Hg.): Die Bischöfe der deutschsprachigen Länder 1945-2001. Ein biographisches Lexikon. Berlin 2002, S. 200-201 (Angerhausen); S. 265-267 (Janssen); S. 290-295 (Höffner); S. 359-361 (Volk); S. 416 (Böggering); S. 457-460 (Graber)

Großbölting, Thomas: Der verlorene Himmel. Glaube in Deutschland seit 1945. Göttingen 2013

Harris, Alana (Hg.): The Schism of '68. Catholics, Contraception and Humanae Vitae in Europe. 1945-1975. London 1968

Hilpert, Konrad/Müller, Sigrid (Hg.): Humanae Vitae – die anstößige Enzyklika. Eine kritische Würdigung. Freiburg i. Br. 2018

Lüdecke, Norbert: Einmal Königstein und zurück? Die Enzyklika Humanae Vitae als ekklesiologisches Lehrstück, in: Dominicus Michael Meier u. a. (Hg.): Rezeption des Zweiten Vatikanischen Konzils in Theologie und Kirchenrecht heute (Beihefte zum Münsterischen Kommentar, 55). Essen 2008, S. 357-412

Trippen, Norbert: Joseph Kardinal Höffner (1906-1987). Seine bischöflichen Jahre 1962-1987 (Veröffentlichungen der Kommission für Zeitgeschichte, Reihe B: Forschungen 122), Bd. 2. Paderborn 2012

Voges, Stefan: Konzil, Dialog und Demokratie. Der Weg zur Würzburger Synode 1965 (Veröffentlichungen der Kommission für Zeitgeschichte, Reihe B: Forschungen 132). Paderborn 2015

Nicole Priesching

Die Klage über die „Laisierung der Theologie"

1 Jaeger auf den Fakultätentagen

Es ist zunächst erklärungsbedürftig, dass Jaeger sich in den 1960er Jahren auf den Treffen der Vertreter der katholisch-theologischen Fakultäten (Fakultätentag) bildungspolitisch engagierte. Hier sprach er nicht als Magnus Cancellarius der Philosophisch-Theologischen Akademie in Paderborn, die als Akademie bis zu ihrer Ernennung zur Theologischen Fakultät 1966 nicht in diesem Gremium vertreten war. Es hängt vielmehr mit Jaegers Zuständigkeiten in der Deutschen Bischofskonferenz (DBK) zusammen, dass er hier teilnimmt. So war Jaeger bis 1950 bereits als einer der sechs Referenten für bestimmte Fragen innerhalb der DBK auch für das Thema „Studenten" zuständig.[1] Nachdem einzelne Kommissionen zu Sachthemen eingerichtet wurden, gehörte Jaeger ab 1958 in die Kommission XII der Bischofskonferenz für Fragen der Wissenschaft und Kultur. Als Vorsitzender dieser Kommission und damit als Vertreter der Bischöfe trat Jaeger auf den Westdeutschen Fakultätentagen in Erscheinung. Von den zahlreichen bildungspolitischen Streitthemen der 1960er Jahre soll in diesem Beitrag erstens die Position Jaegers zu Laien in der Theologie und zweitens seine Meinung zur sog. Bielefelder Theologie nachgezeichnet werden. Das erste Thema war nach den Protokollen dominant. Das zweite Thema interessiert vor allem im Hinblick auf Jaegers Haltung zu einem bikonfessionell geplanten Theologischen Institut, gilt Jaeger doch als Pionier der Ökumene.

2 Die Angst vor einer „Laisierung der Theologie"

Die großen Um- und Aufbrüche in der Bildungslandschaft erfolgten in den 1960er Jahren. Die Protokolle der Westdeutschen Fakultätentage von 1961 bis 1965 geben einen guten Einblick in die damaligen Debatten. Am 28. April 1961 äußerte der Fakultätentag in Würzburg große Bedenken wegen

> der unzureichenden religiös-asketischen Formung und Prägung der Laientheologen, die in immer stärkerem Maße in die Religionslehrerstellen der höheren

---

[1] Siehe hierzu den Beitrag von Jörg Seiler in diesem Band.

Schulen hineindrängen und die sich um Religionsprofessuren an Pädagogischen Hochschulen bemühen. Bei gleichwertiger wissenschaftlich-theologischer Durchbildung (abgesehen von den Disziplinen, die im Priesterseminar gelesen werden) fehlt ihnen die Formung und religiöse Durchbildung, die den Priestern das Priesterseminar vermittelt.[2]

Gleichzeitig beklagte man das katholische Bildungsdefizit im akademischen und wissenschaftlichen Bereich. Schließlich sollte die Kontaktaufnahme mit den Bischöfen fortgeführt werden.

Die Theologischen Fakultäten beobachteten die Welle an Neugründungen von Universitäten, die teilweise neue Theologische Fakultäten bekamen (wie Bochum), teilweise nur einzelne Lehrstühle für Religion, mit gemischten Gefühlen. Auch der massive Ausbau der Pädagogischen Hochschulen (PHs) mit neuen Lehrstühlen für Religion zeigte sich bereits. Man brauchte also rasch mehr Theologieprofessoren, von Frauen war noch keine Rede, und auch die neu errichteten Assistentenstellen waren als Weg dorthin bereits vorausschauend zu besetzen. Es tauchen Vergleiche zwischen Laientheologen und Priestertheologen auf, die eine sich anbahnende Konkurrenzsituation voraussetzen. Da auf dem wissenschaftlichen Bereich mit gleichwertiger Qualifikation zu rechnen war, musste bei den Laien noch bei der „religiösen Durchbildung" nachgeholfen werden. Es war aber klar, dass immer mehr Laientheologen in Zukunft gebraucht werden würden und hier auch eine Nachfrage auf hoch qualifizierte Berufe bestand.

Am 9. März 1962 fand der nächste Fakultätentag in Münster statt.[3] Unter dem Stichwort „Probleme der deutschen Fakultäten" kam die Frage nach der Zulassung von Laien zur Habilitation, Dozentur und Professur auf. Im Protokoll wird dazu festgehalten:

> Die Habilitationsordnungen sämtlicher Fakultäten sehen eine Zulassung von Laien zur Habilitation nicht vor. Möglicherweise wird die Frage, ob vom Erfordernis des Priestertums auch abgesehen werden kann, an die Fakultäten deswegen herangetreten, weil der vom WR [Wissenschaftlichen Rat; d. Verf.] vorgesehene ‚wissenschaftliche Rat' [akademischer Rat im Hochschuldienst; d. Verf.] habilitert sein muss, vermutlich hierfür aber auch Laien in Frage kommen. Ob Laien zu Dozentur u. Professur zugelassen sind, wird jeweils der besonderen Entscheidung der betreffenden Fakultät unterliegen müssen; eine

---

2 Protokoll des Fakultätentages in Würzburg, 28.4.1961, EBAP, Nachlass Jaeger, 1582.
3 Anwesend war je ein Professor aus den Fakultäten Bonn, Freiburg i. Br., Mainz, München, Tübingen und Würzburg. Da die Philosophisch-Theologische Akademie in Paderborn bis 1966 noch keine Fakultät war, war sie hier nicht vertreten.

derartige Zulassung von Laien dürfte freilich nicht für die theologischen Kernfächer, sondern nur für Sonderfächer in Frage kommen.[4]

Im Hinblick auf die religiös-aszetische Formung der Laientheologen hatte man eine Umfrage an den Fakultäten gemacht. Dabei stellte sich heraus, dass an allen Standorten bereits ein Angebot diesbezüglich herrscht über Studentenpfarrer, Studentengemeinden, regelmäßige Zusammenkünfte etc. Die Beteiligung der Laientheologen an diesen Angeboten wurde insgesamt als zufriedenstellend bewertet. Dies führte zu der Frage, ob dies nun genug sei oder ob noch ein oder zwei seminaristische Semester eingeführt werden sollten. Dies hielt nur Würzburg für wünschenswert. Aus Münster hieß es: „Die Studenten lehnen alles ab, was Konvikt heißt." Einerseits war dem steigenden Bedarf an habilitierten Kräften der katholischen Theologie an den PHs Rechnung zu tragen.[5] Andererseits bestanden „schwerwiegende Bedenken" im Hinblick auf die Habilitation von Laien. Man befürchtete eine Zurückdrängung des priesterlichen Elements in den Theologischen Fakultäten. Zudem tauche dann „auch das weitere Problem der Habilitation von Frauen" auf.[6]

Erzbischof Jaeger war bei einem außerordentlichen Fakultätentag am 18. Juli 1964 in Mainz als Vertreter der Westdeutschen Bischöfe anwesend.[7] Wieder ging es um die Zulassung von Laien zur Habilitation, ferner um die Ausbildung der Religionslehrer und die Förderung des wissenschaftlichen Nachwuchses. Bei der Diskussion um die Habilitation von Laien vertraten die

---

4   Protokoll des Fakultätentages in Münster, 9.3.1961, EBAP, Nachlass Jaeger, 1582.
5   Diskutiert und kritisiert wurde das Memorandum über die Entwicklung des wissenschaftlichen Nachwuchses in kath. Theologie, welches das Institut für Christliche Sozialwissenschaften in Münster erstellt hatte.
    Man hielt die Zahlen zur Habilitation für überholt. „Das Memorandum setzt nicht in Rechnung, welchen Bedarf an habilitierten Kräften der kath. Theologie Pädagogische Hochschulen haben. In Bayern allein brauchen fünf staatliche und eine kirchliche Pädagogische Hochschule mindestens 12 habilitierte Theologen. Im gesamten Bundesgebiet wird es unaufhaltsam kommen, daß für die hochschulmäßige Ausbildung der Volksschul-, Berufsschul-, Reallehrer habilitierte Theologen gebraucht werden. Zu den angenommenen 222 Lehrstühlen, die zu besetzen sind, müssen also mindestens noch 25-30 Lehrstühle hinzugerechnet werden." Protokoll des Fakultätentages in Münster, 9.3.1961, Memorandum, EBAP, Nachlass Jaeger, 1582.
6   Protokoll des Fakultätentages in Münster, 9.3.1961, EBAP, Nachlass Jaeger, 1582.
7   Insgesamt nahmen am Fakultätentag am 18.7.1964 in Mainz teil: Erzbischof Lorenz Jaeger und die Professoren Georg May aus Mainz (Vorsitzender), Audomar Scheuermann aus München (stellvertretender Vorsitzender), Gerhard Johannes Botterweck aus Bonn, Rudolf Hofmann aus Freiburg i. Br., Hermann Eising aus Münster, Karl Hermann Schelkle aus Tübingen, Heinz Fleckenstein aus Würzburg: vgl. EBAP, Nachlass Jaeger, 1582. Die folgenden Ausführungen beziehen sich auf das Protokoll dieses Fakultätentages.

einzelnen Standorte unterschiedliche Positionen: Tübingen wollte erst einmal die weiteren Entwicklungen abwarten, Würzburg hält dies in besonderen Ausnahmefällen für ratsam, Münster würde dies gern grundsätzlich ermöglichen, für Bonn war die Frage nicht aktuell und so sei man erst einmal ablehnend, für Mainz und Freiburg i. Br. war die Frage noch nicht entscheidungsreif und München war gegen die uneingeschränkte Möglichkeit. Für den Episkopat nahm Jaeger zu der Frage Stellung. Er wies auf den besonderen Bildungsauftrag des Universitätslehrers an theologischen Fakultäten hin, der nicht nur Wissen vermitteln, sondern „den Nachwuchs auch auf die Kirche und ihre Aufgaben hin erziehen" müsse. Er sagte: „Das getraut man einem Laien nicht zu, weil ihm das entscheidende Erlebnis fehlt, das dem Priester eignet: das Leben in der confraternitas eines geistlichen Hauses, die Kenntnis des geistlichen Tagesrhythmus, kurz eine religiös-asketische Durchbildung und Spiritualität." Es folgte eine rege Debatte zwischen Jaeger und den Vertretern des Fakultätentages, die auf 19 Seiten festgehalten wurde. Zunächst wurde Jaeger auf den Strukturwandel angesprochen, dass bereits jetzt vielerorts keine 50 Prozent der Studenten mehr Priesteramtskandidaten seien. Jaeger schloss daraus, „ein verstärktes Drängen der Laien auf die Lehrstühle an den theologischen Fakultäten". Den Vorschlag, von den beiden theologischen Lehrstühlen, die an Pädagogischen Akademien errichtet werden sollen, einen mit einem Priester und einen mit einem Laien zu besetzen, stand Jaeger skeptisch gegenüber. Er sah in diesem Vorschlag eine Strategie für Priesteramtskandidaten, die zunächst Volltheologie studiert hätten und dann als Laie eine Position anstrebten. Anstatt die eigenen Befürchtungen wegen einer Zunahme des Priestermangels zu thematisieren, gab man der Sorge um „solche Leute" Ausdruck, die dann für ihr Leben „abgestempelt" seien oder, wie der Mainzer Professor Georg May[8] (geb. 1926), der Vorsitzende „des Westdeutschen Fakultätentages der kath.-theol. Universitätsfakultäten" ergänzt, ein „Trauma" hätten. Dieser Deutung widersprach Fleckenstein mit dem Hinweis, dass die Berufung zur wissenschaftlichen Arbeit nicht notwendig mit der Berufung zum Zölibat zusammenfallen müsse, von einem Trauma könne jedenfalls keine Rede sein. Doch Jaeger zeigte sich uneinsichtig. Er bekräftigte seine Ablehnung, einen Laien auf einen Lehrstuhl für Religionslehre an eine Pädagogische Akademie zu berufen, denn diese müssten „die künftigen Lehrer formen, damit sie später ihrer Aufgabe

---

8 Georg May (geb. 1926) war von 1960 bis zu seiner Emeritierung 1994 Professor für Kirchenrecht, Staatskirchenrecht (ab 1965) und Kirchliche Rechtsgeschichte an der Johannes-Gutenberg-Universität Mainz. Rufe an die neugegründeten Universitäten Bochum im Jahr 1965 und Regensburg im Jahr 1968 lehnte er ab. Er gehörte zu den Kritikern des II. Vatikanischen Konzils. Zu ihm: Aymans, Fides.

an den Konfessionsschulen gerecht werden können im Sinn der Kirche." Auf den Einwand zu weniger Priester als Professoren für die PHs antwortet Jaeger, dass die Bischöfe es „auf absehbare Zeit" sicher „nicht zulassen werden, daß Laien auf die Lehrstühle für Religionslehre an die PH kommen." Daraufhin wurde der gemeinsame Konsens für die „Randfächer" angesprochen. Die „christliche Archäologie" war für Jaeger als Randfach eindeutig, nicht hingegen die „Fränkische Kirchengeschichte". Nach Scheuermann wurde das Thema Laienhabilitation durch die PHs in besonderer Weise aufgeworfen. Dabei unterscheide der Episkopat nicht immer zwischen Religionslehre und Religionspädagogik. Darauf antwortete Jaeger, dass an den PHs in den meisten Fällen nicht zwei Lehrstühle vorhanden seien, sondern einer und ein Assistent. Der Assistent sei dann für die Religionspädagogik zuständig. Im Hinblick auf die Professur für Religionslehre bekräftigte er, dass sich die Bischöfe der Besetzung mit einem Laien widersetzen werden. Insgesamt komme es darauf an, dem Episkopat die Angst vor einer „Majorisierung durch die Laien" zu nehmen. Es folgte eine Beratung über diverse Habilitationsordnungen. Für Jaeger war hier wichtig, dass „der Bischof schon beim Versuch der Habilitation das Placet verweigern könne". Daraufhin versicherte ihm Fleckenstein, dass die Fakultäten schon selbst die Fälle prüften und kein Interesse an reinen „Intelligenzbestien" hätten. Im Hinblick auf die Habilitationsordnungen wurde weiter problematisiert, dass man hier Beschränkungen auf „Randfächer" kaum festschreiben könnte. Schließlich wurde Scheuermann damit beauftragt, ein Gutachten zur Habilitation für Laien für den Episkopat auszuarbeiten.

Bei der Ausbildung der Religionslehrer wurde darauf hingewiesen, dass nun Berufsschullehrer, Realschullehrer und Volksschullehrer an die Hochschulen strebten. Hier stellte sich wieder die Frage nach der religiösen Formung und der diesbezüglichen Aufgaben der Studentenseelsorge. Jaeger verwies auf die Kulturhoheit der Länder, weshalb es keine einheitlichen Ausbildungsvorschriften gebe. In Nordrhein-Westfalen (NRW) müsse der Berufsschullehrer noch nicht an Universitäten ausgebildet werden. Ein Priester sei auch als Religionslehrer an einer Real- oder Mittelschule qualifiziert. Für weitere Fächer außer Religion müsse er noch Sonderkurse machen. Das Problem sei für NRW also nicht akut. Es gelte nur für Religionslehrer an den Höheren Schulen. Für den Realschullehrer sehe er die bisherige Ausbildung von Laien, die sechs Semester an Universitäten studiert hätten, nicht hinreichend. Und selbst die Ausbildung von angehenden Gymnasiallehrern an den Universitäten – Laien – betrachtete er skeptisch. Vieles werde an den Fakultäten gar nicht gelesen, was im Priesterseminar geboten werde. Dies rief Widerspruch hervor. Jaeger gab zu, dass man die „Schmalspurtheologen", damit meinte er angehende Realschullehrer, an den Fakultäten „nebenherlaufen" lassen könne, betreut vor allem von Hilfskräften. Während die Standorte über ihre Möglichkeiten zur Lehrerausbildung nachdachten (nur für Gymnasiallehramt oder für alle Schulformen), stand Jaeger der gesamten Entwicklung skeptisch gegenüber. Er betrachtete dies mehr als „gesellschaftliches Anliegen", womit er meinte, dass es nicht eigentlich um die Sache der Theologie gehe. Auf Hinweise auf Laientheologen mit „sehr gediegenem Wissen" reagierte Jaeger wieder mit dem Hinweis auf den „Mangel an religiös-aszetischer Durchbildung". Auch May sprach sich gegen eine Verwissenschaftlichung der Lehrerausbildung (außer für Höhere Schulen) aus. Einzelne Standorte wiesen noch auf unterschiedliche Entwicklungen hin.

Als dritter Punkt wurde noch die Förderung des wissenschaftlichen Nachwuchses diskutiert. Dabei ging es um die Freistellung von Priestern für die Habilitation. Hier betonte Jaeger, dass er diesen Punkt beim Episkopat nachdrücklich vertreten habe. Allerdings sei der Kontakt zwischen Fakultäten und Episkopat mancherorts so schwach gewesen, dass keine Namen von freizustellenden Kandidaten genannt wurden. Scheuermann berichtete, dass Anfragen beim Münchener Ortsordinarius mit dem Hinweis auf Priestermangel ins Leere liefen. Jaeger gab über seine eigene Praxis folgende Auskunft: Der junge Priester müsse zunächst für zwei Jahre in der Seelsorge arbeiten. Danach stelle er jede qualifizierte Kraft frei, wenn ein entsprechendes Gutachten vorliege. Hier sahen alle Seiten bei den übrigen Bischöfen noch mehr Handlungsbedarf.

Schließlich kamen noch „sonstige" Themen zur Sprache. Jaeger unterstützte den Vorschlag von May, dass die Orden dazu bewegt werden sollten, „ihre eigenen Studienanstalten aufzugeben und ihre Kleriker an die Fakultäten zu schicken". Er wies aber auch auf den Widerstand der Generaloberen hin. Dem Episkopat sei jedenfalls an einer Konzentration der Studienanstalten gelegen.

Am Ende zeigte sich Jaeger zufrieden mit der „Fruchtbarkeit des Gesprächs" und regte an, dies künftig zweimal im Jahre zusammen mit Bischof Joseph Höffner fortzuführen. Diesem Vorschlag wurde zugestimmt.[9]

---

9 Im Anschluss wurden als Ergebnis einige Leitgedanken formuliert: „Von dem Erfordernis der Priesterweihe bei der Habilitation in einem Fach der kath. Theologie abzusehen, muß *immer Ausnahme* [Hervorh. im Original; d. Verf.] bleiben, die nur aus besonderen Gründen zuzulassen ist." Den Fakultäten ist es „selbstverständlich, *den klerikalen Charakter ihrer Professorenkollegien zu erhalten* [Hervorh. im Original; d. Verf.]." Daran ändere auch die neue Situation nichts, wonach in manchen Fakultäten bereits die Hälfte der Hörerschaft aus Laien bestehe. „Auch der Laie als Theologiestudent wird in seinem Lehrer, der Priester und Professor zugleich ist, den geeignetsten Vermittler seiner Wissenschaft haben." Zudem wird der Professor als „Bildner der zukünftigen Priester" bezeichnet. „Diese selbstverständliche Einstellung sei den Befürchtungen, es könnte zu einem Einbruch des Laientums in das akademische theologische Lehramt kommen, entgegengehalten." Nur für gewisse

Erzbischof Jaeger war als Vorsitzender der Kommission XII der DBK für Fragen der Wissenschaft und Kultur mit diesem Thema befasst. Bei einer Arbeitstagung dieser Kommission vom 8. bis 10. März 1965 in Hofheim wurde wieder über die Laientheologen beraten. Im Vergleich zur Stellungnahme Jaegers mit den Vertretern der Fakultäten im Jahr zuvor, war der Tonfall der bischöflichen Kommission nun etwas aufgeschlossener, in der Sache aber gleich. So hieß es zum Thema Habilitation von Laientheologen:

> Unter Würdigung der Gründe, die teils für/teils gegen die Zulassung von Laientheologen zur Habilitation in katholischen theologischen Fakultäten sprechen, vertritt die Konferenz die Auffassung, daß eine Habilitation von Laien nicht grundsätzlich ausgeschlossen werden sollte. Es wäre freilich – und zwar in gleicher Weise seitens der Fakultäten wie der Bischöfe – dafür Sorge zu tragen, daß die Lehrstühle für die sogenannten Kernfächer der Theologie auch weiterhin im allgemeinen mit Priestern besetzt werden.[10]

Der Priestermangel führt bereits dazu, dass nicht immer hauptamtlich Priester als Religionslehrer zur Verfügung stehen. Deshalb möge man dafür sorgen, dass geeignete Priester wenigstens für einige Stunden in der Schule zum Einsatz kommen, damit Schüler dort auch noch Priestern begegnen.

Spezialfächer seien Habilitationen von Laien in Erwägung zu ziehen. Ein Dilemma lässt sich bei den festen Beamtenstellen von Wissenschaftlichen Räten sehen, die für die Entlastung der Professoren unentbehrlich sind und habilitiert sein sollen. Nach den oben formulierten Grundsätzen wären hier eigentlich auch Priester wünschenswert. Aber angesichts des Priestermangels sei eine solche Freistellung nur in Ausnahmefällen zu rechtfertigen. Hier sollten die Fakultäten dann also doch befugt werden, in Einzelfällen Laien zu habilitieren, damit sie solche Stellen antreten könnten. Auch in der Lehrerausbildung sei der Priester als Professor besonders qualifiziert. Nur bei Religionspädagogik und -didaktik könnte man im Bedarfsfall Laien auf Professuren berufen. Diese Fächer nahm man theologisch offenbar nicht ernst. Es wurde diskutiert, ob die „kanonische Kirchenzucht" gegenüber Laien schwerer durchzusetzen sei als gegenüber Priestern. Dies sei aber nur in rein innerkirchlichen Angelegenheiten der Fall. Schließlich wird als Interesse der Bischöfe betont, dass schon vor der Einleitung des Habilitationsvorgangs dem Ortsbischof ein Mitspracherecht eingeräumt werde. Als neuer Passus für eine Habilitationsordnung wird vorgeschlagen: „Bei der Zulassung zum Habilitationsverfahren im Spezialfach (hier sind genau zu benennende Spezialfächer der kath. Theologie aufzuzählen!) kann von dem Erfordernis der Priesterweihe abgesehen werden, wenn die charakterliche Eignung des Bewerbers von dessen Heimatbischof und vom Ortsbischof der Fakultät bestätigt ist." Stellungnahme des Fakultätstags der westdeutschen kath.-theol. Universitätsfakultäten zur Habilitation von Laien, außerordentlicher Fakultätentag, 18.7.1964, EBAP, Nachlass Jaeger, 1582.

10 Arbeitstagung der bischöflichen Kommission zur Ordnung des Studiums und der Betreuung der Laientheologen gemäß Protokoll von Hofheim vom 8.-10.3.1965, Protokoll, EBAP, Nachlass Jaeger, 1583.

Eine Übereinstimmung in Sachen Laienhabilitation herrschte zwischen dem Mainzer Professor Georg May und Lorenz Jaeger. Beide wechselten 1965 und 1966 Briefe in dieser Angelegenheit. Am 12. August 1965 schrieb Jaeger an May, dass er für seine klare und überzeugende Stellungnahme zur Laienhabilitation[11] danke und dass er hoffe, dass die deutschen Bischöfe in der Plenarkonferenz Ende August in diesem Sinne entscheiden.[12] Beide waren nur in Ausnahmefällen für eine Habilitation von Laien. Man fürchtete eine Laisierung der Theologie, die vermutlich auf Kosten von Priesterberufungen ginge, auch wenn man so nicht argumentieren konnte. Es sprach ja für die Laien, dass sie so ein starkes Interesse an Theologie zeigten.

Bei einigen Bischöfen veränderte sich die Perspektive durch die Aufwertung der Laien auf dem II. Vatikanischen Konzil. Im März 1965 errichtete die Bischofskonferenz eine Kommission für Laientheologen. Hier ging es nun um eine Reform der Priesterausbildung im Geist des Konzils. In diesem Kontext wurde 1966 ein neuer Vorstoß für die Zulassung von Laientheologen zur Promotion bzw. Habilitation gemacht.[13] War bisher die Ausbildung der Priester gerade im Vergleich zu den Laientheologen von jedem Zweifel erhaben gewesen, so geriet diese Überzeugung zunehmend ins Wanken. Einen Höhepunkt erreichte diese Diskussion mit der Kritik Karl Rahners an der „Neuordnung der theologischen Studien für Priesterkandidaten", die unter Jaegers Vorsitz in der Kommission XII erarbeitet worden waren. Am 20. Februar 1968 wandte sich Jaeger in einem Schreiben an die Bischöfe, in welchem er die Kritikpunkte Rahners zurückwies. Die beiden Einwände Rahners waren gewesen, dass man die Theologie „in etwa erstarrten Einzeldisziplinen" belasse und dass eine wissenschaftliche Reflexion über das Ganze der Theologie fehle.[14] Beides ließ Jaeger nicht gelten.

---

11 Diese Schrift von Prof. Georg May am 1.8.1965 an die Bischöfe in Deutschland findet sich in: EBAP, Nachlass Jaeger, 1114. Darin heißt es: „Seit etwa drei Jahren [ist eine; d. Verf.] Diskussion im Gange, ob Laien die Möglichkeit zur Habilitation eröffnet werden soll und damit auch Möglichkeit auf Lehrstuhl für katholische Theologie. Von den 8 deutschen kath.-theol. Universitätsfakultäten hat sich eine für eine unbeschränkte, eine andere für die auf Randfächer beschränkte Zulassung von Laien zur Habilitation ausgesprochen. Die übrigen Fakultäten haben die Habilitation von Laien entweder ganz abgelehnt oder erklärt, die Zulassung von Laien in gewissen Fällen, nämlich in Randfächern, sei noch nicht spruchreif." May möchte die Bischöfe vor einer Entwicklung warnen, die in wenigen Jahrzehnten zur „Laisierung der deutschen kath.-theol. Universitätsfakultäten" führen kann. Er zählt im Folgenden Gründe gegen die Habilitation von Laien auf.
12 Lorenz Jaeger an Georg May, 12.8.1965, EBAP, Nachlass Jaeger, 1583.
13 Davon berichtet ein Brief von Lorenz Jaeger an Joseph Höffner, den Bischof von Münster vom 9.9.1966: EBAP, Nachlass Jaeger, 1583.
14 Lorenz Jager an die Bischöfe, 20.2.1968, EBAP, Nachlass Jaeger, 1583.

Ebenfalls im Jahre 1968 wurde für die PHs das Recht der Habilitation eingeführt. Am 30. Oktober 1969 fand die erste Habilitierung der PH Rheinland an der Abteilung Neuss statt. Der Dozentin Dr. theol. Uta Ranke-Heinemann[15] wurde die Habilitierung für das Lehrgebiet „Katholische Theologie und Religionspädagogik" ausgesprochen.[16]

Jaeger war bis 1969 Leiter der Kommission XII der DBK. Er hatte eigentlich schon 1968 von seinem Amt entbunden werden wollen, da er sich zu wenig berücksichtigt fühlte.[17] Nach ihm übernahm 1969 der Speyrer Bischof Friedrich Wetter den Vorsitz. Die Ausbildungslandschaft in der Bundesrepublik Deutschland war allgemein im Wandel, auch diejenige der Theologie. Im Protokoll der Kommission XII von 1970 wurde festgehalten: „Neben den staatlichen Fakultäten und Fachbereichen soll es weiterhin theologische Hochschulen in freier Trägerschaft geben, damit die Kirche eine gewisse Unabhängigkeit vom Staat bewahrt. Doch sollte die Zahl dieser theologischen Fakultäten und Hochschulen verringert werden."[18] Eine Hochschule in freier Trägerschaft war in Paderborn die Theologische Fakultät. Sie sollte also einen Platz neben den staatlichen Fakultäten haben. Gleichzeitig war die Drohung einer künftigen Verringerung solcher Einrichtungen ausgesprochen. Man sah in dieser Konstellation offenbar kein Zukunftsmodell mehr.

Auch das Thema Habilitation für Laien stand nach wie vor auf der Agenda. Bis 1970 hatte sich hier noch nichts Entscheidendes getan. Doch im Protokoll zur Sitzung der Bildungskommission am 2. Juli 1970 wurde vermerkt, dass die Laientheologen gegen den Beschluss der DBK protestierten, nur Priester zur Habilitation in Kernfächern zuzulassen. Der Vorsitzende, Bischof Wetter, wies auf die Situation in Österreich hin, wo Laien in allen theologischen

---

15 Uta Ranke-Heinemann (geb. 1927), älteste Tochter von Bundespräsident Gustav Heinemann, studierte von 1947-1953 evangelische Theologie, konvertierte 1953 zum Katholizismus und studierte seitdem katholische Theologie in München. 1954 wurde sie bei dem Dogmatiker Michael Schmaus mit der Dissertation „Das frühe Mönchtum. Seine Motive nach den Selbstzeugnissen der ersten Mönche" zur Dr. theol. mit der Note „magna cum laude" promoviert. 1954 heiratete sie den katholischen Religionslehrer Edmund Ranke. Aus dieser Ehe gingen zwei Söhne hervor. Ab 1955 war sie zunächst Dozentin am Erzbischöflichen Katechetinnenseminar in Bonn und ab 1965 an der PH in Neuss. 1969 habilitierte sie sich als erste Frau in katholischer Theologie (Hauptgutachter war Karl Rahner) und wurde 1970 Professorin. Nachdem sie sich kritisch zur Jungfrauengeburt geäußert hatte, entzog ihr der Essener Bischof Franz Hengsbach am 15.6.1987 die Lehrbefugnis für katholische Theologie. Ihr Hauptwerk ist: Eunuchen für das Himmelreich. Zu ihr: Alberts: Ranke-Heinemann.
16 Peters, Nordrhein-Westfalen, S. 159 f.
17 Lorenz Jaeger an Hengsbach, 9.10.1969, EBAP, Nachlass Jaeger, 1525.
18 Protokoll der Sitzung der Bildungskommission vom 5.9.1970 in Bonn, EBAP, Nachlass Jaeger, 1525.

Disziplinen habilitieren dürften. Hier unterschied sich seine Meinung von der seines Vorgängers. „Kardinal Jaeger gab zu bedenken, daß in der Theologie der Universitätstheologe nicht nur Wissensvermittler, sondern Priesterbilder und -erzieher sei."[19] Die Angst vor einer Laisierung der Theologie wurde damit begründet, dass dies negative Auswirkungen auf die Priesterausbildung hätte. Ein konkreter Fall beschäftigte die Bischöfe in dieser Zeit: Die „Sache Brox", wie es in einem Memorandum zur Frage, ob der Laie Norbert Brox[20], der einst auch in Paderborn Theologie studiert hatte, auf einen Lehrstuhl berufen werden könne, heißt.[21] Was für Brox eine Frage seiner gesicherten Anstellung war, war für die Bischöfe eine „Sache". Er hatte seit 1968 an der Katholischen Fakultät der Universität Regensburg einen Lehrauftrag für die Fächer Alte Kirchengeschichte und Patrologie inne und hoffte nun, dort auch zum Professor ernannt werden zu können. Aus dem Memorandum geht hervor, dass Brox als umgänglicher und angenehmer Mensch wahrgenommen wurde. Seine einzige Disqualifikation für eine ordentliche Professur war, dass er Laie war. Und so wurden nochmals die Probleme einer solchen Berufung ventiliert. Warum ein Laie einen Priester nicht „erziehen" könne, blieb dabei offen. Diese Meinung scheinen auch nicht alle geteilt zu haben, wie man an den Wortmeldungen Wetters in der Bildungskommission sieht. Und doch dauerte es noch sechs Jahre, die Brox bedingt durch seinen Laienstatus warten musste, bis ihn die Regensburger Fakultät 1973 auf den Lehrstuhl für Historische Theologie berief.

Im Jahr 1970 beschäftigte sich Jaeger auch mit der Einführung des akademischen Grades „Diplom-Theologe". So hatte Münster im Unterschied zu Paderborn in Düsseldorf einen Antrag für die Verleihung dieses Grades gestellt. Hier gab es allerdings ein Problem: Der Staat wollte acht Semester für das Diplomstudium festlegen, wie dies in allen anderen Fächern der Fall war, Münster wollte dafür zehn Semester. Dieses Thema wurde dann im Beisein Jaegers mit dem Apostolischen Nuntius am 20. Januar 1970 besprochen. Es existiert eine Aktennotiz über dieses Gespräch in seinem Nachlass. Darin hieß es: Im Bereich der Hochschule sollte bei der Verleihung des Diplom-Theologen

---

19 Protokoll der Sitzung der Bildungskommission vom 2.7.1970 in Bonn, EBAP, Nachlass Jaeger, 1525.

20 Norbert Brox (1935-2006) erhielt 1966 als Nichtpriester die Lehrberechtigung an der Katholisch-Theologischen Fakultät der Universität Graz, 1969 wurde er zum außerordentlichen Professor für Katholische Theologie und Religionspädagogik an der PH München ernannt. Seit 1968 hatte er an der Katholischen Fakultät der Uni Regensburg einen Lehrauftrag für die Fächer Alte Kirchengeschichte und Patrologie inne. Durch seinen Laienstatus musste er sechs Jahre warten, bis ihn die Fakultät 1973 auf den Lehrstuhl für Historische Theologie berief. Zu ihm: Prostmeier, Brox.

21 Zum Memorandum zur „Sache Brox": vgl. EBAP, Nachlass Jaeger, 1533.

eine einheitliche Grundrichtung wahrgenommen und entsprechend „eine Vorlage für die Deutsche Bischofskonferenz erstellt werden", aus der hervorgehe, „dass das Diplom in Theologie nicht die kirchliche Prüfung für Priesteramtskandidaten ersetzt". Dies war offenbar der entscheidende Punkt für Jaeger. Er sah die Gefahr, dass Priesteramtskandidaten erst das Diplom in Theologie machen würden und sich dann dem Bischof als Theologen vorstellten. Zwei Wege zum Priesteramt könnten sich somit auftun, wobei derjenige des Diplomstudiums stillschweigend für so attraktiv gehalten wurde, dass er im Interesse der Priesterseminare unbedingt zu verhindern war. Festgehalten wurden auch zwei Unterschiede zwischen dem Diplom und der kirchlichen Prüfung: „Kein Anspruch auf eine Anstellung im kirchlichen Dienst darf aus Diplom gefolgert werden und kein Anspruch auf Verleihung der *missio canonica*".[22]

3 Die „Bielefelder Theologie"

Ein weiteres Thema, das Jaeger als Vorsitzender der Kommission XII immer wieder beschäftigte, war die sog. Bielefelder Theologie. Seit 1966 war der Münsteraner Fundamentaltheologe Johann Baptist Metz[23] als Mitglied des Gründungsausschusses der Universität Bielefeld für die Planung und den Aufbau des Theologischen Instituts dort zuständig. Von 1969 bis 1979 war er Gründungsbeauftragter für das Theologische Institut Bielefeld (ThIB). Dieses sollte seiner Meinung nach bikonfessionell (Protestanten und Katholiken) besetzt werden und insgesamt eine interdisziplinäre Ausrichtung erhalten.[24] Damit entsprach er den Grundprinzipien der neuen Reformuniversität.

Diese Idee war Jaeger ein Dorn im Auge, wie sein Gespräch mit dem Nuntius im Januar 1970 zeigt. Er verständigte sich mit dem Nuntius auf folgendes Vorgehen: Man sollte das Thema der Bielefelder Theologie „zunächst hinhaltend behandeln", denn es könnte sein, dass man das ganze neu zu gründende theologische Institut den Protestanten überlasse und sich ganz aus Bielefeld zurückzuziehe. Für Jaeger stand deshalb fest: Es dürfe dort keine reguläre Theologenausbildung stattfinden und auch keine akademischen Grade verliehen werden.[25] In der Sitzung der Bildungskommission am 2. Juli 1970 informierte Jaeger über die Pläne zu einem interkonfessionellen theologischen Studium in

---

22   Aktennotiz über ein Gespräch in der Apostolischen Nuntiatur am 20.1.1970, EBAP, Nachlass Jaeger, 1533.
23   Er war 1963 bis 1993 Professor für Fundamentaltheologie in Münster.
24   EBAP, Nachlass Jaeger, 1710.
25   Aktennotiz über ein Gespräch in der Apostolischen Nuntiatur am 20.1.1970, EBAP, Nachlass Jaeger, 1533.

Bielefeld. Im Protokoll wurde notiert: „Die Einsprüche der Paderborner Kirche und der evangelischen Kirche von Westfalen laufen noch."[26]

Am 4. März 1972 meldete die Katholische Nachrichtenagentur (KNA), dass es der hannoveranische Landesbischof Eduard Lohse für möglich halte, „dass in Zukunft evangelische und katholische Theologie in einer gemeinsamen Fakultät gelehrt werden."[27] Der besorgte Jaeger teilte am 10. März 1972 dem Nuntius mit: „Meine entschiedenen Bedenken liegen einmal darin, dass das ‚Bikonfessionelle Institut' mit aller Macht vorangetrieben wird."[28] Es folgt eine Auseinandersetzung mit Johann Baptist Metz, der diese Idee mit Nachdruck vertrat. So schrieb Jaeger am 11. März 1972 an Metz: „Nicht alles, was da berichtet wird, hat mir Freude gemacht." Er kritisierte sein Vorgehen und äußerte Bedenken.[29] Aber Metz antwortete selbstbewusst und ließ sich nicht von seinen Plänen abbringen.[30] Am Ende scheiterte das Projekt eines bikonfessionellen Instituts. Bielefeld wurde zu einem Ausbildungsstandort für Evangelische Theologie, was nicht zuletzt an Jaegers Haltung lag.

Diese Ablehnung eines bikonfessionellen Instituts ist bemerkenswert, wenn man an das Engagement Jaegers für die Ökumene denkt. Diese Form von Ökumene ging ihm offenbar zu weit. Vermutlich spielte auch hier wieder die Sorge um die Theologische Fakultät und die Priesterausbildung die entscheidende Rolle. So konnte man befürchten, dass immer mehr Stimmen laut werden, die katholischen und evangelischen Fakultäten zusammenzulegen. Diese wären zu einer bedrohlichen Konkurrenz für die herkömmlichen Theologischen Fakultäten geworden. Außerdem wäre dann noch Schlimmeres eingetreten als katholische Laien als Professoren von angehenden Priestern, nämlich evangelische Professoren als deren Lehrer. Dann stand nicht nur die religiös-aszetische Durchformung der Dozenten auf dem Prüfstand, sondern auch noch die konfessionelle Identität der Studenten.

4   Schluss

Eine wichtige Frage für die Entwicklung theologischer Hochschulen war seit 1961 die bisher nicht mögliche „Habilitation für Laien". Außer bei den Volksschullehrern war der gesamte katholische Bildungsbereich immer noch von

---

26   Bildungskommission, Sitzung 2.7.1970, EBAP, Nachlass Jaeger, 1525.
27   KNA-Mitteilung, 4.3.1972, EBAP, Nachlass Jaeger, 1710.
28   Jaeger an den Nuntius, 10.3.1972, EBAP, Nachlass Jaeger, 1710.
29   Jaeger an Metz, 11.3.1972, EBAP, Nachlass Jaeger, 1710.
30   Metz war zu dieser Zeit (1971–1975) auch Berater der Würzburger Synode der Deutschen Bistümer und Hauptverfasser des Synodendokuments „Unsere Hoffnung".

Priestern (oder Ordensleuten) dominiert. Hier sah sich Jaeger nun mehreren Tatsachen gegenüber: Es gab zu wenig Priester für den vielfältigen Bedarf. Der massive Ausbau an Hochschulen und Schulen in NRW erforderte immer mehr Professoren und Lehrer. Hinzu kam eine große Nachfrage von Laien, Männern wie Frauen, an Theologie. 1964 waren an vielen Fakultäten keine 50 Prozent der Studenten mehr Priesteramtskandidaten. Diese Entwicklung konnte eigentlich nur bedeuten, dass eine Habilitation von Laien sinnvoll wäre, um den steigenden Bedarf an Theologieprofessoren zu decken und das Engagement der theologischen Laien zu würdigen. Doch genau hier setzte Widerstand ein. Die realen Verhältnisse wurden lange Zeit geradezu geleugnet. So wies man Jaeger auf dem Fakultätentag 1964 mehrfach darauf hin, dass es zu wenig Priester gebe, die für eine Habilitation freigestellt würden, was Jaeger zum Beispiel mit dem Argument beschwichtigte, dass es die Bischöfe nicht zulassen würden, dass Laien auf Lehrstühle für Religionslehre an den PHs kommen. Dass nicht alle Bischöfe Jaegers ablehnende Haltung teilten, wurde endgültig 1969 offensichtlich, als Jaeger als Vorsitzender der Kommission XII sein Amt niederlegte. Zudem reagierten damals schon viele Bischöfe auf entsprechende Anfragen (Freistellung von Priestern für die Wissenschaft) ihrer Fakultäten abschlägig mit dem Hinweis auf Priestermangel.

Das Standardargument gegen eine Habilitation von Laien war der Mangel an „religiös-asketischer Durchbildung". Sie hatten eben nicht in einem Priesterseminar gelebt. Während die Fakultäten diesen Mangel über das Angebot einer Studentenseelsorge seit 1962 zunehmend als behoben ansahen, beharrte Jaeger bis zum Schluss auf diesem Punkt. Dies wird noch unverständlicher, wenn man die Debatte um die Reformuniversität betrachtet, die 1965 angesichts der neu zu gründenden Universität in Ostwestfalen ausgetragen wurde. Für die Gründung dieser neuen Universität wurden die Gedanken des Soziologen Helmut Schelsky[31] für Kultusminister Paul Mikat leitend. Schelsky machte eine einfache Überlegung zum Kerngedanken einer Hochschulreform: Was erwartet die Gesellschaft von einem Professor, und wie sieht seine berufliche Existenz tatsächlich aus? Die Reform müsse versuchen, beides möglichst miteinander in Einklang zu bringen: „Einfacher gesagt: wir wollen die Universität so reformieren, daß der Professor das, was man von ihm beruflich

---

31 Helmut Schelsky (1912-1984) war Soziologe. 1932 Eintritt in die SA, 1937 Eintritt in die NSDAP. Ab 1949 war er Professor für Soziologie an der Akademie für Gemeinwirtschaft in Hamburg, 1960 wechselte er an die Universität Münster. Ab 1965 war er an der Gründung der Reform-Universität in Bielefeld beteiligt. Er sorgte dafür, dass dort eine „Soziologische Fakultät" errichtet wurde. Als Vorwürfe wegen seiner nationalsozialistischen Vergangenheit laut wurden, trat er von allen Ämtern zurück. 1970 wurde er dennoch als Professor an die Bielefelder Universität zurückgerufen. Zu ihm: Kempf, Schelsky.

erwartet, auch mit einiger Anstrengung einigermaßen leisten kann."[32] Zum gesellschaftlichen Anforderungsprofil des Professors gehörte nach Schelsky auch ein „Mehr", das man als „Bildung" bezeichnen könne oder als „außerwissenschaftlichen Erziehungsauftrag der Hochschulen". Er schreibt: „Verlangt wird, daß dem zukünftigen ‚Akademiker' eine umfassende Weltkenntnis, eine besondere politische Urteilsfähigkeit, eine kulturelle Lebensform und ethisch anspruchsvolle charakterliche Haltungen vermittelt werden."[33] Zugleich ist klar: „Was man vermitteln soll, muss man selbst haben, muss man selbst sein und leben können."[34] Entsprechend wichtig sei es, dass der Professor eine gewisse „Geselligkeit mit den Jüngern", Assistenten wie Studenten, pflegen könne. Diese Geselligkeit sollte möglichst selbstverständlich und gleichberechtigt werden. Hier zeigt sich die Abkehr von einer Universität mit Ordinarien, die auf ihre Studenten herabsahen und sie nicht ernst nahmen hin zu stärkeren demokratischen Formen des Miteinanders.

Von diesen in der Öffentlichkeit verbreiteten Ideen dringt nichts in die zeitgenössischen Debatten der Fakultätentage oder der Kommission XII. Es scheint nicht nur außerhalb des erzbischöflichen Horizontes zu liegen, dass der „außerwissenschaftliche Erziehungsauftrag" möglicherweise nicht mehr in einer „religiös-asketischen Durchformung" liegen könne, als wäre damit der einzig mögliche Weg zu einer reifen Persönlichkeit mit gesunder Urteilkraft benannt. Hier klafft eine Schere zwischen gesellschaftlichen Erwartungen und kirchlicher Weltdeutung auseinander, was sich zunehmend auch sprachlich zeigte, so dass die Kirche immer stärker zum Ort einer von immer weniger Menschen verstandenen Sondersemantik wurde. Im theologischen Jargon gesagt: Während das II. Vatikanische Konzil das Fenster der Kirche zur „Welt" öffnete, wurden daheim viele „Zeichen der Zeit" ignoriert. Insgesamt war diese Entwicklung freilich nicht aufzuhalten und andere Bischöfe wie Jaegers Nachfolger als Vorsitzender in der Kommission XII, Bischof Friedrich Wetter, selbst Professor für Dogmatik, öffneten sich rasch dafür. Die Habilitation für Laien etablierte sich seit 1968, zunächst nur für Randfächer, später auch für Kernfächer der Theologie. Es ist im Nachhinein dennoch zu bedauern, dass diese Entwicklung als „Laisierung der Theologie" lange Zeit als bedrohlich und für die Priesterausbildung abträglich bewertet wurde, von der Habilitation von Frauen gar nicht zu reden.

---

32 Schelsky, Berufsbild, S. 25.
33 Ebd., S. 26.
34 Ebd.

Quellen- und Literaturverzeichnis

Quellen
Erzbistumsarchiv Paderborn (EBAP)
Nachlass Lorenz Kardinal Jaeger (NLKJ) Akten Nr. 1114, 1525, 1533, 1582, 1583, 1710

Literatur
Alberts, Werner: Uta Ranke-Heinemann. Abschied vom Christentum. Düsseldorf 2004

Aymans, Winfried (Hg.): Fides et ius. Festschrift für Georg May zum 65. Geburtstag. Regensburg 1991

Kempf, Volker: Helmut Schelsky – Wider die Wirklichkeitsverweigerung. Leben, Werk, Aktualität. München 2012

Peters, Walter: Lehrerausbildung in Nordrhein-Westfalen 1955-1980. Von der Pädagogischen Akademie über die Pädagogische Hochschule zum Aufbruch in die Universität. Frankfurt a. M. 1996

Prostmeier, Ferdinand R.: Brox, Norbert, in: BBKL 35 (2014) S. 189-203

Ranke-Heineman, Uta: Eunuchen für das Himmelreich. Katholische Kirche und Sexualität. Hamburg 1988

Schelsky, Helmut: Berufsbild und Berufswirklichkeit des Professors. Vortrag vor dem Gründungsausschuß für die Universität Ostwestfalen, in: Helmut Schelsky/Paul Mikat (Hg.): Grundzüge einer neuen Universität. Gütersloh 1966, S. 22-34

Stephan Knops

„Weltkinder" ohne aszetische Formung?
Kardinal Jaeger und die „Laien" nach dem II. Vatikanischen Konzil

Einleitung

Die Frage nach der Stellung der sog. „Laien"[1] in der Kirche, besonders mit Blick auf die Verhältnisbestimmung zu den geweihten Amtsträgern, beschäftigt kirchenpolitische und fachtheologische Debatten immer wieder und hat in den letzten Jahren und Jahrzehnten deutlich an Brisanz zugenommen.[2] Dabei spielen mitunter Fragen wie die folgenden eine Rolle: Welche Aufgaben in der Gemeinde müssen eigentlich zwingend von einem Priester oder Diakon übernommen werden und können keinesfalls an andere Gläubige delegiert werden, die nicht ordiniert sind? Welche pastoralen Berufe und Dienste ermöglichen demgegenüber ein weitreichendes Engagement der Laien, das ihre spezifische Verantwortung auch ernst nimmt? Wie lässt sich das kirchliche Gemeindeleben etwa in kleineren Gemeinden gar ganz ohne einen eigenen Priester gestalten? Nicht nur die Perspektive des immer weiter zunehmenden Mangels an geweihten Amtsträgern ist aber für solche Überlegungen verantwortlich, sondern zunehmend tritt in den Debatten eine zweite Perspektive mindestens ergänzend hinzu, deren Tragweite noch längst nicht ausgeschöpft ist: Was bedeuten Taufe und Firmung für das christliche Engagement der Gläubigen? Wie wirkt sich das Priestertum aller Getauften, das durch diese Sakramente verliehen und gestärkt wird, konkret aus? Und was bedeutet das dann für die Kirche und ihre Amtsstrukturen?

Das II. Vatikanische Konzil (von 1962 bis 1965) hatte diese Rede von einem „Priestertum aller Getauften" bzw. „gemeinsamen Priestertum der Gläubigen" aus einem gewissen Dornröschenschlaf zu wecken versucht, den die Kirche

---

1 Zur Problematik dieses Begriffs und der Schwierigkeit einer positiven Definition des Laien, die nicht nur die Defizite gegenüber Klerikern beschreibt, vgl. etwa: Neuner, Laie, S. 155; Müller, Kirche, S. 144-146.
2 Im Zuge der Debatten um neue pastorale Strukturen und Konzepte könnte man hierzu eine Fülle an Beispielen nennen. Hervorragend zeigt sich die entsprechende Dynamik beispielsweise anhand der immer wieder auftretenden Frage nach der sog. „Laienpredigt" in der Eucharistiefeier, vgl. dazu zuletzt: Hallermann, Nachfragen. Mit Karl-Joseph Hummel lässt sich aber ganz generell von der Frage nach einer angemessenen Zuordnung von Laien und Amtsträgern als einer „Konstante der Katholizismusgeschichte" sprechen: Hummel, Aufbruch, S. 37.

diesem Theologumenon in Folge der Reformationszeit und zur Abgrenzung gegen die Lehren Martin Luthers höchstselbst verpasst hatte.[3] In diesem Zusammenhang hatte das Konzil mit der Begrifflichkeit des „Volkes Gottes" in seiner Konstitution über die Kirche *Lumen Gentium* (LG) zudem eine umfassende Größe anzuzeigen beabsichtigt, die sowohl Amtsträger als auch Laien zunächst einmal grundlegend auf Basis von Taufe und Firmung umfasst, bevor es dann eine innere Differenzierung bzw. Hierarchisierung und Zuordnung von Amtsträgern und Laien vorgenommen hat.[4] Diese Zuordnung ist aber nicht in allen Punkten ausreichend trennscharf gelungen: Wie diese nämlich genau zu verstehen bzw. theologisch zu interpretieren sei und vor allem welche Konsequenzen sich daraus für Theologie und Pastoral zu ergeben hätten, ließ das II. Vatikanische Konzil selbst, sei es ganz bewusst, sei es aus der Unmöglichkeit heraus, die entsprechenden Fragen theologisch vollkommen zu klären, bis auf einige Ansätze im Unklaren.[5] Es stellte mit solcherlei Fragen der nachkonziliaren Theologie eine hochkomplexe Aufgabe, die bis heute noch nicht zufriedenstellend bewältigt ist und die somit insbesondere auch zunächst einmal die Konzilsgeneration selbst vor eine schwierige Herausforderung stellte.[6]

In was für einem Kontext hatten die Konzilsväter dieser Herausforderung in der Bundesrepublik Deutschland (BRD) zu begegnen? Bezüglich einer ersten Phase der Konzilsrezeption ist mit Blick auf die innerkirchlichen Rahmenbedingungen zu beobachten, dass hierzulande zunächst eine gewisse Euphorie nach dem Konzil herrschte und man versuchte, die Impulse des Konzils alsbald

---

3   Vgl. hierzu und zum Verständnis des Priestertums aller Getauften in Katholizismus, Protestantismus und Orthodoxie z. B.: Barth, Priester.
4   Dies geschah etwa im Konzilstext LG 10, der die uneindeutige und entsprechend viel umstrittene Formulierung beinhaltet, das gemeinsame Priestertum und das Priestertum des Dienstes bzw. das hierarchische Priestertum seien zwar dem Wesen und nicht bloß dem Grade nach voneinander unterschieden, dennoch aber einander zugeordnet, weil sie beide auf je eigene Weise Anteil an einem Priestertum Christi besäßen. Vgl. zur intensiven Debatte um LG 10 etwa: Hilberath, Thesen und ausführlich zur Genese der Formulierung: Kochanowicz, Priester. Weitere zentrale Textstellen sind (neben vielen anderen, die hier ungenannt bleiben müssen) LG 33 und *Apostolicam actuositatem* (AA) 24, die davon sprechen, Laien könnten von der Hierarchie zu „gewissen kirchlichen Ämtern" herangezogen werden, die geistlichen Zielen dienen. Zum Kirchenbild von LG vgl. darüber hinaus ausführlich: Hünermann, Kommentar.
5   Franz-Xaver Bischof meint beispielsweise, dass manche Fragen bewusst offen gelassen werden mussten, weil noch nicht immer ausgereifte Lösungen zur Verfügung gestanden hätten: „Häufiger, als es den Konzilsvätern lieb war und es aus heutiger Rückschau erforderlich gewesen wäre, musste das Konzil auf halbem Wege stehen bleiben. Wichtige Fragen konnten nicht oder nur im Ansatz beantwortet werden." Bischof, Kairos, S. 38.
6   Auf seit dem Konzil nicht beseitigte Auslegungsschwierigkeiten verweist etwa: Demel, Kirche.

gleichsam einzudeutschen.[7] Schon wenige Jahre später setzte dann aber vielerorts eine Phase der Ernüchterung über die Ergebnisse des Konzils und seiner Rezeption ein, und zwar nicht nur auf Seiten reformorientierter Katholiken, die sich umfassendere und konkretere Reformen in einem größeren Tempo versprochen hatten, sondern auch auf Seiten der hierarchischen Amtsträger, die mitunter den Eindruck gewinnen mussten, es werde über die Ziele des Konzils womöglich hinausgeschossen und vieles ins Wanken gebracht, was das Konzil noch gar nicht im Blick gehabt habe und auch gar nicht hatte anzielen wollen.[8] Besonders „1968" als Chiffre für große Umbrüche in der bundesdeutschen Gesellschaft und in der Kirche, mit Blick auf letztere besonders gekennzeichnet durch den Essener Katholikentag des Jahres und die damit verbundenen Diskussionen um künstliche Empfängnisverhütung bzw. viel weitgreifender um die Autorität von Papst und Kirche im Kontext zunehmender auch innerkirchlicher Demokratisierungsbestrebungen, gilt gemeinhin als Wegmarke, die den Übergang von einer solchen Euphorie hin zur Ernüchterung ziemlich eindeutig manifestiert.[9]

Die deutschen Bischöfe, die sich mit Abschluss des II. Vatikanischen Konzils im Dezember 1965 zur Deutschen Bischofskonferenz (DBK) formiert hatten[10], gerieten durch diese Ereigniskonstellation unter einen gewissen Handlungsdruck und sahen sich vor die Aufgabe gestellt, die theologischen Aussagen des Konzils angesichts der neuen Herausforderungen zu bewerten und die Rollen von Laien und Amtsträgern in diesem Zusammenhang zu reflektieren und zu definieren. Die Entwicklungen der ersten nachkonziliaren Jahre mündeten dabei in die Gemeinsame Synode der Bistümer in der BRD (von 1971 bis 1975), die in der Regel als „Würzburger Synode" bezeichnet wird.[11] Für die kirchenhistorische Erforschung dieser Zeit vom II. Vatikanischen Konzil bis zur Würzburger Synode (und darüber hinaus) stellen die Bischöfe dabei sowohl als Kollektiv im Rahmen der DBK als auch als einzelne Diözesanbischöfe jeweils spezifische Rezeptionssubjekte mit Blick auf die Konzilslehren dar.[12]

---

7   Vgl. dazu exemplarisch die Wortbeiträge auf dem Bamberger Katholikentag 1966: Zentralkomitee der deutschen Katholiken, Wort.
8   Zur Periodisierung solcher Phasen siehe v. a.: Lehmann, Vatikanum; Schmiedl, Ende.
9   Siehe zum gesamtgesellschaftlichen Kontext von „1968" etwa: Wolfrum, Demokratie; Frese u. a., Demokratisierung; Großbölting, Himmel.
10 Vgl. zu nachkonziliaren Bischofskonferenzen z. B.: Liedhegener, Macht, bes. S. 169-209.
11 Zur Vorbereitung der Synode siehe ausführlich: Voges, Synode. Zu den einzelnen Dokumenten der Synode mit den entsprechenden Kommentaren siehe: Bertsch, Synode.
12 Vgl. zu diesen verschiedenen Ebenen und Subjekten der Konzilsrezeption: Schmiedl, Ende, S. 18-20.

Worin bestand nun also die konkrete Aufgabe des deutschen Episkopats? Die konziliaren Schlüsselbegriffe wie „Volk Gottes" oder „Gemeinsames Priestertum aller Gläubigen" schallten nun allerspätestens nach dem II. Vatikanischen Konzil durch die einzelnen Bistümer.[13] Gesamtgesellschaftlich und auch innerkirchlich wurde der Ruf nach Demokratisierung und Mitbestimmung immer lauter, immer mehr Priester legten beispielsweise auch ihr Amt nieder und öffentlich wurde vielerorts die Abschaffung des Zölibats gefordert.[14] Vor diesem Hintergrund bedurften die Lehren des Konzils nicht nur einer immer besseren und tieferen theologischen Durchdringung und Internalisierung, sondern darüber hinaus auch einer Umsetzung ins konkrete praktische Leben einer Ortskirche, um nicht bloß als abstrakte theologische Formeln im Raum zu schweben und somit ohne sichtbare Konsequenzen zu bleiben.[15]

Verschiedene Verlautbarungen der DBK wie etwa das „Schreiben über den priesterlichen Dienst. Eine biblisch-dogmatische Handreichung" im Jahr 1969 vermochten dabei aber keine umfassende Klarheit herzustellen.[16] Vielmehr dient dieses Schreiben als Beleg für eine Tendenz, die sich im ganzen ersten nachkonziliaren Jahrzehnt immer wieder in verschiedenen Äußerungen der DBK ausmachen lässt: Bei ihrer Beschäftigung mit den unterschiedlichen Diensten und Ämtern in der Kirche landeten die Bischöfe immer wieder und scheinbar unausweichlich bei einer Reflexion des Priesterbildes, das in die Krise geraten war und das zu überdenken immer wieder Vorrang genoss vor einer Auseinandersetzung mit der Rolle der Laien.

Dass es im Volk Gottes zwar zusätzlich zum Priesteramt verschiedene einander zugeordnete Dienste und Ämter gab, was es in Zukunft zu entfalten gelte, sahen die Bischöfe im Grunde alle. Von der Dynamik dieser Entfaltung zeigten sich manche Bischöfe aber schon alsbald überrollt, da sie feststellen mussten, dass ein solcher Prozess nicht vonstattengehen konnte, ohne am bislang unanfechtbar erscheinenden Priesterbild zu rütteln.[17] Eine bloße

---

13   Die Anfänge liegen schon deutlich davor, vgl. umfassend z. B.: Binninger, Geschlecht.
14   Im Jahr 1967 hatte Papst Paul VI. die Enzyklika *Sacerdotalis caelibatibus* erlassen, um die Verpflichtung der Priester zur Ehelosigkeit angesichts kritischer Anfragen zu verteidigen und zu untermauern, was auch in vielen deutschen Bistümern kritisch aufgenommen wurde. Zu den entsprechenden Diskursen etwa in der Diözese Trier vgl. exemplarisch: Rohs, Konzilsrezeption.
15   Dass die Reformen gleichsam „unten ankommen" mussten, behandelt mit Blick auf die Diözese Paderborn etwa der Beitrag: Brandt/Hengst, Reform.
16   Deutsche Bischofskonferenz, Schreiben. Im Rahmen der Genese dieses Schreibens hatte Lorenz Kardinal Jaeger darauf gedrängt, das Priesterbild klarer zu konturieren, um Sicherheit und Entscheidungsfreudigkeit unter den Klerikern zu stärken: vgl. Knops, Priestertum, S. 218.
17   Für einen kurzen Überblick zur Entwicklung des Priesterbildes im Umfeld des II. Vatikanums vgl. etwa: Arens, Entwicklung.

Aktivierung der Laien in den bisher etablierten Strukturen von Laienapostolat und Katholischer Aktion ließ sich im Rahmen der Bemühungen um eine organisatorische Neuordnung nicht ohne Brüche und Schwierigkeiten fortführen.[18] Die Notwendigkeit, das Verhältnis zwischen Klerus und Laien theologisch also neu zu sortieren, wurde auf der einen Seite von den Bischöfen klar und oft benannt und auch als dringlich eingestuft, zum anderen führte die Auseinandersetzung mit dieser Thematik aber auch zu einer immer größeren Rollenunsicherheit in Bezug auf das eigene Priesterbild, dem sich die Debatten zunehmend widmeten. Dem sog. „Weltdienst" des Laien wurde in diesem Atemzug ein starker Akzent zugewiesen: Man hatte Sorge, dass sich bestimmte, traditionell gewachsene Ebenen und Unterscheidungen vermischen könnten und betonte gleichzeitig, dass „Welt-" und „Heilsdienst" doch im Grunde nach dem Konzil untrennbar miteinander verbunden seien.[19] Es zeigte sich, dass traditionelle Denkmuster und -strukturen weitaus mächtiger weiterwirkten, als mancher das vielleicht erwartet hatte; immer mehr zeigte sich auch, dass es ein länger andauernder Prozess werden würde, die Ekklesiologie des Konzils in ihrer Tiefe zu verinnerlichen. Eine gewisse Unsicherheit und Ratlosigkeit blieben nicht aus, die teils eine etwas lähmende Wirkung entfalteten.

Die Verantwortung, die Konzilstexte und auch die von der DBK erlassenen Dokumente und die damit verbundenen Impulse und theologischen Gedanken dann in Anknüpfung an das Konzil ganz konkret auf Diözesanebene umzusetzen, lag jedoch schließlich ganz wesentlich an denjenigen, die die einzelnen Bistümer verantwortlich leiteten: Forcierte der jeweilige Bischof als Einzelner ganz konkret in seiner Diözese die Rede von einer Verantwortung aller Glieder des Gottesvolkes für die Sendung der Kirche aufgrund von Taufe und Firmung, oder legte er den Akzent weiterhin besonders auf ihre traditionelle Struktur und die hierarchische Verfassung? Überlegte er, wie Laien ganz konkret neue Dienste und Ämter übernehmen konnten, wie etwa die Predigt, den Kommunionhelferdienst oder gar eine hauptamtliche Tätigkeit als Pastoralreferent, oder wollte er alles Wesentliche weiterhin in der Hand des Klerus wissen?[20] Welche Rolle spielte dabei der schon damals von allen Seiten immer wieder zutiefst beklagte Priestermangel?

Die deutschen Bischöfe als Einzelne, also zumindest ein Stück weit losgelöst von der Gruppendynamik der DBK und dem Bestreben, nach außen

---

18   Zur katholischen Aktion in europäischer Perspektive siehe v. a.: Große Kracht, Stunde.
19   Die Debatten um eine Abgrenzung von einem Weltdienst der Laien und einem Heilsdienst der Kleriker wurden in der ersten Hälfte des 20. Jahrhunderts immer wieder geführt. Vgl. dazu etwa: Braunbeck, Weltcharakter.
20   Den Kommunionhelferdienst führte die DBK auf ihrer Frühjahrsvollversammlung im Jahr 1968 ein, die Predigt durch Laien in besonderen Fällen wurde erstmals im Herbst 1970 erlaubt und dann ausführlich auf der Würzburger Synode diskutiert.

hin das Bestehen eines einheitlich denkenden deutschen Episkopates zu suggerieren, positionierten sich zu solcherlei Fragen in der ersten Phase nach dem Konzil bis zum Abschluss der Würzburger Synode immer wieder auf verschiedene Art und Weise.[21] Während allen voran der Münchener Erzbischof Julius Kardinal Döpfner, aber auch die Bischöfe Wilhelm Kempf von Limburg und Bernhard Stein von Trier versuchten, die Rede vom gemeinsamen Priestertum und der erneuerten Ekklesiologie des Konzils immer wieder aufzunehmen, zu reflektieren und kritisch weiterzudenken sowie Laien aktiv in ihren Diözesen einzubinden, ohne freilich eine endgültige Lösung für die Verhältnisbestimmung zum Amtspriester zu präsentieren, standen die Kardinäle Franz Hengsbach, Bischof von Essen und eben auch der Paderborner Erzbischof Lorenz Kardinal Jaeger dieser Problematik tendenziell in deutlich reservierterer Weise gegenüber. Trotz der Profilierung Jaegers als bedeutender Ökumeniker im Zusammenhang mit dem II. Vatikanum und der Errichtung des Einheitssekretariats an der römischen Kurie schien er die durch Luther stark gemachte Lehre vom Priestertum aller Gläubigen auf Ebene seines Erzbistums Paderborn offenbar nicht allzu sehr in die katholische Ekklesiologie einfließen lassen zu wollen.[22]

Die diesbezügliche Positionierung Jaegers und seine Sichtweise auf die Ekklesiologie des Konzils und die Verhältnisbestimmung von Amtsträgern und Laien näher zu erhellen, ist Ziel des vorliegenden Beitrags. Dabei gilt es aufgrund der oben beschriebenen komplexen Verwobenheit der Themenstränge „Laien" und „Amtsträger" festzuhalten, dass für das Thema „Kardinal Jaeger und die Laien" das Thema „Kardinal Jaeger und die Amtsträger" immer auch mitzubedenken ist. Beides ist untrennbar miteinander verwoben. Die Quellen aus dem Nachlass Jaeger weisen schließlich dann auch in der Tat deutlich mehr Aussagen Jaegers zum Priester aus als zum Laien, sodass sein Laienbild zu ganz wesentlichen Teilen als Umkehrschluss aus seinem Priesterbild gefolgert werden kann und muss.

---

21 Vgl. dazu und auch zu den Dokumenten der DBK im Zeitraum vom Ende des II. Vatikanums bis zum Beginn der Würzburger Synode umfassend: Knops, Priestertum.
22 International viel beachtet ist im Kontext des II. Vatikanums sein Werk: Jaeger, Konzilsdekret. Zu den Verdiensten Jaegers um die Errichtung des Einheitssekretariats vgl. z. B.: Wittstadt, Verdienste.

1 Zum Priester- und Laienbild Lorenz Kardinal Jaegers zwischen II. Vatikanum und Würzburger Synode

Die folgenden Ausführungen fokussieren sich auf die Zeit zwischen dem Abschluss des II. Vatikanischen Konzils im Jahr 1965 und der Emeritierung Jaegers während der Würzburger Synode im Jahr 1973 und orientieren sich dazu exemplarisch an den Protokollen der Priesterratssitzungen im Erzbistum, die eine sehr aussagekräftige Quelle bezüglich der Sicht Jaegers auf Dienste und Ämter in der Kirche, insbesondere auf das priesterliche Amt und die Rolle der Laien darstellen. Auf diese Weise sollen einige Leitgedanken Jaegers zur Thematik schlaglichtartig illustriert werden, selbstverständlich ohne einen Anspruch auf Vollständigkeit damit zu verbinden.

Dass die Priesterratsprotokolle als Quelle diesbezüglich so eine starke Rolle spielen, ergibt sich daraus, dass die Ansprachen, Vorträge, Hirtenbriefe und Predigten Jaegers im Untersuchungszeitraum, in denen entsprechende ekklesiologische Reflexionen einen Resonanzraum hätten finden können, im Vergleich zu vielen seiner Mitbrüder im Bischofsamt generell kaum auf das Konzil und noch weniger auf das Thema Priester und Laien verweisen.[23] Es scheint für Jaeger nach dem II. Vatikanum überraschender Weise kein primäres Anliegen zu sein, ein erneuertes Miteinander von Klerikern und Laien im Volk Gottes immer wieder in seiner Wortverkündigung zu thematisieren und seine Überlegungen dazu mit den Gläubigen zu teilen.[24] So kommen die Begriffe „Volk Gottes", „gemeinsames Priestertum", „drei Ämter Christi" etc. in seinen Äußerungen kaum oder gar nicht vor. Jager scheint vielmehr noch stark in Kategorien der traditionellen katholischen Aktion sowie der katholischen Vereine und Verbände zu denken und fordert dabei an verschiedenen Stellen immer wieder ein klares katholisches Profil. Er wendet sich zudem in seiner Verkündigungstätigkeit zumeist lieber bestimmten Themen der Frömmigkeit, des Glaubens oder der Exegese zu.

---

23 Vgl. bes.: EBAP, Nachlass Jaeger, 206, „Ansprachen und Predigten 1960-1969". Vor dem Konzil hatte Jaeger immerhin folgendes Desiderat für eben dieses vorgebracht: „Der Status der Laien und ihre Würde, die durch den sakramentalen Charakter von Taufe und Firmung begründet ist, müssten aufgezeigt werden, ebenso wie diese in der Kirche ihre Aktivität mit dem hierarchischen Apostolat verbinden können", Jaeger, Einheit, S. 106. In seiner Wortverkündigung scheint Jaeger dieses Desiderat dann aber kaum zum Maßstab genommen zu haben, um sich inhaltlich daran auszurichten.

24 Wie angedeutet wird dies von einigen anderen deutschen Bischöfen völlig gegensätzlich gehandhabt, besonders vom Vorsitzenden der DBK und Erzbischof von München-Freising, Julius Kardinal Döpfner, siehe dazu die entsprechenden Kapitel bei: Knops, Priestertum.

Da aber auch im Erzbistum Paderborn die oben skizzierten gesellschaftlichen und innerkirchlichen Debatten rund um das Priesteramt, die Mitbestimmung der Laien, das neue Kirchenbild des Konzils etc. im vollen Gange waren, ist danach zu fragen, in welchen Zusammenhängen die entsprechenden Debatten denn auch bistumsintern geführt worden sind. Was verraten diesbezüglich ganz konkret die Priesterratsprotokolle über Jaegers Laien- und Priesterbild?

Im Laufe des Jahres 1966 (und damit vergleichsweise recht frühzeitig) nahm die vom Konzil gewünschte Bildung des Priesterrates im Erzbistum Paderborn konkrete Formen an.[25] In diesem Priesterrat nahmen aber in den ersten Nachkonzilsjahren vor allem Strukturdebatten einen großen Teil der Sitzungen in Anspruch, z. B. Fragen des Selbstverständnisses des Gremiums.[26] Die inhaltliche Arbeit an theologischen Themen stand demgegenüber häufig zurück, es lassen sich aber zumindest einige grundlegende Anhaltspunkte zu Jaegers Kirchenbild rekonstruieren. Die Protokolle des Priesterrats gelten als Grundlage für die folgende chronologische Darstellung relevanter Äußerungen.

2 Die Arbeit im Priesterrat zwischen II. Vatikanum und Würzburger Synode

Nach dem Abschluss des II. Vatikanischen Konzils traf sich Erzbischof Jaeger im Februar 1966 mit dem Generalvikar und drei Bezirksdekanen zur Vorbereitung der Arbeit des neu zu schaffenden Priesterrates. Bevor das Gremium aber endgültig seine Arbeit aufnahm, fanden zunächst weiterhin die bisher üblichen Treffen der Bezirksdekane statt. Diese befassten sich im Laufe des Jahres 1966 u. a. mit möglichen Strukturveränderungen im Erzbistum, wobei auch die Idee sogenannter Zentralpfarreien ins Spiel kam, die von einem Team von Seelsorgern versorgt werden könnten.[27] Der damals schon als zunehmend empfundene Priestermangel spielte dabei eine nicht geringe Rolle: es wurde gemutmaßt, viele Gemeinden könnten schon bald keinen eigenen Seelsorger mehr erhalten. Daher gelte es unvermeidlich, neue Wege aufzuspüren und die Zusammenarbeit der Priester untereinander, aber auch die mit

---

25 Zum Priesterrat und zu weiteren nachkonziliaren Gremien im Erzbistum Paderborn und der Rolle der Laien in unterschiedlichsten Funktionen: vgl. Brandt/Hengst, Geschichte, Kap. VI, S. 307-374.
26 Dies gilt nicht nur für das Erzbistum Paderborn, sondern lässt sich mit Sicherheit auch für andere Diözesen konstatieren, etwa München-Freising und Trier.
27 Vgl. zum Folgenden: Priesterrat des Erzbistums Paderborn, 18.4.1966, EBAP, Nachlass Jaeger, 825. Daraus das folgende Zitat.

möglicherweise nach dem Konzil neu einzuführenden ständigen Diakonen und mit den vor Ort engagierten Laien zu verstärken.²⁸ Dies könne den Priestern etwa die Fokussierung auf gewisse Spezialaufgaben erleichtern und sie beispielsweise von der Verantwortlichkeit für den Religionsunterricht an Schulen ein Stück weit entbinden. Interessant ist die Reaktion des Erzbischofs auf diese zukunftsorientierten Vorschläge, wie sie das Protokoll der Sitzung nüchtern wiedergibt:

> Der Herr Kardinal hielt die Einrichtung von Zentralpfarreien wegen des Priestermangels für nicht durchführbar. Er bat aber die Bezirksdekane um eine genaue Aufstellung der evtl. überzähligen Priester. Außerdem sprach er sich für Arbeitsteams von Priestern im Dekanat aus, auch wenn Zentralpfarreien z. Zt. noch nicht möglich sind. Der Einsatz von Diakonen sei noch nicht geklärt; für die Laientheologen müsste eine gründlichere theologische Ausbildung ermöglicht werden.

Es zeichnet sich hier also eine recht zurückhaltende Reaktion Jaegers ab, die noch gewissen theologischen Klärungsbedarf in Bezug auf Diakone und Laien zu Grunde legte und bei letzteren die Intensivierung einer fundierten Ausbildung im theologischen Bereich zu implizieren schien. Eine genauere Begründung, weshalb der Kardinal die Bildung von Zentralpfarreien für nicht durchführbar hielt, ist dem Protokoll aber nicht zu entnehmen.

Die erste Sitzung des neu gewählten und eingerichteten Priesterrates fand am 30. November 1966 statt. Sie befasste sich direkt in den ersten beiden Tagesordnungspunkten mit der Bildung der vom Konzil angeregten Räte bzw. Ausschüsse auf allen Ebenen, wie z. B. einem aus Priestern und Laien bestehenden Seelsorgerat gemäß dem Konzilstext *Christus Dominus* 27.²⁹ Jaeger

---

28 Die Frage nach dem Ständigen Diakonat stellt einen separaten Themenstrang dar, der an dieser Stelle nicht ausführlich berücksichtigt werden soll, sondern nur angerissen werden kann. Es bleibt die Fokussierung auf die geweihten Priester und die sog. Laien bestehen. Zum weiteren Fortgang der Frage nach dem Diakonat im Erzbistum Paderborn siehe aber: Brand/Hengst, Geschichte, S. 176 f. 1967/68 wurden im Erzbistum Paderborn Diakonatskreise gegründet und man ging erstmals auf die Suche nach geeigneten Kandidaten. 1969 erfolgte eine bistumsweite Umfrage nach Bewerbern bei den einzelnen Pfarreien. Erstmals weihte Kardinal Jaeger am 16.10.1971 im Dom 15 Ständige Diakone, von denen 13 verheiratet waren. Bei der Weihe betonte der Erzbischof, dass es nicht darum gehe, eine Lückenbüßerfunktion einzunehmen oder dem Priestermangel abzuhelfen. Allerdings müsse diese neue Form des Amtes ihre Bewährung und Prägung auf dem Arbeitsfeld apostolischer Sendung erst noch finden. Es bleiben also auch hier einige Unklarheiten in der Rollendefinition.

29 Heute gibt es im Erzbistum den Priesterrat, den Diözesanpastoralrat aus Priestern und Laien und ein Diözesankomitee, das nur aus Laien besteht (vorher: Diözesantag, bestehend erst seit 1987 gemäß dem Konzilstext AA 26).

sprach in diesem Zuge von „[der] psychologische[n] Lage, die bei Klerus und Laien noch weithin von einem paternalistisch-monologischen Verhältnis bestimmt sei."[30] Er faltete aber nicht weiter aus, ob und inwiefern er hier eine Änderung erwartete oder befürchtete. Zumindest schien er grundlegend für die Problematik sensibilisiert zu sein, dass eine Neubestimmung von Klerus und Laien in der Luft liege.

Im Frühjahr 1967 ging es in den Sitzungen des Priesterrates weiterhin um viele Zuordnungsaufgaben hinsichtlich der verschiedenen neuen Gremien. Dabei spielten Fragen eine Rolle wie etwa die nach den unterschiedlichen Kompetenzen von Priesterrat, Ordinariat, Seelsorgerat etc. Die Akten lassen erkennen, dass hier allgemein eine schwierige Gemengelage konstatiert wurde, in der eine klarere Orientierung für nötig befunden wurde. Kardinal Jaeger betonte in diesem Zusammenhang im April 1967 zudem: „Es soll in Zukunft keinen ausgesprochenen Laienrat mehr geben. Das widerspricht der Theologie vom Volke Gottes. Priesterrat und Seelsorgsrat sollen in Zukunft auch zu gemeinsamen Sitzungen zusammengerufen werden."[31]

Offenbar war Jaeger also der Meinung, dass ein reiner Laienrat der Theologie des Volkes Gottes widerspreche – umgekehrt schien er aber nicht die Position zu vertreten, dass ein reiner Priesterrat der Theologie des Volkes Gottes, das gemäß LG ja nun zunächst einmal Priester und Laien vor jeder Differenzierung bzw. Zuordnung umfasst, ebenso widerspreche! Immerhin kündigte er gemeinsame Sitzungen von Priesterrat und Seelsorgerat an. Es schien ein Anliegen des Kardinals zu sein, die besondere Rolle des Priesters in ihrer Bedeutung zu schützen.

In den Sitzungen des Priesterrates im zweiten Halbjahr 1967 wurden die Strukturdebatten fortgeführt. Man einigte sich am 5. Juli 1967 auf einen Aufgabenkatalog für den Priesterrat und schärfte damit dessen Selbstverständnis. Es gab Überlegungen, für das Jahr 1969 eine Diözesansynode anzusetzen, die aber später fallen gelassen wurden – ebenso wie in anderen Diözesen verzichtete man angesichts der anstehenden Gemeinsamen Synode der Bistümer in der BRD auf eine eigene Diözesansynode.[32] In theologischer Hinsicht wurde das Verhältnis von Priestern und Laien nicht weiter thematisiert.

---

30   Priesterrat des Erzbistums Paderborn, 30.11.1966, EBAP, Nachlass Jaeger, 825.
31   Priesterrat des Erzbistums Paderborn, 12.4.1967, EBAP, Nachlass Jaeger, 825. In der Nummerierung der Akte folgt diese 11. Sitzung unmittelbar auf die vorhergehende 3. Sitzung. Vermutlich sind in dieser neuen Nummerierung vorhergehende Sitzungen der Bezirksdekane mit enthalten, sodass eine neue Zählung entstanden ist. In der Regel sind die Protokolle lückenlos dokumentiert.
32   Zur Vorbereitung der Würzburger Synode vgl. vor allem: Voges, Konzil.

Unter sozusagen verschärften gesamtgesellschaftlichen und kirchenpolitischen Voraussetzungen fand im direkten zeitlichen Zusammenhang mit dem umstrittenen Essener Katholikentag im September 1968 eine Sitzung des Priesterrates statt, in der natürlich ausführlich und durchaus konfliktreich über die Enzyklika *Humanae vitae* debattiert wurde – zum einzigen Mal im gesamten Jahr 1968 wurde aber auch das Thema Theologie des Laien im Paderborner Priesterrat angesprochen. Es wurde nämlich der Status der Religionslehrer an höheren und berufsbildenden Schulen behandelt. Hierbei ging es u. a., wie bereits im Jahr 1966 (s. o.), um den zunehmenden Einsatz von Laien auf Grund des Mangels an Klerikern – nicht etwa in erster Linie aufgrund ihres Status als Getaufte und Gefirmte, wie es das II. Vatikanische Konzil ebenfalls nahegelegt hätte. Jaeger äußerte eine große Skepsis und schätzte die Kompetenz der Laien als defizitär gegenüber den Priestern ein, wie folgende Protokollnotiz klar belegt:

> Der Kardinal beklagt die Lückenhaftigkeit der religiös-aszetischen Ausbildung der Laientheologen. Die Schäden, die durch die mangelnde aszetische Durchformung entstünden, seien mancherorts erheblich. Bei Laientheologen könne man nicht ganz auf das verzichten, was die Priester im Seminar an religiöser Formung erhielten. Der Laientheologe ist und bleibt Weltkind.[33]

Die Gefahr, auf die Jaeger hinwies, sah er also in einem spirituellen Defizit der Laien. Er vermisste eine gewisse Innerlichkeit und Aszese, die er für dringend erforderlich hielt und die er den Priestern aufgrund ihrer spezifischen Ausbildung offenbar allgemein zuordnete. Die Aussage, dass der Laientheologe „Weltkind" sei und bleibe, weist auf eine nach wie vor grundsätzlich gedachte Trennung zwischen einem Weltdienst der Laien und einem Heilsdienst der Priester hin, die für den Kardinal weder durch das Konzil überwunden zu sein schien noch in Zukunft überwunden werden könnte oder bräuchte.[34] Taufe und Firmung etwa als Kategorien, die die Mitarbeit der Laien geradezu verlangen, scheinen dabei zunächst nicht in den Blick gekommen zu sein. Vielmehr verfestigte Jaeger die Denkweise, dass Klerus und Laien offenbar im Grunde doch sehr verschieden seien und es einer klaren Abgrenzung zwischen beiden bedürfe, um die Rolle des Priesters vor einem Bedeutungsverlust zu schützen.

Im Jahr 1969 setzten sich die Strukturdebatten im Priesterrat fort. Immer noch wurde um das Selbstverständnis des Gremiums gerungen, die Kompetenzen

---

33 Priesterrat des Erzbistums Paderborn, 18.9.1968, EBAP, Nachlass Jaeger, 825.
34 Vgl. zu der Frage nach einem besonderen „Weltdienst" der Laien z. B. die Ausführungen bei: Binninger, Geschlecht, bes. S. 342-347; S. 454-496.

und Aufgaben schienen aller bisherigen Bemühungen zum Trotz mitunter immer noch nicht ganz klar zu sein. Im März 1969 wurde ausführlich eine Diskussion zum Thema „Zölibat" geführt. Die bundesweiten Debatten zu diesem Thema machten auch vor dem Erzbistum Paderborn nicht halt, allerdings setzte sich der Trend fort, dass Kardinal Jaeger äußerst zurückhaltend argumentierte, sobald Änderungsvorschläge auch nur angerissen wurden, die den Status des Priesters (und, so möchte man hinzufügen, seine Vorrangstellung vor den Laien) in irgendeiner Weise tangieren könnten. Sein Priesterbild brachte er in der Zölibatsdiskussion u. a. in folgender Äußerung klar zum Ausdruck: „Die Menschen müssen spüren, dass das, was der Priester sagt, nicht einfach menschliche Weisheit ist. Sie müssen spüren: der Priester kommt aus einer anderen Welt, näher von Gott."[35] Hier drückt sich ein Priesterbild aus, dass ganz im Sinne der klassischen vorkonziliaren Konzeptionen ideell überhöht wirken könnte; den Priestern dieses Selbstverständnis zu vermitteln, dürfte im Paderborner Diözesanklerus nicht ohne Widerspruch geblieben sein und die Hoffnungen auf weitreichende Änderungen in der pastoralen Praxis und auch im Verhältnis zwischen Priestern und Laien gedämpft haben.[36] Jaeger schien für ein metaphysisches bzw. ontologisches Verständnis des in LG 10 beschriebenen Wesensunterschieds zwischen Priestern und Laien zu plädieren und lehnte es ab, lediglich auf funktionaler Ebene zwischen beiden zu differenzieren.[37]

Im Mai 1969 wurde ein Statut für den Priesterrat beschlossen, dass die Aufgaben und die Arbeitsordnung des Gremiums etwas präziser zusammenfasste. Trotzdem war die Frage nach dem Selbstverständnis damit immer noch nicht abgeschlossen – auch in den weiteren Gremiensitzungen tauchten Struktur- und Kompetenzfragen wiederholt auf und beanspruchten enorme Zeit – Zeit, die zur dringend notwendigen Erörterung theologischer Fragen sicher ebenfalls, wenigstens ergänzend, hätte genutzt werden können. In derselben Sitzung am 21. Mai 1969 behandelte man auch das Thema „Information über die Priesterausbildung, die Fakultät und die Häuser für die Priesterausbildung".

---

35   Priesterrat des Erzbistums Paderborn, 18.3.1969, EBAP, Nachlass Jaeger, 826. Nun wird die Nummerierung der Protokolle wieder umgestellt: Die Sitzung ist als 17. Sitzung, in Klammern aber auch als 22. Sitzung bezeichnet. Diese Systematik erschließt sich nicht ganz. Die Zählung der weiteren Protokolle beginnt dann mit Nummer 18.

36   Zu diesem nachtridentinisch-neuscholastischen Priesterbild, das auch Jaegers theologische Ausbildung über weite Strecken geprägt haben dürfte, vgl. z. B.: Müller, Priester.

37   Zu den Hintergründen um die Bedeutung des Wesensbegriffs in diesem Zusammenhang siehe den o. g. Beitrag von Hilberath zu LG 10. Karl Lehmann kritisierte eine solche metaphysisch-ontologische Interpretation von LG 10 schon damals, vgl. etwa: Lehmann, Problem.

Dem lag das Faktum zugrunde, dass durch den zunehmenden Mangel an Priesteramtskandidaten das Leokonvikt als Studienseminar der Theologen wie auch das eigentliche Priesterseminar der Erzdiözese nicht mehr ausgelastet werden konnten. Beide Häuser seien, so das Protokoll, immer mehr zu Zuschussbetrieben geworden und diese Sachlage habe zu verschiedenen Überlegungen geführt, beispielsweise zu der, auch Studierende des Instituts für Religionspädagogik im Priesterseminar unterzubringen. Es wurde zum Ausdruck gebracht, dass den zukünftigen Katecheten auf diese Weise durch den gemeinsamen Tagesablauf mit den Seminaristen mitunter notwendige religiöse und spirituelle Hilfen vermittelt werden könnten. Gerade dies hatte Jaeger ja im Hinblick auf die Laientheologen bemängelt und deren spirituelle Durchformung als defizitär bezeichnet. Jaeger allerdings sah nun in solcherlei Vorschlägen keinen adäquaten Lösungsansatz und konstatierte, dass sich auf jeden Fall gewisse Probleme durch das „Durcheinander von Theologen und Laien" ergeben würden und dass „eine gewisse Absonderung voneinander" notwendig sei.[38]

Hier zeigt sich wiederum die theologische Grundhaltung, die Jaeger offensichtlich kennzeichnete: Nicht nur, dass eine gewisse Absonderung von Priesteramtskandidaten und Laientheologen notwendig sei – seine Terminologie differenziert sogar explizit zwischen Theologen (Priesterseminaristen) auf der einen und Laien auf der anderen Seite. Da der Laie ja immer ein „Weltkind" bleibt (s. o.), kann ihm offenbar niemals wahrhaft der Status eines Theologen zukommen, es sei denn, er strebe die Weihe an. Statt auf Basis etwa des Volk-Gottes-Gedankens oder der Rede vom dreifachen Amt aller Gläubigen im Anschluss an das II. Vatikanische Konzil also zunächst einmal das Gemeinsame aller Glieder der Kirche zu betonen, rückte Jaeger häufig eher die unterscheidenden Elemente in den Mittelpunkt, die das Besondere des Klerikerstandes untermauerten. Hier schien er keine Kompromisse zu machen. Im weiteren Verlauf des Jahres 1969 sind aus den Protokollen des Priesterrates keine Bezüge mehr zum Thema Priester und Laien zu entnehmen. Am 17. Dezember 1969 endete die erste Amtsperiode des Gremiums, man zog ein kritisches Zwischenfazit zur bisherigen Arbeit. Jaeger schien dabei mit dem bis dato Erreichten zufriedener zu sein als die meisten der anwesenden Priester.

Am 4. Februar 1970 trat der neugewählte zweite Priesterrat des Erzbistums zusammen und tagte im Laufe des Jahres insgesamt fünf Mal. In der Sitzung vom 1. Juli 1970 kam es zur Bildung von Sachausschüssen, von denen einer das Thema „Amt und Funktion der Priester" behandeln sollte. Den Protokollen ist

---

38 Vgl. Priesterrat des Erzbistums Paderborn, 21.5.1969, EBAP, Nachlass Jaeger, 826.

allerdings nicht zu entnehmen, dass im Jahr 1970 bereits erste Ergebnisse aus diesem Sachausschuss vorgestellt wurden.

3 Die Diskussionen zur Zeit der Würzburger Synode bis zur Emeritierung Kardinal Jaegers

Wie stellte sich die Situation dann zu Beginn der 1970er Jahre dar? Während in der BRD die Würzburger Synode regelmäßig zusammentrat und Sachkommissionen bildete, um die vielfältigen Impulse des II. Vatikanischen Konzils vor Ort immer besser umsetzen zu können, setzte sich im Erzbistum Paderborn der bislang beschriebene Trend fort:[39] Jaeger predigte häufig z. B. über verschiedene Heilige, liturgische Festgeheimnisse und diverse andere frömmigkeitsbezogene Themen sowie über Bibeltexte. Hier ist demnach eine starke Verinnerlichung festzustellen. Der Dialog mit der Welt und seine Möglichkeiten und Grenzen sowie die Würzburger Synode[40] und das innerkirchlich zunächst große Interesse an ihr wurden an einzelnen Stellen seiner Predigten in grundsätzlicher Form angerissen, ohne dass Jaeger dabei aber explizit auf das Verhältnis von Klerus und Laien einging. Auch in den Briefen an den Diözesanklerus, die Jaeger in jedem Jahr um Weihnachten herum verfasste, tauchten die Themen Konzil und Synode nicht auf, ebenso wenig in den alljährlichen Predigten zum für die Paderborner Diözesanidentität zentralen Liborifest.[41] Aufschluss darüber, dass die Themen aber dennoch in der Diözese diskutiert wurden, geben wiederum die Protokolle des Priesterrats.

In der Sitzung vom 17. Februar 1971 wurde im Priesterrat eine Vorlage vorgestellt, in der es vor allem um den Umgang mit sog. laisierten Priestern und deren Zulassung als Religionslehrer ging. Davon ausgehend wurden weitere konfliktive Fragen behandelt: Einer der Priester bemühte sich in Erfahrung zu bringen, wie man sich grundsätzlich die Stellung von hauptamtlichen und nebenamtlichen Diakonen sowie von Laien im kirchlichen Dienst vorstelle. Weihbischof Dr. Degenhardt[42] erklärte dazu, dass zunächst an hauptamtliche Mitarbeiter im kirchlichen Dienst, sog. Pastoralassistenten gedacht sei. „Falls man hiermit gute Erfahrungen mache, sei der Weg zum hauptamtlichen

---

39 Vgl. EBAP, Nachlass Jaeger, 207, Ansprachen und Predigten 1970-1973.
40 Jaeger äußerte sich auf den Vollversammlungen der Würzburger Synode nur wenig und thematisierte dann hauptsächlich Aspekte, die die Ökumene betreffen. Zu Jaeger und der Würzburger Synode siehe auch den Beitrag von Stefan Voges in diesem Band.
41 Vgl. EBAP, Nachlass Jaeger, 895; 896, jeweils Ansprachen und Predigten.
42 (31.1.1926-25.7.2002) 1952 Priesterweihe, 1968 Weihbischof in Paderborn, 1974 Ernennung zum Erzbischof von Paderborn als direkter Nachfolger Kardinal Jaegers.

Diakon frei."⁴³ Eine hauptamtliche Mitarbeit im Laienstand, die offenbar ähnlich wie in anderen Diözesen, z. B. im Erzbistum München-Freising⁴⁴, zumindest in Erwägung gezogen wurde, sollte hier also möglichst Grundlage werden für eine spätere Mitarbeit im Weihestand – Degenhardt verwies hierzu auf die wirtschaftliche Verantwortung, die der Bischof bei einem Hauptamtlichen übernehme: Sollte ein hauptamtlicher Mitarbeiter sich endgültig für den kirchlichen Dienst entscheiden, so sei damit auch die theologische Begründung für eine Weihe gegeben. Man plante also, möglichst viele der Laientheologen zumindest zum Diakon zu weihen, um ihre langfristige und intensive Bindung an die Kirche zu bekräftigen und auszudrücken. Allerdings entstand rund um die Frage des Diakonats dann eine weitere Debatte im Priesterrat, in die sich auch der Kardinal einschaltete: „Auf Anfrage […] stellt der Kardinal fest, dass das Berufsbild des geweihten Diakons nicht klar sei. Seine Einsatzmöglichkeiten seien im Übrigen sehr beschränkt. Dagegen Dekan Starke: Für einen hauptamtlichen Diakon gebe es doch mehr Möglichkeiten, als nur Krankenkommunion auszuteilen. Der Kardinal hält die Ausbildung der Diakone für zu langfristig."

Erneut ist hier also eine sehr zurückhaltende Positionierung Jaegers zu beobachten. Einer der Priester bat daraufhin mit Nachdruck darum, diese Frage nach dem Berufsbild des Diakons doch dringend zu klären, „da sonst viele Illusionen entstünden. Man müsse schon etwas substantiellere Aufgaben finden, als die des Kommunionausteilens." Auch die Frage nach einer möglichen Erteilung einer *Missio homiletica* zur Predigt sei in diesem Zusammenhang zu stellen und zu klären, woraufhin Weihbischof Degenhardt erklärte, dass mit der Diakonatsweihe auch generell die Predigterlaubnis gegeben sei und man in Sonderfällen eine Erlaubnis vom Generalvikariat einholen könne.⁴⁵ Das Protokoll fasst zu diesem Tagesordnungspunkt zusammen: „Der Priesterrat begrüßt, dass man bis zur Klärung des Berufsbildes des Diakons zunächst intensive Erfahrungen mit hauptamtlichen Pastoralassistenten sammeln

---

43   Priesterrat des Erzbistums Paderborn, 17.2.1971, EBAP, Nachlass Jaeger, 827. Daraus auch die folgenden Zitate.

44   Im Erzbistum München-Freising sendete Erzbischof Julius Kardinal Döpfner bereits im Jahr 1971 die ersten Pastoralassistenten aus. Auch dort war man zunächst davon ausgegangen, die Pastoralassistenten würden später wenigstens zu Diakonen geweiht, möglicherweise – im Falle einer (auch auf der Würzburger Synode heftig diskutierten) Zulassung verheirateter Männer – sogar zum Priester.

45   Die Frage nach der Erlaubnis zur Laienpredigt wird von der Würzburger Synode in den Jahren 1971 bis 1973 intensiv unter dem Fokus einer grundlegenderen Beteiligung der Laien an der Verkündigung überhaupt thematisiert, vgl. zum Beschluss und zu den theologischen Debatten: Knops, Priestertum, S. 491-595; für einen knappen Überblick siehe auch: Lehmann, Einleitung.

wolle. Hierzu bietet der zuständige Sachausschuss seine Hilfe an." An Laienmitarbeitern sollte also zunächst etwas erprobt werden, was bei einem guten Gelingen unter Umständen mit dem Berufsbild des Diakons in Verbindung gebracht werden könnte. Wieder entsteht der Eindruck, dass Jaeger diese Entwicklungen zwar mittrug, aber doch eher aus der Not heraus und nicht aus einer theologischen Einsicht, die vom II. Vatikanum herrührte.

Im April 1971 kam es wieder einmal zu einer Diskussion, in der Kardinal Jaeger sich in gewohnter Weise positionierte, dieses Mal aber in einer besonderen Schärfe. Gewisse Ermüdungserscheinungen in Bezug auf die sich ständig wiederholenden Fragen nach Rollenbildern drücken sich hier aus. Konkret ging es um einen Bericht über das Delegiertentreffen europäischer Priesterräte in Genf vom April 1971. Im Kontext dieses Treffens war ein Fragebogen an alle Priesterräte versandt worden, um auf die Bischofssynode 1971 vorzubereiten, die sich in Rom u. a. mit Fragen des priesterlichen Dienstes beschäftigen sollte.[46] Der Kardinal beanstandete, dass in dem Fragebogen von einer Unklarheit hinsichtlich der Sendung der Kirche und der Aufgabe des Priesters gesprochen werde. Das sei „eine Bankrotterklärung."[47] Für Jaeger war es also vollkommen unverständlich, warum in einem Fragebogen unter Priesterräten überhaupt an der Klarheit des Priesterbildes gezweifelt wurde. Eines der jüngeren Mitglieder des Priesterrates meinte daraufhin, wenn selbst das Evangelium einer ständigen Übersetzung und Aktualisierung bedürfe, sei es doch entsprechend verständlich, dass auch die Vorstellung vom Priestertum der Zeit angepasst werden und sich beständig entwickeln müsse. Die Reaktion Jaegers auf diese Bemerkung ist klar und eindeutig; das Protokoll vermerkt dazu knapp: „Der Kardinal erwidert scharf, er würde niemanden zum Priester weihen, dem diese Fragen nicht klar seien. Es gelte, endlich unfruchtbares Problematisieren einzustellen."

Nun war also ein Punkt erreicht, an dem der Kardinal eine sehr klare Grenzziehung vornahm. Verschiedenes ist an seiner Reaktion abzulesen: Zum einen schien er nicht wahrnehmen zu wollen, weshalb nach dem Konzil überhaupt Diskussionsbedarf über die Rolle und Funktion des Priesters (und so auch des Laien) bestand. Jegliches Problematisieren bezeichnete er als nicht fruchtbar. In gewisser Nähe etwa zu Franz Kardinal Hengsbach schien er eine innerliche Haltung des Gebets als angemessene Umgangsweise mit der Situation zu empfinden. Zudem ging er in seiner Reaktion sogar so weit,

---

46   Zu den verabschiedeten Dokumenten dieser Bischofssynode zu den Themen „Der priesterliche Dienst" und „Gerechtigkeit in der Welt" siehe: Bischofssynode, Dienst.
47   Priesterrat des Erzbistums Paderborn, 28.4.1971, EBAP, Nachlass Jaeger, 827. Daraus auch das folgende Zitat.

Priesteramtskandidaten, die eine zu starke Unsicherheit in Bezug auf das priesterliche Rollenbild empfanden, von der Weihe ausschließen zu wollen. Hier zeigt sich, wie klar der Bischof seine Verantwortung für den Diözesanklerus unterstrich, allerdings ohne entsprechende kritische Anfragen aus dem Klerus, die es ja nicht nur an dieser Stelle reichlich gab, wirklich zuzulassen und in der Sache ernst zu nehmen.

Unter dem Titel „Das priesterliche Dienstamt" wurde in der Sitzung vom 30. Juni 1971 die Beratungsunterlage für die kommende Bischofssynode behandelt, sodass das Thema der vorausgehenden Sitzung aufgegriffen wurde. Der Erzbischof und einige andere Priester hielten den lehrmäßigen Teil des Schreibens für gelungen, es gab aber auch Stimmen, man solle sich nicht so sehr auf den dogmatischen Teil fixieren, sondern die konkrete Situation der Priester ernster nehmen und deutlicher zur Grundlage des Textes machen. Einer der Priester vermutete, „dass mit der Vorlage das traditionelle Priesterbild gerettet werden soll. In der Vorlage scheint ihm das Amtspriestertum zu sehr herausgelöst aus dem Ganzen des Volkes Gottes."[48] In Bezug auf die Impulse von LG schien also die Tatsache, dass das Volk Gottes als Grundkategorie vor jeder Differenzierung der kirchlichen Gemeinschaft steht, nach Ansicht einiger Priester nicht klar genug aus dem Schreiben hervorzugehen. Anstelle einer dogmatischen Definition des Priesters sei eher auf pastorale Impulse und auf das Aufgabenfeld des Priesters einzugehen. Kardinal Jaeger und andere allerdings betonten daraufhin „die Priorität des Ontologischen vor dem Phänomenologischen." Daran schloss sich eine längere Diskussion um das Verhältnis von Lehre und Praxis an.

Im März 1972 schließlich wurde die Vorlage der Würzburger Synode zum priesterlichen Dienst erstmals im Priesterrat diskutiert, die Verhältnisbestimmung zum Laien spielte aber dabei keine Rolle. Interessanterweise wurden auch in den anderen Sitzungen der Jahre 1972 und 1973 (im Gegensatz z. B. zur Diözese Trier) keine jeweils aktuellen Synodenvorlagen wie etwa die zur Beteiligung der Laien an der Verkündigung überhaupt diskutiert. Offenbar schien die klare Gesprächsunwilligkeit des Kardinals den Diskussionsfluss hier abreißen zu lassen.

Die Dokumentation der Priesterratsprotokolle liegt im Nachlass Jaeger bis zum 14. Juni 1973 vor; die Amtszeit des Kardinals endete im selben Jahr. Die Leitung des Bistums wurde durch den bisherigen Weihbischof Degenhardt übernommen, der die Linie Jaegers in vielerlei Hinsicht fortsetzte und dann z. B entgegen der im Priesterrat vorgestellten Marschroute und auch entgegen

---

48   Priesterrat des Erzbistums Paderborn, 30.6.1971, EBAP, Nachlass Jaeger, 827. Daraus auch das folgende Zitat.

dem ausdrücklichen Vorschlag der Würzburger Synode darauf verzichtete, den Beruf des Pastoralassistenten im Erzbistum Paderborn zu etablieren. Kardinal Jaeger starb schließlich am 1. April 1975 in Paderborn.

4 Fazit

In diesem Beitrag wurden ausgewählte Schlaglichter bezüglich Lorenz Kardinal Jaegers Haltung zu einer nachkonziliaren Neubestimmung des Verhältnisses von Amtsträgern und Laien anhand einer ganz bestimmten Kategorie von Quellen vorgestellt, die für sich genommen womöglich zunächst wenig aussagekräftig wirken mögen. Erinnert sei daher noch einmal an den eingangs erwähnten Befund, dass Jaeger im Rahmen seiner Verkündigungstätigkeit nach dem II. Vatikanum Möglichkeiten wie Ansprachen, Predigten, Interviews, Vorträge, Referate etc. offenbar nur wenig nutzte, um seine diesbezüglichen ekklesiologischen Vorstellungen zu formulieren und sie mit den Gläubigen zu teilen bzw. diese im Sinne des Konzils damit vertraut zu machen.

Deutlich klarere Kontur gewinnen die anhand der Analyse der Priesterratsprotokolle im Erzbistum Paderborn herausgearbeiteten Erkenntnisse allerdings, wenn man sie in Beziehung setzt zu dem, was andere deutsche Bischöfe zur selben Thematik vorbringen und wie und in welcher Form sie sich zu einem erneuerten Kirchenbild positionieren.[49] Dann zeigt sich, dass Lorenz Kardinal Jaeger tendenziell als Teil einer eher restriktiven Fraktion im deutschen Episkopat der Nachkonzilszeit bezeichnet werden kann: Er ist in eine gewisse Nähe zum Essener Bischof Franz Kardinal Hengsbach zu rücken, die sich beispielsweise in einer besonders intensiven Fokussierung auf Innerlichkeit, Frömmigkeitsthemen und Gebet äußert. Von einem Wandel im Priester- und Laienbild nach dem II. Vatikanischen Konzil schien er im Grunde nur wenig wissen zu wollen. Für Jaeger stand vielmehr im Fokus, das ihm aus den Jahren vor dem Konzil bekannte und unverrückbar scheinende Priester- und Laienbild zu festigen und gegen stärkere Neuakzentuierungen abzugrenzen, die den priesterlichen Status gefährden und die vorhandene Unsicherheit unter den Klerikern steigern könnten. Sein Priesterbild war ganz klassisch von der Vorstellung bestimmt, dass der Priester ein der Welt weitgehend entzogener Mann Gottes zu sein habe, der von den Laien daher in einem gewissen Sinne zu separieren sei. Den Laien fehle es nämlich, so Jaeger häufiger, an der entsprechenden aszetischen Formung, Spiritualität und

---

49 Vgl. dazu bes. das Schlusskapitel bei: Knops, Priestertum.

Haltung. Sie seien Weltkinder, die vom Priester ontologisch zu differenzieren seien.

Die in der Nachkonzilszeit auch im Erzbistum Paderborn angekommene Rollenunsicherheit im Klerus löste bei ihm daher nicht etwa bloß Resignation aus, sondern Unmutsäußerungen und den Aufruf zum Beenden unfruchtbaren Problematisierens. Ganz anders als etwa die Oberhirten der Diözesen München-Freising und Trier, Julius Kardinal Döpfner und Bischof Bernhard Stein, die immer wieder im Rahmen ihrer Verkündigungstätigkeit den Volk-Gottes-Gedanken aufgriffen und alles versuchten, um ihn selbst besser zu erfassen und seine wesentliche Bedeutung den Gläubigen zu vermitteln, schien Jaeger hingegen die damit verbundenen Themen eher zu meiden oder zu marginalisieren. Während viele von Jaegers Amtskollegen das Verbindende von Amtsträgern und Laien wiederholt hervorhoben, schien er gerade das Gegenteil profilieren zu wollen und die Akzentuierung beim Trennenden zu setzen. Er war wahrlich kein treibender Motor bei der Umsetzung dieser konziliaren Impulse; zumindest aber, so lässt sich ohne Zweifel behaupten, fehlte es seinem Profil nicht an Klarheit: Seine Position vertrat er konsequent und beharrlich und versuchte so, inmitten der Umbruchszeiten der 60er und 70er Jahre in zentralen Glaubensthemen eine verlässliche Stabilität für die Gläubigen zu gewährleisten und den überlieferten katholischen Glauben hinsichtlich der zentralen Funktion des priesterlichen Dienstes zu schützen. Dass die Laien für Jaeger aber dennoch keineswegs in der Bedeutungslosigkeit verschwanden, versteht sich von selbst: Auch Jaeger wusste um den unersetzlichen Wert der Laien in den Gemeinden vor Ort, wollte sie allerdings eher im traditionellen Kontext der katholischen Vereine und Verbände beheimatet wissen.

Zu fragen wäre angesichts dieses Befundes nun, welche Impulse Lorenz Kardinal Jaegers Positionierung angesichts der zu Beginn dieses Beitrags erwähnten aktuellen Fragestellungen geben kann: So zentral die Dringlichkeit einer Profilschärfung der kirchlichen Ämter und Dienste in der heutigen Zeit auch erscheint, bedarf es doch einer entschlossenen Weiterführung der theologischen Fragen besonders rund um den Stellenwert der Laien, mit denen Jaeger mancherorts offenbar noch fremdelte.

Quellen- und Literaturverzeichnis

Quellen
Erzbistums-Archiv Paderborn (EBAP)
  Nachlass Lorenz Kardinal Jaeger (NLKJ) Akten Nr. 206, 207, 825-827, 895, 896

Gedruckte Quellen

Bertsch, Ludwig (Hg.): Gemeinsame Synode der Bistümer in der Bundesrepublik Deutschland (Beschlüsse der Vollversammlung. Offizielle Gesamtausgabe, 1). Freiburg i. Br. u. a. 1976

Deutsche Bischofskonferenz: Schreiben der Bischöfe des deutschsprachigen Raumes über das priesterliche Amt. Eine biblisch-dogmatische Handreichung, in: Sekretariat der Deutschen Bischofskonferenz (Hg.): Dokumente der Deutschen Bischofskonferenz 1969-1970, Bd. 2. Köln 10.-11.11.1969, S. 189-247

Jaeger, Lorenz: Das Konzilsdekret „Über den Ökumenismus". Sein Werden, sein Inhalt und seine Bedeutung. Lateinischer und deutscher Text mit Kommentar. Paderborn 1965

Jaeger, Lorenz: Einheit und Gemeinschaft. Stellungnahmen zu Fragen der christlichen Einheit. Paderborn 1972

Römische Bischofssynode 1971: Der priesterliche Dienst. Übersetzung von Hans Urs von Balthasar und Oskar Simmel SJ, in: Sekretariat der Deutschen Bischofskonferenz (Hg.): Römische Bischofssynode 1971. Der priesterliche Dienst/Gerechtigkeit in der Welt. Trier 1972, S. 41-70

Zentralkomitee der deutschen Katholiken (Hg.): Auf dein Wort hin. 81. Deutscher Katholikentag vom 13. Juli bis 17. Juli 1966 in Bamberg. Paderborn 1966

Literatur

Arens, Anton: Die Entwicklung des Priesterbildes in den kirchenamtlichen Dokumenten von der Enzyklika „Menti Nostrae" Papst Pius' XII. (1950) bis zur Gemeinsamen Synode der Bistümer in der Bundesrepublik Deutschland (1975), in: Anton Arens (Hg.): Pastorale Bildung. Erfahrungen und Impulse zur Ausbildung und Fortbildung für den kirchlichen Dienst. Trier 1976, S. 7-35

Barth, Hans-Martin: Einander Priester sein. Allgemeines Priestertum in ökumenischer Perspektive. Göttingen 1990

Binninger, Christoph: „Ihr seid ein auserwähltes Geschlecht". Berufen zum Aufbau des Gottesreiches unter den Menschen. Die Laienfrage in der katholischen Diskussion in Deutschland um 1800 bis zur Enzyklika „Mystici corporis" (1943). St. Ottilien 2002

Bischof, Franz Xaver: „Der Kairos für eine tiefgreifende Neubesinnung war längst da". Zur historischen Verortung des Zweiten Vatikanischen Konzils, in: Andreas Batlogg/ Peter Pfister (Hg.): Erneuerung in Christus. Das Zweite Vatikanische Konzil (1962-1965) im Spiegel Münchener Kirchenarchive. Begleitband zur Ausstellung des Erzbischöflichen Archivs München, des Archivs der Deutschen Provinz der Jesuiten und des Karl-Rahner-Archivs München anlässlich des 50. Jahrestags der Konzilseröffnung (Schriften des Archivs des Erzbistums München-Freising, 16). Regensburg 2012, S. 19-46

Brandt, Hans Jürgen/Hengst, Karl: Das Bistum Paderborn 1930-2010 (Geschichte des Erzbistums Paderborn, 4). Paderborn 2014

Brandt, Hans Jürgen/Hengst, Karl: „Die Reform muss unten ankommen." Zu Themen, Vermittlung und Akzeptanz des II. Vatikanischen Konzils auf Ortsebene, in: Georg Pahlke (Hg.): Aufbruch im Umbruch. Das II. Vatikanische Konzil und das Erzbistum Paderborn. Paderborn 2017, S. 19-40

Braunbeck, Elisabeth: Der Weltcharakter des Laien. Eine theologisch-rechtliche Untersuchung im Licht des II. Vatikanischen Konzils (Eichstätter Studien, Neue Folge 34). Regensburg 1993

Demel, Sabine: Kirche als Volk Gottes und die Berufung der Laien zur eigenen Verantwortung. Die theologischen Grundlagen für die Berufe der Gemeinde- und PastoralreferentInnen, in: Sabine Demel (Hg.): Vergessene Amtsträger/-innen? Die Zukunft der Pastoralreferentinnen und Pastoralreferenten. Freiburg i. Br. u. a. 2013, S. 12-31

Frese, Matthias u. a. (Hg.): Demokratisierung und gesellschaftlicher Aufbruch. Die sechziger Jahre als Wendezeit der Bundesrepublik. Paderborn u. a. 2003

Großbölting, Thomas: Der verlorene Himmel. Glaube in Deutschland seit 1945 (Schriftenreihe/Bundeszentrale für politische Bildung, 1327). Bonn 2013

Große Kracht, Klaus: Die Stunde der Laien? Katholische Aktion in Deutschland im europäischen Kontext 1920-1960 (Veröffentlichungen der Kommission für Zeitgeschichte, Reihe B: Forschungen 129). Paderborn 2016

Hallermann, Heribert: „... dass nur öffentlich predige, wer gesandt ist." Kanonistische Nachfragen und Perspektiven zum Verbot der „Laienpredigt". Paderborn 2017

Hilberath, Bernd Jochen: Thesen zum Verhältnis von Gemeinsamem Priestertum und dem durch Ordination übertragenen priesterlichen Dienst, in: Christoph Böttigheimer u. a. (Hg.): Kircheneinheit und Weltverantwortung. Festschrift für Peter Neuner. Regensburg 2006, S. 181-194

Hummel, Karl-Joseph: Aufbruch aus der Defensive, in: Ulrich von Hehl/Friedrich Kronenberg (Hg.): Zeitzeichen. 150 Jahre Deutsche Katholikentage 1848-1998. Mit einem Bildteil „150 Jahre Katholikentage im Bild". Paderborn u. a. 1999, S. 33-42

Hünermann, Peter: Theologischer Kommentar zur dogmatischen Konstitution über die Kirche „Lumen gentium", in: Peter Hünermann/Bernd Jochen Hilberath (Hg.): Herders theologischer Kommentar zum Zweiten Vatikanischen Konzil. SC - IM - LG (Herders theologischer Kommentar zum Zweiten Vatikanischen Konzil, 2). Freiburg i. Br. 2006, S. 263-582

Knops, Stephan: Gemeinsames Priestertum und Laienpredigt. Die nachkonziliare Diskussion in der BRD bis zur Würzburger Synode (Freiburger theologische Studien, 188). Freiburg i. Br. 2019

Kochanowicz, Jerzy: Für euch Priester, mit euch Christ. Das Verhältnis von gemeinsamem und besonderem Priestertum. Frankfurt a. M. 2000

Lehmann, Karl: Das dogmatische Problem des theologischen Ansatzes zum Verständnis des Amtspriestertums, in: Franz Henrich (Hg.): Existenzprobleme des Priesters. München 1969, S. 123-175

Lehmann, Karl: Einleitung zum Beschluss „Die Beteiligung der Laien an der Verkündigung", in: Ludwig Bertsch (Hg.): Gemeinsame Synode der Bistümer in der Bundesrepublik Deutschland. Beschlüsse der Vollversammlung (Offizielle Gesamtausgabe, 1). Freiburg i. Br. u. a. 1976, S. 153-169

Lehmann, Karl: Das II. Vatikanum – ein Wegweiser. Verständnis – Rezeption – Bedeutung, in: Peter Hünermann/Bernd Jochen Hilberath (Hg.): Das Zweite Vatikanische Konzil und die Zeichen der Zeit heute. Freiburg i. Br. 2006, S. 11-28

Liedhegener, Antonius: Macht, Moral und Mehrheiten. Der politische Katholizismus in der Bundesrepublik Deutschland und den USA seit 1960. Baden-Baden 2006

Müller, Judith: In der Kirche Priester sein. Das Priesterbild in der deutschsprachigen katholischen Dogmatik des 20. Jahrhunderts. Würzburg 2001

Neuner, Peter: Der Laie und das Gottesvolk. Frankfurt a. M. 1988

Rohs, Patrick: Die Konzilsrezeption in der Zeitschrift „imprimatur" im Zeitraum 1968-1975, in: Joachim Schmiedl (Hg.): Der Tiber fließt in den Rhein. Das Zweite Vatikanische Konzil in den mittelrheinischen Bistümern. Mainz 2015, S. 109-136

Schmiedl, Joachim: Dieses Ende ist eher ein Anfang. Die Rezeption des Zweiten Vatikanischen Konzils durch die deutschen Bischöfe (1959-1971). Paderborn 2014

Voges, Stefan: Konzil, Demokratie und Dialog. Der lange Weg zur Würzburger Synode (1965-1971) (Veröffentlichungen der Kommission für Zeitgeschichte, Reihe B: Forschungen 132). Paderborn 2015

Wittstadt, Klaus: Die Verdienste des Paderborner Erzbischofs Lorenz Jaeger um die Errichtung des Einheitssekretariats, in: Klaus Wittstadt/Wolfgang Weiß (Hg.): Aus der Dynamik des Geistes. Aspekte der Kirchen- und Theologiegeschichte des 20. Jahrhunderts. Würzburg 2004, S. 308-328

Wolfrum, Edgar: Die geglückte Demokratie. Geschichte der Bundesrepublik Deutschland von ihren Anfängen bis zur Gegenwart. Stuttgart 2006

Georg Pahlke

Von der Liturgischen Bewegung zur Liturgiekonstitution

Lorenz Jaeger und die Reformen im Erzbistum

Im Zusammenhang mit der Ernennung des konservativen Kardinals Robert Sarah zum Präfekten der vatikanischen Gottesdienst- und Sakramentenkongregation im Jahr 2014 hieß es im September 2017 in der *Zeit*-Beilage *Christ und Welt*, Papst Franziskus habe dabei übersehen, „dass sich eine der schärfsten Auseinandersetzungen in der katholischen Kirche […] um die Liturgie dreht. Denn nirgends unterscheiden sich traditionalistische und modernistische Geister so stark, wie in ihren Ansichten über die Anbetung Gottes"[1]. Diese Einschätzung trifft wohl nicht nur auf die aktuelle kirchenpolitische Situation zu, sondern hat auch das Leben und Wirken Lorenz Jaegers als Priester und Bischof mitbestimmt. Seine Einstellung zur Liturgie und ihren Reformen soll unter drei Gesichtspunkten betrachtet werden: 1.) Die Liturgische Bewegung in Deutschland während und nach dem Ersten Weltkrieg und Jaegers Berührungspunkte mit der neuen Spiritualität, 2.) Jaegers Rolle als neuer Bischof in der „Krise der Liturgischen Bewegung" zu Beginn der 1940er Jahre und 3.) Jaeger und die liturgischen Reformen in Folge des II. Vatikanischen Konzils im Erzbistum Paderborn.

1 Berührung mit der Liturgischen Bewegung?

Zu Beginn des 20. Jahrhunderts entwickelte sich zunächst im monastischen Umfeld ein neues Bewusstsein für die Liturgie, das bald in katholischen Akademikerkreisen und nach dem Ersten Weltkrieg auch in der katholischen Jugendbewegung eine starke Resonanz fand. In Deutschland war es das Benediktinerkloster Maria Laach mit seinem Abt Ildefons Herwegen OSB (1874-1946) und Pater Odo Casel OSB (1868-1948), das in erster Linie junge Akademiker anzog, u. a. auch den jungen Priester und Religionslehrer Paul Simon (1882-1946), der später als Dompropst für Jaeger in der Auseinandersetzung um die Liturgische Bewegung innerhalb der Bischofskonferenz Bedeutung erlangen sollte.

---

1 Müller-Meiningen, Welt.

Nach dem Ersten Weltkrieg verbreitete sich dieses neue liturgische Bewusstsein in den Bünden und Gruppen der katholischen Jugendbewegung, vor allem im Bund Neudeutschland (ND) und in Quickborn, etwas später auch im Katholischen Jungmännerverband Deutschlands.[2] Namen wie Romano Guardini (1885-1968), P. Ludwig Esch SJ (1883-1956) und Ludwig Wolker (1887-1955) stehen für diese Entwicklung. Sie wurden in der Hochzeit der katholischen Jugendbewegung zu Protagonisten des neuen Verständnisses von Liturgie. Was sie an liturgischem Geist an eine junge Generation von Katholiken weitergaben, sollte viele prägen, vor allem wenn diese selbst den Weg zum Priestertum einschlugen. Neben den jungen Priestern der 68er-Generation wurden viele von ihnen zu den wichtigsten Vorkämpfern der Liturgiereform des II. Vatikanums.

Bei Lorenz Jaeger liegt die Vermutung nahe, dass er während seiner Gymnasialzeit in der bergischen Diaspora neue liturgische Entwicklungen, die damals eher in kleinen Zirkeln des katholischen Milieus eine Rolle spielten, nicht kennenlernte. Es ist darum nicht auszuschließen, dass Jaeger erst als Studienrat die Liturgische Bewegung für sich und seine religionspädagogische und seelsorgliche Arbeit entdeckt hat.

2 „Das reiche und volle Leben" in der Liturgie

Spätestens durch sein Engagement als geistlicher Gruppenführer im ND, das er fast gleichzeitig mit dem Schuldienst in Herne 1926 aufnahm, kam Jaeger aber mit der Liturgischen Bewegung in Berührung.[3] Neben der geistlichen Leitung der Herner ND-Gruppe übernahm er auch das Amt des Gaukaplans im *St. Engelbert-Gau*.[4] Leider fehlen im umfangreichen Fotoarchiv seines Nachlasses Aufnahmen von Gottesdiensten oder liturgischen Feiern, die Rückschlüsse auf Jaegers Affinität zur Liturgischen Bewegung zuließen. In der biografischen Literatur über ihn muss bisher als Beleg für sein liturgisches Engagement ein Referat, das er im Januar 1933 bei der Reichstagung der geistlichen Führer des ND in Bonn gehalten hat, herhalten.[5] Brandt/Hengst zitieren ihn aus seinem Beitrag mit dem Titel „Die religiöse Führung der Gruppe" mit dem Satz: „Wir müssen den Jungen hineinstellen in das geheimnisvolle Leben des Herrn, wie es uns immer im Leben der Kirche gegenwärtig ist"[6] und sehen

---

2 Vgl. Pahlke, Verbot, S. 409-415.
3 Vgl. Gruß, Jaeger, S. 43.
4 Vgl. ebd., S. 37.
5 Vgl. Brand/Hengst, Bistum IV, S. 435 f.
6 Ebd., S. 436. Brandt und Hengst geben als Quelle für das Zitat an: Henrich, Bünde, S. 208. Dieser hat das Zitat aber übernommen aus: Zender, Neudeutschland, S. 211.

darin einen Hinweis auf Jaegers Nähe zur Liturgischen Bewegung. Diese erschließt sich aber – wenn überhaupt – erst im weiteren Verlauf des Referates, wenn Jaeger sagt: „Die Feier der Liturgie ist uns der sichtbare Ausdruck dieses Mitlebens Jesu Christi, in den wir durch die Taufe eingegliedert sind. […] Nicht ohne Grund hat die Jugend von jeher der Liturgie so viel Verständnis und Liebe entgegengebracht. Sie spürt hier das reiche und volle Leben, das den ganzen Menschen aufruft, mitzutun: Körper und Geist, Verstand und Gemüt, Wort und Gebärde."[7]

Begriffe wie *aktive Teilnahme* oder *communio* kommen in Jaegers Beitrag nicht vor, an anderer Stelle spricht er allerdings vom „Opfermahl", ein Begriff der sich eingebürgert hatte, um den Mahlcharakter der Messe herauszustellen und der in der Auseinandersetzung in den 1940er Jahren heiße Diskussionen auslösen sollte. So bleibt einstweilen nur die Schlussfolgerung, dass sein Engagement im Bund ND darauf schließen lässt, dass er grundsätzlich der Liturgischen Bewegung nicht ablehnend gegenüberstand. Dafür spricht sicherlich nicht zuletzt auch die Tatsache, dass er bei der o. g. Reichstagung, an der 110 geistliche Führer aus dem Bund teilnahmen, um das Referat zur religiösen Führung gebeten wurde.

Die Machtübernahme der Nationalsozialisten führte in den 1930er Jahren dazu, dass der Handlungsspielraum der katholischen Jugendverbände in Deutschland immer stärker eingeschränkt wurde, bis es 1939 zu einem völligen Verbot aller katholischen Jugendorganisationen kam. Schon 1936 hatten die deutschen Bischöfe *Richtlinien für die katholische Jugendseelsorge* erlassen, in denen sie die „Jugendarbeit in allen ihren Formen" zur „Pflichtaufgabe der *ordentlichen* [Hervorh. im Original; d. Verf.] Seelsorge" und „zu den wichtigsten Dienstobliegenheiten des Pfarrers und aller seiner Hilfsgeistlichen" erklärten.[8] Damit wurde die kirchliche Jugendarbeit und mit ihr die Formen der „neuen" Liturgie, wie sie in den Bünden und Verbänden gepflegt wurden, jetzt aus der Nische der Organisationen in die Pfarrgemeinden getragen. Dies bedeutete auf der einen Seite eine Chance für alle, die darin einen Aufbruch für die Kirche sahen, forderte aber auch diejenigen heraus, die diesen neuen Formen kritisch oder ablehnend gegenüberstanden.

---

7 Ebd.
8 Die Richtlinien sind abgedruckt in: Reineke, Jugend, S. 259-262, hier 260.

3 Herausforderung für den jungen Bischof: „sentire cum ecclesia"

Als Lorenz Jaeger im Oktober 1941 im Hohen Dom zu Paderborn zum Bischof geweiht wurde, tobte in der Bischofskonferenz schon seit über einem Jahr ein Streit um die Liturgische Bewegung in Deutschland. Ausgelöst hatte ihn 1939 P. Max Kassiepe OMI (1867-1948) mit seinem Buch „Irrwege und Umwege im Frömmigkeitsleben der Gegenwart". Der Volksmissionar kritisierte darin den „Liturgizismus" der neuen Bewegung und sah erhebliche Gefahren für die Seelsorge.[9] Ergebnis intensiver Diskussionen unter den Bischöfen war die Einrichtung eines Liturgischen Referates.[10] Damit erreichte man vorübergehend einen gewissen „Burgfrieden", der aber im Weihejahr Jaegers durch eine erneute Veröffentlichung erheblich gestört wurde. Der Trierer Priester August Doerner (1874-1951) publizierte ein regelrechtes Pamphlet: „Sentire cum Ecclesia! Ein dringender Aufruf und Weckruf an Priester". Weit aggressiver als Kassiepe griff Doerner darin die Liturgische Bewegung an und unterstellte ihr Missachtung kirchlicher Vorschriften und häretische Elemente. Für ihn war die Gemeinschaftsmesse, inzwischen fester Bestandteil der kirchlichen Jugendpastoral, ein Hauptübel des „Liturgismus".[11] Spätestens jetzt wurde die Auseinandersetzung um die Liturgische Bewegung zu einem massiven Problem für viele Jugendseelsorger. War doch die Gestaltung und Feier der Liturgie eines der wenigen legalen Elemente in der Jugendpastoral, das noch als „rein-religiöse" Betätigung erlaubt war.

Aber die „Krise der Liturgischen Bewegung" hatte ihren Höhepunkt noch nicht erreicht. Die Bombe platzte, als im Januar 1943 der Freiburger Erzbischof Conrad Gröber (1872-1948) ein Memorandum an seine deutschen Mitbischöfe lancierte.[12] Gröber benannte „siebzehn Beunruhigungen", in denen er Fehlentwicklungen in der Theologie und Pastoral sah. Besonders kritisch setzte er sich mit der Liturgischen Bewegung auseinander.[13] Zeitgleich teilte der Vorsitzende der Bischofskonferenz, Kardinal Adolf Bertram (1859-1945), in einem Rundschreiben vom 15. Januar 1943 den deutschen Bischöfen einige Besorgnisse Roms zu liturgischen Fragen mit.[14]

Auch in der Dechantenkonferenz des Erzbistums Paderborn hatte man sich mit der Liturgischen Bewegung befasst. Jaeger setzte sich danach an den Schreibtisch, um mit dem Briefkopf des Erzbischofs von Paderborn für

---

9   Vgl. Maas-Ewerd, Krise, S. 110 f.
10 Vgl. ebd., S. 164 f.
11 Vgl. ebd., S. 200 f.
12 Das Memorandum ist abgedruckt in: ebd., S. 540-569.
13 Vgl. ebd., S. 269 f.
14 Vgl. ebd., S. 285 f.

Bertram einen „Bericht über den Stand der Liturgischen Bewegung (LB) in der Paderborner Kirchenprovinz" abzufassen. Diesen sandte er zunächst an seine Suffraganbischöfe in Fulda und Hildesheim. Der Bericht liest sich als ein Plädoyer für die Liturgische Bewegung: „Die LB ist als ein wirkliches Gnadengeschenk des Heiligen Geistes für unsere Zeit positiv anzuerkennen."[15] Über mehrere Seiten entfaltet Jaeger seine Position, indem er in der Liturgischen Bewegung eine von der Jugend und den „Gebildeten" ausgehende Entwicklung zu einem aktiven Erleben von Kirche sieht.

Außer Frage steht für den Bischof allerdings auch, dass er alle Eigenmächtigkeiten „liturgizistisch" eingestellter Geistlicher ablehnt und allem entgegentritt, was sich gegen die allein von der Kirche zu bestimmende „Form und Norm der Liturgie"[16] richtet. Fazit: Liturgische Bewegung – ja, aber kein Verstoß gegen liturgische Rubriken, und sei es nur die „Abnahme der Cuppa vom Ciborium bei Beginn der Präfation"[17].

Nur wenige Wochen später war Jaeger Gastgeber des westdeutschen Bischofskonveniats in Paderborn. Diesem Gremium gehörten die Erzbischöfe von Köln und Paderborn sowie die Suffraganbischöfe beider Erzbistümer an. Zusätzlich waren einige Gäste, u. a. die Bischöfe Konrad Graf von Preysing (1880-1950), Berlin, und Alber Stohr (1890-1961), Mainz, geladen.[18] Die Paderborner Kirchenprovinz war allerdings nur durch den Erzbischof und den Hildesheimer Bischof Joseph Godehard Machens (1886-1956) vertreten. Der Fuldaer Oberhirte Johann Baptist Dietz (1879-1959) erschien nicht, schickte auch keinen Vertreter.[19] In seiner handschriftlichen Absage stellte er gleichzeitig zu Jaegers Stellungnahme lapidar fest: „Ich glaube nicht, daß eine baldige Klärung über die L.B. zu erwarten ist."[20] Jaeger reagierte darauf mit einem Schreiben an Dietz, in dem er für die Liturgische Bewegung das Bild eines bergauf fahrenden Zuges benutzt. Ganz deutlich sieht er sich in dem Bild als derjenige, der die Maschine am Laufen hält. Im Übrigen legte er etwas verschnupft dem Suffraganbischof nahe, eine eigene Stellungnahme abzugeben. In diesem Falle werde er allerdings auch den Hildesheimer Bischof Machens bitten, gesondert Stellung zu beziehen. Seine Ausarbeitung werde er dann lediglich für

---

15 „Bericht über den Stand der Liturgischen Bewegung (LB) in der Paderborner Kirchenprovinz", EBAP, Nachlass Jaeger, 1091.
16 Vgl. ebd.
17 Ebd.
18 Vgl. Brandt/Hengst, Bistum IV, S. 439.
19 Vgl. ebd., S. 442.
20 Brief Dietz an Jaeger, 23.2.1943, EBAP, Nachlass Jaeger, 1091.

das Erzbistum Paderborn und nicht für die Kirchenprovinz abgeben.[21] Ohne eine weitere Reaktion abzuwarten schickte er zwei Tage später seine Stellungnahme an Kardinal Betram, nicht ohne im Begleitschreiben seiner Verärgerung über den Fuldaer Mitbruder Ausdruck zu verleihen: „Der Hochwürdigste Herr Bischof von Fulda teilt mir vor wenigen Tagen mit, dass er gegen meine Darlegungen einige Bedenken habe. Leider konnte ich seine Gedanken nicht mehr verwerten, da die vorliegenden Ausführungen schon abgeschlossen waren."[22]

Den Bischöfen lagen bei den Beratungen im Paderborner Leokonvikt drei Papiere vor, die sich mit Gröbers „Beunruhigungen" auseinandersetzten. Zwei dieser Gutachten stammten aus Paderborn, eines aus Mainz. Verfasser waren in keinem der Papiere benannt. In unserem Zusammenhang scheint die erste Paderborner „Stellungnahme zu der Freiburger Denkschrift vom 18.1.1943" von besonderem Interesse zu sein, da für sie der Erzbischof von Paderborn verantwortlich zeichnete.[23] Brandt/Hengst halten Jaeger sogar für den Verfasser.[24] Wer immer der Autor des Textes war, Jaeger hatte sich die Inhalte zu eigen gemacht und nahm damit klar Stellung gegen seinen Mitbruder Gröber, dem er nicht nur inhaltlich widersprach, sondern auch einen miserablen Stil bescheinigte: „Die Denkschrift [...] begnügt sich damit, einzelne Äußerungen verschiedener Autoren herauszugreifen und sie in einem möglichst ungünstigen Sinn zu deuten, oft ohne Rücksicht auf die Gesamtauffassung des betreffenden Autors."[25] Man kann den 14-seitigen Text durchaus als Verriss des Gröberschen Memorandums lesen, in jedem Fall ist er ein Zeugnis für die Distanz Jaegers zu Gröber.

Das zweite Papier setzte sich unter der Überschrift „Paderborner Gutachten" mit Gröbers Memorandum stärker theologisch-systematisch auseinander, nennt aber auch keine Verfasser. Maas-Ewerd vermutet mehrere Professoren

---

21 Jaeger schreibt: „Um ein Bild zu gebrauchen, möchte ich sagen: Wir befinden uns in einem Eisenbahnzug, der bergauf fährt. Bremser sind gut und nötig. Aber sie allein bringen den Zug nicht ans Ziel. Sie müssen zwar jederzeit auf der Hut sein, dass der Zug nicht abrutscht, aber wichtiger ist noch der, welcher sorgt, dass die Maschine vorangeht und den Zug emporführt zur Höhe." Brief Jaeger an Dietz, 25.2.1943, EBAP, Nachlass Jaeger, 1091.
22 Brief Jaeger an Bertram, 27.2.1943, EBAP, Nachlass Jaeger, 1091.
23 Vgl. Maas-Ewerd, Krise, S. 370.
24 „Dafür sprechen allgemein der für Jaeger typische nüchterne, schnörkellose Sprachstil, sodann die knappe, sachliche Art der Erwiderung auf die einzelnen Vorwürfe des Gröber-Memorandums, vor allem aber der dem Gutachten vorangestellte Vermerk ‚Der Erzbischof von Paderborn', den Jaeger persönlich handschriftlich vorgenommen hatte." Brandt/Hengst, Bistum IV, S. 440. Die Verfasser beziehen sich hier allerdings auf ein Dokument aus dem Archiv des Deutschen Liturgischen Instituts Trier. Im Jaeger Nachlass ist der handschriftliche Zusatz nicht zu finden.
25 Stellungnahme zu der Freiburger Denkschrift vom 18.1.1943, EBAP, Nachlass Jaeger, 1091.

der Theologischen Akademie Paderborn, darunter den Dogmatiker Johannes Brinktrine (1889-1965) und – mit besonderem Gewicht – den Paderborner Dompropst und früheren Professor und Rektor der Universität Tübingen, Paul Simon.[26] Damit gehörte ein „Liturgiebewegter" der ersten Stunde mit engen Kontakten zu Abt Ildefons Herwegen OSB und Romano Guardini zu den Autoren.

Eines der drei Kapitel dieses Gutachtens ist der Liturgischen Bewegung gewidmet. Es betont die positiven Erfahrungen, die gerade in der Jugendarbeit für das kirchliche Leben gemacht wurden:

> Wie wirksam die liturgische Erneuerung war, zeigte sich bei der Jugend. Nachdem alle Vereine zerschlagen sind, in denen es früher möglich war, noch mit anderen Mitteln die Jugend zu fesseln, zeigte sich die Tatkraft und die entscheidende Wichtigkeit der liturgischen Bewegung. Denn die Jugend hielt an ihrem Ideal des sakramentalen Lebens der Kirche fest, auch als ihre Vereine nicht mehr bestanden. Daß sie dabei lebhaft an der Gestaltung des Gottesdienstes mitzuarbeiten wünscht, ist bei der Aktivität der Jugend kein Wunder.[27]

Auch wenn die Autorenschaft der beiden Paderborner Gutachten letztlich nicht geklärt ist, kann kein Zweifel daran bestehen, dass sich Jaeger mit diesen beiden der Liturgischen Bewegung positiv gegenüberstehenden und Gröbers Memorandum ablehnenden Gutachten identifizierte. Umso enttäuschender muss für den Gastgeber des Bischofskonveniats die Reaktion seiner Mitbrüder im bischöflichen Amt, besonders seiner Suffraganbischöfe, gewesen sein. Hatte Jaeger gehofft, eine gemeinsame Stellungnahme oder zumindest eine einheitliche Haltung der westdeutschen Bischöfe zu dem Freiburger Memorandum zu erreichen, so musste er feststellen, dass lediglich der Osnabrücker Bischof Wilhelm Berning (1877-1955) sich einigermaßen positiv, vor allem zum zweiten Paderborner Gutachten, äußerte.[28] Die beiden Ordinarien der Paderborner Kirchenprovinz ließen ihren Metropoliten im Regen stehen. Joseph Godehard Machens, Hildesheim, schrieb am 1. April 1943, die Liturgische Bewegung scheine ihm „angesichts ihrer *tatsächlichen Gestalt* [Hervorh. im Original; d. Verf.] doch zu günstig beurteilt zu werden"[29].

Noch enttäuschender, allerdings auch kaum anders zu erwarten, war die Reaktion des in Paderborn nicht anwesenden Fuldaer Bischofs, der handschriftlich Jaeger gegenüber sein Verständnis für Gröber ausdrückte, der ja „nur Befürchtungen" geäußert habe, die die Mitbrüder zur „Achtsamkeit" gegenüber

---

26 Vgl. Maas-Ewerd, Krise, S. 362, Anm. 463; S. 372, Anm. 519.
27 Paderborner Gutachten, EBAP, Nachlass Jaeger, 1091.
28 Vgl. Maas-Ewerd, Krise, S. 363.
29 Brief Machens an Jaeger, 1.4.1943, EBAP, Nachlass Jaeger, 1091.

bestimmten Zeitströmungen in der Kirche aufrufen sollten, wie es auch aus Rom geschehen sei. Im Übrigen solle man die Sache auf sich beruhen lassen und den „häuslichen Zwist" innerhalb der Kirche nicht durch eine Stellungnahme verschärfen.[30]

4 Die Ambivalenz der Liturgischen Bewegung: Demokratisierungspotential oder antimoderner Zeitgeist?

War Jaeger also jemand, der auf dem Gebiet des Liturgischen eine „moderne" Haltung repräsentierte? Wenn man den Blick auf die Liturgische Bewegung, wie sie sich in den 1920er und 30er Jahren in Deutschland entfaltete, über die theologische Perspektive hinaus öffnet, zeigt sich, dass sie sich komplexer und vielschichtiger darstellt, als es bei einer rein theologischen Betrachtung den Anschein hat.

Marc Breuer macht dagegen auf die starke Ambivalenz aufmerksam, die die Liturgische Bewegung in dieser Zeit prägte. Sie mit Blick auf das veränderte Selbstverständnis der Laien mit Wilhelm Damberg als ein „Demokratisierungspotenzial in sacris" zu verstehen, ist sicherlich eine Seite des Phänomens[31], aber „in vielen Texten [zur Liturgischen Bewegung; d. Verf.] dominieren ausgesprochen *antimoderne* [Hervorh. im Original; d. Verf.] Leitbilder des ‚Objektiven', des ‚Organischen' und der ‚Autorität', während man sich umgekehrt von ‚modernen' Werten scharf abgrenzte"[32]. Arno Klönne formuliert noch etwas pointierter, wenn er von einem „Zeitgeist" spricht, der in der Liturgischen Bewegung *auch* zum Zuge gekommen sei. Neben allem Positiven, dass die Liturgische Bewegung für das Glaubensleben vor allem junger Katholiken bedeutete, sei es in ihrem Milieu – so Klönne – in den Jahren um 1933 zu einer Mischung von kirchlicher und politischer Symbolik, gekommen:

> Gottesdienst, völkische Mythologie und soldatische Leitbilder gerieten ins Unentwirrbare. Auf dem Reichstreffen der katholischen Sturmscharen 1932 in Koblenz war die Rede vom ‚eucharistischen Lagerherzogtum Christi', katholische Jugendseelsorger schwärmten vom ‚christlich-deutschen Jüngling, gewachsen aus Schwert und Kreuz', der katholische Jungmännerverband beschwor ‚Glaube, Hoffnung und Liebe dem großen, einzigen Deutschland' [...].[33]

---

30 Vgl. Brief Dietz an Jaeger, 23.2.1943, EBAP, Nachlass Jaeger, 1091. Damit bestand schon vor dem Treffen für Dietz kein Diskussionsbedarf.
31 Vgl. Breuer, Wandel, S. 357.
32 Ebd.
33 Klönne, Bewegung, S. 20.

Klönne wagt sogar die These, dass „unter denjenigen deutschen Katholiken, Klerikern und Laien, die sich der faschistischen Diktatur und dem faschistischen Krieg konsequent widersetzten" verhältnismäßig wenige aus dem „jugendbewegt-liturgiereformerischen Milieu" gekommen seien.[34] Es bleibt festzuhalten, dass die Gleichung *liturgisch-bewegt gleich modern gleich NS-distanziert* so einfach nicht aufgestellt werden kann, sondern dass die Ausprägungen katholischer Mentalitäten und Haltungen weitaus komplizierter waren.

Alle Biografen Jaegers, ganz gleich, ob sie ihn eher kritisch oder wohlwollend beschreiben, sind sich einig, dass er von dem Zeitgeist, wie Klönne ihn skizziert, nicht unberührt war.[35] Vor allem das Bild vom *bonus miles Jesu Christi*, das anlässlich seiner Bischofsweihe am 19. Oktober 1941 in der Feierstunde für die Jugend am Nachmittag eine hervorragende Rolle spielte, zeigte bei dem neugeweihten Bischof eine nur schwer zu entwirrende Mischung aus Liturgie und soldatischen Leitbildern.

Der junge Christ als guter Soldat Christi wurde auf Jaegers Initiative hin zum Leitbild in der Jugendseelsorge des Bistums. Das Jugendseelsorgeamt erarbeitete eine Arbeitshilfe, die das Generalvikariat 1942 als amtliche Dienstanweisung herausgab. Der Erzbischof schrieb „am Feste des jugendlichen Blutzeugen Laurentius im Jahre des Heils 1942" im Geleitwort:

> Wenn hier der junge Christ unter dem Bilde des bonus miles Christi Jesu (2 Tim 2,3) gesehen wird, dann geschieht das nicht nur aus jugendpsychologischen Erwägungen heraus, sondern weil es der Schrift und der tatsächlichen Situation entspricht [...]. Der Friede, den der Herr den Seinen schenkt, will im Kampf verdient sein [...]. Um diesen Kampf muß der junge Christ wissen. [...] Das ist das Anliegen dieser Arbeitsanweisung: die Mannesjugend unserer Tage zu formen zu einer wahren militia Christi.[36]

Ohne Zweifel entsprach damit der oben erwähnte Zeitgeist Jaegers Mentalität und Denken. Von daher lässt sich die Sympathie, die er der Liturgischen Bewegung in seinen ersten Amtsjahren als Bischof entgegenbrachte, nicht nur theologisch erklären, sondern auch auf seine Mentalität hin deuten.

---

34 Ebd., S. 18. Natürlich gibt es Gegenbeispiele, wie z. B. Willi Graf (1918-1943), Mitglied der studentischen Widerstandsgruppe „Weiße Rose".
35 Vgl. dazu u. a.: Gruß, Jaeger, S. 109-115; Stüken, Hirten, S. 148 f.; Reineke, Jugend, S. 159.
36 Zitiert nach: Reineke, Jugend, S. 316 f.

5 Lange 20 Jahre bis zum II. Vatikanischen Konzil

Mit dem immer schrecklicher werdenden Krieg und den Nöten der Nachkriegszeit hatte die Auseinandersetzung um liturgische Reformen zunächst ihre Brisanz verloren. Natürlich gab es im Erzbistum Paderborn auch in der Nachkriegszeit weitere liturgische Entwicklungen, auch wenn diese wohl nicht als besonders spektakulär empfunden wurden. Die Liturgie wurde Thema der Diözesansynode im August 1948 in Werl, die das *Deutsche Hochamt*, die *Bet-Singmesse* und die *Gemeinschaftsmesse* empfahl, Liturgieformen, in denen die deutsche Sprache (allerdings nicht beim Zelebranten) und die Beteiligung der Gläubigen eine gewisse Rolle spielten.[37] Fast gleichzeitig richtete Jaeger eine liturgische Kommission ein, deren Vorsitz er allerdings nicht selbst übernahm, sondern an seinen Generalvikar, Friedrich Maria Rintelen (1899-1988), übertrug.[38]

Ebenfalls unter der Leitung Generalvikar Rintelens erarbeiteten im Auftrag Jaegers seit 1942 mehrere Arbeitsgruppen eine Revision des Diözesangesangbuches *Sursum corda*, das seit 1874 das liturgische Leben des Bistums bestimmte.[39] Drei Jahre nach Kriegsende, lag das „neue" Sursum corda vor, das in besonderer Weise die aktive Mitfeier der Gläubigen in den von der Diözesansynode besonders empfohlenen Gottesdienstformen unterstützte.

Aber auch „liturgische Experimente" ließ Jaeger in dieser Zeit gelegentlich zu, ohne sich allerdings dazu öffentlich oder auch nur vertraulich zu bekennen. Augustinus Reineke (1908-2001), damals Diözesanjugendseelsorger und Leiter des Jugendhauses in Hardehausen berichtet aus den Jahren 1946 und 1947 von der Kar- und Osterliturgie, die er mit Jugendlichen aus dem gesamten Bistum nach Vorlagen des Leipziger Oratoriums feierte. Die Reaktion des Erzbischofs beschreibt er so:

> Wir hatten dem Erzbischof natürlich von der Feier der Heiligen Woche im Jahr zuvor erzählt. Schweigend, wie das oft seine Art war, hatte er zugehört und sich nicht zum Sprecher der damals von uns wenig geliebten Ritenkongregation gemacht. Der Erzbischof hatte zu unserer Form der Kar- und Osterfeier nicht Nein gesagt, und das nahmen wir als Ja. Ausdrücklich konnte er es natürlich nicht sagen, schon deswegen nicht, weil wir ihn nicht darum gebeten hatten.[40]

---

37 Vgl. Brandt/Hengst, Bistum IV, S. 444.
38 Ebd., S. 445.
39 Vgl. Heitmeyer/Kohle, Sursum corda, S. 92 f.
40 Reineke, Jugend, S. 233.

Mit der größeren Hochschätzung der Heiligen Schrift im Gottesdienst, einer weiteren Frucht der Liturgischen Bewegung, beschäftigte sich Jaeger in seinem Fastenhirtenbrief 1958.[41] Dabei sah er durchaus die Schwierigkeit, die sich aus der Verkündigung von Lesung und Evangelium in lateinischer Sprache ergab, verteidigte dies aber als „Zeichen der Einheit der Kirche" und „Ausdruck unserer Ehrfurcht vor dem heiligen Geschehen im Gottesdienst"[42].

War die liturgische Erneuerung, wie sie von vielen vom Konzil erwartet wurde, auch Jaegers Thema? Knapp ein halbes Jahr vor Eröffnung des II. Vatikanischen Konzils sprach der Paderborner Erzbischof über „Hoffnungen und Erwartungen" vor katholischen und evangelischen Publizisten.[43] Nacheinander erläuterte und kommentierte er in dem Vortrag die bis dahin vorliegenden Vorbereitungsarbeiten. Interessant in unserem Zusammenhang sind seine Äußerungen zur Liturgiekommission. Kein Wort mehr von der „Berufung aller Gläubigen zur Teilnahme an ihrem [der Kirche; d. Verf.] Leben, nicht zuletzt durch die Liturgie" oder davon, dass sie „die Liturgie der Kirche selbst mitleben und Freude haben". So hatte er noch 1943 die „meritorische Bedeutung" der Liturgischen Bewegung beschrieben.[44] Stattdessen beschränkte er sich fast ausschließlich auf „das Problem der Volkssprache in der amtlichen Liturgie"[45]. Bemerkenswert auch, dass seine Haltung zum Gebrauch der Muttersprache eher zurückhaltend erscheint, indem er auf die Weltkirche verweist, für die eine Lösung zu finden sei. Besonders erstaunlich ist aber die Begründung für diese Zurückhaltung. Nicht theologische oder dogmatische Überlegungen sind für ihn ausschlaggebend, sondern Jaeger argumentiert kulturgeschichtlich. Es geht ihm um die „Rettung des unvergänglichen Erbes der griechisch-römischen Kultur, ohne die kein Abendland zu denken ist"[46]. Jaeger weiter: „Die Kirche hat dieses Erbe schon einmal in den Stürmen der Völkerwanderung gerettet; sie darf es auch heute nicht in den Sturzfluten einer technisierten Barbarei untergehen lassen. [...] Wir alle werden zugeben, [...] daß der Verlust des antiken Erbes ein unersetzlicher Schaden für die gesamte Menschheit wäre."[47] Das spricht nicht gerade für große Erwartungen

---

41 Vgl. Schmiedel, Ende, S. 51.
42 KA 101 (1958) 2.
43 Erzbischof Jaeger hielt am 1.5.1962 einen Vortrag bei der Tagung katholischer und evangelischer Publizisten in Bad Boll, der anschließend mit einigen Ergänzungen in der Hauszeitschrift der Erzbischöflichen Philosophisch-Theologischen Akademie (heute: Theologische Fakultät) Paderborn veröffentlicht wurde: Jaeger, Vorabend, S. 241-260.
44 Vgl. Jaegers „Bericht über den Stand der Liturgischen Bewegung (LB) in der Paderborner Kirchenprovinz", EBAP, Nachlass Jaeger, 1091.
45 Jaeger, Vorabend, S. 251.
46 Ebd., S. 252.
47 Ebd.

des zukünftigen Konzilsvaters an die Liturgiereform. Erst am Schluss seines Referates wird deutlich, wofür Jaegers Herz schlägt: „Möchte das Konzil unter dem allgemeinen Interesse und den Gebeten der ganzen Welt das werden, was unser Heiliger Vater sich davon erhofft: ein bedeutsamer Schritt hin zu dem großen, von allen so heiß erbetenen Ziele der Einheit der Christenheit."[48]

Es ist nicht erstaunlich, wenn er schon in der Vorphase des Konzils die Fragen der Liturgie eher unter dem ökumenischen Aspekt betrachtete. Er votierte für die Beschäftigung mit dem Problem der Muttersprache in der Liturgie, wobei für ihn Latein als grundsätzliche Norm beibehalten werden sollte, und für die Einführung der Kommunion unter beiderlei Gestalt, ein Thema, dem er auch eine ökumenische Bedeutung zumaß.[49]

6 Von der Liturgischen Bewegung zu Sacrosanctum Concilium

Genau 20 Jahre nach seinem Eintreten für die Liturgische Bewegung auf dem westdeutschen Bischofskonveniat in Paderborn musste sich Lorenz Jaeger wiederum mit dem Thema Liturgie auf einer Bischofsversammlung auseinandersetzten. Als Konzilsvater stimmte er am 4. Dezember 1963 für die Annahme der Konstitution *Sacrosanctum Concilium* (SC), die die römisch-katholische Liturgie in der Weltkirche neu ordnete.[50] Allerdings schien ihn das Eintreten so vieler seiner Mitbischöfe für Reformen in der Liturgie überrascht zu haben. Schon nach dem Ende der ersten Sitzungsperiode schrieb er in einem Brief, „daß die Konzilsväter bei den Verhandlungen über die Reform der Liturgie sich außerordentlich aufgeschlossen gezeigt haben"[51]. Ähnlich erstaunt zeigte er sich kurze Zeit später, als er sich im Kirchlichen Amtsblatt an seinen Klerus wandte und von der „erstaunlichen Reformfreudigkeit"[52] der Konzilsväter sprach.

Bei dem ersten vom II. Vatikanischen Konzil offiziell verabschiedeten Dokument handelt es sich um einen programmatischen Text mit einer Reihe von Empfehlungen, wie Liturgie in Zukunft in der katholischen Kirche verstanden werden soll. Ohne Zweifel kann man sagen, dass die Liturgische Bewegung durch die weltweite Bischofsversammlung in diesem Text eine späte

---

48 Ebd., S. 260.
49 Vgl. Kaul, Beobachter, S. 322.
50 In der Schlussabstimmung erhielt die Vorlage 2.147 Ja- und 4 Nein-Stimmen. Enthaltungen hat es nicht gegeben. Bei dem Ergebnis darf man unterstellen, dass Jaeger für die Konstitution gestimmt hat: vgl. Rahner/Vorgrimler, Konzilskompendium, S. 37.
51 Brief Jaeger an Edmund Hüppner, Herne, 27.12.1962, EBAP, Nachlass Jaeger, 527.
52 KA 106 (1963) 1.

Anerkennung erfuhr, das Konzil aber auch in weiten Teilen darüber hinausging und somit versuchte, der gesellschaftlichen und kirchlichen Entwicklung Rechnung zu tragen.

Für die „praktizierenden" Katholikinnen und Katholiken wurde in den nächsten Jahren die Reform der römisch-katholischen Liturgie gleichsam zum Symbol für die Reform der Kirche durch das II. Vatikanischen Konzil, erfuhren sie doch hier am sinnfälligsten und unmittelbarsten, wie sich Kirche veränderte. Die Anregung zur Überarbeitung des gesamten Ordo missae bedeutete letztlich einen Paradigmawechsel in der römisch-katholischen Liturgie, wie es ihn seit dem Tridentinischen Konzil (1545-1563) nicht mehr gegeben hatte. Der Prozess der Umsetzung im Erzbistum Paderborn fiel mit den letzten Amtsjahren Lorenz Jaegers als Erzbischof zusammen.

7 „Ein jeder freut sich auf die kommende Reform"

Für die Gläubigen stand in den nächsten zehn Jahren eine Agenda der Veränderungen an, die, je nach Sichtweise, altgewohnte Traditionen und liebgewordene Riten zerstörte oder neue Räume zur liturgischen Gestaltung eröffnete. Darum war es nicht erstaunlich, dass es neben begeisterter Zustimmung auch heftige Ablehnung der Reformen gab. Im Erzbistum Paderborn erwarteten die Gottesdienstbesucher in der Zeit von Februar 1964 bis April 1973 rund 25 Veränderungen in der Liturgie, vorausgesetzt ihre Geistlichen hielten sich an die Anweisungen des Amtsblattes und preschten weder vor noch verweigerten sich den Reformen.[53]

Die Veränderungen in der römisch-katholischen Liturgie, die die Gläubigen im Erzbistum innerhalb von knapp zehn Jahren – je nach Sichtweise – erleben durften oder verkraften mussten, wurden im Hintergrund strukturell und organisatorisch vor allem durch die Liturgische Kommission bzw. den Liturgischen Rat[54] begleitet, die, angeregt durch die Liturgiekonstitution SC (44) und angeordnet durch ein Motu proprio Pauls VI. (1897-1978), von

---

53　Vgl. Bärsch, Reform, S. 50-80.
54　Die Bezeichnungen „Liturgische Kommission" und „Liturgischer Rat" werden nicht immer einheitlich verwendet. Jaeger richtete zunächst im Juni 1964 eine „Liturgische Kommission" ein, deren Vorsitz er Weihbischof Nordhues übertrug. Im Dezember 1966 wurden zusätzlich Sachausschüsse für Kirchenmusik und kirchliche Kunst berufen. Gleichzeitig wurde im Erzbischöflichen Generalvikariat, ebenfalls unter der Leitung von Weihbischof Nordhues, ein Referat „Liturgie, Sakramente, Gottesdienst" eingerichtet, dem wiederum unter dem Begriff „Liturgischer Rat" die bisherige Liturgische Kommission und die Sachausschüsse zugeordnet wurden: vgl. Brandt/Hengst, Bistum IV, S. 449; S. 451.

Erzbischof Jaeger am 1. Juni 1964 errichtet wurde. Wie schon 1948 übernahm er auch diesmal nicht selbst den Vorsitz, sondern delegierte ihn an seinen Weihbischof Paul Nordhues (1915-2004).[55] Damit überließ Jaeger das operative Geschäft der Liturgiereform weitgehend dem Weihbischof, der wiederum ein großes Engagement bei der Implementierung der liturgischen Erneuerung im Bistum zeigte. Der 1961 ernannte Weihbischof wurde damit in den nächsten Jahren so etwas wie das Alter Ego Jaegers in Liturgiefragen.

Folgerichtig stand der Weihbischof auch für das Thema „Liturgiereform" in den Pastoralkonferenzen der Jahre 1964 und 1965, die Jaeger in seinem Neujahrsbrief 1964 an den Klerus angekündigt hatte. An neun Orten im Erstbistum wurden die Priester zusammengerufen. Während der Erzbischof auf diesen Konferenzen über das Gesamtanliegen des Konzils sprach, war Nordhues' Thema „Theologische Grundanliegen und pastorale Ziele der Konstitution über die heilige Liturgie".[56] Nordhues stellte die Liturgiereform zugleich als „Abschluß als auch Fortführung der liturgischen Bewegung"[57] dar. Bei allem Enthusiasmus (Nordhues: „Ehrlich gesagt, ein jeder freut sich auf die kommende Reform."[58]) sah er aber auch Probleme auf den Klerus zukommen und ging davon aus, dass der Prozess eine lange Zeit in Anspruch nehmen werde. Besonderen Wert legte er auf eine religiöse und liturgische Bildungsinitiative, damit die Reformen auch wirklich für den Glauben und die religiöse Praxis der Gläubigen wirksam werden könnten.[59] Der Bildungsnotstand, der in der ersten Hälfte der 1960er Jahre die bundesrepublikanische Gesellschaft beschäftigte, war damit auch Thema für die katholische Kirche und die Reform ihrer Liturgie geworden. Allerdings stand das in einem gewissen Widerspruch

---

55   Vgl. ebd., S. 449. Erst unter seinem Nachfolger wurde die Frage aufgeworfen, ob der Bischof selbst Vorsitzender dieser Kommission sein müsse. Nach Nordhues' Rücktritt schrieb der Sekretär des Liturgischen Rates über seine Recherchen an den Generalvikar: „Bei dieser Gelegenheit ist mir die Stellung des Bischofs im Rahmen der Liturgischen Kommission bewußt geworden. Alle Dokumente (Liturgiekonstitution, Instruktion zur Liturgiekonstitution, Motu proprio ‚Sacram Liturgiam') formulieren: episcopo moderate! Lengeling [Emil Joseph Lengeling (1916-1986), katholischer Liturgiewissenschaftler; d. Verf.] kommentiert: ‚Da der Bischof Vorsteher der Bistumsgemeinde und erstverantwortlicher Hirte der Ortskirche ist, untersteht die Kommission in allem seiner Leitung.'" Brief Kuhne an Generalvikar Kresing, 15.4.1976, EBAP, A17-52.001. Alexander Kuhne, der Verfasser der Expertise, kommt zwar nicht zum Schluss, dass der Bischof damit zwingend den Vorsitz der Kommission innehaben müsse, befürwortet aber stark, dass er ihn übernehmen möge.
56   Nach der Ernennung Jaegers zum Kardinal im Januar 1965 fanden die Konferenzen wegen Jaegers Arbeitsbelastung nicht mehr statt: vgl. Brand/Hengst, Bistum IV, S. 448 f.
57   Ebd., S. 448.
58   Ebd.
59   Ebd.

zur Liturgiekonstitution selbst. Heißt es hier doch, die Riten mögen „den Glanz edler Einfachheit an sich tragen", „der Fassungskraft der Gläubigen angepasst" sein und „nicht vieler Erklärungen bedürfen" SC (34).

Da Jaeger die Pastoralkonferenzen in enger Abstimmung mit Nordhues vorbereitet hatte und durchführte, ist davon auszugehen, dass der Erzbischof seinem Korreferenten und Liturgiebeauftragten in seinen Einschätzungen und Wertungen grundsätzlich zustimmte, obwohl er sich persönlich wenig für die Umsetzung der Reformen einsetzte. In seinem Nachlass ist lediglich eine relevante Initiative zu finden, als er im Februar 1971 der Vollversammlung der Deutschen Bischofskonferenz (DBK) eine Ordnung zum „neuen Ritus für die Trauung konfessionsverschiedener Paare bei Beteiligung beider Pfarrer" zur Approbation vorlegte.[60]

Anfragen und kritische Stellungnahmen zur Liturgiereform, die an ihn gerichtet waren, ließ er von Nordhues beantworten, nicht immer zur Zufriedenheit der Briefschreiber. Eine Hagenerin wandte sich, nachdem sie auf ihr erstes kritisches Schreiben zur Liturgiereform vom Weihbischof eine Antwort bekommen hatte, enttäuscht erneut an Jaeger und schrieb:

> Ich hatte geglaubt, hochw. Herr Kardinal, als unser Konzilsvater bei Ihnen für dieses wichtige Anliegen an die richtige Tür zu klopfen, indem ich mich zunächst an Sie wandte. [...]
> Sicherlich hätten Sie mir gerne geholfen, aber augenscheinlich ist es Ihnen nicht möglich, Änderungen veranlassen zu können. [...]
> So ist denn leider jedes weitere Schreiben an Sie zwecklos, da es keinen Erfolg zeitigt und damit seinen Sinn verliert.[61]

Nordhues übernahm auch die Öffentlichkeitsarbeit für die liturgischen Reformen. Immer wieder meldete er sich in der Paderborner Kirchenzeitung *Der Dom* zur Liturgiereform zu Wort oder initiiert Beiträge des Blattes.[62] Dabei erwies er sich übrigens im Gegensatz zu seinem Erzbischof als Verfechter der weitgehenden Einführung der Muttersprache in der Liturgie.[63]

---

60 Entwurf einer Ordnung für die Trauung konfessionsverschiedener Paare, 22.2.1971, EBAP, Nachlass Jaeger, 1479.
61 Brief Helene Stiller, Hagen, an Jäger [sic!], 3.3.1966, EBAP, Nachlass Jaeger, 1481.
62 Vgl. Kaul, Beobachter, S. 325 f.; S. 330 f.
63 Vgl. ebd., S. 325.

8   Begeisterte Zustimmung – harte Ablehnung

Ob sich, wie Nordhues behauptete, jeder im Erzbistum über die kommende Reform freute, darf bezweifelt werden. Ohne Frage gab es aber unter Priestern und Laien nicht wenige, die die Reformen begrüßten und denen sie zum Teil als längst überfällig erschienen. Vor allem in der Priester- und engagierten Laiengeneration, die noch in der Spätphase der katholischen Jugendbewegung oder nach dem Verbot der katholischen Jugendorganisationen die Liturgische Bewegung kennengelernt hatte, wurden die konziliaren Erneuerungen mit Enthusiasmus aufgenommen.

So nahm beispielsweise der durch ND und Quickborn geprägte Josef Müller (1914-1968), Pfarrer in einer Kleinstadt am Rande des Sauerlandes, die Renovierung der Pfarrkirche und die Einrüstung des Hochaltares schon am ersten Adventssonntag 1963 zum Anlass, nicht nur einen Behelfsaltar im Chorraum aufzustellen, sondern an diesem auch die Messe zum Volk hin gewandt zu zelebrieren. Damit kam er nicht nur der Erlaubnis zu ersten Reformen ab dem 1. Fastensonntag 1964 um einige Monate zuvor, sondern er feierte diese neue und ungewohnte Form der Eucharistie sogar noch vor der Schlussabstimmung und Verkündung der Liturgiekonstitution im Konzil. Im Pfarrbrief der Gemeinde resümiert er eine Woche später: „Ohne Zweifel wird das zur Feier der Liturgie versammelte Gottesvolk gespürt haben, daß hier etwas von dem deutlich wurde, worum die Konzilsväter in Rom in vielen Konzilssitzungen gerungen haben: Lebendiger Gottesdienst als Grundlage und Voraussetzung des christlichen Lebens in Gemeinde und Öffentlichkeit."[64] Es ist allerdings schwer vorzustellen, dass der Erzbischof, der im Zusammenhang mit Reformen immer wieder zur Geduld und Behutsamkeit mahnte, das Vorgehen des Pfarrers gutgeheißen hätte. Dass seine Begeisterung auch von der Gemeinde nicht ohne jeden Widerspruch geteilt wurde, zeigte sich später, als er schrieb:

> Haben wir redlichen Herzens begonnen, unseren Gottesdienst als Quelle und Gipfel *aller* [Hervorh. im Original; d. Verf.] Tätigkeit in unserer Gemeinde bewußter und freudiger zu feiern? Oder begegnet man bei uns noch, nachdem die anfänglichen Widerstände sich beruhigt haben, dem stumpfen Gehorsamsdenken, dem kürzlich ein bayrischer Pfarrer Ausdruck gab [...]. Würden wir ohne inneren Schmerz wieder zur ‚guten römischen Messe' zurückkehren können?[65]

---

64   Propsteibote (Pfarrbrief der St. Pankratius-Gemeinde Belecke), 5 (1963) 43, PAGP.
65   Ebd., 7 (1965) 15.

Es gab nicht wenige Gläubige im Erzbistum, die diese Frage mit Ja beantwortet hätten. Auffällig ist, dass wohl diejenigen, die einer Reform der Liturgie kritisch bis ablehnend gegenüberstanden, eher zur Feder griffen und sich direkt an den Erzbischof wandten.

So schrieb eine Gruppe Katholiken: „Wir wünschen ein *feierliches* lateinisches Hochamt, das *international* [Hervorh. im Original; d. Verf.] der Würde der Kirche Rechnung trägt und nicht die geistige Heimat der Gläubigen fragwürdig macht, [...]."[66] Der Brief trägt sechs Unterschriften. Die Unterzeichner, die für sich selbst in Anspruch nehmen, für „zahlreiche Katholiken jüngeren und mittleren Alters" zu sprechen, liefern eine Generalabrechnung mit der konziliaren Liturgiereform, angefangen vom Verlust des feierlichen lateinischen Hochamtes über das Beklagen der Reizüberflutung in der Messe, die Bevormundung durch „exerziermäßige Liturgiekommandos", die unhygienische „Hostieneinlegerei" bis zur unwürdigen „Zelebration nach dem Volke hin".[67]

Für eine Reihe katholischer Gläubiger muss – glaubt man den Briefen – der Besuch einer „neuen Messe" regelrecht eine Qual gewesen sein oder zumindest Überwindung gekostet haben. Dabei handelte es sich nicht nur um ältere Personen.

Jaegers Ziel bestand wohl vor allem darin, die vom Konzil im Konstitutionsbeschluss angeregten, von der römischen Ritenkongregation angeordneten und von der Bischofskonferenz beschlossenen Reformen möglichst zeitnah und beschlussgetreu in seinem Bistum umzusetzen. Dabei war er persönlich durchaus ein Befürworter der „neuen" Liturgie, soweit sie wirklich abgesegnet war. Seine Haltung drückt sich aus in einem Brief, den er schon Anfang 1963 an eine Paderbornerin schrieb: „Jeglicher Wandel darf aber nicht gewaltsam und zerstörerisch vollzogen werden, sondern muß behutsam in Verantwortung vor dem historischen Erbe und mit Rücksichtnahme auf ehrwürdige Gewohnheiten geschehen."[68] Gewisse Vorbehalte gegen die „moderne" Theologie, gegen ein zu großes Zurückdrängen der lateinischen Sprache und gegen eine zu starke Hervorhebung des Mahlcharakters der Eucharistie blieben, wie wir noch sehen werden, bei ihm erhalten. Wichtig war ihm vor allem, dass es nicht zu großen Konflikten in Gemeinden und im Presbyterium seiner Diözese kam. „Habt darum viel Geduld miteinander", bat er im Fastenhirtenbrief 1965.[69]

---

66 Brief mit sechs Unterschriften an das Bischöfliche Ordinariat, o. O und o. D. (1965?), EBAP, Nachlass Jaeger, 1481.
67 Vgl. ebd.
68 Brief Jaeger an Ingeborg Franke, Paderborn, 7.2.1963, EBAP, Nachlass Jaeger, 528.
69 Fastenhirtenbrief, in: KA 108 (1965) 25.

9 „Ihre liturgischen Eigenmächtigkeiten ..." – Die Eigenwilligkeiten mancher Priester

Im Februar 1966 schrieb Jaeger nicht sehr freundliche Briefe an zwei Paderborner Priester, Dr. Werner Böckenförde (1928-2003) und Dr. Paul Hoffmann (geb. 1933), die zur Promotion bzw. Habilitation an der Universität Münster freigestellt waren. Abgesehen davon, dass er mit dem Fortgang ihrer Studien unzufrieden war, merkte er im Brief an Böckenförde an:

> Besonderen Anstoß erregen Ihre liturgischen Eigenmächtigkeiten und Ihre Predigten, die Sie in einer münsterschen Pfarrkirche [...] halten (gemeinsam mit Dr. Hoffmann). Es hat der hochwürdigste Herr Bischof auf den Pfarrer einwirken müssen, daß er diese merkwürdige Seelsorge aus seinem Gotteshaus verbannt. Ich habe daraufhin dem hochwürdigsten Herrn Bischof Dr. Höffner zugesagt, daß ich Sie zu Ostern von Münster wegnehmen würde.[70]

Was war geschehen? Die beiden Paderborner Priester führten seit 1965 zusammen mit drei Amtsbrüdern aus den Diözesen Münster und Rottenburg regelmäßige Sonntagsabendgottesdienste in der St. Antoniuskirche durch. Nach einer Dokumentation war es das Anliegen der fünf Priester, „den Charakter der Messe als Mahlgemeinschaft so deutlich hervortreten zu lassen, wie es die derzeit geltenden liturgischen Bestimmungen zuließen"[71]. Dabei machten sie die einen oder anderen kleineren liturgischen Experimente. Besondere Aufmerksamkeit erfuhren allerdings die Predigten, die auch politische und kirchenpolitische Ereignisse thematisierten sowie die Einladung an die Messbesucher, nach den Gottesdiensten darüber zu diskutieren.[72] Schnell bildete sich eine Personalgemeinde aus einigen hundert engagierten Laien, Studierenden und Akademikern.[73]

Böckenförde und Hoffmann zogen sich nach dem brieflichen Monitum durch ihren Bischof aus der liturgischen Initiative zurück, woraufhin die gesamte Priestergruppe das Experiment einstellte. Unmittelbar nach Bekanntwerden brach ein Sturm der Entrüstung aus, der auch in der überregionalen

---

70 Brief Jaeger an Böckenförde, Münster, 16.2.1966, EBAP, Nachlass Jaeger, 902. Ein ähnlicher Brief ging am 28.2.1966 an Hoffmann, Münster, EBAP, Nachlass Jaeger, 902.
71 Dokumentation einer Münsteraner Laiengruppe, o. D. (1966?), EBAP, Nachlass Jaeger, 902.
72 In einem Artikel der FAZ schreibt Vilma Sturm über die Gottesdienste: „Die Liturgie unterschied sich nur in unbeträchtlichen Einzelheiten von der üblichen, um so entschiedener wichen die Predigten von dem ab, was der katholische Gläubige von der Kanzel zu hören gewohnt ist." Sturm, Laien, in: FAZ, 24.3.1966.
73 Ebd.

Presse sein Echo fand. Während Bischof Joseph Höffner (1906-1987), der inzwischen mit allen fünf Geistlichen ein Gespräch geführt hatte, betonte, dass er mit der Fortsetzung der Abendgottesdienste unter der Voraussetzung einverstanden sei, „daß sich die fünf Priester bei der Gottesdienstgestaltung an die Konzilskonstitution ‚Über die Heilige Liturgie' und an die vom Heiligen Vater bestätigten Beschlüsse der deutschen Bischofskonferenz halten [...]"[74], betonte Jaeger wiederholt, dass sein Konflikt mit den beiden Theologen lediglich Studienfragen betreffe, für liturgische Fragen sei nicht er, sondern der Ortsbischof und der Pfarrer der Kirchengemeinde zuständig. Hoffmann und Böckenförde sahen das allerdings anders. Sie ließen in den *Ruhrnachrichten* und in der *Frankfurter Allgemeinen Zeitung* (FAZ) verlauten, die Schwierigkeiten, die zur Einstellung der Abendmessen geführt hätten, seien von Paderborn ausgegangen und hätten ihren Grund in der Gestaltung der Liturgie und der Predigten gehabt.[75]

Für die Unterstützer des liturgischen Experiments galt Jaeger damit, nachdem Bischof Höffner Kompromissbereitschaft signalisiert hatte, als derjenige, der für den negativen Ausgang die Verantwortung trug, „weil Sie der einzige der beteiligten Bischöfe sind, die zweien dieser Geistlichen ‚Schwierigkeiten' bereitet haben"[76].

Ohne Zweifel ging es ihm trotz aller Beteuerungen nicht allein um die Studienorganisation der beiden Paderborner Theologen. Das macht eine der wenigen Stellungnahmen, die er persönlich zu der Angelegenheit abgegeben hat, deutlich. Einer regelmäßigen Gottesdienstteilnehmerin, die sich bei ihm positiv zu den Messen in St. Antonius geäußert hatte, schrieb er:

> Sie werden mir zugeben, daß heute jeder, wie man zu sagen pflegt, ‚ankommt', der dem Denken und Verhalten des heutigen Menschen entspricht. Ist aber ein solch zeitgemäßes Christentum das Evangelium, das der Herr verkündet hat? [...] Die heutige anthropologische oder existenzialistische Theologie ist in Wirklichkeit Auflösung des Gotteswortes, das seine Verbindlichkeit von Gott her verliert und als gültig nur noch anerkannt wird entsprechend menschlichen Kategorien.[77]

---

74 Offener Brief Bischof von Münster an Heinz Hagehülsmann, 28.3.1966, EBAP, Nachlass Jaeger, 902.
75 Vgl. Bischof, Abendmessen, in: Ruhrnachrichten, 2.4.1966; Sturm, Laien (II), in: FAZ, 2.4.1966.
76 Brief von neun Gottesdienstbesuchern, 31.3.1966, EBAP, Nachlass Jaeger, 902.
77 Brief Jaeger an Dr. Ursula Bredlau, Münster, 26.3.1966, EBAP, Nachlass Jaeger, 902.

Zumindest eine gewisse Skepsis, wenn nicht gar Ablehnung, gegenüber der zeitgenössischen Theologie und ihrer Wirkung auf die liturgische Gestaltung kann man den Zeilen ohne Zweifel entnehmen.

Andererseits war Jaeger aber auch nicht der Mann der lauten Töne in Konfliktsituationen. Symptomatisch dafür ist ein Beitrag für die Kirchenzeitung *Der Dom* im Dezember 1968. Der Chefredakteur hatte ihn gebeten, zur Frage der Handkommunion, die noch nicht offiziell erlaubt, aber in einigen Gemeinden wohl schon praktiziert wurde, Stellung zu nehmen. Er weist darauf hin, dass eine solche Entscheidung immer nur für die Weltkirche getroffen werden könne und damit auf die Erlaubnis aus Rom zu warten sei. Sein wohl von *Dom*-Lesern als irritierend wahrgenommenes Schweigen zu der sich ausbreitenden Praxis im Erzbistum begründet er mit einem Zitat des 117 gestorbenen Märtyrerbischofs Ignatius: „Je mehr einer sieht, daß der Bischof schweigt (nicht tadelt), umso mehr Achtung sollte er vor ihm haben."[78]

10 „Wenn die Jugend ruft"

„Wenn die Jugend ruft, dann wird ihr geistlicher Vater hören, und dann wird ihr Vater da sein"[79], versprach der 49-jährige Erzbischof an seinem Weihetag den Jugendlichen, die aus dem gesamten Bistum zu dem Ereignis angereist waren. Mehr als 20 Jahre später waren es auch die engagierten jungen Katholiken und ihre Seelsorger, die die liturgischen Reformen des Konzils begeistert aufnahmen. Mehr noch, sie sahen in ihnen neue Chancen und Möglichkeiten, Glauben und Leben zu verbinden, ganz wie es Anliegen des Konzils war. Für sie wurde neben der *actuosa participatio* die Erfahrung der *communio* zum Mittelpunkt ihres Liturgieverständnisses.

In der katholischen Jugendarbeit hatte man in den 1960er Jahren die Gruppenpädagogik neu entdeckt. Unter dem theologischen Begriff der *communio* sollte das auch in der gemeinsamen Feier des Gottesdienstes sichtbar und erfahrbar werden. Das bedeutete Gottesdienste in kleinen Gruppen, eingebettet in das Gruppenleben, Feier am Ort des Geschehens innerhalb einer Freizeit, einer Schulung oder eines Lagers, Beteiligung aller im Sinne der *actuosa paticipatio*, gelegentlich sogar Verzicht auf den sakralen Raum. Welche Bedeutung diese Form der Gruppengottesdienste bekam, macht eine Stellungnahme der beiden Diözesanjungendseelsorger deutlich. Um ihre Meinung

---

78 Stellungnahme für *Der Dom* zur Handkommunion (handschriftlich und Typoskript), 8.12.1968, EBAP, Nachlass Jaeger, 819.
79 Zitiert nach: Reineke, Jugend, S. 140.

gebeten, kommentieren sie den Entwurf eines „Direktoriums des pastoralen Dienstes" mit den Worten: „Actuosa participatio muß oberstes Gebot bei jeder liturgischen Versammlung sein. Möglichkeiten der verschiedenen Formen für die Feier der ‚Hausmesse' sollten gewährt werden."[80] Mit dem Begriff „Hausmesse" meinten sie in diesem Zusammenhang nichts anderes als das oben skizzierte. Wie der Erzbischof zu diesen Entwicklungen in der Jugendpastoral stand, ist nicht eindeutig zu beantworten. Sein liturgisches Alter Ego, Weihbischof Nordhues, jedenfalls positionierte sich klar:

> Die heute so sehr propagierten Hausmessen, die am Tisch und ohne liturgische Gewandung gefeiert werden, sind nach römischen Weisungen sicherlich nicht gestattet und nicht für solche Tagungen geeignet. In solch einem Falle würde den Jugendlichen, die nicht urteilsfähig sind, eine Neuheit in den Kopf gesetzt werden, die es ihnen später erschwert, die Gemeindemesse mitzufeiern. [...] Der Bischof kann m.W. keine Genehmigung für solche Experimente geben. Ich schreibe Ihnen dieses als persönliche Meinung. Ich glaube, daß das Generalvikariat mit mir der gleichen Meinung ist.[81]

Allerdings ging es bei der Gestaltung von Messen in kleineren Gruppen um mehr als um eine Frage der Form, dahinter steckt auch eine Erweiterung oder gar Veränderung des Eucharistieverständnisses. Die Sorge, dass der Opfercharakter der Messe in den Hintergrund treten oder gar verloren gehen könnte, scheint Jaeger beschäftigt zu haben. In einem Papier des Deutschen Katecheten-Vereins (DKV) zum Thema „Gottesdienst mit Kindern", das er intensiv durchgearbeitet und mit Anmerkungen versehen hat, ergänzte er den Satz: „Im eucharistischen Hochgebet wird Gott für das gesamte Heilswerk gedankt, und die Gaben werden Christi Leib und Blut" mit der handschriftlichen Notiz: „Das Kreuzesopfer unseres Herrn wird geheimnisvoll gegenwärtig."[82]

Eine andere Frage, die die Jugendseelsorge im liturgischen Bereich stark bewegte, war die musikalische Gestaltung, damals kurz und bündig zusammengefasst als „Jazz in der Kirche". Unter diesem Begriff wurden alle Formen moderner Musik, wie sie sich aus Jazz, Spiritual, Schlager oder Chanson für den liturgischen Bereich entwickelt hatten, subsummiert. Bei der Einbeziehung

---

80 Stellungnahme Diözesanjugendseelsorger Dröge und Butzkamm zum Entwurf eines Direktoriums des pastoralen Dienstes, 1.12.1967, DStkJA, A-3.1(6).
81 Brief Nordhues an Dr. Löer, Iserlohn, 16.3.1967, DStkJA, A-3.1(6).
82 Papier „Gottesdienst mit Kindern II", hg. vom DKV und bearbeitet im Auftrag der DBK von der Kommission für Fragen der Kinder- und Jugendliturgie, 1972, EBAP, Nachlass Jaeger, 1485.

der „modernen" Musik berief man sich auf SC (119), wo auf die Wertschätzung der Musik der Völker hingewiesen wird.[83]

Nachdem der Kölner Erzbischof nach einem Auftritt einer Bigband bei der Jugendbekenntnisfeier im Juni 1965 im Kölner Dom einen Erlass herausgab, in dem es hieß „Spirituals und ähnliche Gesänge sowie schlager- und jazzähnliche Musik [...] erfüllen nicht die Forderungen, die an die Kirchenmusik zu stellen sind, und passen nicht zur hl. Messe"[84], schloss sich der Erzbischof von Paderborn im September diesem Erlass an, allerdings mit der nicht unbedeutenden Ausweitung, dass die besagte Musik nicht „in unsere Gottesdienste" passe.[85] Diözesanjugendseelsorger Paul Jakobi (geb. 1928) konnte nur resigniert feststellen: „Wir sind in gleicher Weise enttäuscht über solche Verlautbarungen, die den Versuch machen, auf dem Verbotswege eine Auseinandersetzung zu erledigen."[86]

Spätestens hier ist festzustellen, dass Jaeger und mit ihm ein Teil der Bistumsleitung den Kontakt zur Jugend und ihrer Kultur verloren hatte. Als die DBK ihren Beschluss drei Jahre später modifizierte, schloss sich das Erzbistum Paderborn dem nicht an. Stattdessen betonte die Kommission für Kirchenmusik „nach mehrstündiger Beratung" lapidar, Jazz- und Schlagermusik seien für religiöse und liturgische Texte ungeeignet: „Allein die Überlegung, wie bessere Beziehungen zwischen Kirche und Welt herzustellen seien, rechtfertigt nicht, religiöse bzw. liturgische Texte mit Jazz und Schlagermelodien zu versehen."[87] Dass es sich inzwischen um einen innerkirchlichen Generations- und Kulturkonflikt handelte machen zwei weitere Bemerkungen deutlich: „Die Überbetonung des Rhythmischen bewirkt eine einseitige körperlich bezogene Ekstase, die einer allgemeingültigen christlichen Spiritualität keine Ausdrucksmöglichkeit bietet. [...] Die Kommission verkennt nicht die schwierige Lage der Jugendseelsorge, die um eine Jugend ringt, die fortwährend dem Einfluß primitivster Konsummusik ausgesetzt ist."[88]

Der zunehmende Entfremdungsprozess, der in diesem Protokoll deutlich wird, ist auch bei Weihbischof Nordhues persönlich festzustellen. Hatte er sich noch bei der Erarbeitung eines Werkheftes zur Liturgie im Jahr 1965 auf die Seite der Jugend gestellt und Jugendseelsorger Paul Jakobi empfohlen, besagtes Werkheft zunächst nicht an die „höchste Instanz" [Kardinal Jaeger; d. Verf.] zu

---

83 Vgl. Zenetti, Weisen, S. 64.
84 Zitiert nach: ebd., S. 150 f.
85 Vgl. Brief Jakobi an Zenetti, Frankfurt a. M., 13.10.1965, DstkJA A-3.1 (6).
86 Ebd.
87 Protokoll der Kommission für Kirchenmusik, 23.4.1969, EBAP, Nachlass Jaeger, 819.
88 Ebd.

schicken, da sie auf den Artikel „Jazz in der Kirche" „sauer reagieren" könne[89], so sind seine Antworten in einem Fragebogens der DBK zu „Gottesdienst der Jugend" von 1971 geprägt von völligem Unverständnis der katholischen Jugendgeneration und ihrer Organisationen, vor allem des Bundes der Deutschen Katholischen Jugend (BDKJ). Da der Jugend die rechte Führung fehle, so Nordhues, übertrage sie die Vorstellung von der Kirche als sozialkritischer Institution auf die Liturgie. Obwohl der BDKJ (des Erzbistums) eine Mitarbeiterin habe, die sich mit moderner Musik und mit Fragen der Liturgie beschäftige, sei kaum etwas geschaffen worden. Am Schluss resümiert er: „Das Volk hat ein Recht auf die römische Liturgie" und fordert ein größeres „Verständnis für die Vertikale".[90]

11 Fazit: „Behutsam in Verantwortung vor dem historischen Erbe"

Als junger Bischof wurde Lorenz Jaeger mit der Auseinandersetzung um die Liturgische Bewegung konfrontiert. Als Konzilsvater hat er die „Konstitution über die Heilige Liturgie" mit beschlossen, als Erzbischof von Paderborn musste er sie gemäß den Richtlinien der Ritenkongregation und den Beschlüssen der DBK in seiner Diözese umsetzen. Wie ist der Erzbischof in den über 30 Jahren seiner Amtszeit mit diesen Herausforderungen umgegangen?

Geprägt durch den Umgang mit jungen Menschen hat Jaeger ohne Zweifel die Chancen und Möglichkeiten für eine zeitgemäße Frömmigkeit und Pastoral in der Liturgischen Bewegung erkannt, obwohl er persönlich eher nicht zu denjenigen Priestern seiner Generation gehörte, die darin für sich selbst tiefe spirituelle und geistliche Erfahrungen gefunden hatten. Gegenüber dem Vorsitzenden der Bischofskonferenz, Adolf Kardinal Bertram, und im Bischofskonveniat der westdeutschen Oberhirten versuchte er 1943 gegen den Widerstand mancher Amtsbrüder die „meritorische Bedeutung" dieser theologischen und spirituellen Bewegung deutlich zu machen und zu verhindern, dass die positiven Erfahrungen von ihren Gegnern zunichte gemacht wurden.[91] Jaeger trat allerdings eher als leiser Befürworter auf, die lautstarke Auseinandersetzung war nicht seine Sache, genauso wenig wie die offene Zustimmung zu Experimenten. Es war eher sein Schweigen und seine Nicht-Stellungnahme,

---

89 Briefwechsel zwischen Jakobi und Nordhues, 13.10.1965 und 4.11.1965, DstkJA A-3.1 (8).
90 Beantwortung des Fragebogens der DBK zu „Gottesdienst der Jugend", 1972, EBAP, Nachlass Jaeger, 1484.
91 Dass man darin allerdings, wie Gruß meint, bei Jaeger eine Vision der zukünftigen Gemeindepastoral erkennen kann, scheint übertrieben: vgl. Gruß, Erzbischof, S. 260.

die den einen oder anderen Versuch in der Liturgie ermöglichten. Andererseits gehörte er zu denen, die möglichst unmittelbar die von Rom angestoßenen Reformen umsetzten, wie überhaupt römische Verlautbarungen und Beschlüsse der Bischofskonferenz für ihn absolute Verbindlichkeit besaßen. Es ist sicherlich nicht übertrieben, dies mit Jaegers soldatischer Haltung, seinem Pflichtbewusstsein und seiner Treueverpflichtung, die ihm von seinen Biografen bescheinigt wird und die sein Leben bis zum Tode geprägt hat, in Verbindung zu bringen.[92]

Hatte Lorenz Jaeger 1943 mit seiner Stellungnahme an Kardinal Bertram und der Initiierung zweier Gutachten für das Bischofskonveniat noch die Initiative übernommen, zeigte er sich bei den liturgischen Reformen im Zuge des II. Vatikanums eher zurückhaltend und nicht als Motor der Liturgiereform im Erzbistum. Diese Rolle übertrug und überließ er seinem Weihbischof Paul Nordhues, der sie mit viel Engagement ausfüllte. Jaegers Bestreben schien es zu sein, den Reformprozess behutsam und ohne große Auseinandersetzungen über die Bühne zu bringen.

Es ist zwar nicht Originalton Jaeger, aber ein Brief, den sein Kaplan, Alois Klein, in seinem Auftrag schrieb, ist sicher nach Rücksprache mit dem gerade ernannten Kardinal formuliert worden:

> Vorerst aber dürfen Sie überzeugt sein und fest daran glauben, daß der Hl. Geist, der die Kirche durch zwei Jahrhunderte [sic!; d. Verf.] sicher und fest geführt hat, diese auch nicht im Zeitalter des II. Vatikanischen Konzils im Stich läßt. [...] Daß die Sicherheit und der fest eingeübte Halt in vielen Bereichen des kirchlichen Lebens fehlt, erinnert uns an die Szene auf dem See Genesareth, wo Christus zusammen mit seinen Jüngern im Boot war und eine unruhige See die Mannschaft in dem kleinen Boot auf[s] härteste bedrängte. Der Kleinmut der Jünger sollte aber, wie Ihnen bekannt ist, bald einen scharfen Tadel des Herrn erfahren und durch die Macht der Tatsache des wunderwirkenden Herrn bewältigt werden.[93]

Das Schriftwort vom Sturm auf dem See (Mk 4,35-41) mag in den turbulenten Zeiten am Ende und nach dem Konzil Jaegers Gemütsverfassung entsprochen haben. In diesem Zusammenhang muss der Brief eines Gottesdienstbesuchers aus dem Bistum Limburg für ihn eine erfreuliche Bestätigung gewesen sein, wenn es heißt: „Bei häufigen Besuchen in meiner Heimat stelle ich [...] in der Tat fest, daß die Liturgiereform dort sehr behutsam verwirklicht wird. Ich glaube, daß die Angehörigen ihrer Diözese Ihnen dafür Dank wissen."[94]

---

92 Vgl. z. B.: Brandt/Hengst, Bischöfe, S. 342 f.; S. 349.
93 Brief Klein an Karl-Heinz Demmer, Lichtendorf, 29.1.1965, EBAP, Nachlass Jaeger, 529.
94 Brief Hermann Freiherr Wolff-Metternich, Dreieichhain, an Jaeger, 7.12.1966, EBAP, Nachlass Jaeger, 1481.

Der Psychoanalytiker Alfred Lorenzer (1922-2002) hat sich aus der Außenperspektive kritisch mit dem Katholizismus und dem II. Vatikanischen Konzil auseinandergesetzt und dabei vom „Konzil der Buchhalter"[95] gesprochen, das mit dem Aggiornamento in der Liturgie eine „Zerfallserscheinung von tiefgreifender Bedeutung"[96] herbeigeführt habe. Je intensiver man Jaegers Einstellung zur Liturgiereform untersucht, umso stärker drängt sich diese Metapher des „Buchhalters" immer wieder auf. Bei Lorenzer ist sie ohne Frage negativ konnotiert. Buchhaltung ist aber an sich nichts Negatives. Sie schafft Ordnung, gibt Struktur, sorgt für einen möglichst reibungslosen Ablauf. Vielleicht passt in diesem positiven Sinne die Metapher auf Lorenz Jaeger als Buchhalter oder, biblisch ausgedrückt, als treuer Verwalter (Lk 12,42-44) der liturgischen Reformen des II. Vatikanums im Erzbistum Paderborn.

Quellen- und Literaturverzeichnis

Quellen
Dokumentationsstelle für kirchliche Jugendarbeit/BDKJ, Warburg (DStkJA)
Allgemeiner Schriftverkehr der Diözesanjugendseelsorger/BDKJ-Präsides 1963-1967, A-3.1(6)
Allgemeiner Schriftverkehr der Diözesanjugendseelsorger/BDKJ-Präsides 1963-1967, A-3.1(8)
Erzbistums-Archiv Paderborn (EBAP)
A17-52.001 Liturgische Kommission 1970
Nachlass Lorenz Kardinal Jaeger (NLKJ) Akten Nr. 527-529, 819, 902, 1091, 1479, 1481, 1484, 1485
Privatarchiv Georg Pahlke (PAGP)
Propstei-Bote (Pfarrbrief der St. Pankratius-Gemeinde Belecke) 5 (1963) 43; 7 (1965) 15

Gedruckte Quellen
Bischof: Abendmessen nicht verboten, in: Ruhrnachrichten, 2.4.1966
Jaeger, Lorenz: Am Vorabend des Ökumenischen Konzils. Hoffnungen und Erwartungen im Anschluss an die Vorbereitungsarbeiten für das II. Vaticanum, in: ThGl 52 (1962), S. 241-260

---

95 Unter diesem Titel setzt sich Lorenzer in einer Monografie kritisch mit dem Katholizismus nach dem II. Vatikanum auseinander: vgl. Lorenzer, Konzil.
96 Lorenzer, Sacrosanctum, S. 153.

Kirchliches Amtsblatt (KA) für die Erzdiözese Paderborn 101 (1958) 2; 106 (1963) 1; 107 (1964); 108 (1965) 25; 109 (1966)

Müller-Meiningen, Julius: Die Welt ist zu klein für zwei Päpste, in: Die Zeit (2017) 37, https://www.zeit.de/2017/37/franziskus-benedikt-paepste-konflikt (acc. 7.7.2018)

Sturm, Vilma: Die Laien rühren sich, in: Frankfurter Allgemeine Zeitung (FAZ) 24.3.1966

Sturm, Vilma: Die Laien rühren sich (II), in Frankfurter Allgemeine Zeitung (FAZ) 2.4.1966

Literatur

Bärsch, Jürgen/Haunerland, Winfried (Hg.): Liturgiereform und Bistum. Gottesdienstliche Erneuerung nach dem Zweiten Vatikanischen Konzil. Regensburg 2013

Bärsch, Jürgen: „Die Reform muß unten ankommen." Zu Themen, Vermittlung und Akzeptanz des Zweiten Vatikanischen Konzils auf Ortsebene, in: Georg Pahlke (Hg.): Aufbruch im Umbruch. Das Zweite Vatikanische Konzil und das Erzbistum Paderborn. Paderborn 2017, S. 41-81

Becker, Hansjakob u. a. (Hg.): Gottesdienst – Kirche – Gesellschaft. Interdisziplinäre und ökumenische Standortbestimmung nach 25 Jahren Liturgiereform. St. Ottilien 1991

Brandt, Hans Jürgen/Hengst, Karl: Die Bischöfe und Erzbischöfe von Paderborn. Paderborn 1984

Brandt, Hans Jürgen/Hengst, Karl: Das Bistum Paderborn 1930-2010 (Geschichte des Erzbistums Paderborn, 4). Paderborn 2014

Breuer, Marc: Religiöser Wandel als Säkularisierungsfolge. Differenzierungs- und Individualisierungsdiskurse im Katholizismus. Wiesbaden 2012

Gruß, Heribert: Erzbischof Lorenz Jaeger als Kirchenführer im Dritten Reich. Paderborn 1995

Heitmeyer, Erika/Kohle, Maria: Vom Sursum corda zum Gotteslob. Gemeindegesang und -gebet im Erzbistum Paderborn vor und nach dem II. Vatikanischen Konzil, in: Georg Pahlke (Hg.): Aufbruch im Umbruch. Das Zweite Vatikanische Konzil und das Erzbistum Paderborn. Paderborn 2017, S. 83-113

Henrich, Franz: Die Bünde katholischer Jugendbewegung. Ihre Bedeutung für die liturgische und eucharistische Erneuerung. München 1968

Kaul, Bettina: Vom Beobachter zum Akteur? Erste Schlaglichter auf die Rezeption der Liturgiereform im Erzbistum Paderborn, in: Jürgen Bärsch/Winfried Haunerland (Hg.): Liturgiereform und Bistum. Gottesdienstliche Erneuerung nach dem Zweiten Vatikanischen Konzil. Regensburg 2016, S. 305-343

Klönne, Arno: Die Liturgische Bewegung: „erblich" belastet? Historisch-soziologische Fragestellungen zur Vorgeschichte der Liturgiekonstitution, in: Hansjakob Becker

u. a. (Hg.): Gottesdienst – Kirche – Gesellschaft. Interdisziplinäre und ökumenische Standortbestimmung nach 25 Jahren Liturgiereform. St. Ottilien 1991, S. 13-21

Lorenzer, Alfred: Das Konzil der Buchhalter. Frankfurt a. M. 1984

Lorenzer, Alfred: „Sacrosanctum Concilium": Der Anfang der „Buchhalterei", in: Hansjakob Becker u. a. (Hg.): Gottesdienst – Kirche – Gesellschaft. Interdisziplinäre und ökumenische Standortbestimmung nach 25 Jahren Liturgiereform. St. Ottilien 1991, S. 153-161

Maas-Ewerd, Theodor: Die Krise der Liturgischen Bewegung in Deutschland und Österreich. Zu den Auseinandersetzungen um die „liturgische Frage" in den Jahren 1939 bis 1944. Regensburg 1981

Pahlke, Georg: Trotz Verbot nicht tot (Katholische Jugend in ihrer Zeit 1933-1945, 3). Paderborn 1995

Pahlke, Georg (Hg.): Aufbruch im Umbruch. Das Zweite Vatikanische Konzil und das Erzbistum Paderborn. Paderborn 2017

Rahner, Karl/Vorgrimler, Herbert: Kleines Konzilskompendium. Alle Konstitutionen, Dekrete und Erklärungen des Zweiten Vaticanums in der bischöflich genehmigten Übersetzung. Freiburg i. Br. 1966

Reineke, Augustinus: Jugend zwischen Kreuz und Hakenkreuz. Ereignisse. Erlebnisse. Erinnerungen. Dokumente. Paderborn 1987

Schmiedl, Joachim: Dieses Ende ist eher ein Anfang. Die Rezeption des Zweiten Vatikanischen Konzils durch die deutschen Bischöfe (1959-1971). Paderborn 2014

Stüken, Wolfgang: Hirten unter Hitler. Die Rolle der Paderborner Erzbischöfe Caspar Klein und Lorenz Jaeger in der NS-Zeit. Essen 1999

Zender, Johannes N.: Neudeutschland. Erinnerungen. Freiburg i. Br. 1949

Zenetti, Lothar: Heisse (W)eisen. Jazz, Spirituals, Beatsongs und Schlager in der Kirche. München 1966

Stefan Voges

Zwischen Paderborn und Würzburg
Lorenz Kardinal Jaeger und die Gemeinsame Synode der Bistümer in der Bundesrepublik Deutschland

Die „Gemeinsame Synode der Bistümer in der Bundesrepublik Deutschland"[1] fällt in die letzten Amts- und Lebensjahre Lorenz Kardinal Jaegers. Die nach ihrem Tagungsort auch „Würzburger Synode" genannte Kirchenversammlung tagte in den Jahren von 1971 bis 1975. An drei der insgesamt acht Vollversammlungen nahm Jaeger als Erzbischof von Paderborn noch teil, bevor er zum 1. Juli 1973 von seinem Amt entpflichtet wurde. Den Abschluss der Synode im November 1975 erlebte er nicht mehr; Jaeger starb am 1. April 1975. Die Gemeinsame Synode ist mithin im Leben und bischöflichen Wirken Jaegers ein Randereignis. Gleichwohl lässt der Blick auf „Jaeger und die Gemeinsame Synode" persönliche, theologische und kirchenpolitische Positionen erkennen, die – und hier spielt das biographische Randereignis eine besondere Rolle – über Kontinuitäten und Veränderungen in Jaegers Denken und Wirken Aufschluss geben können. Dies gilt insbesondere für Jaegers Kirchenbild und für sein Engagement in der Ökumene.

Im Folgenden greife ich vier Aspekte heraus, um das Verhältnis Kardinal Jaegers zur Gemeinsamen Synode zu untersuchen. Der erste Teil ist seinen synodalen Prägungen gewidmet, also Erfahrungen, die Jaeger in seiner Zeit als Erzbischof mit dem synodalen Element der Kirche gemacht hat. Im zweiten Teil wird die Frage beantwortet, wie Jaeger sich zur konkreten nachkonziliaren Umsetzung der Synodalität in der Gemeinsamen Synode positionierte. Ausgehend von der Tatsache, dass es sich bei der Würzburger Synode nicht um eine Diözesansynode, sondern um eine gemeinsame Synode mehrerer Bistümer handelte, die es in die einzelnen Bistümer hinein zu vermitteln galt, wird im dritten Teil Jaegers Rolle in der Synodenarbeit des Erzbistums Paderborn beleuchtet. Schließlich wird Jaegers Beitrag zur Arbeit der Synode beschrieben, im vierten Teil mit Blick auf die Arbeit der Sachkommission „Gesamtkirchliche und ökumenische Kooperation", im fünften Teil mit Blick auf die Vollversammlungen der Synode.

---

1 Im Folgenden kurz als „Gemeinsame Synode" bezeichnet.

1 Synodale Prägungen Lorenz Kardinal Jaegers

Fragt man nach synodalen Vorerfahrungen Lorenz Jaegers, so rücken drei Ereignisse in den Blick: die Diözesansynode des Jahres 1948, das II. Vatikanische Konzil (1962-1965) und das im Hinblick auf die Würzburger Synode besonders relevante Niederländische Pastoralkonzil (1966-1970).

Jaegers Vorgänger als Paderborner Erzbischof Caspar Klein hatte für die Jahre 1933 und 1938 eine Diözesansynode geplant und sogar einberufen, die jedoch beide Male nicht zustande kam.[2] Offenbar mit diesen Vorbereitungen vertraut, kündigte Jaeger Anfang 1948 die „schon lange geplante und notwendig gewordene" Diözesansynode an und berief sie in der Osteroktav für den 3. bis 5. August 1948 nach Werl ein, weil die Bischofsstadt Paderborn zu großen Teilen noch nicht wiederaufgebaut war.[3] Die Diözesansynode, die unter den schwierigen Bedingungen der Nachkriegszeit stattfand, diente der „geistigen Neuausrichtung" des Bistums.[4] Ihre Beratungen umfassten eine breite Thematik, die sich schließlich in 13 Beschlüssen niederschlug, „beginnend mit drei Kapiteln zur priesterlichen Spiritualität, Weckung von Priesterberufen und Weiterbildung des Klerus, über Beschlüsse zu Liturgie und Kirchenmusik, zu Seelsorge, Unterricht und Erziehung, Diaspora und Weltmission, Caritas und Verwaltung bis hin zum kirchlichen Bauwesen und zur Archivpflege".[5]

Die Diözesansynode 1948 fand unter gänzlich anderen Umständen statt als später die Gemeinsame Synode und war überdies nach dem *Codex Iuris Canonici* (CIC) von 1917 eine Versammlung von Klerikern, die den Bischof beriet.[6] Es konnte im Rahmen dieses Beitrags nicht ermittelt werden, welchen Stellenwert Jaeger der Diözesansynode beimaß und wie er sie erlebte.[7] Festzuhalten ist jedoch, dass Jaeger das synodale Element in der Leitung des Bistums nicht fremd war.

Eine weitere synodale Erfahrung war für den Paderborner Erzbischof das II. Vatikanische Konzil.[8] In der Zeit zwischen der Ankündigung und dem Beginn des II. Vatikanums hatte Jaeger sich im Hinblick auf die ökumenische Frage mit der Geschichte und der Theologie der Konzilien befasst.[9] In

---

2 Vgl. Brandt/Hengst, Geschichte, S. 160 f.
3 Vgl. ebd., S. 161, zit. n.: ebd.
4 Ebd., S. 113.
5 Ebd., S. 162.
6 Vgl. can. 356-362 CIC 1917, in: Jone, Gesetzbuch, S. 324-328.
7 Das Thema „Jaeger und die Diözesansynode 1948" wird Joachim Schmiedl im Rahmen des Forschungsprojekts noch ausführlicher behandeln.
8 Vgl. dazu den Beitrag von Joachim Schmiedl in diesem Band.
9 Vgl. Jaeger, Konzil.

diesem Zusammenhang nannte er auch „die freie und eingehende Diskussion aller Einwände und Schwierigkeiten" als ein kennzeichnendes Element ökumenischer Konzilien.[10] Fünf Jahre nach dem Konzil beschrieb Jaeger, wie er und andere Bischöfe das Konzil erlebt hatten. Sie seien in ihre Heimatdiözesen zurückgekehrt „mit dem Bewußtsein, Zeugen eines einzigartigen Schauspiels von Einheit und Einheitlichkeit unserer Kirche gewesen zu sein"; trotz „gelegentlicher Spannungen" sei das Konzil „von einer geradezu bewundernswerten Einmütigkeit" gewesen.[11] Zurück in ihren Diözesen sei es die Aufgabe der Bischöfe gewesen, „an der Realisierung des kollegial-gemeinsam Beschlossenen zu arbeiten".[12] Hier zeigt sich zum einen der starke Eindruck, den das Konzil hinterlassen hat, zum andern die Erfahrung von Synodalität im Sinne gemeinsamer kollegialer Beratung und Beschlussfassung.

Mit Blick auf die nachkonziliaren Entwicklungen erteilte Jaeger anderen Formen der Partizipation indes eine Absage: „Immer deutlicher wurde von manchen Gläubigen und Priestern der Anspruch erhoben, mitzubestimmen, wo bisher eine Mitwirkung unbekannt war. Viele berechtigte Anliegen, vom Konzil selbst inauguriert, machten sich geltend. Dazwischen [...] mischten sich andere Forderungen mit ungehemmter Dynamik im Namen einer nicht näher erklärten ‚Demokratisierung der Kirche'."[13] In der weiteren Analyse reagierte Jaeger offensichtlich auf die soziologische Sprache der Studentenbewegung des Jahres 1968: „Nun wird jeder, der die in der Konstitution ‚Lumen gentium' ausgesprochene organische Verbindung von Mysterium und gesellschaftlicher Struktur beachtet, einen zugunsten des Soziologismus einseitig soziologisch interpretierten Begriff ‚Demokratisierung der Kirche' für fatal halten."[14] Diese Forderung treffe nicht „die Einzigartigkeit der Kirche", aber „vor allem [sei] der gelegentlich repressive Ton, wie es gefordert wird, [...] schwerlich annehmbar".[15] Jaeger kam zu dem Schluss: „Die damit verbundene Gedankenbewegung verfremdet die Kirche in einer Weise, die das Gefüge ihrer Identität gefährdet."[16]

Es muss offen bleiben, wie Jaeger die Gemeinsame Synode, deren Vorbereitung zum Zeitpunkt dieser Äußerung bereits im Gange war, mit Blick auf die wahrgenommene Entwicklung einschätzte: Sah er sie als weiteren Ausdruck der „Demokratisierung der Kirche", oder verstand er die Synode aufgrund ihrer

---

10   Ebd., S. 103.
11   Jaeger, Jahre, S. 381.
12   Ebd.
13   Ebd.
14   Ebd.
15   Ebd.
16   Ebd.

kirchenrechtlichen Verfasstheit als Eindämmung zu weit gehender Demokratisierungstendenzen? Es ist hingegen sehr wahrscheinlich, dass Jaeger neben dem Demokratisierungsdiskurs der 1968er, der mit dem Katholikentag in Essen auch eine größere innerkirchliche Öffentlichkeit erfasst hatte[17], das Pastoralkonzil der Niederländischen Kirchenprovinz[18] im Blick hatte, wenn er von einer Verfremdung und Gefährdung der Identität der Kirche sprach.

Am „Pastoraal Concilie" der niederländischen Nachbarn war der Paderborner Erzbischof offenkundig sehr interessiert, ließ er doch eine eigene Hauptakte „Niederländisches Pastoralkonzil" anlegen.[19] Informationen bezog Jaeger in erster Linie von Prälat Gerhard Fittkau, der während des II. Vatikanums die deutschsprachige Abteilung des Pressebüros geleitet hatte und im Auftrag der nordrhein-westfälischen Bischöfe als Beobachter an den Sitzungen des Niederländischen Pastoralkonzils teilnahm.[20] Fittkau gehörte zu den Kritikern des Pastoralkonzils.[21] Vor allem in den Jahren 1969 und 1970 übersetzte er eine Reihe von Berichten, die er als Korrektiv zur „höchst einseitigen, von den holländischen Propagandisten und Dolmetschern suggerierten Berichterstattung in der deutschen, insbesondere auch der katholischen Kirchenpresse" verstand.[22] Jaeger maß Fittkaus Texten über die Kirche in den Niederlanden große Bedeutung bei. Nachdem er über das Sekretariat der Bischofskonferenz zwei Referate Fittkaus zu den Themen „Die Autorität in der Kirche" und „Römische Schultheologie und der holländische Neue Katechismus" erhalten hatte, schrieb Jaeger an deren Verfasser: „Sie haben damit der Bischofskonferenz bei ihrer Urteilsbildung einen hervorragenden Dienst geleistet."[23] Darüber hinaus bat er Fittkau, drei Exemplare an den Nuntius zu schicken, damit dieser wiederum zwei Exemplare an den Heiligen Vater sende, „der bei der Fülle widerstreitender Eingaben diese Information braucht".[24] Ein Jahr später zeigte sich Jaeger erneut „sehr beeindruckt" von Fittkaus „Schilderung der fortschreitenden Verwüstung der Kirche in Holland".[25] Er bat

---

17   Vgl. Voges, Konzil, S. 133-149.
18   Vgl. ebd., S. 119-125.
19   Vgl. EBAP, Nachlass Jaeger, 757-760.
20   „Die Dokumentationsmappe, die ich mir über das holländische Pastoralkonzil angelegt habe, wächst durch Ihre fleißigen Übersetzungen und Berichte zu einer immer dickeren Akte an." Jaeger an Fittkau, 7.2.1970, EBAP, Nachlass Jaeger, 755.
21   Zur Bedeutung Fittkaus für die deutsche Wahrnehmung des Pastoralkonzils: vgl. Voges, Konzil, S. 126-131, bes. 126-129.
22   Fittkau, Schein, S. IV. Vgl. die Berichte in: EBAP, Nachlass Jaeger, 756-760.
23   Jaeger an Fittkau, 17.2.1969, EBAP, Nachlass Jaeger, 755.
24   Ebd.
25   Jaeger an Fittkau, 25.3.1970, EBAP, Nachlass Jaeger, 755. Fittkau hatte am 31.1.1970 und am 10.2.1970 „Materialien über die Vorgänge in Holland" an die deutschen Bischöfe übersandt.

Fittkau wiederum, einen Bericht an den Papst oder zumindest an den Staatssekretär oder den Nuntius zu schicken. Wie sehr der Kardinal sich Fittkaus Einschätzung zu eigen machte, geht aus Jaegers Bereitschaft hervor, den Bericht – „wenn Sie Ihr Material entsprechend aufmachen und eindrucksvoll komponieren" – dem Papst „im eigenen Namen [...] vorzulegen".[26] Der Grund für dieses weitgehende persönliche Engagement Jaegers erhellt aus dem anschließend verwendeten Bild: „Hier muß von außen her eingegriffen werden, da offenbar die Holländer selber sich gegen die Infiltration und die Auswirkungen des Giftes, das man dem Organismus eingespritzt hat, nicht mehr zu wehren vermögen."[27]

Die negative Einschätzung der kirchlichen Entwicklung in den Niederlanden hing sehr eng mit der Beurteilung dessen zusammen, was auf dem Pastoralkonzil geschah. Dort standen verschiedene Themen zur Debatte, doch das Pastoralkonzil selbst, „ein starkes Experiment in Sachen Demokratie"[28], machte vor allem das Amt und die Autoritätsausübung in der Kirche zum Thema.[29] Mit Blick auf die kommende Synode in der Bundesrepublik dürfte diese Wahrnehmung bei Jaeger eher Zurückhaltung bewirkt haben, zumal das niederländische Vorbild die Forderung nach einem deutschen Nationalkonzil maßgeblich inspiriert hatte.[30] Auch Jaegers Gewährsmann Fittkau stellte diesen Zusammenhang her, wenn er im Juni 1970 den deutschen Bischöfen erneut Unterlagen über das niederländische Pastoralkonzil zukommen ließ „in der Hoffnung, Ihnen auch im Hinblick auf die bevorstehende Synode der deutschen Bistümer durch diese Materialien einen Dienst erweisen zu können".[31]

Vgl. die Schreiben in: EBAP, Nachlass Jaeger, 758 Bl. 6; Bl. 98. In einem Schreiben an Jaeger vom 17.3.1970 hatte Fittkau die „destruktiven ‚Ergebnisse' des niederländischen Pastoralkonzils" erwähnt: EBAP, Nachlass Jaeger, 755.

26 Jaeger an Fittkau, 25.3.1970, EBAP, Nachlass Jaeger, 755.
27 Ebd.
28 L. J. van Holk, zit. n.: Jacobs, Pastoralkonzil, S. 57.
29 Die fünfte Vollversammlung (4.-7.1.1970) war u. a. dem Thema „Amtsführung" gewidmet. Dieser Vollversammlung wohnte Fittkau nicht mehr bei, da die Empfehlungen aus seiner Sicht von einem „Glaubens-, Kirchen- und Amtsverständnis" ausgingen, das „eindeutig nicht mehr katholisch und kaum noch christlich" sei. „Nicht mehr katholisch und kaum noch christlich. Ein Brief nach Holland – Zur Haltung und zu den Empfehlungen des Pastoralkonzils", Rheinischer Merkur, 4, 23.1.1970, S. 23. Vgl. auch: Fittkau, Die Autorität in der Kirche. Prophetische Glaubenszeugnisse auf dem holländischen Pastoralkonzil, EBAP, Nachlass Jaeger, 760 Bl. 46.
30 Vgl. dazu: Voges, Konzil, S. 146-149.
31 Fittkau an Bischöfe und Generalvikare, 20.6.1970, EBAP, Nachlass Jaeger, 760 Bll. 58 f.

Als Erzbischof von Paderborn hatte Lorenz Jaeger verschiedene synodale Erfahrungen gesammelt, vor deren Hintergrund er den Plan der deutschen Bischöfe, eine gemeinsame Synode abzuhalten, beurteilte. Dabei haben die Diözesansynode des Jahres 1948 und das II. Vatikanische Konzil wohl insgesamt positive Eindrücke hinterlassen, während die Informationen über das niederländische Pastoralkonzil ihn eher skeptisch gestimmt haben dürften.

2   Lorenz Kardinal Jaegers Position zur Gemeinsamen Synode der Bistümer in der Bundesrepublik Deutschland (BRD)

Auf ihrer Vollversammlung im Februar 1969 beschloss die DBK, eine „Gemeinsame Synode der Bistümer in der Bundesrepublik Deutschland" abzuhalten.[32] Damit reagierten sie auf die Unruhe im deutschen Katholizismus, die durch die Erwartung einer nachkonziliaren Erneuerung der Kirche und durch die gesellschaftliche Umbruchsituation der späten 1960er Jahre ausgelöst worden war. Die Bischöfe gingen aber auch auf die konkrete Forderung nach einem Nationalkonzil ein, die auf dem Katholikentag in Essen im September 1968 laut geworden war.[33] Mit der Gemeinsamen Synode entschieden sie sich für ein Modell, das einerseits dem Wunsch einer diözesanübergreifenden Versammlung entsprach, andererseits dem Umstand der deutschen Teilung Rechnung trug, der eine gesamtdeutsche, also nationale Synode unmöglich machte. Entscheidend war darüber hinaus, dass die Bischöfe sich für eine kirchenrechtlich verfasste Synode nach der Idee gemeinsam abgehaltener Diözesansynoden entschieden. Denn damit war eine starke Stellung der Bischöfe als Träger und Gesetzgeber der Synode verbunden. Zugleich stand außer Frage, dass die Gemeinsame Synode nicht allein nach den Vorschriften des CIC 1917 organisiert werden konnte, sondern die ekklesiologischen Akzente des Konzils aufnehmen musste. Das

---

32   Zur Vorgeschichte und Vorbereitung der Gemeinsamen Synode: vgl. Voges, Konzil.
33   Jaegers Einschätzung des Katholikentags findet sich in einem Schreiben an Friedrich Kronenberg, den Generalsekretär des Zentralkomitees der deutschen Katholiken. Darin regte Jaeger an, das Ausland über den Katholikentag zu informieren. Es solle ein Artikel in italienischer Sprache erscheinen, „der ohne Schönfärberei die Schwächen des Katholikentags zugibt, mögliche Gefahren ehrlich eingesteht, die sich aus dieser Form des Katholikentags für die Zukunft ergeben können; der aber darüber hinaus auch die guten Ansätze und Chancen zeigt, die während des Katholikentags sichtbar geworden sind und die in kluger Weise gefördert und genutzt werden sollten". Jaeger an Kronenberg, 25.11.1968, EBAP, Nachlass Jaeger, 1252 Bl. 27.

galt insbesondere für das Bild der Kirche als Volk Gottes und die Neubewertung der Rolle der Laien in der Kirche.

In der Vorbereitung und der Organisation der Synode trat Jaeger kaum in Erscheinung. Im November 1969 übernahm er in Vertretung für den Vorsitzenden der Deutschen Bischofskonferenz (DBK), Julius Kardinal Döpfner, die Aufgabe, die römische Bestätigung des Statuts der Gemeinsamen Synode einzuholen. Im Schreiben an den Präfekten der römischen Kongregation für die Bischöfe, Carlo Kardinal Confalonieri, hob Jaeger zunächst den Gehorsam der DBK gegenüber Rom hervor. Die Bischöfe hätten sich bei ihrer Entscheidung von den Strukturen bereits laufender Diözesansynoden und von den kanonischen Vorschriften leiten lassen und darüber hinaus die Schreiben der Apostolischen Nuntiatur in der BRD und der Bischofskongregation „besonders beachtet".[34] Schließlich habe der Bischof von Essen, Franz Hengsbach, „in den entscheidenden Schritten der Vorberatungen" mit dem päpstlichen Nuntius in der BRD, Corrado Bafile, „Fühlung gehalten".[35] Anschließend rechtfertigte Jaeger die Punkte, in denen die deutschen Bischöfe von den kanonischen Vorschriften abwichen. Zur „Anwendung des Zweiten Vatikanischen Konzils auf die pastorale Situation in den deutschen Bistümern" und zur „Bearbeitung der Fragen, die sich aus der Aufgabe der Gestaltung des Lebens nach dem Glauben der Kirche stellen", sei es in den meisten Diözesen „erforderlich", eine Synode vorzubereiten; in dieser Situation erscheine es der Bischofskonferenz „sinnvoller und zweckmäßiger, die vorhandenen Kräfte auf eine gemeinsame Synode zu konzentrieren".[36] Die ebenfalls von den Vorschriften abweichende Beteiligung von Laien begründete Jaeger mit der „vom Zweiten Vatikanischen Konzil betonte[n] Teilnahme der Laien am Apostolat der Kirche".[37] Weiter stellte er klar, dass das Statut den römischen Forderungen, die bischöfliche Vollmacht (*potestas episcopalis*) zu wahren und die Mehrheit der priesterlichen Teilnehmer sicherzustellen, genügte.[38] Für die Beratung und die Beschlussfassung der Synode sei „ein Weg gefunden, der unter voller Wahrung der Rechte der Bischofskonferenz und der Diözesanbischöfe ein Höchstmaß an Kooperation mit der Synode sichert, zugleich aber eine unerwünschte Dissonanz zwischen Beschlüssen der Synode und bischöflichen

---

34 Jaeger an Confalonieri, 17.11.1969, EAM, Julius Kardinal Döpfner, 40 Syn, 1968/69, Zuschriften etc. – nicht eingeschrieben.
35 Ebd.
36 Ebd.
37 Ebd.
38 Vgl. dazu: Voges, Konzil, S. 177 f.

Entscheidungen verhindert".[39] Mit Blick auf die weitere Vorbereitungsarbeit bat Jaeger abschließend darum, die Zustimmung zum Statut möglichst bald zu erteilen. Inwieweit Jaeger selbst für den strategisch argumentierenden Brieftext verantwortlich zeichnete, bleibt offen. Es ist jedoch festzustellen, dass das Schreiben inhaltlich zu seiner Loyalität, die er sowohl gegenüber Rom als auch innerhalb der Bischofskonferenz zeigte, passt.

Aus späteren Äußerungen wird deutlich, dass Jaeger den römischen Vorschriften auch aus inhaltlichen Gründen zustimmte. So sollte nach seinen Vorstellungen der Status der Bischofskonferenz als gesetzgebende Institution auch in der Sitzordnung der Synode erkennbar sein. Die Bischöfe müssten als Gesetzgeber „sichtbar bleiben, auch wenn sie als Synodale zu den anderen Synodalen" gehörten.[40] Zum Verhältnis von Bischöfen und Synode bemerkte Jaeger in einer Veranstaltung mit den Paderborner Synodalen: „Die Beschlüsse der Synode sind rechtskräftig und binden auch den einzelnen Bischof."[41] Allerdings hätten die Bischöfen „in Fragen der Lehre und Moral" zu bestimmen, „was diskutierbar ist", und er fügte hinzu: „Die ganze Synode bedarf der Bestätigung der Bischöfe in allen Teilen."[42] Daraufhin ärgerte sich der Synodale Josef Schelte: „Wenn eine Synodenarbeit für alle gut ist und von einem Bischof nicht verwirklicht würde, dann bereue ich das Opfer meiner Freizeit für die Synode."[43] Jaeger erwiderte, dass diese Äußerung „letztlich auf eine Leugnung des Lehr- und Hirtenamtes der Kirche" hinauslaufe, denn: „Keine noch so demokratische Versammlung in der Kirche kann das Hirtenamt [...] beseitigen." An dieser „Wahrheit und Wirklichkeit der Kirche" wolle er nicht rütteln lassen.[44] Insgesamt ging er nicht davon aus, dass „die Bischöfe allzuoft als iudices fidei gefordert würden".[45]

Jaegers Verständnis des Bischofsamtes als maßgebliche ortskirchliche Autorität spiegelt sich auch in einem nicht datierten „Antrag an die Bischofskonferenz", der zeitlich in die Phase der Statutendiskussion einzuordnen ist

---

39 Jaeger an Confalonieri, 17.11.1969, EAM, Julius Kardinal Döpfner, 40 Syn, 1968/69, Zuschriften etc. – nicht eingeschrieben.
40 Handschriftliche Notizen Jaegers, 15.11.1970, EBAP, Nachlass Jaeger, 1379. Zur Sitzordnung der Synode: vgl. Voges, Konzil, S. 366-371.
41 Protokoll über die APS-Veranstaltung mit Paderborner Synodalen „Wir fragen – die Synodalen antworten" (anhand einer Tonbandaufzeichnung erstellt), 28.6.1971, EBAP, Nachlass Jaeger, 1551.
42 Ebd.
43 Ebd.
44 Ebd.
45 Ebd.

und in der angefügten Antwort die „Eigenart der Synode" zu klären sucht.[46] Die Synode sei „eine besondere Form des kirchlichen Leitungsdienstes", deren Eigenart sich „aus dem von Christus gestifteten Wesen der Kirche" ergebe.[47] Die „Kirche als Volk Gottes" sei eben „keine Vereinigung rein menschlicher Art", in der alle Gewalt vom Volke ausgehe.[48] Die Leitung obliege den Bischöfen; sie konstituierten die Synode und übten in der Synode „ihren Leitungsdienst in kollegialer Verbundenheit" aus.[49] Es entspreche „der Praxis der Synode von alters her und den Aussagen des 2. Vat[ikanischen] Konzils, daß auch Priester und Laien an der Synode teilnehmen und mitwirken"; dagegen entsprächen einige der diskutierten Prinzipien nicht „dem Synodalprinzip der kirchlichen Überlieferung", so „[die] Freiheit der Synode, [die] Gleichstellung der Synodalen [und die] Unterordnung aller Organe unter die Vollversammlung".[50] Solche Prinzipien könnten in einer „Pastoralkonferenz mit bloß beratendem Charakter" umgesetzt werden, aber nicht in der Gemeinsamen Synode als „Form des kirchlichen Leitungsdienstes".[51] Hier zeigt sich die Abwehr demokratisierender Tendenzen innerhalb der Kirche, die mit einer Betonung der bischöflichen Autorität einherging.

Für die Synode hatten die Bischöfe kraft ihres Leitungsdienstes das Statut verabschiedet, das damit für Jaeger die verbindliche rechtliche Grundlage war. Deshalb erwartete er von den Synodalen „klare Kenntnis der Rechtsgrundlagen".[52] Zu einem späteren Zeitpunkt formulierte Jaeger seine Forderung, die Leitung der Synode müsse „die Vorschriften des Statuts, das vom Heiligem Vater genehmigt ist und an das wir gebunden sind", gewissenhaft beachten.[53] Denn „jegliche Nachgiebigkeit, jedes schweigende Hinnehmen von Grenzüberschreitungen" sei „eine schuldhafte Unterlassung", die sich „bitter rächen" werde, wenn am Schluss „die Bischöfe um des Gewissens willen und aus ihrer Verantwortung gegenüber der Kirche und dem Glauben die Zustimmung zu einer ganzen Anzahl von Beschlüssen nicht werden geben können".[54]

---

46 „Betr.: Antrag an die Deutsche Bischofskonferenz", o. D., EBAP, Nachlass Jaeger, 1034 Bll. 141-143. Die handschriftlichen Anmerkungen Jaegers belegen, dass er das Dokument zur Kenntnis genommen hat.
47 Ebd.
48 Ebd.
49 Ebd.
50 Ebd.
51 Ebd.
52 Protokoll über die APS-Veranstaltung mit Paderborner Synodalen „Wir fragen – die Synodalen antworten" (anhand einer Tonbandaufzeichnung erstellt), 28.6.1971, EBAP, Nachlass Jaeger, 1551.
53 Jaeger an Erwin Iserloh, 14.2.1972, EBAP, Nachlass Jaeger, 1033 Bl. 47.
54 Ebd.

Auch die Vorgabe, die Priester müssten auf der Synode die Mehrheit stellen, korrespondiert mit einem Standpunkt Jaegers. Im Hinblick auf die Sachkommission, der er selbst angehörte, stellte er fest: „Da die Kommission X auch sehr viele Bischöfe und Priester zu ihren Mitgliedern zählt, ist auch die Voraussetzung geschaffen, daß theologisch und kirchlich vertretbare Ergebnisse erarbeitet werden."[55] Dass es auch Priester waren, die als Priestergruppen eine innerkirchliche Opposition bildeten, scheint für Jaeger hier nicht von Bedeutung zu sein.[56] Gegenüber Vertretern der wissenschaftlichen Theologie zeigte sich der Kardinal hingegen mitunter skeptisch. Er lehnte den Vorschlag ab, jene Pastoraltheologen als Berater der Synodenkommissionen zu berufen, die am „Pastorale" mitgearbeitet hatten.[57] Denn die Bischöfe hätten schon gegen die einzelnen Faszikel dieser Handreichung Bedenken anmelden müssen; daher sei es nun „unmöglich", die Verfasser als Berater zu berufen.[58] „Wir dürfen diesen, auf eine ganz bestimmte Linie festgelegten Theologen nicht die Möglichkeit geben, über die Sachbereiche ihre einseitig akzentuierten schiefen und verzerrten Vorstellungen nun nochmal in die Synode einzubringen, wo wir dann denselben Ärger und Verdruß mit ihnen haben."[59] Vielmehr sollten als Berater „Männer und Frauen" ausgewählt werden, „die die Gewähr bieten, den Glaubenssinn der Kirche zu vertreten und in Treue zur Kirche und zum Hl. Vater zu stehen".[60]

Die von Rom formulierte Bedingung, Priester müssten die Mehrheit auf der Synode stellen, erinnerte an die kirchenrechtlichen Vorschriften für die Diözesansynode. Die Teilnahme von Laien bedeutete demgegenüber eine nachkonziliare Neuerung. Dazu sagte Jaeger im Frühjahr 1969 in einer Umfrage der katholischen Tageszeitung *Deutsche Tagespost*: „Die theologische Legitimation für eine grundsätzliche Beteiligung aller vier genannten Gruppen [Bischöfe, Priester, Ordensleute und Laien; d. Verf.] ist zwar noch nicht durch das Kirchenrecht, aber durch das Zweite Vatikanum – wenigstens der Basis nach – gegeben."[61] Bemerkenswert ist an dieser Stelle die von Jaeger verwendete theologische Begrifflichkeit. Er schlug vor, dass je zur Hälfte „das

---

55 Jaeger an Wilhelm Wissing, Vorsitzenden der Sachkommission X, 20.1.1971, EBAP, Nachlass Jaeger, 1034 Bl. 43. Ähnlich: Jaeger an Erwin Iserloh, 20.1.1971, EBAP, Nachlass Jaeger, 1033 Bl. 42.
56 Zu den Priestergruppen: vgl. Voges, Konzil, S. 87-100.
57 Jaeger an Hengsbach, 25.1.1971, EBAP, Nachlass Jaeger, 1034 Bl. 36. Jaeger nennt keine Namen einzelner Theologen. Zum „Pastorale": vgl. Voges, Konzil, S. 258-262.
58 Jaeger an Hengsbach, 25.1.1971, EBAP, Nachlass Jaeger, 1034 Bl. 36.
59 Ebd.
60 Ebd.
61 Deutsche Tagespost, 4.-5.4.1969, zit. n.: Synode '72, S. 96 f., hier 97.

besondere (Klerus) und das allgemeine Priestertum vertreten sein" solle – den Begriff Laien verwendete er nicht.[62]

In der Öffentlichkeit vertrat Jaeger den Beschluss der Bischofskonferenz loyal und mit einer positiven Einstellung. In der Umfrage der *Deutschen Tagespost* bekundete der Kardinal seine „volle Zustimmung"; die geplante Synode sei „nicht nur empfehlenswert, sondern notwendig" mit Blick auf die Zukunft der Kirche.[63] In derselben Umfrage erläuterte Jaeger das Modell der Gemeinsamen Synode:

> [D]ieselbe pastorale Situation [bedingt] in den Diözesen dieselben Fragen und Antworten, die eigentlich nur in Gemeinsamkeit aller guten Kräfte angegangen werden können. Manche in Aussicht genommene Diözesansynode wird von Überforderungen mannigfacher Art und Kompetenzschwierigkeiten befreit sein, wenn durch einen Rahmen großen Stils die nötigen Freiheitsräume und die Wege möglicher Konkretisierung kirchlichen Lebens aufgewiesen worden sind.[64]

In der Vorbereitungsphase erachtete Jaeger es im Hinblick auf die Konzentration der Kräfte als sinnvoll, die Diözesansynoden zusammenzulegen. Später, als sich die Synode 1972/73 in einer Krise befand, dachte er darüber anders. Im November 1972 stimmte er der Auffassung zu, „daß Diözesansynoden, die im Anschluß an das II. Vaticanum durchgeführt worden wären, heute eine große Erleichterung darstellen würden für die Arbeiten der Synode der [...] Bistümer in der BRD".[65] 1973 überlegte er, ob nicht in der besonderen Form der Synode eines ihrer Probleme liege:

> Die Synode rauscht nicht nur an Dorf und Kleinstädten vorbei. Sie erregt dort auch Unbehagen. In Großstädten nimmt man keine Notiz davon, es sei denn in kleinen esoterischen Kreisen. Ist überhaupt diese gemeinsame Synode ein Anliegen des gesamten gläubigen Volkes? Würde nicht eine Diözesansynode lebens- und wirklichkeitsnäher bleiben sowohl in der Themenauswahl wie in der Beweisführung und in den gewünschten Reformen? Mir scheint [...] diese Synode zu ‚hochgestochen' zu sein.[66]

Die Wahrnehmung, dass die Synode sich nach den regen Diskussionen der Vorbereitungszeit von der Basis entfernt hatte, teilte der Paderborner Erzbischof mit vielen Zeitgenossen. In dieser Äußerung führte er diese Entwicklung auch

---

62 Ebd.
63 Ebd., S. 96.
64 Ebd.
65 Jaeger an Weitmann, 7.11.1972, EBAP, Nachlass Jaeger, 1033 Bl. 35.
66 Jaeger an Freifrau Erika von Boeselager, 27.3.1973, EBAP, Nachlass Jaeger, 1032 Bl. 37rv.

auf das Konstrukt der gemeinsamen Synode zurück. Inwieweit die Erinnerung an die Diözesansynode 1948 mit ihren konkreten Themen und Beschlüssen seine Einschätzung beeinflusste, verrät Jaeger leider nicht.

Dass Jaeger hier die Distanz zwischen Synode und Gläubigen beklagte, passt dazu, dass er an anderer Stelle die Ansprache der Menschen ausdrücklich als Ziel der Synode nannte. Am 8. Dezember 1971 beantwortete Jaeger, wiederum in Vertretung für Döpfner, einige Fragen der italienischen Zeitung *Avvenire* zur Situation der Kirche in der BRD. Mit Blick auf die Synode schrieb Jaeger, die Kirche müsse aus einem „vertiefte[n] Engagement für den Menschen" heraus auf „die unaufgebbaren natürlichen und christlichen Werte hinweisen"; diese Werte seien „so zu formulieren [...], daß auch der kirchenferne moderne Mensch ihre Wichtigkeit" einsehe.[67] In Reaktion auf die allgemeine Autoritätskrise beschrieb Jaeger das Vorgehen der Kirche: „Sie kann dabei nicht ihre Autorität ins Spiel bringen, sondern die innere Überzeugungskraft dieser Grundsätze."[68] Jaeger wies der Synode zugleich eine innerkirchliche Aufgabe zu. Sie solle „die widerstrebenden Tendenzen und Kräfte des deutschen Katholizismus zu einer Einheit in der Kirche [...] integrieren, um einerseits dem legitimen Pluralismus in der Kirche Geltung zu verschaffen, andererseits auch die Grenzen dieses Pluralismus in der Kirche aufzuzeigen".[69]

Zur Zielstellung und zur Thematik der Synode hatte der Kardinal bereits im Jahr 1969 Stellung genommen: „Alle Themen sollen dazu dienen, eine Erneuerung im Geiste des Evangeliums anzustreben, wie sie das Konzil inspiriert hat".[70] Offenkundig im Wissen darum, dass der Begriff der Erneuerung[71] mit Blick auf die nachkonziliare Kirche unterschiedlich verstanden und verwendet wurde – er selbst interpretierte ihn auch im Hinblick auf die Einheit der Kirchen[72] –, präzisierte Jaeger seine Erwartung: „[I]ch meine die echte Erneuerung, wie sie in den Konzilsdokumenten ausführlich erläutert wird. Sie besteht in einer größeren Treue gegen die eigene Berufung der Kirche, in einer Neuwerdung des Geistes, aus der Selbstverleugnung und dem Anhauch des Heiligen Geistes, aus brüderlichem Dienst und in Herzensgüte, nicht aus negativer Kritik und Verfälschung des Glaubens."[73] Eine solche klare

---

67   Jaeger an Ciam Franco Sviderocoschi, Redakteur der Zeitung „Avvenire", 8.12.1971, EBAP, Nachlass Jaeger, 1362.
68   Ebd.
69   Ebd.
70   Deutsche Tagespost, 4.-5.4.1969, zit. n.: Synode '72, S. 96 f., hier 97.
71   Vgl. Voges, Konzil, S. 49 f.
72   Vgl. Jaeger, Bewegung, S. 340-342.
73   Deutsche Tagespost, 4.-5.4.1969, zit. n.: Synode '72, S. 96 f., hier 97. Jaeger zitiert hier aus dem Dekret des II. Vatikanischen Konzils über den Ökumenismus *Unitatis redintegratio* 6.

Ausrichtung, zumal auf die „Erneuerung im Geiste des Evangeliums", ließ die Synode in den Augen Jaegers vermissen. Als im Herbst 1972 die Zentralkommission der Synode die Zahl der Beratungsgegenstände reduzierte und dadurch den Widerspruch der Sachkommissionen hervorrief[74], schrieb Jaeger in einem Brief an P. Provinzial Adolf von Spreti SVD: „Es war von den Einberufern verabsäumt worden, der Synode eine klare Zielsetzung und eine festumrissene Aufgabenzuweisung zu geben."[75] Dieses Versäumnis könne nicht durch „mechanische Streichungen der ausgeuferten Arbeiten" gutgemacht werden; einen Ansatz zur Lösung der „Kalamität" fand Jaeger vielmehr im Beispiel des Konzils.[76] Die Synode brauche „die Tat, die Papst Paul VI. dem Vaticanum II geschenkt hat, indem er mit ordnender Hand das Leitthema dem Konzil stellte ‚Die Kirche'. Alle Aufgaben und seitherigen Arbeiten des Konzils waren einzuordnen und unterzuordnen diesem Gesamtthema."[77] Nun müsse für die Synode ein solches Leitthema, dem sich die Arbeiten der Sachkommissionen „einordnen und unterordnen" müssten, gefunden werden: „Nur so kann aus der Synode etwas Gescheites werden."[78] Als konkrete Leitlinie schlug Jaeger ein Thema vor, für das der Paderborner Professor Hugo Staudinger in der ersten Vollversammlung eine eigene Sachkommission der Synode gefordert hatte: „Glaubensnot und Glaubensverkündigung in einer wissenschaftlich-technischen Welt".[79] „[U]nter dieser Leitlinie", so Jaeger, „ließe sich alles, was an Not und Problemen heute die Gläubigen bedrückt, einfangen."[80] Obwohl Jaeger keineswegs der einzige war, der ein Leitthema forderte[81], hielt die Zentralkommission an dem gewählten Vorgehen fest und reduzierte die Zahl der Beratungsgegenstände.

Ein weiterer Aspekt, den Jaeger mit Blick auf die Synode zur Sprache brachte, war deren Verhältnis zur Öffentlichkeit. Jaeger rechnete damit, dass die öffentliche Meinung erheblichen Druck auf die Synode ausüben konnte,

---

74 Vgl. Lehmann, Einleitung, S. 61 f.
75 Jaeger an Pater Provinzial Adolf von Spreti SVD, 8.11.1972, EBAP, Nachlass Jaeger, 1033 Bl. 33rv.
76 Ebd.
77 Ebd.
78 Ebd.
79 Diesen Vorschlag hatte Jaeger möglicherweise von Alfred Weitmann übernommen: vgl. Jaeger an Weitmann, 7.11.1972, EBAP, Nachlass Jaeger, 1033 Bl. 35.
80 Jaeger an Pater Provinzial Adolf von Spreti SVD, 8.11.1972, EBAP, Nachlass Jaeger, 1033 Bl. 33rv.
81 Vgl. z. B. die Resolution der Sachkommission X, 15.-16.9.1972: „Eine sinnvolle Konzentration ist nur möglich, wenn die Synode sich auf ein Leitthema einigen kann. Nach den Ergebnissen der Meinungsumfrage kann dies nur die zentrale Frage des Glaubens in unserer Zeit sein." EBAP, Nachlass Jaeger, 1052 Bl. 246. Vgl. auch: Lehmann, Einleitung, S. 62.

und es war sein Bestreben, diese Wirkung möglichst gering zu halten. Als er sich am 24. November 1969 an den Substituten im Staatssekretariat, Giovanni Benelli, wandte, um eine baldige Approbation des Synodenstatuts zu erreichen, begründete Jaeger sein Drängen mit dem Einfluss der Presse: „Eine rasche Approbation ist umso mehr erwünscht, als sie unbedingt notwendig ist für die vorbereitenden Arbeiten, die in gewisser Weise durch die Presse behindert werden könnten. Die Presse ist bereits ausreichend in Bewegung, um im passenden Moment neue Argumente zu liefern, die sicherlich weder vom Heiligen Stuhl noch von der deutschen katholischen Kirche erwünscht sind."[82] In einer Antwort auf eine Anfrage Döpfners[83] schrieb Jaeger im Februar 1972, es müsse „ein Ausnahmefall" bleiben, die Zustimmung der Bischofskonferenz zum Druck einzuholen, „ohne daß diese zuvor unter sich die Vorlagen gründlich durchgearbeitet und durchdiskutiert" habe.[84] „Wenn diese Vorlagen erst im Druck in der Öffentlichkeit stehen und dort durchdiskutiert worden sind, lassen sie sich nicht mehr zurückrufen oder wesentlich abändern. Der Meinungsdruck der Öffentlichkeit ist dafür viel zu stark."[85] Zudem gehe es um Fragen, „die derart strukturverändernd sich auswirken können, daß den Bischöfen in der Leitung der Diözese die Zügel aus den Händen gerissen werden können".[86] Neben einer großen Vorsicht vor einem möglichen Einfluss der Öffentlichkeit auf die Beratungen und Entscheidungen der Synode kommt hier auch Jaegers Bestreben zum Ausdruck, die bischöfliche Amts- und Leitungsgewalt zu wahren.[87]

---

82 „Una rapida approvazione è desiderata tanto più quanto è assolutamente necessaria per I lavori preliminari che in qualche modo potrebbero esser osteggiati dalla stampa già abbastanza in movimento per presentare nuovi argumenti a proposito, che senzaltro non saranno graditi, nè alla Santa Sede nè alla Chiesa cattolica tedesca." Jaeger an Benelli, 24.11.1969, EBAP, Nachlass Jaeger, 1023 Bl. 154.
83 Vgl. Döpfner an die Mitglieder der DBK, 25.1.1972, EAM, Julius Kardinal Döpfner, 21 DBK, 1972/1, a. o. Vollversammlung in Essen-Heidhausen, 10.-13.4.1972.
84 Jaeger an Döpfner, 4.2.1972, EBAP, Nachlass Jaeger, 1031 Bl. 20. Döpfner erklärte vor der Vollversammlung, das schriftliche Umlaufverfahren sei ihm „als Ausnahme zumutbar" geschienen, da es nicht um die Vorlagen, sondern nur um die Beratungsgegenstände gegangen sei. Vorlage zur Vollversammlung der DBK in Freising, 21.-24.2.1972, EAM, Julius Kardinal Döpfner, 21 DBK, 1972/1, a. o. Vollversammlung in Essen-Heidhausen, 10.-13.4.1972.
85 Jaeger an Döpfner, 4.2.1972, EBAP, Nachlass Jaeger, 1031 Bl. 20.
86 Ebd.
87 Vgl. Jaeger an Fittkau, 7.2.1973, EBAP, Nachlass Jaeger, 755 Bl. 73. Im Zusammenhang mit einem Memorandum ökumenischer Institute schreibt Jaeger von dem Versuch, „durch plebiszitäre Abstimmungen einen Druck auf Bischöfe, Synode und Römische Kurie auszuüben".

In den verschiedenen Aspekten wird Jaegers teils positive, teils kritische, aber in jedem Fall loyale Haltung zur Gemeinsamen Synode deutlich. Die von der Bischofskonferenz beschlossene Form der Synode trug Jaeger mit, wobei ihm daran lag, die souveräne Entscheidungsfindung der Bischöfe vor dem Einfluss der Öffentlichkeit geschützt zu wissen. Jaeger sah in der Synode eine Möglichkeit, eine Erneuerung des Glaubens anzuregen, indem verschiedene Gruppen in der Kirche miteinander ins Gespräch kommen und gemeinsam Argumente entwickeln, um christliche Werte in der Gegenwart zu vertreten. Keinen Zweifel ließ der Paderborner Erzbischof daran, dass dies in Treue zum überlieferten Glauben der Kirche, in Übereinstimmung mit dem Papst und den Bischöfen geschehen müsse.

3 Lorenz Kardinal Jaeger als Vermittler zwischen Synode und Erzbistum

Durch die Konstruktion der Gemeinsamen Synode waren alle Synodalen, und unter ihnen nicht zuletzt die Bischöfe, gefordert, die Verbindung zwischen der Versammlung im mitunter fernen Würzburg und ihren jeweiligen Heimatdiözesen aufrechtzuerhalten. Kardinal Jaeger setzte sich auf verschiedene Weise dafür ein, dass das Erzbistum Paderborn sich an der Synode beteiligte und dass andersherum die Gemeinsame auch eine Paderborner Synode wurde. An dieser Stelle ist anzumerken, dass nur der Westteil der Erzdiözese an der Gemeinsamen Synode mitwirken konnte. An der Diözesansynode des Jahres 1948 hatten noch Vertreter aus dem Erzbischöflichen Kommissariat Magdeburg teilnehmen können.[88] Für die Gemeinsame Synode musste Jaeger feststellen: „Schmerzlich berührt der Gedanke, daß die Synode wegen der politischen Barrieren leider keine gesamtdeutsche Versammlung wird sein können."[89]

Dementsprechend richtete Jaeger im Januar 1970 „für den westlichen Anteil der Erzdiözese Paderborn" ein Synodalbüro „zur Bewältigung der sich mit der Vorbereitung und Durchführung der Gemeinsamen Synode [...] stellenden Aufgaben'"[90] ein, wie es auch in den anderen Bistümern geschah. Zu dessen Aufgaben gehörte es, „die *Beteiligung* möglichst vieler Glieder der Kirche von Paderborn an den Vorbereitungen der Synode und bei den Beratungen während der Synode zu *fördern; Informationen* und Anregungen zu *vermitteln*;

---

88 Vgl. Brandt/Hengst, Geschichte, S. 114.
89 Deutsche Tagespost, 4.-5.4.1969, zit. n.: Synode '72, S. 96 f., hier 96.
90 Information über die Errichtung des Synodalbüros, 14.1.1970, EBAP, Nachlass Jaeger, 1023 Bll. 149-152.

die *Aktivitäten* in der Erzdiözese zu *koordinieren; Stellungnahmen* aus der Erzdiözese zu sammeln und *weiterzugeben* [Hervorh. im Original; d. Verf.]".[91] Mit dem Synodalbüro stellte Jaeger die notwendige organisatorisch-institutionelle Verbindung zwischen dem Erzbistum und der Gemeinsamen Synode her.

Jaeger kannte oder ahnte die Schwierigkeit, in den Gemeinden das Interesse für die Synode zu wecken, wenn er in einem Schreiben an die Pfarrer, Pfarrvikare und Vorsitzenden der Gemeinderäte das pastorale Anliegen der Synode beschrieb: „Wir müssen zunächst in unseren Gemeinden das Bewußtsein dafür wecken, was es heißt, daß diese Synode in der Zusammenarbeit von Menschen aus allen Lebensbereichen Ordnungen beraten und beschließen wird, die uns dazu helfen sollen, den uns aufgetragenen Dienst wirksamer und glaubwürdiger zu tun."[92] Der Erzbischof drängte außerdem darauf, dass die zur Vorbereitung der Synode geplante Fragebogenaktion in seinem Bistum sorgfältig durchgeführt würde.[93] Um die Pfarreien zum Einsatz für die Verteilung der Fragebogen zu bewegen, begründete Jaeger die Umfrage ausführlich: „Nach der Auswertung dieser Umfrage wird ihr Ergebnis ein Datum von großem Gewicht sein. Es wäre unverantwortlich, wenn wir jetzt nicht so sorgfältig arbeiten würden, daß dieses Ergebnis, soweit es an uns liegt, auch ein wahres Bild gibt."[94] Auch der finanzielle Aspekt spielte eine Rolle. Die Umfrage werde aus Kirchensteuermitteln finanziert, und dies ließe sich „nur rechtfertigen, wenn wir am Ende der Synode von den Strukturen und vom Bewußtsein her besser fähig sind, unsere Aufgaben gerade auch im sozialen und caritativen Bereich zu erfüllen. Eine gleichgültige Behandlung der Fragenbogenverteilung würde schon jetzt verhindern, daß die Investitionen überhaupt wirksam werden."[95]

Jaeger vertrat das Anliegen der Synode auch persönlich, indem er an verschiedenen Veranstaltungen zur Synode teilnahm. Am 5. September 1970 eröffnete er die Wahlversammlung der Synodalen, am 24. Oktober 1970 und am 10./11. Januar 1972 nahm er an Konferenzen der Synodalen der Erzdiözese Paderborn teil.[96] Im Oktober 1970 brachte Jaeger gegenüber den anderen Synodalen wichtige Aspekte seines Synodenverständnisses zum Ausdruck. Er wies „auf die

---

91 Ebd.
92 Vgl. Jaeger an Pfarrer, Pfarrvikare, Vorsitzende der Pfarrgemeinderäte, 6.4.1970, EBAP, Nachlass Jaeger, 1023 Bll. 41-43.
93 Zur Fragebogenaktion: vgl. Voges, Konzil, S. 270-283.
94 Jaeger an Pfarrer, Pfarrvikare, Vorsitzende der Pfarrgemeinderäte, 6.4.1970, EBAP, Nachlass Jaeger, 1023 Bll. 41-43, hier 42.
95 Ebd.
96 Vgl. Protokoll über Wahl der Paderborner Synodalen, 5.9.1970, EBAP, Nachlass Jaeger, 1024 Bll. 26-30; Synodalkonferenz der Erzdiözese Paderborn, 24.10.1970, EBAP, Nachlass Jaeger, 1024 Bll. 8-10; Kurzbericht der 5. Synodalkonferenz am 10.-11.1.1972 in Schwerte, EBAP, Nachlass Jaeger, 1032 Bll. 183-185.

notwendige Klärung des Selbstverständnisses der Synodalen hin, die frei, nur ihrer Gewissensentscheidung folgend, in der Synode aufgrund eingehender Sachstudien zu arbeiten hätten".[97] Außerdem erläuterte der Erzbischof den liturgischen Rahmen der Synode. Dieser sei „kein zufälliges Element, sondern notwendiger Ausdruck dafür, daß die Synode in dieser Welt stattfindet, in der der Geist Gottes am Werk ist, in der aber auch die Mächte des Bösen ebenso ernst genommen werden müssen, wie es Papst Johannes vor dem Konzil gesehen und gesagt hat".[98] Hier zeigt sich einmal mehr die prägende Erfahrung des Konzils, aber auch eine geistliche Deutung der Synode.

Später brachte der Erzbischof selbst Vorschläge ein, um mit der Synode verbundene Probleme im Bistum zu lösen.[99] Im Hinblick auf die Herausforderung, den „Abstand zwischen der öffentlichen Seelsorge und der Arbeit der Synode" zu überwinden, schlug er beispielsweise im Januar 1972 vor, „die Seelsorger dekanatsweise oder gebietsweise zu Seelsorgertagungen einzuladen, bei denen zunächst die grundsätzlichen Schwierigkeiten, die für die Zurückhaltung der Geistlichen verantwortlich zu sein scheinen, angegangen werden sollen".[100] Im Hinblick auf das Engagement des Klerus für die Synode war offensichtlich eine gewisse Ernüchterung eingetreten. Ein gutes halbes Jahr zuvor hatte sich der Kardinal auf einer Veranstaltung der Arbeitsgemeinschaft Paderborner Seelsorger „stark beeindruckt" gezeigt „von dem großen Teilnehmerkreis und dem daraus ersichtlichen Interesse so vieler Mitbrüder an der Synode".[101] Die Rolle der Priester umschrieb Jaeger als „die ersten Multiplikatoren und Wegbereiter für den Erfolg der Synode".[102] Hier spiegelte sich auf diözesaner Ebene das nachlassende Interesse an der Synode, das sich bald nach deren Konstituierung bemerkbar machte.

Für die Verbindung zwischen dem Erzbistum Paderborn und der Gemeinsamen Synode spielten schließlich die beiden Weihbischöfe eine wichtige Rolle. Jaeger band Paul Nordhues und Johannes Joachim Degenhardt seit 1967 als Bischofsvikare für die Caritas und für die Seelsorge in die Leitung der

---

97 Synodalenkonferenz der Erzdiözese Paderborn, 24.10.1970, EBAP, Nachlass Jaeger, 1024 Bll. 8-10.
98 Ebd.
99 Vgl. auch Protokoll der Konferenz des Synodalbüros des Erzbistums Paderborn für die Synodalen und die Leiter von Bildungseinrichtungen, 11.1.1972, EBAP, Nachlass Jaeger, 1032 Bll. 186-188.
100 Kurzbericht der 5. Synodalenkonferenz am 10.-11.1.1972 in Schwerte, EBAP, Nachlass Jaeger, 1032 Bl. 185.
101 Protokoll über die APS-Veranstaltung mit Paderborner Synodalen „Wir fragen – die Synodalen antworten", 28.6.1971, EBAP, Nachlass Jaeger, 1551.
102 Ebd.

Erzdiözese ein.¹⁰³ Auch im Hinblick auf die Synode arbeiteten die Paderborner Bischöfe zusammen. So ist in einer Übersicht über Stellungnahmen zum Statut festgehalten, dass Weihbischof Degenhardt seine Anmerkungen „auch im Auftrag von Kardinal Jaeger und Weihbischof Nordhues" eingesandt hatte.¹⁰⁴ Weihbischof Degenhardt übernahm gelegentlich die Funktion eines Stellvertreters von Kardinal Jaeger, die durch seine Wahl zum Kapitularvikar 1973 gleichsam nachträglich bestätigt wurde.¹⁰⁵ Darüber hinaus engagierten sich Degenhardt und Nordhues, die als Mitglieder der Bischofskonferenz an der Synode teilnahmen, in der Synodenarbeit – Nordhues war bis Februar 1973 Vorsitzender der Sachkommission III „Christliche Diakonie" – und wirkten auf diese Weise als Multiplikatoren der Synode im Erzbistum.¹⁰⁶

4 Lorenz Kardinal Jaegers Mitarbeit in der Sachkommission X der Gemeinsamen Synode der Bistümer in der BRD

Es lag nahe, dass der Ökumeniker Jaeger in der Synode der Sachkommission X „Gesamtkirchliche und ökumenische Kooperation" zugeteilt wurde.¹⁰⁷ Hier konnten Jaegers Erfahrungen und Verbindungen von großem Nutzen sein, wie es auch der Vorsitzende der Sachkommission, Prälat Wilhelm Wissing, einschätzte: „Ich erhoffe mir von Ihrer Mitarbeit gerade bei den oekumenischen Fragen eine hervorragende Hilfe, vor allem im Hinblick darauf, daß auch Initiativen am Ort in der Bahn des Gesamten gesehen werden müssen."¹⁰⁸ In Reaktion auf Wissings Schreiben schlug Jaeger Berater der Sachkommission

---

103 Vgl. Brandt/Hengst, Geschichte, S. 145.
104 Niederschrift der Sitzung der „Studiengruppe Bischofskonferenz-Zentralkomitee", 12.3.1969, AZdK, Synode 60/1, 1.
105 Am 6.3.1970 lud Degenhardt die Mitglieder des Priesterrats „im Namen und Auftrag des Herrn Erzbischofs" ein: EBAP, Nachlass Jaeger, 1023 Bl. 99. Im Laufe der Wahlversammlung der Synodalen übergab Jaeger „die Funktion des Vorsitzes und der Verkündigung des Ergebnisses" an Weihbischof Degenhardt. Protokoll über Wahl der Paderborner Synodalen, 5.9.1970, EBAP, Nachlass Jaeger, 1024 Bl. 28.
106 Vgl. Nordhues' Stellungnahme zum Statutenentwurf, 5.3.1969, AEK, Archiv der DBK, Würzburger Synode, 598; zur Beteiligung Degenhardts an der Vorbereitung: vgl. Voten zur Fragebogenaktion und Repräsentativumfrage, [Dezember 1969], AEK, Archiv der DBK, Würzburger Synode, 600.
107 Die innerhalb der Arbeit der Synode von Jaeger geäußerten Positionen und Beiträge zur Ökumene können im Rahmen dieses Beitrags nicht im Einzelnen ausgewertet, sondern nur stichwortartig referiert werden. Eine theologische Untersuchung der Beiträge Jaegers zum Beschluss „Pastorale Zusammenarbeit der Kirchen im Dienst an der christlichen Einheit" wäre indes wünschenswert.
108 Wissing an Jaeger, 19.1.1971, EBAP, Nachlass Jaeger, 1358 Bl. 243.

vor und nannte Themen für den Arbeitsbereich „Ökumene am Ort".[109] Diese „Prioritätenliste" zeigt, wo Jaeger zu dieser Zeit, Anfang 1971, die Herausforderungen für die Ökumene sah und wo er Ansatzpunkte für die Arbeit der Synode ausmachte. Aus seiner Sicht galt es, zunächst Fragen zum Verhältnis von „Lokalkirche und Gesamtkirche" zu klären: „Was bedeutet Lokalkirche nach evangelischer und nach katholischer Auffassung? [...] Welche Kompetenzen kommen der Lokalkirche zu? und welche nicht? [...] Wie müssen dementsprechend die Beziehungen zwischen Lokal- und Gesamtkirche näher bestimmt und realisiert werden?"[110] In einem zweiten Teil benannte Jaeger „Möglichkeiten der Zusammenarbeit vor Ort", die neben bekannten Formen der Kooperation wie ökumenischen Gottesdiensten und gemeinsamen Bibelkreisen teilweise weitgehende Ideen erkennen lassen. Beispielsweise notiert Jaeger für den Bereich der gemeinsamen Seelsorge die Frage einer „gemeinsame[n] Studentenseelsorge"; mit Blick auf die „Zusammenarbeit in Bildungsfragen" stellt er die Frage nach einem „gemeinsame[n] Religionsunterricht [in] Berufsschulen [oder] höhere[n] Klassen der Gymnasien"; und unter dem Punkt „Kooperation in der Sozialarbeit" führt er die Stichwörter „Kindergärten" und „Krankenhäuser" auf.[111] Dabei ging es Jaeger wohl um das, was er im Hinblick auf eine gemeinsame Öffentlichkeitsarbeit ausdrücklich formulierte: die „Vertretung christlicher Belange".[112]

In der Sachkommission X arbeitete Jaeger am Synodenbeschluss zur Ökumene mit, der zunächst unter der Überschrift „Ökumene am Ort", später unter dem Titel „Pastorale Zusammenarbeit der Kirchen im Dienst an der christlichen Einheit" stand.[113] Dabei zielten seine Beiträge vor allem auf die Wahrung des katholischen Glaubens und eine vertretbare theologische Grundlegung ökumenischer Ansätze. Dass Jaeger in Fragen der Ökumene eine klare Position vertrat, belegen handschriftliche Randnotizen in seinen persönlichen Akten. Frühe Entwürfe zum ursprünglichen Thema „Ökumene am Ort" kommentierte er beispielsweise mit „Kommt über allgemeine Überlegungen nicht hinaus" oder mit „Zu primitiv, zu billig!", problematische Über-

---

109 Jaeger an Wissing, 18.2.1971, EBAP, Nachlass Jaeger, 1358 Bll. 241 f. Als Berater der Sachkommission X schlug Jaeger darin Erwin Iserloh, Peter Bläser und Peter Manns vor. Vgl. auch Jaegers Vorschläge für nichtkatholische Sachverständige: Jaeger an Wissing, 10.1.1972, EBAP, Nachlass Jaeger, 1050 Bl. 122. Zur Frage nichtkatholischer Vertreter, Berater und Sachverständiger: vgl. Voges, Testfall, bes. S. 209-218.
110 Jaeger an Wissing, 18.2.1971, EBAP, Nachlass Jaeger, 1358 Bll. 241 f.
111 Ebd.
112 Ebd.
113 Zur Entstehung des Synodenbeschlusses „Pastorale Zusammenarbeit der Kirchen im Dienst an der christlichen Einheit": vgl. Voss, Einleitung; Plate, Konzil, S. 90. f.; Müller, Aufbruch, S. 312 f.

legungen zur ökumenischen Konzelebration mit „Opportunismus!"[114] Waren dies offensichtlich interne Vermerke, so steuerte Jaeger zur Textarbeit der Kommission Anmerkungen und Entwürfe bei. Beispielsweise erläuterte er das im Ökumenismusdekret des II. Vatikanums angewandte Prinzip der *hierarchica veritatum*, um die Missverständlichkeit einer Formulierung in der Synodenvorlage zu erklären.[115] Weitere Anmerkungen mahnten, Aussagen zu innerkirchlicher Pluralität genauer zu fassen und bestehende „sachliche Differenzen" zwischen katholischer und evangelischer Kirche nicht zu übergehen, indem sie als bloße „Verschiedenheit der Aspekte, der Wertungen, der Sprache" verstanden würden.[116] Deutlich machte Jaeger auch seine Position, dass der Glaube der Kirche die Norm für das Gewissen des Einzelnen bilde.[117] Zu der in der Vorlage aufgestellten Forderung, in der „Ökumene am Ort" „verantwortbare und mutige Schritte" in Richtung Einheit zu gehen, fragte Jaeger: „Geht es hier um Schritte, die der Einzelne vor seinem Gewissen glaubt verantworten zu können, oder um Schritte, die objektiv von der Sache her, daß heißt vom Glauben und von der Struktur der Kirche her verantwortet werden können?"[118] Jaeger betonte, dass nur im letzteren Fall bestimmte Forderungen berechtigt seien.

In der Sachkommission zeichnete Jaeger sich nicht nur durch seine theologische Kenntnis und Klarheit, sondern auch durch seine Anerkennung in katholischen und in nichtkatholischen Kreisen sowie durch seine Erfahrung

---

114 Peter Lengsfeld, Ökumene am Ort; Prof. Gerhard Koch, Modell vom gemeinsamen Gottesdienst zur Zusammenarbeit. Beides in: EBAP, Nachlass Jaeger, 1049 Bll. 113-118; Alfred Weitmann, Mögliche Schritte zu einer gemeinsamen Eucharistiefeier, EBAP, Nachlass Jaeger, 1052 Bll. 261-268.
115 Anmerkungen zu der Grundsatzerklärung „Ökumene am Ort", 6.1.1972, EBAP, Nachlass Jaeger, 1050 Bll. 184-186, hier 184: „Wenn das 2. Vatikanum von dem Grundsatz der hierarchica veritatum spricht und dessen Anwendung für das Verhältnis zu den anderen christlichen Konfessionen befürwortet, so ist sich das Konzil immer bewusst gewesen, dass damit eine Einschränkung der Einheit des Glaubens gegeben ist, aber diese eingeschränkte Glaubenseinheit ein gemeinsames Handeln, auch bis hin zur Kommuniongemeinschaft, nicht ausschliesst. Die Einheit des Glaubens hat nach dem 2. Vatikanischen Konzil Stufungen und Grade und das Konzil legt Gewicht darauf, dass diese Grade eben nach dem Axiom der hierarchica veritatum bestimmt werden, aber es sagt nicht, dass die Einheit des Glaubens schlechthin mit der Leugnung bestimmter katholischer Wahrheiten verbunden sein kann." Jaeger bezieht sich auf die Vorlage „Ökumene am Ort": EBAP, Nachlass Jaeger, 1050 Bll. 47-62.
116 Anmerkungen zu der Grundsatzerklärung „Ökumene am Ort", 6.1.1972, EBAP, Nachlass Jaeger, 1050 Bll. 184-186, hier 185.
117 Vgl. ebd., Bl. 186.
118 „Ökumene am Ort". Änderungsvorschläge, Anregungen und kritische Stellungnahmen, EBAP, Nachlass Jaeger, 1050 Bll. 63-74, hier 74.

im ökumenischen Gespräch aus. Von verschiedenen Seiten wurde er in bestimmte Vorgänge eingebunden und um seine Einschätzung gebeten. Beispielsweise teilte die Nuntiatur die Bemerkungen des Einheitssekretariates zur Ökumenevorlage der Synode nicht nur Döpfner, sondern auch Jaeger mit.[119] Die zweite Einlassung des Präfekten des Sekretariats für die Einheit der Christen, Johannes Kardinal Willebrands, bezog sich auf den Abschnitt „Konfessionsverschiedene Ehen".[120] Darin riet Willebrands sowohl davon ab, das Ehehindernis der Konfessionsverschiedenheit aufzuheben, als auch davon, die Vollmacht, von der Formpflicht zu dispensieren, an die Pfarrer zu übertragen. Diese Punkte wurden seitens der Bischofskonferenz auch in die vierte Vollversammlung der Synode im November 1973 eingebracht; dennoch beschlossen die Synodalen die in der Vorlage enthaltenen Voten, die Willebrands abgelehnt hatte. Als Jaeger im Januar 1974 dem Nuntius einen Bericht über die vierte Vollversammlung schickte, mahnte er im Begleitschreiben: „Auf keinen Fall sollte aber Rom die beiden beschlossenen Voten genehmigen."[121] Degenhardt habe die Gründe, die für eine Ablehnung sprechen, in seiner Stellungnahme, die er im Auftrag der Bischofskonferenz vorgetragen habe, „klar und überzeugend formuliert".[122] Hier zeigt sich einerseits Jaegers Bemühen, dem römischen Anliegen, das er wohl auch inhaltlich teilte, zu entsprechen.[123] Andererseits setzte er auf die römischen Stellen, um Vorstöße der Synode, die aus seiner Sicht zu weit gingen, abzuwehren.[124]

---

119   Bafile an Jaeger, 24.4.1973, EBAP, Nachlass Jaeger, 1030 Bll. 103-105; Mario Carlomagno, Nuntiatur, an Jaeger, 20.9.1973, EBAP, Nachlass Jaeger, 1030 Bll. 97-102.

120   Vgl. Bemerkungen des Sekretariats für die Einheit der Christen zum Abschnitt „Konfessionsverschiedene Ehen" der Synodenvorlage „Pastorale Zusammenarbeit der Kirchen im Dienst an der christlichen Einheit", Brief Willebrands' an Bafile, 14.9.1973, EBAP, Nachlass Jaeger, 1030 Bll. 101 f. Willebrands bezieht sich auf die Veröffentlichung in: Synode 5/1973, S. 41-43.

121   Jaeger an Bafile, 2.1.1974, EBAP, Nachlass Jaeger, 1357 Bl. 18; Bericht über die Behandlung der Vorlage der Kommission X: „Die Pastorale Zusammenarbeit der Kirchen im Dienst an der Christlichen Einheit" auf der Vollversammlung der Gemeinsamen Synode der Bistümer in der BRD vom 21.-23.11.1973 – Würzburg, 31.12.1973, EBAP, Nachlass Jaeger, 1357 Bll. 19-25. Der Bericht stammt ursprünglich von Peter Bläser.

122   Jaeger an Bafile, 2.1.1974, EBAP, Nachlass Jaeger, 1357 Bl. 18.

123   Vgl. auch Jaegers Antwort an Bafile, 5.5.1973, EBAP, Nachlass Jaeger, 1030 Bl. 106: „Ich werde in der Sachkommission X die Beanstandungen des Einheitssekretariates einbringen und dafür sorgen, daß der Text in diesen Punkten korrekt wird."

124   Willebrands hatte außerdem mit Blick auf die Gastarbeiter angemerkt, dass ein Hinweis „auf die konfessionsverschiedenen Ehen mit den *orientalischen* [Hervorheb. im Original; d. Verf.] Nichtkatholiken" völlig fehle. Willebrands an Bafile, 14.9.1973, EBAP, Nachlass Jaeger, 1030 Bll. 101 f., hier 102. Diesen Hinweis nahmen Jaeger und Degenhardt in ihrer Stellungnahme für die Bischofskonferenz ebenfalls auf: vgl. Stellungnahme zum Synodenentwurf „Pastorale Zusammenarbeit der Kirchen im Dienst an der christlichen Einheit",

Auch in der DBK war Jaegers Meinung gefragt. Im April 1972 rumorte es in der Sachkommission X, nachdem die Zentralkommission das bis dahin bearbeitete Thema „Ökumene am Ort" in „Pastorale Zusammenarbeit der Kirchen im Dienst an der christlichen Einheit" umbenannt hatte. Nach der Kommissionssitzung wandte sich der Würzburger Bischof Josef Stangl an Döpfner und Jaeger und schlug unter anderem vor, die beiden sollten Gespräche mit den Beratern Heinrich Fries und Peter Bläser führen, denn „diese Herren könnten bei der nächsten Zusammenkunft der Kommission manche Schwierigkeiten abfangen".[125] Jaegers Reaktion darauf lässt einmal mehr sein Denken in gegebenen Ordnungen und Verfahren erkennen. Die Unzufriedenheit in der Kommission konnte er schon aufgrund der vorausgegangenen Diskussion nicht verstehen, aber er fügte noch hinzu: „Wenn die Zentralkommission der Synode das Thema geändert hat durch die neue Formulierung [...], so ist das ihr gutes Recht, denn tatsächlich ist das Thema ‚Ökumene am Ort' nicht von der Zentralkommission aufgestellt worden, sondern ist eine eigenmächtige Formulierung".[126] Da die Zentralkommission gemäß dem von Rom gebilligten Statut gehandelt hatte, gab es für Jaeger keinen Grund einzuschreiten.

Im Oktober 1972 fragte Josef Homeyer, Sekretär der Bischofskonferenz und zugleich der Gemeinsamen Synode, den Paderborner Erzbischof, wie hinsichtlich der geplanten Erklärung zu „Kirche und Judentum" weiter vorzugehen sei.[127] Ursprünglich war die Sachkommission X damit beauftragt, diese Erklärung, die allerdings nicht zustande kam, auszuarbeiten.[128] In seiner Antwort schilderte Jaeger die Entstehungsgeschichte der Erklärung, die er selbst ausdrücklich

---

spez. 6.7 („Konfessionsverschiedene Ehen"), 15.-16.10.1973, EBAP, Nachlass Jaeger, 1030 Bll. 78-81, hier 80 f.
125 Stangl an Döpfner und Jaeger, 17.4.1972, EBAP, Nachlass Jaeger, 1051 Bll. 223-225, hier 225.
126 Jaeger an Stangl, 3.5.1972, EBAP, Nachlass Jaeger, 1051 Bl. 222. Stangl hatte ein Gespräch Jaegers mit Peter Bläser vorgeschlagen; Jaeger ging in seinem Schreiben dagegen von einem Gespräch mit Heinrich Fries und Peter Lengsfeld aus, das jedoch nicht verhindern könne, „daß bei der Synode Emotionen hochgespielt werden".
127 Homeyer an Jaeger, 4.10.1972, EBAP, Nachlass Jaeger, 1031 Bl. 16.
128 Vgl. Lehmann, Einleitung, S. 63. Vgl. auch: Protokoll der Sitzung der Sachkommission X am 3.-4.3.1972, EBAP, Nachlass Jaeger, 1050 Bll. 13-17, hier 15; Antwort der Sachkommission X auf die Fragen der Zentralkommission vom 17.2.1972 (Ludwig Wiedenmann, 14.3.1972), EBAP, Nachlass Jaeger, 1050 Bll. 5 f.; Jaegers Bericht über die Arbeit der Sachkommission X für die Vollversammlung der DBK 10.-13.4.1972, 31.3.1972, EBAP, Nachlass Jaeger, 1051 Bll. 227-230, hier 229; Franz Mußner an Präsidium und Zentralkommission der Synode, 11.9.1972, EBAP, Nachlass Jaeger, 1032 Bll. 49-51; Entwürfe einer Erklärung des Präsidenten der Gemeinsamen Synode der Bistümer in der BRD, EBAP, Nachlass Jaeger, 1032 Bll. 52-61.

wünschte, und beschrieb das von Döpfner geplante Vorgehen.[129] Danach hielt Döpfner „eine Erörterung dieser Frage durch die Synode für untunlich"; stattdessen wolle dieser sich eine „ausgewogene Erklärung" zu eigen machen und „dann die Synode bekanntmachen mit der Zweckdienlichkeit und dem Nutzen einer solchen Erklärung, um dann ohne Debatte über Einzelheiten diese Erklärung im eigenen Namen und mit Zustimmen der Synode der Öffentlichkeit zu übergeben".[130]

Im November 1972 berichtete Jaeger vor der Vollversammlung der Bischofskonferenz über die Vorlage „Pastorale Zusammenarbeit der Kirchen im Dienst an der christlichen Einheit".[131] Der Sachkommission wiederum brachte er die Stellungnahme der Bischofskonferenz zur Kenntnis.[132] In der Stellungnahme, die eindeutig auf Jaegers Gutachten[133] zurückgeht, wird kritisiert, dass die Umstellung vom ursprünglichen Ansatz „Ökumene am Ort" zur neuen Thematik nicht durchgängig sei. Wegen der „Dehnbarkeit mancher Formulierungen" könne die Vorlage in der Praxis verschieden interpretiert werden und „zu Missverständnissen und unzulässigen Konsequenzen" führen.[134] Mit Blick auf die „sehr stark" benutzte „induktive Methode" wird angemerkt, diese berge die Schwierigkeit, „daß über der Wertschätzung religiöser Erfahrung die inhaltliche Glaubensaussage zu kurz" komme.[135] Bei der Beschreibung der Verhältnisse zwischen den verschiedenen Kirchen und Konfessionsgemeinschaften vernachlässige die Vorlage die „ekklesiologischen Voraussetzungen".[136] Nach allgemeineren Anmerkungen zum praktischen Teil schließt die Stellungnahme mit dem Wunsch, „daß die Vorlage durch die Erörterung in der Voll-

---

129 Jaeger an Homeyer, 10.10.1972, EBAP, Nachlass Jaeger, 1031 Bl. 15. Vgl. das Schreiben von Franz Mußner vom 11.9.1972: „Auch Herr Kardinal Jaeger wünscht ausdrücklich ein solches Wort der Synode und hat mich deshalb beauftragt, im Namen der Kommission [für ökumenische Fragen der DBK; d. Verf.] einen entsprechenden Antrag an Präsidium und Zentralkommission der Synode der deutschen Bistümer einzubringen." Franz Mußner an Präsidium und Zentralkommission der Synode, 11.9.1972, EBAP, Nachlass Jaeger, 1032 Bll. 49-51, hier 49.
130 Jaeger an Homeyer, 10.10.1972, EBAP, Nachlass Jaeger, 1031 Bl. 15.
131 Vgl. Beratungsgegenstände der DBK, 22.-23.11.1972, EBAP, Nachlass Jaeger, 1027 Bl. 105.
132 Vgl. Protokoll der Sitzung der Sachkommission X am 24.-25.11.1972, EBAP, Nachlass Jaeger, 1052 Bll. 186-195.
133 Gutachten zur Vorlage *Pastorale Zusammenarbeit der Kirchen im Dienst an der christlichen Einheit* von Sachkommission X, 22.-23.11.1972, EBAP, Nachlass Jaeger, 1043 Bll. 136-142.
134 Stellungnahme der DBK zur Vorlage der Sachkommission X: „Pastorale Zusammenarbeit der Kirchen im Dienst an der christlichen Einheit", 22.-23.11.1972, EBAP, Nachlass Jaeger, 1052 Bl. 196.
135 Ebd.
136 Ebd.

versammlung der Synode die erforderliche Klärung und Vervollkommnung erfährt".[137] Seitens der Bischofskonferenz brachte Jaeger hier deutliche Vorbehalte zum Ausdruck.

Zwischen der dritten und vierten Vollversammlung, als die Sachkommission die in der ersten Lesung heftig diskutierte Ökumenevorlage überarbeitete, war Jaeger wiederum eine zentrale Figur. Über die Nuntiatur erreichten ihn die Eingaben des Einheitssekretariats, für die Bischofskonferenz sollte er in Absprache mit den bischöflichen Mitgliedern der Sachkommission die Frage beantworten, „ob sich [...] erhebliche Bedenken von Seiten der Bischofskonferenz oder möglicherweise auch von Rom her ergeben könnten".[138] Die Überarbeitung des relevanten, theologischen Teils der Vorlage zog sich hin.[139] Deshalb schickte Jaeger am 20. Juni 1973 einen „Zwischenbescheid" an Homeyer.[140] Bezüglich des neu eingefügten Abschnitts über die „Mischehen" merkte Jaeger an, die beiden Nummern zur Kindererziehung in gemischtkonfessionellen Ehen müssten „den Weisungen der Glaubenskongregation angepaßt werden".[141] Dann listete er die für den theologischen Teil beschlossenen Änderungen auf und kam „im ganzen" zu der Einschätzung, „daß die Sachkommission jetzt den Wünschen der Bischofskonferenz sehr nahe gekommen ist".[142] Ein abschließendes Urteil sei erst möglich, wenn der ganze Text vorliege, aber er glaube, vorab „sagen zu können, daß die Zentralkommission den neuen Entwurf ohne Bedenken passieren [lassen] und für die Vollversammlung im Herbst vorlegen kann".[143] Dass dieses Urteil nicht mit den anderen Bischöfen, die der Sachkommission angehörten, abgestimmt war, dürfte die Bedeutung von Jaegers Votum kaum gemindert haben.

Seitens der Bischofskonferenz hatte Jaeger auch die Abstimmung zwischen verschiedenen Initiativen in der Ökumene im Blick. In seiner Stellungnahme zum Synodenpapier über „Konfessionsverschiedene Ehen" wies Jaeger darauf hin, dass fast zur gleichen Zeit zwei Dokumente zu diesem Thema erarbeitet worden seien. Früher als die Synodenkommission hatte eine vom Rat der Evangelischen Kirche in Deutschland und der DBK eingesetzte Gemeinsame Kommission für konfessionsverschiedene Ehen „Gemeinsame

---

137 Ebd.
138 Homeyer an Jaeger, 2.5.1973, EBAP, Nachlass Jaeger, 1052 Bl. 48. Homeyer erinnert darin an ein entsprechendes Schreiben Döpfners vom 19.3.1973.
139 Vgl. Jaeger an Homeyer, 15.5.1973, EBAP, Nachlass Jaeger, 1052 Bl. 50.
140 Jaeger an Homeyer, 20.6.1973, EBAP, Nachlass Jaeger, 1030 Bll. 92-96.
141 Ebd., 92.
142 Ebd., 96.
143 Ebd.

kirchliche Empfehlungen für die Ehevorbereitung konfessionsverschiedener Partner" erarbeitet und am 14. März 1973 verabschiedet. Angesichts dieser Überschneidung drängte Jaeger darauf, das Synodenpapier so weit wie möglich den „Gemeinsamen kirchlichen Empfehlungen" anzugleichen, „um eine Doppelgeleisigkeit der katholischen Stellungnahme bezüglich der konfessionsverschiedenen Ehen" zu vermeiden.[144] Über dieses Anliegen informierte er die Sachkommission X und die Bischofskonferenz.[145] Die Sachkommission dankte Jaeger für die „faire Information" in der Sitzung am 28./29. September 1973 und teilte mit, dass es grundsätzlich keine Bedenken gebe, für die Abstimmung der beiden Texte zu sorgen.[146] Jaeger hatte an diese Sitzung noch andere Erinnerungen. In einem Schreiben an Homeyer berichtete er, die Sachkommission habe es zunächst für „gut und auch notwendig" gehalten, dass beide Texte übereinstimmten: „Dann aber brach doch das m. E. übersteigerte Selbstbewußtsein der Synodalen durch, die glauben, von außen keinerlei Anregungen übernehmen zu können; die den Verdacht abwehren wollten, sie hätten abgeschrieben von der gemeinsamen Erklärung der bischöflichen Gremien".[147] Er fügte hinzu, dass sich die Sachkommission nach seiner Abreise doch dazu „durchgerungen" habe, „sachlich [seine] Vorschläge anzunehmen".[148] Während die Sachkommission – bei sachlicher Übereinstimmung – wohl die Unabhängigkeit der Synode von der Bischofskonferenz demonstrieren wollte, genügte es Jaeger hier, die Sache durchgesetzt zu haben.

Der Paderborner Erzbischof war auch für einige Mitglieder der Sachkommission eine wichtige Ansprechperson, die sie über ihr jeweiliges Anliegen frühzeitig in Kenntnis setzten. Domkapitular Erich Klausener, Leiter des Seelsorgeamtes in Berlin, informierte Jaeger eigens über seine Überlegungen zur Vorlage der Arbeitsgruppe Ökumene.[149] Während der Arbeit am ersten Entwurf der Ökumenevorlage dankte der Rottenburger Domdekan Alfred Weitmann, der in der Sachkommission X die Arbeitsgruppe „Ökumene" leitete, Jaeger für dessen „kritische Bemerkungen" und leitete ihm „die vorletzte

---

144 Jaeger, o. D. [September 1973], Stellungnahme zum Synodenpapier über „Konfessionsverschiedene Ehen", EBAP, Nachlass Jaeger, 1030 Bll. 87-91, hier 87.
145 Weitmann an Jaeger, 4.10.1973, EBAP, Nachlass Jaeger, 1030 Bll. 83-86; Jaeger an die Mitglieder der DBK, 8.10.1973, EBAP, Nachlass Jaeger, 1030 Bll. 77-81.
146 Weitmann an Jaeger, 4.10.1973, EBAP, Nachlass Jaeger, 1030 Bll. 83-86, hier 83. Vgl. auch: Protokoll der Sitzung der Sachkommission X am 28.-29.9.1973, EBAP, Nachlass Jaeger, 1030 Bll. 109-114, hier 111 f.
147 Jaeger an Homeyer, 9.10.1973, EBAP, Nachlass Jaeger, 1357 Bll. 122 f., hier 122v.
148 Ebd.
149 Klausener an Jaeger, 2.2.1972, EBAP, Nachlass Jaeger, 1050 Bl. 76. Ähnlich Klausener an Jaeger, 28.6.1972, EBAP, Nachlass Jaeger, 1051 Bl. 52.

Fassung" zu, damit dieser sein Votum für die Bischofskonferenz vorbereiten könne.[150] Gleichzeitig warb er dafür, einen „ekklesiologische[n] Passus" einzufügen; dies war bis dahin nicht geschehen, weil Weitmanns Mitredaktoren die Ansicht vertraten, „eine solche Änderung des Textes ginge über den Redaktionsauftrag hinaus".[151] Jaeger hingegen fand Weitmanns Textvorschlag „vorzüglich" und sah eine solche Einfügung durch den Redaktionsauftrag gedeckt.[152] Im Oktober 1972 wandte sich Weitmann überdies in eigener Sache an Jaeger. Er sandte ihm einen Artikel zur Krise der Synode zu in der Hoffnung, dass Jaeger diesen als einen „hilfreichen Beitrag" verstehen werde.[153]

Auch wenn Jaeger nicht immer mit der Linie der Sachkommission einverstanden war, stellte er dem Gremium ein positives Zeugnis aus. Anfangs sah er ein strukturelles Problem für die Arbeit der Sachkommission. So berichtete er der Bischofskonferenz im April 1972, dass die Sachkommission noch keine Vorlage erarbeitet habe. Die Gründe lägen „nicht in der personellen Zusammensetzung"; die Kommission sei „gut und arbeitsfähig".[154] Die Schwierigkeit liege vielmehr „in der Komplexität des Aufgabenbereichs und [...] in der fehlenden Abgrenzung der Zuständigkeit der Kommission, die sich bei ihrer Arbeit laufend berührt [und] ‚überlagert' mit den Arbeiten anderer Kommissionen". Wohl im Frühjahr 1973 notierte Jaeger: „Gesamtatmosphäre der Sitzung der Kom[mission] X ruhig und sachlich. Es ist mit großem Ernst gearbeitet worden und hohem Verantwortungsbewußtsein."[155]

Mit Blick auf Jaegers theologische Beiträge für die Sachkommission wie für die Bischofskonferenz ist die Rolle seiner Berater zu betonen. Im Zusammenhang der Synodenarbeit ist besonders Peter Bläser vom Johann-Adam-Möhler-Institut zu nennen, der als Berater der Sachkommission X mit den Themen und Abläufen der Kommissionsarbeit vertraut war. Verschiedene Entwürfe Bläsers zu ökumenischen Fragen hat Jaeger mit geringfügigen Änderungen

---

150 Weitmann an Jaeger, 3.8.1972, EBAP, Nachlass Jaeger, 1051 Bl. 148.
151 Ebd.
152 Jaeger an Weitmann, 5.8.1972, EBAP, Nachlass Jaeger, 1051 Bl. 212.
153 Weitmann an Jaeger, 24.10.1972, EBAP, Nachlass Jaeger, 1044 Bll. 113-121. Der Artikel erschien in der Deutschen Tagespost, 19.12.1972.
154 Jaeger, Bericht über die Sachkommission X für die Vollversammlung der DBK, 10.-13.4.1972; 31.3.1972, EBAP, Nachlass Jaeger, 1051 Bll. 227-230, hier 227 (handschriftliche Notizen).
155 Handschriftliche Notizen, o. D., EBAP, Nachlass Jaeger, 1052 Bl. 52.

vollständig übernommen.¹⁵⁶ Das zeugt von dem Vertrauensverhältnis, das Jaeger zu einzelnen Theologen und Mitarbeitern hatte.¹⁵⁷

Jaegers Erfahrung und Überblick, sein Ansehen und seine Kontakte im Feld der Ökumene waren für die Sachkommission X der Gemeinsamen Synode von großer Bedeutung, so dass ihm in der Kommission bzw. in der Arbeitsgruppe „Ökumene" eine zentrale Stellung zukam. Wegen seiner loyalen Haltung zum Konzil und zu römischen Positionen vertrauten die römischen Kongregationen und die Bischofskonferenz auf sein Urteil ebenso wie auf seinen Einfluss.

5 Lorenz Kardinal Jaeger in den Vollversammlungen der Gemeinsamen Synode der Bistümer in der BRD

Schließlich ist danach zu fragen, wie Jaeger in den drei Vollversammlungen, an denen er teilnahm, am Synodengeschehen mitwirkte. Für die erste Vollversammlung ist kein besonderer Auftritt des Paderborner Erzbischofs vermerkt.¹⁵⁸ In Vorbereitung auf die zweite Vollversammlung hatte Jaeger zumindest einen Teil der zur Beratung anstehenden Vorlagen studiert.¹⁵⁹ Seine Anmerkungen lassen einerseits eine große Treue zur kirchlichen Tradition erkennen – „Es fehlt klare theologische Aussage über das Bußsakrament! Muß Hinführung zur Beichte sein!"¹⁶⁰ „Es fehlt ein Wort über die Beichtväter, die in Kleidung und Lebensführung nicht mehr als ‚geistlich' vertrauenswürdig vor den Gläubigen

---

156 Vgl. Jaeger an Weitmann, 4.2.1972, EBAP, Nachlass Jaeger, 1050 Bl. 75; Vorlage Bläser, o. D., Anmerkungen zu dem Synodenpapier: Zur Theologie der „Ökumene am Ort", EBAP, Nachlass Jaeger, 1050 Bl. 167; Jaeger, Bericht über die Behandlung der Vorlage der Kommission X: „Die Pastorale Zusammenarbeit der Kirchen im Dienst an der Christlichen Einheit" auf der Vollversammlung der Gemeinsamen Synode der Bistümer in der BRD vom 21.-23.11.1973 – Würzburg, 31.12.1973, EBAP, Nachlass Jaeger, 1357 Bll. 19-25; Vorlage Bläsers vom 21.12.1973, EBAP, Nachlass Jaeger, 1357 Bll. 40-45; Bearbeitete Vorlage Bläsers für eine Stellungnahme zum Synodenpapier über „Konfessionsverschiedene Ehen", o. D., EBAP, Nachlass Jaeger, 1357 Bll. 124-127.

157 An den Paderborner Offizial P. Laurentius Köster schrieb der Erzbischof über dessen Einschätzung der Synodenvorlage „Errichtung von Schiedsstellen und Verwaltungsgerichten der Bistümer in der BRD": „Ich mache mir Ihre Stellungnahme zu eigen und werde sie auf der Bischofskonferenz in Fulda vertreten." Jaeger an Köster, 18.9.1972, EBAP, Nachlass Jaeger, 1031 Bl. 17.

158 Vgl. Protokoll der konstituierenden Vollversammlung der Gemeinsamen Synode der Bistümer in der BRD in Würzburg vom 3.-5.1.1971. 1. Sitzungsperiode, AZdK, 60/2, 1.

159 Vgl. die Anmerkungen zu den Vorlagen in Synode 2/1972 („Die Beteiligung der Laien an der Verkündigung im Gottesdienst", „Taufpastoral", „Buße und Bußsakrament", „Beteiligung des Gottesvolkes an der Sendung der Kirche"): EBAP, Nachlass Jaeger, 1055.

160 Synode 2/1972, S. 19; EBAP, Nachlass Jaeger, 1055 Bl. 29r.

erscheinen."¹⁶¹ Andererseits zeugen sie von Jaegers theologischer Klarheit und Gründlichkeit, wenn er etwa eine Definition des Sündenbegriffs hinzufügt¹⁶² oder den Satz „denn Buße ist die Klammer, die die Kirche zusammenhält" mit „nicht die Liebe???" kommentiert.¹⁶³

Im Eröffnungsgottesdienst der zweiten Vollversammlung am 11. Mai 1972, dem Hochfest Christi Himmelfahrt, predigte Jaeger über die zweite Lesung (Eph 1,17-23) und legte den Vers „Er erleuchte die Augen eures Herzens" aus. Am Ende seiner Homilie interpretierte Jaeger auch das Synodengeschehen von diesem Vers her:

> Wir wissen, daß wir in diese Tage unserer Beratungen sicherlich all unser menschliches Bemühen, unser ganzes Vermögen und all unsere Kraft zum Wohl der Kirche in Deutschland einzubringen haben. Daß aber all das ‚tönendes Erz und klingende Schelle' bleiben wird und bleiben muß, solange wir nicht um jene erleuchteten Augen unseres Herzens bitten, die uns dann zu einer größeren Erkenntnis Gottes und seines heiligen Willens führen.¹⁶⁴

Hier machte Jaeger noch einmal deutlich, dass er die Synode als geistliches Geschehen verstand, und stellte die Beratungen der Synode in die Perspektive des Glaubens.

Jaegers Moment kam im Januar 1973, als in der dritten Vollversammlung die Ökumenevorlage beraten wurde.¹⁶⁵ Der erste Teil der Vorlage, die theologische Grundlegung, war Gegenstand heftiger Kritik. In der erregten Debatte¹⁶⁶ ging es vor allem um vier Themen, die Jaeger später in einem Bericht für den Nuntius aufführte:

> 1) das Verhältnis von Ortsgemeinde, Diözese und Universalkirche; 2) das Verhältnis der katholischen Kirche zu den anderen Kirchen und kirchlichen Gemeinschaften; 3) die Frage nach der notwendigen Einheit des Glaubens (Geschichtlichkeit der Glaubensaussagen – Hierarchie der Wahrheiten – Einheit

---

161 Synode 2/1972, S. 21; EBAP, Nachlass Jaeger, 1055 Bl. 30.
162 Synode 2/1972, S. 22; EBAP, Nachlass Jaeger, 1055 Bl. 29v.
163 Synode 2/1972, S. 19; EBAP, Nachlass Jaeger, 1055 Bl. 29r.
164 Lorenz Kardinal Jaeger, Homilie beim Eröffnungsgottesdienst der zweiten Sitzungsperiode der Vollversammlung der Gemeinsamen Synode der Bistümer in der BRD im Dom zu Würzburg am 11.5.1972, Synode S1/1972, S. 15 f., hier 16.
165 Jaeger hatte zur Ökumenevorlage auch eine Reihe von Anträgen eingereicht: vgl. Jaeger an Sekretariat der Gemeinsamen Synode, 1.12.1972, EBAP, Nachlass Jaeger, 1043 Bll. 86-102. Zur Debatte insgesamt: vgl. Plate, Konzil, S. 90 f.; Kasper, Nachtrag.
166 Vgl. Tagesprotokoll der 3. Vollversammlung, S. 205-246.

und Vielfalt des Bekenntnisses); 4) die Bedeutung der Erfahrung für die Bestimmung von Kirche und Glaube.[167]

In dieser Debatte meldete sich Jaeger zu Wort.[168] Er wandte sich dagegen, „die dogmatische Tradition der Kirche durch einen bloßen Ökumenismus der Aktion zu ersetzen".[169] Das grundlegende ökumenisch-theologische Problem sah er darin, dass es „keine einheitliche Lehre von der Kirche" gebe, und darum gebe es auch „keine einheitliche Vorstellung über das, was Einheit der Kirche" sei.[170] Mit Blick auf die „ekklesialen Unterschiede" forderte er, die Lehrdifferenzen nicht einfach beiseite zu schieben, sondern aufzuarbeiten.[171] Die Aufgabe, die theologischen Aussagen der Vorlage zu überprüfen, wollte er einer theologischen Kommission übertragen, da er die Zielrichtung der Synode anders formulierte: „[W]ir sind hier kein Konzil gelehrter Theologen. Wir führen hier auch keine Gespräche unter uns, sondern uns bewegt hier die drängende Frage: Wie kann die Kirche angesichts der Sorgen, Ängste und Nöte der Zeit ihren Dienst und ihre Sendung in überzeugender Weise glaubwürdig wahrnehmen?"[172] Abschließend betonte er noch einmal, dass der theologische Teil nicht gestrichen werden solle, sondern dass er „sprachlich, begrifflich theologisch, sauberer und schärfer formuliert werden" müsse.[173]

Der evangelische Vertreter, der oldenburgische Landesbischof Hans Heinrich Harms, hatte Jaegers Vorstoß, den ersten Teil an eine theologische Kommission zu überweisen, offensichtlich missverstanden, als er sich über diesen Antrag „etwas erschrocken" zeigte und bat: „[N]ehmen Sie uns ernst und servieren Sie uns nicht ein Papier ohne Theologie".[174] Harms' Worte wurden mit großem Beifall aufgenommen und als befreiender Beitrag der Debatte gewürdigt.[175] Dass der evangelische Bischof sich einen Seitenhieb auf Jaeger erlaubte, wertete dieser als Reaktion auf ein Gespräch, das er am Vormittag mit Harms geführt hatte.[176] Darin hatte Jaeger sein Verständnis des Prinzips des *par*

---

167 Bericht über die Behandlung der Vorlage der Kommission X: „Die Pastorale Zusammenarbeit der Kirchen im Dienst an der Christlichen Einheit" auf der Vollversammlung der Gemeinsamen Synode der Bistümer in der BRD vom 21.-23.11.1973 – Würzburg, 31.12.1973, EBAP, Nachlass Jaeger, 1357 Bll. 19-25, hier 19.
168 Vgl. die handschriftlichen Notizen: EBAP, Nachlass Jaeger, 1043 Bll. 53-62.
169 Tagesprotokoll der 3. Vollversammlung, S. 226.
170 Ebd.
171 Ebd.
172 Ebd.
173 Ebd.
174 Ebd., S. 237.
175 Vgl. Plate, Konzil, S. 91.
176 Vgl. Jaeger an Fittkau, 22.1.1973, EBAP, Nachlass Jaeger, 755 Bll. 64-66, hier 65.

cum pari dargelegt – es gelte nicht für die unterschiedlichen Glaubenswahrheiten, sondern als Grundlage des Gesprächs – und von der protestantischen Seite verlangt, ein einheitliches Kirchenverständnis zu formulieren. Er habe lange gesprochen, danach aber sofort zurück in die Aula gemusst. Daraufhin habe Bischof Harms am Nachmittag „die ihm gebotene Redemöglichkeit [...] benutzt, ohne den rechten Anlass zu nennen, gegen [ihn] zu polemisieren".[177]

In der Debatte der Synodenvollversammlung stellte Jaeger sein Anliegen in einem weiteren Beitrag noch einmal auf der sachlichen Ebene klar. Er wolle die theologischen Überlegungen „nicht absetzen oder ausklammern", sondern „zurückstellen von der Arbeit dieser Stunde, um [diese] zuerst durch eine Studienkommission klären zu lassen, damit nicht die Gesamtanlage gesprengt wird und das eigentliche Anliegen untergeht".[178] Jaeger plädierte für ein ökumenisches Gespräch auf der Höhe der Zeit. Man müsse die „Unterschiede im Gespräch miteinander und im Hinblick auf die Anforderungen der Zeit zu lösen versuchen".[179] Einen „bloßen theologischen Formalismus" hinter sich zu lassen, bedeute keine „Minderbewertung der Theologie und ihrer zurückliegenden Arbeit, sondern eine gradlinige Weiterführung in die existentielle Not unserer Tage".[180] Jaeger anerkannte damit noch einmal die Notwendigkeit theologischer Arbeit und forderte deren pastoralen Gegenwartsbezug. Er ließ jedoch offen, worin neben der Klärung des Kirchenverständnisses die inhaltlichen Akzente liegen sollten. In Reaktion auf einen Beitrag von P. Ludwig Wiedenmann, den Vorsitzenden der eigenen Sachkommission X, wandte Jaeger sich abschließend gegen einen Ökumenismus, der „als Abbau jeglicher kirchlicher Autorität verstanden" werde.[181] Das führe „in die Hilflosigkeit der Gläubigen, die heute in dem Pluralismus unserer Tage mehr denn je nach Führung verlangen und die angesichts der Manipulierung, der sie durch die Massenkommunikationsmittel ausgesetzt sind, danach schreien, daß eine Autorität da sei, die sichere Straßen weist und führt".[182] In diesem Votum, dessen abschließende Sätze für das Protokoll noch einmal „stilistisch etwas verdeutlicht"[183] wurden, klingen sowohl Jaegers traditionelles, positives Autoritätsverständnis als auch sein pastorales Verständnis der Synode und schließlich seine skeptische Sicht der Medien an.

---

177 Ebd.
178 Tagesprotokoll der 3. Vollversammlung, S. 242.
179 Ebd.
180 Ebd.
181 Ebd.
182 Ebd.
183 Karl-Heinz Brinkmann an Friedrich Kronenberg, 9.1.1973, EBAP, Nachlass Jaeger, 1357 Bl. 138.

Jaeger hatte seine zweite Wortmeldung mit einer knappen Bemerkung zum ökumenischen Ansatz der Vorlage begonnen: „Ich glaube nicht, daß der Satz, wie er da steht, hinreichend ist, um die ökumenische Arbeit in rechter Weise einzuleiten und zu tragen."[184] Vermutlich richtete Jaeger diesen Einwand gegen die darin vertretene Ekklesiologie („Ökumene am Ort"), aber es war auch eine Kritik an der Arbeit der eigenen Sachkommission.[185] Als Kritik an der Sachkommission verstanden einige Synodale auch Jaegers Vorschlag, eine theologische Kommission hinzuzuziehen.[186] Der Münchner Fundamentaltheologe Heinrich Fries, maßgeblicher Verfasser des theologischen Teils der Vorlage, brachte sein Unverständnis über den Vorschlag schon während der Vollversammlung zum Ausdruck und bezeichnete Jaegers Votum als „eine Art Mißtrauen gegen die bisherige theologische Arbeit in dieser Vorlage", einer Vorlage, der Jaeger „im ganzen zugestimmt" habe.[187]

Die Vollversammlung folgte Jaegers Vorschlag nicht; stattdessen wurde die erste Lesung unterbrochen, so dass die Sachkommission bis zur nächsten Vollversammlung Zeit hatte, den theologischen Teil anhand der eingegangenen Anträge zu überarbeiten.[188]

Heinrich Fries bat Jaeger indes nachträglich darum, den in der Vollversammlung geäußerten Vorschlag und die Beziehung einer möglichen „theologischen Kommission" zur Sachkommission X zu erläutern.[189] In seiner Antwort betonte Jaeger, es sei ihm darum gegangen, „die Vorlage zu retten": „Wäre der theologische Teil ausdiskutiert worden [...], dann wäre die Vorlage bei der Abstimmung unterlegen und wär damit ganz von der Synode abgesetzt gewesen."[190] Auch die andere Möglichkeit, dass die erste Lesung nach langer Diskussion unterbrochen wurde, hatte Jaeger vermeiden wollen. Zur Zusammensetzung der theologischen Kommission schrieb Jaeger, „keineswegs" habe er „die Theologen der Sachkommission X ausklammern wollen". Er wollte sie „nur ergänzt sehen durch zwei weitere Theologen anderer theologischer Richtungen. [...] Es hätte damit der theologische Teil ganz sicherlich noch gewonnen und es hätte der Synode ein theologischer Teil vorgelegt werden

---

184 Ebd., S. 241 f.
185 Vgl. die handschriftliche Notiz zu einem frühen Entwurf „Ökumene am Ort": „Einseitige progressistische Ecclesiologie [und] ideologisierte theolog[ische] Prämissen", EBAP, Nachlass Jaeger, 1051 Bl. 229.
186 Vgl. den Beitrag von Hans Werners, dessen Bitte, „das Vertrauen in die theologische Arbeit dieser Arbeitsgruppe seitens der Synode noch ausdrücklich zu bestätigen", mit Beifall aufgenommen wurde: Tagesprotokoll der 3. Vollversammlung, S. 241.
187 Ebd., S. 242.
188 Vgl. die Synopse der Texte in: Zusammenarbeit.
189 Fries an Jaeger, 25.1.1973, EBAP, Nachlass Jaeger, 1357 Bl. 152.
190 Jaeger an Fries, 1.2.1973, EBAP, Nachlass Jaeger, 1357 Bl. 135 f., hier 135r.

können, der widerspruchslos akzeptiert worden wäre."¹⁹¹ Nachdem Jaeger mit seinem Vorschlag nicht durchgedrungen war, ging er pragmatisch mit der Situation um und begleitete die Arbeit der Sachkommission X, die für die Fortsetzung der ersten Lesung einen neuen Text erstellte. Am 20. Juni 1973 schrieb er an Erich Klausener: „Ich bin mit Ihnen der Ansicht, daß der theologische Teil wesentlich verbessert worden ist und die Bedenken, welche dagegen vonseiten der Bischofskonferenz erhoben worden sind, weithin ausgeräumt wurden."¹⁹²

6 Lorenz Kardinal Jaegers Ausscheiden aus der Gemeinsamen Synode der Bistümer in der BRD

Jaegers Abschied spiegelt noch einmal seine loyale Haltung zur und seine engagierte Mitarbeit in der Synode. Nachdem der Papst ihn zum 1. Juli 1973 von seinem Amt entpflichtet hatte, musste erneut die Frage beantwortet werden, die Jaeger selbst zu einem früheren Zeitpunkt mit Blick auf Weihbischof Friedrich Maria Rintelen gestellt hatte: „Haben emeritierte Bischöfe Sitz und Stimmrecht auf der Synode?"¹⁹³ Als seine eigene Emeritierung erfolgte, erkundigte Jaeger sich offenbar, ob er nach seinem Rücktritt von der Leitung des Erzbistums Paderborn noch Mitglied der Synode sei. Er erhielt die Antwort, dass er einen Sitz in der Synode behalte, aber kein Stimmrecht mehr habe. Die Konsequenz, die Jaeger daraus zog, ist zugleich eine vielsagende Selbstauskunft und bringt eine Einstellung auf den Punkt, die vermutlich nicht nur für die Synode, sondern auch für andere Bereiche seines bischöflichen Wirkens gilt: „Ich habe daraufhin erklärt, daß ich meinem ganzen Naturell nach nicht darauf angelegt sei, bloß zuzuhören, ohne Stellung nehmen zu können."¹⁹⁴

Dass Jaeger über den Tag seiner Entpflichtung hinaus mit der Sachkommission in Kontakt stand, war dem Umstand geschuldet, dass er in der Bischofskonferenz zunächst weiter für ökumenische Fragen zuständig war.¹⁹⁵

---

191   Ebd., 135v. Bei den weiteren Theologen hatte Jaeger an den Mainzer Bischof Hermann Volk und den Tübinger Dogmatiker Walter Kasper gedacht.
192   Jaeger an Klausener, 20.6.1973, EBAP, Nachlass Jaeger, 1357 Bl. 132.
193   Notiz, o. D., EBAP, Nachlass Jaeger, 1362.
194   Jaeger an Wiedenmann, 3.10.1973, EBAP, Nachlass Jaeger, 1357 Bl. 129.
195   Vgl. Jaeger an Albus, 22.9.1973, EBAP, Nachlass Jaeger, 1357 Bl. 53.

7 Lorenz Kardinal Jaeger und die Gemeinsame Synode der Bistümer in der BRD

Auch wenn die Gemeinsame Synode für Lorenz Kardinal Jaeger biographisch ein Randereignis war, blieb er nicht am Rand stehen, sondern tauchte in das Geschehen ein. Bevor er zwischen der dritten und der vierten Vollversammlung aus der Synode ausschied, hat Jaeger als Paderborner Erzbischof die Vorbereitung und den Beginn der Gemeinsamen Synode in einer Haltung kritischer Loyalität verfolgt und mitgestaltet. Für den Beschluss „Pastorale Zusammenarbeit der Kirchen im Dienst an der christlichen Einheit" hat Jaeger in seiner Zeit als Synodale und darüber hinaus entscheidende Impulse gegeben.

Aufgrund eigener Erfahrungen in der Paderborner Diözesansynode und im II. Vatikanischen Konzil hat Jaeger vermutlich eine positive und zugleich kritische Haltung zu synodalen Versammlungen entwickelt. Dagegen dürfte die Wahrnehmung des Niederländischen Pastoralkonzils nicht nur mögliche Vorbehalte verstärkt, sondern Jaeger auch in seiner Position bestärkt haben, im Hinblick auf die Gemeinsame Synode auf eine starke Stellung der Bischöfe und auf legitimierte und legitimierende Verfahrenswege zu achten. Auf dieser Linie vertrat Jaeger den Beschluss der DBK, eine gemeinsame Synode der Diözesen in Westdeutschland abzuhalten. Er sah darin eine Bündelung der Kräfte angesichts der gleichen Herausforderungen in den verschiedenen Bistümern. Gegenüber Rom begründete er Neuerungen im Vergleich zur kirchenrechtlich vorgeschriebenen Form der Diözesansynode, vor allem die Teilnahme von Laien, von der Theologie des II. Vatikanischen Konzils her. Gegenüber der Öffentlichkeit war er auf die Unabhängigkeit der bischöflichen Entscheidungen bedacht.

Als im Verlauf der Synode Krisen auftraten, sah Jaeger mögliche Gründe darin, dass die Gemeinsame Synode – anders als Diözesansynoden – von den Gläubigen weit entfernt war und dass ein Leitthema für die synodalen Beratungen fehlte. Verschiedentlich erinnerte Jaeger an den pastoralen Charakter der Synode, die der Glaubensnot der Zeit begegnen und auf eine Erneuerung des Glaubens hinwirken sollte. In seinem Erzbistum wirkte Jaeger immer wieder persönlich daran mit, die Verbindung zwischen Würzburg und Paderborn aufrechtzuerhalten. Trotz kritischer Überlegungen hinsichtlich der Synode wäre es Jaeger wohl nie in den Sinn gekommen, die Synode selbst gänzlich in Frage zu stellen. Denn es entsprach seiner Haltung, einmal gefasste Beschlüsse – wie die Entscheidung über die Synode oder deren Statut – zu vertreten, sofern sie innerhalb der bestehenden kirchlichen Ordnung zustande gekommen waren.

In der konkreten Arbeit der Synode war Jaeger als Ökumeniker gefragt. Seine jahrelange Erfahrung im ökumenischen Gespräch machte ihn auch für die Synode in diesem Feld zu einer wichtigen und einflussreichen Figur. Als Vertrauensmann des römischen Einheitssekretariats sowie als Verbindungsmann zwischen der Sachkommission der Synode und der DBK liefen bei Jaeger die Fäden zusammen. Bis zum Abschluss der ersten Lesung der Ökumenevorlage in der vierten Vollversammlung der Synode hatte Jaeger entscheidenden Einfluss auf die Bewertung und damit auf die Veränderung des Textes, insbesondere dadurch, dass er die Stellungnahmen der Bischofskonferenz vorbereitete. Dabei war er darauf bedacht, die römischen Vorgaben genau zu beachten und die theologische Grundlegung des Textes, insbesondere dessen ekklesiologische Aussagen genau zu formulieren. Am Beispiel der Voten der Synode bezüglich der konfessionsverschiedenen Ehen wird deutlich, dass Jaeger – im Vergleich mit der Mehrheit der Synodalen – theologisch durchaus konservative Positionen vertrat, während er im Hinblick auf die praktische ökumenische Zusammenarbeit weitreichende Vorstellungen ins Gespräch brachte.

Schaut man auf die Position, die Jaeger in der Synode innehatte, ist nachvollziehbar, dass er im Sommer 1973 aus der Synode ausschied. „Bloß zuzuhören, ohne Stellung nehmen zu können", das wäre für den Theologen, Seelsorger und Kirchenpolitiker Jaeger nichts gewesen.

Quellen- und Literaturverzeichnis

Quellen
Archiv des Zentralkomitees der deutschen Katholiken (Archiv ZdK)
   Synode 60/1, 1; Synode 60/2, 1
Erzbischöfliches Archiv München (EAM)
   Julius Kardinal Döpfner, 21 DBK
   Julius Kardinal Döpfner, 40 Syn [Gemeinsame Synode der Bistümer in der Bundesrepublik Deutschland]
Erzbistumsarchiv Paderborn (EBAP)
   Nachlass Lorenz Kardinal Jaeger (NLKJ) Akten Nr. 755, 757-760, 1023-1034, 1036-1044, 1049-1052, 1055, 1057, 1066, 1067, 1069, 1252, 1357, 1358, 1362, 1363, 1379, 1551, 2335
Historisches Archiv des Erzbistums Köln (AEK)
   Archiv der DBK, Gemeinsame Synode der Bistümer in der BRD (Würzburger Synode):
   598, 600 [Vorbereitungskommission]

Gedruckte Quellen

Fittkau, Gerhard: Nicht mehr katholisch und kaum noch christlich. Ein Brief nach Holland – Zur Haltung und zu den Empfehlungen des Pastoralkonzils, in: Rheinischer Merkur, 4, 23.1.1970

Jaeger, Lorenz: Das ökumenische Konzil, die Kirche und die Christenheit. Erbe und Auftrag (Konfessionskundliche Schriften des Johann-Adam-Möhler-Instituts, 4). 3. Aufl., Paderborn 1960

Jaeger, Lorenz: Einheit und Gemeinschaft. Stellungnahmen zu Fragen der christlichen Einheit. Hg. v. Johann-Adam-Möhler-Institut (Konfessionskundliche und kontroverstheologische Studien, 31). Paderborn 1972

Jaeger, Lorenz: Was bedeutet die ökumenische Bewegung und was fordert sie von uns? Artikel im „Echo der Zeit". 14.4.1968, in: Lorenz Jaeger: Einheit und Gemeinschaft. Stellungnahmen zu Fragen der christlichen Einheit. Hg. v. Johann-Adam-Möhler-Institut (Konfessionskundliche und kontroverstheologische Studien, 31). Paderborn 1972, S. 338-345

Jaeger, Lorenz: Fünf Jahre danach. Rückblick auf die Auswirkungen des Zweiten Vatikanischen Konzils. 9.12.1970, in: Lorenz Jaeger: Einheit und Gemeinschaft. Stellungnahmen zu Fragen der christlichen Einheit. Hg. v. Johann-Adam-Möhler-Institut (Konfessionskundliche und kontroverstheologische Studien, 31). Paderborn 1972, S. 381-389

Jone, Heribert: Gesetzbuch der lateinischen Kirche. Erklärung der Kanones. Allgemeine Normen und Personenrecht, Bd. 1. 2. Aufl., Paderborn 1950

Pastorale Zusammenarbeit der Kirchen im Dienst an der christlichen Einheit. 2. verbesserte Auflage, hg. v. d. Arbeitsgemeinschaft des Synodalbüros. Augsburg 1973

Synode. Amtliche Mitteilungen der Gemeinsamen Synode der Bistümer in der Bundesrepublik Deutschland, hg. v. Sekretariat der Gemeinsamen Synode der Bistümer in der Bundesrepublik Deutschland. München 1970-1976

Synode '72. Texte zur Diskussion um eine gemeinsame Synode der Diözesen in der Bundesrepublik Deutschland. Zusammengestellt von der Dokumentationszentrale PUBLIK, Bd. 1: Abgeschlossen am 15.8.1969, bearb. v. Wilhelm Crampen u. a. Frankfurt a. M. 1969

Tagesprotokoll. Gemeinsame Synode der Bistümer in der Bundesrepublik Deutschland, 3. Vollversammlung 3.-7.1.1973. Bonn 1973

Literatur

Brandt, Hans Jürgen/Hengst, Karl: Das Bistum Paderborn 1930-2010 (Geschichte des Erzbistums Paderborn, 4). Paderborn 2014

Gemeinsame Synode der Bistümer in der Bundesrepublik Deutschland. Beschlüsse der Vollversammlung. Offizielle Gesamtausgabe I, hg. v. L. Bertsch u. a. 3. durchges. u. erg. Aufl., Freiburg i. Br. 1977

Jacobs, Jan: Das Pastoralkonzil der niederländischen Kirchenprovinz (1966-1970). Eine neue Art der Autoritätsausübung, in: Joachim Schmiedl (Hg.): Nationalsynoden nach dem Zweiten Vatikanischen Konzil. Rechtliche Grundlagen und öffentliche Meinung (Theologische Berichte, 35). Freiburg i. Ü. 2013, S. 57-64

Kasper, Walter: Nachtrag zu einem erregten Disput auf der Synode, in: Una Sancta 28 (1973), S. 31-35

Lehmann, Karl: Allgemeine Einleitung, in: Gemeinsame Synode der Bistümer in der Bundesrepublik Deutschland. Beschlüsse der Vollversammlung. Offizielle Gesamtausgabe I, hg. v. L. Bertsch u. a. 3. durchges. u. erg. Aufl., Freiburg i. Br. 1977, S. 21-67

Müller, Petro: Aufbruch aus ökumenischem Konzilsgeist. Der Beschluss „Pastorale Zusammenarbeit der Kirchen im Dienst an der christlichen Einheit", in: Reinhard Feiter u. a. (Hg.): Die Würzburger Synode. Die Texte neu gelesen (Europas Synoden nach dem Zweiten Vatikanischen Konzil, 1). Freiburg i. Br. 2013, S. 308-321

Plate, Manfred: Das deutsche Konzil. Die Würzburger Synode. Bericht und Deutung. Freiburg i. Br. 1975

Voges, Stefan: Testfall Ökumene. Die Rezeption des II. Vatikanischen Konzils in der Vorbereitung der Gemeinsamen Synode der Bistümer in der Bundesrepublik Deutschland, in: Franz Xaver Bischof (Hg.): Das Zweite Vatikanische Konzil (1962-1965). Stand und Perspektiven der kirchenhistorischen Forschung im deutschsprachigen Raum (Münchener Kirchenhistorische Studien, Neue Folge 1). Stuttgart 2012, S. 201-221

Voges, Stefan: Konzil, Dialog und Demokratie. Der Weg zur Würzburger Synode 1965-1971 (Veröffentlichungen der Kommission für Zeitgeschichte, Reihe B: Forschungen 132). Paderborn 2015

Voss, Gerhard: Einleitung [zum Beschluss „Pastorale Zusammenarbeit der Kirchen am Dienst an der christlichen Einheit"], in: Gemeinsame Synode der Bistümer in der Bundesrepublik Deutschland. Beschlüsse der Vollversammlung. Offizielle Gesamtausgabe I, hg. v. L. Bertsch u. a. 3. durchges. u. erg. Aufl., Freiburg i. Br. 1977, S. 765-773

Arnold Otto

Der schriftliche Nachlass von Lorenz Kardinal Jaeger im Erzbistumsarchiv Paderborn

Von 1941 bis 1973 war Lorenz Jaeger fast 32 Jahre lang Erzbischof von Paderborn. Dies ist für einen deutschen Diözesanbischof eine sehr lange Amtszeit. Diese Tatsache fällt besonders ins Gewicht, weil Jaeger im Krieg Bischof wurde und dies bis weit darüber hinaus blieb. Nur noch Joseph Kardinal Frings war von 1942 bis 1969 ähnlich lange im Amt wie er. Jaegers langer Amtszeit entspricht der Umfang seines Nachlasses. Die Unterlagen, die im Erzbistumsarchiv Paderborn verwahrt werden, umfassen 70 Regalmeter. Ein vom Verfasser dieses Beitrages erstelltes archivisches Findbuch gibt Auskunft über die darin enthaltenen Aktenplangruppen und Aktentitel.

Im Folgenden soll der Versuch gemacht werden, den komplexen Nachlass zusammenfassend zu beschreiben.[1]

1 Herkunft des Bestandes

Der Nachlass entstammt ausschließlich der Registratur von Lorenz Kardinal Jaeger selbst. Er umfasst nicht nur persönliche Aufzeichnungen (vgl. hierzu vor allem Klassifikationsebene 32 Persönliche Akte), sondern beinhaltet das Schriftgut seines Büros, an dem auch seine Kapläne bzw. Geheimsekretäre und die Ordensfrauen mitgewirkt haben, die dort Schreibdienst verrichteten. Wenn in der Folge von Erzbischof Jaeger als handelndem Subjekt in der Schriftgutverwaltung die Rede ist, bezieht sich dies auf seine Letztverantwortung für sein Büro. Die Idee zur Ordnung des Schriftgutes in der einen oder anderen Weise oder konkrete Arten der Umsetzung können dabei auch aus dem Stab seiner Mitarbeitenden gekommen sein. Deutlich wird dies daran, dass Jaeger in Einzelfällen Formulierungen wie ‚gez. +Lorenz Jaeger [...] nach Diktat vereist' verwendet. Noch häufiger enthalten die Unterlagen jedoch Schriftstücke,

---

1 Der vorliegende Aufsatz ist eine für die Publikation im Rahmen des Projektes der Kommission für Zeitgeschichte in Paderborn zu Lorenz Jaeger überarbeitete Fassung des Vorwortes zu diesem Findbuch, das im Erzbistumsarchiv als Typoskript und Datenbank vorliegt. Konkrete Verzeichnungseinheiten daraus werden mit Fußnoten zitiert. Verweise auf ganze Klassifikationsgruppen werden in Klammern im laufenden Text gegeben.

in denen seine Kapläne in seinem Auftrag antworten: ‚Der Erzbischof oder Kardinal dankt für Schreiben und lässt mitteilen'.

Die vorgefundene Ordnung des Nachlasses folgt in weiten Teilen dem Aktenplan Lorenz Jaegers, der auch großenteils für die sachthematische Gliederung (Klassifikation) des Findbuches übernommen wurde. Ebenso weitgehend sind die Begriffe Aktenplangruppe (für die Registratur) und Klassifikationseinheit (für den daraus gebildeten archivischen Bestand) daher synonym zu verstehen. Wo dies nicht möglich ist, wurde im Findbuch gesondert darauf hingewiesen, dass eine Klassifikationseinheit erst nachträglich gebildet wurde.

Diesen Aktenplan, der der Registratur zu Grunde liegt, muss sich Erzbischof Lorenz Jaeger schon sehr kurz nach seinem Amtsantritt gegeben und danach mindestens einmal ergänzt haben. Es ist anzunehmen, dass der Plan bis mindestens Klassifikationsebene 28b (Verschiedene Kondolenzschreiben) schon sehr früh verwendet wurde. Klassifikationsebene 29 (Politik, Parteien, etc.) ist wahrscheinlich, Klassifikationsebene 30 (Religious Affairs Branch) und die folgenden sind sicher erst nach dem Zweiten Weltkrieg hinzugefügt worden. Auch die Aktenplanpositionen zum II. Vatikanischen Konzil und den Römischen Synoden können natürlich erst entstanden sein, nachdem diese Ereignisse angekündigt worden waren. Dass Jaeger bis dahin jedoch ganz ohne Aktenplan gearbeitet hat, ist unwahrscheinlich. Mit einer ungeordneten Registratur wäre eine Führung der vielfältigen Amtsgeschäfte nur schwer möglich gewesen. Es ließ sich bislang nicht klären, ob er den Plan von seinem Vorgänger Caspar Klein (1920-1941) übernommen hat. Kleins Nachlass ist sehr übersichtlich, wahrscheinlich auch bedingt durch Kriegsschäden, auf die auch für Jaegers Unterlagen noch einzugehen sein wird.[2]

Charakteristisch für Jaegers Art der Formierung von Akten sind die so genannten Hauptakten, die es auf fast jeder obersten Gliederungsebene des Aktenplanes und einigen darunterliegenden Ebenen gibt. Für diese hat er in der Tat abweichend von der in Preußen sonst auch nach der Büroreform der 1920er und 1930er Jahren üblichen registratorischen Praxis nicht unterhalb sondern auf der jeweiligen Aktenplanebene mit der Bildung einer vorgangslosen Serienakte begonnen, deren oberstes Gliederungsprinzip meist die Chronologie, in einigen Fällen auch eine alphabetische oder sachthematische Ordnung ist. Damit werden diese Unterlagen zu Aktenserien und häufig sind diese Serienakten durch Registerblätter sachthematisch unterteilt. Diese Unterteilung bildet oft einen großen Teil der Klassifikationspunkte innerhalb einer Aktenplangruppe ab, jedoch werden nicht immer alle Klassifikationspunkte berücksichtigt und es können, vielfach erst nach einigen Jahren

---

2 EBAP, Nachlass Caspar Klein, 0,4m. Findbuch (maschinenschriftlich) und Datenbank.

Laufzeit, weitere Registerblätter hinzukommen. Den Begriff der Hauptakte hat Jaeger nicht selbst geschaffen – die Bezeichnung stammt vom archivischen Bearbeiter. Aus der Koexistenz derartiger Serienakten und Sachakten zu Einzelthemen ist vielmehr anzunehmen, dass er sich einer parallelen Struktur nicht unbedingt bewusst war bzw. dass diese seine Arbeit nicht merklich gestört hat.

Schon auf der obersten Klassifikationsebene wurden nicht alle Gliederungspunkte verwendet bzw. mit Inhalt gefüllt. Für die Korrespondenz mit Priestern hatte Jaeger, wahrscheinlich aufgrund des absehbaren Umfangs zwei Aktenplangruppen vorgesehen (5, Priester A-K; 6, Priester L-Z), dann aber doch nur eine verwendet. Die Verwendung der -a und -b Nummern lässt bisweilen Schlüsse auf seine Sicht der Dinge zu. So sah Jaeger den Ritterorden vom Heiligen Grab zu Jerusalem (9a) wohl als Element der Männerseelsorge (9) an, Kirchenkonsekrationen (15a) waren demnach ein Zusatz zur Firmtätigkeit (15), oder eben eine weitere Pontifikalhandlung, die bei Firmreisen bisweilen zusätzlich anfiel. Bei der Hochschule (20/20a) sowie bei den Kondolenzschreiben (28/28a/28b) bleibt der Grund für die Durchbrechung eines rein numerischen Schemas jedoch unklar. Auch über die Gründe, aus denen Jaeger die Aktenplanposition 13 nicht besetzt hat, kann man nur spekulieren.

Auf der zweiten Klassifikationsebene werden bereits recht viele Punkte nicht mehr verwendet. Dies bedeutet jedoch meist nicht, dass es hierzu kein Schriftgut gibt. In der Regel sind die entsprechenden Inhalte dann in der Hauptakte der darüber liegenden Klassifikationseinheit zu finden. Die von Jaeger geschaffenen Aktenplangruppen sind zur Verdeutlichung seiner Arbeitsintention jedoch auch dann als Klassifikationsebenen in das Findbuch übernommen worden, wenn sie keine Akten enthielten. Diese wurden dann mit dem Vermerk ‚nicht benutzt' versehen. Klassifikationsebene 13 wurde als nicht angelegt bezeichnet. Ebenfalls schon auf der zweiten Ebene war es erforderlich, im Zuge der Verzeichnung Klassifikationspunkte neu zu bilden, wenn zu einem Sachverhalt eine Anzahl von Schriftguteinheiten entstanden war, deren Darstellung ohne weiteren Gliederungspunkt entweder unlogisch oder unübersichtlich geworden wäre. Beispielhaft hierfür seien nur die ersten genannt: Während Jaeger etwa das II. Vatikanische Konzil mit einem Klassifikationspunkt würdigt (1h im Aktenplan; 01.08 in der Klassifikation), tut er dies für die nachfolgenden römischen Synoden 1967, 1969 und 1971 trotz intensiver Befassung mit dem Thema nicht. Auch mit der Leitung der katholischen Kirche in den Niederlanden (02.05) hat er sich intensiv befasst, die Akten standen in der Registratur jedoch in keinem Kontext.[3] Wo eine Neubildung erforderlich

---

3 EBAP, Nachlass Jaeger, 752-760; 1163; 1310.

war, wurde diese durch die Bemerkung ‚nachträglich gebildete Klassifikationseinheit' kenntlich gemacht.

Um Doppelungen zu vermeiden (z. B. 15a sowohl für Firmungsakte – Allgemeines als auch für Kirchenkonsekrationen) wurde die Klassifikationsgliederung auf ein rein numerisches System umgestellt, die auf jeder Ebene zweistellig ist. Bis zu zwei Klassifikationsebenen wurden in den umfangreichsten Aktenplangruppen hinzugefügt (z. B. Deutsche Bischofskonferenz (DBK): Aktengruppe 02.02.02 mit den Untergruppen 02.02.02.01-02.02.02.17). Die -a Nummern auf der obersten Ebene der Klassifikation wurden einstweilig beibehalten, um eine maschinelle Verarbeitbarkeit des Klassifikationsschemas zu vereinfachen ließen sich hier jedoch auch mit einer sehr schlichten Konkordanz die vier Gruppen (Männer/Ritterorden vom Heiligen Grab zu Jerusalem, Firmungsakte/Kirchenkonsekration, Hochschule und Kondolenzschreiben) zusammenfassen.

Aktenserien wurden dort kenntlich gemacht, wo sie schon im Entstehungszusammenhang als solche identifiziert werden konnten. Die meisten Serien laufen rein chronologisch, einige alphabetisch und wenige sachthematisch.[4] Einige folgen einem Mischsystem (z. B. Klassifikationsebene 12: Allgemeiner Schriftwechsel, der primär chronologisch und nachrangig alphabetisch nach Empfängern geordnet ist). Über die Hauptakten hinaus gibt es zahlreiche Sachakten zu bestimmten Themen. Deren Zuordnung zu den Aktenplangruppen wurde häufig im Laufe der Verzeichnung ermittelt und die Stücke dementsprechend klassifiziert. Nur selten fanden sich auf den Sachakten Vermerke über die Einordnung in eine bestimmte Aktenplangruppe.

In der Regel wurden die Inhalte sachthematisch organisiert. Schwierig war dies nur bei Fotoalben und Sammlungen von Einzelfotographien, die dem Ordnungszustand nach wohl sämtlich der Persönlichen Akte (32) zuzuordnen sind, auch wenn die Darstellungen Sachverhalte betreffen, zu denen es Gliederungspunkte im Aktenplan gibt. So wurden etwa Alben, die Jaeger nach Kirchenkonsekrationen und Firmungen von den Gemeinden zugeschickt bekam, nicht dort abgelegt sondern hierfür eine formale Klassifikationsebene innerhalb der Persönlichen Akte neu geschaffen.

Ein grundlegendes Problem des gesamten Nachlasses ist, dass bis 2005 sachthematische Konvolute durch Zuordnung einzelner Schreiben nachträglich gebildet wurden, die damit ihrem ursprünglichen Entstehungskontext entnommen wurden. Es lässt sich für viele Stücke also nicht mehr genau

---

4 Z. B. unter Klassifikationspunkt 25.01 *Katholikentage* die Bandserien zu den Katholikentagen in Bochum im Jahr 1949: EBAP, Nachlass Jaeger, 782-785 und Essen im Jahr 1968: EBAP, Nachlass Jaeger, 794-798; 1286.

ermitteln, ob sie sich in dem von Jaegers Büro selbst gebildeten oder einem ergänzten bzw. neu gebildeten Zustand befinden. Wo sich die nachträgliche Bildung einer Schriftguteinheit nachweisen ließ, wurde diese in einem Vermerk als nachträglich zusammengestellt identifiziert.

Vor allem aus den Hauptakten muss Jaeger einmal eine Aussonderung aus seiner laufenden Registratur in eine (wie gering auch immer organisierte und differenzierte) Altregistratur vorgenommen haben. Hiervon zeugen noch einige erhaltene Aktendeckel mit zwei- bis dreistelligen Nummern, die wohl ab einem gewissen Punkt aufgelistet und ausgesondert wurden.[5] Eine Liste mit Titeln hierzu ließ sich beim Nachlass allerdings nicht finden. Diese Akten verblieben jedenfalls genau wie die weiter verwendete Registratur im Bischofshaus und scheinen dort schon zu Lebzeiten des Erzbischofs eine Altregistratur gebildet zu haben. Wichtig für die Vorgeschichte der Übernahme ist auch der Umstand, dass dem letzten Kaplan und Geheimsekretär von Erzbischof Lorenz Kardinal Jaeger, Karl Heinrich Brinkmann, nach dessen Resignation das Amt des Präfekten im Leokonvikt übertragen wurde und Jaeger zunächst keinen Sekretär mehr hatte. Brinkmann hat dies nach eigenen Angaben sehr bedauert und mit dafür gesorgt, dass diese Aufgabe für den inzwischen betagten und erkrankten Alterzbischof noch einmal vergeben werden sollte.[6] Der neue Sekretär sollte am 1. April 1975 seinen Dienst antreten und besuchte am Vortag Jaeger im Krankenhaus, um sich schon einmal nach dessen Wünschen zu erkundigen, erhielt jedoch nur die Weisung, sich erst einmal einen Überblick zu verschaffen. In den Morgenstunden seines ersten wirklichen Arbeitstages verstarb der Kardinal, so dass es bei der Verschaffung eines Überblickes, zunächst einmal zur Unterstützung der Beisetzungsfeierlichkeiten und der Nachlassregelung blieb.[7]

Nach dem Tod Jaegers war zunächst nicht klar, wo das neue Bischofshaus eingerichtet würde und der Nachlass blieb noch einige Zeit am Kamp. Erst als Erzbischof Johannes Joachim Degenhardt (1974-2002) eine definitive Entscheidung gegen einen Umzug ins Konrad-Martin-Haus getroffen und sich seinerseits für eine Sanierung des Bischofshauses am Kamp ausgesprochen hatte, wurde der Nachlass Mitte der 70er Jahre ins Erzbistumsarchiv gebracht, dort jedoch unter Bistumsarchivar Dr. Alfred Cohausz, der 1981 im Alter von 84 Jahren in den Ruhestand ging, nicht mehr bearbeitet. Der Bestand umfasst

---

5 Z. B. Akte Nr. 437 Gesuche um Intervention ist in dieser Zählung Nr. 119; Akte Nr. 455 Der Deutsche Osten ist Nr. 115. Die Nummern stimmen nicht mit zwischenzeitlich vom Buchbinder vergebenen Nummern überein.
6 Hinweis von Domkapitular em. Pfr. i. R. Karl-Heinrich Brinkmann, Detmold.
7 Bandserie Nachlassregelung: EBAP, Nachlass Jaeger, 2238-2240.

insgesamt ca. 70 Regalmeter Schriftgut. Ca. 20 Regalmeter der Akten wurden Ende der 1990er Jahre von einem Buchbinder nach Formierung durch Bistumsarchivar Gerhard Sander fest eingebunden. Zwei Regalmeter Fotoalben wurden im ursprünglichen Zustand belassen.

Ältestes Zeugnis des Nachlasses ist ein Impfschein Lorenz Jaegers von 1897.[8] Die Überlieferung ist bis 1945 jedoch schütter, bildet insofern die Kriegswirren mit den Bombentreffern auf das Bischofshaus ebenso ab wie den Umstand, dass Jaeger bis zu seiner Bischofsweihe kein Sekretariat hatte und in Unkenntnis seiner historischen Relevanz mit seinem Schriftgut verfuhr wie zeitgenössische Privatpersonen auch: Aus seiner Zeit als Lehrer an den Gymnasien in Herne und Dortmund etwa haben wir seine Ernennungsurkunden und sogar Abrechnungen über die mit den Ernennungen verbundenen Umzüge.[9] Unterrichtsentwürfe liegen jedoch nicht vor. Ein qualitativer Schwerpunkt für Jaegers Zeit als Studienrat und Kriegspfarrer bilden Fotographien, sowohl lose wie auch als Album – diese sind dann auch über Erinnerungsfotographien aus Klassenfahrten die einzigen Belege seiner pädagogischen Tätigkeit.[10] Zur vollen Entfaltung kommt der Nachlass in seiner Themenvielfalt ab 1945.

Ein quantitativer Überlieferungsschwerpunkt ergibt sich für die Zeit vom Ende des Zweiten Weltkrieges bis zur Strukturreform der DBK 1968. Ab dieser Zeit nehmen, verstärkt noch einmal nach Jaegers Resignation 1973, die Anteile von teils nur spärlich kommentierten Amtsdrucksachen in den Unterlagen zu. Die Überlieferung bricht grosso modo mit dem Tod Lorenz Kardinal Jaegers am 1. April 1975 ab. Vor allem durch Gremienmitgliedschaften und Nachlassregelung ergeben sich einige wenige nachlaufende Stücke.

Auf 70 Regalmetern ist Platz für mehrere inhaltliche Schwerpunkte, die der Nachlass auch qualitativ sowie in der Regel korrespondierend auch quantitativ enthält. Wichtig ist an dieser Stelle auch der Hinweis darauf, dass die Klassifikation nicht einheitlich nach Provenienz bzw. sachthematisch erfolgt, wodurch es zu Überschneidungen kommen kann. Ein Schriftwechsel mit Kardinal Augustin Bea kann sich etwa in der Klassifikationsebene zu seiner eigenen Person (01.10), der zum II. Vatikanischen Konzil (01.08) oder einem Gliederungspunkt der umfangreichen Unterlagen zur Ökumene (*Una Sancta*, 18) befinden.

Ein Blick auf die nachträglich gebildeten Klassifikationseinheiten macht deutlich, mit welchen Aufgaben Jaeger am Anfang seines Pontifikates wohl eher nicht gerechnet hat. Die nachträglich gebildete Klassifikationsebene der

---

8 EBAP, Nachlass Jaeger, 1337.
9 EBAP, Nachlass Jaeger, 237 Bll. 14 f.
10 EBAP, Nachlass Jaeger, 1913-1922.

Rätearbeit (08.13), deren Begriff in den frühen 1940er Jahren wohl auch nicht zum Vokabular eines katholischen Bischofs gehört hätte, war bei Grundlegung des Aktenplanes nicht vorgesehen. Tatsächlich sind zu den dort berücksichtigten Gremien jedoch insgesamt 38 Aktenbände im Nachlass enthalten. Analog hierzu wurde auch das Zentralkomitee der deutschen Katholiken (25.02, 17 Bände) zunächst nur über die Katholikentage (25.01, 19 Bände) wahrgenommen. Dem Volkswartbund (08.05) hat Jaeger dagegen bei Amtsantritt hohe Bedeutung beigemessen. Tatsächlich ist jedoch nur eine Akte enthalten, die sich von 1948-1975 nur sehr langsam füllt.

War Jaeger ein bedeutender Ökumeniker? Zumindest rein quantitativ und in Bezug auf seinen schriftlichen Nachlass ist diese Frage definitiv mit Ja zu beantworten.[11] Allein seine Hauptakte zur *Una Sancta* (17) umfasst 36 Bände. In den Gliederungen der Klassifikationsebene kommen noch einmal 48 Bände hinzu. Auch diese insgesamt 84 Bände sind jedoch noch recht dicht am rechnerischen Mittel von 67 Verzeichnungseinheiten für jede der 35 Klassifikationsebenen. Gleichzeitig ist Material zur Ökumene auch dort zu finden, wo die Klassifikation nicht sachthematisch vorgenommen wurde. 48 Bände entfallen auf die Fuldaer Bischofskonferenz (02.02.01). Im Rahmen der Arbeit für die DBK (02.02.02, 147 Bände) ist eine Auseinandersetzung mit der Ökumene zwar über die entsprechende Kommission Ökumene teilweise möglich (02.02.02.02, 22 Bände), deren Arbeit jedoch auch in den Plenarkonferenzen (02.02.02.15, 25 Bände) thematisiert wurde. Weiterhin darf man nicht übersehen, dass auch inhaltlich relevante Stücke zu wichtigen Themen in die Korrespondenz von und an Priester (05, 27 Bände) oder gar in den Allgemeinen Schriftwechsel (12, 69 Bände) eingegangen sein können, deren Aktenbände ebenfalls nicht sachthematisch angelegt sind.

Charakteristisch für die späten Amtsjahre Jaegers sind die 26 meist zu Serien gehörenden Aktenbände zur Würzburger Synode. Die Menge des Materials spiegelt die Entwicklung der 1970er Jahre zu einer Professionalisierung aller Arbeitsbereiche und den synodalen Prozess, in dem die Teilnehmer unabhängig von ihrem Status zu Wort kommen können genauso wieder wie eine stark verbesserte papiergebundene Reproduktionstechnik. Gleichzeitig deuten die enthaltenen Teilnehmerlisten und eine nur geringe Zahl von Zeugnissen intensiver Auseinandersetzung mit dem Material durch Jaeger selbst darauf hin, dass er auch schon vor seiner Resignation viele mit der

---

11   Ergänzend hierzu wird im Johann-Adam-Möhler-Institut für Ökumenik der Nachlass seines Konzilstheologen Eduard Stakemeier verwahrt.

Synode in Verbindung stehende Aufgaben an seinen Weihbischof und Nachfolger Johannes Joachim Degenhardt delegiert hat.[12]

Bei anderen Themen korrespondiert eine weniger intensive Auseinandersetzung mit einem geringen Anfall von Schriftgut. Auffällig ist dies beim Domkapitel ([sic!] 03.01, 3 Bände), dessen Klassifikationsebene noch um Untergruppen für das Offizialat (03.02, 2 Bände) und das Generalvikariat (03.03, 3 Bände) ergänzt wurde, die jedoch auch nicht größer sind. Diese Einrichtungen scheint Jaeger wohl in großer Selbständigkeit belassen zu haben. Ernennungen (07, 5 Bände) und die Firmungsakte (15, 5 Bände), aus deren Bezeichnung sich auch Jaegers Arbeitsweise mit den Hauptakten erklärt, sind ebenfalls nicht sehr umfangreich.

Intensiv gekümmert hat sich Erzbischof Jaeger um die Entwicklung der Schule (19, 49 Bände). Dies verwundert angesichts seiner eigenen Lehrtätigkeit nicht. Auffällig ist jedoch, dass die dementsprechende Kommission XI der DBK nur mit vier Aktenbänden bestückt ist (02.02.02.11; gegenüber 13 Bänden für die Kommission XII Wissenschaft Kultur; 02.02.02.12). Weitestgehend ausgeblendet wird – wie bereits erwähnt – auch Jaegers eigene schulische Tätigkeit. Dem geistlichen Studienrat Lorenz Jaegers kann man im Nachlass nur über offizielle Dokumente (Freistellungen, Versetzungen und ähnlichem) begegnen; Unterrichtsentwürfe, Lehrtagebücher, Notenhefte und andere Unterlagen, die inhaltlich mit dem von ihm erteilten Religionsunterricht zu tun haben könnten, fehlen völlig. Auch ließ sich bislang aus dem Nachlass nicht klären, woher eine (Ehren-)Doktorwürde des bisweilen als Dr. theol. oder Dr. theol. h. c. titulierten Bischofs stammen könnte.

2   Geschichte und Aufgaben des Registraturbildners

Das Erzbistum Paderborn führt seine Gründung auf einen 799 erfolgten Besuch Papst Leos III. bei König Karl dem Großen in dessen Pfalz Paderborn zurück. Der erste Bischof, Hathumar, wird 805 greifbar. Im vorliegenden Kontext ist relevant die Neuordnung der Diözese nach dem Wiener Kongress durch die von Pius VII. 1821 gegebene Bulle *De Salute Animarum*, die dem Bistum Paderborn seine bis 1994 gültige zweiteilige Gestalt mit einem Ost- und einem Westteil gab. Die so entstandene Ordnung war Anfang der 40er Jahre des 20. Jahrhunderts bereits lange erprobt: Die Diaspora im Ostteil des Erzbistums brachte nur wenige Berufungen hervor und viele neu geweihte Geistliche aus dem Sauerland oder dem Hochstift wurden zur Wahrnehmung ihrer

---

12   Vgl. z. B.: EBAP, Nachlass Jaeger, 1027.

ersten Stelle dorthin geschickt. In Oebisfelde, damals Pfarrvikarie in Anhalt auf der Grenze zu Hannover bzw. dem Bistum Hildesheim, das Jaeger nach seiner Weihe als erste Stelle anvertraut worden war, hatte vor ihm schon der spätere Weihbischof Heinrich Haehling von Lanzenauer (1861-1925) Dienst getan und den Ort zunächst als Seelsorgestelle innerhalb der Pfarrei Gardelegen betreut.

Das 1929 abgeschlossene Preußenkonkordat, das Paderborn seine künftige Rolle als Erzbistum zugesprochen hatte und das Reichskonkordat waren zu dieser Zeit jedoch noch recht neu und Alternativen zu den damit geschaffenen Regelungen vielen Akteuren in den Bistumsleitungen noch aus dem kommunikativen Gedächtnis vertraut. Mit seiner Wahl zum Erzbischof kam Lorenz Jaeger in eine Kirchenleitung innerhalb eines voll entwickelten nationalsozialistischen Staatswesens, das Ende 1941 auch schon eine gewisse Routine im Umgang mit dem Kriegszustand entwickelt hatte. Jaegers Ernennung und Weihe zum Erzbischof fiel in eine Zeit des raschen Fortschreitens des Russlandfeldzuges, dicht am Höhepunkt der Macht des nationalsozialistischen Regimes – auch als Kriegsmacht. Die Anzahl der Unterlagen aus dieser Zeit ist jedoch unterproportional gering. Dies mag teilweise auf die Bombardements Paderborns im Jahr 1945 zurückzuführen sein, von denen auch das Erzbischöfliche Haus am Kamp betroffen war. Die Diskussion um die Person Jaegers als Gesinnungs- und Verantwortungsethiker, die schon in der Vergangenheit ohne umfassende Kenntnis des Nachlasses zu erheblichen Kontroversen geführt hat, wird auch nach Erschließung des Nachlasses weiterhin mit besonderer Aufmerksamkeit für den Quellenwert der verwendeten Stücke zu führen sein.[13]

Der Untergang des NS-Staates brachte für Erzbischof Jaeger neue Herausforderungen mit sich. Caritative Bemühungen bildeten eine wichtige Aufgabe in der unmittelbaren Nachkriegszeit, in der sich sein Bistum zunächst auf zwei Besatzungszonen, dann auf die beiden deutschen Staaten verteilte. Diesen Zustand zu verwalten blieb eine Konstante seiner Amtszeit. Ein Arrangement des Heiligen Stuhls mit der deutschen Zweistaatlichkeit zeichnet sich zwar noch zu seinen Lebzeiten, doch erst nach Ende seiner Amtszeit ab. Ebenso wichtig wie der neue Kontext des geteilten Bistumsgebietes war 1957 die Gründung des Bistums Essen, für das von Paderborn, genau wie von Köln und Münster Gebietsabtretungen verlangt wurden.

Bei Amtsantritt Jaegers verfügte das erzbischöfliche Haus in Paderborn über einen Kaplan und Geheimsekretär, einen Fahrer und Gärtner sowie über Ordensschwestern, die für Schreib- und Haushaltstätigkeiten verantwortlich

---

13 Grundlegend hier: Wagener, Täter, S. 117-128; Wagener, Erzbistum; Gruß, Erzbischof; Stüken, Hirten. Die verwendeten Quellen überschneiden sich stets in größeren Teilen, jedoch nie vollständig.

waren. Während sich diese Struktur bis heute fast nicht verändert hat, haben sich Personalbestand und Aufgabenspektrum des erzbischöflichen Generalvikariates in dieser Zeit ständig erweitert. Arbeiteten dort 1929 erst 25 Personen, so waren es 1953 schon 52 hauptamtliche Kräfte und 30 Geistliche im Nebenamt.[14] Im Zuge der allgemeinen Professionalisierung der 1960er und 1970er Jahre wuchs das Generalvikariat weiter. Von Jaegers starker bischöflicher Identität als Leiter seiner Diözese zeugen sowohl die eigenen, thematisch breit gefächerten Aktenbestände als auch das geringe Ausmaß an Information über die erzbischöfliche Behörde, deren Leitung Jaeger in fast 32 Jahren an der Spitze des Erzbistums Paderborn viermal austauschte.

Von den umfassenden Aufgaben eines Diözesanbischofs nahm Jaeger mit Blick auf seinen Nachlass wohl überdurchschnittlich viele selbst wahr. Die Akzente, die er dabei in den Bereichen Ökumene und Bildung setzte, haben ihren Ursprung vielleicht in seiner Biographie – erstere in seinen Erfahrungen als Kind aus einer konfessionsverschiedenen Ehe, letztere in seiner Prägung durch Studium und Lehrtätigkeit. Für die Ökumene setzte sich Jaeger schon seit Beginn seiner Amtszeit ein und trug seine Vorstellungen in das II. Vatikanische Konzil. Dass er noch vor dessen Ende zum Kardinal erhoben wurde mag zeigen, dass diese Bemühungen eine Würdigung seitens Papst Paul VI. erfahren haben, in jedem Fall verliehen sie seiner Position in den nun folgenden Jahren seiner Amtszeit jedoch zusätzliches Gewicht.

Jaeger als Person war geprägt durch eine Kindheit in einer konfessionsverschiedenen Familie und eine Jugend mit vielen Umzügen und in Internaten in Olpe und Wipperfürth, deren Besuch seine Familie ihm unter Opfern ermöglichte. Nach kriegsbedingt unterbrochenem Studium, Weihe (1922) und Jahren als Pfarrvikar in Oebisfelde/Sachsen (1922-1926) nahm Lorenz Jaeger seine Tätigkeit als Religionslehrer in Herne zunächst studienbegleitend auf und legte erst 1928 das Erste Staatsexamen für das Lehramt ab. Nach einem Jahr als Assessor wurde er am 1. April 1930 zum Studienrat in Herne ernannt. Gut ein Jahr später wechselte er am 1. Mai 1933 an das Hindenburggymnasium in Dortmund, wo er zum Schuljahresbeginn 1934 Fachleiter am Bezirksseminar für Lehrer und Mitglied im Reichsprüfungsamt wurde. Ersteres Amt wurde ihm ca. 1937 aberkannt[15].

Zum 27. Mai 1940 wurde er als Kriegspfarrer eingezogen und diente bei verschiedenen Einheiten, zunächst bei Stettin, dann in Amiens. Als Divisionspfarrer war Jaeger dabei für einen militärischen Großverband zuständig. Einerseits ermöglichte ihm dies Kontakte zu Offizieren bis in die Generalsränge,

---

14   Schmalor, Generalvikariat.
15   Gruß, Erzbischof, S. 447; Zu Ernennungen Jaegers vgl.: EBAP, Nachlass Jaeger, 237.

andererseits beklagte er den fehlenden Kontakt zur Truppe.[16] Als Erzbischof von Paderborn war Jaeger nicht nur Leiter seiner eigenen Diözese, sondern auch Metropolit der Paderborner Kirchenprovinz, in der Zeit von 1941 bis 1973 noch mit den Suffraganen Fulda und Hildesheim. Sein bald nach Amtsantritt gegründetes Seelsorgeamt leitete er bis 1946 selbst, bevor er zunächst Heinrich Niebecker und ab 1948 den späteren Bischof von Essen Franz Hengsbach mit dieser Aufgabe betraute. Schon als Glied der Fuldaer Bischofskonferenz engagierte sich Jaeger ab 1942 in der Kommission Fides für ökumenische Fragen (vgl. 02.02.01.01), eine Arbeit, die er später in der Kommission II der DBK fortsetzte (02.02.02.02) und um ein Engagement für Wissenschaft und Kultur ergänzte (02.02.02.12). Viele der ökumenischen Gremien, denen er angehörte, hatte er mit initiiert.

Als Diözesanbischof, zumal als Metropolit, agierte Jaeger sehr selbständig. Die von ihm gepflegten Kontakte zum Papst und der Kurie werden in Aktenplanebene 01 wiedergegeben. Das Verhältnis zu anderen Diözesanbischöfen, auch zu denen der Paderborner Suffragane, ist von Kollegialität geprägt, die unter anderem in einem speziellen Stil bei der Formulierung von Briefen ihren Ausdruck findet (vgl. Aktenplangruppe 02, Bischöfe, hier v. a. die Hauptakte, Nr. 1570-1580). Der Status als Metropolit beschränkt sich vorwiegend auf Ehrenvorrechte, wie Präzedenzen bei gottesdienstlichen Veranstaltungen. Kirchenrechtlich relevante Handlungen in dieser Rolle werden im Schriftgut kaum erwähnt und es gibt auch keine eigene Aktenplangruppe für die Paderborner Kirchenprovinz.

Die institutionelle Berücksichtigung von Metropolitankapitel, Offizialat und Generalvikariat als Beratungsgremium bzw. nachgeordneten Einrichtungen ist wie schon oben erwähnt nur schwach belegt. Verbindungen in diese Institutionen werden anscheinend vor allem über einzelne ihrer Mitarbeiter und deren Rollen gepflegt. In der Wahrnehmung seiner Rolle als Magnus Cancellarius der Theologischen Fakultät erscheint Jaeger etwas aktiver (Aktenplangruppe 04.03; 10 Aktenbände). Auch diese regelt ihre Verwaltung jedoch im Ganzen selbst. Eine Befassung Jaegers mit den dortigen Themen geschieht vor allem in Konfliktfällen und bei strategischen Planungen. Jaeger arbeitet mit seinem eigenen Stab.

> Seine Kapläne und Geheimsekretäre waren:
> Oktober 1941 - Oktober 1945 DDDr. Gustav Ermecke (später Professor an der Theologischen Fakultät Paderborn)
> Januar 1946 - April 1950 Dr. Paul Aufderbeck (später Regens des Priesterseminars und residierender Domkapitular des Bistums Essen)

---

16   EBAP, Nachlass Jaeger, 231 Bl. 76.

Mai 1950 - August 1954 Walter Hiltenkamp (später Präses am Knabenkonvikt in Attendorn und Propst in Niedermarsberg)
September 1954 - Dezember 1960 Dr. Hieronymus Dittrich (später Pfarrer an der Dompfarrei und residierender Domkapitular)
Januar 1961 - Januar 1967 Dr. Alois Klein (später Direktor am Johann-Adam-Möhler Institut und Professor an der Theologischen Fakultät)
Februar 1967 - Juli 1973 Karl-Heinrich Brinkmann (später Pfarrer in Detmold, Dechant und nicht residierender Domkapitular)
20 Monate Vakanz
April 1975 - Juni 1975 Dr. Bernd Gottlob (nach dem Tod Kardinal Jaegers mit der Nachlasspflege betraut)

Sekretariatsdienste:
Mai 1945 - April 1951 Sr. Adelaida Langenbach SCC
Mai 1951 - April 1975 Sr. Felicitas Thiemann SCC

Haushalt – Sakristei – Küche:
Oktober 1941 - Dezember 1950 Sr. Ruthilde N. SCC
Januar 1951 - April 1975 Sr. Wiltraud Kießler SCC
Oktober 1941 - Dezember 1959 Sr. Ehrentrud Kothe SCC
Januar 1960 - Dezember 1969 Sr. Bertrandis Wermeling SCC
Januar 1970 - Mai 1975 Sr. Heribertis Haxter SCC
Oktober 1941 - Dezember 1969 Sr. Theonilda Müthing SCC
Januar 1970 - Dezember 1972 Sr. Fridwina Peters SCC
Januar 1973 - November 1973 Sr. Woyslawa Prinz SCC
Dezember 1973 - April 1975 Sr. Stephana Leßmann SCC

Fahrdienst:
1950-1974 Rainer Linnenbrock

Die Schwestern im Haushaltsdienst – alle Schwestern gehörten zur Kongregation der Schwestern der christlichen Liebe (Sorores Christianae Caritatis, SCC) – bildeten bis 1955 einen eigenen Konvent. Die Schwester im Sekretariatsdienst war immer entweder dem Mutterhaus oder dem Leokonvikt zugeordnet.

Im Laufe seines Lebens sind Erzbischof Jaeger drei Festschriften gewidmet worden. Die erste erschien 1956 zum 15. Jahrestag seiner Amtseinführung und wurde vom Erzbischöflichen Seelsorgeamt herausgegeben.[17] Traurige Berühmtheit erlangte dieses Werk durch die später als gekürzt identifizierte Fastenpredigt von 1942. Eine zweite Festschrift erhielt er 1963, also während des II. Vatikanischen Konzils gemeinsam mit seinem evangelischen Amtsbruder

---

17 Erzbischöfliches Seelsorgeamt Paderborn, Leben.

Wilhelm Stählin.[18] Eine letzte Festschrift wurde ihm zum 80. Geburtstag von Dompropst Paul-Werner Scheele gewidmet.[19]

3   Bearbeitung des Bestandes

Nach der Übernahme in den 1970er Jahren durch Bistumsarchivar Dr. Alfred Cohausz (1936-1981) wurde längere Zeit noch nicht an dem Nachlass gearbeitet, möglicherweise auch weil er noch einer Schutzfrist unterlag. Mit der Zeit kamen jedoch erste Anfragen nach Sondergenehmigungen, die zum Teil auch für die Reihe Akten deutscher Bischöfe der Kommission für Zeitgeschichte in Bonn erteilt wurden mit der Folge, dass einzelne Teile des noch nicht verzeichneten Bestandes bereits ediert wurden.[20] Der eigentliche Beginn der Arbeiten an dem Nachlass erfolgte 1996 unter Bistumsarchivar Gerhard Sander (1981-2005), der mit einem Buchbinder vorwiegend Ordnungsarbeiten an dem Bestand vornahm, die sich an Jaegers Aktenplan orientierten. Im Zuge dessen entstanden die ca. 20m festen Einbände. Der Bearbeiter dieses Beitrags begann 2008 mit der archivischen Erschließung des Bestandes durch Verzeichnung in eine Datenbank, die 2017 abgeschlossen werden konnte.

Angesichts der Länge der Amtszeit Erzbischof Jaegers und der weltkirchlichen Bedeutung seiner Arbeit wurde für seinen Nachlass bewusst eine sehr breite Überlieferung angestrebt. Kassationen fanden vor allem bei im Nachlass auftauchenden Schrifttum und bei Amtsdrucksachen statt, meist durch die Kassation von Doubletten. Auch eine geringe nachweisbare persönliche Beschäftigung Jaegers mit den vorhandenen Unterlagen wurde jedoch zum Anlass genommen, diese dem Archivgut zuzuschlagen und nicht zu kassieren. Der Nachlass von Lorenz Kardinal Jaeger ist der erste große bischöfliche Nachlass, der sich für Paderborn sicherstellen ließ. Die persönliche Überlieferung seines Vorgängers Caspar Klein, der immerhin auch 20 Jahre Bischof und Erzbischof von Paderborn gewesen war, beschränkt sich auf 0,4 Regalmeter, das Schriftgut weiterer Vorgänger ist fast sämtlich in das Archiv des Generalvikariates eingeflossen.

Die Verzeichnung erfolgte nach dem Bär'schen Prinzip (Nummerus Currens-Verfahren). Sammlungen von losen Blättern wurden in Mappen eingelegt. Charakteristisch für das Büro Jaegers ist jedoch eine sehr weitgehende

---

18   Schlink/Volk, Pro veritate.
19   Scheele, Paderbornensis Ecclesia.
20   In Einzelfällen stellt uns dies heute vor die Herausforderungen, dass nicht mehr klar ist aus welchen Unterlagen ein ediertes Stück entnommen wurde.

Tendenz, Unterlagen zu lochen, die auch vor Kalligraphien, offiziellen Schreiben des Heiligen Stuhls im Folio-Format und Textverlusten nicht Halt machte. Der Wert dieser Praxis liegt jedoch darin, dass immer da, wo noch ein mit einem Draht zusammengehaltenes Konvolut auffindbar war, dieses als im Originalzustand überliefert identifiziert werden konnte. Eine Ergänzung von nachträglich gebildeten Akten fand bis 2005 bei den eingebundenen Stücken statt. Darüber hinaus lässt sich das Verhältnis zwischen Kernbestand und nachträglichen Anreicherungen in der Regel nicht feststellen. Fotoalben wurden in ihrem Zustand belassen.

Bei der Ordnung des Bestandes im Zuge der Einbandarbeiten wurden schon einmal Signaturnummern vergeben, die Jaegers Anlage der Akten auf der jeweiligen Aktenplanebene entsprachen. Ein solches Verfahren wäre möglich gewesen, wenn die Zuordnung aller einzelnen Stücke zur Klassifikation von vorne herein klar gewesen wäre. Es wurden daher vorwiegend die Stücke geordnet und eingebunden, bei denen ein hohes Maß an Sicherheit bezüglich ihrer Zuordnung zur Klassifikation gegeben war. Bei diesen Stücken wurde die bis 2005 vergebene und bis 2008 verwendete Bandnummer als ursprüngliche Signatur im Findbuch mit angegeben. Ab 2005 wurden die gelochten Bestände zwischen Aktendeckeln auf Polypropylen-Aktenbügel aufgezogen, die nicht gelochten in Mappen eingelegt. Sämtliche Sach- und Serienakten wurden im Zuge der Ordnung und Verzeichnung des Bestandes und im Rahmen der Landesinitiative Substanzerhalt des Landes Nordrhein-Westfalen entsäuert.

4   Benutzungsmodalitäten und Zitierweise

Die Benutzung des Bestandes unterliegt der Anordnung über die Sicherung und Nutzung der Archive der katholischen Kirche (KAO) in der für das Erzbistum Paderborn maßgeblichen Fassung.[21] Personenbezogene Schutzfristen gelten hierbei außer für die Person Lorenz Kardinal Jaegers für einige Unterlagen, die sich dezidiert auf andere, zum Abschluss der Arbeiten am Bestand teils noch lebende Personen beziehen.[22] Bei Benutzung wird der Nachlass

---

21   KA 74 (2014) 5, S. 108-110.
22   Klassifikationseinheit 04.02.04 *Theologen*; hier: Bandserie *Theologiestudenten*: EBAP, Nachlass Jaeger, 1104-1106; die Schutzfristen werden durch die Lebensdaten der Theologiestudenten bestimmt, über die geschrieben wird; Klassifikationseinheit 14.05 *Schriftwechsel mit bzw. über einzelne Ordensangehörige*: Die Schutzfristen werden durch die Lebensdaten der Ordensangehörigen bestimmt, davon ausgenommen sind die Stücke: EBAP, Nachlass Jaeger, 314, 316, 341, 402-404 und 1181, die als Sachakten lediglich der allgemeinen Schutzfrist unterliegen. In der gleichen Klassifikationsebene unterliegt: EBAP,

folgendermaßen zitiert: Erzbistumsarchiv Paderborn (EBAP), Nachlass Lorenz Kardinal Jaeger (NLKJ), Klassifikationsnummer (optional), Titel der Klassifikationsebene (optional), Signatur, Aktentitel, ggf. Folioangabe

5   Parallele und ergänzende Bestände

Eine erste Übersicht über parallele und ergänzende Bestände brachte Heribert Gruß.[23] An Gruß' Archivarbeiten orientierte sich auch Wolfgang Stüken, der diese jedoch umfassend ergänzte.[24]

6   Würdigung

Der Nachlass spiegelt in seinem Umfang die zeitliche Erstreckung der Amtszeit von Lorenz Kardinal Jaeger wieder, in seinen Schwerpunkten befasst er sich umfassend auch mit den Themen, die Jaeger auch der herrschenden Meinung nach wichtig waren: Ökumene, Schule, II. Vatikanisches Konzil. Jaeger war weder ein Büroreformer noch ein Aktenplaner. Seine Art der Ansetzung von Aktenplangruppen und der Organisation von Schriftgut erscheint heute bisweilen unsystematisch und fragmentarisch. Doch war er ein Bischof, der über eine ungeheuer lange Zeitspanne das Geschehen nicht nur im Erzbistum Paderborn sondern auch in der Fuldaer Bischofskonferenz und später DBK entscheidend mitgeprägt hat.

Quellen- und Literaturverzeichnis

Quellen

Erzbistums-Archiv Paderborn (EBAP)

Nachlass Caspar Klein [Findbuch (maschinenschriftlich) und Datenbank]
Nachlass Lorenz Kardinal Jaeger (NLKJ) Akten Nr. 231, 237, 313, 314, 316, 341, 402-404, 752-760, 782-785, 794-798, 886-890, 1027, 1104-1106, 1163, 1181, 1286, 1310, 1337, 1913-1922, 2238-2240

Nachlass Jaeger, 313 einer besonderen Schutzfrist aufgrund der Befassung mit dem Seligsprechungsverfahren für den Franziskaner Bruder Jordan Mai OFM. Klassifikationseinheit 20a.03.01 *Dr. Hubertus Halbfas (geb.1932), Professor für Religionspädagogik*; hier: *Hauptakte*: EBAP, Nachlass Jaeger, 886-890; die Schutzfristen des personenbezogenen Anteils der Klassifikationsebene werden durch die Lebensdaten bestimmt.

23   Gruß, Erzbischof, S. 455-457.
24   Stüken, Hirten.

Gedruckte Quellen

Erzbischöfliches Seelsorgeamt Paderborn (Hg.): Leben und Frieden. Hirtenbriefe, Predigten und Ansprachen des Erzbischofs von Paderborn, Dr. theol. Lorenz Jaeger, Thronassistent Sr. Heiligkeit des Papstes. Zum 15. Jahrestag seiner Bischofsweihe am 19. Oktober 1941 gesammelt und herausgegeben vom Erzbischöflichen Seelsorgeamt Paderborn. Paderborn 1956

Kirchliches Amtsblatt (KA) für die Erzdiözese Paderborn 74 (2014) 5

Scheele, Paul-Werner (Hg.): Paderbornensis Ecclesia. Beiträge zur Geschichte des Erzbistums Paderborn. Festschrift für Lorenz Kardinal Jaeger zum 80. Geburtstag am 23. September 1972. München u. a. 1972

Schlink, Edmund/Volk, Hermann (Hg.): Pro veritate. Ein theologischer Dialog. Festgabe für Erzbischof Dr. h. c. Lorenz Jaeger und Bischof Prof. D. Dr. Wilhelm Stählin DD, Münster. Kassel 1963

Literatur

Gruß, Heribert: Erzbischof Lorenz Jaeger als Kirchenführer im Dritten Reich. Tatsachen, Dokumente, Entwicklungen, Kontext, Probleme. Paderborn 1995

Schmalor, Hermann-Josef: Das Erzbischöfliche Generalvikariat im 19. und 20. Jahrhundert. Geschichte der Verwaltungsstruktur, in: Alfons Hardt (Hg.): Erzbischöfliches Generalvikariat Paderborn. Dokumentation und Umbau. Paderborn 2008

Stüken, Wolfgang: Hirten unter Hitler. Die Rolle der Paderborner Erzbischöfe Caspar Klein und Lorenz Jaeger in der NS-Zeit. Essen 1999

Wagener, Ulrich (Hg.): Das Erzbistum Paderborn in der Zeit des Nationalsozialismus. Beiträge zur regionalen Kirchengeschichte 1933-1945. Paderborn 1993

Wagener, Ulrich: Täter und Opfer – ein Kapitel aus dem Kirchenkampf im Erzbistum Paderborn, in: Joachim Kuropka (Hg.): Clemens August Graf von Galen. Menschenrechte – Widerstand – Euthanasie – Neubeginn. Münster 1998, S. 117-128

Personen- und Ortsregister

Personen

Adam, Karl   190
Adolph, Walter   124
Agustoni, Gilberto   68
Alteyer, Anton   89
Amelunxen, Rudolf   133
Angerhausen, Julius   96, 118, 120, 212, 219
Arriba y Castro, Benjamin   180
Aufderbeck, Paul   338
Augustinus von Hippo   159 f., 181, 190, 195

Baaken, Heinrich   121
Bafile, Corrado   67-69, 98, 298
Balić, Carlo   52
Balthasar, Hans Urs von   162
Barth, Karl   190
Bartmann, Bernhard   1, 10, 13-15, 21, 26, 190
Bartz, Wilhelm   99
Bäumer, Remigius   63 f.
Bäumker, Clemens   16
Bayer, Carlo   45 f.
Bea, Augustin   3, 46-48, 56 f., 70, 157, 163, 166 f., 169, 187 f., 192, 194, 196, 333
Beckmann, Joachim   198
Beigel, Eduard   120
Beitz, Wolfgang   106
Bellini, Alberto   164, 189 f., 196
Bender, Wolfgang   106
Benelli, Giovanni   305
Bengsch, Alfred   83, 111, 113-115
Bergen, Diego von   57
Berning, Wilhelm   83, 112, 271
Bertram, Adolf   268, 270, 287 f.
Bévenot, Maurice   166
Bidagor, José Ramon   165
Biemer, Günther   89
Bläser, Peter   310, 312 f., 317
Blome, Friedrich   136
Böckenförde, Werner   282 f.
Boeselager, Freiherr von   68
Böggering, Laurenz   118, 120, 212
Bolte, Adolf   113 f., 116
Bornewasser, Franz Rudolph   47, 112
Boskamp, Karl   130

Botterweck, Gerhard Johannes   230
Boyer, Charles   49
Brandenburg, Albert   52, 55, 64
Brandt, Willy   154
Braun, Otto   21
Bredlau, Ursula   283
Brems, Alois   115
Brinkman, Karl Heinrich   332, 339
Brinktrine, Johannes   48, 271
Brögger, Josef   21
Brox, Norbert   237
Brunswig, Alfred   21
Buchberger, Michael   112
Buchkremer, Joseph Ludwig   120
Bühler, Karl   17
Bultmann, Rudolf   108

Casel, Odo   61, 71, 265
Chenu, Marie-Dominique   178
Christoph, Hermann   83, 120
Cicognani, Amleto   217
Cleven, Wilhelm   121
Cohausz, Alfred   332, 340
Colli, Karl   38
Confalonieri, Carlo   298
Corr, Gerard M.   164, 189 f., 194

Daniels, Hans   128
Degenhardt, Johannes Joachim   256 f., 259, 308 f., 312, 332, 335
Deimel, Anton   42
De Smedt, Émilie-Joseph   192
Diekamp, Franz   20
Dietz, Johann Baptist   112 f., 269, 272
Dittrich, Hieronymus   339
Doerner, August   268
Dolch, Heimo   141, 143
Döpfner, Julius   6, 81-83, 88, 94, 111, 113-115, 162, 165, 167, 171, 212-216, 219, 248 f., 257, 261, 298, 303, 305, 312-314
Dörholt, Bernhard   20

Ebeling, Gerhard   174
Egenter, Richard   212 f.
Ehrle, Gertrud   87

Eilers, Alois 42
Eising, Hermann 104 f., 230
Emanuel, Isidor Markus 113-115
Emminghaus, Johannes H. 63
Engelkemper, Wilhelm 20
Ermecke, Gustav 7, 63, 140 f., 153, 212-215, 219 f., 338
Esch, Ludwig 266
Ettlinger, Max 23
Ewers, Heinrich 64 f.
Exeler, Adolf 89

Faulhaber, Michael 81 f., 90, 111 f., 181
Felici, Pericle 165
Ferdinand I. (Kaiser) 160
Fittkau, Gerhard 68 f., 295 f.
Flatten, Heinrich 64
Fleckenstein, Heinz 212, 230-232
Foerster, Friedrich Wilhelm 16, 25
Fonck, Leopold 13
Forster, Karl 97, 213, 219
Fra Angelico 161
Fraling, Bernhard 88
Frank, Helmar Gunter 149
Franke, Ingeborg 281
Franzelin, Johann Baptist 169
Franziskus (Papst) 265
Freisen, Joseph 12 f., 15
Freundorfer, Joseph 113-115
Friedrich, Philipp 16
Fries, Heinrich 98, 313, 322
Frings, Josef 41, 62, 81-83, 92, 98, 107 f., 111-113, 167, 328
Frotz, Augustinus 116, 118
Fuchs, Alois 21 f.
Fuchs, Josef 212 f.

Gabriel, Alex 68
Galen, Clemens August von 82, 87, 111, 133
Globke, Hans 61
Gnädinger, Karl 120 f.
Goldschmidt, Richard Hellmuth 21
Golomb, Egon 89
Göttler, Joseph 16
Gottlob, Bernd 339
Graber, Rudolf 99, 114 f., 212
Grabmann, Martin 18
Grabowski, Stanislaus J. 158

Gracias, Oswald 175
Graf, Willi 273
Grendel, Joseph 46 f., 61, 70, 162
Gröber, Conrad 35, 81, 102, 111, 268, 270 f.
Grosche, Robert 58, 62
Gruber, Hermann 18
Gruß, Heribert 342
Guardini, Romano 58, 266, 271
Gundlach, Gustav 57

Haag, Herbert 98, 101
Haehling von Lanzenauer, Heinrich 336
Hagen, Margarete von der 45
Halbfas, Hubertus 101, 342
Hanssler, Bernhard 98
Harms, Hans Heinrich 320 f.
Harnack, Adolf 15
Hartmann, Albert 101
Hartz, Franz 90, 92, 119
Hathumar 335
Haxter, Heribertis 339
Heenan, John Carmel 190
Heidegger, Martin 8
Heinemann, Gustav 236
Helling, Fritz 133 f.
Hengsbach, Franz 84, 92-97, 103, 113-115, 139, 141, 219, 236, 258, 260, 298, 338
Hentrich, Wilhelm 48-57, 68, 70
Henze, Clemens Maria 42-45, 54 f., 70
Herbeck, Werner 106
Hertz, Anselm 214 f.
Herwegen, Ildefons 265, 271
Heufelder, Emmanuel 98
Hiltenkamp, Walter 339
Hiltl, Josef 119
Himmler, Heinrich 58
Hirschmann, Johannes Baptist 87, 212 f., 219
Hoeck, Johannes Maria 171
Höfer, Josef 46 f., 57-65, 67, 70, 127-132, 140, 152, 165, 167
Hoffmann, Paul 282 f.
Höffner, Joseph 3, 6, 83 f., 88, 104 f., 107, 111, 115, 212-215, 219, 225 f., 233, 235, 282 f.
Hofmann, Antonius 115, 118
Hofmann, Rudolf 230
Homeyer, Josef 106, 313, 315 f.
Hoppe, Paul 120
Hudal, Alois 41, 46, 58, 62

Hürth, Franz   46, 53
Husserl, Edmund   17 f.

Ignatius von Antiochien   169, 284
Innocenz III.   189
Irenäus von Lyon   169, 181
Iserloh, Erwin   310

Jaeger, Lorenz *passim*
Jakobi, Paul   286
Janssen, Heinrich Maria   112-114, 212
Jedin, Hubert   63 f.
Johannes XXIII.   56, 157, 162 f., 169 f., 308
Johannes Calvin   198, 201, 203
Johannes Paul II.   161

Kaas, Ludwig   41
Kaller, Maximilian   68
Kampe, Walther   120, 123
Kampmann, Theoderich   48, 134, 138, 141
Kant, Immanuel   17 f., 21
Karl der Große   67, 335
Kasper, Walter   323
Kassiepe, Max   268
Kastner, Karl   128
Kather, Arthur   69
Keller, Franz   19
Keller, Michael   83, 112-114
Kempf, Wilhelm   81, 93, 112-115, 118, 123, 248
Kessler, Hans   102
Kießler, Wiltraud   339
Kindermann, Adolf   117 f., 121
Kirchgässner, Alfons   99
Klausener, Erich   316, 323
Klauser, Theodor   64
Klein, Alois   288, 339
Klein, Caspar   58, 293, 329, 340
Klein, Laurentius   98
Klens, Hermann   87
Kleutgen, Joseph   194
Knöpfler, Alois   16
Koch, Otto   134
Kolb, Joseph Otto   91, 111, 113 f.
Kollwitz, Johannes   140
Konrad, Berta   98
Köster, Laurentius   318
Kothe, Ehrentrud   339

Kraus, Gerhard   143
Krautscheidt, Joseph   126
Krebs, Sebastian   130
Krems, Gerhard   63
Kronenberg, Friedrich   297
Kuhne, Alexander   278
Külpe, Oswald   1, 17 f.
Küng, Hans   101
Kuss, Otto   141, 143

Landersdorfer, Simon Konrad   84, 112 f.
Langenbach, Adelaida   339
Lefebure, Gaspar   53
Legge, Petrus   112
Lehmann, Karl   106, 254
Lehnert, Pascalina   45
Leiber, Robert   54, 59 f., 70
Leiprecht, Karl Joseph   91, 112-115
Lengeling, Emil Joseph   278
Lengsfeld, Peter   313
Leo III.   67, 335
Leo XIII.   14, 160, 200
Leßmann, Stephana   339
Lindworsky, Johannes   18
Linneborn, Johannes   13, 19
Linnenbrock, Rainer   339
Lissner, Anneliese   89
Lohse, Eduard   239
Loisy, Alfred   15
Lorenzer, Alfred   289
Luckner, Gertrud   98
Lux, Karl   20

Maccarone, Michaele   164, 189, 192, 194 f.
Machens, Joseph Godehard   112, 269, 271
Madey, Johannes   98
Mai, Jordan   342
Mallinckrodt, Pauline von   42
Manns, Peter   310
Marotta, Saretta   163
Martin, Konrad   8, 57, 159
Martin Luther   198, 244, 248
Mausbach, Joseph   20, 213
May, Georg   230 f., 233, 235
Metz, Johann Baptist   238 f.
Meyers, Franz   148
Micara, Clemente   48, 51
Mikat, Paul   98, 145-147, 240

Mitnacht, Alfons Maria 98
Möhler, Johann Adam 158
Montini, Giovanni Battista 48 f.
Muench, Aloysius 38, 40 f., 66 f., 70
Mühlmeyer, Heinz 142
Müller, Fritz 44, 53 f.
Müller, Hermann 21 f., 213
Müller, Josef 89, 280
Münch, Albert 220 f., 223
Mund, Klaus 96
Münzer, Friedrich 24
Murray, John Courtney 180
Mußner, Franz 314
Müthing, Theonilda 339

Neuhäusler, Johannes 121
Niebecker, Heinrich 338
Niermann, Pieter Antonius 192
Nixdorf, Heinz 149
Nordhues, Paul 4, 119, 121, 277-280, 285-288, 308 f.
Nötscher, Friedrich 63

Oesterle, Gerard 42
Oppenheim, Philippus 42, 70
Orsenigo, Cesare 37
Ottaviani, Alfredo 42, 55, 60 f., 67 f., 169, 192

Pacelli, Eugenio Maria (vgl. Pius XII.)
Pachowiak, Heinrich 120
Padberg, Rudolf 141
Pascher, Josef 128
Paul VI. 3, 66, 69, 157, 168 f., 171, 174, 211 f., 216, 224, 226, 246, 277, 304, 337
Peters, Fridwina 339
Peters, Norbert 1, 13-15, 19, 21
Pieper, Josef 106
Pinsk, Johannes 53 f.
Pius IV. 160
Pius VII. 165, 335
Pius IX. 180
Pius X. 10
Pius XII. 2, 45, 48-51, 54-56, 58 f., 65 f., 70, 158, 181
Pizzardo, Giuseppe 60
Poggel, Heinrich 14, 21
Pohlschneider, Johannes 112-115

Pollmann, Josef 136
Preysing, Konrad von 82, 111, 113, 269
Prinz, Woyslawa 339
Pünder, Marianne 98

Rahner, Karl 58, 178, 189, 193, 235 f.
Ranft, Franz 99
Ranke, Edmund 236
Ranke-Heinemann, Uta 236
Ratzinger, Joseph 18, 111, 189
Rauch, Albert 98, 115
Rauch, Wendelin 128
Reifenhäuser, Hubert 151
Reimann, Gertrudis 98
Reineke, Augustinus 274
Reisach, Karl August von 8
Reuß, Josef Maria 118 f.
Reuther 64
Rintelen, Friedrich Maria 274, 323
Rosenberg, Josef Arnold 19, 22
Rosenmöller, Bernhard 135-137
Rost, Ellen 149
Rudloff, Johannes von 117
Ruffini, Ernesto 180
Sr. Ruthilde N. SCC (Berta Elsner) 339

Salaverri, Joaquin 189
Sander, Gerhard 333, 340
Sarah, Robert 265
Sauter, Hermann 128
Schaffran, Gerhard 116
Schamoni, Wilhelm 48
Schäufele, Hermann Josef 94, 111, 113-115
Scheeben, Matthias Joseph 169
Scheele, Paul-Werner 340
Schelkle, Karl Hermann 230
Schell, Herman 10
Schelsky, Helmut 145 f., 240 f.
Schelte, Josef 299
Scherer, Georg 213
Scheuermann, Audomar 230, 232 f.
Schick, Eduard 97, 116, 119, 122
Schilling, Othmar 141 f.
Schmaus, Michael 58, 236
Schmidlin, Joseph 20
Schmidt, Carl 121
Schmidtues, Karlheinz 98
Schneider, Franz Egon 21

Schneider, Josef   93, 111-114
Schneider, Wilhelm   13
Schöllgen, Werner   63
Schrader, Clemens   200
Schreiber, Georg   38
Schröffer, Joseph   112-114
Schulte, Karl Joseph   12 f.
Schuster, Heinz   108
Schwerdt, Theodor   134
Schwering, Julius   23
Sedlmeier, Wilhelm   122
Seiterich, Eugen   93, 111, 115
Semmelroth, Otto   193, 205
Senestrey, Ignatius   9
Simar, Hubertus Theophil   13, 15, 22
Simon, Paul   21, 34 f., 58, 265, 271
Siri, Giuseppe   180
Söhngen, Gottlieb   18
Spannagel, Karl   23
Spreti, Adolf von   304
Spülbeck, Otto   113-115
Stählin, Wilhelm   35 f., 47, 58, 62, 135, 162, 340
Stakemeier, Eduard   48, 52, 98, 164 f., 167, 187-194, 201, 205 f., 334
Stangl, Josef   113, 115, 313
Starke, Bernhard   257
Staudinger, Hugo   304
Stein, Bernhard   114 f., 248, 261
Stiller, Helene   279
Stimpfle, Josef   114, 116
Stöckle, Hermann Maria   42
Stohr, Albert   88, 112 f., 269
Strake, Josef   21
Stücken, Wolfgang   342
Sturm, Vilmar   282

Tardini, Domenico   45, 66, 157
Tenhumberg, Heinrich   84, 115 f., 120 f., 123 f.
Teusch, Christine   141
Theodor von Fürstenberg   145 f.
Thiemann, Felicitas   339
Thomas von Aquin   58, 160, 170, 176, 178, 181, 190, 195
Tisserant, Eugène   66 f.
Tromp, Sebastian   192
Tüchle, Hermann   140

Ulrich, Michael   138
Ulrich (Huldrych) Zwingli   198 f.

Vansittard, Robert Gilbert   133
Velden, Johannes Joseph van der   91, 114
Visser't Hooft, Willem Adolf   165
Vogel, Bernhard   98
Vogels, Heinrich Joseph   16
Volk, Hermann   62, 81, 83 f., 88 f., 99, 106, 111, 114 f., 162, 193, 195, 212, 219, 323
Volkmann, Wilhelm   121
Vrede, Wilhelm   20

Wacker, Paulus   146
Wagener, Ulrich   151
Walker, Henry James   133
Walter, Eugen   89, 99
Walter, Franz Xaver   16
Wätjen, Hermann   23 f.
Wehr, Matthias   113, 115
Weinand, Johannes   128
Weitmann, Alfred   99, 304, 316 f.
Wellhausen, Julius   14
Welzel, Bernhard   89
Wendel, Joseph   93, 111, 113-115
Wenner, Joseph   48
Wermeling, Bertrandis   339
Werner, Hans   322
Weskamm, Wilhelm   114
Westemeyer, Dietmar   48
Wetter, Friedrich   102, 106, 115, 236 f., 241
Wiedenmann, Ludwig   321
Wienken, Heinrich   114
Wiesend, Martin   120
Willebrands, Johannes   62, 165, 188, 190, 192, 194, 312
Willmann, Otto   16
Wissing, Wilhelm   309
Witte, Johannes   158
Wittler, Helmut Hermann   113-115
Wolker, Ludwig   87, 266
Wundts, Wilhelm   17
Wynen, Arthur   64

Zeiger, Ivo   38, 41, 67, 70
Zerfaß, Rolf   89
Zimmermann, Heinrich   141
Zimmermann, Josef   121

Orte

Aachen 90-93, 112-116, 120 f., 144
Amiens 337
Amsterdam 21
Arnsberg 13, 136 f.
Attendorn 339
Augsburg 92 f., 113-116, 119-121

Bad Boll 275
Bad Driburg 128, 136, 138
Bad Godesberg 40
Bad Lippspringe 44, 53, 128
Bamberg 44, 81, 89, 91-93, 99, 111-114, 116, 119-121
Basel 21
Bergamo 190
Berlin 33, 38, 53, 81, 92 f., 111, 113-115, 120, 122, 124, 139, 269, 316
Bielefeld 134, 145-147, 153, 238-240
Bochum 59, 136, 139, 141, 144, 147, 153, 212 f., 229, 231, 331
Bombay 175
Bonn 38, 63 f., 99, 128, 139, 141, 144, 229-231, 236, 266, 340
Brakel 134
Breslau 13, 46, 82, 128

Cambrai 20
Caux 68
Czernowitz 13

Detmold 145, 339
Dortmund 4, 25, 67, 134, 142, 144, 153, 333, 337
Düsseldorf 136, 237

Eichstätt 8, 12, 15, 38, 90, 92 f., 99, 103, 112-115, 120-122, 125
Emsdetten 135
Erfurt 139, 187
Essen 82, 84, 89, 93, 113-115, 118, 120-122, 124-126, 139, 211-213, 248, 295, 297 f., 331, 336, 338

Florenz 160
Frankfurt a. M. 106, 212

Freiburg i. Br. 12, 81, 89 f., 92 f., 99, 111, 113-115, 119-121, 128, 140, 213, 229-231
Freising 81, 111, 212, 249 f., 257, 261
Fulda 36, 90, 92-94, 97, 99, 112-114, 116-120, 122, 269 f., 318, 338

Gardelegen 336
Gelsenkirchen 139
Genf 258
Görlitz 93, 116, 139
Graz 237

Hagen 221
Halberstadt 36, 139
Hamburg 240
Hannover 336
Herford 145
Herne 4, 22, 266, 333, 337
Heroldsbach 42-44, 53 f., 71, 101
Hildesheim 36, 92-94, 96, 112-114, 116-121, 128, 212, 269, 271, 336, 338
Hofheim 82, 104, 234
Höllinghofen 68
Höxter 149
Huysburg 139

Jerusalem 330 f.

Kevelaer 45
Koblenz 10, 272
Köln 33, 64, 81 f., 90, 92 f., 107, 111-113, 115 f., 119-122, 124 f., 139, 144, 151, 226, 269, 336
Königstein 213-215, 217-219, 225 f.
Kronberg 37

Lemberg 128
Limburg 90, 92 f., 112-115, 118-121, 123, 248, 288
Loreto 45
Lüdenscheid 134-137
Lünen 134

Magdeburg 36, 114, 139, 306
Mainz 84, 88, 90, 92 f., 103, 111-119, 122, 125, 212 f., 229-231, 269 f.
Meiningen 139
Meißen 92 f., 112-116, 118 f., 121, 128, 139

Meitingen   98
Meschede   149
Monheim-Baumberg   89
München   1, 8, 13, 16-18, 20, 22, 25 f., 33, 59, 64, 81, 92 f., 111-115, 118, 120-122, 124, 128, 140 f., 212, 229-231, 236 f., 249 f., 257, 261
Münster   1, 8, 13, 18, 20-26, 38, 46, 58, 84, 89, 91-94, 99, 104 f., 107, 111-116, 118-124, 127 f., 134-136, 139, 144, 147, 212 f., 225, 229-231, 235, 237 f., 240, 282, 336

Neuss   236
Niedermarsberg   339

Oebisfelde   22, 34, 336 f.
Olpe   34, 337
Osnabrück   90-93, 96, 102, 104, 112-115, 117-121, 123, 126

Paderborn *passim*
Passau   90, 92 f., 112 f., 115, 117-119
Poona   83
Prag   13, 16
Przemysl   128

Quickborn   266, 280

Regensburg   8, 92 f., 112, 114-117, 119-122, 212, 231, 237
Roermond   51

Rom   1, 6 f., 14, 36, 41, 44-49, 52-66, 68-71, 81 f., 94, 104, 107, 127, 140, 146, 158 f., 190, 203, 212, 216, 223, 226, 258, 268, 272, 280, 284, 288, 298 f., 301, 312 f., 315, 324
Rottenburg   91-93, 99, 112-115, 119-125, 282
Rüsselsheim   89

Saarbrücken   108
Schwerin   139
Schwerte   151
Siegen   147
Soest   149
Speyer   90, 92-94, 102, 112-115, 118-120
Stettin   337
St. Quentin   20

Trient   160, 162, 165, 167 f., 181, 190
Trier   47, 83, 89, 92 f., 99, 112-115, 118-121, 246, 248, 250, 259, 261, 270
Tübingen   15, 21, 34, 128, 136, 140, 190, 229-231, 271

Werden   139
Werl   51, 274, 293
Wien   18, 102
Wiesbaden   89
Wipperfürth   337
Würzburg   4, 9 f., 13, 15, 17, 36, 90-94, 102, 104, 113-115, 117-120, 123, 126, 212, 228-231, 306, 324

Autorenverzeichnis

Prof. Dr. Dominik Burkard
seit 2003 Professor für Kirchengeschichte des Mittelalters und der Neuzeit an der Julius-Maximilians-Universität Würzburg, Katholisch-Theologische Fakultät.

Prof. Dr. Wilhelm Damberg
seit 2000 Professor für Kirchengeschichte des Mittelalters und der Neuzeit an der Ruhr-Universität Bochum, Katholisch-Theologische Fakultät.

Dr. Gisela Fleckenstein
seit 2019 Archivarin am Landesarchiv Speyer. Stellv. Vorsitzende der Kommission für kirchliche Zeitgeschichte im Erzbistum Paderborn.

Dr. Stephan Knops
seit 2013 Wissenschaftlicher Mitarbeiter am Lehrstuhl für Kirchengeschichte des Mittelalters und der Neuzeit an der Ruhr-Universität Bochum, Katholisch-Theologische Fakultät.

Dr. Arnold Otto
seit 2005 Leiter des Erzbistumsarchivs von Paderborn. Mitglied der Kommission für kirchliche Zeitgeschichte im Erzbistum Paderborn.

Dr. Georg Pahlke
bis 2017 stellv. Direktor des Jugendhauses Hardehausen. Mitglied der Kommission für kirchliche Zeitgeschichte im Erzbistum Paderborn.

Thomas Pogoda
seit 2016 Direktor der Fachakademie für Gemeindepastoral im Bistum Magdeburg. Promotionsstudium an der Katholisch-Theologischen Fakultät der Universität Erfurt im Fach Dogmatik.

Prof. Dr. Nicole Priesching
seit 2011 Professorin für Kirchengeschichte und Religionsgeschichte an der Universität Paderborn, Fakultät für Kulturwissenschaften, Institut für Katholische Theologie. Vorsitzende der Kommission für kirchliche Zeitgeschichte im Erzbistum Paderborn.

Prof. Dr. Joachim Schmiedl
seit 2001 Professor für Mittlere und Neue Kirchengeschichte an der Philosophisch-Theologischen Hochschule Vallendar.

Prof. Dr. Jörg Seiler
seit 2015 Professor für Kirchengeschichte des Mittelalters und der Neuzeit an der Universität Erfurt, Katholisch-Theologische Fakultät.

Prof. Dr. Klaus Unterburger
seit 2012 Professor für Mittlere und Neue Kirchengeschichte an der Universität Regensburg, Katholisch-Theologische Fakultät.

Dr. theol. Stefan Voges M.A. phil.
Pastoralreferent im Bistum Aachen.